木簡과 文字

創刊號

부여 왕흥사지 출토 청동사리함 명문 세부

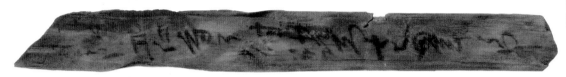

태안 대섬 출토 고려목간 〈A-2〉

태안 대섬 출토 고려목간 〈A-1〉

태안 대섬 출토 고려목간 〈B-1〉

태안 대섬 출토 고려목간 〈A-5〉

中國 張家山漢簡《爵律》

日本 大阪 桑津 유적 출토 목간

木簡과 文字

韓國木簡學會 창립취지문

1975년 신라 왕도였던 慶州 소재의 雁鴨池 발굴로 수십 점이 첫 선을 보인 이래 전국적으로 수많은 발굴 조사가 이어지면서 한국고대사 관련 목간 자료는 꾸준히 추가되었다. 30년 남짓한 세월이 흐른 현재까지 확인된 출토 遺構는 십 수 곳에 이르며 그 총량도 4백 수십 점을 헤아릴 정도다. 이런 추세라면 발견될 목간이 앞으로도 지속적으로 증가하리라 예단하여도 좋을 것이다.

돌이켜 보면 안압지 발굴이 이루어진 이후로도 상당한 세월이 흘렀지만 정작 그에 대해서 본격적 관심을 기울인 시점은 그리 오래되지 않았다. 목간이 많지 않았기 때문이기도 했지만 하나의 목간에 쓰여진 글자 수가 적은 탓에 그것이 보여 주는 내용 자체가 斷片的인 데다가 判讀 또한 힘들었던 탓도 있다.

90년대에 이르러 목간 자료가 주목을 받기 시작하였다. 무엇보다도 赤外線 촬영이나 컴퓨터 활용 등 尖端科學의 기법이 동원되면서 목간의 판독 능력이 향상된 사실을 손꼽을 수 있다. 肉眼으로 판별키 어려웠던 글자까지 읽어낼 수 있게 됨으로써 목간에 대한 관심이 고조되기 시작하였다. 한편 때맞추어 목간의 출토가 늘어난 것도 이를 推動하는 데 한 몫을 했다.

목간에는 많은 정보들이 內藏되어 있다. 우리가 어떤 코드를 갖고 어떻게 送·受信하느냐에 따라 목간이 담아내는 정보의 양이 결정된다. 컴퓨터가 지닌 엄청난 기능과 성능이 사용자의 능력 여하에 따라 결정되듯 목간에 내재된 정보도 그와 비슷한 속성을 지닌다. 木材에 글자가 쓰였다는 면에서 목간을 흔히 역사 자료로만 한정하여 인식하는 경향이 짙다. 그렇지만 거기에 담겨진 정보 모두를 추출해 내는 데에 歷史學의 힘만으로는 한계가 있다. 모름지기 판독과 함께 그 의미를 제대로 분석해 내는 데에는 國語學 및 書藝學 文字學 방면은 물론이고 古木材學의 도움까지도 요구된다. 목간이 문자 자료이기에 앞서 전형적인 考古 자료이기도 한 사실도 빠트릴 수 없는 대목이다. 발굴의 과정과 결과는 목간에 담겨진 풍부한 정보를 읽어내는 데 결정적 역할을 함이 입증된 바 있다. 거꾸로 목간 또한 발굴 자료의 해석에 절대적 영향을 미침은 물론이다.

이처럼 목간은 역사학적 자료에 한정되지 않는다. 말하자면 목간의 분석에는 여러 학문 분야가 接木되어야만 비로소 전체 정보가 확연히 드러나게 된다. 그런 면에서 목간은 學際的인 연구가 요망되는 새로운 특수 분야에 소속한 연구자료라 하겠다.

한국목간학회 창립 발기인 일동은 목간 자료에 대한 학제적 연구의 필요성에 인식을 공유하고 공동연구의 틀을 마련하기 위한 노력을 최근까지 줄기차게 기울여 왔다. 이제 이러한 노력을 한 단계 끌어올려 보다 효율적인 木簡 연구 계획의 수립과 이에 따른 공동연구의 활성화를 위해 '韓國木簡學會'의 창립을 결의하기에 이르렀다. 韓國木簡學會는 木簡을 중심으로 金石文과 여러 出土 文字資料들에 대한 조사 및 연구를 함께 수행하여 文字文化의 연구를 통한 歷史像의 복원에 진력할 것이다. 우리는 목간을 매개 고리로 삼아 여러 학문 분야의 接合을 시도하고, 이를 통해 한국의 목간학을 定立해 가는 데 一助하는 場을 마련하고자 한다.

우리의 목간 연구는 이제 갓 걸음마를 시작하였다. 어떤 새로운 조직의 탄생에는 자연스레 잘 커나가리라는 기대와 희망이 함께 섞여 있게 마련이다. 다만 그것이 장차 어떤 모습으로 키워질지는 오직 연구자들의 관심과 자세 如何에 달려 있을 따름이다. 비록 인근의 중국이나 일본에 비하여 유관 자료가 극히 부족한 형편이고 또 출발이 늦었지만 앞서 간 그들의 노력은 곧 우리가 어떤 방향으로 어떻게 자리 잡아 나가는 것이 바람직한지를 가리켜 주는 길잡이 역할을 할 수 있으리라 기대된다. 이웃의 성과와 시행착오를 거울삼아 학문적 업적들을 꾸준히 축적함으로써 한국 목간학은 빠른 시일 내에 이웃과 대등하고도 독자적인 수준으로 성장할 수 있으리라 확신하면서 출범을 선언한다.

2007년 1월 9일

韓國木簡學會 창립 발기인 일동

한국 목간학회의 발전을 기원하며

한국의 목간은 1980년대 후반부터 한국내 각지에서 거의 매년 보고되고 있다. 특히 6세기의 목 간이 반수를 차지하고 있는 것이 주목된다. 일본 목간은 현 단계까지 20만점 출토되었지만, 가장 오랜 것이 7세기 전반이다.

이하 네 가지의 특징을 들어본다.

① 貢進物付札의 형태와 기재양식

6세기의 한국 목간에 의하여 貢進物付札의 형태 및 기재양식이 명확해졌고, 이 양식은 7세기 이 후 고대 일본의 貢進物付札의 원형이 되었다. 단지 형태 면에서, 한국 목간은 하단에 V자형의 홈 을 팠고 또 끝부분이 뾰족한데 비해, 고대 일본의 경우에는 원칙적으로 상단에 홈을 팠다는 점에 서 차이가 있다.

② 貢進物付札과 호적 · 計帳

함안의 성산산성 목간을 비롯하여 한국의 貢進物付札은 그 기재양식에서 호적 · 계장 류의 존 재를 전제로 하지 않으면 성립하지 않음을 시사하고 있다.

6~7세기의 축성비 등을 포함해서, 금후 고대 한국에 있어서 호적 · 계장제도 확립단계의 연구 가 진전되기를 기대한다.

③ 목간과 지방 지배방식

성산산성 목간은 6세기에 신라의 지방 지배방식을 해명하는 데 극히 중요한 자료다. 그 점에 대하여 사견을 간단히 언급하면 다음과 같다.

○ 仇利伐 上彡者村 乞利

     郡名 + 村名 + 人名

○ 仇利伐 只即智 奴於非支

     군명 + 인명 +⑩+ 인명

  奴人 기재가 있는 자는 村名 기재가 없다. 이것은 신라 북쪽의「仇利伐」에 복속한 고구려 사람들이「奴人」으로 遷置되었던 것을 나타내고 있다. 그들은 행정촌이 아니라,「仇利伐」성 아래에 직할 배속되었다고 생각된다.

  이 방식은 고대 일본에 있어서 국가의 동북지방을 지배하는 방법과 마찬가지이다. 즉 율령국가는 적대하는 蝦夷(에미시)에 대하여, 복속하면 성책의 주변에 집거시켜 때로는 식료를 지급하고, 한편으로는 성책의 수복이나 군대에 편성하여 蝦夷끼리 싸우게 하거나 하였다. 신라의 예에서는 奴人을 남쪽의 성산산성으로 보내는 물품의 운반(등에 負하다 라고 표기)에 종사시켰을 것이다.

  ④ 목간의 제작기법

  한국 목간은 적절한 보존 처리와 樹種同定을 실시하고 있다는 점이 높이 평가된다. 단지 목간의 제작기법 관찰·검토 작업에서 칼날에 의한 조정·절단 등 상세한 관찰에 기초해 판단을 내릴 때에는 처리 전의 상태에서 관찰해야 한다.

  제작기법의 관찰에서, 소나무 가지 중 비교적 가는 것을 반으로 자르고, 나무껍질을 약간 깎아서 목간면을 만들고, 뒷면은 절단된 그대로 사용하고 있는 것을 알 수 있다. 이 제작기법으로는 한 개의 가지에서 두 개의 목간, 혹은 네 개의 목간을 간단히 만들어낼 수가 있다고 생각된다. 측면의 수피는 그대로 두어도 상관없었다. 중국의 죽간을 의식하여 소나무의 가는 가지를 의도적으로 이용한 것은 아닌가라고 판단된다. 또 목간의 형상적 특징의 관찰결과를 어떻게 표현해서 제3자에게 전할 것인가 하는 쪽으로도 궁리하지 않으면 안 된다. 목간을 철저히 考古자료·출토자료로 위치 지워 실측도나 단면도의 작성은 물론 입체적 화상도 넣어 금후 考古學 연구자와의 협업을 가일층 진척시키길 바란다.

끝으로 한국 목간도 일본목간과 마찬가지로 당초부터 紙木 병용에 속하기 때문에, 나무의 특성이 고려된 사용범위를 상정해야 한다.

일본에는 1960년대 이후, 도성을 중심으로 방대한 수의 목간이 출토되고 있지만, 초기 단계에서 목간의 기초적 연구가 충분하지 않은 채 그 석문에만 주목했었다. 그 점을 반성으로 삼아, 한국에서는 출토 점수가 아직 소수인 단계이므로 성산산성목간 연구방식을 모든 것에 적용하고, 충분한 고찰을 거친 목간만을 비로소 고대 한국의 역사자료로 활용해 갈 것을 제안한다.

하나하나의 목간이 고대 한국의 역사의 새로운 전개를 가져올 것은 확실하고, 금후라도 한일 양국의 연구자가 서로 협력해서 연구를 진척해 나갈 것을 강력히 희망한다. 본인도 미력이나마 최선을 다하고자 한다.

2008년 3월 25일
일본 국립역사민속박물관
관장 平川 南

韓國木簡學會の發展を願う

韓國木簡は、1980年代後半から韓國內各地からほぼ毎年のように報告例がある。特に6世紀の木簡が半數を占めているのが注目される。日本木簡は現段階で点數こそ20万点出土しているが、最も古いもので7世紀前半である。

以下4点の特徵を擧げる。

① 貢進物付札の形態と記載樣式

この6世紀の韓國木簡によって貢進物付札の形態および記載樣式が明らかになり、この樣式は、7世紀以降の古代日本の貢進物付札の原型となっている。ただ、形態の点で、韓國木簡は下端に切り欠けまたは先端を尖らせており、いずれにしても古代日本の場合、原則として上端切り欠きとする点に相違がみられる。

② 貢進物付札と戶籍・計帳

咸安の城山山城木簡をはじめ韓國の貢進物付札は、その記載樣式から戶籍・計帳類の存在を前提としないと成り立たないことを示唆している。

6~7世紀代の築城碑などを含めて、今後古代朝鮮における戶籍・計帳制度の確立段階の研究が進展することを期待したい。

③ 木簡と地方支配方式

城山山城木簡は、6世紀における新羅の地方支配方式を解明する上で、きわめて重要な資料である。その点について、私見を簡單に述べると次のとおりである。

○ 仇利伐 上彡者村 乞利
　【郡名＋村名＋人名】

○仇利伐　只即智　奴於非支

【郡名＋人名＋奴　人名】

　奴人記載のある者は、村名の記載がない。これは、新羅の北の「仇利伐」に服屬した高句麗の人々が「奴人」として遷置されていたことを示している。彼らは、行政村ではなく、「仇利伐」城下に直轄的に配屬されていたと考えられる。

　この方式は、古代日本における國家の東北地方を支配する方法と同じである。

　すなわち律令國家は、敵對する蝦夷(えみし)に對して、服屬すると城柵の周邊に集住させ、時には食料を支給し、一方では、城柵の修復や軍隊に編成し蝦夷同志で戰わせたりした。新羅の例では、奴人は南の城山山城へ送付する物品の運搬(背に「負」うと表記)に從事させたのであろう。

　④ 木簡の製作技法
　韓國木簡は適切な保存處理と樹種同定を實施している点、高く評價される。ただ、木簡の製作技法觀察・檢討作業は刃物による調整・切斷など詳細な觀察による判斷を下すに際して處理前の狀態での觀察が不可欠である。

　製作技法の觀察から、松の枝の比較的細かいものを半截し、樹皮を若干削り、木簡面を作り、裏面は截斷したままに近い狀態で使用していることがわかる。この製作技法では、一本の枝から二本の木簡、長さがあれば、四本の木簡を簡單に作り出すことができたと考えられる。側面の樹皮はそのままでも構わなかった。中國の竹簡を意識したのか松の細い枝を意圖的に利用したのではないかと判斷することができる。また木簡の形狀的特徴の觀察結果をいかに表現して第三者に傳えるかという手段にも工夫がなければならない。木簡をあくまでも考古資料・出土資料と位置づけて、實測圖や斷面圖の作成さらには立體的畫像も必要であり、今後は考古學研究者との協業をより一層進めていただきだい。

　まとめ
　韓國木簡も、日本木簡同様に當初から紙木併用ゆえに、より木の特性を生かした使用範圍が想定できる点にも留意しなければならない。
　日本においては、1960年代以降、都城を中心に膨大な數の木簡が出土しているが、初期段階で木簡の基礎的研究が十分になされないまま、その釋文にのみ注目が集まってしまった。その点の反省を込めて、韓國では点數がまだ少數の段階で、城山山城木簡研究方式をすべてに適應し、十分な觀察を經た木簡のみがはじめて古代朝鮮の歴史資料として活用されてゆくのであることを認識していただきたい。

　一つ一つの木簡が、古代朝鮮の歴史の新たな展開をもたらすことは確實であり、今後とも韓日兩國の研究者が協力しあって研究を進めることを強く希望する。私も微力ながら盡力したい。

2008年 3月 25日
日本國　國立歴史民俗博物館
館長　平川　南

한국 목간 학회의 학술지 간행을 축하하며

한국 목간학회가 금번 학술지 창간호『목간과 문자』를 간행하게 된 것을 대단히 기쁘게 생각하는 바입니다. 진심으로 축하의 말씀을 올립니다.

한국 목간은 일본의 것과 비교해서 오랜 시대의 것이 많고, 일본 목간의 성립이나 성격을 파악하는데 있어서 극히 중요한 의미를 가지고 있습니다. 한국의 목간에 관한 최신의 정보나 최첨단의 연구에 금후 계속적으로 접할 수 있게 된 것은 커다란 기쁨입니다. 우리들은 창립 당초부터 단순히 목간에 쓰여진 문자뿐만이 아니라 목간을 考古유물로서 보는 점에 주의해 왔습니다. 한국 목간의 출토상황, 유구와의 관계, 반출유물, 형상 등의 목간 그 자체의 정보에 커다란 관심을 기울이고 싶습니다.

또한 우리들은 창립 이래로 여러 나라의 목간연구 상황에 관심을 가지고, 기회가 있을 때마다 해외의 연구자에게 부탁해서 연구의 상황이나 문제점을 발표하도록 해 왔습니다. 물론 한국의 목간에도 깊은 관심을 가지고 지금까지 몇 회에 걸쳐 연구발표를 해 왔습니다. 작년 12월 대회에는 한국 목간학회 회장인 朱甫暾 선생님과 총무이사 尹善泰 선생님께서 출석하셨고, 회장께서는「한국 목간학회의 출범과 전망」이라는 제목의 강연을 하셨습니다. 금후에도 양 학회가 유대를 깊게 하여, 함께 학문적으로 발전하고 협력해서 동아시아에 있어서 목간연구의 발전에 기여해 나갈 것을 기대합니다.

일본목간학회 회장 栄原永遠男

韓國木簡學會の學術誌刊行を祝す

　韓國木簡學會が、このたび學術誌の創刊號(木簡と文字)を刊行されましたことは、まことに喜ばしいかぎりです。心からお喜び申し上げます。

　韓國の木簡は、日本のものに比べて古い時代のものが多く、日本の木簡の成立や性格を考える上できわめて重要な意味を持っています。その韓國の木簡に關する最新の情報や最先端の研究に、今後繼續的に接することができるようになったことは、たいへんな喜びです。我々は、創立當初から、單に木簡に書かれた文字だけでなく、木簡を考古遺物として見ることを心がけてきました。韓國の木簡の出土狀況、遺構との關係、伴出遺物、形狀などの木簡そのものの情報に、大きな關心をよせたいと思います。

　また我々は、創立以來、諸外國における木簡研究の狀況に關心を持ち、機會あるごとに海外の研究者にお願いして、研究の狀況や問題点を發表していただいてきました。もちろん、韓國の木簡にも深い關心を抱き、これまでに數回にわたって、研究發表をしていただきました。昨年12月の大會には、韓國木簡學會會長の朱甫暾先生と總務理事の尹善泰先生にご出席いただき、會長からは「韓國木簡學會の出帆と展望」というご講演をいただくことができました。今後とも、兩學會が絆を深め、ともに學問的に發展し、協力して東アジアにおける木簡研究の進展に寄與していけることを期待します。

木簡學會會長　栄原永遠男

목간학회 창립을 축하하며

한국에서 "한국목간학회"가 성립되고 『목간과 문자』가 곧 출간된다는 소식을 듣고, 저는 중국 사회과학원 간백연구중심을 대표해서 귀 학회의 성립과 학회지의 창립을 진심으로 축하드리는 바입니다.

목간은 고대 문자 기록을 담고 있는 매체 중의 하나입니다. 중국에서는 전국시대부터 위진시대에 이르기까지 근 천년에 걸쳐 목간이 사용되었습니다. 20세기 이래 목간은 중국의 여러 지역에서 발견되었고, 이러한 목간의 발견은 전통문헌 기록의 부족한 부분을 대단히 많이 보완해 줌으로써 여러 방면에서 중국 역사의 연구를 크게 진전시켰습니다. 물론 이 시기 동안 중국에서는 목간 외에 죽간과 백서가 발견되었습니다. 그리하여 이것들에 대한 연구가 이미 간백학이라는 하나의 신흥 학문으로 자리잡아 학자들의 많은 관심을 끌고 있습니다. 한국에서 중국사를 연구하는 원로와 중견학자 그리고 소장학자들도 간백를 이용해 중국 고대역사 연구에 걸출한 공헌을 해 온 바 있습니다. 간백연구가 한중 양국의 학술 교류의 중요한 내용이 되었던 것입니다.

최근 한국에서도 적지 않은 목간이 출토되었습니다. 이러한 목간은 한국 고대 역사문화의 변천을 기록하고 있으므로 한국 역사를 연구하는데 중요한 자료임에 틀림없습니다. 저희들은 한국목간학회의 성립과 학술지의 출간이 한국 목간 및 한국 역사 연구를 진전시키고 인재를 배양하는데 매우 중요한 의미를 가질 것이라 믿습니다. 중국사회과학원 간백연구중심은 "학술을 추진하고 합작을 강화하고, 수준을 제고한다"는 취지 하에 진심으로 한국목간학회와의 교류를 바라며 함께 국제 간백학 연구에 공헌할 수 있기를 바랍니다.

2008년 3월 15일
중국사회과학원 간백연구중심 주임 卜憲群

贺信

欣闻韩国"韩国木简学会"已成立、《木简与文字》刊物即将创办、我谨代表中国社会科学院简帛研究中心、向学会的成立、刊物的创办表示衷心的祝贺!

木简是古代文字记录的载体之一。在中国、木简的使用从战国至魏晋、延续近千年。自20世纪初以来 木简在中国的许多地方都有发现、这些发现极大的弥补了传统文献的记载不足、从各个方面推进了中国史的研究。当然、在这个时期内、除了木简外、中国还有竹简与帛书、对它们的研究已经构成了一门新兴的学科 – 简帛学、引起了学者们的极大兴趣。韩国研究中国史的老一辈学者和中青年学者、在运用简帛研究中国古代历史上做出了杰出贡献。简帛研究也构成了中韩两国学术交流的一项重要内容。

近年来 韩国出土了不少木简。这些木简记载了韩国古代历史文化的变迁、是研究韩国历史的重要资料。我们相信韩国木简学会的成立和相关刊物的创办、对于推动韩国木简及韩国历史的研究、人才的培养将会产生积极意义。中国社会科学院简帛研究中心本着"推进学术、加强合作、提高水平"的宗旨、诚挚的希望能够与韩国木简学会交流沟通、共同为国际简帛学的研究做出贡献。

2008年3月15日

中国社会科学院简帛研究中心主任　卜宪群恭贺

간독연구 발전의 공동 추진을 바라며

동아시아의 간독 발견 및 연구 방면에서, 한국은 자신만의 독특한 특색을 갖고 있습니다. 한국 목간학회가 오랫동안의 작업과 연구 기초 위에 2007년 초 성립되어 학술대회의 개최, 현장조사, 학술지 출판, 외국학자와의 학술교류 등 활발한 활동을 벌여 왔으며, 국제 간독학계에서 활약하는 학술기구가 된 것에 대해 심심한 축하를 드리는 바입니다.

진인각 선생은 일찍이 다음과 같이 지적했습니다. "한 시대의 학술에는 새로운 자료와 새로운 문제의식이 필요합니다. 이런 자료를 사용해 문제를 탐구하면 곧 이 시대 학술의 새로운 흐름이 됩니다. 학문을 닦는 선비들은 마땅히 이러한 흐름에 참여하여야 합니다." 국제역사학계에서 비전통문헌이 역사연구에 대해 갖는 가치를 중시하고 있는 것과 맥을 같이하여, 중국·한국·일본 등의 학자들도 간독자료의 정리와 연구 및 역사학적 고찰을 중시하고, 각국의 역사 전통에 맞는 학술적 특색을 갖추어 매우 중요한 연구 성과를 거두어 왔으며, 또 국제적으로도 주목받고 있습니다. 오랫동안 스승에서 제자로 전래되어 왔던 문헌과는 달리 간독의 정리와 연구에는 어려운 점이 매우 많습니다. 저는 초(楚) 지역에서 출토된 전국시대 간독에 대해 깊은 체험 끝에 이렇게 얘기한 적이 있습니다. "시대가 이른 출토문헌은 어떤 것이든 원 자료가 공포된 후 어느 정도 긴 시간이 흐르고 또 많은 관련 학자들의 토론을 거치고 나서야 겨우 텍스트 복원과 의미 해석에서 어느 정도 수준에 도달하게 되고 또 일치된 의견이 만들어지게 됩니다. 고문자로 쓴 선진 죽간 자료의 경우에는 문자의 판독 및 간독의 배열의 어려움 때문에 더욱 그렇습니다. 한 사람이 모든 공을 다 이루려는 바람이나 기대는 실제로 거의 이루어지기 힘듭니다."(진위, 『곽점죽서별석·서언』, 호북교육출판사, 2002년) 학회의 가치는 동료 연구자들 간의 토론과 협조를 위해 적절한 자리를 마련해 주는 것입니다. 한국 목간학회도 일 년여간의 활동을 통해 점차 자신의 생명력을 드러내고 있습니다.

한국 목간학회에서 저를 학회의 해외 이사로 초빙해 주신 걸로 알고 있습니다. 귀 학회가 저를 신임해 주신 데에 깊은 감사를 드립니다. 동시에 국제적인 시야를 갖고 계신 점에 대해서도 탄복하지 않을 수 없습니다. 세계 각국의 필사문헌연구는 서로 간에 계발하고 및 참고할 수 있는 많은 경험을 갖고 있습니다. 중국과 한국 두 나라의 출토 간독 사이의 관계는 매우 오랜 기원을 갖고 있으므로, 학자들 사이에도 많은 연계와 교류가 있어야 할 줄 믿습니다. 2006년 11월 무한대학에서 개최한 제1회 중국간백학 국제학술토론회에서 무한대학과 대만대학, 시카고대학이 제의하여 중국간백학 문헌정보 국제합작 계획안을 만든 바 있습니다. 한국학자도 이미 한국 진한간독연구회의 명의로 이 계획에 참여했습니다. 한국목간학회에서도 이 계획을 지지하고 참여해 주시면 많은 분들이 반갑게 맞이하리라 생각합니다.

　귀 학회 및 학회지 『목간과 문자』가 날로 발전하기를 기원합니다.

　　　　　　　　　　　　　　　　　　　　　　　　　2008년 3월
　　　　　　　　　　　　　　　　　　　무한대학 간백연구중심 주임 陈伟

共同推动简牍研究向前发展

在东亚简牍发现和研究领域、韩国具有自身的特色。在长期工作和研究的基础上、韩国木简学会于2007年初成立、召开会议、组织调查、出版期刊、开展与外国学者的学术交流、活动有声有色、成为国际简牍学界十分活跃的一个学术组织、非常值得祝贺。

陈寅恪先生曾经指出："一时代之学术、必有其新材料与新问题。取用此材料、以研求问题、则为此时代学术之新潮流。治学之士、得预于此潮流者、谓之预流。"在国际历史学界普通重视非传统文献对于历史研究之价值的背景下、中国、韩国、日本等国的学者、重视简牍资料的整理、研究和历史学考察、形成与本国历史传统相适应的学术特色、都取得了十分重要的成果、也得到国际同行的重视。与长期师徒授受的传世文献不同、简牍整理与研究具有很大的难度。对于楚地出土的战国简册、我自己就曾深有体会地谈到："任何一批时代较早的出土文献、都会在原始资料公布之后有一个历时较长、由较多相关学者参加的讨论过程、才能在文本复原和内涵阐释上、达到较高的水平、形成大致的共识。对于用古文字写成的先秦竹简资料来说、由于文字辨识和简序排定上的难度、尤其如此。那种毕其功于一役的愿望或期待、是很不切实际的。"(陈伟《郭店竹书别释·绪言》、湖北教育出版社2002年)学会的价值、主要就是为同行之间的讨论和合作、提供一个方便的平台。而韩国木简学会在自己一年多的活动中、越来越显示出自己的生命力。

承金秉骏教授告、韩国木简学会邀请我担任学会的海外理事。我在感激对我信任的同时、也为学会主事人的国际眼光所折服。世界各国的手写文献研究、彼此之间有许多可以相互启发、借鉴的经验。中、韩二国出土简牍之间的联系、源远流长、学者之间更应该多多联系和交流。2006年11月、在武汉大学召开的中国简帛学国际论坛第一次会仪上、由会仪发起单位(武汉大学、台湾大学、芝加哥大学)提议、达成中国简帛学文献信息国际合作计划。韩国学者已以韩国简牍研读班的名义、参与这个计划。如果韩国木简学会能支持、参与这个计划、相信会受到大家的欢迎。

祝学会越办越好、祝学会期刊《木简与文字》越办越好。

2008年3月

陈伟(武汉大学教授、历史学院院长、简帛研究中心主任)

|차 례|

특/집

목간으로 본 동아시아세계의 문화교류

한국 목간 연구의 현황과 전망

朱甫暾*

〈국문초록〉

이 글은 지난 2007년 1월 韓國木簡學會의 출범과 동시에 개최된 국제학술회에서 基調로 發題한 글을 바탕으로 같은 해 12월 일본목간학회에서 '韓國木簡學會의 出帆과 展望'이란 주제로 발표한 글로 보완하여 정리한 것이다. 한국목간학회가 출범하게 된 배경과 함께 그 동안 목간의 출토 상황과 배경, 그를 근거로 한 연구의 동향 및 나아가야 할 방향의 전망 등에 대한 大綱을 커다란 시각과 관점에서 제시해 보았다.

최근 비교적 많은 수량의 목간이 잇달아 출토되고 있다. 목간이 처음 발견된 것은 1930년대까지 거슬러 올라가지만 본격적으로 관심을 기울일 정도로 출토된 것은 1975년 慶州의 雁鴨池에서이다. 이후 경주를 비롯하여 扶餘, 仁川, 金海, 益山, 咸安 등지에서 목간이 출토되어 현재 전체적으로 거의 500점을 헤아리게 되었다. 전국에 걸쳐서 출토되고 있다고 하여도 좋다.

그 가운데 가장 양적으로나 내용상으로 각별히 주목해 볼 만한 것은 경남 함안의 城山山城에서

---

* 경북대 사학과 교수

출토된 목간이다. 도합 200여점에 달해 가장 많을 뿐만 아니라 같은 곳에서 앞으로도 나올 가능성이 예고되고 있다. 목간을 포함한 層位가 발견되었기 때문이다. 이는 목간이 文字資料이기에 앞서 考古資料임을 입증하여 주었다. 木簡學이 다양한 여러 학문 분야간의 긴밀한 협조가 요구됨을 의미한다. 따라서 判讀에서부터 分析에 이르기까지 다양한 분야의 학문간 學際的인 연구가 이루어지면 결국 한국고대사 방면에 크게 도움되리라 예상된다. 다만 이는 基礎的 整地作業이 치밀하게 이루어질 때 비로소 가능해질 일이다.

목간은 기존의 문헌에 근거한 역사 연구가 지닌 한계를 극복해 줄 수 있는 유일한 자료이다. 앞으로 줄기차게 관심을 기울여야 하는 이유도 바로 여기에 있다. 중국이나 일본에 비해 자료의 양은 물론이고 연구의 역사가 매우 日淺하다. 그들과의 교류가 긴요한 실정이다. 따라서 목간학회는 국내뿐만 아니라 국제적인 연계가 크게 요망되는 분야이므로 이 방면에 대한 관심을 지속적으로 기울일 필요가 있다고 판단된다.

▶ 핵심어 : 목간, 목간학, 문자자료, 함안 성산산성, 학제적 연구

I. 木簡學의 提唱과 定立

1975년 신라 왕도였던 慶州 소재의 雁鴨池 발굴로 수십 점이 첫선을 보인[1] 이래 전국적으로 수많은 발굴 조사가 이어지면서 한국고대사 관련 목간 자료는 꾸준히 추가되어 왔다. 30년 남짓한 세월이 흐른 현재까지 확인된 목간 출토의 遺構는 전체 십 수 곳에 이르며 그 총량도 대략 5백 수십 점을 헤아릴 정도이다[2]. 이런 추세대로라면 앞으로도 목간은 지속적으로 증가하리라 예단하여도 무방할 듯하다. 이는 그 동안 발굴조사 건수가 엄청나게 늘어난 데에서 비롯된 당연한 결과이겠지만 다른 한편 발굴 자체의 수준 향상에서 기인한 바도 작지 않은 것으로 여겨진다. 지난날 소홀히 취급하여 별달리 관심을 기울이지 않았던 低濕地 쪽으로도 눈을 돌린 덕분이었다. 이제는 목간이 나올 만한 곳을 미리 예측하여 접근하는 학술적인 목적의 企劃 발굴조사까지 시도해 볼

---

1) 그 전후 사정에 대해서는 李基東, 「雁鴨池에서 出土된 新羅 木簡에 대하여」, 『慶北史學』 1, 1979 ; 『新羅骨品制 社會와 花郞徒』, 韓國研究院, 1980 참조.
2) 현재로서는 그 수치가 상당히 유동적이다. 어떤 형태와 내용의 것을 목간으로 규정하느냐에 따라 그 수치에서는 약간의 차이가 나기 때문이다. 앞으로 목간의 외형을 갖추고 있더라도 墨書가 확인되지 않는 것은 제외하는 것이 바람직하다. 그리고 사용한 목간을 재활용하기 위하여 잘라낸 부스러기인 削屑의 경우도 어떻게 처리하는 것이 좋을지 미리부터 심각하게 고민해 봄직하다.

날도 그리 멀지 않은 듯하다. 그렇게 된다면 장차 목간 자료는 대단하게 축적되리라 기대하여도 좋을 것이다.

돌이켜 보면 안압지 발굴이 이루어진 이후 세월이 적지 않게 흘렀으나 정작 연구자들이 그에 대해 본격적인 관심을 기울인 시점은 그리 오래되지 않는다. 그렇게 된 데에는 몇몇 요인이 작용한 것으로 보인다. 물론 당연하게도 출토 목간의 수량이 별로 많지 않았기 때문이기도 하겠으나 하나의 목간에 쓰인 글자 수가 적은 탓에 그것이 보여 주는 내용 자체가 극히 斷片的 · 破片的인 데다가 判讀 또한 무척 힘들었던 점도 크게 작용하였던 것 같다[3]. 그러다가 90년대에 들어와 목간 자료가 크게 주목을 받기 시작한 것은 당시 그럴 만한 여건이 어느 정도 성숙되었기 때문이다. 특히 赤外線 사진 촬영이나 컴퓨터 활용 등 尖端科學의 기법이 동원되면서 목간 판독의 능력이 크게 향상된 사실을 먼저 손꼽을 수 있다[4]. 肉眼으로는 판별하기가 매우 곤란하였던 글자까지 읽어낼 수 있게 됨으로써 목간에 대한 관심은 비로소 고조되기 시작하였던 것이다. 한편 때맞추어 목간 자료 자체가 증가한 것도 그를 推動하는 데 큰 몫을 차지하였다.

익히 알다시피 목간에는 수많은 정보가 內藏되어 있다. 우리가 어떤 코드를 갖고 어떻게 送 · 受信하느냐에 따라 그것이 토해내는 정보의 양은 결정된다. 마치 컴퓨터가 지닌 엄청난 기능과 성능이 사용자의 능력 여하에 따라 전혀 다른 모습으로 나타나기 마련이듯이 하나의 목간에 내재된 정보도 그와 매우 비슷한 속성을 지닌 듯하다. 그러므로 목간은 관심과 능력의 여하에 따라 우리에게 알려주는 정보의 양이 정해진다고 하겠다.

木材에 옛 글자가 쓰여 있다는 면에서 목간을 흔히 역사 자료로만 한정하여 인식하는 경향이 짙다. 그렇지만 거기에 담겨진 정보 모두를 추출해 내는 데에는 歷史學의 힘만으로는 뚜렷한 한계를 지닌다. 모름지기 판독과 함께 그 의미를 제대로 분석해 내는 데에는 역사학과 함께 國語學 및 書藝學 방면은 물론이고 심지어는 古木材學 등의 도움까지도 요구된다. 특히 목간이 문자 자료이기에 앞서 전형적인 考古 자료이기도 한 사실은 결코 빠트릴 수가 없는 측면이다. 발굴의 진행 과정과 그 결과는 목간에 담겨진 풍부한 기초적 정보를 읽어내는 데 종종 결정적인 역할을 하기 때문이다. 거꾸로 목간이 또 유구의 성격이나 유물의 編年 설정과 같이 발굴 자료의 해석에 절대적인 영향을 끼침은 물론이다.

이처럼 목간은 단순히 역사학의 자료로만 한정되지 않는다는 데에 가장 중요한 특징이 있다.

---

3) 지금과 비교하여 보면 초기에는 어려움이 매우 많았을 듯하다. 목간에 스며있는 습기가 증발하면 黑化가 진행되어 육안으로는 판독이 곤란해진다. 이런 기초적인 사정도 제대로 알지 못한 채 목간을 다루는 등 여러 가지 실착도 범하였다. 게다가 당시에는 赤外線 사진이나 컴퓨터 등 첨단과학의 활용은 꿈꾸기 어려웠다. 그 까닭으로 판독이 제대로 이루어지지 않아 목간을 연구에 이용하지 못하였던 것이다.

4) 최근 국립가야문화재연구소에서 일본의 와세다대학 조선문화연구소와 함께 공동으로 함안성산산성 출토목간을 고화질의 디지털카메라로 촬영하여 정리한 보고서를 간행한 것은 목간학이 첨단과학과 밀접한 연관관계를 가져야 함을 입증하여 준다(『함안 성산산성 출토목간』, 2007).

말하자면 하나의 목간 분석에는 여러 학문 분야가 接木되어야만 비로소 전체 정보가 확연히 드러나는 것이다. 그런 측면에서 목간은 學際的인 연구가 크게 요망되는 새로운 특수한 분야에 속하는 자료라 하겠다. 목간을 매개 고리로 삼아 여러 학문 분야의 接合이 이루어져야 한다는 의미에서 그를 따로 木簡學이라 이름 붙여도 무방하지 않을까 싶다. 한국목간학회의 출범은 앞으로 그와 같은 학제적 성격을 강하게 지닌 목간학을 定立해 가는 데 一助하는 계기가 되었으면 하는 바람이다.

우리의 목간 연구는 이제 갓 걸음마를 시작하였다. 어떤 새로운 조직의 탄생에는 자연스레 잘 커나가리라는 기대와 희망이 함께 섞여 있기 마련이다. 다만 그것이 장차 어떤 모습으로 어떻게 키워질지는 오직 연구자들의 관심과 자세 如何에 달려 있을 따름이다. 비록 인근의 중국이나 일본에 비하여 유관 자료가 극히 부족한 형편이고 또 출발이 매우 늦지만 앞서 간 그들의 前轍은 곧 우리가 어떤 방향으로 어떻게 자리 잡아 나가는 것이 바람직한 지를 가리켜 주는 길잡이 역할을 하리라 기대된다. 한국목간학회가 첫 선을 보이면서 굳이 국제학술회의의 형태를 취하여 모습을 드러낸 것도 바로 그 때문이다. 이와 같은 과정의 꾸준한 축적을 통하여 한국목간학은 빠른 시일 내에 높은 수준으로 성장할 수 있으리라 확신한다.

Ⅱ. 木簡과 한국고대사 연구

1945년 이후 진행되어 온 한국고대사 연구의 흐름을 특별히 동원된 자료의 성격을 기준으로 삼아 추적하여 보면 크게 세 단계로 나누어 이해해 봄 직하다.

먼저 기존에 널리 알려진 史書와 같은 文獻을 바탕으로 연구가 진행된 단계이다. 대체로 70년대까지가 그에 해당한다. 관련 기초 자료 전반을 정리·분석하는 작업을 발판으로 한국고대사의 기본적인 틀을 갖춘 시기이다. 이런 과정을 통하여 한국고대사의 큰 體系가 잡혀졌다고 평가하여도 좋을 듯하다. 다만 기왕에 알려진 문헌 자료는 당대에 쓰인 原典이 아니라 한참 세월이 흐른 후대에 재정리된 것이어서 그 자체 뚜렷한 한계를 지닌 것이었음이 여실히 드러났다. 문헌상에는 한국고대사의 복원에 긴요한 많은 부분이 전혀 空白인 채로 남겨지거나 혹은 후대의 지배이데올로기에 입각한 윤색과 왜곡이 스며든 곳도 적지 않음이 판명되었다. 당시 연구자들은 그를 극복해 내는 방편으로 사료 하나하나에 대한 치밀한 고증 작업을 시도하고 나아가 比較史學的이거나 혹은 인근 학문 분야를 援用하는 등 다양한 새로운 방법론을 동원하기도 하였다. 이를 통하여 큰 성과를 거두었음은 두 말할 나위가 없겠다. 그러나 그것만으로는 기존 사료가 지닌 근본적인 문제점을 뛰어넘기에는 명백한 한계를 드러내었다. 이로 말미암아 새로운 자료의 출현이 크게 苦待되던 상황이었다.

그러한 기대에 대한 부응은 대체로 70년대 들어와 나타나기 시작하였다. 이 시기에 두 방면에 걸쳐 신선한 자료가 출현하여 한국고대사 복원에 널리 활용되었기 때문이다. 그 중 하나는 고고 자료를 손꼽을 수 있다. 활발한 발굴 작업으로 확보된 遺構와 遺物의 엄청난 증가는 한국고고학 분야의 괄목할 만한 진전을 가져 왔다. 그것이 결국 한계 상황에 봉착하고 있던 문헌 중심의 한국 고대사 연구를 극복하고 크게 진척시키는 데 촉매제 역할을 다하였던 것이다. 이후 문헌사가들은 고고학 분야의 연구 결과를 적극 수용·접목함으로써 기존 문헌 중심의 연구 결과를 수정·보완 하기도 하고 때로는 그를 배경으로 삼아 문헌 읽기를 새롭게 시도함으로써 전례 드물게 다대한 성과를 쌓아 갈 수 있었다. 문헌이 지닌 한계와 공백을 메우는 데에 고고 자료는 크게 기여하였던 셈이다. 한국고대사의 연구 수준은 이로써 그 전에 비해 한 단계 높아졌다고 평가하여도 무방할 듯하다.

이 시기에 고고 자료와 함께 새로 발견된 金石文 자료는 한국고대사 연구에 활력을 크게 불어 넣어 주는 또 하나의 계기로 작용하였다. 이를테면 70년대 말의 中原高句麗碑와 丹陽新羅赤城碑를 비롯하여 80년대 말의 蔚珍鳳坪新羅碑, 迎日冷水里新羅碑, 明活山城碑 등 이렇다 할 굵직한 금석문 의 발견은 타는 목마름을 크게 解渴하여 주는 기능을 하였던 것이다. 70년대 이후 한 동안은 금석 문 중심의 고대사 연구 시대라 일컬어도 지나치지가 않을 정도로 크게 붐을 이루었다. 이들 금석 문이 지닌 예기치 못한 수많은 참신한 情報는 대단한 위력을 발휘하였다. 기존의 문헌에 내재한 한계점을 보완해 줌은 물론이고 커다란 과제를 새로이 던짐으로써 한국고대사 연구를 엄청나게 진전시켰던 것이다. 그 동안 문헌 자료의 未備와 모호함으로 논란이 분분하던 難題를 말끔히 정리 해 주기도 하고 때로는 다시 새로운 논쟁을 유발시키기도 하였다. 이후 한국고대사와 관련하여 진행된 주요 爭點들은 거의 대부분 이들 금석문이 제공한 정보로부터 출발하였다고 하여도 과언 이 아니다. 이를테면 律令制, 官等制, 地方統治體制, 力役動員, 部體制 등을 대표적인 사례로 손꼽 을 수 있다. 7-80년대는 정말 예기치 않게 다수의 굵직한 금석문 자료가 유행처럼 잇달아 발견되 면서 일시에 한국고대사 연구 붐을 조성하는 데 크게 기여하였던 것이다. 그 결과 한국고대사 분 야가 이 시기 동안 양적, 질적으로 크게 성장하였음은 두 말할 나위가 없다. 이 분야만을 특별히 대상으로 삼은 학회인 한국고대사연구회(현재의 韓國古代史學會 전신)가 바로 이 시기에 결성된 것도 바로 그런 분위기와 결코 무관하지 않다.

그러나 최근에 이르러 어쩌면 한국고대사는 기나긴 침체기를 맞고 있다는 느낌이 강하게 든다. 이는 금석문 자료를 활용한 연구가 어느 정도 한계를 露呈하고 있는 데서 비롯된 것으로 보인다. 양적인 측면에서는 연구 자체가 여전히 활발하게 이루어지고 있는 듯이 보이나 실제적으로는 관 심을 끌 만한 커다란 문제 제기가 별로 있는 것 같지가 않기 때문이다. 이미 널리 알려진 거의 동 일한 자료를 놓고서 논자에 따라 창의적인 견해가 아니라 겨우 약간의 해석만 달리함으로써 마치 空轉을 거듭하는 듯한 인상을 짙게 풍기기도 한다. 때로는 기존의 수준을 크게 밑돌아 퇴보하였 다고 하여도 좋을 부분이 엿보이기까지 한다. 특히 90년대를 거치면서 巨大談論 일변도에서 탈피 하여 微視史的 연구가 적극 추진되는 경향 속에서 새로이 강조되고 있는 생활사, 일상사, 문화사 등의 분야를 메울 만한 자료상의 한계는 뚜렷하였다. 더 이상 새로운 금석문 자료의 출현을 기대하기 어려운 상황에서 그와 같은 경향성에 부응하기란 쉽지가 않은 일이다. 여기에 연구상의 침체가 불가피해진 측면이 엿보인다.

그런 저간의 힘든 여건에서 마치 가뭄의 단비처럼 기능한 것이 바로 木簡의 출현이 아닌가 싶다. 최근 목간을 매개로 한 연구가 급속하게 증가하고 있는 추세는 그를 뚜렷이 입증하여 준다. 이제 한국고대사는 목간을 주된 자료로 활용한 새로운 연구 단계로 진입하였다고 斷言하여도 좋을 듯하다. 이를 계기로 한국고대사는 새로운 도약의 단계를 맞고 있다고 평가된다. 목간을 활용한 연구를 그 전과 구별하여 하나의 독립된 단계로 설정할 수 있는 것도 바로 그 때문이다.

Ⅲ. 城山山城 출토 木簡과 學會의 結成

사실 한반도에서 목간이 처음 출토된 것은 1931년 평안남도 대동군 소재의 彩篋塚 발굴에서의 일이지만[5] 그것이 다름 아닌 樂浪 시기의 것이고 또 1점에 지나지 않아 별다른 관심을 끌지 못하였다[6]. 그러다가 1975년에 이르러 경주의 안압지에서 수십 점의 목간이 출토되었던 것이다.

당시에는 아직 목간이 世人의 관심을 끌기에 여러 가지 측면에서 그리 충분한 상황은 아니었다. 數量上으로도 그러려니와 그때의 眼目으로는 목간에 그럴 만큼 비중 있게 다룰 만한 내용이 들어 있지 않다고 판단되었기 때문이다. 여전히 기존의 문헌 연구가 중심이었고 금석문조차 이제 막 적극 활용되려던 참이었으므로 극히 단편적일 뿐 아니라 또 판독상의 애로점이 많은 목간에 눈 돌릴 겨를은 별로 없었던 것이다. 당시 목간의 내용 가운데 겨우 洗宅이라는 東宮 소속의 관서가 주목받는 정도였다. 다만 이는 앞으로 중국이나 일본처럼 목간의 수량이 늘어나고 또 높은 비중을 차지할 날도 그리 멀지 않았다는 사실을 豫報하였다는 측면에서 매우 주목되는 사건이었다. 흔히 목간 자료의 첫 출발이자 연구의 개시 시점을 이로부터 삼고 있는 것도 바로 그 때문이라 하

---

5) 李基東, 앞의 논문, p.394.
6) 이후 북한에서는 1990년 평양에서 논어 習書用의 죽간을 비롯하여 낙랑 목간(죽간)이 다수 발견된 바 있으나 널리 소개되지 않았다. 평양 중심의 낙랑 문화 해석에 지극히 인색한 북한의 입장으로서는 일견 당연한 일이었다. 그러나 낙랑의 목간이 한국의 그것에 끼친 영향 관계를 고려하면 앞으로 중요하게 다루어야 할 대상으로 여겨진다. 특히 최근 平壤의 樂浪區域의 목곽묘에서 '樂浪郡初元四年縣別戶口多少□□'라는 제목의 목간이 발견되었다는 소식이 전해진 사실은(손영종, 「낙랑군 남부지역의 위치 – '락랑군 초원4년 현별호구다소□□' 통계자료를 중심으로」, 『력사과학』 198, 2006 ; 「료동지방 전한 군현들의 위치와 그 후의 변천(1)」, 『력사과학』 199, 2006) 그와 관련하여 각별히 주목해 볼 만하다. 국내 학계에도 尹龍九에 의해 처음 소개되었으며(「새로 발견된 낙랑목간 – 樂浪郡 初元四年 縣別戶口簿」, 『한국고대사연구』 47, 2007), 그 내용을 둘러싸고 한창 논란이 진행 중에 있다(김병준, 「樂浪郡初元四年 縣別戶口多少□□ 木簡과 秦漢時代 戶籍」, 『新出土 木簡의 饗宴』(한국목간학회 제2회 학술대회 발표요지), 2007 참조). 다만 아쉬운 것은 실물이 전부 소개되지 못하였다는 사실이다. 조만간 자료의 출토 현황과 함께 실물 자체가 그대로 소개되기를 학수고대한다.

겠다.

그 이듬해인 1976년 전남 新安에서 海底 유물이 발굴되면서 다수의 荷札木簡이 출토된 바 있으나 이것 역시 중국 元代의 것이어서 별반 주목을 끌지 못하였다[7]. 이로써 목간은 관심의 여하에 따라 더욱 더 많이 출토되고 그 비중이 차츰 높아져 갈 분위기가 형성되어 갔다. 그런 기대와 예측을 증명이라도 하듯이 1980년대에 들어와서 익산 彌勒寺址를 필두로 이후 지금까지 30년 동안 여기저기에서 목간이 잇달아 출토되기 시작하였다. 바로 얼마 전인 2006년 12월에는 경남 咸安의 城山山城에서 30여 점이 새로 추가된 것으로 알려져 크게 관심을 끌었다.

지금까지 목간이 나온 곳을 일별하면 慶州나 扶餘 등 신라나 백제 고대국가의 정치적·문화적 중심지인 王都를 비롯하여 二聖山城이나 城山山城과 같은 군사적 거점이었음을 알 수 있다. 이들은 평시에 문자가 자주 사용될 만한 곳이다. 이는 장차 어떤 곳에서 목간이 출토될 지를 암시하여 준다. 그들 가운데 현재까지 수량적으로는 물론이고 내용상으로도 가장 크게 주목받은 곳은 아무래도 함안의 성산산성이라 하겠다.

성산산성을 대상으로 1991년부터 2006년 말에 이르기까지 11차례에 걸친 발굴이 이루어졌는데, 그 중 3번이나 상당량의 목간이 출토되었다. 근자의 발굴로 목간이 반출되는 일정한 層位가 확인됨으로써 앞으로도 같은 층위에서 계속 출토되리라 예견되고 있다[8]. 11차 발굴이 크게 의미를 갖는 점은 앞서의 발굴을 통해 추정된 것과는 다른 점에 있다. 목간이 단순히 낮은 低濕地帶로 휩쓸려 들어가 자연 상태에 퇴적된 것이 아니라 인위적이며 한꺼번에 퇴적이 이루어졌던 것으로 확인되었기 때문이다. 이는 東門址 出水口의 낮은 지역을 의도적으로 다져서 기반을 단단히 하기 위한 조치의 일환에서 행해진 것으로서 목간 자료는 이때에 일시에 廢棄되었음을 뜻한다. 따라서 목간을 비롯하여 함께 출토된 木製品들은 대부분 같은 시기에 사용되다가 버려졌음이 드러난 것이다. 기실 몇 차례에 걸쳐 출토된 목간의 내용 자체가 대부분 유사하다는 점도 그를 傍證하여 주기에 충분하다. 그 결과 목간의 폐기 시점이 축성과 거의 같았음을 확인한 사실도 얻어낸 나름의 큰 성과였다고 하겠다. 이로써 목간의 용도와 함께 성산산성의 확실한 축성 시점을 설정하여 볼 수 있게 되었다. 한편 이번 성산산성의 발굴로 목간이 단순히 문자 자료만이 아니라 기본적으로 고고 자료임을 뚜렷이 보여 주었다는 점도 特記해 둘 만한 사항이다. 발굴 과정에서 획득된 여러 정보는 목간의 내용을 분석하는 데에도 크게 유용하리라 믿어지기 때문이다.

---

7) 그러나 그것이 우리의 것이 아니어도 장차 목간이 바다에서 출토될 수도 있을 것이란 사실을 암시해 주었다는 점에서 나름의 의미가 내재되어 있는 것으로 보인다. 그를 입증하듯 2007년 10월에 충남 泰安에서 발견된 難破船에서 12세기 중반으로 추정되는 다량의 靑磁에 부착된 荷札木簡이 30여점 출토되었다. 구체적인 내용에 대해서는 임경희·최연식, 「태안 청자운반선 출토 고려 목간의 현황과 내용」, 『新出土 木簡의 饗宴』(한국목간학회 제2회 학술대회 발표요지), 2007 참조.

8) 2007년에는 제12차 발굴을 통하여 다시 76점의 목간이 출토되었다. 이에 대한 개략적 소개는 국립가야문화재연구소, 「함안 성산산성 제12차 발굴조사」(현장설명회 자료집), 2007 참조.

성산산성 출토 목간은 한국목간학회의 출범과도 밀접한 관련이 있다. 처음 그곳에서 출토된 목간 자료를 대상으로 한국고대사학회가 1999년 창원문화재연구소의 지원을 받아 김해박물관에서 국제학술회의를 개최한 바 있다. 마치 2007년 1월 9일 목간학회의 출범과 동시에 치루어진 국제학술회의의 豫備的 성격을 띠었던 셈이다. 다만 당시에는 다룰 대상이 성산산성 출토의 목간에만 국한된 것이 다를 뿐이었다. 필자는 그때 회의를 준비하고 진행해 나가면서 목간 연구를 위한 모임이 따로 필요함을 절감하였다. 그리하여 머지않아 한국 목간학회를 결성해야겠다고 마음먹고 반드시 그렇게 되어야 마땅하다고 힘주어 말하였던 기억이 생생하다. 그것이 7년이 지난 시점에서 비로소 성사되었으므로 당시 너무 섣불리 성급하게 예단한 감이 없지는 않지만 여하튼 한국목간학회가 출범하게 된 계기가 되었으므로 성산산성의 목간은 각별한 의미를 지닌다고 하겠다. 한편 창원문화재연구소(2007년에는 가야문화재연구소로 개명)에서는 2002년 다시 다량의 목간이 비슷한 지점에서 출토되자 그것을 공동 판독·정리하면서 2004년까지 국내에 알려진 목간 자료를 거의 망라한 『韓國의 古代木簡』이란 의욕 넘치는 책자를 한국어판과 일어판으로 동시에 발간하였다[9]. 당시까지 소개된 목간 전부를 포괄·정리하였다는 점에서도 일정한 의미가 있지만 근접 사진과 함께 적외선 사진까지 게재함으로써 연구자에게 편의를 제공하였다는 점에서 의의가 컸다. 이 작업은 실로 한국 목간 연구사상 하나의 획을 긋는 업적이라 평가하여도 지나치지가 않을 듯하다. 최근 극히 짧은 기간에 한국의 목간 관련 연구 논문이 급증(?)한 것도[10] 따지고 보면 이 자료에서 기인한 바가 컸던 것으로 짐작된다. 이 책의 간행은 필자에게 이제 목간학회의 창립을 서두르지 않으면 안 된다는 압박용으로 작용하기까지 하였다.

2007년 1월 초 개최 예정의 국제학술회의가 기획되고서 한참 시일이 지난 뒤인 2006년 12월에는 성산산성에서 다시 목간이 30여 점 출토되어 마치 국제학술회의를 열렬히 축하해 주는 듯한 느낌이었다. 성산산성 출토 목간은 이래저래 한국목간학회와 대단히 깊은 인연을 맺고 있었다.

IV. 목간의 활용을 위한 前提

목간 자료는 장차 상당 기간 침체되어 온 한국고대사에 새로운 활기를 불러 넣는 데 큰 활력소 역할을 다할 것으로 기대된다. 그를 위하여 모름지기 유념해야 할 몇 가지 기본적 사항이 있는 것으로 여겨진다.

---

9) 국립창원문화재연구소, 『韓國의 古代木簡』, 2004.

10) 이와 관련한 구체적 내용에 해서는 다음의 글을 참조 바람. 윤선태, 「목간연구의 현황과 전망」『한국고대사연구의 새 동향』, 서경문화사, 2007 ; 이용현, 『韓國木簡基礎硏究』, 신서원, 2006 ; 朝鮮文化硏究所編, 『韓國出土木簡の世界』, 雄山閣, 2007 ; 윤선태, 『목간이 들려주는 백제 이야기』, 주류성, 2007.

우선 이미 언급하였듯이 기왕에 목간을 문자 자료로만 인식하여 접근한 것은 근본적인 문제를 내재한다는 사실이다. 목간은 문자 자료이기에 앞서 발굴을 통하여 출토된 고고 자료이기 때문이다. 그렇다면 발굴 과정에서부터 시종일관 관심을 가져야 마땅하겠다. 만약 목간이 다른 유물이나 유구와 동떨어진 상태에서 따로 출토된다면 그것이 지닌 정보나 사료적 가치는 半減될 수밖에 없다. 목간은 출토 상태와 함께 層位는 물론이고 共伴 유물과의 상관관계 등이 상세하게 밝혀져야만 제 기능을 최대한으로 발휘할 수가 있다. 최근 층위가 확인된 함안 성산산성의 발굴은 그를 여실히 입증하여 준 명백한 사례이다.

과거 안압지 발굴은 당시 수준이나 형편상으로 어쩔 수 없는 측면이 있기도 하였지만 일부 목간의 경우 어느 지점에서 출토되었는지도 그리 뚜렷하지가 않아 혼동을 초래하였다. 최근 정확한 출토 지점을 둘러싸고 약간의 논란이 제기된 것도[11] 그 때문이다. 목간의 출토 지점은 내용 파악에도 일정하게 영향을 미칠 수 있는 것이다. 목간의 정확한 출토 상황은 때로는 예기치 못한 정보를 확보하는 단서가 되기도 한다. 그 점은 이미 부여 羅城의 동문지 발굴을 통하여 충분히 입증된 바가 있다[12]. 흔히 그곳에서 출토된 목간 관련 자료들이 554년 聖王이 불의에 사망한 이후 造營된 陵墓나 陵寺와 관련이 있지 않을까 짐작하여 왔으나 면밀한 발굴을 거치면서 그 이전 어느 시점의 것으로 밝혀졌다. 이로써 목간의 연대는 538년 백제가 부여로 천도하기 이전으로 소급하는 것으로 추정 가능하게 되었다. 이는 결국 목간의 내용까지도 새롭게 풀어내는 주요 단서가 되었다. 예기치 않게 부여 천도나 羅城 축조와 관련하여서도 중요한 정보로 기능한 셈이다.

그와 비슷한 사정은 이미 언급하였듯이 11차 함안 성산산성 발굴에서도 확인된 바 있다. 당초의 발굴을 통하여 목간이 동문 입구로 저절로 휩쓸려 들어갔을 것이라는 막연한 선입견을 갖고 있었다. 그러다가 면밀하고 체계적인 발굴을 통하여 목간이 특정한 층위에서만 출토된다는 사실을 확인한 것은[13] 괄목할 만한 값진 성과였다. 목간은 용도가 다하여 폐기된 이후 동문지 축성 시 낮은 곳을 메우기 위한 공정 과정에서 의도적으로 버려진 것이었다. 이로써 목간이 폐기된 시점은 축성과 밀접하게 연관된다는 사실이 저절로 입증되었다. 그 동안 내용 분석을 통하여 목간의 연대가 대체로 560년 전후임이 확인되었는데 그렇다면 그것은 『일본서기』 권19 欽明紀 22년조 (561)에 '故新羅築城於阿羅波斯山以備日本'이라 한 기사와 곧바로 일치할 가능성이 더욱 높아진다. 설사 성산산성이 곧 波斯山城은 아니라 할지라도 함안에 정치적 중심부를 둔 安羅를 멸망시키자마자 신라는 특정한 지역 즉 낙동강 상류 유역의 上州 관내의 주민을 동원하여 축성하는 조치를 취하였음을 알게 되었다. 그리고 성산산성이 기왕의 추정처럼 加耶 시기에 축조된 성이 아니라 신라에 의해 축성되었다는 사실을 확인한 것도 목간을 통하여 얻어낸 값진 성과라 할 만하다.

---

11) 이용현, 앞의 책, pp.223~231.

12) 윤선태, 「扶餘 陵山里 出土 百濟木簡의 再檢討」『東國史學』40, 2004 참조.

13) 국립창원문화재연구소, 「함안 성산산성」(11차 발굴조사 현장설명회 자료), 2006.

이처럼 유물이나 유구의 연대나 성격을 결정짓는 데에는 목간으로부터 상당한 도움을 받을 수가 있는 것이다. 이 점은 안압지 출토 목간에서 洗宅이란 관서명이 보이는 데서도 이미 입증된 바가 있다. 사실 안압지라는 이름은 고려 이후에 詩人墨客들이 편의상 붙인 것으로서 축조 당시의 원래 명칭은 아니었다. 그 이전 어느 시기에 이미 이름을 잃어 버렸고 그에 따라 자연히 성격도 분명하지 않게 되었다. 그런데 목간의 출현으로 안압지가 太子의 거소였던 東宮이었고 나아가 바로 『삼국유사』에 보이는 바로 月池宮이었음이 드러나게 되었던 것이다. 목간이 나오지 않았더라면 안압지의 실체는 추정으로만 그칠 뿐 영원한 수수께끼로 남을 뻔하였다. 이는 목간이 어떤 기능을 할 수 있는 지를 여실히 보여 준 사례의 하나이다. 경주 皇南洞 376번지에서 출토된 1점의 목간을 통해서도 마찬가지의 사정이 확인된 바 있다. 거기에는 下椋, 仲椋 등의 용어가 보이는데 이를 통하여 上椋의 존재를 유추해 낼 수 있거니와 나아가 그 유구가 바로 국가 관리 아래에 있던 倉庫였음을 확인할 수 있게 된 것도[14] 그런 사례의 하나로 손꼽을 수 있다.

이상의 몇몇 실례들은 목간이 유구의 성격을 결정짓는데 중대한 몫을 담당하였음을 보여 주기에 충분하다. 그밖에도 목간은 연대를 결정짓는데 크게 참고가 되기도 한다.

다음으로 목간은 성격상 尖端科學의 도움이 절대적으로 필요한 대상이란 사실이다. 목간은 땅속에서 오랫동안 습기를 머금은 상태로 바깥 공기와의 접촉이 차단된 탓에 목재라도 쉽게 썩어 없어지지 않고 보존이 가능하였다. 따라서 공기와 햇빛에 급작스럽게 노출되면 곧바로 黑化가 진행되기 때문에 판독이 대단히 어렵게 된다. 그러므로 발굴 즉시 가급적으로 과학적인 처리와 조사 등의 應急處置를 우선적으로 실시하여 최대한 原狀이 그대로 보존되도록 힘을 기울여야 한다. 그리고는 화상도 높은 적외선 사진 촬영과 함께 컴퓨터를 적극 활용한 접근이 필요하다. 정확한 판독이 제대로 행해지지 않으면 자료가 지닌 의미가 減殺될 수밖에 없기 때문이다. 어쩌면 목간을 매개로 한국고대사 연구도 이제 과학화의 길로 접어들었다는 느낌이 든다.

한편 목간은 古木材學과도 깊이 연관되어 있다. 나무의 분석을 통한 재질 파악이 가져다주게 될 결과와 관련하여서는 과거 武寧王陵에 쓰인 棺材가 일본산의 金松이란 사실을 통하여 널리 입증된 바 있다. 부여의 宮南池에서 출토된 목간의 재질이 일본에서만 자라는 삼나무라는 사실도 밝혀졌는데 그것이 가지는 의미나 의의에 대해서는 물론 따로 추적해 보아야 하겠지만 고목재학의 도움이 절실하다는 사실을 여실히 보여 준다. 목간은 물건이나 사람과 함께 이동하는 성질의 것이다. 그래서 제작지와 출토지가 다른 것이 일반적이다. 이처럼 내용뿐만 아니라 木質의 분석을 통하여서도 그런 점에 대한 일단의 추적이 가능하다.

이상과 같은 사례처럼 목간은 주변 학문 분야의 도움에 입각한 기초 조사가 가장 우선적으로 진행되어야 한다. 새로운 자료의 출현을 너무나 학수고대한 나머지 기초적인 整地作業을 게을리

---

14) 김창석, 「황남동376 유적 출토 목간의 내용과 용도」, 『신라문화』 19, 2001.

하는 경우도 왕왕 찾아진다. 게다가 너무 성급하게 誤讀 혹은 推讀된 석문을 근거로 자칫 자의적인 해석을 시도하여 너무 멀리 나아감으로써 큰 과오를 범할 우려도 예상된다. 이미 제기된 自說을 고집하여 그 방면으로 글자를 읽어내려는 일도 흔히 있을 수 있으므로 당연히 경계해야 할 대상이겠다. 붓으로 쓰여 때로는 읽기가 무척 까다롭고 또 速筆한 탓에 판독이 쉽지 않으므로 신중에 신중을 거듭해야 마땅하다. 그렇지 않으면 다른 형태의 왜곡과 조작으로 귀결될 위험성이 항상 뒤따른다. 예컨대 二聖山城에서 출토된 목간의 경우 현재로서는 褥薩로 읽기가 극히 어려운 상황인 데도 어떤 선입견에 입각하여 그렇게 판독한 것은 너무 지나친 추정이었다고 여겨진다. 그것으로 목간은 물론이고 이성산성 자체 및 출토 유물 등에 대한 전체적인 해석이 크게 달라지기 때문에 아무리 신중해도 지나치지가 않다. 모쪼록 정확한 釋文 작성에 부단한 노력을 기울여야 함을 각별히 강조하고 싶다.

사실 목간을 역사 복원에 활용하기 위해서는 석문 작성과 연대 및 내용 파악이 선행되어야 한다. 그와 동시에 목간 자체에 대한 연구도 함께 진행할 필요가 있다. 가령 형태와 기능의 관계, 書風, 제작 방법, 목간만의 用字法, 문서행정의 체계 등에도 관심을 기울이는 것이 바람직하다. 그 위에 그를 활용하여 역사를 복원하려는 연구가 이루어져야 하는 것이다. 물론 양자가 엄격히 구별되는 것은 아니므로 작업을 병행시켜야 한다. 목간은 한꺼번에 다수가 출토되는 경우가 많으므로 그 용도를 분류하고 상관관계를 파악하는 일도 또한 긴요하다. 때로는 기존 연구 성과와의 비교 검토도 필요하다.

위에서는 목간을 자료로 활용하기에 앞서 기초적인 정지작업이 선결과제임을 강조하였다. 그동안 그런 작업을 상대적으로 게을리 한 측면이 엿보이기 때문이다. 다 아는 바처럼 사실 아직 무엇을 목간이라 부를 것인가라는 개념조차 제대로 정립되어 있지가 못한 실정이다. 이따금씩 목간의 수량을 헤아리는 데 약간의 혼란이 유발되는 것도 바로 그 때문이다. 외형과 함께 墨書가 뚜렷한 것은 물론 당연하지만 외형이 목간과 유사하지만 墨痕이 전혀 확인되지 않는 경우 혹은 墨書는 보이는데 형태가 이상한 경우는 과연 어떻게 분류하는 것이 타당한가. 그 가운데에는 未使用의 목간도 있겠으나 혹여 다른 용도의 것일 수도 있다. 과연 어떤 것을 목간의 범주에 넣을 것인가. 먼저 목간에 대한 개념 규정은 반드시 이루어져야 한다.

그와 함께 용어상의 문제점도 지적해야겠다. 중국에서는 목간을 簡牘이라 하여 죽간과 목간을 다 함께 지칭한다. 한편 일본에서는 목간이란 명칭을 사용한다. 일본의 경우 아직 冊書로 된 목간이나 竹簡이 발견된 사례가 없으므로 현재로서는 그를 염두에 둔 표현은 정작 불필요한 상황이다. 그런 의미에서 일본과 비슷한 양상을 보이는 우리도 목간이라는 용어를 쓰는 편이 대체로 무난할 듯 싶다. 다만 그렇다고 목간 관련 모든 용어를 아무런 고려 없이 무조건 일본식으로 따라가는 것은 신중을 기해야 할 대목이다. 장차 한·중·일 삼국 간 목간 자료의 공통성과 차이점 및 특성을 염두에 둔 용어 사용이 필요하다고 판단되기 때문이다. 그 점과 관련하여 최근 題籤軸(이는 일본에서만 특별히 사용되는 용어인 듯하다. 우리의 경우 그에 대체할 적절한 단어가 없으므로 편의상 이를 따른다.)을 둘러싼 논란은[15] 주목된다.

성산산성에서 제첨축으로 보이는 목제품이 여러 점 출토되었다. 그러나 이를 놓고 일각에서 제첨축이 아니라는 반론을 제기하여 약간의 논란이 일고 있다. 그 주된 근거는 일본과는 달리 머리부분에 묵서가 보이지 않는다는 사실에 있다. 이는 일본의 상황을 절대적인 기준으로 삼은 것으로서 대단히 신중하게 접근해야 할 대목으로 여겨진다. 일본의 경우 현재까지 자료에 의하는 한 목간은 7세기 전반을 상한으로 하며 그 중심 연대는 대체로 8세기로 알려져 있다. 반면 성산산성의 목간은 6세기 중엽의 것이므로 양자 사이에는 상당한 시차가 존재하므로 변화 · 발전의 가능성도 충분히 고려되어야 한다. 어떤 판단에 무조건 일본의 사례를 절대적인 기준으로 삼아서는 곤란하다. 게다가 성산산성의 목간이 그 장소에서 한시적인 용도로 사용되었다는 사실을 참작하면 묵서가 없는 제첨축도 나올 수가 있는 것으로 봄이 적절하다(사실 초기의 판독으로는 여러 개 가운데 하나의 제첨축에는 묵서가 있는 것으로 되어 있기도 하다). 이는 일본의 사례를 지나치게 염두에 둔 접근을 하면 신라나 백제 목간 나름의 특성을 제대로 추출하지 못하는 결과를 갖고 올 위험성이 내재함을 보여 주는 사실이다.

V. 한국 목간 연구의 展望

한국의 목간에 대한 연구는 바야흐로 출발하려는 지점에 서 있다. 그 까닭으로 기실 목간학이라 이름 붙이기에도 부담스런 측면이 있기도 하다. 인근의 중국이나 일본에 비해 연구 출발 시점이나 수준이 늦고 또 낮다. 그렇더라도 앞서간 연구의 장단점을 가려서 典範 혹은 他山之石으로 삼는다면 비교적 짧은 시간 내에 수준을 드높일 수가 있을 터이다. 다만 이는 장차 연구자들의 관심이 어떠하냐에 달린 문제이다. 목간은 앞으로도 지속적으로 추가될 수 있는 거의 유일한 문자 자료이다. 따라서 우리의 관심 여하에 따라 목간은 역사복원을 위한 자료의 寶庫로 기능할 수도 있는 것이다. 앞으로 목간에 대해 크게 기대를 거는 것도 그 때문이다. 그럴 때 몇 가지 측면이 예상된다.

첫째, 앞으로 기존의 연구에서 논란이 많았던 부분을 말끔히 정리해 줄 수가 있을 것으로 기대된다. 그런 사례들은 중국이나 일본의 경우에서 많이 찾아진다. 이를테면 중국의 경우 秦始皇의 문자 통일이 당시 나라마다 다양하던 문자 체계를 전부 小篆體로 정비한 것이라 해석되어 온 통설에 대해 1975년 雲夢睡虎地秦簡의 출현을 계기로 그것이 문서 행정에 사용된 문자의 통일을 뜻

---

15) 이경섭, 「함안 성산산성 출토 題簽軸과 고대 동아시아세계의 文書標識木簡」, 『역사와 현실』 65, 2007.
16) 富谷至, 『목간과 죽간으로 본 중국고대문화사』(임병덕역), 사계절, 2005, pp.144~151.
17) 東野治之, 『木簡か語る日本の古代』(岩波書店, 1997) ; 이용현역, 『목간이 들려주는 일본의 고대』, 주류성출판사,

하는 한정적인 의미로 수정된 바 있다[16]. 일본의 경우 지방행정단위인 郡의 사용 시점 및 評과의 관계를 둘러싼 오랜 논쟁인 이른바 大化改新의 평가나 郡評論爭을 깨끗이 정리해 준 것도 바로 새로 출현한 목간이었다[17]. 우리의 경우 6세기 신라의 말단 행정단위인 行政(城)村과 그를 구성한 自然村의 관계를 둘러싼 논란이 있어 상당 기간 의견의 합치를 보지 못하였는데 성산산성 목간으로 완전히 해결되기에 이르렀다[18]. 이처럼 목간은 비록 단편적이기는 하지만 기존의 논란을 종식시켜 줄 수 있는 힘을 가진 자료로 하겠다.

둘째, 전혀 예기치 못한 새로운 문제를 제기할 가능성이 있다는 점이다. 목간에는 기존의 문헌과 다르거나 또는 새로운 사실이 포함될 가능성이 높다. 이는 문헌의 미비점을 크게 보완하여 주는 기능을 할 것으로 보인다. 가령 부여 능산리 출토 백제 목간의 경우 6部 5方이란 묵서명이 확인된다. 이 점은 기존에 백제의 왕도와 지방이 각각 5부와 5방으로 구성되어 있다는 문헌 기록과 뚜렷하게 차이가 나는 사실이다. 대체로 백제의 왕경 5部가 부여(泗沘)로 천도한 이후 어느 시점에 이르러 6부로 바뀌었음을 나타낸다. 그렇게 된 배경 및 내용과 의미 등을 둘러싼 논의가 앞으로도 더욱 깊게 다각도로 진행되어야 마땅하다[19]. 한편 부여 궁남지 출토의 목간에 보이는 西部後巷의 사례는 왕도의 행정구획인 部의 아래에 巷이란 기초 단위의 존재를 그대로 입증하여 준 사례이다. 경주 月城의 垓字에서 출토된 목간의 경우 왕경 6부 가운데 하나인 牟喙(部)의 아래에 仲里, 新里, 上里 등의 里名이 확인된다. 이는 신라 왕경의 구조와 그 변화를 이해하는 데 중요한 실마리가 될 수 있다. 南山新城碑 3비에 보이는 喙部 主刀里처럼 전통적인 里名이 어느 시점에 이르러 部名과는 다르게 새로운 명칭으로 일제히 정리한 듯한 인상을 풍기기 때문이다. 한편 전혀 예상하지 못하였던 분야에 대한 새로운 정보를 제공받을 수도 있다. 이를테면 부여 宮南池에서 출토된 목간에는 小口나 中口 등 인구의 연령에 따른 구분이 존재하였음을 추정케 하는 기록이 보인다. 백제에서 호구와 관련한 제도가 상당히 발달한 사실은 이미 22部 가운데 點口部가 존재한 데에서 추정된 바 있으나 그 구체적 실체를 편린이나마 당대 기록인 목간을 통하여 더욱 뚜렷이 확인할 수 있게 된 셈이다.

셋째, 흥미로운 분야가 개척될 여지가 보인다는 사실이다. 이를테면 당시 사용된 藥材나 食料, 宮門의 수비와 의식주와 관련된 실상 등 기존의 문헌사료에 보이지 않던 내용이 이따금씩 찾아진다[20]. 이들은 생생한 생활상을 복원하는 데 유용한 자료로 활용될 수가 있다. 장차 전혀 예기치 못하였던 내용의 목간 자료가 출현하여 새로운 영역이 다시금 개척될지도 모른다.

2008, pp.122~123.

18) 朱甫暾, 「韓國 古代 村落史硏究의 進展을 위하여」, 『韓國古代史硏究』 48, 2007, pp.34~36.

19) 김영심, 「백제의 지방통치에 관한 몇 가지 재검토 – 木簡, 銘文瓦 등의 문자자료를 통하여–」, 『한국고대사연구』 48, 2007, pp.253~257.

20) 이용현, 「안압지와 東宮 庖典」, 『新羅文物硏究』 창간호, 2007 참조.

넷째, 국제적인 문화 교류를 구체적으로 짐작케 하는 내용이 확인되는 점이다. 한문이란 공통된 문자의 사용을 매개로 그 점을 확인할 수가 있다. 어떤 내용인지가 충분히 해명되지 못한 안압지 출토 목간 자료 일부에 대해 일본 平城宮 宮門址 출토의 자료와 유사함을 근거로 해명할 만한 실마리를 포착하였던 사례가[21] 그것을 단적으로 보여 주는 사실이다. 그리고 이성산성 출토의 목간에 보이는 '前'이 吏讀文으로서 '앞'이란 뜻으로 해석된다는 사실이[22] 밝혀진 것도 그 점을 시사하여 준다. 이밖에 고구려 백제 신라 뿐만 아니라 일본에서도 部를 '우부방'(邑)만으로 略字 표기한 사례가 공통적으로 확인되는 사실은 문자 교류를 보여 주는 유력한 사례이다. 이를 통하여 동아시아 세계를 하나의 連動하는 단위로 설정할 단서를 확보할 수 있게 된 셈이다.

우리나라와 일본의 경우 대체로 지금까지 알려진 목간이 제작된 시점에는 이미 종이 사용이 어느 정도 이루어지고 있었다. 그것은 『論語』를 習書한 목간이 보이는 반면[23] 冊書가 출토되지 않는 점, 종이 문서와 깊은 관련이 있는 題籤軸이 출토된 점 등에서 충분히 유추되는 사실이다. 그렇다면 목간은 문서행정에 사용되었으면서도 어디까지나 종이로 된 문서의 보조적인 자료로서 기능한 것으로 해석되어야 마땅하다. 그 점을 방증하여 주는 것이 695년 작성된 것으로 추정되는[24] 新羅村落文書이다. 그렇다면 점차적으로 종이 문서로 대체되어 가는 경향이었다고 추정해도 무방하리라 여겨진다. 이는 문화사적으로 깊이 추적해 보아야 할 대목이다.

목간은 이동이 용이한 자료이다. 그래서 생산지와 廢棄處가 다른 경우가 일반적이다. 가령 文書木簡은 수신자에 의해 폐기되며 荷札木簡은 창고를 거쳐서 마침내 폐기된다. 이런 사정을 염두에 두고 내용과 관련지어 생성에서 소멸까지 목간의 일생을 추적하면 예기치 못한 많은 부분을 생생하게 드러낼 수가 있다. 이것이 곧 한국고대사를 한결 더 풍부하게 만드는 길이기도 하다.

VI. 나머지말

얼마 전까지 한국고대사 연구에서 금석문이 차지하던 위치를 이제는 목간이 이어받아 대신하게 된 느낌도 든다. 이를 적극 분석하여 활용한다면 한국고대사 분야의 연구는 장차 새로이 도약하여 中興期, 興隆期를 맞게 될 것으로 기대된다. 다만 그것은 다른 분야와의 적극적인 학제적 연구가 전제될 때만이 비로소 가능한 일이라 여겨진다. 문헌이 한국고대사의 큰 틀을 짜는 기본의

21) 윤선태, 「안압지 출토 門戶木簡과 신라 동궁의 경비」, 『한국고대사연구』 44, 2006 참조.
22) 李成市, 「韓國出土の木簡について」, 『木簡研究』 19, 1997.
23) 釜山大博物館, 『金海 鳳凰洞, 低濕地遺蹟』, 2007 ; 선문대 고고학연구소, 「인천 계양산성 동문지유적 보고회자료」, 2005.
24) 윤선태, 「新羅 統一期 王室의 村落支配-古文書와 木簡의 분석을 중심으로-」, 서울대박사학위논문, 2000 참조.

역할을 하였다면 금석문은 그를 연결하고 내용을 채우는 데 기여하였고 이제 목간은 세세한 부분을 마무리하는 기능을 다할 것으로 생각된다. 그렇게 함으로써 한국고대사 연구는 새로운 차원으로 진입해 갈 터이다.

문헌자료는 당대의 시각으로 상당히 정리된 것이어서 윤색되거나 혹은 왜곡·과장된 부분이 적지 않다. 당대의 기록이기는 하지만 금석문도 일차적으로 정리하여 기록되었다는 측면에서 일정 정도의 손질이 미리 가해진 것은 분명하다. 그런 점은 廣開土王碑文이나 中原高句麗碑, 眞興王巡狩碑 등에서 뚜렷이 확인되는 사실이다. 이들에 대한 사료 비판에 철저하지 않으면 실상과 전혀 다른 결론을 이끌어 낼 위험성이 항상 뒤따른다. 그에 비하여 목간은 전혀 加工되지 않은 있는 사실 그대로를 생생하게 보여 준다는 의미에서 사료로서의 가치가 대단히 높다고 하겠다. 다만 내용이 대체로 단편적이어서 보조적인 자료로서밖에 기능하지 못한다는 뚜렷한 한계를 지니는 것도 숨길 수 없는 사실이다. 그리고 판독상의 어려움으로 말미암아 엉뚱하게 誤用될 소지가 많다는 점이 문제로 지적된다. 연구자들은 항상 그런 점을 명심하고 신중하게 접근하는 태도를 견지해야 할 것이다.

지금까지 알려진 분량은 얼마 되지 않지만 그것만이라도 완벽하게 정리되도록 최대한의 노력을 기울여야 한다. 이를테면 한중일 삼국의 목간이나 금석문에 보이는 文字를 함께 對比하거나 문자의 시대적인 변화를 파악할 수 있는 사전류의 제작, 혹은 개별 목간에 대한 註釋 작업, 용어상의 통일성 문제 등이 긴요하다. 이들은 혼자만의 힘으로는 벅찬 대상이므로 판독 조사와 함께 공동으로 진행하는 것이 바람직할 듯하다. 목간학회가 굳이 따로 설립되어야 할 필요성의 하나도 바로 이런 데에서 찾아진다. 그럴 때 한국의 목간학 분야는 비교적 짧은 시간 안에 제대로 定立되리라 확신한다.

투고일 : 2008. 4. 28   심사개시일 : 2008. 5. 11   심사완료일 : 2008. 6. 10

참/고/문/헌

국립창원문화재연구소, 『韓國의 古代木簡』, 2004.

선문대 고고학연구소, 「인천 계양산성 동문지유적 보고회자료」, 2005.

국립창원문화재연구소, 「함안 성산산성」(11차 발굴조사 현장설명회 자료), 2006.

국립가야문화재연구소, 「함안 성산산성 제12차 발굴조사」(현장설명회 자료집), 2007.

국립가야문화재연구소, 『함안 성산산성 출토목간』, 2007.

釜山大博物館, 『金海 鳳凰洞, 低濕地遺蹟』, 2007.

김병준, 「樂浪郡初元四年縣別戶口多少□□ 木簡과 秦漢時代 戶籍」, 『新出土 木簡의 饗宴』(한국목간
　　학회 제2회 학술대회 발표요지), 2007.

김영심, 「백제의 지방통치에 관한 몇 가지 재검토 - 木簡, 銘文瓦 등의 문자자료를 통하여-」, 『한
　　국고대사연구』 48.

김창석, 「황남동376 유적 출토 목간의 내용과 용도」, 『신라문화』 19, 2001.

東野治之, 『목간이 들려주는 일본의 고대』(이용현역), 주류성출판사, 2008.

富谷至, 『목간과 죽간으로 본 중국고대문화사』(임병덕역), 사계절, 2005.

손영종, 「낙랑군 남부지역의 위치 - '락랑군 초원4년 현별호구다소□□' 통계자료를 중심으로」,
　　『력사과학』 198, 2006.

손영종, 「료동지방 전한 군현들의 위치와 그 후의 변천(1)」, 『력사과학』 199, 2006.

윤선태, 「新羅 統一期 王室의 村落支配-古文書와 木簡의 분석을 중심으로-」, 서울대박사학위논문, 2000.

윤선태, 「扶餘 陵山里 出土 百濟木簡의 再檢討」, 『東國史學』 40, 2004.

윤선태, 「안압지 출토 門戶木簡과 신라 동궁의 경비」, 『한국고대사연구』 44, 2006.

윤선태, 「목간연구의 현황과 전망」, 『한국고대사연구의 새 동향』, 서경문화사, 2007.

윤선태, 『목간이 들려주는 백제 이야기』, 주류성, 2007.

윤용구, 「새로 발견된 낙랑목간-樂浪郡 初元四年 縣別戶口簿」, 『한국고대사연구』 47, 2007.

이경섭, 「함안 성산산성 출토 題簽軸과 고대 동아시아세계의 文書標識木簡」, 『역사와 현실』 65, 2007.

李基東, 「雁鴨池에서 出土된 新羅 木簡에 대하여」, 『慶北史學』 1, 1979.

李成市, 「韓國出土の木簡について」, 『木簡研究』 19, 1997.

이용현, 『韓國木簡基礎研究』, 신서원, 2006.

이용현, 「안압지와 東宮 庖典」, 『新羅文物研究』 창간호, 2007.

임경희·최연식, 「태안 청자운반선 출토 고려 목간의 현황과 내용」, 『新出土 木簡의 饗宴』(한국목
　　간학회 제2회 학술대회 발표요지), 2007.

朝鮮文化研究所編, 『韓國出土木簡の世界』, 雄山閣, 2007.

朱甫暾, 「韓國 古代 村落史研究의 進展을 위하여」, 『韓國古代史研究』 48, 2007.

〈日文要約〉

韓國における木簡研究の現況と展望

朱甫暾

　この原稿は，前日2007年1月に韓國木簡學會の出帆と同時に開催された國際學術學會で基調講演の提案文を基にし，同年12月に日本木簡學會で「韓國木簡學會の出帆と展望」という主題で發表したものを補完して整理したものである．韓國木簡學會が出帆した背景とともに，それまで木簡の出土狀況と背景，それを根據にした研究の動き及び進めていく方向の展望などに對する大筋を大きな見方と觀点より提示してみた．

　最近，比較的多い木簡が相次いで出土されている．木簡が初めて發見されたのは1930年代までさかのぼれるが，本格的な關心を持ってほどに出土されたのは1975年慶州のアンアップジ(雁鴨池)である．その後，慶州を初めとして扶餘・ソウル・仁川・金海・益山・咸安等で木簡が出土され，現在のところ全體で約500点を數えることになった．全國に渡って出土されていると言って良い．

　その中で一番の量的にも內容的にも特に注目してみるものは慶尙南道咸安にある城山山城で出土した木簡である．合計で200余点に達しているので，一番多いだけでなく同じ場所より出てくる可能性まで予告されている．なぜなら，木簡を含めた斷層が發見されたからである．これは木簡が文字資料である以前に考古學資料であることを証明してくれる．木簡學がそれぞれ多樣な學問分野との緊密な協力が要求されることを意味する．從って，判讀より分析に至るまで多樣な分野との學問的な學制的研究が行われば，結局には韓國古代史の方面で大きく役に立つと予想される．ただ，これは基礎的な整地作業が緻密的に行った時にようやく可能になることである．

　木簡は，從來の文獻を根據にした歷史研究が持った限界を克服できる唯一な資料である．今後，さらなる關心を欹てるべき理由もここにある．中國や日本に比べて資料の量は勿論のこと，研究の歷史も非常に日が殘い．彼らとの交流が緊要な實情である．從って，木簡學會は國內だけでなく國際的な連携が大きく要望される分野であるため，この方面に對する持續な關心を持つ必要があると判斷される．

▶ キーワード：木簡, 木簡學, 文字資料, 咸安 城山山城, 學際的 研究

扶餘 陵山里 出土 木簡의 性格

李炳鎬*

〈국문초록〉

부여 陵山里寺址 중문지 남쪽과 서쪽에서는 40여 점의 목간이 출토되었다. 지금까지 능산리 출토 목간은 중문지 남서쪽의 초기 자연배수로에서만 출토된 것으로 알려졌다. 하지만 목간 출토 지점에 관한 재검토 결과 중문지 동남쪽의 초기 자연배수로와 그보다 시기가 늦은 남쪽의 제2석축 배수시설에서도 출토된 것으로 드러났다. 대부분의 목간이 출토된 초기 자연배수로의 폐기 시기와 정비 과정을 파악하기 위해 능산리사지 가람 중심부의 정비 과정을 살펴보았다. 능산리사지에서 출토된 瓦當의 형식 분류와 상대편년, 건물지별 분포 상황을 분석한 결과 가람 중심부의 건물들은 강당지, 목탑지, 불명건물지Ⅱ가 1차로 건립되고, 금당지와 중문지, 회랑지가 2차로 건립되었음을 확인할 수 있었다. 또 동·서 회랑지 남쪽 끝부분에서 발견된 암거시설을 통해 동·서 대배수로의 정비, 즉 초기 자연배수로의 폐기가 가람 중심부에 1차 건물이 건립되고 나서 2차 건물이 들어선 시점에야 이루어졌음을 추정할 수 있었다. 능산리사지의 講堂址는 이 사원에서 가장

* 국립중앙박물관 학예연구관

먼저 건립된 건물로서 567년 목탑 건립 이전부터 능산리고분군의 祠堂과 같은 역할을 하였던 것으로 추정되며 이는 願刹이라는 능산리사지의 성격과 깊은 관련을 갖는 것으로 생각된다.

목간이 폐기된 하한을 추정하기 위해 2002-1번 목간의 출토 상황에 주목하였다. 〈도면4〉의 토층도와 와당 등의 공반유물을 볼 때 이 목간은 금당지가 건립되거나 완성되고, 회랑지가 건립되기 시작하던 6세기 후반 무렵에야 폐기된 것으로 생각된다. 목간 제작·사용의 상한 연대는 사원의 최하층에서 출토된 중국청자편과 벼루편 등을 통해 볼 때 6세기 중엽 정도로 생각된다. 그런 점에서 능산리 출토 목간은 554년 관산성 전투에서 성왕이 죽은 사건 이후부터 567년 목탑이 건립되던 단계에 주로 제작·사용·폐기되었지만 일부 목간은 6세기 후반까지 제작·사용되다가 폐기된 것으로 생각된다. 능산리 출토 목간의 대부분이 567년 목탑 건립 전후에 폐기된 사실은 이들 목간이 능산리사지 초기 강당지에 있었던 어떤 시설과 밀접하게 관련됨을 알려주고 있다. 또 목간에 기록된 내용이 불교나 죽은 사람의 의례와 관련된 것, 물품의 생산지와 이동, 장부와 같은 것이 망라되어 있는 점을 고려할 때 능산리 출토 목간들은 능산리사지의 건립 과정에서 파생된 것으로 생각된다.

따라서 8차 조사에서 발견된 2002-1번 4면목간의 경우도 능산리사지의 정비와 관련시켜 볼 필요가 있다. 목간의 적외선 판독 결과 1·2면의 支藥兒食米記와 3면의 道使 관련 기록은 작성 시기에 차이가 있음을 알 수 있었다. 1·2면은 支藥兒라는 어떤 건물이나 시설에서 쌀을 지급한 내역을 담은 帳簿이며, 3면은 1·2면에서 연속된 食米 관련 기록을 지운 다음 再使用한 2차 목간이고, 4면은 꼴書로 생각된다. 따라서 2002-1번 목간은 支藥兒라는 어떤 건물이나 시설에서 능산리사지의 건립에 동원된 지방민들에게 쌀을 지급한 내역을 기록한 중간 단계의 상부라고 할 수 있나. 2002-1번 목간과 300번, 306번, 310번 목간 등을 통해 볼 때 능산리사지 일대에는 쌀과 같은 물품의 이동과 관련된 창고 시설이나 행정조직이 존재하였을 것으로 생각된다.

▶ 핵심어 : 木簡, 陵山里寺址, 講堂址, 木塔, 願刹, 食米, 帳簿

Ⅰ. 머리말

扶餘 陵山里寺址는 王陵群으로 추정되는 陵山里古墳群과 羅城 사이에 위치하는 백제 사비시기의 절터이다. 1992년부터 10차에 걸쳐 발굴 조사가 실시되어 金銅大香爐, 昌王銘 石造舍利龕을 비롯해서 다량의 금속공예품과 토기류, 와전류가 출토되었고 목탑지와 금당지를 비롯한 다수의 건물지가 확인되었다.[1] 그중 능산리 출토 목간들은 中門址 남쪽과 서쪽에 대한 발굴조사(6·7·8차)에서 출토된 것으로 발굴조사 보고서가 간행되기 이전에도 약보고서와 도록을 통해 대략적인 내

용은 소개되었다.[2] 그로 인해 능산리 출토 목간에 대한 釋讀 작업과 내용 분석, 제작 및 폐기 시기와 전반적인 성격에 대한 논의도 상당 정도 진행되었다. 최근에는 발굴 보고서가 간행되어 미공개 목간이 추가로 소개되고 발굴 상황에 대한 정보도 훨씬 보충되었다.[3]

능산리 출토 목간에 대한 研究史를 간략히 정리하면 다음과 같다. 먼저 발굴을 담당했던 朴仲煥은 이들 목간을 陵山里寺址와 관련되는 것으로 소개하고 共伴遺物이나 書體를 근거로 사비 천도 직후인 540년 전후부터 위덕왕대 중반(570년) 사이에 제작·사용된 것으로 추정하였다.[4] 그후 많은 연구자들은 이들 목간이 능산리사지 중문지 남쪽에서 출토되었기 때문에 당연히 능산리사지와 관련될 것이라고 믿게 되었다. 그러나 이러한 이해는 8차 조사 이후 비판에 직면하게 된다. 8차 현장설명회에서는 6·7차 조사 당시 목간이 집중 출토되었던 초기 자연배수로가 서대배수로보다 이른 시기에 이용되었음을 확인하고, 그 上限이 동라성의 축조 시기까지 소급될 수 있다는 견해가 제기되었기 때문이다.[5]

그후 近藤浩一은 능산리 출토 목간의 내용을 전면적으로 검토하면서 '羅城 築造 木簡說'을 제기하게 되고, 작성 시기를 동라성 축조 공사가 시작된 것으로 생각되는 527년 무렵으로 추정하게 된다.[6] 그가 근거로 삼은 것은 8차 조사에서 드러난 초기 자연배수로와 서대배수로의 층위 관계, 그리고 食米·道使 등이 기록된 4면목간이다. 그는 4면목간을 동라성 축조와 관련되는 帳簿로 이해하고, 이곳에 나성 축조 공사를 책임졌던 거점 시설이 존재한 것으로 보았다.

近藤浩一이 제기한 나성 축조 목간설은 尹善泰에 의해 비판을 받는다. 그는 8차 조사 시 능산리사지 건립 이전 유구에서도 繩文의 기와가 확인되는 것을 보면 능산리사지 이전에 이 일대에 기와를 올린 어떤 시설이 있었으며, 그러한 수준의 시설이라면 단순히 나성 축조를 목적으로 한 임시시설은 아니었을 것이라고 주장한다. 또 능산리 목간 중에 佛敎나 祭祀 儀禮와 관련되는 목간이 다수 존재하기 때문에 이를 단순히 나성 축조와 연결시키기는 어렵다고 하였다.[7] 특히 男根形木簡(295번 목간)[8]은 백제의 道祭에 사용된 神主로서 백제에서도 도성의 사방 입구나 외곽 도로에서 路神께 폐백을 올려 왕경으로 들어오는 역병 등 나쁜 기운을 막기 위한 국가 의례가 있었음을 추

---

1) 1~5차 조사 내용은 國立扶餘博物館(2000), 『陵寺−扶餘 陵山里寺址 發掘調査 進展報告書』 참조.
2) 박중환(2001), 「扶餘 陵山里寺址 발굴조사개요−2000년~2001년 조사내용」, 『東垣學術論文集』 4, 국립중앙박물관.
   박경도(2002), 「扶餘 陵山里寺址 8次 發掘調査 槪要」, 『東垣學術論文集』 5, 국립중앙박물관.
   국립부여박물관(2002), 『百濟의 文字』, 하이센스.
   국립창원문화재연구소(2004), 『韓國의 古代木簡』, 예맥출판사.
3) 國立扶餘博物館(2007), 『陵寺−부여 능산리사지 6~8차 발굴조사보고서』, 遺蹟調査報告書 第13冊.
4) 朴仲煥(2002), 「扶餘 陵山里發掘 木簡 豫報」, 『韓國古代史研究』 28, 한국고대사학회.
5) 국립부여박물관(2002), 「제8차 부여 능산리사지 현장설명회자료」.
6) 近藤浩一(2004), 「扶餘 陵山里 羅城築造 木簡의 硏究」, 『百濟硏究』 39, 충남대 백제연구소.
   近藤浩一(2005), 「扶餘 陵山里出土木簡と泗沘都城關聯施設」, 『東アジアの古代文化』 125, 東京: 古代學研究所.
7) 尹善泰(2004), 「扶餘 陵山里 出土 百濟木簡의 再檢討」, 『東國史學』 40, 동국대 사학회.

정할 수 있는 자료라고 보았다. 또 8차 조사에서 발견된 4면목간을 분석하여 이를 羅城 大門의 禁衛와 관련된 것이라고 주장하였다.[9] 다만 그와 관련된 시설이 이전 논문에서 밝힌 국가의례와 동시기에 함께 기능한 것으로 이해하는지, 또 원래 沼澤地인 이곳에 垈地 造成 이전에 사원과 성격을 달리하는 별도의 시설이 들어설 수 있었는지에 대해서는 설명이 없다.

그밖에 목간의 書體에 대한 연구와[10] 295번 남근형목간을 일본 고대의 道饗祭와 비교한 연구,[11] 305번 목간을 중심으로 한 百濟 吏讀에 대한 연구,[12] 304번 '寶憙寺' 銘 목간에 근거한 佛敎史的인 연구[13], 지방통치 체제에 관한 연구[14] 등이 진행되었다. 이들 연구는 능산리 출토 목간 전체를 다룬 것도 있지만 단편적으로 언급한 경우도 있다. 어느 경우든 목간을 통해 다양한 방면의 연구가 진행될 수 있음을 제시해 준 점에서 의의가 크다.

본고는 1차적으로 능산리 출토 목간의 성격을 밝히기 위해 작성되었다. 기존 연구에서는 목간의 기재 내용에 관한 분석에만 천착하여 출토 위치나 층위, 공반유물 등 출토 맥락과 목간의 사용·폐기 연대에 관한 문제를 소홀히 다루었다. 그간 능산리 출토 목간의 성격에 관한 논란의 핵심은 초기 자연배수로와 서대배수로의 선후 관계에 대한 문제와 食米·道使 등 풍부한 내용을 담고 있는 4면목간의 기재 내용에 시각의 차이였다. 하지만 초기 자연배수로가 서대배수로 보다 선행한다고 해서 그 단계에 능산리사지 가람 중심부에 아무런 시설이 없었다고 단정하기는 어렵다. 또 4면목간의 기재 내용을 나성이나 추정 동문지와 관련시켜 보기 위해서는 그 폐기 연대와 공반유물에 관한 이해가 선행되어야 한다.

이에 Ⅱ장에서는 능산리 목간의 출토 상황과 출토 위치를 검토하였다. 목간의 출토 위치는 목간의 폐기 시섬이나 기새 내용의 차이를 반영할 수 있으며, 그 성격을 파악할 때 중요한 시사점을 줄 것이다. Ⅲ장에서는 사원 내부에서 출토된 瓦當의 분석을 통해 주요 건물의 건립 순서를 추론하고, 암거시설을 중심으로 한 배수시설의 배치 양상을 검토하였다. 이를 통해 능산리사지의 성격이 보다 선명해지고, 초기 자연배수로의 정비와 연계된 서대배수로의 축조 시점이 명확해질 것이다. Ⅳ장에서는 8차 조사에서 출토된 2002-1번 4면목간의 층위 관계와 능산리 최하층 유구에서

---

8) 본고에서 사용한 목간의 일련번호는 국립창원문화재연구소에서 발행한 『韓國의 古代木簡』에 근거한다. 다만 당시 소개되지 않은 자료는 발굴 연도에 따라 〈표1〉과 같이 정리하였다.

9) 尹善泰(2006), 「百濟 泗沘都城과 嵎夷-木簡으로 본 泗沘都城의 안과 밖」, 『東亞考古論壇』 2, 충청문화재연구원.
　尹善泰(2007), 「사비 도성의 境界와 儀禮」, 『목간이 들려주는 백제 이야기』, 주류성.
　尹善泰(2007), 「百濟의 文書行政과 木簡」, 『韓國古代史硏究』 48, 한국고대사학회.

10) 李星培(2004), 「百濟書藝와 木簡의 書風」, 『百濟硏究』 40, 충남대 백제연구소.

11) 平川南(2005), 「百濟と古代日本における道の祭祀」, 『百濟 泗沘時期 文化의 再照明』, 국립부여문화재연구소.
　平川南(2006), 「道祖神信仰の源流」, 『國立歷史民俗博物館 硏究報告』 133, 千葉: 國立歷史民俗博物館.

12) 金永旭(2003), 「百濟 吏讀에 對하여」, 『口訣硏究』 11, 구결학회.

13) 최연식(2007), 「백제 찬술문헌으로서의 『大乘四論玄義記』」, 『韓國史硏究』 136, 한국사연구회.

14) 金英心(2007), 「백제의 지방통치에 관한 몇가지 재검토」, 『韓國古代史硏究』 48, 한국고대사학회.

발견된 중국제 자기편 및 벼루편의 상대편년을 통해 목간이 폐기된 시기를 추정하였다. 목간 폐기 연대와 가람 중심부의 정비 과정, 목간 기재 내용에 관한 분석을 종합하면 능산리 출토 목간의 성격이 보다 더 명확해질 것이다. Ⅴ장에서는 8차 조사에서 발견된 2002-1번 4면목간의 기재 내용을 집중 분석하였다. 300번, 306번, 310번 목간 등 폐기 양상과 기재 내용이 유사한 목간들을 비교하고 목간 폐기 시점을 함께 고려하여 食米 관련 내용이 기재된 배경과 의의를 설명하고자 하였다.[15]

Ⅱ. 木簡 出土 狀況과 出土 位置

부여 능산리 목간이 출토된 지역은 陵山里寺址 中門址 동남쪽과 서남쪽에 해당한다. 목간이 처음 출토된 6차 조사에서는 310번 목간을 시작으로 7점의 목간과 목간부스러기 8점 등 모두 15점이 출토되었다.[16] 7차 조사에서는 296번 목간을 시작으로 묵서가 있는 목간 19점(기보고 14점, 추가 5점, 미보고 1점), 목간부스러기 1점(302번), 묵서가 없는 木簡形 木製品 2점 등 모두 23점 이상이 출토되었다. 8차 조사에서는 食米 · 道使 등이 기록된 4면목간(2002-1번) 1점만 출토되었다. 그러나 최근 발간된 발굴조사보고서는 일부 목간과 목간부스러기가 누락된 경우가 있어 향후 보완을 필요로 한다.[17]

---

15) 본고가 처음 발표된 것은 한국목간학회 제1회 국제학술대회에서였다. 본고가 완전하게 정리되지 못한 채 발표문 상태로 남아 있었던 것은 학회의 창간호 발간 일정과 관련되지만 필자의 책임도 없지 않다. 그 사이 일부 연구자들의 비판과 새로운 학설의 제기, 필자의 비판에 관한 답변 등이 있었고, 2007년 12월에는 발굴조사 보고서가 간행되기도 했다. 그간의 연구에 관한 답변과 보완, 발굴 보고서에 근거한 용어의 변경이 불가피했지만 충분치 못하다. 본고에서는 일단 기존 발표문을 충실하게 보완하여 自說을 명확히 하는데 중점을 두었다.

16) 추가된 두 점은 발굴보고서의 도면53-1(도판141-1)과 도면53-2(도판141-2)이다. 한편 보고서에서는 도면54-12(도판141-2), 도면54-3(도판141-3) 이외에 14점의 목간부스러기가 더 있는 것으로 보고하였다. 하지만 필자는 14점의 목간부스러기의 경우 도판141-4에 제시된 묵흔이 있는 6점만을 산정하였다. 함께 제시된 목간부스러기의 경우 묵흔이 확인되지 않은 잔편들은 보존 처리나 보존 과정에서 파편으로 변형되었을 가능성이 크기 때문이다. 또 출토 당시의 발굴 사진을 참조하면 도면53-2는 도면54-2, 54-3과 동일 장소에서 출토되었기 때문에 이들 목간편들은 동일한 목간에서 나온 부스러기일 것으로 생각된다.

17) 필자가 파악하기로는 적어도 묵서가 있는 목간 4점과 목간부스러기 4건(3점은 파편, 나머지는 일괄품)이 미보고 되었다. 미보고 목간의 경우 대부분 한두 글자만 남아 있어 자료로서의 가치는 크지 않을 것으로 예상되지만 향후 목간의 수량을 파악할 때 참고할 필요가 있다. 목간부스러기의 경우 3건 3점은 별개의 파편으로 생각되지만 나머지 1건은 일괄품으로 100여 편을 헤아리는데 302번 목간부스러기와 함께 출토되었다. 302번 목간부스러기의 경우 상태가 좋은 것만을 먼저 보존처리하고 나머지는 미보고 상태로 보관한 결과이다. 이들 미공개 목간의 경우 필자가 국립부여박물관에 근무하던 2007년도에 유물 정리 과정에서 발견하여 현재 보존처리가 진행 중이다. 그런데 최종 보고서에 이러한 미보고 목간이 남아 있다는 사실조차 명기하지 않은 것은 아무래도 납득하기 어렵다.

<表 1> 부여 능산리 목간의 현황과 출토 위치

연번	목간번호	보고서 번호 (도면, 도판)	출 토 위 치	비고
1	310번	53-1, 140-2	제2석축 배수시설 남쪽 끝 S130~140, W50~40	
2	306번	52-1, 139-2	할석 집수조 S130, W60~40	
3	295번	51-1, 139-1	중문지 남쪽 초기 자연배수로 S110, W50~40	제2·3목책렬 동쪽 끝부분
4	314번	54-1, 141-1	중문지 남쪽 초기 자연배수로 S110~120, W50~40	295번 인접
5	309번	52-2, 140-1	중문지 남쪽 초기 자연배수로 S110~120, W50~40	
6	2000-1	53-3, 140-4	중문지 남쪽 초기 자연배수로 S110~120, W50~40	309/314번 공반 발굴자의 傳言
7	2000-2	54-3, 141-3	중문지 남쪽 초기 자연배수로 S120, W60~40	목간부스러기
8	2000-3	53-2, 140-3	중문지 남쪽 초기 자연배수로 S110~120, W50~40	295번 인접
9	2000-4	54-2, 141-2	중문지 남쪽 초기 자연배수로 S110~120, W50~40	2003-3 공반 목간부스러기
10 ~15	2000-5~10	54-4, 141-4	중문지 남쪽 초기 자연배수로 S110~120, W50~40	2003-3 공반 목간부스러기
16	296번	86-2, 163-1	중문지 남서쪽 초기 자연배수로 S110, W61	제2·3목책렬 사이 목재편 북쪽
17	313번	90-2, 165-2	중문지 남서쪽 초기 자연배수로 S110, W60	제2·3목책렬 사이 목재편 북쪽
18	299번	88-1, 163-4	중문지 동남쪽 초기 자연배수로 S100~110, W20	현장 사진 및 발굴자의 傳言
19	297번	87-1, 163-2	중문지 남서쪽 초기 자연배수로	현장사진 참조
20	298번	87-2, 163-3	중문지 남서쪽 초기 자연배수로	현장사진 참조
21	300번	88-2, 164-1	중문지 남서쪽 초기 자연배수로	
22	301번	89-1, 164-2	중문지 남서쪽 초기 자연배수로	
23	303번	90-1, 165-1	중문지 남서쪽 초기 자연배수로	
24	305번	95-2, 169-1	중문지 남서쪽 초기 자연배수로	
25	304번	90-3, 165-3	중문지 남서쪽 초기 자연배수로	현장사진 참조
26	307번	91-1, 166-1	중문지 남서쪽 초기 자연배수로	
27	308번	91-2, 166-2	중문지 남서쪽 초기 자연배수로	
28	311번	91-3, 166-3	중문지 남서쪽 초기 자연배수로	
29	312번	91-4, 166-4	중문지 남서쪽 초기 자연배수로	
30	302번	89-2, 164-3	중문지 남서쪽 초기 자연배수로 S120, W60	목교 인접 구간
31	2001-1	86-1, 162-5	중문지 남서쪽 초기 자연배수로	
32	2001-2	92-1, 167-1	중문지 남서쪽 초기 자연배수로	
33	2001-3	93-1, 167-2	중문지 남서쪽 초기 자연배수로	
34	2001-4	93-2, 168-1	중문지 남서쪽 초기 자연배수로	
35	2001-5	96-1, 169-2	중문지 남서쪽 초기 자연배수로	
36	2001-6	94-1, 168-2	중문지 남서쪽 초기 자연배수로	목간형 목제품
37	2001-7	95-1, 168-3	중문지 남서쪽 초기 자연배수로	목간형 목제품
38	2001-8	사진 참조	중문지 동남쪽 초기 자연배수로 S100, W20	
39	2002-1	125-1, 213	S90, W60~75 트렌치 북쪽	4면목간

※ 6차 조사는 연번 1~15번, 7차 조사는 연번16~38번, 8차 조사는 39번에 해당함.

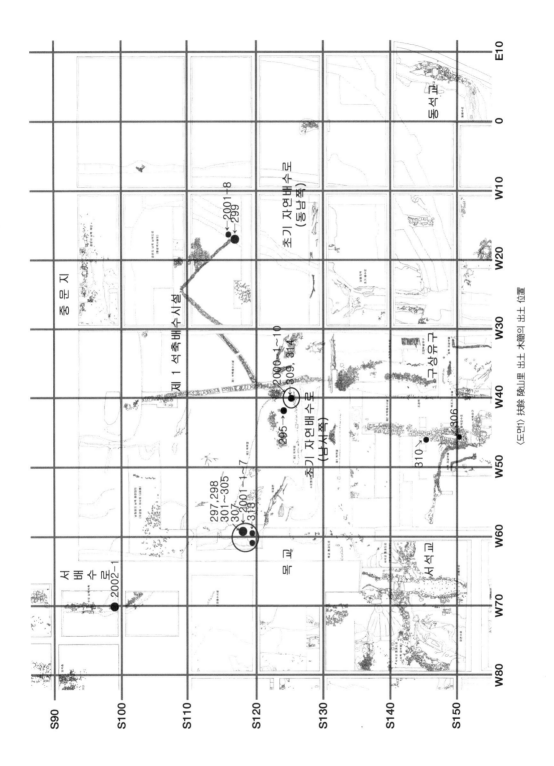

〈도면〉 扶餘 陵山里 出土 木簡의 出土 位置

〈표1〉은 향후 논의의 진전을 위해 국립창원문화재연구소 간행물과 발굴조사 보고서의 번호를 재정리한 것이고 〈도면1〉은 출토 지점을 도면화한 것이다. 연번은 발굴 野帳을 통해 출토 일시를 파악하여 그 순서를 따랐지만 가장 많은 수량이 출토된 7차 조사 출토품의 경우 296번, 313번, 2001-8번을 제외하면 출토 일시나 위치를 정확하게 판정하기 어려워 국립창원문화재연구소 도록과 발굴 보고서의 순서를 준용하였다. 목간 출토 지점과 관련해서는 발굴 당시의 야장과 현장사진, 관련자 면담 등을 토대로 작성되었다. 7차 조사 출토품의 경우 출토 지점이 정확치 않은데 발굴 담당자에 따르면 당시 출토된 목간 대부분이 중문지 남서쪽 초기 자연배수로, 특히 S110, W60 지점에서 수습되었기 때문에 별도로 명기하지 않았다고 한다.

6~8차 발굴조사에서 출토된 목간의 출토 지점은 일정한 경향성을 보이고 있다. 먼저 6차 조사에서 발굴된 목간들은 306번과 310번 목간을 제외하면 모두 S110~120, W50~40 구간의 흑색 뻘층에서 발견되었다. 295번 목간의 경우 제2목책렬과 제3목책렬 동쪽 끝에서 발견된 지게 발채 출토 지점의 북쪽에서 발견되었다. 또 309번과 314번, 2000-1~10번 목간과 목간부스러기들은 지게 발채의 동쪽에서 발견되었다. 그런 점에서 6차 조사에서 수습된 목간군은 중문지 남쪽의 초기 자연배수로에서 동일한 맥락에서 출토되었다. 다만 306번과 310번 목간의 경우 S130~140, W40~50구간에서 출토되었는데 전자는 할석 集水槽 내부에서, 후자는 제2石築 排水施設의 남쪽 끝부분에서 출토되었다. 이들 배수시설의 경우 후술하는 것처럼 중문지 남쪽에서 확인된 초기 자연배수로 보다 한 단계 늦은 시기에 축조되었고, 일련의 목간군이 출토된 지점보다 20~30미터 남쪽에서 발견되었기 때문에 출토 맥락이 다르다고 할 수 있다. 이러한 사실은 이 목간들의 폐기 시점, 나아가 기재 내용이나 성격의 차별성을 시사하는 것은 아닐까 한다.

7차 조사에서 출토된 23점의 木簡과 미보고 목간들은 대부분 S110, W60 지점의 제2목책렬과 제3목책렬의 동북쪽, 특히 목재편이 무더기로 남아 있던 지점에서 집중 발견되었다. 중문지 서쪽의 초기 자연배수로에서 흘러내려오던 물이 이 부근에서 비스듬하게 바뀌어 東流하게 된다. 수로 변경 지점에는 비교적 큰 목재들이 무더기로 남아 있었는데 목간의 대부분은 그 북쪽 부근에서 발견되었다. 그런데 중문지 동남쪽의 또 다른 배수로에서도 두 점의 목간이 발견된 사실이 주목된다. 299번은 S100~110, W20지점, 중문지 동남쪽의 초기 자연배수로와 Y자 모양의 석축 배수시설이 동쪽에서 서로 만나는 지점에서 출토되었다. 7차 조사가 공식적으로 종료되고 마무리 정리작업을 하던 단계에 수습되었다고 하며 당시 현장사진을 통해 출토 지점을 확인할 수 있다. 미공개 목간인 2001-8번의 경우 S100, W20지점, 중문지 동남쪽 초기 배수로에서 발견되었다.[18] 이처럼 7차 조사에서는 중문지 남서쪽인 목교 북쪽 구간에서 목간이 집중적으로 발견되었지만 동남쪽의

---

18) 2001-8번 목간의 경우 한국목간학회 발표 당시 적외선 사진만 참고하였다. 그후 부여박물관 유물 정리 과정에서 이를 확인하게 되었고 앞서 말한 미보고 목간과 목간부스러기의 존재도 알게 되었다. 그리고 이 목간을 보관하던 용기의 바깥에 "S100, W20지점, 능산리 7차, 2001.7.3"이라는 기록을 확인할 수 있었다.

초기 자연배수로에서도 발견된 사실이 주목된다. 능산리 출토 목간이 능산리사지 서쪽에 있던 어떤 시설뿐 아니라 동쪽에 있었던 시설과도 연관되었음을 시사하기 때문이다.

8차 조사에서는 2002-1번 4면목간만 출토되었다. 이 목간은 능산리 출토 목간 가운데 출토 위치와 층위가 가장 정확하기 때문에 목간의 폐기 시점을 추정할 수 있는 가장 중요한 자료가 된다. 이 목간의 경우 S90, W60~75지점의 트렌치 둑 북쪽의 흑색점토와 유기물층에 박힌 채로 출토되었는데(〈도면4〉 참조) 공반 유물과 층위, 상대 편년안에 대해서는 후술하기로 하겠다.

능산리 목간의 출토 상황에서 공통적으로 확인되는 것은 모든 목간들이 배수로나 배수시설과 관련되어 있다는 점이다. 이것은 유기물인 목재품이 썩지 않고 보존될 수 있는 보존 환경과 관련이 있을 것이다. 또 발견된 목간들이 일정하게 무리를 지어 발견되고 있는데, 이러한 현상은 배수로를 타고 흘러내려오던 나무들이 그 부분에서 일정하게 모여 있다가 함께 가라앉거나 갑작스럽게 매몰된 결과로 생각된다. S110~120, W50~40구간의 지게발채 발견 지점과 S110, W60 부근의 대형 목재편 발견 지점이 이러한 상황과 관련이 있을 것이다. 두 점의 목간이 발견된 S100, W20 지점의 동남쪽 초기 자연배수로의 경우 부근에서 다른 목재편이 거의 발견되지 않아 다른 목간의 폐기 양상과는 약간 달랐던 것으로 예상되지만 초기 자연배수로로 기능하던 시기는 같았을 것으로 생각된다. 306번과 310번의 경우 초기 자연배수로와는 무관한 지역에서 발견되었고, 2002-1번 목간의 경우도 후술하는 것처럼 초기 자연배수로가 기능하던 시기와는 차이가 있다. 그런 점에서 이들 세 점의 목간은 다른 목간들과는 폐기 시점이 달랐을 가능성이 크다.

한편 목간 출토 상황과 관련해서 가장 중요한 배수로나 배수시설의 조사 내용을 보다 더 구체적으로 살펴보기로 하자.[19] 이 일대에서 가장 먼저 확인된 배수시설은 능산리사지 가람 중심부 조사에서 이미 드러났던 동·서 대배수로였다. 이들 대배수로는 절터의 동쪽과 서쪽에 거의 남북 일직선상으로 대칭되게 배치되어 있다. 그중 서대배수로는 잡석을 이용하여 정연하게 쌓았으며 폭 160~200cm, 깊이 50~80cm로 남쪽으로 내려갈수록 차츰 깊어지고 넓어져 西石橋 남쪽 20m 지점에서는 수로면 상부 최대 폭 2m, 바닥 폭 1.8m 정도로 넓어진다. 이 배수로에는 공방지Ⅱ 앞마당과 연결되는 부분과 남회랑 남쪽 32.5m 지점의 木橋, 그 남쪽의 石橋 등 3개소에서 다리가 확인되었다.

동대배수로는 서대배수로와 마찬가지로 북쪽에서 남회랑지 부근까지는 잘 다듬어진 할석을 이용하여 정연하게 쌓았지만 그 남쪽은 석축 시설이 없고 단면이 V자형을 이루는 도랑으로 내려오다가 남회랑 남쪽 5m 지점에서 다시 두 갈래로 나눠진다.[20] 그런데 7차 조사에서는 중문지 동남

---

19) 6~8차 발굴조사에서 드러난 배수시설에 관해서는 최근 발굴조사보고서가 발간되어 참고가 된다(國立扶餘博物館(2007), 앞의 책, pp.25~54). 하지만 이 보고서만으로는 이들 배수시설과 가람 중심부 조사 내용과의 관계, 배수시설의 선후 관계나 목간과의 관련성을 유기적으로 파악하기 어려워 지루함을 무릅쓰고 서술하기로 하였다.

20) 남회랑 남쪽의 이 배수로들은 사찰이 폐사되고 난 이후의 시설이라고 한다(國立扶餘博物館(2000), 앞의 책, p.54).

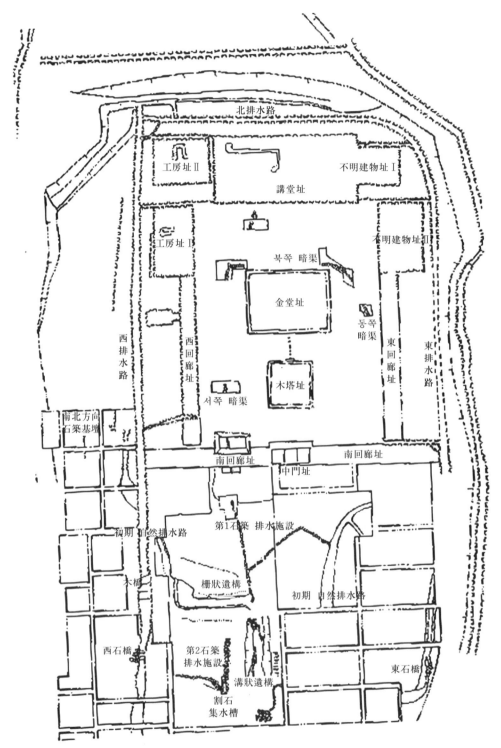

北排水路

工房址Ⅱ   不明建物址Ⅰ

講堂址

工房址Ⅰ   不明建物址Ⅱ

북쪽 暗渠

金堂址   동쪽 暗渠

西排水路   西回廊址   東回廊址   東排水路

서쪽 暗渠

木塔址

南北方向 石築基壇

南回廊址   南回廊址

中門址

初期 自然排水路   第1石築 排水施設

木橋

栅狀遺構   初期 自然排水路

西石橋   第2石築 排水施設   東石橋

溝狀遺構

割石 集水槽

〈도면2〉扶餘 陵山里寺址와 6～8차 發掘調査 遺構配置圖

쪽 방향에서 동대배수로와 연결된 초기 자연배수로가 확인되었다. 이 초기 자연배수로는 중문지 남서쪽 구간의 초기 자연배수로와 대칭되며 溝狀遺構로 알려진 곳에서 합류한 것으로 생각된다. 이 배수로는 중문지 남서쪽 초기 자연배수로와 동일하게 석축 시설이 없는 자연수로로 흑색니질 토의 뻘층이 형성되었고 그 내부에서 토기편과 와당편이 출토되었다.

중문지 남서쪽의 초기 자연배수로를 살펴보기 전에 중문지 남쪽의 溝狀遺構를 살펴볼 필요가 있다. 이 유구는 동석교와 서석교를 동서방향으로 가로지르는 선상에 걸쳐 있으며 수로의 단면이 U자형을 이룬다. 溝 최대 너비 7m, 깊이 80cm로 바닥에는 자갈돌이 깔려 있고 그 가장자리를 보강한 소형의 木柵施設이 확인된다. 이 구상유구는 동서대배수로와 달리 단면이 U자형을 이루며 층위상으로도 서쪽에 있는 제2석축 배수시설보다 빠르기 때문에 비교적 이른 시기에 조성된 것으로 생각된다. 특히 그 내부 자갈돌 사이에서 黑褐釉陶硯臺足片 한 점이 1점이 출토되기도 하였다 (〈도면5-2〉참조). 이로 보아 이 구상유구는 사찰 남쪽 구간의 초기 배수시설을 정비하는 과정에서 조성된 매우 이른 시기의 초기 중심 배수로였을 것으로 보인다.

溝狀遺構의 북단에는 목교 북쪽에서 동쪽으로 흐르는 자연수로가 발견되었다. 이 수로는 8차 조사 결과 남회랑 서쪽 부근에서 시작하여 목교 북쪽을 지나 동쪽으로 흘러 구상유구로 연결되었음이 밝혀졌다. 이것이 중문지 남서쪽 구간의 초기 자연배수로로 수로의 북쪽과 남쪽에는 木柵列 모양의 소위 柵狀遺構가 동서방향으로 3열 설치되어 있었다. 그런데 목교 바로 북쪽의 서대배수로 인근 지점에서는 굵은 나무를 박아 만든 동서 방향의 목책이 남북 두 군데에서 확인되었고, 앞서 말한 대로 제2목책렬과 제3목책렬 북쪽 초기 배수로 내부에서 다량의 목간이 출토된 것이다. 초기 자연배수로 부근에서 발견된 책상유구는 연약한 지반을 보강하기 위한 시설일 수도 있지만, 제2목책렬과 제3목책렬이 목교의 폭에 해당하기 때문에 목교와 관련될 가능성도 있다.

南回廊 하부를 통과하여 내려온 石築 暗渠(第1石築 排水施設)는 계속해서 남쪽으로 연결되다가 중문지 남쪽 30m 지점에서 남회랑 동남쪽 구간에서 내려온 석축 암거와 합류한다. 제1석축 배수시설은 전체적으로 Y자형을 띠며 하나로 합류된 뒤 구상유구의 북단에서 끝나고 있다. 그런데 제1석축 배수시설은 사원 내부인 강당지 남쪽에서 시작하여 금당지와 목탑지 서쪽을 지나 남하하는 서쪽 암거와 연결되어 있다. 가람 중심부의 대지조성 공사나 중문지 남쪽 일대의 정비 공사가 직접적으로 연계되어 있음을 알려주는 중요한 유구로 생각된다.

第2石築 排水施設은 구상유구에서 3m 서쪽에 위치하며 강돌과 할석을 섞어 쌓았는데 9m 정도가 확인되었다. 이 유구는 암거처럼 내부에 공간을 만든 것이 아니라 자연석을 남북방향으로 길게 쌓아 그 사이로 물이 흐를 수 있도록 하였다. 그 남쪽 끝에는 할석을 이용하여 정연하게 만든 장방형의 集水槽가 있다. 이 할석 집수조는 장축 길이가 260cm, 내부 폭 70cm, 깊이 약70cm 정도로 층위 상 동쪽의 구상유구보다 한 단계 늦은 것으로 확인되었다.

한편 다수의 목간이 출토된 중문지 남서쪽 초기 자연배수로의 북쪽에 대한 8차 조사에서는 남북 방향의 石築基壇과 다량의 기와가 산포된 건물지의 흔적이 확인되었다.[21] 이 석축기단은 수로에서 서쪽으로 약2m 정도 떨어져 남북방향으로 이어진다. 기단은 50cm 정도의 석재를 이용하여 2단으로 쌓았다. 이 석축기단은 2차 조사 때 발견된 서대배수로 서쪽의 南北石列과 일치하고 있어서 전체 길이가 약 55m에 달한 것으로 추정되고 있다. 하지만 이 석축기단이 끝까지 연결되는지, 또 그 위에 어떤 건물지가 존재했는지에 대해서는 아무런 조사가 이루어지지 않았다.

이상에서 능산리 출토 목간의 출토 맥락을 이해할 때 가장 중요한 유구인 배수시설의 정비 상황을 정리해 보았다. 지금까지 능산리 출토 목간에 관한 연구에서 간과되었던 것은 중문지 남서쪽의 초기 자연배수로뿐 아니라 동남쪽의 초기 자연배수로, 그리고 제2석축 배수시설이나 할석 집수조에서도 목간이 출토되었다는 사실이다. 능산리 출토 목간을 나성과 관련시켜 본 연구자의 경우 이들 목간이 8차 조사에서 발견된 약 55m 정도의 남북 방향 石築基壇을 활용하던 어떤 건물에서 사용하다가 폐기된 것으로 보고, 그 건물의 성격을 나성 축조와 관련된 시설물로 이해한 바 있다.[22] 그러나 중문지 남서쪽 초기 자연배수로와 수로를 전혀 달리하는 동남쪽 초기 자연배수로에서도 목간이 출토된 사실은 중문지 동쪽이나 동북쪽에도 이들 목간과 관련된 어떤 시설이 존재하였음을 알려주고 있다. 또 이들 초기 자연배수로가 정비된 이후 축조된 제2석축 배수시설이나 할석 집수조에서도 목간이 발견된 사실은 적어도 이 지점에서 출토된 목간의 폐기 시점은 능산리사지 창건 이후에 해당하며, 나성 축조가 아닌 능산리사지의 정비와 연관되었을 가능성을 시사하고 있다. 그간 능산리 목간의 성격을 나성 축조나 나성 성문의 금위와 관련시켜 본 선행 연구에서는 이러한 사실을 전혀 고려하지 않았던 것이다.

Ⅲ. 伽藍 中心部의 整備過程

부여 능산리 출토 목간에 관한 초기의 연구에서 문제가 된 것은 서대배수로와 중문지 남서쪽 자연배수로의 선후 관계였다. 그리고 8차 조사에서는 초기 자연배수로가 서대배수로 밑을 통과하고 있음이 분명하게 드러났다. 이러한 층위상의 선후관계에 근거하여 연구자들은 초기 자연배수로가 정비되어 서대배수로가 만들어지기 이전에 목간이 폐기되었고, 그 시점은 능산리사지 창건 이전에 해당하는 것으로 단정하게 된다. 그러나 초기 자연배수로가 서대배수로보다 선행한다고 해서 목간의 폐기 시점을 사원 창건 이전으로 단정할 수 있을까. 초기 자연배수로 내부에서 발견된 목간들의 폐기 시점을 昌王銘 石造舍利龕의 연대인 567년 이전, 혹은 사비 천도 이전으로 소급시켜 보기 위해서는 서대배수로의 축조 시점을 설명하지 않으면 안된다. 또 능산리사지 가람 중심부의 건물들이 어떤 과정으로 축조되었지를 설명할 필요가 있다.

---

21) 國立扶餘博物館(2007), 앞의 책, pp.269~270.
22) 近藤浩一(2004), 앞의 논문, p.123.

능산리사지는 원래 低濕地였기 때문에 대지 조성에 많은 노력을 기울인 것으로 드러났다. 5차 조사에서는 사원 전체의 토층을 확인하기 위하여 강당지 남쪽기단에서 남북길이 107m, 너비 3m 크기의 트렌치 조사를 실시하였다. 그 결과 남회랑을 기준으로 북쪽과 남쪽이 일정한 단층이 있고, 절터 내부에서도 목탑 북쪽을 경계로 다시 한번 단층이 있음이 확인되었다.[23] 대지 조성 작업은 마사토와 점토를 번갈아가며 경사지게 성토하였는데 북쪽에서 남쪽으로 나아가면서 이루어졌다. 성토층의 높이는 가장 얕은 강당 남쪽기단 부분이 0.1m, 가장 깊은 남회랑 부근이 약 2.3m에 이르는 등 南低北高라는 지형을 충실하게 보완하였다.

한편 회랑의 안쪽에서는 저습지의 물을 처리하기 위하여 暗渠를 만들었다. 가람 중심부에서는

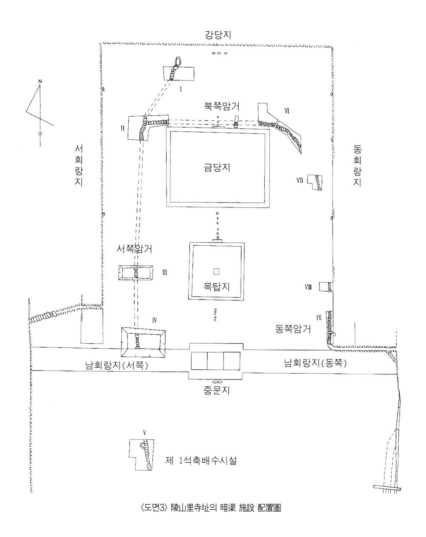

〈도면3〉 陵山里寺址의 暗渠 施設 配置圖

---

23) 國立扶餘博物館(2000), 앞의 책, pp.20~21.

〈도면3〉처럼 3개소의 암거가 확인되었는데 서쪽 암거와 북쪽·동쪽 암거는 시기를 달리하여 조성되었다.[24] 북쪽과 동쪽 암거는 이미 성토한 대지를 다시 파서 만들었기 때문에 사원 내부에 어떤 건물이 건립된 이후에 만들어진 것으로 생각된다. 서쪽 암거는 성토 대지 아래 뻘흙으로 보이는 회흑색 점토 위에 만들었기 때문에 대지 조성 이전에 그 물을 처리하기 위하여 조성된 것으로 생각된다. 서쪽 암거를 만든 다음 그와 동시에 또는 그 위에 대지를 조성하고, 어떤 건물을 세운 다음 북쪽과 동쪽 암거를 만들어 기존 서쪽 암거와 연결시킨 것이다.

최초의 건물이 들어선 다음에 만들어진 동쪽 암거시설은 동회랑지와 남회랑지 사이를 지나 동대배수로와 연결되고 있다. 이것은 혹시 동회랑지나 남회랑지가 다른 건물지보다 늦게 만들어진 것을 시사하는 것은 아닐까. 회랑과 회랑 사이에 일정한 공간이 있었을 가능성은 충분하지만 건물이 완성된 이후에 폭 25~35cm, 높이 35~50cm의 암거가 추가로 만들어졌다고는 생각하기 어렵기 때문이다. 그런 점에서 동쪽 암거와 연결된 동대배수로의 정비도 그와 동시기이거나 약간 늦었음을 추정해 볼 수 있다.

서회랑지에서도 절터 마당의 물을 회랑 밖으로 빼내기 위한 암거 시설을 만들었는데 길이 16m, 너비 56cm, 깊이 30cm 내외였다.[25] 이 암거는 회랑의 基壇土를 폭 100cm 정도 파낸 다음 잡석을 이용하여 만들었기 때문에 적어도 서회랑지 건립과 동시기이거나 그 보다 약간 빨랐을 것으로 생각된다. 가람 중심부의 전체적인 정비 과정을 고려할 때 이 암거는 동회랑지와 남회랑지 사이를 통과하는 동쪽 암거와 비슷한 맥락에서 만들어졌을 것이며, 그런 점에서 이 암거와 연결된 서대배수로의 축조도 동대배수로와 비슷한 시기에 축조되었을 것으로 상정할 수 있다.

앞서 설명한대로 가장 이른 시기에 만들어진 서쪽 암거는 남회랑시 서쪽의 하부를 지나 6·7차 조사에서 드러난 제1석축 배수시설과 곧바로 연결된다. 이러한 배치는 사원 내부의 정비와 중문지 남쪽 배수시설의 정비가 직접적으로 연관되었음을 알려주는 것이다. 따라서 제1석축 배수시설과 그 남쪽의 구상유구는 중문지 남쪽에서 확인된 가장 이른 시기의 人工的인 흔적으로 판정할 수 있게 되었다. 또한 동서 대배수로의 정비가 이들 초기 배수시설보다 늦었다고 생각되기 때문에 이 배수시설과 목간이 출토된 초기 자연배수로는 일정 기간 공존하였을 가능성이 있다.

가람 중심부의 정비 과정을 보다 구체적으로 파악하기 위해 가람 중심부의 주요 건물들이 어떤 순서로 건립되었는지를 살펴보기로 하자. 고대사원의 축조에는 많은 인력과 비용, 기술이 필요하기 때문에 장기간의 시간이 소요된다. 그런데 능산리사지의 경우 특정 형식의 瓦當이나 尺度를 근거로 건물의 축조에 시기차가 있었음을 지적한 연구가 있다.[26] 필자는 이에 대한 보다 더 적극적

---

24) 위의 책, p.55.

25) 위의 책, p.36.

26) 清水昭博(2005), 「기와의 전래-백제와 일본의 초기 기와생산체제의 비교」, 『百濟研究』41, p.185.
　　申光燮(2006), 「百濟 泗沘時代 陵寺 硏究」, 중앙대 박사학위논문, pp.27~35.

인 해명을 위해 능산리사지 내부에서 출토된 와당의 건물지별 분포 양상에 주목하였다. 이곳에서 출토된 와당들은 이미 金鐘萬에 의해 형식 분류와 편년안이 제시된 바 있다.[27] 그러나 그의 논문이나 발굴보고서에서는 건물지별 출토 양상에 대해 거의 아무런 언급이 없었다.

이에 필자는 발굴조사 보고서에 수록된 유물뿐 아니라 수록되지 않은 파편까지 1~5차 발굴 조사에서 출토된 와당 500여 점을 전면적으로 재조사하였다. 여기에는 남회랑 남쪽 10m 부근에 있었던 窯址 출토 와당이 포함되어 있어 창건기 와당을 확정하고 능산리사지의 기와 생산과 유통을 이해하는데 중요한 자료가 되었다.[28] 김종만 분류 ⅠDb5イ형(이하 '가' 형식)과 ⅠDb5ア형(이하 '나' 형식)은 가람 중심부에서 가장 많은 수량(약54%)이 출토되어 이 사원의 창건기 와당으로 생각된다(〈사진1〉). 가 · 나 형식을 능산리사지의 創建瓦로 추정하는 데는 절대다수의 원리, 즉 가람 중심부에서 가장 많은 수량이 출토된 사실과 이들 와당이 요지 출토품과 동범품이라는 사실에 근

〈사진1〉 부여 능산리사지 출토 와당의 형식
1. 가형식(김종만 분류-ⅠDb5イ형) 2. 나형식(김종만 분류-ⅠDb5イ형)

〈사진2〉 부여 능산리사지 출토 와당의 형식
1. 다형식(김종만 분류, ⅠCb5ア형) 2. 라형식(김종만 분류, ⅠA형) 3. 마형식(김종만 분류, ⅠDa3형)

---

27) 金鐘萬(2000), 「扶餘陵山里寺址出土瓦當文樣の形式と年代觀」, 『帝塚山大學考古學硏究所硏究報告』Ⅱ, 奈良: 帝塚山大學考古學硏究所.

28) 필자는 능산리사지 출토 와당의 형식 분류와 건물지별 분포 양상, 관련 유구 상황 등을 종합적으로 검토한 결과를 별도의 지면을 통해 발표할 예정이다. 본고에서는 기존 발표문을 부분적으로 수정 · 보완하였다.

거한다. 특히 가형식 와당의 경우가 요지 출토품과 문양과 형식이 같은 동범품이기 때문에 나형식 보다 약간 빨랐을 가능성이 있고, 연대적으로는 567년 전후에 제작된 것으로 생각된다. 또 김종만 분류 ⅠCb5ア형(이하 '다' 형식)과 ⅠA형(이하 '라' 형식), ⅠDa3형(이하 '마' 형식)도 상당량 출토되었다(〈사진2〉). 다·라 형식은 창건기 기와와 동시기이거나 약간 늦은 시기로 생각되며, 마형식은 中房의 형태와 문양을 볼 때 가~라형식 보다 약간 늦게 제작된 것이 분명하다. 따라서 〈가·나-라·다-마〉와 같은 상대 서열을 정할 수 있는데 이들 다섯 형식 와당이 전체 와당의 약 78%를 차지하고 있다.

이들 와당의 형식별 분포 양상은 어떨까. 먼저 가·나 형식의 출토 비율이 가장 높은 곳은 講堂 址(공방지Ⅱ와 불명건물지Ⅰ 포함)와 목탑지, 불명건물지Ⅱ의 순서였다. 특히 강당지의 경우 同 건물지 출토 와당의 80% 이상이 가·나 형식이고, 목탑지의 경우 약72%, 불명건물지Ⅱ의 경우 약 67%를 차지하였다. 가·나 형식은 금당지나 중문지, 회랑지에서는 그다지 출토되지 않았다. 그런데 그보다 약간 늦게 제작된 다·라·마 형식은 금당지에 집중되는 경향을 보인다. 특히 마형식 와당의 경우 同형식 와당의 절반 정도가 금당지에서 집중적으로 발견되었다.

이러한 와당 분포 양상은 가람 중심부 기와 건물의 建立 順序를 반영하는 것으로 생각된다.[29] 와당의 형식별 분포 상황과 발굴 조사에 드러난 유구 상황을 고려하면서 이 문제를 정리하면 가·나 형식의 비율이 높은 강당지와 목탑지, 불명건물지Ⅱ가 1차로 건립되고, 다·라·마 형식이 높은 비율을 차지하는 금당지나 중문지는 그보다 늦은 시기에 건립된 것으로 볼 수 있다. 회랑지의 경우 가·나 형식의 비중이 높기는 하지만 출토 와당의 수량이 극히 적고, 보다 늦은 시기의 와당들도 일정 비율 섞여 있기 때문에 판단을 내리기가 쉽지 않다. 나만 남회랑 남쪽 10m 지점에서 창건기 기와를 생산한 요지가 발견된 점을 감안하면 동회랑지와 남회랑지의 건립은 상대적으로 늦었을 것이다. 화재에 취약한 목조 건물이 세워진 상태에서 그 인근에 기와 요지가 운영되었다고 보기는 어렵기 때문이다. 즉 창건기 와당인 가형식을 더 이상 굽지 않는 시점에 회랑지가 건립되었을 가능성이 있고, 그런 점에서 회랑지의 건립은 금당지 다음 단계에 위치시킬 수 있을 것으로 생각된다. 이것은 동회랑지와 서회랑지의 남쪽 밑을 지나는 암거 시설에 대한 해석과도 상응하기 때문에 그 가능성이 높다고 생각된다.

일반적인 고대 사원의 건물 건립 순서는 木塔이나 金堂을 먼저 건립하고 그후 中門·回廊, 講堂을 건립한다.[30] 하지만 능산리사지의 경우 강당지와 목탑지, 불명건물지Ⅱ가 먼저 건립되고 금당지와 중문지·회랑지가 나중에 들어서며, 그에 수반하여 북쪽과 서쪽, 동쪽의 배수로가 정비되었

---

29) 瓦當의 형식 분류와 분포 양상을 통해 건물의 건립 순서를 파악한 연구는 다음을 참고하였다.

中島正(1989),「軒瓦からみた高麗寺の沿革」,『高麗寺跡』, 京都: 山城町敎育委員會.

粟田薫(2005),『新堂廢寺·オガンジ池瓦窯出土瓦の硏究』, 京都: 京都大博物館.

30) 田邊征夫·森郁夫(1986),「寺院の造營」,『日本歷史考古學を學ぶ』中, 東京: 有斐閣, pp.36~37.

을 것으로 생각된다. 강당지와 목탑지, 불명건물지Ⅱ의 선후 관계를 단정하기는 쉽지 않다. 하지만 가·나형식의 출토 비율만을 놓고 볼 때 강당지에서는 가형식이 60% 이상을 점하는데 반해 목탑지에서는 나형식이 90% 이상을 점하고 있다. 가형식과 나형식은 연판과 주연의 문양은 물론 와당 뒷면의 처리방식, 와당 드림새와 수키와의 접합방식, 연결 수키와의 형식과 못구멍의 위치, 태토와 소성도 등에서 차이가 난다. 따라서 두 형식 사이에 제작 공인과 제작 공방의 차이가 있었던 것은 분명하고, 필자는 여기에 약간의 시기차도 게재되어 가형식이 나형식 보다 약간 빨랐을 것으로 판단하고 있다.[31] 그렇다고 할 때 가형식 출토 비율이 높은 강당지가 나형식 출토 비율이 높은 목탑지 보다 선행하였던 것으로 생각된다.

강당지가 가장 이른 단계에 건립된 배경에는 이 사원의 성격, 즉 능산리고분군의 願刹이라는 점과 관련이 있을 것으로 생각된다. 능산리사지의 강당지는 그 구조가 고구려 東臺子 유적과 유사한 점을 들어 평상시에는 祖王을 제사하는 神廟로, 왕실의 喪葬儀禮 때는 殯宮으로 사용된 것으로 추정한 견해가 이미 제기된 바 있다.[32] 지금까지 능산리사지의 創建 시기에 대해서는 목탑지에서 출토된 창왕명 석조사리감의 매립 연대인 567년을 절대적으로 믿고 이를 완공 연대로 보려는 경향이 없지 않았다. 그러나 554년 관산성 패전과 위덕왕의 出家 발언, 또 그를 통해 100명의 度僧을 이끌어낸 사건 등을 볼 때 이 사원의 창건은 그 보다 약간 더 빨랐을 가능성이 있다.[33] 목탑 건립의 시작을 알리는 사리감 매립 이전에 이들 일련의 사건과 관련된 모종의 시설이 있었다고 생각하지 않을 수 없는 것이다. 따라서 강당지가 목탑지 보다 더 이른 단계에 건립된 사실은 이러한 정황과 관련이 있고, 초기의 강당지가 이미 그와 관련된 어떤 특수한 기능을 수행하였음을 짐작케 한다.

강당지로 불리는 건물지는 사원 북단의 가장 높은 곳에 위치하며 가람 중심부 건물지 중에서 가장 규모가 크다.[34] 고대 사원의 일반적인 강당 구조인 통칸 구조를 따르지 않고 동서 37.4m, 남북 18.0m의 긴 건물 중앙에 폭 2.2m의 통로를 두어 隔壁을 만들었으며, 西室에는 온돌 시설을 마련하였다. 그 결과 하나의 지붕 아래 두 개의 큰 방이 있는 독특한 구조를 갖추고, 좌우에 다시 본채에 딸린 翼舍나 翼廊같은 부속건물을 두었다. 이러한 특이한 건물 구조로 인해 東臺子 유적과

---

31) 가형식이 나형식 보다 약간 빠르다고 본 가장 중요한 근거는 연판 문양의 차이에 있다. 가형식의 경우 8엽의 연판 끝의 하나가 주연과 맞닿아 있는데 나형식은 떨어져 있다. 목재 와범의 부분적인 改范이나 마무리 공정 등을 고려할 때 가형식이 보다 더 선행하였던 것으로 생각된다. 또 원래 남회랑지 동쪽 인근의 요지에서 가형식만 발견되었는데, 6·7차 발굴조사에서는 이곳에서 남쪽으로 30여 미터 떨어진 곳에서도 요지 흔적이 확인되었기 때문에 이 일대에서 나형식이 생산되었을 가능성을 상정할 수 있기 때문이다.

32) 申光燮(2003), 「陵山里寺址 發掘調査와 伽藍의 特徵」, 『百濟金銅大香爐와 古代東亞細亞』, 국립부여박물관, pp.45~46.

33) 金相鉉(1999), 「百濟 威德王의 父王을 위한 追福과 夢殿觀音」, 『韓國古代史研究』15, pp.54~62.

34) 國立扶餘博物館(2000), 앞의 책, pp.29~35.

비슷한 성격의 건물이 아닐까 추정하게 된 것이다. 그런데 능산리고분군의 원찰이라는 사원의 성격이나 그와 관련되었을 것으로 보이는 강당지의 구조에 관한 논의에서 지금까지 간과된 자료가 『日本書紀』의 다음 기록이다.

555년 2월 백제 성왕의 죽음을 알리기 위해 일본에 간 위덕왕의 아우 왕자 惠에게 蘇我氏는 "근래에 들으니 그대 나라에서는 祖上神에게 제사를 지내지 않는다고 하는데, 지금이야말로 前過를 뉘우치고 고쳐서 神宮을 수리하고, 神靈을 제사지내면 나라가 번성하게 될 것이다"라고 충고하고 있다.[35] 그후 동년 8월조에 威德王 出家 관련 기록이 등장하며 그 결과는 앞서 말한 대로 능산리사지의 건립으로 이어진 것으로 보인다. 554년 관산성 전투에서 성왕이 전사한 이후 벌어진 일련의 사건들을 종합해 보면 555년 2월 사신 파견과 神宮 不在에 관한 충고, 동년 8월 위덕왕의 출가 발언, 그리고 일정 기간이 지난 567년의 목탑 건립은 이러한 사건들이 서로 연결된 일련의 일이 아닐까 하는 생각을 갖게 한다. 그런데 위덕왕의 출가 발언과 度僧 관련 기록이 능산리사지와 관련된다고 할 때 이곳에서 가장 먼저 건립된 강당지야말로 이들 기록에 보이는 神宮과 관련시켜 볼 수 있지 않을까 한다.

555년 이후부터 567년 전후까지 능산리사지 일대에 존재하였을 시설물의 기능을 추정해 보면 다음과 같다. 먼저 567년 목탑 건립 시작 이후 이곳은 성왕릉의 조영이나 그와 관련된 의례를 담당하던 원찰로서 능산리사지가 존재하였다. 둘째 위덕왕 출가 발언 이후 도승이 된 100명의 승려들이 활동하고 여러 가지 功德을 드릴 수 있는 시설물이 어떤 식으로든 존재하였을 가능성이 있다. 셋째 그 시설물은 조상신 제사와 관련된 신궁으로서의 성격도 함께 가지고 있었을 가능성이 있다. 이러한 세 가지 기능은 동시기에 공존한 것이 아니라 일부는 순차적으로 전개되었고 상호보완적인 측면이 있다. 특히 가람 중심부에서 강당지가 가장 먼저 건립된 점과 격벽으로 나누어진 독특한 건물 구조는 이러한 전개 양상과 긴밀하게 연결된 것으로 생각된다. 따라서 554년 성왕 死後부터 567년 목탑 건립 공사 착수 이전까지 이곳에는 성왕릉 조영이나 조상신 제사 등 아직 확정하기 어려운 어떤 특수한 기능을 담당하던 시설물이 있었고, 그것이 현재 강당지로 불리는 초기 시설물이었을 것으로 생각된다.

강당지를 이와 같이 이해할 때 不明建物址Ⅱ의 성격에 대한 추론도 어느 정도 가능하지 않을까 한다. 동회랑지 북단에 연결된 이 건물은 후대의 파괴로 인해 유구 상황이 명확치 않다. 하지만 이 건물과 그 동쪽을 지나는 동대배수로 사이에 木柵 시설처럼 일정 간격으로 기둥이 박혀 있었던 사실이 유의된다.[36] 이러한 현상은 중문지 남서쪽의 초기 자연배수로 부근에서 발견된 柵狀遺構와 유사하기 때문이다. 또 중문지 동남쪽 구간의 초기 자연배수로가 불명건물지Ⅱ가 운영되던 시기에도 기능하고 있었을 가능성을 상정하면, 이 일대에서 발견된 목간들은 이 건물과 일정하게

---

35) 頃聞 汝國輟而不祀 方今悛悔前過 修理神宮 奉祭神靈 國家昌盛 汝當莫忘.『日本書紀』欽命天皇 16년(555) 2월조.
36) 國立扶餘博物館(2000), 앞의 책, p.50.

연관되었을 가능성이 제기될 수 있기 때문이다.

중문지 동남쪽 초기 자연배수로에서는 299번, 2001-8번 목간이 발견되었는데 299번 목간의 경우 제사 의례의 位牌일 가능성과[37] 人名簿의 기록간으로 보는 견해[38]가 제기된 바 있다. 뒷면에 乙과 같은 기호를 반복적으로 나열한 점, 앞면은 칸을 치고 뒷면은 외곽 테두리 선을 두른 점 등에서 符籍이나 呪符 목간일 가능성이 더 높다고 생각된다. 또 尹善泰가 이미 지적한 것처럼 목간의 절반을 칼과 같은 도구를 이용해서 의도적으로 쪼개서 폐기한 것은 의례의 마무리 과정과 관련된 폐기 행위로 볼 여지가 있다.

2001-8번 목간의 경우 기존에 소개되지 않았지만 불명건물지Ⅱ의 성격, 나아가 능산리 출토 목간 전체의 성격을 파악할 때 주목된다(사진3〉).

(1) 「 太歲□□   ×
(2) 「 ⋯⋯⋯⋯   ×
(3) 「 一□□   ×
(4) 「 迦□ 葉   ×

(16.5×3.9×3.8)

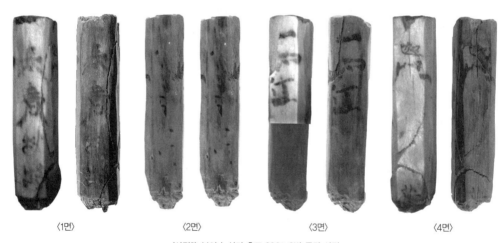

〈1면〉   〈2면〉   〈3면〉   〈4면〉
〈사진3〉 부여 능산리 출토 2001-8번 목간 사진

4면에 묵서가 있는 이 목간은 각 면의 모를 죽여 팔각형처럼 가공되었다. 상부는 완형이지만 하단은 결실되었다. 확정할 수 있는 글씨가 거의 없어 어느 면을 1면으로 할지 알 수 없지만 일단

---

37) 尹善泰(2004), 앞의 논문, p.65.
38) 近藤浩一(2004), 앞의 논문, p.97.

가장 많은 글씨가 남아 있는 면을 1면으로 제시하였다. 1면의 경우 모두 네 글자가 써 있는데 첫 두 글자는 "太歲"일 가능성이 있다. 2면의 경우 묵흔은 있지만 확인할 수 있는 글자가 없다. 3면의 경우 세 글자가 남아 있는데 첫 번째 글자 말고는 확정하기 어렵다. 4면의 경우 발굴 과정에서 목간의 일부가 찍혀 나갔지만 현재 모두 세 글자만 확인된다. 첫번째 글자의 경우 "迦"字로 추정되는데 책받침 변은 거의 'ㄴ'자에 가깝다. 두 번째 글자는 이미 한번 깎여 나가 흔적만 남아 있다. 마지막 글자의 경우 이들 두 글자와 약간의 공백을 두고 써 있는데 "葉"字일 가능성이 있지만 葉 자의 아래 '木'변은 발굴 당시부터 파손되었다.

　이처럼 2001-8번 목간은 太歲라는 글자와 迦, 葉 등 밖에 확정할 수 없지만 文書木簡으로서 佛敎와 관련된 내용을 담고 있었음을 추정할 수 있다. '太歲'라는 필자의 판독이 틀리지 않다면 이것은 창왕명 석조사리감의 "百濟昌王十三秊太歲在, 丁亥妹兄公主供養舍利"에 보이는 太歲와 관련이 있을 것으로 생각된다. 태세는 木星이 하늘을 운행하는 기간이 12년 소요되는 것을 이용하여 12支의 순서에 따라 해를 표기하는 방법을 말한다.[39] 이 목간을 창왕명 석조사리감과 직결 시킬 수는 없지만 태세기년법이 사용된 것 같다. 4면의 迦와 葉 두 글자는 매우 단편적이다. 다만 출토 위치나 후술할 폐기 연대 등을 고려할 때 '迦'자와 연결시킬 수 있는 글자는 "釋迦"나 "迦葉"과 같이 불교적인 명칭 이외에는 쉽게 떠오르지 않는다. 물론 迦와 葉 두 글자 사이에 상당한 공백이 있어 迦葉으로 단정하기는 어렵다. 하지만 두 번째 글자 하단부가 발견 당시부터 이미 깎여 나갔기 때문에 그 아래쪽의 葉자가 다시 한번 疊書되었을 가능성도 배제하기 어렵다. 따라서 이 목간은 304번(寶憙寺), 313번(子基寺) 목간과 더불어 능산리 출토 목간이 불교와 밀접한 관련을 맺고 있음을 보다 더 식접적으로 보여주고 있다고 할 수 있다.

　299번이 位牌와 같은 제사 의례와 관련되고, 2001-8번이 불교와 관련되는 목간이라고 할 때 불명건물지Ⅱ는 그러한 의례를 담당하고 준비하던 곳이나 의례 담당자가 머물던 건물이었을 가능성이 있다. 필자의 이러한 추정은 중문지 남쪽 일대가 아직 정비되기 이전부터 불명건물지Ⅱ가 기능하였던 것으로 보고, 그곳에서 사용하던 물품들이 중문지 동남쪽의 초기 자연배수로를 타고 떠내려 오다가 폐기되었을 것으로 보았기 때문이다. 다만 불명건물지Ⅱ 외곽에서 목책렬이 발견된 점을 좀더 적극적으로 해석하면 불명건물지Ⅱ가 기와 건물로 건립되기 이전에라도 이곳에 掘立柱建物과 같은 다른 형식의 건물이 존재하면서 그러한 역할을 담당하였을 가능성도 배제하기 어렵다.[40]

　능산리사지는 원래 沼澤地였던 지형적 특성으로 인해 별도의 대지조성이 필요했고, 그 대지조

39) 이도학(2003), 『살아 있는 百濟史』, 휴머니스트, pp.592~593.
40) 扶餘 東南里遺蹟에서는 기와 건물지의 하층에서 기와 건물 이전 단계에 사용하던 掘立柱建物址의 흔적이 발견되었다(李炳鎬(2002), 「百濟 泗沘都城의 造營過程」, 『韓國史論』47, 서울대 국사학과, pp.118~119). 능산리사지의 경우도 기와 건물 이전 단계에 굴립주건물을 사용하던 遺構 흔적이 남아 있을 가능성을 배제하기 어렵다.

성 직전에 배수를 위한 서쪽 암거시설이 만들어졌다. 이 서쪽 암거시설은 중문지 남쪽으로 이어져 Y자형의 제1석축 배수시설과 구상유구로 연결된다. 따라서 중문지 남쪽의 초기 배수시설들은 동남쪽과 남서쪽의 초기 자연배수로와 일정 기간 공존하였을 가능성이 크다. 사원 내부 주요 건물들의 건립 순서는 출토 와당의 형식별 분포 양상을 통해 보다 구체적으로 추정해 볼 수 있는데 강당지와 목탑지, 불명건물지Ⅱ 등이 1차로 건립되고, 금당지와 중문지 · 회랑지 등은 2차로 건립된 것으로 보인다.[41] 능산리사지에서 강당지가 가장 먼저 건립된 사실은 願刹이라는 본 사원의 성격과 관련이 있다. 567년 목탑 건립 이전에 건립되어 운영되었던 초기의 강당지는 성왕릉의 조영이나 조상신 제사 등 어떤 특수한 기능을 담당하던 시설물로 생각된다.

그리고 2차 건물의 건립과 동시기나 직전에 가람 중심부의 북쪽과 동쪽의 암거시설이 만들어졌을 것으로 생각된다. 동쪽과 서쪽 회랑의 남쪽 끝부분에서 발견된 암거시설들은 회랑지 하부를 통과하여 동 · 서 대배수로와 연결되어 있기 때문에 이들 암거시설과 연결된 동 · 서 대배수로들의 정비 시기는 동 · 서 회랑지의 건립 보다 약간 빠르거나 동시기였을 것으로 생각된다. 즉 동 · 서 대배수로의 정비는 가람 중심부에 1차 건물이 건립되고 나서 금당지 등 2차 건물이 들어서는 단계에야 이루어진 것으로 생각된다. 물론 중문지 남쪽에서 발견된 초기 자연배수로의 폐기와 동서 대배수로의 정비가 계기적으로 이루어졌다고 하더라도 그 사이에 목탑 건립 공정이 추가될 수 있기 때문에 반드시 동시기에 이루어질 필요는 없을 것으로 생각된다. 따라서 초기 자연배수로의 폐기 시점은 2차 건물의 건립 이전, 특히 목탑 건립을 전후한 567년 무렵에는 시작되어 2차 건물이 들어서는 단계에는 이루어진 것으로 생각된다. 이러한 추론은 다음의 목간 폐기 과정에 관한 검토를 통해 보다 더 명확해질 것이다.

Ⅳ. 木簡의 廢棄 時期와 性格

부여 능산리 출토 목간들은 언제 폐기된 것일까. 8차 조사에서 드러난 목간 출토 지점의 토층 조사 내용을 중심으로 이 문제에 접근해 보고자 한다. 〈도면4〉는 S90, W65~75 구간의 土層圖다. 이곳의 가장 밑바닥은 회색모래와 점토층(15번)으로 가람 중심부의 최하층 토층인 소택지와 동일한 양상이다. 초기 자연배수로는 6~11번과 관련이 있을 것으로 생각되는데 2002-1번 목간은 그러한 초기 자연배수로가 매몰된 이후에 형성된 6번층에 박힌 채로 발견되었다. 그런데 7번 황색모래층에서는 나형식 와당이 발견되고, 11번 회색모래+유기물Ⅳ층에서는 繩文이 찍힌 암키와편과

---

41) 본고에서는 목간의 폐기 양상을 보다 더 선명하게 드러내기 위해 편의상 사원의 정비 과정을 1차와 2차로 구분하여 서술하였다. 그러나 실제 능산리사지의 건립은 목탑 건립을 기점으로 1차와 2차로 구분하는 것이 보다 더 타당할 것이다.

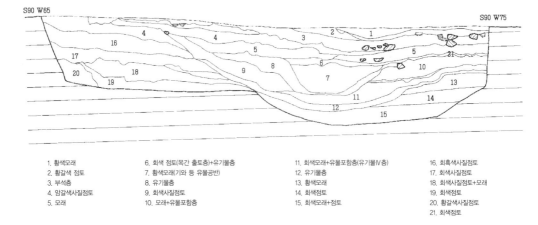

S90 W65　　　　　　　　　　　　　　　　　　　　　　　　　　　S90 W75

1. 황색모래	6. 회색 점토(목간 출토층)+유기물층	11. 회색모래+유물포함층(유기물Ⅳ층)	16. 회흑색사질점토
2. 황갈색 점토	7. 황색모래(기와 등 유물공반)	12. 유기물층	17. 회색사질점토
3. 부석층	8. 유기물층	13. 황색모래	18. 회색사질점토+모래
4. 암갈색사질점토	9. 회색사질점토	14. 회색점토	19. 회색점토
5. 모래	10. 모래+유물포함층	15. 회색모래+점토	20. 황갈색사질점토
			21. 회색점토

〈도면4〉 남회랑 서쪽 트렌치 토층도(8차 조사)

마형식 와당 3점이 발견되었다.[42] 토층 조사 결과만 놓고 볼 때 2002-1번 목간은 7번이나 11번 층에서 발견된 기와들 보다 늦게 폐기된 것이 분명하다.

앞장에서 설명한 대로 중문지 남쪽 초기 자연배수로의 폐기는 서대배수로의 정비와 맞물려 있다. 이곳 초기 자연배수로 내부에서 발견된 기와들은 와당뿐 아니라 암키와, 수키와 모두 가람 중심부에서 이미 발견된 형식들이다.[43] 따라서 이들 기와편들은 서대배수로를 정비하는 과정에서 기존 초기 자연배수로를 메우기 위해 버려진 建築用 廢棄物과 같은 것으로 생각된다. 그런 점에서 6~11번 토층은 약간의 시간 폭이 있기는 하지만 초기 자연배수로를 메우는 과정에서 매우 단기간에 형성된 층위일 가능성이 크다. 특히 6번 층에서 발견된 2002-1번 목간은 7번 층에서 발견된 나형식이나 11번 층에서 발견된 마형식의 사용 연대와 밀접한 관련을 갖는 것으로 생각된다.

나형식의 경우 전술한 것처럼 능산리사지 창건와로서 가형식과 거의 같은 시기에 제작·사용된 것이지만 마형식의 경우 능산리사지를 제외하면 부여에서 발견된 사례가 없기 때문에 좀 더 검토가 필요하다. 마형식은 중방에 1+6과의 연자가 배치되고 중방이 낮고 평평하며, 권선이 배치되어 있다. 연판 문양만 놓고 보면 가·나형식과 연속성이 없는 것은 아니지만 제작기법과 태토, 소성도는 약간 다르다. 가람 중심부 조사에서는 모두 52점이 발견되어 가·나형식 말고는 가장 많은 수량이 출토되었다. 사비시기 와당 중에서 중방이 낮고 권선이 배치된 와당은 대체로 7세기

---

42) 7번 층에서 발굴보고서의 도면114-7번(도판205-7)의 나형식이 발견되었고, 11번 층에서 도면114-3·5·6번(도판205-3·5·6)의 마형식 와당과 도면116-1·117-2·120-2(도판206-2·207-2·209-2)의 繩文 암키와가 출토되었다.

43) 사실 6~8차 조사에서 출토된 와당, 암키와, 수키와, 서까래기와 등 기와류는 지표채집품은 물론 층위 발굴이 이루어진 자료들도 예외 없이 사원 내부에서 이미 출토된 형식들이었다. 필자는 바로 이 점 때문에 능산리 출토 목간의 성격을 능산리사지의 축조와 관련시켜 보아야 한다는 생각을 갖게 되었다.

이후에 출현하기 때문에 마형식의 제작 시기는 일단 6세기 후반이나 7세기 전반 무렵으로 추정할 수 있을 것이다. 다만 마형식이 능산리사지 이외에는 발견된 사례가 없기 때문에 본 사원의 창건기 와당일 가능성을 배제할 수 없다. 그렇다고 해도 마형식 와당의 사용 연대는 567년 보다 약간 늦은 6세기 후반 단계를 소급하기는 어렵고 이 연대는 마형식의 상한에 해당할 것이다. 그런 점에서 2002-1번 목간의 폐기 시점은 나형식 보다는 마형식 와당의 폐기와 더 깊은 관련이 있다. 앞서 말한 대로 마형식은 금당지에서 절반 정도가 발견되었다. 따라서 2002-1번 목간의 폐기 시점은 마형식이 가장 많이 제작 · 사용된 금당지의 완공이나 보수 시점과 관련되며, 연대적으로는 6세기 후반 이후였을 것으로 생각된다.

한편 306번과 310번 목간은 초기 자연배수로가 아닌 제2석축 배수시설과 할석형 집수조 부근에서 발견되었다(〈도면1〉). 이 배수시설들은 앞서 말한 대로 그 동쪽의 구상유구와 비교할 때 층위상 한 단계 늦은 시기에 들어선 것이다. 그런데 가장 이른 시기의 배수시설로 생각되는 금당지와 목탑지 서쪽의 암거가 남회랑 하부를 통과하여 중문지 남서쪽으로 내려온 지점, 즉 S90, W45~50 지점의 북쪽 끝 암거 부근에서도 나형식 와당편들이 발견되었다.[44] 이것을 볼 때 창건기 대지조성과 관련되는 서쪽 암거시설과 그 남쪽 연장선에 위치하는 제1석축 배수로 및 구상유구는 적어도 나형식 와당이 사용되던 시점에는 지하에 매몰되었음을 예상할 수 있다. 따라서 구상유구 서쪽의 제2석축 배수시설은 그 보다 더 늦은 단계에 해당하고, 구체적인 시점은 사원 남쪽 저습지에 대한 정비 작업도 가람 중심부의 정비와 연계되었을 것이기 때문에 2002-1번 목간의 폐기 연대와 크게 다르지 않을 것으로 생각된다.

이처럼 2002-1번과 306번, 310번 목간은 능산리사지에 1차로 건물이 들어서고 나서 일정 기간이 경과한 다음 폐기된 것으로 생각된다. 구체적으로는 2002-1번 목간이 발견된 토층도 분석 결과나 서대배수로와 연계된 배수시설의 배치 관계를 종합해 볼 때 금당지에 대한 공사가 착공되거나 완공되고, 회랑지가 건립되던 어느 시점이라고 말할 수 있을 것이다. 절대연대 상으로는 목탑의 심초석이 놓인 567년 이후 일정 기간이 지난 6세기 후반 무렵에 해당한다. 그리고 이 연대는 능산리 출토 목간의 하한으로 생각된다.

그런데 중문지 동남쪽과 남서쪽 초기 자연배수로에서 발견된 대부분의 목간들은 소택지 바로 위 흑색유기물층에서 출토되었기 때문에 2002-1번 목간 보다는 한 단계 먼저 폐기되었을 가능성이 크다. 물론 중문지 남서쪽의 초기 자연배수로가 2002-1번 목간이 출토된 초기 자연배수로와 같은 水路라는 점을 고려하면 이들 목간의 폐기 시점도 2002-1번 목간의 그것을 크게 상회하지는 않았을 것이다. 다만 여기에서 의문이 드는 것은 그 구체적인 시점이 목탑지 심초석 매립 연대와 어떤 관계를 갖는가 하는 데 있다. 이 문제는 목간의 제작 시기와 관련되며 능산리사지 가람 중심

---

44) 발굴보고서의 도면74-3(도판154-12), 도면74-6(도판155-3)가 여기에 해당한다.

〈도면5〉 부여 능산리 沼澤地 출토 中國靑磁
1. 靑磁貼花人物文樽片　2. 黑褐釉陶硯臺足片　3.靑磁盞片

부의 건립 상한이나 목간의 기재 내용에 관한 분석을 통해 접근할 수 있을 것으로 생각된다.

먼저 능산리 목간이 제작되어 사용되던 시기를 추정해 보자. 능산리사지 5차 발굴과 6차 발굴에서는 성토 대지 아래 沼澤地에서 3점의 中國靑磁片이 발견되어 그 상한의 문제를 접근할 수 있게 한다(〈도면5〉). 강당지에서 남쪽으로 약 43m 떨어진 곳에서 靑磁貼花人物文樽片 1점, 溝狀遺構의 자갈돌 사이에서 黑褐釉陶硯臺足片 1점, S100, W64~60 지점의 초기 자연배수로 내부에서 靑磁盞片 1점이 출토된 것이다. 그중 靑磁貼花人物文樽片은 靑磁蓮花樽의 구연부편으로 중국 河南省 景縣 封氏墓群(그중 封子繪墓는 564년에 죽어 565년에 안장되었다는 墓誌가 있음)이나 陳 文帝(535~551년) 陳蒨의 永安陵으로 비정되는 南京 靈山大墓, 河南省 上崇 출토 연화준과의 비교를 통해 대략 6세기 중엽에 해당한다는 연구가 참고된다.[45]

黑褐釉陶硯臺足片의 경우 山本孝文 분류 Ⅰb형인 陽刻 蓮瓣文樣 獸足硯에 해당한다.[46] 이러한 형식의 벼루들은 隋代 이후에 유행하며 중국 四川省 成都 靑羊宮窯址에서 비교적 이른 형식이 출토되었다. 이 가마터의 연대는 窯 구축 이전 문화층에서 北周의 五行大布錢 등이 출토되었기 때문에 北周 최말기까지 소급될 가능성이 있다고 한다.[47] 남조에서도 同形式의 靑磁硯이 출토되었지만 출토 상황이나 연대에 대해서는 알려져 있지 않다.[48] 陽刻 蓮瓣文樣 獸足硯이 隋代 이후에 유행하지만 남조 이전부터 제작되었음을 알려주는 자료라 하겠다. 하지만 남조 말기의 梁·陳代에는 사비시기의 가장 이른 시기의 벼루인 傳부여 출토 청자연에서 보듯이 水滴形多足硯이 주류였다고 생각되기 때문에 능산리 출토품의 경우도 南朝 말기인 6세기 중엽 이후로 비정할 수 있다.[49]

45) 朴淳發(2005), 「公州 水村里古墳群 出土 中國瓷器와 交叉年代 問題」, 『4~5세기 금강유역의 백제문화와 공주 수촌리 유적』, 충남역사문화원 제5회 정기심포지엄, pp.67~69.

46) 山本孝文(2003), 「百濟 泗沘期의 陶硯-分類·編年과 歷史的 意義」, 『百濟研究』38, pp.104~105.

47) 白井克也(2000), 「東京國立博物館物保管靑磁獸脚硯」, 『MUSEUM』568, 東京: 東京國立博物館, p.37.

48) 王靖憲(2002), 『古硯拾零』, 武漢: 湖北美術出版社, p.19. 이 자료는 山本孝文(日本大學) 교수의 도움을 받았다.

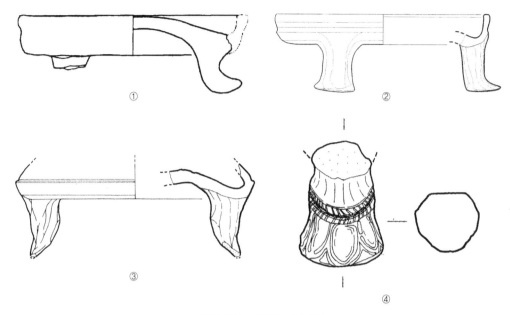

〈도면6〉 부여 능산리 출토 각종 벼루
1. 공산성 출토 벼루 2. 능산리 8차 조사품 3. 능산리 7차 조사품 4. 능산리 7차 조사품

靑磁盞片의 경우 안쪽에 연녹색의 釉藥이 남아 있고 빙렬이 많다. 잔 바깥쪽에는 중복 이상에만 유약이 발라져 있지만 구연부는 파괴되었다. 바닥은 통굽이고 직각에 가깝지만 약간 內頃한 느낌이 있다. 靑磁盞의 경우 시기를 판정할 관찰 속성을 찾기 어렵지만 중국 洪州窯 출토 盞이나 杯, 碗 등과 비교할 때 3期(南朝) 이후로 비정할 수 있다.[50] 이처럼 소택지에서 발견된 중국청자편들은 대부분 6세기 중엽으로 추정되며, 이 연대는 사원 조영의 초축 상한이나 목간 제작 · 사용의 상한을 알려주는 것으로 생각된다.

한편 능산리 6~8차 발굴 조사에서는 다양한 형식의 벼루편이 출토되었는데 벼루는 목간이라는 書寫 재료와 직접적으로 연관된 것이어서 목간의 제작 · 폐기 연대를 추정하는데 좋은 자료가 될 것으로 생각된다. 6~8차 조사에서는 山本孝文이 분류한 사비시기의 벼루 형식 대부분이 확인되었는데 그중에는 陽刻 蓮瓣文 獸足硯片(〈도면6-4〉)을 비롯하여 公山城 출토 三足硯과 유사한 제품이 포함되어 있다(〈도면6〉).[51] 먼저 〈도면6-4〉의 경우 초기 자연배수로 내부에서 목간과 함께 출토되

---

49) 다만 南朝 출토 獸足硯이 한 점밖에 알려지지 않았고 그 연대도 불명확하며 獸足硯은 隋代 이후에 유행하기 때문에 능산리 출토품의 연대는 6세기 중엽 후반에 가까울 것으로 생각된다.

50) 李梅田(2000), 「長江中游地區六朝隋唐靑瓷分期硏究」, 『華夏考古』2000-4기, 河南省文物硏究所, p.89.

51) 〈도면6-2〉는 S90~100, W65~75 지점의 흑회색 사질점토층에서 발견되었고, 〈도면6-3〉은 S100, W10지점에서 〈도면6-4〉는 S100, W60 남북 수로 내부에서 각각 출토되었다.

었는데, 앞서 설명한 흑갈유 도연 대족편(〈도면5-2〉)과의 비교나 부여 宮南池, 軍守里 지점에서 출토된 獸足 연판문과 비교할 때 6세기 중후반을 소급하기 어려울 것으로 생각된다. 〈도면6-2〉의 경우 硯堤와 硯池의 일부와 臺足에는 깎기 흔적이 선명하게 남아 있다. 〈도면6-3〉은 연제가 內頃하고 그 안쪽의 硯岡과 硯池의 구분이 보다 명확해졌으며 臺足은 삼족기의 다리처럼 깎기 흔적이 선명하다. 〈도면6-2·3〉 벼루편의 경우 〈도면6-1〉의 공산성 출토품과 같은 형식이다. 공산성 출토품의 경우 山本孝文은 공반유물과 중국 자료와의 비교를 통해 그 연대를 웅진시기 말에서 사비시기 초로 비정한 바 있다.[52] 그런데 〈도면6-2·3〉 벼루편의 臺足은 공산성 출토품과 달리 수차례 깎기 한 흔적이 선명하게 나타난다. 이러한 제작 기법은 삼족토기의 대족에서도 자주 발견되는 기술 속성으로 웅진시기부터 사비시기 전 기간에 걸쳐 확인된다.[53] 대족의 형태나 연강과 연지의 형태를 볼 때 능산리 출토품은 공산성 출토품 보다 약간 늦은 것이 분명하다. 그런 점에서 능산리 출토 벼루편의 제작 연대는 6세기 중엽 정도로 비정할 수 있을 것이다.[54]

이처럼 능산리사지의 축조의 상한을 추정할 수 있는 자료는 6세기 중엽을 크게 상회하지 않으며, 특히 목간과 함께 사용되었을 벼루의 연대 또한 6세기 중엽에 해당한다.[55] 따라서 중문지 남쪽 초기 자연배수로로 폐기의 상한 연대, 나아가 목간 폐기의 상한 연대 또한 이와 크게 다르지 않았을 것으로 생각된다. 부여 능산리 출토 목간의 성격을 논할 때 세 가지 중요한 절대 연대가 있다. 538년 사비 천도와 554년 管山城 전투에서 성왕의 죽음, 567년 창왕명 석조사리감의 매립이 그것이다. 그 동안 능산리사지가 나성과 연접해 있고, 초기 자연배수로가 서대배수로 보다 더 빠르다는 점에 근거하여 목간의 사용·폐기 연대를 막연하게 527년이나 538년으로 소급하려는 경향이 없지 않았다. 하지만 이상의 검토 결과는 그 상한이 천도 이전까지 소급되기 어렵고 오히려 554년의 사건과 관련됨을 알려주고 있다. 그런 점에서 초기 자연배수로에서 출토된 능산리 목간의 사용·폐기 연대는 554년 무렵부터 목탑이 건립된 567년 전후 사이의 어느 시기였을 것으로 생각된다.

이러한 추론은 목간 기재 내용과도 크게 모순되지 않는 것으로 생각된다. 이곳에서 출토된 목간들은 295번이나 299번 목간처럼 의례와 관련되는 것, 304번과 313번 목간처럼 다른 寺刹과의 인적·물적 교류를 증명하는 것뿐 아니라 309번처럼 죽은 사람의 의례와 관련되는 목간이 포함되어 있다.[56] 또 296번, 303번 목간의 梨田·竹山처럼 생산지와 관련된 것이나 300번 목간처럼 倉庫 관

---

52) 山本孝文(2003), 앞의 논문, pp.88~89.

53) 土田純子(2004), 「百濟 有蓋三足器의 編年 硏究」, 『韓國考古學報』 52, 한국고고학회, pp.166~171.

54) 능산리 7차 조사에서는 S130, W60 부근에서 鐵製刀子 한 점이 출토되었다(보고서 도면50-19). 원래 목제칼집과 함께 출토되었다고 하나 칼집은 소재 불명이다. 이 도자는 削刀로 文房具의 하나였을 것이다.

55) 능산리 6~8차 조사에서는 발형기대나 뚜껑, 고배 등 토기류에서도 567년을 소급하는 것이 일부 확인되지만 그것이 사비 천도 이전까지 소급되지는 않는다고 생각된다.
   김종만(2007), 「성왕시대 생활 토기」, 『백제 성왕과 그의 시대』, 부여군, pp.131~155.

련된 것, 2002-1번처럼 食米를 지급한 내용도 포함되어 있다. 2001-5번에는 '伏願'이라는 특이한 표현이 나오는데 국왕 관련 문서에서 주로 사용되는 것이다.[57] 이처럼 능산리 출토 목간들의 기재 내용은 불교나 제사와 관련된 것, 물품의 생산지나 물품의 이동, 장부와 같은 것이 망라되어 있다. 따라서 능산리 출토 목간을 나성이나 나성문의 출입과 관련시켜 보기는 어려우며, 그 폐기 연대를 함께 고려할 때 능산리사지와의 관련성이 더욱 높아진다고 하겠다.

그렇다면 능산리 출토 목간의 성격을 일률적으로 규정할 수 있을까. 능산리 출토 목간들은 출토 위치와 시기에 따라 몇 개의 群으로 나누어 볼 수 있다. 첫째 초기 자연배수로에서 벗어난 지역에서 발견된 306번, 310번, 2002-1번 목간이다.[58] 둘째 중문지 동남쪽 초기 자연배수로에서 출토된 299번과 2001-8번이다. 셋째 6차 조사 시 중문지 남쪽 초기 자연배수로에서 출토된 295번, 314번, 309번, 2000-1~15번이다. 넷째 중문지 남서쪽 초기 자연배수로에서 발견된 296번, 313번, 297을 비롯한 7차 조사 출토품들이다(〈표1〉의 연번 16·17, 19~37).

그중 첫 번째 부류는 앞서 살핀 바와 같이 목탑 건립 이후인 6세기 후반에 폐기된 것이 확실하기 때문에 능산리사지의 운영과 관련된 것으로 볼 수 있다. 두 번째 부류는 불명건물지Ⅱ의 성격에 관한 추론에서 설명한 것처럼 연대적으로는 목탑 건립 전후에 폐기되고, 능산리사지 초기 시설과 관련된 목간으로 생각된다. 세 번째와 네 번째 부류는 같은 수로에서 동일한 출토 맥락을 가지고 발견된 것이다. 초기 자연배수로의 폐기 연대가 6세기 중엽부터 567년 전후로 생각되기 때문에 이들 부류는 능산리사지의 초기 시설뿐 아니라 목탑 건립과 같은 사원과의 관련성을 함께 가지고 있었던 것으로 생각된다. 목간의 출토위치와 기재 내용의 관련성에 대해서는 추후 보완하고자 한다.

이상을 종합해 볼 때 능산리 출토 목간은 554년 성왕의 죽음 이후 이 일대에서 행해진 각종 행사와 의례, 물품의 이동, 행정 행위와 관련이 있다고 생각된다. 대다수의 목간은 567년 목탑 건립 공사 전후에는 폐기되었기 때문에 능산리사지 초기 시설인 강당지의 활동이나 성격과 관련을 갖는 것으로 생각된다. 하지만 일부 6세기 후반에 폐기된 목간이 포함되어 있기 때문에 능산리사지의 건립이나 운영과 관련되는 측면도 함께 가지고 있다. 그런 점에서 능산리 출토 목간 전체를 '능산리사지 축조 목간'으로 단순화하는 것은 약간의 무리가 따른다. 특히 초기의 능산리사지는 강당지를 비롯한 소수의 건물만이 존재하였을 것으로 예상되고, 초기 강당지의 성격도 사원 본래의 건축물이 아닌 祠堂이나 神宮의 성격을 가지고 있었던 점을 감안할 때 더욱 그러하다. 능산리

---

56) 309번 목간의 1면에는 '死' 字가 2면에는 '再拜'라는 글자가 판독된다. 墨書 내용만으로도 死者를 위한 儀禮와 관련됨을 짐작할 수 있다. 尹善泰(2005), 앞의 논문, p.66.

57) 국립부여박물관(2007), 앞의 책, p.255에서는 이 글자를 "伏願"(엎드려 원컨대)로 판독하고 국왕에 올리는 상소문이나 외교문서체로 추정된다고 하였다. 그러나 顚은 "願"字일 가능성이 크다.

58) 7차 조사 출토품의 대부분이 발견 충위나 위치가 명확치 않다. 따라서 300번 목간을 비롯한 다른 목간도 이 부류에 포함될 가능성이 있다.

사지의 경우 초기 강당지가 건립된 이후 목탑이 건립되기까지 약간의 시기차가 있었고, 그 사이에 초기 시설의 성격이 변화한 것으로 생각되기 때문에 이러한 문제가 발생한 것이다. 하지만 초기의 강당지는 목탑 건립 이후 결과적으로 능산리사지 가람 중심부의 부속 건물이 되었고, 그 성격도 원찰이라는 사원의 성격과 부합한다. 그런 점에서 능산리 출토 목간은 거시적인 관점에서는 모두 능산리사지의 정비 과정에서 파생된 목간으로 볼 수 있을 것이다. 목탑 건립 이전에 폐기된 목간들은 그런 점에서 향후 초기 강당지의 성격이나 활동을 분석하는 자료로 활용될 수 있을 것이다.

Ⅳ. 2002-1번 四面 木簡의 分析

부여 능산리사지에 대한 8차 조사에서는 사각막대 형태의 4면목간〔觚〕한 점이 발견되었다. 현존 길이는 43.8cm, 각 면의 폭 2.2~1.9cm이며 왼쪽 방향으로 墨書의 내용이 이어지는데 원래의 크기는 50~55cm 정도였을 것으로 생각된다. 이 목간에 대해서는 최근 尹善泰의 판독문과 해석이 발표되었는데 이를 간략히 요약하면 다음과 같다.[59]

이 목간은 내용 상 1·2면과 3면, 4면으로 나누어지며 그중 1·2면은 '支藥兒食米記'로 명명해도 좋은 帳簿이고, 3면은 이와 성격을 달리하는 또 다른 帳簿가 기재되어 있다. 4면은 1~3면과 書寫 방향이 반대로 되어 있고 又十二石이라는 문구가 반복적으로 쓰여 있다. 1·2면의 支藥兒食米記는 '支藥兒에게 준 食米의 기록부'로 이해되며, 支藥兒는 '藥材를 支給하는 일을 담당했던 使役人'일 것으로 추정하였다. 3면은 크게 두 단락으로 되어 있는데 '□, 道使(인) □次(와) 如逢, 小吏(인) 猪耳(등은) 其身者如黑也.// 道使(인) 復□, 彌耶方(의) 牟氏(와) 牟□, □耶(方의 누구는 어떠어떠하다).'로 해석하였다. 이 내용은 '職銜(또는 地名)+人名'의 형식으로 사람을 나열하고 그들의 신체적 특징이나 그와 유사한 사실들을 기록한 것이라고 한다. 그런데 3면에 나열된 인물들은 縣級인 城에 파견된 道使라는 지방관, 그리고 彌耶方에 籍을 둔 지방인들로 모두 '地方 居住者'라는 공통점이 있다.

한편, 1·2면의 支藥兒食米記와 3면의 帳簿는 하나의 목간에 연속되어 기록되어 있기 때문에 별개가 아닌 서로 연관성을 가지고 있는 것으로 파악하였다. 특히 '藥의 지급'과 관련된 支藥兒와 '其身者如黑也(그 몸이 검은 것 같다)'는 서로 밀접하게 조응되기 때문에, 그 앞에 나열된 인물의 病症을 기록한 것으로 이해하였다. 따라서 3면의 내용은 목간 출토 지점이 羅城 大門(東羅城 제3門址)과 가까운 것을 볼 때 羅城門을 관할하던 官人이 각 地方에서 都城으로 上京하는 인물들을 統制

---

59) 尹善泰(2006), 앞의 논문, pp.243~249.

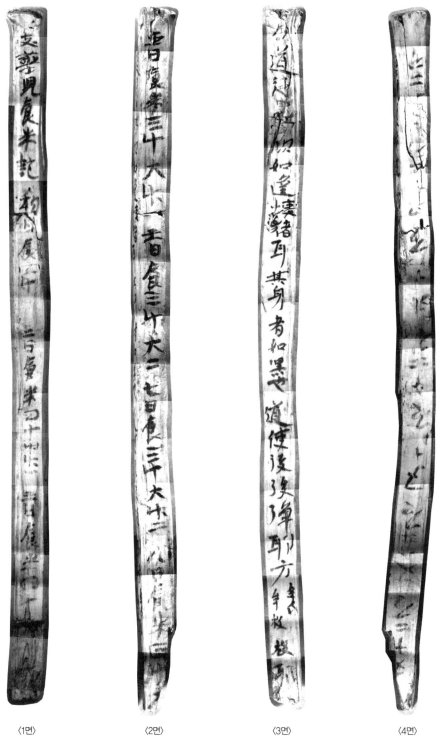

〈1면〉　　　　　〈2면〉　　　　　〈3면〉　　　　　〈4면〉

〈사진4〉 부여 능산리 출토 2002-1번 목간의 적외선 사진

하던 흔적이라고 하였다. 나아가 지방사회에서 疫病이 만연했을 때 나성 대문에서는 上京하는 지방관을 위시해 지방 거주자들을 더 철저히 통제하였는데, 이때 藥部에서는 이들의 치료에 필요한 藥材들을 支給하기 위해, 도성 바깥의 藥田에 그 공급을 요청하였고 나성 대문을 통제한 관인들이 약재를 운반해 온 支藥兒들에게 食米를 지급하고, 그 출납 사실을 '支藥兒食米記'로 정리하였다고 보았다.

그러나 이러한 해석에는 두 가지 커다란 문제를 안고 있다. 먼저 전술한 것처럼 2002-1번 목간은 목탑 건립 이후에 폐기된 것인데도 이를 나성 대문의 禁衛과 관련시켜 이해할 수 있느냐는 것이다. 둘째 내용상 차이가 나는 1·2면과 3면, 특히 支藥兒와 其身者如黑也를 직접적으로 연결시켜 볼 수 있을까 하는 점이다. 목간의 적외선 사진을 참고하면서 이 문제에 접근하기로 하자(〈사진4〉). 다음은 필자가 작성한 2002-1번 목간의 판독문이다.

(1) 「 ＜支藥兒食米記 初日食四斗 二日食米四斗小升一　三日食米四斗　　　　　　×

(2) 「 五日食米三斗大升一 六日食三斗大二 七日食三斗大升二 九日食米四斗大　×

(3) 「 食道使□□次如逢忄吏 貇耳 其身者如黑也 道使□□ 彈耶方^{牟氏}　^{牟殷} 殺耶　　　　×

(4) 　　× 　又十二石又十二石又十二石十二石又十二石又十二石又十二石　　　　　」(상하 반전됨)

1·2·4면의 판독 결과는 기존 판독문과 큰 차이가 없다. 다만 支藥兒食米記의 윗부분에서 文章符號처럼 생긴 '＜'모양의 표시가 확인되었고, 5일차 食米 기록의 끝부분에서 '一'자가 추가로 확인되었다. 문제는 3면으로 그 시작 부분은 기존에 읽지 못한 글자였다. 하지만 〈사진5-1〉에서 알 수 있는 것처럼 이 글자는 '食'자의 아래가 지워진 글자임이 분명하다. 이것은 1·2면과 3면의 관계를 파악하고자 할 때 중요한 시사점을 준다. 왜냐하면 원래 3면에도 食米와 관련된 내용이 기재되어 있었지만(1차 목간) 그것을 깎아 내고 현재와 같은 내용(2차 목간)이 기록되었을 가능성이

〈사진5〉 2002-1번 목간의 3면 세부사진
1. '食'字의 세부　2. 미확인 글자의 세부

크기 때문이다. 3면이 기존 1차 목간을 재활용한 것이라는 또 다른 증거는 道使 아래쪽의 미확인 글자에서도 확인된다(〈사진5-2〉). 이 부분은 목간이 깨져서 글자의 판독이 매우 어렵지만 묵서의 濃度에서 2회 이상 글씨를 썼음을 알 수 있다.[60] 따라서 1·2면과 3면은 일정한 연관성을 가지면서도 작성 시기를 달리하는 帳簿였을 것으로 생각된다. 3면 其身者如黑也의 아래 두 글자는 확정하기 어렵지만 彌耶方 아래 牟氏의 왼쪽은 牟殺로 그 아래쪽 殺耶와 같은 글자로 생각된다.

2002-1번 목간에 대한 판독과 검토 결과 1·2면과 3면은 작성 시기를 달리하는 帳簿이고, 4면은 習書에 해당됨을 확인할 수 있다. 그렇다면 1·2면의 支藥兒食米記는 어떤 정황에서 작성된 것일까. 먼저 支藥兒를 人名으로 볼 수도 있지만 어떤 建物이나 施設의 명칭으로 해석할 여지는 없을까. 이와 관련하여 창고나 쌀, 솜옷 등 물품의 보관이나 이동과 관련된 내용이 기록된 300번, 306번, 310번 목간이 주목된다.

300번	(1) 「∨ 三月仲椋內上□ 」	(2)	(1) 「∨ □□□ 」
306번	(1) × □斗 之末米 □□升 」	(2) × (묵흔 확인되지 않음) 」
	(3) × □ □也 」	(4) × (묵흔 확인되지 않음) 」
310번	(1) × □立卄方斑綿衣 ×	(2) × 己 ×

300번 목간의 경우 '仲椋'이라는 표현을 통해 창고 시설이 있었고, 이 목간이 출토된 지점 인근에 그와 관련된 시설이 있었음을 알려준다. 306번 목간의 경우 1면 之末의 오른쪽 하단에 細字로 '米'자가 써 있다. 米자의 경우 오른쪽 측면이 깎여 나갔지만 남아 있는 획을 2002-1번 목간과 비교하면 '米'자로 확정할 수 있다.[61] 斗자나 升자의 경우 확정하기는 어렵지만 2002-1번 목간과의 비교를 통해 추정해 본 것이다. 306번 목간의 경우 폐기 시점이 2002-1번과 거의 같기 때문에 2002-1번처럼 쌀의 지급과 관련된 어떤 내역을 정리한 傳票나 帳簿같은 것이었을 것으로 생각된다. 310번 목간의 경우 斑綿衣라는 물품과 관련이 있는데 그 앞의 卄方은 물품의 수량 단위일 것으로 생각된다. 斑綿衣의 경우 '얼룩무늬 솜 옷' 정도로 해석되는데 『三國志』 魏志 倭人傳에는 왜의 사신이 중국에 綿衣를 바친 사례가 확인된다.[62] 그런 점에서 斑綿衣는 대단히 진귀한 물품이거나 倭의 특산품이었을 가능성이 없지 않다.[63] 다른 한편 斑綿衣를 綿, 혹은 광의의 布로 볼 수도 있을

---

60) 한편 '小吏'의 경우도 백제에서 만든 造字로 소개되었지만 '小'字의 서체가 1면 小升의 '小'字와 같기 때문에 小升 이라는 글자의 일부가 지워지지 않고 남았을 가능성이 있다.

61) '之末' 아래 米자를 細字로 써 놓은 것에 주목하면 之末은 '쌀'을 뜻하는 백제 고유어나 고유 표기 방식이었을 가능성도 제기될 수 있다.

62) (正始)其四年 倭王復遣使大夫伊聲耆掖邪狗等八人上獻生口 倭錦 絳青縑 緜衣 帛布 丹 木𤝔付, 短弓矢 掖邪狗等 壹拜率善中郞將印綬. 『三國志』魏書 권30 東夷 倭人傳 正始4年條.

63) 능산리 출토 목재품에 관한 樹種分析을 실시하지 않아 아직 단정하기는 어렵지만 경북대 박상진 교수의 교시에 따

것 같다. 『周書』에 따르면 백제에서는 쌀과 함께 麻布, 絹, 絲, 麻를 租調로 수취하였다고 한다. 6·7세기대 삼국에서는 곡물과 직물을 현물화폐로 사용하였던 점을 고려할 때 이 목간에 기재된 斑綿衣도 그와 유사한 기능을 하였던 물품은 아닐까 한다. 따라서 310번 목간은 斑綿衣 20方의 보관이나 이동과 관련될 가능성이 있다.

이러한 검토를 통해 볼 때 능산리 일대에는 창고 시설이 있었고, 그것과 관련된 쌀의 지급이나 물품의 보관을 담당하던 어떤 건물이나 시설이 있었음을 예상할 수 있다.[64] 특히 306번과 310번은 2002-1번 목간과 폐기 시기가 비슷하기 때문에 그 가능성을 더욱 높여 준다. 따라서 支藥兒食米記는 '支藥兒에게 준 食米의 기록부' 라기 보다는 '支藥兒(에서)의 食米 관련 기록부' 일 가능성이 높다고 생각된다. 여기서 支藥兒를 人名이나 官職名으로 파악할 여지도 없지 않지만 다른 목간과의 관련성에서 그러한 建物이나 施設, 혹은 行政官署의 명칭일 가능성이 더 크다고 본다.[65] 따라서 2002-1번 목간은 이 유적 인근에 존재하였을 食料 支給에 관한 管理 업무를 담당하던 곳이 작성 주체가 되어 쌀 지급 때마다 작성된 메모였으며 일정 기간 보관되다가 다른 목간들과 함께 폐기되었던 것으로 생각된다.[66]

한편 支藥兒라는 명칭에 '藥' 자가 들어간 것은 이 건물이나 시설이 藥의 취급과 관련되었음을 시사하고 있다. 그렇다고 할 때 먼저 백제 22部 중 하나인 藥部가 떠오르지만, 중앙 행정관서가 나성 외곽에 있었다고 생각되지는 않는다.[67] 또 2002-1번 목간이 목탑 심초석 매립 이후에 폐기된 것이 분명하기 때문에 목간의 기재 내용을 어떤 식으로든 사원과 관련시켜 보지 않을 수 없다고 생각한다. 그런데 능산리사지에 약과 관련되는 어떤 건물이나 시설이 있었다고 가정하는 것은 백제 불교에서 醫學的인 요소가 많다는 섬을 고려할 때 그다시 어색한 것이 아니다.

『日本書紀』에는 577년에 倭 사신이 본국으로 돌아갈 때 律師는 물론 禪師와 比丘尼, 呪噤師, 造佛工, 造寺工 등 6인을 딸려 보내자 이들을 難波의 大別王寺에 安置했다는 내용이 기록되어 있

르면 일본산 목재품으로 생각되는 것도 포함되어 있을 가능성이 있다고 한다. 능산리사지의 위상이나 출토 유물 양상을 볼 때 일본과의 交易品의 존재도 충분히 상정할 수 있다.

64) 능산리사지 북쪽과 서쪽에 대한 9·10차 발굴 조사에서는 가람 중심부 보다 한 단계 늦은 건물지들이 조사되었지만 倉庫 관련 유구는 검출되지 않았다. 하지만 서회랑지 서쪽 일대는 아직 조사되지 않아 그 가능성은 남아 있다.
한국전통문화학교(2005), 「부여 능산리사지 9차 발굴조사 현장설명회자료」.
한국전통문화학교(2006), 「부여 능산리사지 9차 연장발굴조사 현장설명회자료」.
국립부여문화재연구소(2007), 「부여 능산리사지 10차 발굴조사 현장설명회자료」.

65) 支藥兒를 人名이나 職名으로 보더라도 그는 食米를 지급받는 사람이 아니라 지급하거나 관리하는 사람이었을 것이다.

66) 近藤浩一(2004), 앞의 논문, p.101.

67) 이 점은 尹善泰도 이미 지적한 바 있다(尹善泰(2006), 앞의 논문, p.246). 그러나 이용현은 이를 "藥兒의 食米를 지급한 記" 혹은 "藥兒를 扶支하는 食米의 記"로 보고, 藥兒는 '약의 조제와 처방 및 약재 등 약 관련 업무 종사 실무자' 라고 하였다.
이용현(2007), 「목간」, 『百濟의 文化와 生活』(백제문화사대계 12), 충청남도역사문화연구원, pp.276~278.

다.[68] 그 가운데 '呪噤師'라는 인물이 주목되는데 그는 律師, 禪師 등과 함께 일본에 파견되고 있어서 불교와 밀접한 관련을 가지고 있는 사람, 즉 僧侶일 것으로 생각된다. 주금사는 일본 養老令에 규정된 것처럼 의약적인 성격을 갖고 있지만 그 자신이 의료 기술을 가지고 있었을 가능성이 있다.[69] 그의 주된 임무는 "祓除爲屬者"라고 해서 呪文과 祈禱를 통해 병자를 치료하는 것인데 그것은 곧 귀신을 쫓는 행위를 말한다. 따라서 주금사는 "佛法의 呪를 唱하여 病災를 물리치는 사람"이라고 할 수 있다.[70] 그런데 능산리사지의 창건, 특히 초기 강당지는 554년 관산성 전투에서 전사한 성왕과 밀접한 관련을 가지고 있다. 주금사의 임무는 그처럼 억울하게 죽은 성왕의 행적과 잘 연관된다.

능산리 출토 목간 중에 295번이나 299번 목간 등 祭祀와 관련된 목간이 출토되는 것도 이러한 주금사의 임무와 무관하지 않을 것으로 보인다. 특히 295번 목간의 경우 그것이 道饗祭나 道祭祀와 관련된다고 해도 출토 위치가 중문지 남쪽, 제2목책열 북쪽이기 때문에 羅城과 연결된 도로 보다는 중문지 앞 도로와 연관시켜 보아야 할 것이다. 〈도면7〉은 6~7차 발굴조사에서 드러난 도로 유구를 개념화해 본 것이다. 서대배수로 방향의 목교를 지나온 북쪽으로 향해 올라오던 도로는 중문지 남쪽을 지난 다음 다시 동석교 쪽으로 꺾여 능산리고분군 방향으로 연결되고 있다.[71] 295번 목간이 발견된 중문지 남쪽 동서도로의 개설 시점을 단정할 수는 어렵지만, 초기 강당지를 중심으로 한 어떤 시설이 기능하던 단계에 이곳에는 그 초기 시설물이나 능산리고분군으로 연결되는 도로가 존재하였을 것으로 생각된다. 따라서 295번 목간은 도성 외곽에 있었던 능산리사지 초기 강당지와 능산리 고분군의 연결 도로에서 행해진 제사와 관련되었을 것으로 보이며,[72] 그러한 의례 과정에 주금사가 일정하게 관여되었을 가능성은 충분히 상정할 수 있다. 그런데 초기 강당지를 필자와 같이 祠堂이나 神宮과 같은 것으로 파악할 수 있다면 이 도로는 사당이나 왕릉으로 향하는 '神道'와 같은 것이었고, 295번 목간은 神道 옆에서 행해진 어떤 의례를 알려주는 것으로 생각할 수도 있을 것이다.

2002-1번 목간의 3면 道使 이하는 어떻게 이해할 수 있을까. 필자의 경우 가장 윗글자인 '食'字와 小吏의 '小'字는 1차 목간의 흔적으로 추정하고 있다. 道使 이하는 크게 두 단락으로 구성되었는데 "道使□□次如逢吏猪耳는 그 몸이 검은 것 같다(其身者如黑也). 道使□□, 彈耶方의 牟氏와 牟祋, 祋耶(方)의 아무개는 어떠하다" 정도로 해석된다. 첫 문장의 도사 이하는 어디까지가 人名

---

68) 『日本書紀』 20, 敏達天皇 6년 11월조.

69) 森郁夫(1994), 「わが國における初期寺院の成立」, 『學叢』 16, 京都: 京都國立博物館, p.20.

70) 장인성(2000), 「고대 한국인의 질병관과 의료」, 『韓國古代史硏究』 20, pp.259~268.
　　吉基泰(2006), 「呪噤師와 藥師信仰」, 『百濟 泗沘時代의 佛敎信仰 硏究』, 서경문화사, pp.216~227.

71) 국립부여박물관(2007), 앞의 책, p.25.

72) 295번 목간과 함께 발견된 309번 목간과 2000-6번 목간부스러기에 '死'字 확인되는 것도 이곳이 성왕의 죽음과 직접 연관되어 있음을 알려주는 것으로 생각된다.

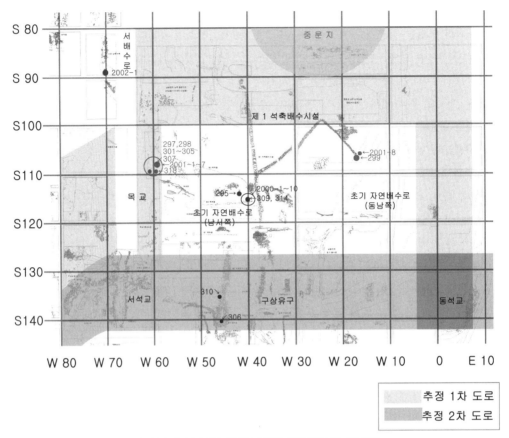

<도면7> 능산리사지 중문지 남쪽 도로유구 개념도(1차 도로, 2차 도로)

이고, 어디까지가 職名인지 여러 가지 해석이 가능하다. 두 번째 문장의 도사 이하는 "도사 아무개, 탄야방(출신)의 모씨와 모대, 대야(방)……" 등으로 해석된다. 그런데 1·2면과 3면이 시점을 달리하여 작성된 장부라고 해도 완전히 무관한 기록으로 생각되지는 않는다. 4면의 경우 1·2면에 나오는 식미의 양과 관련된 又十二石이라는 첩書가 반복적으로 기록된 것을 보면 더욱 그러하다.

앞서 말한 대로 1·2면의 식미 관련 기록은 쌀 지급 때마다 작성된 메모 같은 것이기 때문에 정식 장부를 작성하고 난 이후에는 폐기되거나 재활용되었을 것이다.[73] 그런데 食米記를 작성한 사람이 其身者如黑也와 같은 신체적 특징을 기록한 것은 그것을 수령한 사람, 즉 도사들을 잘 알지

---

73) 296번 목간의 경우 앞면의 "三月十二日梨□□"까지는 1차 목간이고 그 이하 "之勝勝□勝勝□□"은 2차 목간으로 첩書에 해당한다. 능산리 출토 목간 중에도 이처럼 再活用 목간이 있음을 확인할 수 있다. 이 목간의 판독에는 최연식(목포대) 교수의 도움을 받았다.

못했기 때문에 1차 목간의 3면을 활용하여 메모지처럼 사용한 것으로 생각된다.[74] 양자가 똑같은 메모라고 하더라도 1·2면은 정보를 다른 사람에게도 전달하는 기능을 가진 객관적인 것인데 비해, 3면은 정보를 자기에게 전달하는 기능을 하며 보다 더 주관적이고 자기인식적인 기능을 가진 것이라는 차이가 있다.[75]

지약아에서 식미를 지급 받는 道使나 彈耶方의 牟氏·牟殿 등은 지방에서 사비 도성으로 파견된 인물들인데, 官人인 道使의 경우에는 그 휘하에 일정한 인원을 데리고 있었을 것으로 생각된다. 또 거의 매일 식미를 수취한 것을 보면 이곳에서 일정 기간 어떤 노동에 종사하고 있었던 것으로 생각된다.[76] 그런데 이 목간이 6세기 후반 무렵에 폐기된 것을 감안하면 이때의 노동은 나성 축조가 아닌 능산리사지의 건립이나 운영과 관련되는 것으로 보인다. 따라서 2002-1번 목간은 지약아라는 어떤 건물이나 시설에서 능산리사지의 건립에 力役으로 동원되었던 지방민들에게 쌀을 지급하고 그 내역을 기록한 傳票, 혹은 1차 장부였다고 할 수 있다.

그렇다면 지약아에서는 왜 식미를 지급하였고 그 성격은 어떤 것이었을까.[77] 食米는 문자 그대로 먹는 쌀을 의미하는데 1·2면의 기록은 이 지역에 식미 지급 작업을 수행하는 행정 조직이 있었음을 알려주며, 300번이나 306번 목간도 이와 관련이 있음은 전술한 바와 같다. 지약아에서 지급된 식미의 양이 날짜별로 차이가 있는 것은 道使 등 그것을 수령하는 집단 내부의 인원에 변동이 있었기 때문일 것이다. 또 1·2면의 食米量에 관한 기록 중에서 1일과 2일에 小升一이 증가한 것을 보면 이것이 식미 日當에 대한 최소 단위일 가능성이 있다.[78]

식미를 수령하는 사람은 지방관인 도사 아무개와 탄야방의 모씨·모대 등으로 기록되어 있다. 도사는 城主의 異稱으로 城은 5方制 하에서 제3단계 통치 단위에 해당한다.[79] 성의 장관인 도사들과 탄야방에 籍을 둔 모씨·모대라는 인명이 함께 기록되어 있는데, 후자의 경우 도사와 같은 관

---

74) 3면 '猪耳'의 猪字는 [豸+者]로 人名이 아닌 '멧돼지 귀'로 볼 수도 있고, 이때 猪耳는 상대를 卑下하는 의미를 가졌을 가능성이 있다. 그러나 猪耳를 백제의 吏讀로 본 견해가 제기되어 참고된다.
　　金永旭, 「古代 韓國木簡에 보이는 釋讀表記에 대하여」, 『한국고대목간과 고대 동아시아세계의 문화교류』, 한국목간학회 제1회 국제학술대회 발표집, pp. 164~166.

75) 일본 고대 古文書에서 帳簿를 이런 방식으로 분류하기도 한다.
　　寺岐保廣(2004), 「帳簿」, 『文字と古代日本1-支配と文字』, 東京: 吉川弘文館, pp.284~287.

76) 近藤浩一(2004), 앞의 논문, pp.102~103.

77) 일본과 중국에서의 食米에 대한 用例와 硏究는 다음 논문을 참고하였다.
　　富谷至(1996), 「漢代穀倉制度-エチナ川流域の食糧支給より-」, 『東方學報』 68, 京都: 東方文化學院京都硏究所.
　　勝浦令子(1999), 「長屋王家の米支給關係木簡」, 『木簡硏究』 21, 奈良: 日本木簡學會.
　　山口英男(2000), 「帳簿と木簡-正倉院文書の帳簿·繼文と木簡」, 『木簡硏究』 22, 奈良: 日本木簡學會.

78) 尹善泰는 이것을 支藥兒의 人別 食米日當과 비례하는 수치로 이해하였다. 尹善泰(2006), 앞의 논문, p.245.

79) 金英心(1997), 「百濟 地方統治體制 硏究」, 서울대 박사학위논문, pp.167~173.
　　金壽泰(1997), 「百濟의 地方統治와 道使」, 『百濟의 中央과 地方』, 충남대 백제연구소, pp.221~228.
　　金壽泰(2002), 「百濟의 聖王代의 郡令과 城主」, 『百濟文化』 31, 공주대 백제문화연구소, pp.145~149.

인이 아닌데도 개인 자격으로 식미를 수령하고 있는 점이 주목된다. 이들이 식미를 지급 받은 이유는 능산리사지의 건립이라는 국가적인 사업에 동원되어 일정 기간 力役에 종사했기 때문일 것이다. 따라서 이때의 식미는 그러한 역역을 수행하기 위한 현지 생활비나 代價로서의 성격을 가지며 그것을 수령한 사람 입장에서는 日給과 같은 것이었다고 하겠다.[80] 개인 자격으로 식미를 수령하고 있는 牟氏·牟殺라는 인물들의 力役은 국가나 지방 관청에 동원되어 무상으로 노역하는 단순 요역은 아니었을 것으로 생각된다. 즉 사원의 대지 조성과 같은 단순 노동은 아닐 것이며 그보다 더 전문적인 기술이나 특별한 재능을 가지고 있었을 것으로 생각된다.[81] 그런 점에서 탄야방의 모씨·모대라는 인물들은 어떤 특별한 전문기술을 가진 개인이나 집단의 대표였을 가능성이 있다.[82] 그들은 역역 수행을 위한 현지 생활비나 대가로서 실제 근무 일수에 따라 쌀을 지급 받았을 것이다.

다른 한편 이때의 역역 동원 단위는 도사라는 지방관이 파견된 城이나 彌耶方이라는 행정구역과 관련이 있다. 이때의 彌耶方에 대해 『日本書紀』 欽明天皇 13년(552)조에 나오는 '牛頭方'과 '尼彌方'을 근거로 백제에서 6세기 전반에 이미 광역행정구획인 5方制와는 성격을 달리하는 '方'이라는 지방행정 제도가 실시되었음을 알려주는 자료로 해석되기도 하였다.[83] 그러나 4면목간의 폐기 시점을 필자와 같이 6세기 후반으로 파악한다면 이 자료는 오히려 6세기 중엽에 확립된 5方制가 실시 이후에도 그와 성격을 달리하는 '方'이라는 지방행정 제도가 존재하였음을 알려주는 자료로 이해되어야 할 것이다.[84] 따라서 능산리사지의 건립에는 城 단위나 특수한 성격의 方 단위로 편제된 지방민의 역역 동원이 있었음을 확인할 수 있다.

2002-1번 복간은 支藥兒라는 어떤 선물이나 시설에서 능산리사지의 건립에 동원된 지방민들에게 쌀을 지급하고 그 내역을 기록한 1차 장부로서 6세기 후반 이 사원의 정비 과정에서 있었던 역

---

80) 金立之撰 聖住寺碑片과 雲陽臺吉祥塔記를 근거로 9세기 초엽에는 工價를 받는 匠人이 등장한 것으로 본 견해가 제기된 바 있어 참고된다.
朴南守(1996), 「중·하대 장인의 분화와 사회경제적 지위변동」, 『新羅手工業史』, 신서원, pp.297~302.

81) 2000-7번 목간부스러기의 경우 "□金四"로 판독되는데 마지막 글자는 단정할 수 없다. 이때 '金'이라는 명문은 人名의 姓氏라기보다는 금(Gold)이라는 재질과 관련이 있을 것으로 생각된다. 그런 점에서 이들 인물도 금이나 금속과 관련된 재질을 다루는 장인이었을 가능성이 고려될 수 있다.

82) 牟氏와 牟殺는 [癸酉銘三尊千佛碑像]의 牟氏나 쌍북리 현내들 유적 출토 85-8호 목간의 牟氏처럼 人名이 분명하다 (이판섭·윤선태(2007), 「扶餘 雙北里 현내들유적 출토 百濟 木簡」, 『新出土 木簡의 饗宴』, 한국목간학회 제2회 학술대회발표문, pp.17~18). 2002-1번 목간의 牟氏와 佛碑像의 牟氏가 어떤 연관성을 가지고 있다면, 그렇지 않고 牟氏가 대단히 흔한 人名이라고 해도 牟氏 혹은 그 集團은 佛像 彫刻과 같은 전문기술을 가지고 있었을 가능성이 고려될 수 있다.

83) 尹善泰(2006), 앞의 논문, p.247.

84) 이때 306번 목간의 "六卩五方"이라는 표현이 주목된다. 이 목간의 五方을 사비시기의 지방 행정구역으로 이해한다면 그 가능성이 더욱 커지기 때문이다. 그러나 이 경우 중앙행정 조직을 五部가 아닌 六部로 표현한 것에 대한 설명이 어렵기 때문에 일단 판단을 보류한다.

역 동원과 그 운영 방식을 알려주는 자료로 평가된다. 매일 지급된 식미의 량이나 동원된 인원에 대한 기록들은 이후 정식 장부로 정리되었을 것이다.[85] 佛國寺 西石塔重修形止記와 無垢淨光塔形 止記의 내용 중에는 석탑 중수 작업의 진행 상황이 상세하게 기록되어 있는데, 특히 날짜별 작업 내용과 음식 제공 상황이 공통적으로 확인되어 흥미롭다.[86] 비록 후대의 기록이기는 하지만 2002-1번 목간도 결국 이와 같은 형태로 재정리되었음을 예상할 수 있기 때문이다. 한편 일본의 安藝 國分寺에서는 가람 중심부 외측에 있는 도랑에서 다량의 荷札 목간이 출토되었다.[87] 목간의 기재 내용은 國分寺 운영과 관련하여 郡內의 여러 지역에서 보내온 물자의 유통에 대한 것이 대부 분이지만 능산리 목간의 출토 양상과 유사한 측면이 있어 향후 비교를 필요로 한다.

Ⅳ. 맺음말

이상에서 능산리 출토 목간의 성격과 2002-1번 목간의 기재 내용을 분석하였다. 본고의 내용을 요약하면 다음과 같다. 먼저 2장에서는 목간의 출토 상황과 위치를 구체적으로 제시하였다. 능산 리 일대에서는 〈도면1〉과 같이 中門址 남서쪽의 초기 자연배수로뿐 아니라 동남쪽의 초기 자연배 수로와 그보다 시기가 늦은 제2石築 排水施設에서도 목간이 출토되었다. 이러한 출토 위치에 관한 분석은 능산리 목간의 성격이 나성과 연관되기 보다는 능산리사지의 축조나 정비 과정과 관련됨 을 시사하고 있다.

3장에서는 다량의 목간이 출토된 초기 자연배수로의 정비 과정과 매몰 시기를 파악하기 위해 伽藍 中心部의 整備過程을 살펴보았다. 이를 위해 능산리사지에서 출토된 와당의 형식 분류와 건 물지별 분포 상황을 분석하였다. 그 결과 가람 중심부의 건물들이 講堂址, 木塔址, 不明建物址Ⅱ 가 1차로 건립되고, 金堂址와 中門址, 回廊址가 2차로 건립되었음을 확인하였다. 또 동 · 서 회랑 지 남쪽 끝부분에서 발견된 암거시설의 정비과정에 대한 분석을 통해 동 · 서 대배수로의 정비는 가람 중심부에 1차 건물이 건립되고 나서 2차 건물이 들어선 시점에야 이루어졌음을 추정할 수

---

85) 2002-1번 목간의 생산과 재활용, 폐기 등 文書行政에 관한 정리는 다음에 자세하다.
　　尹善泰(2007), 「百濟의 文書行政과 木簡」, 『韓國古代史硏究』 48, pp.310~314.
86) 노명호 · 이승재(2007), 「고려 顯宗 · 靖宗代 釋迦塔 重修 기록의 판독 · 역주」, 『석가탑 발견 유물 조사 중간 보고』, 국립중앙박물관.
　　최연식(2008), 「佛國寺 西石塔 重修形止記의 재구성을 통한 불국사 석탑 중수 관련 내용의 재검토」, 『불국사 석가 탑 출토 묵서지편과 사리장엄』, 한국목간학회 제1회 정기발표회, pp.18~19.
87) 日本木簡學會 編(2002), 「2001年出土の木簡-廣島 安藝國分寺跡」, 『木簡硏究』 24, pp.133~138.
　　日本木簡學會 編(2004), 「釋文の修正と追加-廣島 安藝國分寺跡」, 『木簡硏究』 26, pp.254~257.
　　佐竹昭(2008), 「國分寺と國師」, 『シンポジウム 國分寺の創建を讀むⅠ』, 東京: 國士館大學.

있었다. 능산리사지의 초기 강당지는 이 사원에서 가장 먼저 건립된 건물로 567년 목탑 건립 이전부터 능산리고분군의 祠堂이나 神宮과 같은 역할을 하였던 것으로 추정되며 이는 願刹이라는 능산리사지의 성격과 깊은 관련을 갖는 것으로 생각된다.

4장에서는 목간 폐기 시점과 관련하여 2002-1번 목간 출토 상황에 주목하였다. 〈도면4〉의 토층도와 와당 등의 공반 유물을 볼 때 이 목간은 金堂址가 건립되거나 완성되고, 回廊址가 건립되기 시작하던 6세기 후반 무렵에야 폐기된 것으로 보인다. 이 연대는 능산리 출토 목간 폐기의 하한에 해당한다. 한편 목간 제작·사용의 상한은 沼澤地에서 출토된 중국청자편이나 벼루편 등을 통해 볼 때 6세기 중엽 정도로 생각된다. 따라서 능산리 출토 목간은 554년 관산성 전투에서 성왕이 죽은 사건 이후부터 567년 목탑이 건립된 이후에 주로 제작·사용·폐기되었지만 2002-1번 목간을 비롯한 소수의 목간들은 6세기 후반에 제작·사용되다가 폐기된 것으로 볼 수 있다. 그런데 능산리 출토 목간의 대부분이 567년 목탑 건립 전후에 폐기된 사실은 이들 목간이 능산리사지 초기 강당지가 기능하던 단계와 밀접하게 관련됨을 알려주고 있다. 또 목간의 기재 내용이 불교나 죽은 사람의 의례와 관련된 것, 물품의 생산지와 이동, 장부와 같은 것이 망라되어 있는 점을 고려할 때 능산리 출토 목간의 성격은 거시적인 관점에서 능산리사지라는 사원이 건립되고 정비되는 과정에서 파생된 것으로 볼 수 있다.

5장에서는 8차 조사에서 발견된 2002-1번 4면목간을 분석하였다. 먼저 1·2면의 支藥兒食米記와 3면의 道使 관련 기록은 작성 시기에 차이가 있음을 지적하였다. 1·2면은 支藥兒라는 어떤 건물이나 시설에서 쌀을 지급한 내역을 담은 帳簿인데, 支藥兒는 그 명칭상 呪噤師의 활동과 연관될 가능성이 있다고 보았다. 3면은 1·2면에서 연속되는 食米 관련 기록을 지운 다음 사용한 2차 복간이고 그 내용상 1·2면 보다 주관적이고 자기인식적인 성격을 가진 것으로 생각된다. 따라서 2002-1번 목간은 支藥兒라는 어떤 건물이나 시설에서 능산리사지의 건립에 동원된 地方民들에게 쌀을 지급한 내역을 기록한 장부라 할 수 있다. 2002-1번 목간과 300번, 306번, 310번 목간 등을 통해 볼 때 능산리사지 일대에는 쌀이나 물품의 이동과 관련된 창고 시설이나 행정조직이 존재하였던 것으로 추정된다. 이곳에서 지급된 食米는 능산리사지의 건립에 동원되어 力役을 수행하는데 필요한 現地 生活費나 代價와 같은 것이었고, 城 단위나 특수한 성격의 方 단위로 편제된 지방민이 동원된 것으로 생각된다.

능산리 출토 목간에 관한 그간의 연구들은 발굴 조사 내용의 전모가 소개되지 않은 채 진행된 것이어서 약간의 혼동이 있었다. 여기에는 아직 검증되지 않은 私見을 현장설명회에서 단정적으로 제시하거나 발굴 보고서 발간을 지연시킨 조사 기관의 책임이 크다고 할 것이다. 또 정작 간행된 발굴 보고서에는 출토유물이나 유구에 대한 설명이 누락된 경우가 있다. 실제 발굴을 담당했던 연구원이 보고서를 간행하지 않은 당연한 귀결이라 할 것이며 시정과 분발이 요구된다. 하지만 발굴이라는 과정을 통해 발견된 목간의 출토 맥락을 고려하지 않고 조급하게 접근한 연구자들에게도 일말의 책임은 있다. 본 소고가 그러한 풍토를 반성하는 조그마한 계기가 되기를 바라지만 발굴 당사자가 아니기에 혼동만 더한 것이 아닌지 걱정이 앞선다. 향후 능산리 출토 목간의 기재 내용에 관한 분석을 통해 필자의 논지를 보다 더 보강하고자 한다.

투고일 : 2008. 4. 16   심사개시일 : 2008. 4. 30   심사완료일 : 2008. 5. 26

참/고/문/헌

국립부여문화재연구소(2007), 「부여 능산리사지 10차 발굴조사 현장설명회자료」.

國立扶餘博物館(2000), 『陵寺-扶餘 陵山里寺址 發掘調査 進展報告書』, 遺蹟調査報告書 第8冊.

국립부여박물관(2002), 「제8차 부여 능산리사지 현장설명회자료」.

국립부여박물관(2002), 『百濟의 文字』, 하이센스.

國立扶餘博物館(2007), 『陵寺-부여 능산리사지 6~8차 발굴조사보고서』, 遺蹟調査報告書 第13冊.

국립창원문화재연구소(2004), 『韓國의 古代木簡』, 예맥출판사.

近藤浩一(2004), 「扶餘 陵山里 羅城築造 木簡의 研究」, 『百濟研究』 39, 충남대 백제연구소.

近藤浩一(2005), 「扶餘 陵山里出土木簡と泗沘都城關聯施設」, 『東アジアの古代文化』 125, 東京: 古代學研究所.

金相鉉(1999), 「百濟 威德王의 父王을 위한 追福과 夢殿觀音」, 『韓國古代史研究』 15, 한국고대사학회.

金壽泰(1997), 「百濟의 地方統治와 道使」, 『百濟의 中央과 地方』, 충남대 백제연구소.

金壽泰(2002), 「百濟의 聖王代의 郡令과 城主」, 『百濟文化』 31, 공주대 백제문화연구소.

金英心(1997), 「百濟 地方統治體制 研究」, 서울대 박사학위논문.

金英心(2007), 「백제의 지방통치에 관한 몇가지 재검토」, 『韓國古代史研究』 48, 한국고대사학회.

金永旭(2003), 「百濟 吏讀에 보이는 釋讀表記에 대하여」, 『한국고대목간과 고대 동아시아 세계의 문화교류』, 한국목간학회 제1회 국제학술대회발표집.

金永旭(2007), 「古代 韓國木簡에 對하여」, 『口訣研究』 11, 구결학회.

金鍾萬(2000), 「扶餘陵山里寺址出土瓦當文樣の形式と年代觀」, 『帝塚山大學考古學研究所研究報告』 II, 奈良: 帝塚山大學考古學研究所.

김종만(2007), 「성왕시대 생활 토기」, 『백제 성왕과 그의 시대』, 부여군.

吉基泰(2006), 「呪噤師와 藥師信仰」, 『百濟 泗沘時代의 佛教信仰 研究』, 서경문화사.

노명호·이승재(2007), 「고려 顯宗·靖宗代 釋迦塔 重修 기록의 판독·역주」, 『석가탑 발견 유물

조사 중간 보고」, 국립중앙박물관.

박경도(2002), 「扶餘 陵山里寺址 8次 發掘調査 槪要」, 『東垣學術論文集』 5, 국립중앙박물관.

朴南守(1996), 「중·하대 장인의 분화와 사회경제적 지위변동」, 『新羅手工業史』, 신서원.

朴淳發(2005), 「公州 水村里古墳群 出土 中國瓷器와 交叉年代 問題」, 『4~5세기 금강유역의 백제문화와 공주 수촌리 유적』, 충남역사문화원 제5회 정기심포지엄.

박중환(2001), 「扶餘 陵山里寺址 발굴조사개요–2000년~2001년 조사내용」, 『東垣學術論文集』 4, 국립중앙박물관.

朴仲煥(2002), 「扶餘 陵山里發掘 木簡 豫報」, 『韓國古代史研究』 28, 한국고대사학회.

白井克也(2000), 「東京國立博物館物保管靑磁獸脚硯」, 『MUSEUM』 568, 東京: 東京國立博物館.

富谷至(1996), 「漢代穀倉制度–エチナ川流域の食糧支給より–」, 『東方學報』 68, 京都: 東方文化學院 京都研究所.

寺岐保廣(2004), 「帳簿」, 『文字と古代日本1–支配と文字』, 東京: 吉川弘文館.

山口英男(2000), 「帳簿と木簡–正倉院文書の帳簿·繼文と木簡」, 『木簡研究』 22, 奈良: 日本木簡學會.

山本孝文(2003), 「百濟 泗沘期의 陶硯–分類·編年과 歷史的 意義」, 『百濟研究』 38, 충남대 백제연구소.

森郁夫(1994), 「わが國における初期寺院の成立」, 『學叢』 16, 京都: 京都國立博物館..

粟田薫(2005), 『新堂廢寺·オガンジ池瓦窯出土瓦の研究』, 京都: 京都大博物館

勝浦令子(1999), 「長屋王家の米支給關係木簡」, 『木簡研究』 21, 奈良: 日本木簡學會.

申光燮(2003), 「陵山里寺址 發掘調査와 伽藍의 特徵」, 『百濟金銅大香爐와 古代東亞細亞』, 국립부여박물관.

申光燮(2006), 「百濟 泗沘時代 陵寺 研究」, 중앙대 박사학위논문.

王靖憲(2002), 『古硯拾零』, 武漢: 湖北美術出版社.

尹善泰(2004), 「扶餘 陵山里 出土 百濟木簡의 再檢討」, 『東國史學』 40, 동국대 사학회.

尹善泰(2006), 「百濟 泗沘都城과 嵎夷–木簡으로 본 泗沘都城의 안과 밖」, 『東亞考古論壇』 2, 충청문화재연구원.

尹善泰(2007), 「百濟의 文書行政과 木簡」, 『韓國古代史研究』 48, 한국고대사학회.

尹善泰(2007), 「사비 도성의 境界와 儀禮」, 『목간이 들려주는 백제 이야기』, 주류성.

이도학(2003), 『살아 있는 百濟史』, 휴머니스트.

李梅田(2000), 「長江中游地區六朝隋唐靑瓷分期研究」, 『華夏考古』 2000–4기, 河南省文物研究所.

李炳鎬(2002), 「百濟 泗沘都城의 造營過程」, 『韓國史論』 47, 서울대 국사학과.

李星培(2004), 「百濟書藝와 木簡의 書風」, 『百濟研究』 40, 충남대 백제연구소.

이용현(2007), 「목간」, 『百濟의 文化와 生活』(백제문화사대계12), 충청남도역사문화연구원.

이판섭·윤선태(2007), 「扶餘 雙北里 현내들유적 출토 百濟 木簡」, 『新出土 木簡의 饗宴』, 한국목간

학회 제2회 학술대회발표문.

日本木簡學會 編(2002), 「2001年出土の木簡−廣島 安藝國分寺跡」, 『木簡研究』24.

日本木簡學會 編(2004), 「釋文の修正と追加−廣島 安藝國分寺跡」, 『木簡研究』26.

장인성(2000), 「고대 한국인의 질병관과 의료」, 『韓國古代史硏究』20.

田邊征夫・森郁夫(1986), 「寺院の造營」, 『日本歷史考古學を學ぶ』中, 東京: 有斐閣.

佐竹昭(2008), 「國分寺と國師」, 『シンポジウム 國分寺の創建を讀むⅠ』, 東京: 國士館大學.

中島正(1989), 「軒瓦からみた高麗寺の沿革」, 『高麗寺跡』, 京都: 山城町敎育委員會.

淸水昭博(2005), 「기와의 전래−백제와 일본의 초기 기와생산체제의 비교」, 『百濟硏究』41, 충남대
　　백제연구소.

최연식(2007), 「백제 찬술문헌으로서의 『大乘四論玄義記』」, 『韓國史硏究』136, 한국사연구회.

최연식(2008), 「佛國寺 西石塔 重修形止記의 재구성을 통한 불국사 석탑 중수 관련 내용의 재검
　　토」, 『불국사 석가탑 출토 묵서지편과 사리장엄』, 한국목간학회 제1회 정기발표회.

土田純子(2004), 「百濟 有蓋三足器의 編年 硏究」, 『韓國考古學報』52, 한국고고학회.

平川南(2005), 「百濟と古代日本における道の祭祀」, 『百濟 泗沘時期 文化의 再照明』, 국립부여문화
　　재연구소.

平川南(2006), 「道祖神信仰の源流」, 『國立歷史民俗博物館 硏究報告』133, 千葉: 國立歷史民俗博物館.

한국전통문화학교(2005), 「부여 능산리사지 9차 발굴조사 현장설명회자료」.

한국전통문화학교(2006), 「부여 능산리사지 9차 연장발굴조사 현장설명회자료」.

〈日文要約〉

扶余陵山里出土木簡の性格

李炳鎬

　扶余陵山里寺跡では, 中門跡の南と西から40点余りの木簡が出土した. 陵山里出土木簡は, これま
で中門跡の南西で檢出された初期自然排水路においてのみ出土したとされてきた. だが木簡の出土
地点を再檢討した結果, 中門跡の東南の初期自然排水路と, それより時期の下る南の第2石築排水施
設においても出土していたことが分かった.

　次に, ほとんどの木簡が出土した初期自然排水路の廢棄時期と整備過程を把握するため, 陵山里
寺跡の伽藍中心部の整備過程を檢討した. 陵山里寺跡出土の瓦当の型式分類と相對編年, 建物跡の分
布狀況を分析したところ, 伽藍中心部の建物は, 1次において講堂, 木塔, 用途不明建築物Ⅱが建立さ
れ, 2次に金堂と中門, 回廊が建立されたことを確認した. また東・西回廊跡の南端部から見つかっ
た暗渠施設から, 東・西大排水路の整備, すなわち初期自然排水路の廢棄が, 伽藍の中心部に1次建物
が建立され, 2次建物が建立される時期に行われたと推定した. 陵山里寺跡の講堂は, 同寺院におけ
る最初の建築物であり, 567年の木塔の建立以前から, 陵山里古墳群の祠堂のような役割を果たして
いたものと推定される. これは, 陵山里寺の願刹的な性格と深くかかわっているものと思われる.

　木簡の廢棄年代の下限を推定するため, 2002-1番木簡の出土狀況に注目した. 〈圖面4〉の土層圖と
瓦当の共伴遺物から, 同木簡は金堂が建立または完成し, 回廊が建立されはじめた6世紀後半ごろに
廢棄されたものと考えられる. 木簡の製作・使用年代の上限は, 寺院の最下層から出土した中國青
磁片や陶硯片などから, 6世紀中葉ごろと考えられる. これらのことから, 陵山里出土木簡は, 聖王
が戰死する管山城の戰い(554年)から, 木塔の建立(567年)時期の間に主に製作・使用・廢棄されたと
考えられるが, 一部の木簡は6世紀後半まで製作・使用され, その後廢棄されたものとみられる.

　このように, 陵山里出土木簡のほとんどが567年の木塔建立前後に廢棄された事實は, これらの木
簡が陵山里寺跡の初期講堂にあった某施設と密接にかかわっていることを示している. また木簡の
記載内容が, 仏教や死者の儀礼と關連する点, 物品の生産地と移動, 帳簿などの内容が網羅されてい
る点を考慮すると, 陵山里出土木簡の性格は, 主に陵山里寺の建立過程にかかわっているものと思
われる.

　このように考えると, 第8次調査の際に見つかった2002-1番四面木簡も, 陵山里寺の整備過程と結
びつけて理解することができる. 2002-1番木簡を赤外線寫眞で判讀した結果, 第1・2面の「支薬児食
米記」と第3面の「道使」關連記録は, 作成時期が異なることが分かった. 第1・2面は「支薬児」というあ

る建物もしくは施設において，米を支給した内譯を記した帳簿であり，第3面は，第1・2面から續く食米關連記録を削除した後に再利用した2次木簡の性格を持ち，第4面は習書木簡として使用されたものと考えられる．そのため2002-1番木簡は本來，支薬児というある建物もしくは施設において，陵山里寺の建立に動員された地方民に米を支給した内譯を記した帳簿的性格をもつものであったと言えよう．また2002-1番木簡や300番，306番，310番木簡の内容からすると，当時の陵山里寺一帯には，米などの物品の移動にかかわる倉庫や行政組織が存在していた可能性が高い．

▶ キーワード : 木簡, 陵山里寺跡, 講堂, 木塔, 願刹, 食米, 帳簿

月城垓子 149號 木簡에 나타나는 吏讀에 대하여*

– 薛聰 當代의 吏讀 資料를 중심으로 –

鄭在永**

〈국문초록〉

木簡 硏究는 考古學이나 歷史學 分野뿐만 아니라, 國語史 分野에서도 아주 중요한 硏究 대상이다. 韓國의 古代 木簡에 기록되어 있는 文字 資料들은 6世紀부터 8世紀까지의 文字言語資料로서 그 가치가 아주 크다. 이 論文은 月城垓子 149號 木簡을 대상으로 하여 이 資料에 나타나는 吏讀文을 判讀하여 解釋하고, 나아가 이 吏讀 자료가 가지는 意義에 대해서도 살펴볼 것이다. 月城垓子 149호 木簡은 寫經 제작과 관련이 있는 古代 文書 資料이다. 이 文書에 기록되어 있는 이두문은 바로 薛聰 當代의 우리말 吐가 表記에 반영되어 있는 吏讀 자료다. 月城垓子 149號 木簡은 寫經 제작과 관련된 문서로 新羅의 王京에서 肉筆로 7세기 後半에 작성된 것이다. 月城垓子 149號 木簡은 '某足下(또는 某前) 白 ㅣ(숣다)'의 書頭 形式을 가지는 文書이다. 이 文書는 우리말의 吐가 표기에 반영되어 있는 吏讀文으로 작성되어 있다. 이 吏讀文에는 처격조사 '–中'(–긔)와 주제표지 '–者'(–는)이 쓰이고 있으며, 尊敬法의 先語末語尾 '–賜–'(–시–)와 先語末語尾(또는 補助動詞) '–在–'(–

---

* 이 논문은 2007年 7月 3日부터 4日까지 서울大學校 奎章閣韓國學硏究院과 口訣學會가 공동으로 개최한 〈2007 韓日國際 Work-shop(主題 : 古代 韓日의 言語와 文字)〉에서 발표한 논문을 수정, 보완한 것이다.

** 한국기술교육대학교 교수

겨-)와 古代國語의 先語末語尾 '-內-'(-ㄴ-)도 나타난다. 그리고 平敍法 文章終結語尾 '-ㅣ'와 '-之'도 확인할 수 있다. 口訣字 'ㅣ'는 '之'에서 발달한 것이다. 月城垓子 149號 木簡의 吏讀文은 薛聰이 吏讀를 지었다는 文獻 資料들의 記錄을 뒷받침할 수 있는 직접적인 資料로서 가치를 가진다.

▶ 핵심어 : 木簡, 月城垓子 149號 木簡, 吏讀, 吏讀文, 寫經, 古代 文書, 薛聰

Ⅰ. 序論

최근의 木簡 研究는 고고학이나 역사학 분야뿐만 아니라, 국어사 분야를 비롯하여 동아시아 고대 기록문화적인 측면에서도 새로운 의의를 가지고 있다. 특히, 韓國의 古代 木簡에 기록되어 있는 문자 자료들은 6세기부터 8세기까지의 文字言語資料로서 그 가치가 아주 크다. 이 논문은 月城[1] 垓子에서 出土된 木簡들 중 이두 표기를 반영하고 있는 月城垓子 149號 木簡을[2] 대상으로 하여 이 자료에 나타나는 이두문을 판독하여 해석하고, 나아가 이 吏讀 자료가 가지는 意義에 대해서도 검토할 것이다.

본고에서 연구 대상으로 하는 月城垓子 149호 木簡은 사경 제작과 관련이 있는 문서 자료이다. 이 문서에 기록되어 있는 문상이 바로 薛聰 當代의 이두 자료임도 함께 밝힐 것이다. 따라서 月城垓子 149號 木簡에 나타난 문장을 국어학적으로 검토하는 것은 아주 중요하다. 月城垓子 木簡에 吏讀的 要素가 있음이 學界에 報告된 이후 이것을 국어학적으로 검토한 최초의 논의는 김영욱(2007)이다. 필자는 김영욱(2007)의 논의에 지정 토론자로 참여하여 이 자료를 가지고 함께 논의한 바 있다. 이 논문은 그때 필자의 토론문을 바탕으로 하여 논의를 보완하여 작성한 것이다.

---

1) 月城은 新羅의 宮城址이다. 月城의 위치는 현재 경주 시내 남쪽의 南川(또는 蚊川이라고도 한다) 邊이다. 북으로는 현재 경주 시내가, 남쪽으로는 남천을 건너 南山이 이어져 있다. 현재 행정구역상으로는 경상북도 경주시 인왕동 387-1번지이다. 月城은 현재 동서로 너비 900m 남북 너비가 250m 총면적 55,000평 정도이다. 성벽의 폭이 50에서 70m 정도로 현재 약 1,800m 정도가 남아 있다. 그 모양이 마치 초승달과 같아서 月城이라고 불렸다. 新月城, 또는 왕이 거처하는 곳이라고 하여 在城이라고 부르기도 하였다. 조선시대에는 半月城으로 불렸다.

2) 國立昌原文化財研究所(2004)에서는 그 당시까지 발굴된 한국의 고대목간 전체 자료를 중심으로 이 목간을 月城垓子 木簡 149號로 분류한 바 있다. 본고에서는 편의상 일반에게 널리 알려진 國立昌原文化財研究所(2004)의 분류 번호를 따르도록 한다. 하지만 國立慶州文化財研究所에서 간행한 月城垓子 發掘調査報告書Ⅱ에서는 이것을 2호 목간으로 명명하고 있다.

Ⅱ. 月城垓子 149號 木簡의 判讀

2.1. 月城垓子 149號 木簡은 4면체 봉형 목간 즉, 觚 형이다. 이 자료는 이미 李成市(2000, 2005) 등에 의해 논의되기 시작하여, 慶州國立博物館에서 간행한 『문자로 본 신라』(2002)에도 소개되고, 전시된 바 있다. 이 자료는 육안으로도 문자를 식별할 수 있을 정도로 상태가 양호하기 때문에 일찍부터 주목의 대상이 되어 왔다. 지금까지 이 자료에 대한 여러 가지 석독의 견해들이 제시된 바 있다.

月城垓子 149號 木簡은 月城垓子 '다 480' 뻘층에서 출토되었다. 이 지역은 月城의 北便으로 이른바, 연못형 垓子의 뻘층이다. 이 자료는 상부와 하부 모두 완형이다. 길이는 18.95㎝, 폭은 1.2㎝이고 두께도 1.2㎝ 정도다. 이 목간의 무게는 13.86g이다. 樹種은 소나무다. 이 목간은 다면체 목간이기 때문에 전후좌우의 구분과 기록되어 있는 文章 順序에 대해서도 다양한 의견이 제시된 바 있다(3.1장을 참조할 것). 본고에서는 필자가 석독한 문장 내용의 순서에 따라〈사진 1〉과 같이 1면에서 4면까지로 나누기로 한다. 사진에서 보는 것처럼 이 목간은 소나무를 觚의 형태로 잘 다듬어 붓으로 쓴 목간이다. 각 면마다 상단부에서 일정한 간격을 두고 문장을 쓰고 있다. 1면은 상단에서 3.65㎝, 2면은 4.15㎝, 3면은 4.25㎝, 4면은 4.15㎝ 아래에서부터 각각 문장을 쓰고 있다. 慶州의 月城垓子 木簡은 月城의 존속시기 등을 고려하여 그 下限年代를 7世紀 末로 잡고 있다.[3]

〈사진1, 月城垓子 149號 木簡〉

2.2. 이 자료 전체의 釋讀에 앞서 각 面에 기록되어 있는 문자들을 먼저 판독해 보자. 문자를 정확하게 판독하고 해석하는 것은 木簡에 대한 총체적인 연구에 앞서 가장 기초적인 문제이기 때문이다. 제1면부터 먼저 살펴보기로 하자.〈사진 2〉는 月城垓子 149號 木簡의 1면으로 왼쪽 사진은 일반 칼라 사진이고, 가운데 사진은 적외선으로 촬영한 사진이고, 오른쪽은 적외선 사진을 글자 중심으로 다시 확대한 것이다(이하 동일). 제1면에서 문제가 되는 것은 제8자와 마지막 열 번째 글자다. 第8字의 경우는 '引'으로 보는 견해가 많지만, 최근에 한국의 木簡學會에서 주최한 제1회 국제학술회의 토론에서 언급된 바 있는 '拜' 자로 보는 것이 자형상으로도 타당해 보인다. 윤선

---

3) 월성해자목간의 연대추정에 대해서는 國立慶州文化財研究所(2004)와 國立慶州文化財研究所(2006), 윤선태(2005), pp.118~119 등을 참조할 수 있다.

〈사진 2, 月城垓子 149號 木簡 제1면〉

태(2005)에서도 이미 이 글자를 '拜'로 추정한 바 있다. 마지막 글자는 그 동안 여러 연구자들의 판독에서 의견의 일치를 보지 못한 글자이다. 문맥 등을 고려하여 문장종결로 보아 '了'로 보는 견해(李成市 등)와 이것을 글자로 보지 않고 앞의 '白'으로 이 문장이 끝나는 것으로 파악하는 경우도 있다(윤선태(2007ㄴ) 참조). 이 경우는 '白ㅣ'의 'ㅣ'는 '白'의 마지막 획을 懸針破策의 서법으로 길게 내려쓴 것으로 파악한 것이다. 윤선태는 이러한 서사 방식을 書者가 1면에서 '白'을 마지막 글자로 획정하는 空白處理方式으로 간주하고 있다. 김영욱(2007)은 이 글자를 口訣에 나타나는 口訣字 'ㅣ'(-다)로 파악한 바 있다. 이 외에 第2字도 '鳥'(윤선태, 손환일 등)와 '烏'(李成市, 深津)로 판독에서 차이를 보이고 있다.

제1면은 '大鳥知郎足下 万拜 白ㅣ' 정도로 판독될 수 있다. 李成市(1997, 2005)의 主張처럼 마지막 글자 'ㅣ'를 '了'로 判讀하기는 어렵다. 문맥상 '了'字가 적당하지도 않거니와 字形上 'ㅣ'가 '了'의 草書體와도 무관하기 때문이다. 〈사진 3〉의 '白ㅣ'에서 'ㅣ'字는 口訣字 'ㅣ'와 같은 모양을 띠고 있는 것이 우리의 주목을 끈다. 이 자료에 보이는 '白ㅣ'의 'ㅣ'는 한국의 釋讀口訣 자료에 많이 보이는 口訣字[4] 'ㅣ'와 관련이 있는 것으로 볼 수 있다. 석독구결의 'ㆍㅣ /ㅎ다'와 'ㆍㄱㅌㅣ/ㅎ고ㄴ다' 등과 '白ㅣ'를 比較할 수 있기 때문이다. 그렇다면 이 'ㅣ'의 原字가 무엇인지가 문제가 될 것이다. 지금까지 구결 연구자들은 이 글자가 '多'의 초서체에서 왔다고 생각해 왔지만, 이 구결자는 '之'字와 관련이 있을 가능성이 높다. 그동안 다른 학자들과는 달리 손환일(2004)은 처음부터 이것을 '之'로 판독한 바 있다. 손환일(2004)에서는 이 자형에 대해 특별한 언급이 없었지만, 〈사진 4〉에서 보는 것처럼 일본 고문서에 나타나는 '之'의 초서자 중 맨 마지막 글자가 〈사진 3〉의 '白ㅣ'의 'ㅣ'와 비슷하다고 할 수 있다. '白ㅣ'의 'ㅣ'는 '之'의 초서체로 이 목간에서는 다소 특이하게

〈사진 3, '白之' 부분〉

〈사진 4, 兒玉幸多編(1981:17)에 나오는 '之'의 異體字들〉

---

4) 口訣字는 한자의 省劃字나 초서체 등을 간략하게 사용하여 만들어진 문자다.

작성된 것이다.

이 목간의 제1면 문장 마지막에 쓰인 '…白ㅣ'는 '…白之'와 같은 것이다. 그 내용 면에서나 차 자표기법의 역사에서도 이렇게 판독하는 것이 더 자연스럽게 이해될 수 있기 때문이다. 이 문장의 '…白之'에서와 같이 단순히 '之'가 타동사의 목적어가 아니라 문장 종결사로 사용된 용례는 중국의 고대 簡牘 자료들과 불경 자료들에서도 드물긴 하지만 확인할 수가 있다. 이 자료에 보이는 '…白之'와 같은 용례는 고대의 정격 한문에서는 잘 보이지 않지만 고대 당시의 구어를 많이 반영하고 있는 문장의 용법에서는 확인이 되는 것이다. 이런 용법으로 사용되던 '之'가 우리의 借字表記法에 들어와서 속한문으로 자연스럽게 자리를 잡고 그 사용이 확대되어 吏讀文에서도 사용된 것이다. 그리고 나아가 '之'의 간략한 초서체 자형 중 하나가 口訣字 'ㅣ'로 굳어져 口訣文에서도 사용된 것으로 해석할 수 있다. 이런 사실을 뒷받침할 수 있는 용례가, 최근에 새로 보고된 안압지 출토 목간의 새로운 판독 자료에서 다시 확인할 수 있게 되었다. '…白之'의 용례를 비슷한 시기의 안압지 목간 자료에서도 하나 더 확인할 수 있다. 이것은 바로 하시모토 시게루(橋本繁, 2007:106)에서 언급된 바 있는 다음 자료이다.[5]

(앞면)	洗宅白之二典前四□子頭身沐浴□□木松茵
(좌측면)	□迎□入日□□
(뒷면)	十一月廿七日典□ 思林

이 자료는 한국의 고대목간에서는 소개되지 않은 자료이다. '洗宅白之'에서 '…白之'를 확인할 수 있다.

제2면의 경우는 자형의 판독에서 큰 문제가 될 것은 없다. 第9字를 '雖'로 보는 견해와 '躍'로 파악하는 견해가 있다. 자형상 '躍'로 보는 것이 자연스럽다. 제10자는 '紙' 밑에 '巾'이 있는 자형으로 '紙'의 古字다. 第11字와 第12字는 필획으로 보아 두 글자 '一'과 '二'로 읽는 것이 자연스럽다. 마지막 第13字는 자형 상으로 보면 '个' 또는 '亇'에 가깝다. 이 글자를 일본측 자료에 기대어 '斤'(李成市)과 '斗'(深津)로 읽는 경우도 있다. 제2면은 '經中 入用 思 買 自不躍紙 一二↑' 정도로 판독할 수

〈사진 5, 月城垓子 149號 木簡 제2면〉

있다. '↑'는 자형상으로는 마지막 획의 끝이 약간 올라간 모습을 하고 있다.

---

5) 橋本繁(2007), p.106에서는 이것을 '미게재 보고서1호'로 소개하고 있다. 이 목간은 318×28×15㎜ 크기의 사각기둥형 목간으로 좌측면 일부가 파손된 목간이다. 문서목간으로 추정하고 있다. 이것의 사진 자료는 함순섭(2007), p.143에서 확인할 수 있다.

제3면은 판독에 별 문제가 없는 자료이다. 첫 번째 글자는 '牒'의 古字다. '片'방 대신에 'ß'을 그리고 '木'을 글자 전체 밑에 쓰는 자형을 취하고 있다(사진 6의 첫째 글자를 참조할 것). 第6字와 第7字 사이에는 인위적인 空格이 있다. 실제 이 부분에서 문장이 나누어진다. 第9字를 '若'으로 보는 경우도 있지만 우측 상단의 점을 고려하면 '者'로 읽는 것이 자연스럽다. 제3면은 '牒 垂 賜 敎在之 後事者 命盡' 정도로

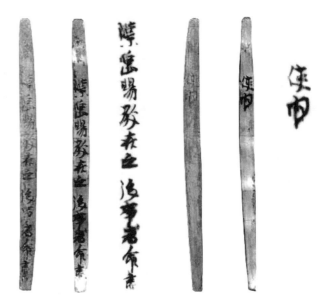

〈사진 6, 月城垓子 149號 木簡 제3면〉　　〈사진 7, 月城垓子 149號 木簡 4면〉

판독할 수 있다. 제3면에서는 〈사진 6〉의 '敎在之'에서처럼 '之'로 쓰고 있어 제1면의 '…白ㅣ'와는 차이를 보인다. 제1면에서는 '之'의 특이한 초서체 'ㅣ'로 쓰고 있다. 이와 같이 동일 문서에서 자형을 여러 가지로 쓰는 것은 목간이나 고대 금석문과 문서 등에서는 흔히 있는 일이다.

제4면은 마지막 글자가 문제가 되는 것이다. '官'으로 보는 경우와 '內'로 보는 경우가 있다. 제4면은 이 문서의 마지막으로 '使內'로 읽는 것이 자연스럽다. '內'자 밑에 있는 묵흔은 붓이 돌아갈 때 남은 흔적으로 보아야 할 것이다. 문맥상으로도 '使官'보다는 '使內'가 자연스럽다.

Ⅲ. 月城垓子 149號 木簡 吏讀文의 성격과 특징

2장에서 판독한 것을 정리해 보면 다음과 같다.

月城垓子 149號 木簡의 判讀文[6]

大鳥知郎足下万拜白ㅣ (1면)
經中入用思買白不踓紙一二↑(个 또는 亇) (2면)

---

6) 자형에 대한 구체적인 설명은 2장과 사진 자료를 참조할 것. 여기서 제시하는 것은 한글 프로그램에서 지원하는 현대 한자의 자형으로 대체한 것이다.

牒垂賜敎在之 後事者命盡 (3면)
使內 (4면)

이 자료에 보이는 문장은 語順뿐만 아니라 우리말 吐 표기가 제대로 나타나는 완전한 吏讀文으로 보아도 손색이 없다. 月城垓子 149號 木簡은 下限年代가 7世紀 후반으로 추정되는 貴重한 新羅 吏讀 資料이다. 바로 薛聰 當代의 吏讀 자료로도 볼 수 있는 것이다. 여러 문헌 자료들에서 증언하고 있는 薛聰이 吏讀를 지었다는 주장에 대한 구체적인 증거로 이 자료를 들 수 있게 된 것이다.

3.1. 이 자료는 李成市에 의해 처음으로 검토된 바 있다. 李成市는 이것을 다음과 같은 순서로 석독한 바 있다. 우리의 독법과는 반대방향으로 읽고 있다.

使內
牒垂賜敎在之後事者命盡
經中入用思買白不雖紙 一二斤
大烏知郎足下萬引白了

李成市(2000)는 이 문서에 나타나는 '使內'가 조선시대 문서 중에 종종 보이는 吏讀라는 점을 주목하고, 이것은 문서 중 '牒'으로 官府 간에 종이 구입과 관련된 공적인 문서로 파악한 바 있다. 이성시의 이런 견해는 月城垓字 목간에 대한 최초의 연구로 목간의 판독이나 이 목간의 용도 등에 대한 연구방향을 제시하였다는 점에서 연구사상의 그 의의가 크다. 李成市(2005)는 이것을 다시 검토하여 두 번째 석독을 다음과 같이 제시한 바 있다.

牒垂賜敎在之後事者命盡	牒함. 내리신 敎가 있었다. 後事는 命한 대로 다하도록.
經中入用思買白不雖紙一二斤	經中에 入用하려고 생각하여 산다고 사뢰다. 그렇지 않았더라도 紙 一二斤
大烏知郎足下萬引白了	大烏(관등 15위)知郎의 足下에 있는 萬引이 사뢰어 마치다.
使內	(內는 다른 글자일 가능성이 있다.)

그는 이 논문에서도 이 자료를 사경소 관계의 牒 문서로 본 바 있다.

月城垓子 149號 木簡과 같은 다면체 목간의 경우는 각 면을 읽는 일반적인 순서를 확정하는 것도 중요한 문제이다. 이 문제는 윤선태(2005: 129~130)에서 본격적으로 제기된 바 있다. 일반적으로 한국의 다면체 목간의 경우 각 면을 읽는 순서는 김해 봉황동에서 출토된 논어 목간 등에서 알 수 있듯이, 정면에서 좌측면, 뒷면, 우측면 등의 순서로 즉, 목간을 잡고 오른 쪽으로 돌리면서 묵서하였다. 이는 오른쪽에서 왼쪽으로 한자를 써나가는 방식과 동일한 방식으로 자연스러운 순서이다. 물론 내용상으로도 자연스럽다. 윤선태(2005)는 李成市와는 달리 이 자료의 석독 순서를 다르게 파악하였다. 李成市가 초기의 논문에서 우리가 1면으로 파악하고 있는 문장을 第四面의 墨書로 看做한 것과 달리 韓國의 四面木簡 書寫順은 上下 縱書이고 右에서 左로 읽어야 한다고 보았다.

大烏知郎足下万(拜)白 　　　大烏知郎 足下에 万(拜) 아룁니다
經中入用思買白不雖紙一二个　經에 들여 쓸 걸 생각하여 '白不雖紙' 한두 개를 사라는
牒垂賜敎在之後事若命盡　　　牒을 내리신 명령(敎)이 있었습니다. 後에 일을 命과 같이 다
使內　　　　　　　　　　　　시켰습니다.(3면과 4면을 같이 해석)

손환일(2004)은 이 자료를 다음과 같이 석독한 바 있다.

大烏矩郎足下万行白之 (1면)
經中入用思買白不雖紙一二个(亇, 旀) (2면)
[阝+葉]垂賜敎在之後事者命書 (3면)
使內卜 (4면)

深津行德(2006)의 석독은 다음과 같다.

使官　　　　　　　　　　　　官에 使하였다(官에 사신을 보내었다)
牒垂賜敎在之後事者命盡　　　(官)이 牒을 내리시어 敎한 적이 있었는데, 다음과 같은 것을
　　　　　　　　　　　　　　명령하였다.
經中入用思買白不雖紙一二斗　經에 필요한 종이를 一二斗 사도록 하라.
大烏知郎足下万引白了　　　　大烏知郎이 (처치를 끝내었음을?) 보고하였다.

三上喜孝(2006)은 李成市의 두 번째 석독과 같이 읽었다. 다만 '白不雖'를 "희지 않지만"으로도 읽을 수 있는 가능성이 있다는 것을 지적한 바 있다. 그리고 '萬引'을 牒을 낸 사람, 大烏知郎을 牒을 받은 사람으로 해석한 바 있다.

牒垂賜敎在之後事者命盡　　　牒함. 내리신 敎가 있었다. 後事는 命한 대로 다하도록.
經中入用思買白不雖紙一二斤　經中에 入用하려고 생각하여 산다고 사뢰다. 그렇지 않았더라
　　　　　　　　　　　　　　도 紙 一二斤
大烏知郎足下萬引白了　　　　大烏(관등 15위)知郎 足下께 萬引이 사뢰었다.

使內   (內는 다른 글자일 가능성이 있다.)

김영욱(2007)은 백제의 목간 자료들과 함께 다루면서 이 자료를 다음과 같이 해석한 바 있다.[7]

大鳥知郞 足下 万引白丨   대조지랑 족하게 만인이 사룁니다.
經中 入用思 買白不踓紙 一二个 경에 들여서 쓸 것을 생각하여 백불유 종이 한두 개를 매입하
                             였고
牒垂賜 敎在之 後事 若命盡   첩에서 내리신 명령이 있었는데 뒤에 일을 명령대로 다 하였
                             습니다.
使內   시킨 대로 처리함.

　3.2. 初期의 吏讀文은 漢文을 우리말 어순으로 배열하는 데서 그치고, 吐의 표기 방법은 발달하
지 않았다. 그 후 吏讀文에 吐가 쓰이기 시작한다. 지금까지는 학계에서 吐가 사용된 최초의 자료
로는 720년에 사용된 甘山寺阿彌陀如來造像記를 꼽고 있다. 남풍현 교수는 이 자료에 나타나는
'助在哉/돕겨ᄌ'가 바로 설총의 시대에 사용된 최초의 吐 표기라고 지적한 바 있다. 따라서 月城
垓子 149號 木簡의 기록은 아주 중요하다. 이것은 이미 薛聰이 활동한 7世紀 後半에도 우리말의 吐
까지를 표기할 수 있는 완벽한 吏讀文이 존재했다는 사실을 입증하는 것이다. 바로 이 자료의 下
限 年代와 薛聰이 왕성하게 활동한 7世紀 後半이 서로 일치하기 때문이다. 우리는 그 동안 720년보
다 앞서는 설총 당대의, 吐 表記가 반영된 吏讀 자료들을 애타게 기다려 왔다. 新羅華嚴經寫經造成
記(755년)는 거의 완벽할 정도로 우리말 표기를 반영하고 있는 吏讀 資料이다. 8世紀 중반에 이미
吐 표기 등이 아주 발달되어 있는 것으로 보아, 그 이전에도 우리말 吐 表記가 반영되어 있는 이
두 자료들을 우리는 기다리고 있었다. 우리의 이런 갈증을 해소해 주는 자료가 발견된 것이다. 月
城垓子 149號 木簡의 이두문은 7世紀 後半으로 추정되는 자료로 이 吏讀文에서 우리말의 吐를 분명
하게 확인할 수 있다.
　2장에서 검토한 필자의 판독문에 의거하여 이 吏讀文을 釋讀해 보면 다음과 같다.

(1면) 大鳥知郞足下 万拜 白丨   大鳥知郞足下 万拜ᄒ아 숣다.
(2면) 經中 入用 思 買 白不踓紙 一二↑ 經긔 入用홀 혜아 구매홀 (〉구매홀 일). 白不踓紙 열
                                    두(또는 한 두)↑.

────────────────

7) 이 문장 중에서 처격의 '-中/*긔'과 종결어미 '-丨/*다', '-之/*져~*지/*제', 등을 우리말 吐를 표기한 것으로 본
　바 있다.

(3면) 牒 垂賜 敎在之 後事者 命盡   牒을 내리시어 敎(ᄒ)겨다. 後事ᄂ 命대로 다ᄒ아
(4면) 使內   시기ᄂ(브리ᄂ)

첫째 면의 문장부터 검토해 보자. 이 문장의 앞부분은 한문의 투식을 그대로 가지고 있는 문장이다. 마지막 '白ㅣ'만 우리말로 석독할 수 있는 것이다. 즉, 동사어간 '白-('ᄉᆞᆲ-')에 서술형 종결어미 '-다'가 통합한 것으로 해석할 수 있다. 이 '白-('ᄉᆞᆲ-')은 존경법 등 경어법이 반영된 어휘가 아니다. 이 문장은 전체적으로 동사문이다. 나머지 제2면부터 제4면까지의 문장은 고대국어에서 일반적으로 많이 사용되었던 명사문 중심이다. 이 자료에는 動名詞語尾의 표기는 나타나지 않는다. 일반적으로 吏讀文이나 口訣文에서 동명사어미는 자주 생략되기도 한다. 이 자료는 한자를 우리말 어순으로 배열하고 있을 뿐 아니라 우리말의 吐 표기도 반영하고 있는 이두문이다.

제2면은 薛聰이 吏讀를 지었다는 많은 기록들의 주장을 뒷받침할 수 있는 좋은 자료로 활용할 수 있다는 점에서 아주 중요한 문장이다. 이 문장에 보이는 '經中'에 사용된 '中'은 우리말 처격조사 '-긔〉-에'를 표시하는 訓假字로 사용된 것이다. 다음에 이어지는 동사구들 세 개도 우리말 어순으로 배열된 것이다. "經긔(경에) 入用할 것을 생각하여 구매할 것" 정도로 해석해야 하는 것이다. 그리고 종이의 종류와 그 수량을 표시하는 내용이 바로 이어지는 문장이다. 즉, '白不雖紙 열두(또는 한두) ✦' 정도로 석독할 수 있는 것이다. 신라의 고대 물명은 자료의 부족으로 그것을 정확하게 석독하기는 어렵다. '白不雖紙'는 "흰 不雖紙(搗砧하지 않은 닥종이)" 또는 "기름을 먹이지 않은 흰색 楮紙"8) 정도로 이해할 수도 있을 것이다. 종이의 양도 문제가 되는데 '열두(또는 한 두) ✦'에 사용된 종이의 단위를 나타내는 단위성 명사 '✦'가 어느 정도의 양인지 용례가 부족하여 정확하게 알 수가 없다. '✦'가 자형상 '个'나 '亇'와 비슷하게 보이긴 하지만 다른 가능성도 열어두어야 한다. 지금까지 우리가 확인할 수 있는 자료들에서는 '个'나 '亇'도 종이의 수량을 나타내는 단위로는 잘 사용하지 않는 것이다. 제2면의 마지막 글자는 자형 상으로나 내용면에서도 '한두 斤'으로 보기도 어렵다. 제2면에 기록되어 있는 이 문장은 이 木簡의 성격을 밝혀주는데 아주 중요한 근거가 되는 것이다. 그 내용이 바로 寫經 제작에 필요한 종이 구매와 관련된 것이기 때문이다.

第3面의 내용은 第4面으로 이어진다. 이 자료에는 부동사형어미나 동명사형어미 등은 나타나지 않는다. 따라서 우리는 이 문장을 해석할 때 이 점을 고려하여 해석해야 한다. 앞 구절의 '牒 垂賜 敎在之'는 "牒을 내리시어 敎하셨다(명령하셨다)" 정도로 해석하는 것이 자연스럽다. 여기서 '-賜-'는 존칭을 나타내는 존경법의 선어말어미 '-시-'를 나타내는 것이며, '在'는 조동사 '겨-' 또는 선어말어미 '-겨-'를 나타내는 것이고, '-之'는 문장 종결어미로 사용된 것이다. 우리말의

---

8) 조선 시대 종이 명칭 자료 중 '油紙'나 '不油紙' 등을 고려하면 이것을 "기름을 먹이지 않은 흰색 저지" 정도로 이해할 수도 있을 것이다.

토를 잘 반영하고 있는 이두문이다. 다음 구절의 '後事者 命盡'은 "後事는(다음 일은) 명령대로 다하여" 정도로 해석하는 것이 자연스럽다. '-者'는 주제표지 '-는'을 표기한 것이다. 이어지는 제4면의 '使內'는 동사 '使'에 고대국어의 선어말어미 '-ㄴ-'가 통합된 것이다. 동명사어미는 생략되어 있다. 이 문서 목간의 吏讀文은 우리가 설정한 제1면의 '白了'로 끝나는 것이 아니라, 제4면의 '使內'로 끝나는 것으로 보는 것이 자연스럽다. 한국의 고대 이두문은 명사문으로 나타나는 것이 일반적이므로 李成市 先生이 考證한 '了'는 文脈上으로도 맞지 않을 뿐 아니라, 우리의 吏讀文에서는 그런 용례를 찾기도 어렵기 때문이다. 이 '使內'를 김영욱(2007)에서처럼 '브리안'으로 해독하는 것에도 문제가 있다. '使內'는 新羅華嚴經寫經造成記에 나타나는 (1)과 (2)와 같은 다른 용례들을 고려한다면 '시기ᄂ(시기는 또는 브리ᄂ)' 정도로 읽는 것이 자연스럽다. 동명사어미 '-ㄴ'이 생략된 것이다. 초기 이두 자료부터 후대 이두 자료에 이르기까지 동명사어미의 생략은 일반적이다. (1ㄱ)의 '成內'도 동명사형어미가 생략된 것이다.

(1) ㄱ. <u>成內</u> 法者, 楮根中 香水 散尔 <u>生長令內弥</u> 然後中 若 楮皮 脫那 脫皮 練那 紙作伯士那 經寫 筆師那 經心匠那 佛菩薩像筆師 走使人那 菩薩戒 授令弥

(2) ㄱ. <u>沐浴令只</u>

　　ㄴ. 經 寫 時中 竝 <u>淳淨爲內</u> 新淨衣 褌水衣 臂衣 冠 天冠等 <u>庄嚴令只者</u> 二 靑衣童子 灌頂針 捧弥

밑줄 친 용례 (2ㄱ)의 '沐浴令只'와 (2ㄴ)의 '庄嚴令只者'에 보이는 '令只'는 '시기-'로 읽을 수밖에 없다. 이때 '只'는 일종의 말음첨기적인 성격을 띤다.

月城垓子 149號 木簡의 吏讀文을 現代語로 飜譯하면 다음과 같다.

大鳥知郎足下 万拜 白｜	大鳥知郎足下(大鳥知郎에게), 万拜하며 말한다.
經中 入用 思 買 白不躱紙 一二↑	經에 入用할 것을 생각하여 구매할 것. 白不躱紙 열두(또는 한두)[9] ↑.
牒 垂賜 敎在之 後事者 命盡	牒을 내리시어 敎하셨다(명령하셨다). 後事는(다음 일은) 명령대로 다하여
使內	하게 할 것.

---

9) 이 자료가 문서라는 점을 고려한다면 정확한 수량을 표시했을 가능성이 높다.

앞에서 살펴본 것처럼 月城垓子 149號 木簡의 吏讀文은 新羅 王京에서 사용된 7世紀 後半의 肉筆 자료로 추정되는 것이다. 이 문서에 사용된 吏讀文에는 語順뿐만 아니라 우리말 吐를 표기한 것도 확인할 수 있다. 처격조사 '-中'(-긔 〉 -에)를 확인할 수 있을 뿐 아니라, 존경법의 선어말어미 '-賜-'(-시-)와 선어말어미(또는 보조동사) '-在-'(-겨-)와 고대국어의 선어말어미 '-內-' (-ᄂᆞ-) 등도 확인할 수 있기 때문이다. 그리고 평서법 문장종결어미 '-丨'와 '-之'도 확인할 수 있다. 특히, 口訣字와 직접적으로 관련되는 '丨'를 이 자료에서 확인할 수 있다는 것은 그 가치가 크다. 口訣文字로 사용되는 'ㆍ'(等)와 'ㄱ'(那) 등은 이미 初期 吏讀 資料에서도 사용되던 半字(略 體字) 들이다. 이 자료에서도 새로운 口訣字 하나를 추가할 수 있다는 점에서 의미가 있다.

3.3. 月城垓子 149號 木簡은 완벽한 牒의 문서 형식을 보이는 것은 아니다. 牒이란 중국에서는 기관 간에 주고받는 문서로서 상급 기간에서 하급 기간으로 상명하달시에 쓰이는 문서 형식이다. 唐의 公式令에 규정된 官司 문서는 官司間 문서와 官司內의 문서로 구성되어 있다. 官司內에서 本 局에서 別局으로 下達할 때에는 牒이라 하고, 별국에서 본국으로 上申은 '刺', 별국간에 서로 주 고받는 문서는 '關'이 사용된 바 있다. 일본의 경우는 중국과 같이 제도나 체제가 정비되어 있지 않아서 일본 자체의 필요에 따라 牒을 上申할 때나 하달할 경우 다 사용하고 있다. 뿐만 아니라 관인이나 승려 개인이 발급하여 사용하는 경우도 일본 목간에 나타난다고 한다. 이런 일본 자료 들을 근거로 하여 이 목간의 경우도 개인이 발행한 牒이라는 주장도 제기된 바 있다[李成市(2005) 와 三上喜孝(2006) 등을 참조할 수 있다].

이 자료는 '大鳥知郎足下 万拜 白丨'로 書頭를 시작하는 문서이다. 즉, 이런 편지 형식의 서두 는 日本 飛鳥 藤原 지역에서 출토된 바 있는 '某前申' 또는 '某前白' 형식의 목간과 같은 형식이 다. 藤原宮 木簡 중 '御門方大夫前 白'이나 '法恩師前 小僧吾 白' 등과 비슷한 문서이다. 月城垓子 149號 木簡은 이러한 일본의 초기 목간의 문서 형식과 밀접한 관계를 맺고 있음을 알 수 있다. '某 足下(또는 某前) 白(또는 申)'의 편지 투식으로 시작하는 문서가 7세기 후반의 신라 자료에서 확인 할 수 있다는 것은 의미가 크다.[10] 이 자료는 발신인이 나타나지 않는 문서이다.[11] '某足下(또는 某 前) 白'의 서두 형식을 가지는 문서이다. 이 문서의 내용은, 이미 전에 牒으로 내려온 명령에 근거 하여, 사경 제작에 필요한 종이를 구매해 달라고 요청하는 것이다. 이 문서는 그 내용으로 보아 같은 부서 내부에서나 또는, 동급의 관련된 부서 간에 주고받은 문서로 추정된다.

---

10) 윤선태(2005), pp.137~138를 참조할 것. 이 논문에서는 일본의 '某前申(白)' 형식의 문서 목간이 中國 六朝時代의 書狀 등의 문서 형식에 연원을 두고 있으며 한반도를 경유하여 유입되었을 가능성이 있다는 주장이 東野治之에 의 해 제기된 바 있다고 한다.

11) '万拜'를 '万引'으로 석독하는 학자들은 이를 사람으로 보고 '万引'을 이 문서의 발신자로 보고 있다(3.1장을 참조 할 것).

Ⅳ. 月城垓子 149號 木簡의 吏讀文과 薛聰의 吏讀

4장에서는 이 자료가 薛聰이 지었다고 하는 吏讀와 시기적으로 또 내용적으로 어떤 관계가 있는지를 살펴보기로 한다.

먼저 이 자료가 출토된 月城과 月城垓子와 관련된 『三國史記』의 기사부터 살펴보면 다음과 같다.

(3) ㄱ. 築城名月城秋七月王移居月城 『三國史記』卷第一 新羅本紀 第二婆娑尼師今
　　　ㄴ. 秋七月葺月城 『三國史記』卷第一 新羅本紀 第三炤智麻立干 9年
　　　ㄷ. 宮內穿池造山 種花草 養珍禽奇獸 『三國史記』卷第一 新羅本紀 文武王14年
　　　ㄹ. 重修宮闕 頗極壯麗 『三國史記』卷第一 新羅本紀 文武王19年
　　　ㅁ. 創造東宮 始定內外諸門額號 『三國史記』卷第一 新羅本紀 文武王19年 8月

月城은 婆娑尼師今 시절 101년에 축조되었고, 炤智麻立干 때인 487년에 수리된 바 있다. 月池가 조성된 시기는 674년(文武王14年)이다. 그 후 679년(文武王 19年)에 궁궐을 중수하고 이어서 동년 8月에 東宮도 새로 지었다는 것이다. 이 기사들 중에서 月城垓子에서 발굴된 木簡과 관련하여 우리가 주목할 기사는 월지의 조성과 관련된 기사와 동궁 건립과 궁궐 중수와 관련된 기록들이다. 國立慶州文化財研究所(2004:222-225)에서도 출토 유물과 문헌 기록에 근거하여 月池의 조성연대는 674년으로 추정하고 있으며, 석축해자와 수로도 674년에서 679년 사이에 축조된 것으로 확신하고 있다. 679년에는 궁궐의 중수뿐 아니라 王京 전역에 걸쳐 큰 공사들이 있었다. 이런 주장은 월성 주변 여러 지역에서 출토되고 있는 '儀鳳四年皆土' 銘 平瓦의 출토로도 뒷받침된다. 그리고 발굴자료보고서 國立慶州文化財研究所(2006)에서도 출토 유물 등에 근거하여 연못형 垓子는 5세기 末에 축조되어 7세기 末까지 존재하였고 水路와 석축 해자 등은 연못형 垓子를 폐쇄한 7세기 말경에 축조된 것으로 추정하고 있다.[12] 연못형 해자의 폐쇄는 신라의 삼국통일로 인하여 외부로부터 침략의 위협이 없어지자 기존에 있던 王宮을 統一時代에 걸맞게 규모를 확대하여 중창하는 과정에서 이루어진 일이다. 月城垓子 木簡은 월성 북편 다 지역 이른바 연못형 해자의 뺄층에서 출토된 것으로 이 당시의 공사와 관련이 있는 출토 유물이다. 따라서 많은 연구자들이 月城垓子 木簡 제작연대를 대체로 6세기에서 7세기에 걸쳐 이루어진 것으로 파악하고 있다. 즉, 下限을 8世紀 以前으로 보고 있는 것이다. 연못형 월성해자의 존재 시기와 이곳에서 출토된 유물 등을 고려하여 모든 연구자들이 같은 견해를 가지고 있다.

---

12) 國立慶州文化財研究所(2004), pp.224~225, 572~573을 참조할 것.

다음은 薛聰과 吏讀에 대한 관련된 자료들을 검토함으로써 이 문제를 다시 생각해 보자. 설총과 이두와 관련된 기록은 두 가지 부류로 나눌 수 있다.

(4) ㄱ. 聰 […] 以方言讀九經 訓導後生 至今學者宗之 (三國史記 卷46 薛聰列傳第六)

　　ㄴ. 以方音 通令華夷方俗物名 訓解六經文字 (三國遺事 卷四 義解第五)

　　ㄷ. 其時强首薛聰 通曉義理 以方言講九經 (東國通鑑)

　　ㄹ. 神文王十二年 薛聰高秩 聰博學 以方言解九經義 訓導後生 (增補文獻備考 卷83)

(5) ㄱ. 弘儒薛侯製吏書 俗言鄕語通科隸 『帝王韻紀』 卷下 4[13]

　　ㄴ. 本朝三韓時 薛聰所製方言文字 謂之吏道 (大明律直解 跋)

　　ㄷ. 新羅薛聰 吏讀[…] (世宗實錄과 최만리 상소)

　　ㄹ. 昔新羅薛聰 始作吏讀 […] (世宗實錄과 정인지의 訓民正音 序, 增補文獻備考 卷51)

　　ㅁ. 洪武乙亥 鄭道傳等 患律文難解 以薛聰所製吏讀 逐條飜譯 名曰直解大明律 (稗官雜 記)

　　ㅂ. 世傳 我東吏讀卽新羅弘儒侯薛聰所著 (古今釋林 羅麗吏讀)

(4)는 설총이 '방언으로 九經을 읽었다' 나 '방언으로 九經을 풀이했다' 는 기록이고, (5)는 '薛聰이 吏讀를 지었다' 는 기록이다. (4)와 (5)의 자료를 비교해 보면 초기 자료일수록 설총이 방언으로 (우리말로) 九經을 읽거나 풀이했는데 이것이 후대까지 전해지고 있다는 것이다. 물론, 설총 이전에도 한문을 우리말로 읽으면서 번역하고 심지어는 한자를 빌어 우리의 문장을 표기하기도 하였지만, 그 수준에서는 차이가 있었다. 우리말 吐 표기가 반영되기 이전인 제1단계의 吏讀에는 우리말의 조사나 어미까지는 다 표기할 수 없었다. 이런 차자표기법의 전통을 계승 발전시켜 제2단계의 이두문이나 향찰, 석독구결과 같은 표기를 전면적으로 가능하게 한 사람이 설총이라고 파악할 수 있다는 것이다. 薛聰이 방언으로 九經을 읽었다는 '讀' 과 방언으로 九經의 뜻을 풀이했다 '解' 에 대한 새로운 인식과 해석을 시도한 대표적인 논문이 안병희(1984, 2001)과 남풍현(1988, 2001)이다.

吏讀를 薛聰이 창시하였다는 기록은 최행귀의 均如傳 序에서부터 보이기 시작한다.[14] 그 이후

---

13) 안병희(2001)는 이 구절을 "큰 선비 설총이 吏書를 만들어서 세속 말과 우리말이 법조문과 실무문서를 통하게 하였다"라고 번역한 바 있다. 남풍현(2001)에서는 黃浿江 교수의 해석을 근거로 하여 "弘儒侯 薛聰이 吏書를 지어 우리말(俗言과 鄕語)이 蝌蚪文字와 隸書에 통하게 되었다"로 해석한 바 있다.

14) 所恨者 我邦之才子名公解吟唐什 彼士之鴻儒碩德莫解鄕謠 矧復唐文如帝網交羅 我邦易讀 鄕札似梵書連布 彼士難諳 […] 薛翰林强變於斯文 煩成鼠尾之所致者歟[유감인 것은 才子名公은 唐什(漢詩)을 알지만 저쪽(중국)의 鴻儒碩德은 鄕謠(향가)를 알지 못한다. 더구나 唐文(한문)은 帝釋天宮의 垂珠網이 交映羅列함과 같아 우리나라에서 읽기 쉬우나 향찰은 梵書를 잇달아 늘어놓은 것과 같아 저쪽에서 알지 못한다. […] 이 어찌 薛翰林(설총)이 斯文을 억지로

많은 문헌에서 이두의 창시를 설총과 관련시키고 있다. 그런데 실제로 자료상으로는 薛聰이 활동한 것으로 추정되는 7세기 후반 이전에도 어휘표기를 비롯하여 초기 단계의 이두문이 쓰였음을 우리는 남아 있는 자료를 통해서도 확인할 수 있다. 그렇다면 이두와 설총이 아무 관련이 없는가. 물론 그렇지 않다. 석독구결과 제2단계의 이두문과 직접적으로 관련이 있는 인물로 설총을 주목할 수 있기 때문이다. 이 문제는 안병희(1984, 2001)에서 이미 구체적으로 검토된 바 있다. 안병희(1984, 2001)에서는 吏讀가 두 단계의 발전 과정을 거쳤다고 보았다.[15] 제 1단계의 이두문은 한문의 문장 구조를 국어의 문장 구조로 재배열한 것이다. 다시 말하면 한문의 어순을 단순히 국어의 어순에 맞게 바꾸어서 표기하는 방법이다. 제1단계 문장 표기에서는 조사와 어미 등 국어의 형태부가 거의 나타나지 않는다. 간혹 한문의 허사인 助字가 쓰이는 경우는 있다. 이에 비해 제2단계의 이두문은 국어의 조사나 어미 등의 형태부가 문장 표기에 반영되는 단계이다. 우리의 차자표기법은 어휘표기 단계를 거쳐 문장표기로, 다시 문장표기는 단계적으로 발전해 우리말을 보다 더 충실하게 표현할 수 있는 단계로 발전했다고 보는 것이 합리적이다. 제2단계의 吏讀文이나 釋讀口訣, 鄕札 등은 초기 단계의 차자표기법 즉 어휘표기나 제1단계의 이두문의 단계를 거쳐 발전된 우리의 독창적인 문장표기법이라고 할 수 있다. 안병희(1984)는 바로 이 제2단계의 이두문 표기와 관련된 인물이 설총일 가능성이 높다고 파악한 것이다.[16]

실제로 甘山寺阿彌陀如來造像記(720년)의 '助在哉/돕겨져'보다 앞서는 우리말 吐가 기입된 7세기 후반의 이두 자료를 月城垓子 149號 木簡 자료에서 확인할 수 있다는 사실이 중요하다. 이것은 바로 7세기 말 이전에 薛聰이 우리말로 九經을 읽고 풀이했을 뿐만 아니라, 우리말 吐까지를 표기에 반영하는 吏讀를 지었다는 사실을 뒷받침하는 것이다. 단순히 어순 조절과 漢字의 助字를 사용하여 우리말을 표기하던 제1단계의 이두문에서부터 발전된 제2단계의 이두문 시대를 薛聰이 열었다는 사실을 月城垓子 149號 木簡의 이두문에서 확인할 수 있다는 점에서 이 자료가 가지는 의의는 크다. 바로 이 시기는 新羅가 삼국을 통일한 이후 새로운 시대를 열어가는 시기이기도 하다.

V. 結論

앞에서 논의한 내용을 要約하여 結論에 대신하고자 한다.

첫째, 月城垓子 149號 木簡은 新羅의 王京에서 肉筆로 작성한 吏讀文이다. 우리말 語順으로 작성되었을 뿐만 아니라, 우리말의 吐까지도 표기에 반영한 吏讀文이다. 7세기 후반에 작성된 자료로

바꾸어 번거롭게도 쥐꼬리를 만든 탓이 아니겠는가.]

15) 차자표기의 단계적 발전에 대해서는 河野六郎(1967), 남풍현(1975), 안병희(1984) 등을 참고할 수 있다.

16) 남풍현(1988)에서는 석독구결의 기원 문제를 논의하면서 설총보다 앞서는 의상 시대부터 석독구결과 같은 것이 존재했을 가능성에 대해서 논의한 바 있다.

추정된다. 이 문서에 사용된 吏讀文에는 처격조사 '-中'(-긔 〉 -에)와 주제표지 '-者'(-는)이 쓰이고 있으며, 존경법의 선어말어미 '-賜-'(-시-)와 선어말어미(또는 보조동사) '-在-'(-겨-)와 고대국어의 선어말어미 '-內-'(-ᄂᆞ-)도 나타난다. 그리고 평서법 문장종결어미 '- l'와 '-之'도 확인할 수 있다. 특히, 口訣字와 직접적으로 관련되는 ' l'를 이 자료에서 확인할 수 있다는 것은 그 가치가 크다.

둘째, 月城垓子 149號 木簡은 '某足下(또는 某前) 白 l (숣다)'의 書頭 형식을 가지는 문서이다. 이 자료는, 이미 전에 牒으로 내려온 명령에 근거하여, 사경 제작에 필요한 종이를 구매해 달라고 요청하는 문서이다. 이 문서 형식은 日本의 初期 木簡의 문서 형식과 밀접한 관계를 맺고 있다. 즉, 일본 초기 목간 자료에 보이는 '某足下(또는 某前) 白(또는 申)' 형식의 자료들과 직접적인 관계가 있기 때문이다.

셋째, 月城垓子 149號 木簡의 이두문은 薛聰이 吏讀를 지었다는 문헌 자료들의 기록을 뒷받침할 수 있는 직접적인 자료로서 가치를 가진다. 즉, 語順뿐 아니라 우리말의 吐를 문장표기에 반영하는 제2단계의 吏讀文 시대를 7世紀 後半에 薛聰이 열었다는 사실을 자료로서 확인할 수 있다는 점에서 이 자료가 가지는 의의는 크다.

투고일 : 2008. 4. 24   심사개시일 : 2008. 5. 8   심사완료일 : 2008. 5. 25

참/고/문/헌

國立慶州博物館(2002), 『문자로 본 신라』.

國立慶州文化財硏究所(2004), 『月城垓子 發掘調査報告書 Ⅱ』.

國立慶州文化財硏究所(2006), 『月城垓子 發掘調査報告書 Ⅱ -고찰-』.

國立昌原文化財硏究所(2004), 『韓國의 古代木簡』, 서울: 藝脈出版社.

國立昌原文化財硏究所(2006), 『韓國의 古代木簡(개정판)』, 서울: 藝脈出版社.

金永旭(2007), 「古代 韓國木簡에 보이는 釋讀表記에 대하여」, 『한국의 고대목간과 고대동아시아세계의 문화교류』, 2007 한국목간학회 제1회 국제학술대회 논문집.

南豊鉉(1975), 「漢子借用表記法의 發達」, 『국문학논집』 7·8, 단국대학교.

南豊鉉(1988), 「釋讀口訣의 起源에 대하여」, 『국어국문학』 100, 국어국문학회.

南豊鉉(2000), 『吏讀硏究』, 太學社.

南豊鉉(2001), 「설총과 차자표기법」, 『새국어생활』 제11권 제3호, 국립국어연구원.

손환일(2004), 「경주 지역 출토 목간의 석문」, 한국고대사학회 2004년 12월 월례발표회 발표문.

安秉禧(1984),「韓國語 借字表記法의 形成과 特徵」,『제3회 국제학술회의 논문집』, 한국정신문화연구원.

安秉禧(2001),「설총과 국어」,『새국어생활』제11권 제3호, 국립국어연구원.

오춘영(2004),「월성해자 출토 橫材 木簡」,『慶研考古』2, 국립경주문화재연구소.

윤선태(2005),「월성해자 출토 신라 문서목간」,『역사와 현실』제56호, 한국역사연구회.

윤선태(2006),「한국고대목간의 연구현황과 전망」, 한국역사연구회 기획 발표 논문집.

윤선태(2007ㄱ),「木簡으로 본 新羅 王京人의 文字生活」, 신라문화제학술논문집 제28집.

윤선태(2007ㄴ),「韓國 古代文字資料의 符號와 空隔」,『古代韓日의 言語와 文字』, 2007 韓日國際워크샵 發表論文集.

윤선태(2007ㄷ),「雁鴨池 出土 '門號木簡'과 新羅 東宮의 警備」,『新羅文物研究』創刊號, 慶州國立博物館.

李基文(2005),「우리나라 문자사의 흐름」,『口訣研究』14, 口訣學會.

李相俊(1997),「경주 월성의 변천 과정에 관한 소고」,『嶺南考古學』21.

李成市(1997),「韓國出土木簡について」,『木簡研究』19

李成市(2000),「韓國木簡연구의 현황과 咸安城山山城 출토의 木簡」,『韓國古代史研究』19.

李成市(2005),「朝鮮の文書行政」,『文字と古代日本-文字表現の獲得-』5.

이용현(2006ㄱ),「8세기 중후반 신라 동궁 주변 -경주안압지목간의 종합적 검토-」, 원고본 (2006.12.2. 한국역사연구회에서 발표).

이용현(2006ㄴ),『韓國木簡基礎研究』, 신서원.

이용현(2007),「안압지와 東宮의 庖典」,『新羅文物研究』創刊號, 慶州國立博物館.

鄭在永(2000),「新羅華嚴經寫經造成記 연구」,『문헌과해석』통권 12호, 문헌과해석사.

鄭在永(2003),「百濟의 文字生活」,『口訣研究』11, 口訣學會.

鄭在永(2006),「韓國의 口訣」,『口訣研究』17, 口訣學會.

한국역사연구회 편(2006),『목간과 한국고대의 문자생활』, 한국역사연구회 기획 발표 논문집.

함순섭(2007),「국립경주박물관 소장 안압지 목간의 새로운 판독」,『新羅文物研究』創刊號, 慶州國立博物館.

深津行德(2006),「古代東アジアの書體・書風」,『文字と古代日本-文字表現の獲得-』5.

三上喜孝(2006),「文書樣式「牒」の受容をめぐる一考察」,『山形大歷史地理・人類學論集』7.

犬飼隆(2006),「日本語を文字で書く」,『列島の古代史(ひと・もの・こと)-言語と文字-』6.

伏見冲敬編/車相轅 訓譯(1976),『書道大字典』, 凡中堂.

河野六郎(1967),「古事記に於ける 漢字使用」,『古事記大成: 言語・文字篇』.

兒玉幸多編(1981),『くずし字用例辭典』, 近藤出版社.

橋本繁(2007),「雁鴨池 木簡 判讀文의 再檢討」,『新羅文物研究』創刊號, 國立慶州博物館.

月城垓子149號木簡に見られる吏讀に就いて
－ 薛聰當時の吏讀資料を中心として －

鄭在永

木簡研究は考古學や歴史學分野だけではなく, 國語史に於ても非常に重要な研究分野である. 韓國の古代木簡に記されている文字資料は6世紀から8世紀までの文字言語資料としてその倆値が高い. 本稿は月城垓子149號木簡を對象にしてその資料に見られる吏讀文を判讀・解釋し, 更に該當吏讀資料が持っている意義について論じたものである. 月城垓子149號木簡は寫經製作と關わりのある古代文書資料である. この文書に記録してある吏讀が他ならぬ薛聰當時の我が國語の吐が表記に反映している吏讀資料である. 月城垓子149號木簡は寫經製作と關係のある文書として新羅の王京で肉筆で7世紀後半に出來たものである. 月城垓子149號木簡は「某足下(又は某前)白丨(申し上げる)」の書頭形式を持つ文書である. この文書は我が國語の吐が表記に反映している吏讀文で出來ている. この吏讀文には場所を表す格助詞「－中」(－긔)と主題標識「－者」(－ᄂᆞᆫ)が使われており, 尊敬法の先語末語尾「－賜－」(－시－)と先語末語尾(又は補助動詞)「－在－」(－겨－), 更に古代國語の先語末語尾「－內－」(－ᄂᆞ－)も見られる. そして平敍法の文章終結語尾「－丨」と「－之」も確認できる. 口訣字「丨」は「之」から發達したものである. 月城垓子149號木簡に記されている吏讀文は薛聰により, 吏讀が始まったという各種の文獻資料の記録に裏付けられる直接的な資料としてその倆値を持っている.

▶ キーワード：木簡, 月城垓子149號木簡, 吏讀, 吏讀文, 寫經, 古代文書, 薛聰

110 _ 한국목간학회 『목간과 문자』 창간호(2008. 06.)

6~7세기 新羅 木簡의 書體와 書藝史的 의의

고광의*

〈국문초록〉

　본 논문은 咸安 城山山城, 河南 二聖山城, 慶州 月城垓子 木簡의 書體를 분석하고, 이들 목간 서체가 갖는 書藝史的 의의를 살펴본 것이다. 성산산성 목간의 서체는 楷書나 草書의 필획이나 字形들이 복합적으로 나타나지만 주된 서체는 行書라 할 수 있다. 성산산성 목간 서체에 나타나는 赤城碑體와 유사한 風格을 통해서 6세기 新羅의 金石文과 목간의 서체의 형성에서 상호 영향 관계를 확인할 수 있다. 한편 '仇利伐' 목간과 같은 세련된 서체 풍격 또한 동시에 보이고 있어, 당시 신라에 중국 書風이 일정하게 수용되고 있음을 살펴볼 수 있다. 이성산성 목간이나 월성해자 목간에는 중국에서 받아들인 새로운 서풍의 영향으로 인하여 더욱 세련된 형태의 해서를 비롯하여 행서와 초서의 자형들이 보인다. 이를 통해 6세기 중반 이후에 신라에서 서체의 과도적인 요소가 현저하게 감소하고, 7세기 이후에는 행서나 초서가 사회 전반에 폭넓게 사용되어, 신라의 書寫文化가 비약적인 발전을 하였음을 알 수 있다.

▶ 핵심어 : 新羅, 木簡, 書體, 書藝史, 城山山城, 二聖山城, 月城垓子

---

* 동북아역사재단 부연구위원

Ⅰ. 머리말

韓國에서 木簡은 1975년 4월 慶州 雁鴨池에서 50여 점의 목간이 출토되면서부터 학계에 알려지기 시작하여 2007년까지 대략 459점이 발견되었다. 이 가운데 6~7세기 新羅의 목간은 咸安 城山山城에서 238점(묵서목간 190점), 河南 二聖山城에서 29점(묵서목간 13점), 慶州 月城垓子에서 34점(묵서목간 25점)이 보고되고 있다.[1]

본고에서는 2004년 7월 國立昌原文化財研究所에서 발간한 『韓國의 古代木簡』에 도판이 수록된 성산산성, 이성산성, 월성해자 목간의 書體를 분석하고, 新羅에서 이들 목간 서체가 갖는 書藝史的 의의를 살펴보고자 한다.

Ⅱ. 新羅 木簡의 書體 분석

1. 城山山城 목간의 서체

성산산성 목간의 서체는 楷書나 草書의 필획이나 결구들이 복합적으로 나타나지만 기본적인 서체는 行書라 할 수 있다. 이들 서체는 결구와 필획 및 運筆 등의 특징에 따라 다시 비교적 성숙한 형태의 行書와 草書의 자형이나 筆意가 복합적으로 나타나는 行書로 대략 분류할 수 있고, 楷書는 行書 筆意가 있는 楷書로 나누어 볼 수 있다.

1) 行書

(1) 비교적 성숙한 行書

▶ 6[2] 〈도판 1〉, 8, 10, 11, 12, 13, 14, 17, 22, 28, 29, 31, 68, 76.

이들 행서의 결구 특징은 삐침과 파책의 下向 각도가 대략 45도 이하인 경우가 많아 옆으로 긴 體勢를 형성하고 있다. 필획의 시작 부분과 끝나는 부분에서 頓法과 提法이 분명치 않은 경우가 많다. 轉折處의 運筆은 붓을 원만하게 돌려 외형상 圓形에 가까운 필획들이 많이 나타난다.

---

1) 문화재청 報道資料(2007. 12. 13), 「중고기 신라사회사의 공백을 메우다 –함안 성산산성 출토목간 공개–」; 國立慶州文化財研究所(2006), 『月城垓子』發掘調査報告書Ⅱ–고찰–」, 國立慶州文化財研究所, p.133, 162 참조.
2) 본문의 목간 번호는 國立昌原文化財研究所(2004), 『韓國의 古代木簡』에 따른다.

▶ 1〈도판2〉, 3, 4, 5, 7, 33, 34.

반면에 이와는 달리 직선 필획을 많이 사용하고, 필획의 기필과 수필 부분에서 제법과 돈법이 명확하며, 전절처에서 운필의 방향이 급격하게 꺾어지는 경향이 있는 목간들이 있다. 특히 '仇利伐'이란 특정 지역명이 보이는 목간에서 많이 나타난다. 이들 목간은 성산산성에서 출토된 여타 목간보다 세련된 서풍으로 중국 南朝의 서사문화의 유입과 관계가 있을 것으로 생각된다.

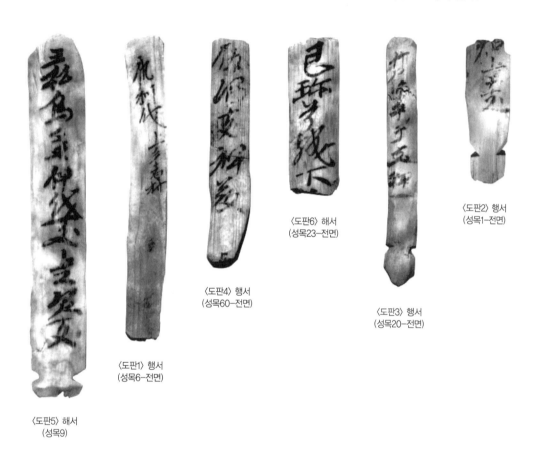

〈도판5〉 해서
(성목9)

〈도판1〉 행서
(성목6–전면)

〈도판4〉 행서
(성목60–전면)

〈도판6〉 해서
(성목23–전면)

〈도판3〉 행서
(성목20–전면)

〈도판2〉 행서
(성목1–전면)

(2) 草書 筆意가 있는 行書

▶ 15, 20〈도판3〉, 22, 28, 29, 30, 32, 36, 37, 43, 44, 60〈도판4〉, 62.

제시된 목간의 전체적인 서체는 행서와 초서의 결구가 혼합되어 있다. 특히 변방으로 쓰이는 '氵', '口', '貝', '亻', '彳' '灬', '刂', '辶', '攵' 자 등의 결구는 일획으로 처리되거나, 획수가 생략된 초서의 자형으로 나타나고 있다.

15번 목간의 두 번째 글자는 '家' 자의 초서이다.

20번 전면 두 번째 글자는 '得' 자의 초서형태[3]로 40번 목간의 7번째 글자에서도 비슷한 결구가 나타난다.[4] 20번 전면 '稗' 자의 우변 상부를 점획으로 간략하게 처리하였다. 마지막 글자는 '發' 자의 초서체에 가깝고,[5] 동일한 자형이 28번 후면에서도 나타나고 있다.

22번의 '斗' 자는 전형적인 초서의 자형이다. '骨' 자 '月'의 3·4획을 한 점으로 처리하였다. '利' 자의 좌변 마지막 획과 우변의 결구는 하나로 연결되었다.

32번 목간의 두 번째 글자는 '曲' 자의 전형적인 초서 자형이다.

36번 목간 마지막 글자를 『韓國의 古代木簡』에서는 판독불가로 처리하였다. 그러나 적외선 사진에서 보면 네 번째 획 이후를 일필로 연결한 '負' 자의 초서체일 가능성이 크다. 이러한 결구는 37번, 38번 목간의 마지막 글자에서도 나타나고 있는데, 書寫者가 마지막 글자를 종결할 때 흘려 쓰는 습관적인 현상으로 이해된다.

43번과 44번은 마치 빠른 속도로 써 내려간 連綿 草書를 보는 듯하여, 서사자는 초서에 어느 정도 익숙한 사람일 것으로 생각된다.

60번 목간의 '兮城' 두 글자는 필선이 연결된 초서의 자형으로 필치가 매우 유려하다.

62번 목간의 '婁' 자의 상부는 초서의 자형으로 되어 있다.

2) 楷書

▶ 2, 9〈도판 5〉, 16, 23〈도판 6〉.

이러한 풍격은 6세기 신라 금석문의 서체 풍격과도 통하는 것으로 '赤城碑體'와 유사한 면이 있다. 특히 6번 목간 서체의 경우는 적성비체를 행서처럼 흘려 쓴 듯한 풍격이다.

반면에 가로획과 세로획의 기필과 수필 부분의 형태가 해서의 전형적인 제법과 돈법이 나타나고 있다. '知' 자의 '口', '上' 자의 1·3획, '支' 자의 파임의 형태는 매우 성숙한 해서의 서사법이다.

---

3) 伏見冲敬(1976), 『書道大字典』, 凡中堂, pp.785~786 참조.
4) 『韓國의 古代木簡』에서는 이 글자는 '仍자', '仍자로 추정', 또는 '판독불가'로 처리하였다. 그러나 20번 목간의 적외선 사진에 나타난 자형 '乃'의 삐침은 실물 사진에서 보면 목간의 균열 자국으로 실획이 아닐 가능성이 있다. 마지막 점획의 처리가 모호하기는 하지만 전체적인 자형으로 보면 '得' 자의 전형적인 초서체에 가깝다. 40번 목간의 7번째 글자는 모두 '及' 자로 판독하였다. 그러나 42, 74, 80번에서 '及' 자로 판독한 자형을 보면 2획의 撇이 분명하다. 또한 이와 유사한 결구인 12, 59, 80번의 '乃' 자에서도 삐침이 분명히 나타난다. 그런데 여기서는 좌측 결구의 收筆 부분에서 다음 획으로 필선이 연결되고 있어 삐침이 아닌 '彳' 자와 같은 글자의 초서 書寫法이다. 그리고 다소 크기는 하지만 우측의 필획의 마지막에 점획이 보이고 있어 '得' 자의 초서 자형으로 볼 수 있다. 점획에서 연결되는 가로획은 독립된 '一' 자로 連寫된 것으로 생각된다.
5) 伏見冲敬(1976), 앞의 책, pp.1518~1519 참조.

2. 二聖山城 목간의 서체

1) 楷書

▶ 118〈도판7〉.

목간의 연대는 첫머리에 '戊辰年'이란 간지가 보여 그 연대를 추적하는 단서가 된다. 이성산성이 있는 경기도 광주 지역이 신라의 영토로 편입되는 것은 6세기 중반이라는 점과 '道使'라는 職名이 보이는 점으로 보아 戊辰年의 범위는 608년 혹은 668년 중에 하나로 추측할 수 있다.[6]

한편 묵서의 서체를 살펴보면 楷書나 行書 또는 草書의 결구가 복합적으로 나타난다. 예를 들면 '辰'·'年', '月'··'朋'자의 결구에서 이미 성숙한 해서의 자형이고, '正'·'南'·'須'·'城'·'道'자는 전형적인 행서의 결구이다. 반면에 '漢'·'使'자는 章草의 書寫法이 남아 있다. 전체적인 서체는 행서와 초서의 필의가 복합적으로 나타나는 해서라고 할 수 있다. 성산산성 출토 목간에 비하여 書體의 성숙도가 높아진 점으로 보아 목간의 연대는 608년일 가능성이 더욱 크다.

3. 月城垓子 목간의 서체

월성해자 목간의 서체는 행서, 초서, 해서의 자형이 모두 나타나고 있다. 성산산성 목간에 비하여 자형결구가 세련된 형태이고, 전반적으로 제 書體의 성숙도가 높아졌음을 알 수 있다. 이는 이들 목간의 제작이 주로 王京에서 이루어진 사실로 미루어 보아 당시 신라 왕경의 書寫 수준을 보여주는 것이라 할 수 있다.

1) 行書

▶ 149〈도판8〉, 150〈도판9〉, 152, 159, 161, 163, 164, 168, 169.

149번 목간은 부분적으로 초서의 자형이 나타나기는 하지만 전체적으로 숙련된 행서이다. 성산산성 목간의 행서 서풍과도 유사한 면이 있어 당시

〈도판7〉 해서(이목118-1면)

---

6) 朱甫暾(1991), 「二聖山城 出土의 木簡과 道使」, 『慶北史學』 14, 慶北史學會, pp.2~9.

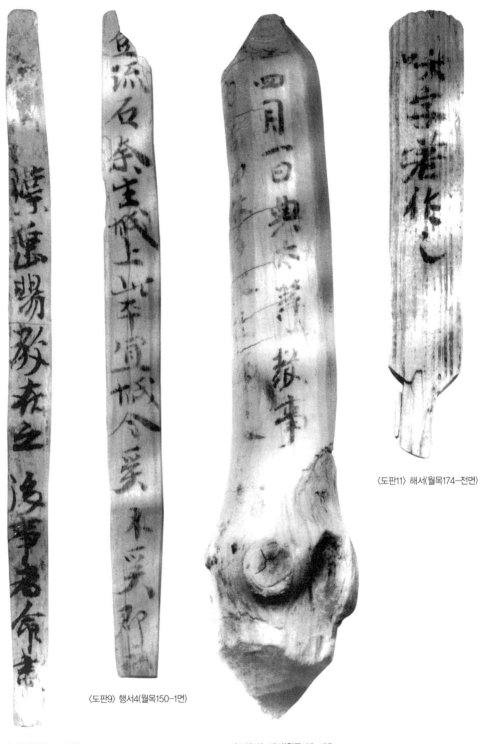

〈도판8〉 행서(월목149-3면)

〈도판9〉 행서4(월목150-1면)

〈도판10〉 해서(월목153-1면)

〈도판11〉 해서(월목174-전면)

신라 王京과 지방의 서풍이 상호 영향을 주고받음을 알 수 있다.

150번 목간의 서체는 숙련된 행서로 이미 성산산성 목간에서 보이던 과도적인 행서 요소들이 감소하고 있다. 특히 결구법이 단정하고 필획간의 連書와 기필에서 모필의 봉망이 노출되는 등 서사자가 매우 세련된 행서법을 구사하고 있음을 보여준다.

164번 목간은 전반부의 글자들과 필치가 달라 또 다른 서사인으로 볼 수 있는데, 글자가 중복되는 점으로 보아 습서 목간일 가능성이 있다. 전면 '使' 자의 마지막 획에서는 서사자가 의도적으로 필선의 변화를 시도하고 있어 당시 글자 연습에 있어 필법의 정확성과 필획에 대한 변화를 추구하고자 하는 의도를 엿볼 수 있다.

169번 목간의 글씨는 비록 일부이기는 하지만 필치가 세련되어, 당시 신라에서 행서가 과도적 요소들이 감소하고 점차 성숙되고 있음을 보여주고 있다.

2) 草書

▶ 149, 155, 160, 164, 168, 169.

149번 목간 1면의 '之' 자, 2면의 '思' 자의 '心' 자는 전형적인 초서의 자형으로, 특히 '心' 자의 결구는 고구려 牟頭婁墓誌와 같은 형태이다.

155번 1면에서 '之二才女'[7]로 판독한 글자는 필획이 연결된 今草의 형태를 보여주고 있다. 2면의 '篤' 자는 전형적인 초서의 형태이다.

160번 전면의 '遷' 또는 '迴' 자, '德' 자로 판독되는 글자는 초서 자형이다. 후면의 '隊' 자는 세련된 초서이다.

164번의 '然(恕)' 자로 판독되는 글자는 전형적인 초서의 자형이다.

168번의 '志' 지의 '心' 자는 매우 세련된 필치의 초서이다.

169번 후면의 '作', '次' 자는 완숙된 행초의 모습을 보인다. 반면에 전면의 '子'는 2획과 3획의 서사법이 아직 예서의 필법이 남아 있고, 174번 전면의 '之' 자는 전형적인 초서의 자형이지만 2획 이후에서 예서의 파책 필법의 흔적이 남아 있다.

3) 楷書

▶ 148, 151, 153〈도판 10〉, 154, 156, 157, 158, 167, 174〈도판 11〉.

148번 1면의 '時', '四' 자, 5면의 '先' 자는 부분적으로 행서 필의가 보이기는 하지만 전반적인

---

7) 손환일(2005), 「경주지역 출토 목간의 석문」, 한국고대사학회 2004년 12월 월례발표회 발표문.

체세는 성숙한 해서이다.

151번 목간에서는 비교적 단정한 해서의 서사법이 보이고, 153번 목간 서체는 단아한 남조풍의 해서이다.

158번 목간은 행서와 해서의 결구가 혼합된 세련된 모습을 보이고 있어 신라 사회에서 해서가 성숙되었음을 보여주고 있다.

Ⅲ. 新羅 木簡 書體의 書藝史的 의의

이상에서 분석한 성산산성, 이성산성, 월성해자 출토 목간의 연대는 6~7세기에 속하고[8], 서체는 부분적으로 楷書나 草書의 자형들이 나타나기는 하지만 行書가 주를 이루고 있다. 여기서는 韓國 三國時代의 行書와 草書 演變에서 이들 木簡 書體의 위치를 파악해 봄으로서 書藝史的 의의를 살펴보도록 하겠다.

1. 三國時代의 行書와 草書

삼국시대 行書의 초기 형성 과정[9]에 대해서는 자세히 알 수는 없지만, 현재까지 발견된 고구려

---

8) 이성산성 목간의 제작 연대는 앞 장에서 고찰하였듯이 일단 608년으로 추정한다. 또 일부 월성해자 목간(149, 150, 169, 174 등)은 이성산성 목간(118)에 비하여 자형결구가 세련되고 書體의 성숙도가 전반적으로 높아진 점으로 보아 후대일 가능성이 있다. 이들 목간의 연대에 대한 종합적인 논의는 金昌鎬(1998), 「咸安 城山山城 出土 木簡에 대하여」, 『咸安 城山山城』, 國立昌原文化財研究所; 朱甫暾(2000), 「咸安 城山山城 出土 木簡의 基礎的 檢討」, 『韓國古代史研究』 19, 韓國古代史學會; 李成市(2000), 「韓國木簡研究의 현황과 咸安城山山城출토의 木簡」, 『韓國古代史研究』 19, 韓國古代史學會; 이용현(2001), 「함안 성산산성 출토 목간에 대한 종합적 고찰」, 고려대학교 박사학위논문; 윤선태(1999), 「함안 성산산성 출토 신라목간의 용도」, 『진단학보』 88, 진단학회; 이경섭(2004), 「함안 성산산성 목간의 연구현황과 과제」, 『新羅文化』 23, 東國大學校 新羅文化研究所; 전덕재(2008), 「함안 성산산성 목간의 연구현황과 쟁점」, 『新羅文化』 31, 東國大學校 新羅文化研究所; 朱甫暾(1991), 앞의 논문; 國立慶州文化財研究所(2006), 앞의 책을 참조할 것.

9) 行書는 적어도 東漢 후기에는 이미 출현하였으며, 西晉시기에는 상당히 성행하였던 것으로 보인다. 魏晉 시대의 樓蘭遺址에서 출토된 簡牘이나 殘紙의 문자 중에는 비교적 규범적인 新隸體와 章草에서 수草로의 과도단계의 草書 이외에도, 일부 어떤 글자들은 新隸體와 草書의 중간적인 면모를 보이는 것들이 있다. 이러한 것들은 부분적으로 초서의 편방을 사용하는 등 초서의 영향을 비교적 많이 받아 규범적인 신예체보다는 체세가 더욱 활발하고, 초서와도 풍격상 또 다른 서체들인데, 이를 행서의 초기형태로 볼 수 있다. 초기의 행서는 草書 筆意를 비교적 많이 띠는 신예체의 기초 위에서 발전해 온 것으로, 이들 간에는 비슷한 특징이 나타난다. 그리고 행서가 출현한 이후 신예체에 영향을 주어 일부 신예체는 행서에 더욱 접근하였다. 이로 인하여 초기의 행서와 草率한 신예체 사이에 분명하게 선을 긋는다는 것은 어려운 일이다. 위진 사람들이 쓴 문자들은 어떤 것은 草率한 신예체로 볼 수 있고, 또한 초기의 행서로도 볼 수 있는데, 前凉 시대의 李柏文書는 이러한 대표적인 예로서, 신예체와 초기행서 사이의 서체라 할 수 있

명문 가운데 가장 이른 시기의 행서는 환도산성에서 출토된 문자 유물들을 통해서 확인된다. 2호문지와 궁전지에서 발견된 기와의 명문 가운데 '小兄', '蔦', '安'자 등의 전체적인 체세는 이미 활달한 행서이다. 그리고 우산992호묘에서 출토된 '(富)'자나 천추총에서 발견된 행서 명문은 비교적 성숙한 운필을 보이고 있어, 적어도 4세기 중반에는 이미 고구려에서도 행서가 사용되었던 것으로 보인다.[10]

그리고 4~5세기 고구려 고분 묵서에는 비교적 성숙한 행서가 나타난다. 357년에 서사된 안악3호분 冬壽墓誌의 전체적인 체세는 해서이지만, 부분적으로는 행서의 서사법이 보인다. 408년의 德興里壁畵古墳 玄室 동벽 불교행사 장면의 묵서는 일부 결구에서 과도적인 요소가 나타나기는 하지만, 전체적으로는 행서에 더욱 접근하고 있다. 체세는 東晉16國 시기의 殘紙 묵서에 자주보이는 행서와 해서 사이의 체세와도 비슷하다. 이러한 형태들은 성숙한 행서로는 볼 수 없지만, 이미 행서의 요소들이 충분히 반영되어 나타난 것이라고 생각된다. 특히 전실 서벽의 幽州13郡 說明文〈도판 12〉은 鎭墓誌나 기타 묵서에 비하여 자형결구가 활달하며, 과도적인 요소들이 많이 감소된 성숙한 행서에 가깝다. 5세기 초반에 서사된 것으로 추정되는 牟頭婁墓誌 또한 일부 자형에서 과도적 요소가 남아 있기는 하지만, 字形과

〈도판 12〉 덕흥리벽화고분 전실 서벽 幽州13郡 설명문 묵서

다.(裵錫圭(1988), 『文字學槪要』, 北京:商務印書館, pp.90~92 참조).

10) 고광의(2007), 「고구려의 금석문과 서체」, 『고구려의 문화와 사상』, 동북아역사재단, pp.467~468.

運筆이 行書에 가깝다.

이들 고분 묵서와 함께 6세기 이후 행서나 초서의 사용을 볼 수 있는 것으로는 평양의 定陵寺址에서 출토된 도기 조각에 새겨진 행서 명문이 전한다. 명문의 서체는 매우 숙련된 운필이 돋보이는 활달한 행서와 초서로 마치 붓으로 서사하듯이 새겼다. 그리고 최근에는 한강변 아차산 고구려 유적에서 명문토기들이 다수 발견되었는데, 운필이 활달한 행서나 초서의 자형들이 나타나고 있다. 이러한 명문들은 6세기 고구려 민간서사의 일면을 보여주는 것으로 일상에서 행서나 초서가 폭넓게 사용되었음을 말해준다.

百濟 熊津 시기의 행서나 초서 유물로는 武寧王陵에서 출토된 왕비 두침의 '甲乙' 묵서와 송산리 6호분에서 발견된 '梁官品(?)爲師矣'銘 塼이 있다. '甲乙' 묵서는 행서 필의가 있으나 부분적으로는 隸書나 章草의 습관이 남아 있다. 명문전의 서체는 글자들이 서로 연결된 연면 초서로 서사자의 매우 능숙한 운필이 돋보이며 붓으로 쓴 듯한 생동감이 느껴진다. 이로 보아 백제에서도 5세기 후반 이후에는 이미 행서나 초서가 사용되고 있음을 알 수 있다.

그리고 사비시기에는 이미 성숙한 형태의 행서가 사용되었는데, 근자에 부여지역을 중심으로 출토된 목간을 통해서 확인할 수 있다. 특히 궁남지에서 출토된 '西 阝 後巷' 명 목간의 서체는 숙달된 행서로 부분적으로는 초서나 해서의 서사법이 보인다. 또한 능산리 출토 '六 阝 五方' 목간〈도판 13〉은 초서 필의가 보이는 매우 활달한 행서로 필사되어 사비시기 행서나 초서의 수준을 보여준다.

신라의 행서 또는 초서의 문자 유물로 가장 빠른 것은 皇南大塚에서 출토된 유물들이 있는데, 행서는 銀製銙帶端金具에 새겨진 '夫人帶' 명문이 있다. 명문은 금속에 線刻되어 필획을 자세히 살필 수는 없지만 운필과 자형이 행서나 초서에 가깝다. 그리고 함께 출토된 耳杯形 칠기에 쓰여진 '東' 자는 운필이 유려하지는 않지만 초서의 자형으로 되어 있어, 5세기에는 신라에서도 행서나 초서가 일부 사용되었을 것으로 생각된다.

6세기 이후 신라에서 행초서는 상당한 수준으로 발전하고 있음을 알 수 있다. 앞서 살펴본 성산산성 목간의 서체는 일상에서 통용되던 행서나 초서의 자형이 복합적으로 나타난 것으로 당시 금석문에서 유행하던 토착적인 서풍과도 통하는 면이 있다. 반면에 이성산성과 월성해자의 목간은 토착적인 서풍의 요소가 거의 나타나지 않고, 南北朝 시기의 성숙한 행서와

〈도판13〉 행초(능목131-전면)

초서 및 해서 자형들이 함께 나타난다. 고구려와 백제에 비해 행서나 초서의 발전이 다소 뒤졌던 신라에서도 점차 주변국들과 보조를 맞추어 가고 있음을 보여 준다.

2. 新羅의 書體演變에서 목간 서체의 의의

현재 전해지는 신라의 가장 빠른 금석문은 503년에 세워진 것으로 추정되는 冷水里碑이다. 書體는 그 건립 목적의 중요성에 맞게 정중함을 요하는 당시로서는 이미 古式 서체인 隷書를 선택하고 있다. 그러나 일부 자형에서는 해서나 행서의 요소들이 나타나고 있어 과도적인 서체의 면모를 보인다. 또한 524년에 세워진 鳳坪碑에서는 과도적 요소가 많은 해서가 나타나는데, 이는 6세기 초 신라의 금석문들에서 보이는 보편적인 현상이라고 할 수 있다. 이미 6세기 초에 고구려나 백제에서는 남북조 서풍을 받아들여 書體演變이 중국과 거의 비슷한 수준으로 진전되고 있는 반면에, 이들 서체는 여전히 과도적인 요소들을 많이 포함하고 있다. 한 동안 주변국들과 정치·문화적 교섭이 활발하지 못했던 신라 사회의 停滯된 모습이 서사 문화에도 반영된 것으로 여겨진다.

그러나 당시 신라 서체에서 나타난 이러한 일시적 정체 현상은 또 다른 측면으로 보면 새로운 서체 풍격을 태동시키는 계기로 작용하였다. 6세기 초반에 신라는 일련의 개혁을 단행하고, 그 동안 단절된 대중국 외교를 계속하는 등 새로운 도약을 시도한다. 당시 北魏나 梁과의 교류의 목적이 신라의 체제정비를 위한 제도와 문물의 도입이란 점으로 보아 남북조의 서풍 또한 일정하게 유입되었을 것으로 생각되는데, 菁堤碑 丙辰銘과 川前里書石 追銘은 각각 北朝와 南朝의 해서 풍격을 반영하고 있다. 하지만 아직 이들 금석문의 서체에서도 일정하게 鳳坪碑에서 보이던 예서와 해서의 과도적 요소들이 남아 있다. 이러한 과도적 요소의 지속은 확대된 대중 교섭을 통해 남북조 서풍을 동시에 받아들이기는 하였지만, 이전에 고구려 등 주변국을 통해서 받아들였던 서풍이 점차 시간이 지나면서 신라의 서사 환경 속에서 土着化되었음을 말해주는 것이다.

6세기 중반에 들어서면 신라 금석문에 지속되어 온 이러한 토착화된 서풍은 새롭게 수용된 남북조의 서풍과 결합하여 독특한 서체 풍격을 형성하게 되는데, 바로 赤城碑〈도판 14〉 서체 풍격이다.[11] 赤城碑 書風은 남북조 서풍과 신라 사회에 존재한 토착 서풍이 융합되어 나타난 해서체의 일종으로 6세기 금석문에서 폭넓게 사용되었는데, 菁堤碑, 明活山城碑, 塢作碑 및 일부 南山新城碑에서 유사한 풍격이 나타난다.

적성비의 서체는 전제적으로 해서이나, 삐침과 파임이 옆으로 퍼진 橫長勢를 나타내는 특징을 보인다. 구체적인 자형을 살펴보면, '衆', '烏', '爲', '羅' 자와 변방으로 사용된 'ㅏ', '心', '口'

---

11) 고광의(2004), 「5~6세기 新羅 書藝에 나타난 외래 書風의 수용과 전개」, 『書藝學硏究』 4, 韓國書藝學會, pp.61~62.

자 등에는 행서나 초서의 서사법이 보이고 있어, 여전히 과도적인 요소들이 나타나고 있음을 알 수 있다.

이러한 특징은 적성비의 건립 당시 일상적인 手寫體인 목간을 통해서도 확인되는데, 성산산성에서 출토된 목간의 서풍이 바로 그것이다. 성산산성 목간에는 적성비의 글자와 흡사한 결구들이 보이는데, 특히 '利', '阿', '城', '巴', '石', '婁', '支', '兮', '伊', '那' 등의 문자에 보이는 독특한 특징은 적성비의 서체와 일치한다.[12] 앞 장에서 해서로 분류한 성산산성 목간 가운데 2·9·16번의 서체 풍격은 적성비체와 유사하고, '支' 자의 우측에 加點은 6세기 신라 금석문 중 赤城碑에만 나타나고 있어, 이는 당시 통용 서체인 목간 서사의 습관이 금석문에 반영되고 있음을 보여준다.

한편 성산산성 목간에서는 이러한 적성비

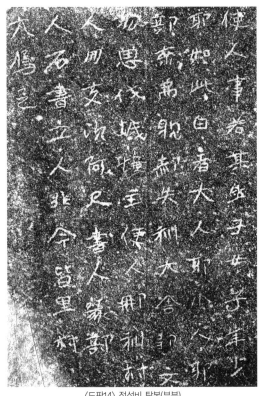

〈도판14〉 적성비 탁본(부분)

체 서풍과 함께 매우 유려한 중국의 남조풍 행서가 나타나고 있다. 남조와 더욱 밀접한 외교관계를 구축하던 신라에서는 유입된 신서풍이 왕경을 중심으로 확대되기 시작하였다. 신라에서 527년에 불교가 공인된 이후 당시 불교국가로 융성하였던 梁에 유학승들을 파견하였고, 549년에는 양에서 신라에 사신을 파견하여 佛舍利를 보내주었다. 당시 백제 사신이 양에서 당대 유명 서법가인 蕭子雲의 필적을 구하기 위한 외교적 노력에 비추어 보면[13], 이러한 梁使의 내왕은 신라로서는 선진적인 書法을 받아들일 수 있는 좋은 계기가 되었을 것으로 생각된다.

또한 565년에는 陳에서 승려와 經論 1,700여권을 보내주고 있으며, 이후 신라는 571년까지 매년 陳에 사신을 파견하고 있다.[14] 반면에 北齊와는 564년에 사신을 보내고, 565년에 책봉을 받은 이후 한동안 교류가 없다가 573년에 사신을 보내고 있어[15] 6세기 중반경에는 북조보다는 상대적으로 남조와 활발한 교류가 있었음을 알 수 있다. 진흥왕의 불교 진흥책과 맞물려 진행된 親南朝 정책은

---

12) 李成市(2000), 앞의 논문, p.105.

13) 『南史』 卷42 列傳32, "出爲東陽太守. 百濟國使人至建鄴求書, 逢子雲爲郡, 維舟將發. 使人於渚次候之, 望船三十許步, 行拜行前. 子雲見問之, 答曰: 侍中尺牘之美, 遠流海外, 今日所求, 唯在名迹. 子雲乃爲停船三日, 書三十紙與之, 獲金貨數百萬"

신라의 서사인들에게도 일정하게 영향을 미치게 되어, 신라에서 점차 남조의 서풍이 주류적 지위를 차지하게 되었다.

당시 남북조의 서체 연변은 해서가 형성되어 발전하던 시기로 이러한 잦은 교류는 그 동안 일시적으로 정체되었던 신라의 서체 연변에 일대 전환을 가져오게 되었다. 다시 말해 신라에서도 남북조의 세련된 해서 서풍과 유사한 풍격의 서체들이 나타나는데, 특히 성산산성에서 발견된 '仇利伐' 목간이 대표적이다. 이 목간의 서체는 가로획과 세로획의 기필과 수필 부분의 형태가 해서의 전형적인 제법과 돈법이 나타나고, 전절처에서 운필의 전환과 '仇'·'村' 자 등에서 나타나는 갈고리의 필법은 전형적인 해서의 필법이다.

이러한 남북조 서풍의 영향은 금석문의 서체에도 반영되고 있는데, 眞興王巡狩碑가 그것이다. 특히 黃草嶺碑는 신라의 다른 碑에 비하여 隸書의 과도적 요소들이 거의 사라지고, 삐침과 파임 및 갈고리가 모두 전형적인 楷書의 서사법이 나타나, 전체적인 자형이 장방형으로 고정되어 비교적 성숙한 해서의 체세를 보인다. 赤城碑體 楷書와는 확연히 구분되는 것으로 당시 신라 금석문 서체의 새로운 풍격을 보여주는 것이다. 아울러 石碑樣式에 있어서도 이전에 고구려 계통의 자연 석비 양식에서 판상형 비신에 좌대와 개석을 갖춘 전형적인 양식으로 변화되어 이전의 신라석비가 지닌 토착 양식과는 또 다른 모습이다.

진흥왕순수비에 나타난 이러한 일련의 급격한 변화는 당시 적성비체를 중심으로 하는 토착 서풍과 함께 남조와의 활발한 교류를 통해 유입된 새로운 서풍의 수용 상황을 보여주는 것이다. 따라서 성산산성 목간과 적성비에 나타난 과도적 요소들은 신라의 書寫人들 사이에서 점차 남조풍의 해서가 주도적 지위에 오름에 따라 감소하고 있다. 塢作碑는 王京에서 멀리 떨어진 곳에서 제작된 것임에도 불구하고 과도적인 요소가 현저하게 줄어들고 있다. 그리고 南山新城第1碑에서는 黃草嶺碑와 유사한 풍격의 해서가 보이고 있어, 6세기 말에는 신라에서 적성비체의 영향이 점차 줄어들고 있음을 알 수 있다.

신라에서 諸 書體는 적어도 6세기 말 이후에는 점차 성숙되었을 것으로 보이는데, 608년에 서사된 것으로 추정되는 이성산성 목간은 신라에서 해서와 행서의 성숙을 보여주는 자료이다. 118번 목간의 '辰'·'年'·'月'·'朋' 자는 매우 성숙된 해서의 자형으로 가로획의 起筆과 收筆 부분, 轉折處 및 갈고리의 필법은 이미 南北朝 말기와 隋代의 전형적인 해서 서사법과 유사한 형태로 성산산성 목간에 비하여 완성도와 세련미가 증가되었음을 보여준다. 그 내용이 지방 향촌사회의 유력자들의 회합에 대한 기록인 점으로 보아 당시 신라의 王京뿐만 아니라 지방에도 이미 성숙한 해

---

14) 『三國史記』 新羅本紀, 眞興王 26년, "九月, …陳遣使劉思與僧明觀來聘, 送釋氏經論千七百餘卷" 및 『三國史記』 新羅本紀, 眞興王 27 · 28 · 39 · 31 · 32년조 참조.

15) 『三國史記』 新羅本紀, 眞興王 26年, "春二月, 北齊武成皇帝, 詔以王爲使持節東夷校尉樂浪郡公新羅王." 및 『三國史記』 新羅本紀 眞興王 25 · 33년조 참조.

서가 보급되어 사용되고 있음을 알 수 있다. 또한 월성해자 목간에서는 성숙한 행서와 해서를 비롯하여 今草의 자형이 모두 보이고, 성산산성이나 이성산성의 목간에 비하여 더욱 세련된 자형들이 나타나 당시 신라의 향상된 서사 수준을 보여주고 있다.

Ⅳ. 맺음말

이상에서 살펴본 바를 정리하면 다음과 같다.

城山山城 목간의 서체는 楷書나 草書의 필획이나 결구들이 복합적으로 나타나지만 기본적인 서체는 行書라 할 수 있다. 특히 상부 결구의 간격이 상대적으로 좁고, 하부 결구가 좌우로 퍼진 듯한 서체 풍격은 赤城碑를 중심으로 나타나는 토착적인 서풍과 유사하다. 이는 6세기 諸 書體의 과도적인 요소들을 포함한 신라의 金石文 서풍과 일상 手寫體인 목간 서체의 상호 영향관계를 확인시켜주는 것이다. 동시에 성산산성 목간에서는 '仇利伐' 목간과 같은 세련된 서체 풍격이 동시에 나타나고 있어 당시 신라에 중국 서풍이 일정하게 수용되었음을 보여주기도 한다.

또한 이성산성 목간이나 월성해자 목간은 세련된 형태의 해서를 비롯하여 행서와 초서의 자형들이 보이고 있다. 남북조와 잦은 교류를 통해 중국에서 받아들인 새로운 서풍이 신라 사회에 직접적으로 영향을 주고 있음을 알 수 있다. 이 시점은 6세기 중반 이후이며, 왕경은 물론이고 지방에서도 서체의 과도적인 요소가 현저하게 감소한다. 그리고 적어도 7세기 이후에는 신라에서 행서나 초서가 사회 전반에 폭넓게 보급되어 신라의 서사문화가 이전에 비하여 비약적인 발전을 하였다.

투고일 : 2008. 4. 24　　　　심사개시일 : 2008. 5. 2　　　　심사완료일 : 2008. 6. 5

참/고/문/헌

『南史』

『三國史記』

伏見沖敬(1976),『書道大字典』, 凡中堂.

裘錫圭(1988),『文字學槪要』, 北京:商務印書館.

朱甫暾(1991),「二聖山城 出土의 木簡과 道使」,『慶北史學』14, 慶北史學會.

金昌鎬(1998),「咸安 城山山城 出土 木簡에 대하여」,『咸安 城山山城』, 國立昌原文化財研究所.

윤선태(1999),「함안 성산산성 출토 신라목간의 용도」,『진단학보』88, 진단학회.

朱甫暾(2000),「咸安 城山山城 出土 木簡의 基礎的 檢討」,『韓國古代史研究』19, 韓國古代史學會.

李成市(2000),「韓國木簡研究의 현황과 咸安城山山城출토의 木簡」,『韓國古代史研究』19, 韓國古代
    史學會.

이용현(2001),「함안 성산산성 출토 목간에 대한 종합적 고찰」, 고려대학교 박사학위논문.

고광의(2004),「5~6세기 新羅 書藝에 나타난 외래 書風의 수용과 전개」,『書藝學研究』4, 韓國書藝
    學會.

이경섭(2004),「함안 성산산성 목간의 연구현황과 과제」,『新羅文化』23, 東國大學校 新羅文化研究
    所.

國立昌原文化財研究所(2004),『韓國의 古代木簡』, 國立昌原文化財研究所.

손환일(2005),「경주지역 출토 목간의 석문」, 한국고대사학회 2004년 12월 월례발표회 발표문.

國立慶州文化財研究所(2006),『月城垓子』發掘調査報告書Ⅱ-고찰-, 國立慶州文化財研究所.

고광의(2007),「고구려의 금석문과 서체」,『고구려의 문화와 사상』, 동북아역사재단.

문화재청 報道資料(2007. 12. 13),「중고기 신라사회사의 공백을 메우다 -함안 성산산성 출토목간
    공개-」

전덕재(2008),「함안 성산산성 목간의 연구현황과 쟁점」,『新羅文化』31, 東國大學校 新羅文化研究
    所.

〈ABSTRACT〉

Historical significance of calligraphic inscriptions on the wooden tablets of Silla in the 6th and 7th centuries

Ko, Kwang Eui

This study analyzes writing styles of wooden tablets at Seongsan mountain fortress, Yiseong mountain fortress and Wolseonghaeja having the plates on 『Ancient Wooden Tablets of Korea』 and examines the meaning of calligraphy history of handwritings of these wooden tablets. Writing style of wooden tablet at Seongsan mountain fortress shows strokes and character shapes of Haeseo (the printed style of writing) and Choseo (cursive style of writing), but major writing style is Haengseo (the semicursive style of writing). It can be confirmed through the style similar to the writing style of Jeokseong epitaph shown in writing styles of these wooden tablets that there was interaction between epigraph of Silla and handwriting of wooden tablets. On the one hand, refined writing style like wooden tablet of 'Guribeol' was also found and it was confirmed that the Chinese writing style was adopted in Silla and there were also character shapes of Haengseo and Choseo including more refined Haeseo on wooden tablets of Yiseong mountain fortress and Wolseonghaeja. Therefore, transitional elements of writing style were remarkably reduced in Silla since the middle period of the 6th century, Haengseo and Choseo were widely used throughout the society since the 7th century and transcription culture of Silla achieved rapid growth.

▶ Key Words : Silla, Wooden Tablet, Writing Style, Calligraphy History, Seongsan Mountain Fortress, Yiseong Mountain Fortress, Wolseonghaeja

韓中簡牘 비교연구
-중국 간독의 분류설명에 의거하여-

李均明*

〈국문초록〉

중국 간독의 발전과 쇠퇴 과정 및 일반 법칙을 탐색하여 비교하는 것은 한국과 일본에서 출토된 목간 연구에 유익하다. 특히 중국 출토간독은 그 대부분이 전성기의 산물이므로, 그 형태(形制)와 내용이 상대적으로 완비되어 있다.

현재까지 볼 수 있는 중국 간독은 대략 전적과 문서의 두 종류로 크게 분류할 수 있다. 이중 문서는 관·사문서가 포함되며, 크게 書檄類, 簿籍類, 律令類, 錄課類, 符券類, 檢楬類 등 여섯 종류로 나눌 수 있다.

비록 시대가 다르다고 하나 서사재료가 동일하기 때문에, 일정하게 중국의 간독과 한국의 목간을 비교할 수 있으므로 상술한 유형의 구분으로 한국 출토목간을 고찰하여도 무방할 것이다. 한국 목간은 상술한 분류에 다수가 포함되는 듯 하며, 최소 전적 및 문서류의 書檄, 薄籍, 檢楬, 錄課 등이 존재한다.

한국에서 출토된 수백 여 매의 목간은 동아시아 문화의 발전과 교류를 연구하는 데에 특별한 의의를 가진다.

---

* 中国文物研究所 研究員

▶ 핵심어 : 간독, 목간, 서격, 부적, 율령, 녹과, 부권, 검갈

Ⅰ. 머리말

기원 전후한 수세기 동안 동아시아 지역에서는 竹木簡牘을 서사재료로 하여 묵필로 문자를 기록하는 것이 성행하였는데, 이는 실용성과 예술성을 겸비하였을 뿐 아니라 문화적 요소까지 풍부하게 함유하고 있었다. 현재까지 중국에서 출토된 30만 매에 이르는 간독, 일본에서 출토된 20만 매 이상의 간독, 그리고 한국에서 출토된 수백 여 매의 목간은 동아시아 문화의 발전과 교류를 연구하는 데에 특별한 의의를 가진다.

간독의 이용은 시기별로 다른 사물과 마찬가지로 생산·발전·쇠망에 이르는 과정을 겪지만, 이 과정은 매우 긴 시간을 경과하였다. 『尙書』多士篇에 "惟殷先人, 有冊有典."이라 하였고, 갑골문·금문 중의 '冊' 자는 몇 개의 목간을 끈으로 엮어 서로 연결한 형상이다. 또한 고고학적인 발굴에 의하면, 당시에 대나무나 목기가 이미 보편적으로 응용되었고, 갑골과 토기 위에도 필묵의 흔적을 볼 수 있다. 이는 죽목간 사용의 물질적·기술적 조건이 이미 성숙하였다는 것을 의미한다. 즉, 『상서』의 기록은 믿을 수 있는 것이다.

그런데, 오늘날 볼 수 있는 출토된 간독 중 가장 이른 시기의 것은 1978년 중국 湖北 隨縣 曾侯乙墓에서 출토된 죽간으로 기원전 433년 전후시기의 섯이고, 가장 늦은 시기의 것은 15세기 명대의 것이다. 하지만 출토된 수량이 가장 많은 것은 전국·진한·삼국시대의 간독으로 대략 기원전 3세기부터 기원후 3세기 사이에 해당된다.

한국에서 출토된 것은 대부분 6세기 이후의 목간이며, 일본에서 출토된 것은 7세기 이후의 것이다. 단, 한반도에서 역시 동한시대의 목간 1매가 출토된 적이 있다. 중국 출토간독에 반영된 시대는 비교적 길기 때문에, 그 중에서 간독의 발전과 쇠퇴의 과정 및 일반 법칙을 탐색하는 것 역시 용이하다. 그러므로 중국 출토의 간독을 참조하여 비교하는 것은 한국과 일본에서 출토된 목간 연구에 대해 틀림없이 유익할 것이다. 특히 중국 출토간독은 그 대부분이 전성기의 산물이므로, 그 형태(形制)와 내용은 상대적으로 완비되어 있다고 할 수 있다.

이후 종이가 출현하고 또 이것이 널리 사용되자 간독은 곧 쇠락하기 시작하여, 그 중의 수많은 중요 기능이 종이로 대체되었다. 한국과 일본 출토간독의 시기는 바로 종이가 대량으로 쓰이던 시기였다. 따라서 이러한 간독을 고찰 할 때는 종이의 대체 요소를 더욱 크게 고려해야만 한다.

Ⅱ. 중국 간독의 분류

간독의 분류는 실제 연구 과정에서의 필요에 따라 형성된 분야이다. 간독의 분류 구분은 진·한에 이르면 가장 복잡해진다. 徐師曾이 『文體明辨序』에서 "진한 이래로 글(문자)이 더욱 많아졌고, 글이 더욱 많아졌으므로 종류도 더욱 늘어났고, 종류가 더욱 늘어났으므로 문체도 더욱 많아졌고, 문체가 더욱 많아졌으므로 분변도 더욱 엄밀해졌다. 이는 오공이 『변체』를 지은 까닭이다."라고 하였다. 劉彦和가 『文心雕龍·史傳』에서 "是以在漢初, 史職爲盛, 郡國文計, 先集太史之府, 欲其詳悉于體國也."라고 했다.

현재까지 볼 수 있는 중국 간독은 대략 전적과 문서의 두 종류로 크게 분류할 수 있다. 간독 중에 흔히 볼 수 있는 전적은 제자백가, 점복 술수 및 시부 등을 포함하여 대부분이 『漢書·藝文志』에 실린 것과 부합한다.

지금 볼 수 있는 간독 가운데 전적을 예를 들면, 郭店 楚簡 『老子』갑·을·병 3종, 상해박물관 소장 『易經』, 『詩論』, 『緇衣』, 『恒先』 등, 甘肅 武威 磨嘴子 『儀禮』 갑·을·병 3종, 河北 定縣 八角廊 漢簡 『論語』, 『儒家者言』, 『哀公問五義』, 『保傅傳』, 『太公』, 『文子』 등, 安徽 阜陽 雙古堆 漢簡 『詩經』, 『周易』, 『倉頡篇』, 『年表』, 『刑德』, 『日書』 등, 江蘇 連雲港 尹灣 漢墓 簡牘 『神龜占』, 『博局占』, 『刑德行時』, 『行道吉凶』, 『神鳥傳』, 홍콩 중문대학 문물관 소장 『日書』, 『周易』, 『緇衣』, 山東 臨沂 銀雀山 漢墓竹簡 『孫子兵法』, 『孫臏兵法』, 『尉繚子』, 『晏子』, 『六韜』, 『守法守令等十三篇』, 『論政論兵之類』, 『曹氏陰陽』, 『唐勒』, 『相狗』 등, 湖北 雲夢 睡虎地 秦墓竹簡 『日書』 갑·을·병 3종, 甘肅 天水 放馬灘 漢簡 『日書』 갑, 을 2종, 湖北 江陵 王家台 秦簡 『日書』, 『易占』 등, 거연, 돈황 漢簡 가운데 자주 보이는 『蒼頡』 『急就』 등이 또한 전적의 범위에 속한다. 이 외에 출토된 간독 중에 자주 보이는 격식인 曆譜도 전적류에 포함할 수 있다.

간독에 자주 보이는 문서는 관·사문서가 포함된다. 필자는 『簡牘文書學』이라는 책에서 (이를) 크게 여섯 종류로 나누었는데[1] 다음과 같다.

1) 書檄類는 오늘날의 通用文과 같다. 그 가장 큰 특징은 通行性을 구비하였다는 점이다. 이것은 각종 정보를 담고 있을 뿐만 아니라, 같은 유형 혹은 다른 유형별로 문서를 탑재해 사용할 수 있다. 오늘날 서격류의 명칭에는 書, 檄, 記, 敎, 傳, 致 등이 있다. 물론 서격류의 명칭에도 변화하는 과정이 있다. 예를 들면, 초기의 왕실문서는 '命書'라고 칭하였는데, 진의 통일 이후에는 이를 둘로 나누어 하나는 '詔書', 다른 하나는 '制書'라고 칭하였다. 한대에 이르러 이는 또 '策書', '制書', '詔書', '誡敕' 등 네 가지로 나누었다. 또 통행중인 '傳'은 위진 이후 '過所' 등으로 바꾸

---

1) 李均明·劉軍, 『簡牘文書學』, 廣西 敎育出版社, 1999

어 불렀다.

2) 簿籍類는 지금의 장부, 명부와 같은 형식으로 통행성이 없는 專用文에 속한다. 지금까지 출토된 간독 중에 수량이 가장 많다. 명칭이 복잡하며 그 특징에 따라 簿와 籍으로 나눌 수 있다. 왜냐하면 양자는 관련이 있는 동시에 구분이 되기 때문이다. 簿는 통상적으로 사람 혹은 물건의 수량을 위주로 하는 반면, 籍은 대부분 사람이나 물건 그 자체를 위주로 하고 수량을 보조로 한다. 삼국시대 이후에는 이들을 점차 통칭하여 '簿' 라고 하였다. 부적류 중에는 지금의 회계문서와 통계문서의 의미를 포괄하고 있는 것도 있다.

3) 律令類는 지금의 법전과 같이 대부분 조문형식으로 존재하며, 자주 보이는 명칭은 律, 令, 科, 品, 約, 式 등 그 수가 매우 많다. 그 중에서 비교적 특수한 것은 『法律答問』이다. 이는 법률 조항의 해석에 대한 것인데, 湖北 雲夢 睡虎地의 진묘죽간에서 볼 수 있고, 문답형식을 채용하였다. 그 해석은 대부분 법률적 주체— 즉, 형법부분이고, 또한 민사관계와 소송절차에 대해서도 언급하였다.

4) 錄課類는 실록을 위주로 하고, 통계 수치를 아울러 겸하는데, 案, 錄, 刺, 課 등으로 자칭하였다. 증명서의 기능을 가지고 있으며, 書檄類, 簿籍類와는 구별된다.

5) 符券類는 계약하는 범위에 속하고 보통 하나의 형식에 여러 분권(보통 두 개 이상)으로 되어있다. 각각의 분권은 새김 혹은 선을 이용하여 계약을 표시하여 신용을 나타낸다. 조각으로 符合하는 것은 契券이라 하는데, 간문에서는 이를 '부(符)' 혹은 '권(券)' 이라고 한다. 평면의 필획을 갈라서 '符合' 하는 문서를 傳別 혹은 莂이라고 부른다.

6) 檢楬類는 모두 標識文書이다. 檢은 통상적으로 봉니의 틀을 만들어 분명하게 표지를 하는 것으로, 각종 물건과 문서를 봉하기 위해 사용된다. 楬은 오늘날 상표와 같은 목패이며, 물품 혹은 문서의 관련 사항을 설명하기 위해 쓰인다.

이상은 중국 출토 간독의 대략적인 분류이다. 문체의 각종 분류는 종이를 널리 사용하고 시대가 발전함에 따라 지속적으로 변화가 일어났다. 진한 시대에 성행한 대나무 書檄은 삼국 오나라 때에 이르러 간독 중의 수량이 이미 크게 줄었고, 그 중 많은 것은 종이로 그 서사재료가 전이되었다.

Ⅲ. 한국 출토목간의 분류

비록 시대가 다르다고 하나 서사재료가 동일하기 때문에 일정하게 비교할 수 있으므로 상술한 유형의 구분으로 한국 출토목간을 고찰하여도 무방할 것이다. 한국 목간은 상술한 분류에 다수가 포함되는 듯 하며, 최소 전적 및 문서류의 書檄, 薄籍, 檢楬, 錄課 등이 포함된다. 이하에 예를 들어 비교 설명하겠다.

우선 典籍에 대해서. 2000년 4, 5월 한국 부산대학교 박물관측이 경상남도 김해시 봉황동에서 발굴한 목간에는 전적 목간이 포함되어 있다. 『韓國의 古代木簡』의 147호 목간이다.[2] 그 내용은 『論語·公冶長』의 가운데 단락으로, 4면의 觚에 서사되었다. 내용은 다음과 같다.

제1면 : 我不欲人之加諸我也, 吾亦欲無加諸人。
제2면 : 子謂子産 : 有君子之道四焉。其行
제3면 : [三已[之], 無慍色。舊令尹之政, 必以告新。
제4면 : 違之, 何如? 子曰 : 淸矣, 曰仁矣乎！曰

대조의 편의를 위해 현재 전해지는 문헌 중에서 볼 수 있는 위 단락의 문자를 기록하면 다음과 같다(자수를 정확하게 열람하기 위해, 표점을 찍지 않았다).

子貢曰我不欲人之加諸我也吾亦欲無加諸人子曰賜也非爾所及也
子貢曰夫子之文章可得而聞也夫子之言性與天道不可得而聞也已矣
子路有聞未之能行唯恐有聞
子貢問曰孔文子何以謂之文也曰敏而好學不恥下問是以謂之文也
子謂子産有君子之道四焉其行已也恭其事上也敬其養民也惠其使民也
子曰晏平仲善與人交久而人敬之子曰臧文仲居蔡山節藻梲何如其智也
子張問曰令尹子文三仕爲令尹無喜色三已之無慍色舊令尹之政必以告
新令尹何如也子曰忠矣曰仁矣乎曰未知焉得仁崔子弑齊君陳文子有馬十乘
棄而違之至於他邦則曰猶吾大夫崔子也違之之一邦則又曰吾大夫崔子也違
之何如子曰淸矣曰仁矣乎曰未知焉得仁

木觚 제1면 마지막 글자부터 제2면 첫 번째 글자 사이에는 약 79개의 글자가 빠졌고, 제2면 마

---

2) 韓國國立昌原文化財團研究所, 『韓國古代木簡』, 滅貊出版社, 2004.

지막 글자부터 제3면 첫 번째 글자 사이에는 62개의 글자가 빠졌으며, 제3면 마지막 글자부터 제4면 첫 번째 글자 사이에도 역시 62개 글자가 빠졌다. 위에서 인용한 현재 전해지는 문헌의 '子路有聞未之能行唯恐有聞'의 내용은 앞뒤 문장과 조화를 이루지 못하므로 아마 간에 착오가 있어 잘못 끼워 넣은 것 같다. 따라서 이 문장을 제거하면 木觚 제1면 마지막 글자와 제2면 첫 번째 글자 사이에는 67개 한자가 빠진 것으로 볼 수 있다.

현재 이 木觚의 위와 아래 부분은 결손이 있고, 잔여부분의 길이는 20.9cm이다. 현존하는 길이에 약 13~16개의 글자가 들어갈 수 있다는 점을 감안하면, 원래 觚의 길이는 80cm 이상이 된다 (한 면에 약 80자 정도 수용). 이 길이는 믿기 어렵긴 하지만, 사실이 본래 이와 같으며, 더구나 居延漢簡에 있는 觚 중에는 길이가 88.2cm 나 되는 것도 있다.

木觚의 네 면에 글자를 쓰면 총 300자 이상을 수용할 수 있다. 현전하는 문헌과 비교하면, 木觚 제1면 첫 번째 글자 앞에 약 300자가 더 있어야 권의 제목인 「公冶長」에 이를 수 있고, 제4면 마지막 글자 뒤에도 약 300자가 더 있어야 다음 권의 첫머리에 이른다. 따라서 이 木觚에 기재된 것은 『論語·公冶長』의 가운데 단락임을 알 수 있다. 이 木觚의 전후에 각각 하나씩의 觚가 더 있고, 총 3개의 木觚(모두 4개의 면으로 된 것)로 『論語』公冶長卷을 모두 초록한 것이다. 경서를 초사한 목간은 다른 관례문서보다 더 긴데, 이는 중국 고대의 제도와 유사하다.

이외에 『韓國의 古代木簡』 301호 목간 정면에는 '書亦從此法爲之凡六卩五方', 배면에는 '□行之也凡作形之中□具'로 기록되어 있는데, 이는 전적류에 속할 것이다. 현재까지 나온 전적 간독은 비교적 많은 가공을 거쳐서, 서사면이 대체로 평평하고 반듯하다.

다음으로 관·사 분서에 대하여 다음 두 가시 사례를 선택하어 살펴보자.

『韓國의 古代木簡』 118호 :
제1면 : 戊辰年正月十二日朋南漢城道使(下缺)
제2면 : 須城道使主前南漢城□□(下缺)
제3면 : □□蒲□□□□□(下缺)

이 문서의 형식은 중국 고대 書檄과 유사하고 문자가 비교적 많으며, 서사가 요구하는 바에 의거하면 당연히 공문일 것인데, 애석하게도 하단이 이미 결락되어 그 운행 방향을 알 수 없다. 문중의 '朋南漢城道使'은 응당 이 문건을 만들고 발송한 자이며, 지위가 비교적 높다. 따라서 하행문일 가능성이 비교적 높다.

『韓國의 古代木簡』 149호는 원래의 석문과 순서가 다음과 같다.
제1면 : 大鳥矩郎足下萬行白之
제2면 : 經中入用思買白不雖紙一二

제3면 : 陳賜教在之後事者命書

제4면 : 使内卜

현재 도판 석문에 의거하여 순서를 다음과 같이 조정하였다.

제1면 : 使□

제2면 : 大鳥知郎足下再拜白

제3면 : 經中入用思買白不雖紙一二個

제4면 : 惠賜敎在之後事者命書

이 觚는 書信에 속하는데, 종이를 사는 일을 언급하고 있으나, 그 뜻을 완전하게 알 수는 없다. 白은 일을 진술하다 · 보고한다는 뜻이다. '再拜白'은 叩頭의 예를 갖춰 보고하는 것을 가리킨다. 중국 간독 서신에 가운데 이러한 말이 자주 나온다. 예를 들어 『居延新簡』EPT3 · 9A, EPT6 · 10, W · 77의 '叩頭白',[3] 『居延新簡』EPT40 · 7, EPT56 · 178, EPT59 · 525의 '叩頭白記', 『居延新簡』EPT48 · 16의 "伏地白"을 들 수 있다. 그 의의가 완전히 같은 것으로는 바로 『敦煌漢簡』1871 '伏地再拜言'을 들 수 있다. '足下'는 수신인에 대한 존칭으로 오늘날의 전하(殿下)나 각하 따위의 말과 같다. 이는 중국 간독에서도 보인다. 그 예로 『居延新簡』EPT10 · 6의 '君卿足下', 『居延新簡』EPT51 · 233의 '少卿足下'를 들 수 있다. '惠賜敎'는 중국 간독에서 자주 보이는 '幸賜敎'와 같은 말인데, 다행히 당신의 가르침을 받든다는 뜻으로, 『居延漢簡釋文合校』34 · 22 중에는 '辱幸賜記敎以屬囑'[4]이 나온다.

『韓國의 古代木簡』305호도 서신일 것이다. 그 내용은 다음과 같다:

정면 제1행 : 宿世結業同生一處是

정면 제2행 : 非相問上拜白事

배 면 : 慧量 □前

다음으로 계장(計帳)과 명적(名籍)에 관하여 살펴보기로 한다. 한국 목간 중에서 계장 문서는 비교적 큰 비중을 차지하는 것으로 보이는데, 다음을 보자.

---

3) 甘肅省文物考古研究所 · 甘肅省博物館 · 中國文物研究所 · 中國社會科學院歷史研究所, 『居延新簡』, 中華書局, 1994(이하 本文에서는 《新書》라 간단히 칭함).

4) 謝桂華 · 李均明 · 朱國炤, 『居延漢簡釋文合校』, 文物出版社, 1987.

『韓國의 古代木簡』192호:

郎席長十尺, 細次枘三件, 法次枘七件□

필자가 생각하건대, 위 문장 중의 '次枘'는 두 글자가 한 글자로 합하여진 형태로 보고 해석해야 할 듯하다. 추측컨대 瓷의 이체자로서 "件"이 양사(量詞)를 표현한 듯하다.

『韓國의 古代木簡』196호:

南公凡複上葉十三鬥

이상 두 목간의 기록 내용은 모두 기물 혹은 재료에 대한 통계이다. 물품과 수량사가 존재하고, 賑簿類에 속하는데, 또한 당연히 상표를 만들어 그에 상응하는 기물 위에 매달았을 것이다.

『韓國古代木簡』281호:

정면: 五月廿六日 椋食□□ 下椋有(아래는 결락)

배면: 仲椋有食廿三石

이 목간의 내용은 아마도 식량과 관련된 통계인 듯 하며, 중국 간독 중에 보이는 廩食簿와 같은 종류로 보인다.

『韓國의 古代木簡』305호:

정면: 四月七日寶慧寺 智眞(아래는 결락)

　　　　　　　　　　慧(아래는 결락)

배면: (위는 결락)□送鹽一石

이 목간은 사찰과 관련된 식염의 운송에 대한 날짜 순서별 금전 출납부임이 분명해 보인다.

『韓國古代木簡』295호

정면제1행: 西卩後巷 已達已斯卩 依活□□後卩

　　제2행: 歸人 中口四 小口二 邁羅城法利源水田五形

배면: 西卩中□夷

이 목간은 정면과 배면이 바뀐 것 같다. 정면의 내용은 대체로 주소, 인명, 신분, 가족 구조 그리고 田地 등을 포함한다. "中口", "小口"는 바로 연령의 단락으로 "丁口" 밑에 있는데, 중국 당나라 때 호적등기 중에서도 누차 나온다. 『舊唐書』食貨志에 "男女始生者爲黃, 四歲爲小, 十六爲中, 二十一爲丁, 六十爲老, 每歲一造計帳, 三年一造戶籍……至天寶三年又降優制, 以十八爲中男, 二十二 爲丁." 또 『唐律』戶婚의 "脫口及增減年狀(謂疾, 老, 中, 小之類), 以免課役者, 一口徒一年, 二口加一 等, 罪止徒三年." 그리고 『唐律』名例의 "諸年七十以上, 十五以下及廢疾, 犯流罪以下, 收贖.", "八十 以上, 十歲以下及篤疾, 犯反, 逆, 殺人應死者, 上請.", 『疏議』에서 "『周禮』 '三赦' 之法 : 一日幼弱, 二日老耄, 三日戀愚. 今十歲合於 '幼弱', 八十是爲 '老耄', 篤疾 '戀愚' 之類, 並合 '三赦' 之法."이라 하 였다. "中口", "小口" 역시 두 개 연령 단락이고, 국가 정책과 연관되며, 이는 한국 목간에 나타나 는 것과 유사한 것 같다. "水田五形"의 "形"은 면적 혹은 토지의 단위로 중국 고대의 "頃", "畝", "町", "塊" 등과 유사하다.

한편, 한국 목간 중에는 名籍類가 많이 포함되어 있음을 알 수 있다. 『韓國古代木簡』 1호부터 96 호까지는 대부분이 名籍類인데, 예를 들면 다음과 같다.

『韓國의 古代木簡』 3호 : "仇利伐 上彡者村 波婁".
『韓國의 古代木簡』 17호 : "(上缺)前谷村 阿足只□".
『韓國의 古代木簡』 28호 정면 : "古陁伊骨利村 阿那衆智卜利古支".

위의 목간에서 "伐"은 아직 별도의 연구를 기다릴 필요가 있는 것 같고, 그 뒤의 '어느 어느 村'은 모두 촌락의 명칭이고 그 뒤는 인명이다.

다음으로 표첨(標籤: 물품 꼬리표)에 관하여 보자. 한국 목간 중에 수량이 가장 많은 것이 바로 표첨류로서 경우에 따라 計賬과 혼용되기도 한다. 이 양자는 분별이 쉽지 않고, 실용성이 매우 강 하며, 그 형태와 특징이 분명하다. 예를 들면,

『韓國의 古代木簡』 185호 정면 : "之迷急使條高城䮾一匹(?)".
　　　　　　　　　　　　　　배면 : "辛□洗宅□□□冘一品仲上".
『韓國의 古代木簡』 194호 : "甲辰三月二日石月五藏".
『韓國의 古代木簡』 195호 : "朔三日作□監瓦百".

이런 표첨은 대부분 날짜, 물품 그리고 수량 등의 내용을 포함하고 출납부의 역할도 하므로 計 賬類에 포함시킬 수도 있다. 그 특징은 위와 아래 끄트머리에 모두 줄을 매기 위한 구멍이 있는 데, 중국 고대 목갈(木楬)의 끈 연결 방식과 같다. 하지만 중국 고대 목갈에 자주 보이는 머리부분 의 그물격식 문양은 볼 수 없다. 또 한국의 머리가 둥근 형태인 표첨은 중국 고대 목갈에 보이지 않는데, 이는 한국 목간의 현저한 특색이다.

다음으로 시간을 순서대로 기재하는 방식에 대하여 살펴보자. 한국 목간에서 볼 수 있는 날짜

는 보통 문장의 머리 부분에 기록하는데, 이는 중국간독과 유사하다. 『韓國의 古代木簡』210호 "乙巳年正月十九日仲□□"과 『韓國의 古代木簡』212호 "庚子年五月十六日"이 그러한 예에 속한다. 그리고 干支로 年을 표기하고 그 뒤 차례로 月과 日을 기재하는 것은 한국 목간에서 가장 자주 나타나는 방식으로, 이는 朔日干支와 序日干支를 많이 사용하는 중국 목간의 표기 방식과는 차이가 난다. 이외에 연호가 있는 목간도 있다. 예를 들면,

『韓國의 古代木簡』182호 "寶應四年".
『韓國의 古代木簡』184호 정면 제1행: "(위는 결손)□□舍舍舍 韓舍 天寶十載 良士卿□"
　　　　　　　　　　제2행: "(上缺)韓舍 韓舍 韓舍 天寶 寶[天]寶".

"寶應"은 唐肅宗의 연호이지만 "寶應四年"에는 代宗이 이미 즉위했다. 그런데 한국목간에서 나타난 이 연호는 고쳐지지 않았다. 尹在碩 선생이 『韓國出土木簡의 形制及其內容』에서 이미 자세하게 고증하였으므로, 여기서 장황하게 서술하지 않는다. "天寶"는 唐玄宗의 연호이다. 184호 목간은 꼽字簡이므로 정식 공문이 아니기 때문에 연호를 글 첫머리에 쓰지 않았다. 연대가 비교적 늦은 중국 목간은 연월일을 쓸 때 이미 朔日干支와 日干支를 사용하지 않았다. 예를 들어 『散見簡牘合輯』 제245호에서 보이는 꼽簡에서는 "建興卅四年九月十五日"이라고 하였지만, 간지로 년을 쓰지 않았다.[5]

Ⅳ. 맺음에 대신하여: 한국 목간의 서체와 자형

　다음으로 書體와 字形에 관하여 살펴보자. 한국 목간의 서체는 楷書 위주이고, 역시 行草도 있으며, 草化가 심하게 된 것도 있다. 예를 들면 『韓國의 古代木簡』 제149호에 보이는 "再拜"라는 두 한자는 連筆하고 간략하게 써서 판별하기가 어렵다. 비슷한 상황은 중국 초기의 목간에서도 나타난다. 예를 들면 『敦煌漢簡』 243A "原匡叩頭白. 謹使卒張常奉記叩頭再拜白"[6]. "再拜" 두 글자의 자형은 지나치게 간략하게 써서 多자형이 만들어질 정도이다.
　한국 목간의 자형구조도 湖南 長沙 走馬樓에서 나온 三國시대 吳簡과 같은 것이 적지 않다. 예를 들어 『韓國의 古代木簡』 제3호, 제34호에 "婁"은 "婁"로 되어 있는 것, 『韓國의 古代木簡』 제17호, 33호, 44호의 "谷"을 "咎"으로 쓴 것이 모두 그러한데, 동시대의 돈황, 투르판 문서와 대조하면 자형과 서법이 같은 것이 당연히 훨씬 더 많을 것이다.

---

5) 李均明, 何雙全, 『散見簡牘合輯』, 文物出版社, 1990.
6) 甘肅省文物考古研究所, 『敦煌漢簡』, 中華書局, 1991.

한국 목간에는 또한 글자를 간단히 표기하거나 通假字를 사용하는 경우도 있다. 예를 들어 『韓國의 古代木簡』 제158호 "㐌八巷㐌廿三大舍麻斷?□衣節草辛" 중의 "㐌"은 응당 "弟"로 해석해야 하며 "第"와 서로 통한다. 그렇게 하면, 이 목간 앞의 8개 글자는 "第八巷第廿三大舍"로 해석되며, 읽기에 훨씬 매끄럽다.

현재 한국의 목간 발굴 상황으로 보건대, 한국에서 목간이 사용된 시대는 종이가 이미 광범하게 보급되던 시기임이 틀림없다. 목간 자체에 종이를 구매하는 기록이 있는 것도 있으니 말이다.(『韓國의 古代木簡』 제149호 참조) 그러므로 중요한 공문서는 응당 종이에 기록되었고, 따라서 목간의 내용이 언급하는 범위는 매우 제한적일 수밖에 없었을 것이다. 그리고 중국에서는 목간과 더불어 목간을 전송하는 과정에서 목간을 封檢하는데 사용된 封泥가 다수 발굴되고 있는데, 한국에서는 봉니가 발굴되지 않는 것으로 알려져 있다. 이 역시 한국 목간이 紙木倂用期에 사용되었기 때문일 것이다. 왜냐하면 지목병용기에는 봉니로 목간을 봉검 처리하는 것이 아니고 인장을 종이에 찍어 전송 사무를 처리하였기 때문이다.

[번역: 郭磊(동국대 대학원)]

투고일 : 2008. 4. 20   심사개시일 : 2008. 4. 30   심사완료일 : 2008. 5. 10

참/고/문/헌

韓國 國立昌原文化財團研究所, 『韓國古代木簡』, 濊貊出版社, 2004.

李均明・劉軍, 『簡牘文書學』, 廣西教育出版社, 1999.

甘肅省文物考古研究所・甘肅省博物館・中國文物研究所・中國社會科學院歷史研究所, 『居延新簡』, 中華書局, 1994

謝桂華・李均明・朱國炤, 『居延漢簡釋文合校』, 文物出版社, 1987.

李均明・何雙全, 『散見簡牘合輯』, 文物出版社, 1990.

甘肅省文物考古研究所, 『敦煌漢簡』, 中華書局, 1991.

尹在碩, 『韓國出土木簡的形制及其內容』

〈中文提要〉

中韩简牍比较研究
－ 从中国简牍的类别谈起

李均明

由于中国出土简牍所能反映的时代比较漫长、亦较容易从中窥探简牍发展消亡的过程及一般规律。因此、以之作为参照物进行比较、对研究韩国与日本出土的木简肯定是有益处的。尤其中国出土简牍中之大部是其鼎盛时期的产物、所以形制与内容相对而言是完备的。后来、由于纸张的出现并被普遍使用、简牍便开始衰落、其中许多重要功能已被纸张所替代。韩国及日本国出土简牍的时代、恰恰是纸张已大量使用的时候、因此考察这些简牍时、已须更多地考虑纸张的替代因素。

迄今所能看到的中国简牍、大致可分为典籍与文书两大类。

简牍常见文书包括官、私文书。笔者在《简牍文书学》一书中将其分为六大类、包括书檄类、簿籍类、律令类、录课类、符券类、检楬类。

虽然时代不同、却由于载体相同、故尚有一定的可比性、故不妨以上述类别之划分考察韩国出土木简。韩国木简似包含上述类别中的多数、全少含有典籍及文书类的书檄、簿籍、检楬、录课等。

▶ 关键词：简牍、木简、书檄、簿籍、律令、录课、符券、检楬

樂浪郡 初期의 編戶過程과 '胡漢稍別'
―「樂浪郡初元四年縣別戶口多少□□」木簡을 단서로―

金秉駿*

〈국문초록〉

본고는 평양에서 출토된「樂浪郡初元四年縣別戶口多少□□」낙랑목간을 소재로 낙랑군 설치 초기 편호 과정을 검토해 보았다. 초원4년 낙랑목간의 내용이 아직 모두 공표된 것이 아니지만, 낙랑군의 縣別 인구가 집계되었던 것은 분명한 만큼 이 목간의 존재 자체가 낙랑군의 호적 작성 사실을 충분히 뒷받침해 준다. 필자는 낙랑군의 호적 작성 과정이 같은 시기 내군에서의 작성 방식과 유사할 것이라는 전제 하에, 진한시기 호적 작성과 관련한 법령 조문 그리고 里·鄕·縣·郡별로 호구수가 집계되었던 사례를 간독자료에서 추출하여, 낙랑군에서의 호적 작성과 집계 과정을 복원하였다. 한편 초원4년 낙랑목간에는 縣別 호구수와 함께 '한족'과 '원 토착주민'의 구분이 기입되었다. 그리고 그 비율은 14%:86%였다. 본고에서는 초원4년 낙랑 호적에 편호된 '원 토착주민'과 '한족'이 어떻게 구성되었는지를 살펴보았다. 논증 과정을 통해 '낙랑군이 설치된 이후 호한이 稍別했다'는 의미는 점령지역에 대한 임시적 세역의 우면조치를 시행하기 위해 호적에 기입된 것이었지, 종족적 구별을 통해 이원적 지배를 꾀하려 했던 것은 아님을 알 수 있었다. 낙랑목간에 '호한'이 아니라 '한족'과 '원 토착주민'이라는 방식으로 주민을 구분한 것이 곧 '호한초

---

* 翰林大學校 史學科 敎授

별'이 종족적 구별이 아니라 점령자와 피점령자를 구별했던 것이었음을 알려준다.

▶ 핵심어 : 낙랑, 「樂浪郡初元四年縣別戶口多少□□」, 평양, 호적, 편호, 호한, 한족, 원 토착주민

Ⅰ. 서론

　　얼마 전 평양시 낙랑 구역의 목곽묘에서 「樂浪郡初元四年縣別戶口多少□□」라는 제목의 목간이 발견되었다는 소식이 전해졌다. 목간의 전체 자료가 공개된 것은 아니다. 북한학자 손영종이 낙랑군의 위치가 요동반도였음을 주장하기 위해 2006년 발표한 자신의 논문 속에 목간의 일부 내용을 인용했던 것인데,[1] 2007년 윤용구가 본래 낙랑목간에 쓰여 있던 내용을 손영종의 논지에서 분리시켜 이를 복원·정리해 국내 학계에 소개했다.[2]

　　20세기초 낙랑 관련 유물이 발견된 이래 많은 연구자들이 줄곧 낙랑목간의 존재를 추정해 왔고 또 일부나마 名謁이나 論語 竹簡이 발견되기도 했다. 그럼에도 불구하고 본격적인 행정문서 관련 목간 실물이 공개되지 않았기 때문에 낙랑군의 문서행정에 대해 거의 관심을 기울이지 못했던 그동안의 상황에 비추어 보면, 이 목간의 소개는 장차 낙랑군 연구에 대단히 중요한 역할을 할 것임에 틀림없다. 더욱이 목간에 前漢 宣帝시기 初元 4년(B.C.45)의 연호가 분명히 기재되어 있어 그 목간이 담고 있는 내용의 시대를 정확히 가늠할 수 있다는 것노 매우 중요한 사료적 가치를 지닌다.

　　그렇지만 손영종이 소개한 글에서 정확히 읽을 수 있는 낙랑목간의 구체적 내용은 ①낙랑군 25개 縣 가운데 8개 縣의 개별 戶口數 ②3~4개 縣을 묶어 합산한 호구수, 그리고 ③전체 인구수 중에 '한족'과 '원 토착주민'이 각각 어느 정도의 수와 비율을 차지하였는지에 대한 언급에 불과하다.[3] 낙랑군 25개 현 모두의 호구수가 소개된 것도 아니고, 일부는 대략적인 숫자를 혹은 평균이

---

1) 손영종, 「낙랑군 남부지역(후의 대방군지역)의 위치 – '락랑군 초원4년 현별 호구다소□□' 통계자료를 중심으로」, 『력사과학』 198, 2006 ; 손영종, 「료동지방 전한 군현들의 위치와 그후의 변천(1)」, 『력사과학』 199, 2006.
2) 윤용구, 「새로 발견된 낙랑목간 –樂浪郡 初元四年 縣別戶口簿」, 『한국고대사연구』 46, 2007.
3) 손영종이 소개한 목간 관련 숫자만을 정리해 보면 다음과 같다.
　① 낙랑군 전체
　　樂浪郡　　　　　　25縣
　　　　　戶 樂浪郡 전체 戶數(*) 중 南部都尉 7縣의 비율 16%
　　　　　口 近 28萬
　　　　　漢族 口 40,000명 정도, 14%
　　　　　원 토착주민이 86%

나 비율만을 소개했기 때문에,[4] 이 단계에서 섣부른 논단은 잘못된 결론에 이르기 쉽다. 또 이 낙랑목간의 수치들이 갖고 있는 기본적 의미는 이미 윤용구의 글에서 간단하게 검토된 바도 있다. 그럼에도 불구하고 본고를 작성하게 된 것은 이 낙랑목간의 몇 가지 간단한 정보만으로도 낙랑군 군현지배의 가장 근간이 되는 編戶와 '胡漢稍別'의 문제를 다시 한 번 생각해 볼 중요한 계기가 마련되었다고 보기 때문이다.

『三國志』 魏書 東夷傳 濊條에는 "漢武帝伐滅朝鮮, 分其地爲四郡. 自是之後, 胡·漢稍別"이라는 구절이 있다. 이 구절은 낙랑군의 이중적 종족지배를 주장하는 연구자들의 주요한 근거가 되어 왔었다.[5] 그러나 최근 필자는 胡漢이 구별되었다고 해도 胡漢 모두 군현지배의 대상이라는 점을 주장한 바 있고,[6] 그 후 李成珪 교수는 낙랑군을 중국의 군현으로서 자리매김하면서 훨씬 구체적으로 '胡漢稍別'이란 東夷와 漢系가 구분되어 호적에 등록되었던 것을 의미한 것이라고 주장한 바 있다.[7] 이 점은 이번 初元4년 낙랑목간이 발견되면서 더욱 분명해졌다. 낙랑군 전체 호구 안에 '한족'과 '원 토착주민'이 함께 기록되었기 때문이다. 그럼에도 불구하고 종족적 이원지배를 주

② 南部都尉		
提奚·含資·海冥	3縣	戶 864, 口 6608
列口·長岑·昭明	3縣	戶 2148, 口 14618
帶方	1縣	戶 4346, 口 29941
南部都尉	7縣	戶 7353, 口 50167
③ 東部都尉		
東暆	1縣	戶 279
蠶台	1縣	戶 544
前莫	1縣	戶 544
不而·華麗·邪頭昧·夫租 4縣		戶 1150~1564, 平均 戶 1357
④ 樂浪直轄		
朝鮮	1縣	戶 近 1萬
䛁邯	1縣	戶 2284
呑列	1縣	戶 近 2000
增地	1縣	戶 548

(*) 손영종의 글에는 호구수라고 적혀 있지만, 윤용구가 계산한 바와 같이 口數로 계산할 경우 16%를 크게 상회하므로 이는 戶數를 기준으로 손영종이 계산한 결과라고 보아야 한다.

4) 손영종은 그 밖에도 낙랑목간에 기록된 숫자를 사용해 자신이 계산한 대략적인 비율이나 평균을 일부 언급했지만, 구체적 현명을 밝히지 않았기 때문에 사용에 큰 제한이 따른다. 윤용구는 이를 적극적으로 활용해 나머지 현과 전체 도위 및 군의 대략적인 호구수를 추산했다. 그러나 호당 구수와 같은 수치는 南部都尉의 현에 대해서만 정확히 계산할 수 있을 뿐 동부도위나 낙랑직할 지역에는 추정치에 불과하므로 이를 이용해 다음 단계의 논의를 끌어내는 것은 대단히 조심스러울 수밖에 없다.

5) 오영찬, 『낙랑군 연구 -고조선계와 한계의 종족 융합을 통한 낙랑인의 형성』, 사계절, 2006의 서론에 간단하게 기존의 논의가 정리되어 있다.

6) 金秉駿, 「중국고대 簡牘자료를 통해 본 낙랑군의 군현지배」, 『역사학보』 189, 2006.

7) 李成珪, 「중국 군현으로서의 낙랑」, 『낙랑문화연구』, 동북아역사재단, 2006.

장하는 입장에서는 여전히 '胡漢稍別'의 구절을 중시하고 또 낙랑목간에 '한족'과 '원 토착주민'이 분리 표기되었다는 점을 들어, 낙랑군에서는 호와 한이 군현지배에 편제되었다고 해도 '종족 계통'에 따라 두 부류로 구별하고 이들을 차별적으로 지배하는 정책이 지속되었을 뿐 정책적으로 종족적 융합이 실시되지 않았다고 주장한다.[8]

사실 이 문제는 낙랑군 군현지배의 최종 지향점이 무엇인가라는 점에 달려있다고 생각한다. 즉 『삼국지』의 '호한초별'과 낙랑목간의 분리 표기는 분명 당시 현상적으로 '호'와 '한'의 구별이 존재했음을 말해주지만, 과연 낙랑군의 군현지배가 이중적 지배 혹은 분리 지배를 지향했는지를 다시 물어야 '호한'의 구별이 갖는 실질적 의미가 드러난다는 것이다. 일원적 군현지배의 지향점을 두었다면, '호한'의 구별은 불가피한 과도기적 조치로 이해해야 하며, 이원적 지배를 지향한 다면 '호한'의 구별은 일관된 정책의 표현일 것이기 때문이다. 그런데 이원적 지배 혹은 분리 지배가 궁극적 지향점이었다고 보는 입장의 근저에는 '호'와 '한'의 종족계통이 다르다는 전제가 깔려있다는 점을 주목해야 한다. 종족계통이 다른 이상 이들을 일원적으로 파악하는 것은 매우 힘들며, 더욱이 소수의 지배 종족이 다수의 피지배 종족을 통치할 때 강력한 저항이 예상되므로 이원적 분리지배가 불가피했다고 보기 때문이다.[9]

그러나 '호'와 '한'의 구분이 과연 '종족적' 구별 만이었는가? 나아가 진한시기 군현지배는 과 연 종족적 구별을 지향했는가? '호'와 '한'의 구별이 일차적으로 종족적 차이 혹은 문화적 차이 에서 비롯되었다는 점은 부인할 수 없다. 그러나 막연히 선험적으로 받아들일 뿐 정작 '호'와 '한'의 구분이 어떤 종족적 기준으로 이루어졌는지에 대해서는 정확히 지적된 바 없다. '호'와 '한'의 구별뿐이었다면 '호'를 '한'에 대비되는 단일한 송속으로 이해해야 하시만, 과언 낙랑군 의 '호'가 실제 단일한 종족이었을까? '한' 역시 종족적 개념이라고 보기 힘들다.[10]

여기서 한 가지 주의할 점은 '漢'이라는 개념의 시간적 의미이다. 즉 낙랑목간이건 『삼국지』의 '호한초별'이건 여기서 사용된 '漢'이라는 개념은 '漢'이라는 왕조가 성립되기 전에는 성립할 수 없는 말이다. 戰國 秦에서는 스스로를 秦人이라 불렀지 漢人이라 부르지 않았다. 마찬가지로 戰國 燕과 齊의 民이라면 燕人과 齊人이라고 불렀을 것이다. 이들이 秦 帝國의 秦人 그리고 漢 帝國의 漢人이 되기 위해서는 호적 등록과 같은 새로운 행정적 절차를 거쳐야 했다. 漢 이후의 왕조에서 도 동일한데, 가령 晉代의 공식문서에도 漢人이 아니라 晉人으로 구분되어 기재되었다.[11] 단지 혈 연과 문화가 유사하다고 해서 漢人이 되는 것이 아니다. 그런데 후대에 점차 漢人을 漢 왕조의 民

---

8) 權五重, 「樂浪 王調政權 成立의 國際的 環境」, 『歷史學報』 196, 2007, pp.72-83.

9) 權五重, 『樂浪郡研究』, 一潮閣, 1992 등.

10) 이에 대한 간단한 생각은 김병준, 「낙랑군 연구의 새로운 이해 틀, '낙랑인'」, 『한국고대사연구』 48, 2007, pp.396-398에 밝힌 바 있다.

11) 『華陽國志』 蜀志 益州郡의 新舊 郡은 7, 縣은 48, 戸는 夷와 晉이 24만이었다.

이 아니라 관습적으로 중국의 중앙부 혹은 內境에 거주하는 자라는 뜻으로 사용하면서 '호한'의 개념은 중화주의적 종족 구분의 의미를 띠게 되었다. 여기에 근대국가 개념까지 투영되어 많은 연구자들은 자연스럽게 漢人을 中國人과 등치시켰다. 그리하여 '우리'를 '非漢人' 혹은 '胡'로, '우리'와 다른 '중국'을 '漢人'으로 부르게 되었던 것이다. '호'와 '한'을 종족적 구분으로 보는 주장에는 이처럼 후대에 만들어진 중화주의적 요소 혹은 근대국가의 개념이 혼재해 있다.

사실 호한에 대한 종족적 개념 정의는 당시의 주민구성을 대단히 복잡하게 이해하게 만들었다. '호'와 '한'의 정확한 종족적 기준을 제시하지 않으면서도 고조선계와 한인계는 종족적으로 구분된다고 보고, 한인계는 낙랑군 설치 이전에 이주한 자와 이후에 이주한 자의 시간적 차이에 따라 '위만조선계 유민'과 '新來 漢人'의 구분은 있을 지라도 모두 종족적으로 한인계에 속한다는 입장을 취해 왔다.[12] 여기에 문화적 개념까지 덧붙여지면서 논의는 더욱 복잡해지는데, 고조선계 유민과 토착 한인의 문화적 융합을 강조하고 이들과 신래 한인의 차이를 강조하는가 하면, 경우에 따라서는 다시 '토착 한인'과 '신래 한인'의 문화를 포괄한 한인계 문화와 고조선계 문화를 구별하기도 한다.[13]

그런데 초원4년 낙랑목간은 다음과 같은 점에서 이상의 논의를 진전시킬 수 있는 좋은 단서를 제공한다. 첫째, 목간에 쓰인 용어가 '호' '한'이 아니라 '한족' '원 토착주민'이라는 점이다. 물론 원래 목간에 쓰인 원문이 무엇인지는 현재로서 분명치 않다. 그러나 『삼국지』에 '호한초별'이라는 용어가 쓰였고, 그동안 많은 연구자들이 '호' '한'이라는 용어로 종족적 구별을 주장해 왔는데도 불구하고, 목간의 내용을 소개하면서 '호' '한'이 아니라 '한족' '원 토착주민'이라는 용어를 사용한 것은 목간의 기록에 어느 정도 충실히 표현했기 때문이 아니었을까 추정된다. 즉 '원 토착주민'의 경우 '호' 혹은 '夷'를 번역한 것이 아니라 토착의 뜻이 담긴 '土人'을 번역한 용어일 가능성이 크다는 것이다. 만약 이러한 추측이 틀리지 않는다면, 전후한 교체기 낙랑 태수를 살해하고 대장군 낙랑태수를 자칭한 樂浪人 王調를 『후한서』에서 '土人'으로 표기했던 것이 대단히 중요한 의미를 갖는다. 이성규 교수가 추정한 바와 같이 낙랑인 王調는 곧 낙랑군의 호적에 등록된 자를 의미하는데 그를 '호' 혹은 '夷民'이 아니라 '土人'으로 표기했던 것은 곧 낙랑에서 이들을 '토인'으로 공식 표기했을 가능성이 크기 때문이다.[14] 이렇게 이해할 경우 『삼국지』 '호한초별'의 '호' 역시 '토인'을 지칭했다고 볼 수 있으므로, '호한'의 구별 역시 종족적 문화적 구별이라기보다 원 토착세력인지 아닌지를 구별하는 뜻으로 사용되었다고 보아도 좋다고 생각한다.

둘째, 초원4년 낙랑목간은 국가권력에 의해 집행된 편호지배의 결과물이며, 이 행정문서에 '한

---

12) 權五重, 『樂浪郡研究』; 高久健二, 『樂浪古墳文化研究』, 학연문화사, 1995 ; 오영찬, 『낙랑군 연구』 등.
13) 오영찬, 『낙랑군 연구』.
14) 李成珪, 「중국 군현으로서의 낙랑」, pp.32-33.

족'과 '원 토착주민'이 기입되었다는 사실이다. 즉 이 목간은 초원 4년 낙랑군의 전체 호구 및 현별 호구를 집계한 내용을 전하고 있지만, 이 집계를 위해서는 복잡한 호적 작성 절차와 집계 과정을 거쳐야 한다. 이처럼 국가의 공식적 행정문서에 '한족'과 '원 토착주민'이라는 개념이 사용되었다면, 관리의 자의적이고 임의적인 종족 구분이 아니라 명문으로 규정화된 공식적인 귀속 원칙이 존재했다고 보아야 할 것이다. 이와 관련해 주의할 점은 낙랑목간에 집계된 자들은 단지 낙랑군에 거주하고 있었던 자들이 아니라, 호적에 파악되어 세역을 납부해야 하는 자들이라는 점이다. 주지하는 바와 같이 호적은 원칙적으로 거주 현실을 반영하지만, 호적에 등록된 자들과 실제 거주하고 있는 자들은 엄연히 다르기 때문이다. 가령 낙랑에 거주했던 만이 중 일부는 편호되었던 반면, 다른 일부는 낙랑군 영역 안에 거주하면서(물론 徼外·塞外의 만이는 편호민의 거주구역과 구별되지만) 낙랑군의 호적에 등록되지 않고 독립적으로 자치권을 보장받았을 수 있었다. 낙랑목간의 이러한 공식적 특징은 『삼국지』의 '호한초별'의 이해와도 직접적으로 연관된다고 추정된다. 즉 필자는 한사군 설치 이후 비로소 '호한'이 구별된 현상은 실제 거주하고 있는 자들을 종족으로 구분하려는 데에서 비롯된 것이 아니라 이같은 공식적 호적의 작성 과정에서 발생한 결과라고 생각한다.

셋째, 초원4년 낙랑목간에서는 '호한'이 각각 차지한 비중에 대해 기입하고 있다는 사실이다. 이 목간에 의하면 초원4년 당시 '한족'이 전체의 14%인 약 4만 여 명, '원 토착주민'이 86%인 약 24만 여 명이었다고 한다. 간단한 집계에 불과하지만, 그 숫자의 의미를 천착해 볼 여지가 충분하다. 먼저 '원 토착주민'이 다수를 점한다는 것은 당연한 일이지만, 주의해야 할 것은 24만 여명에 달하는 자들이 편호라는 과정을 거쳐 군현지배의 대상이 되었다는 사실이기 때문이다. 또 '한족'이 약 14%를 차지했다는 것도 근현대 시기의 점령지배에서 확인되는 수치와는 달리 비교적 높은 수치에 속하는데, 종래 사민과 이주 한인의 비율을 매우 낮게 책정했던 것과 크게 다르다는 점에서 주목된다. 다만 그 숫자의 의미를 분석하기 위해서는 실제로 낙랑군이 설치된 무제 원봉3년 이후 초원4년에 이르기까지 63년간 어떤 구성원이 어떤 방식으로 편호되었는지, 어떤 자들이 '한족'과 '원 토착주민'을 구성했는지를 상세히 검토해보아야 한다. 이 과정에서 자연히 '한족' '원 토착주민'의 부류가 종족계통에 따른 구분과 일치하지 않는다는 사실이 드러날 것이기 때문이다.

이와 같은 문제의식 하에 본고에서는 먼저 낙랑목간의 구체적 성격을 드러내기 위해 낙랑군 호적이 작성되고 집계되었던 과정을 복원해 보겠다. 이어서 편호된 '한족'과 '원 토착주민'이 어떻게 구성되었는지를 분석하고자 한다. 이상의 분석은 호적 작성과 집계 그리고 구성원의 구별이 보편적 원칙에 근거했을 것이라는 전제 하에 진한시대 호적 관련 규정과 출토자료 실물을 통해 낙랑군의 상황에 접근하는 방식을 사용할 것이다. 아울러 이 과정에서 자연히 진한시대의 호적작성의 목적, 특히 '호한초별' 혹은 '한족'과 '원 토착주민'의 구분이 무엇을 지향하는지를 확인하게 될 것이다.

Ⅱ. 秦漢시대의 호적 작성과 호구 집계

前漢 初元4년 낙랑군에 소속된 25개의 현의 호구수를 기록한 「樂浪郡初元四年縣別戶□多少□□」은 현별로 호구의 숫자를 통계한 결과가 기록되어 있는 목간이다. 따라서 이 목간의 근본적 의미를 파악하기 위해서는 한대에 호구수가 집계되는 상황과 그 의미를 이해해야 한다. 하지만 이러한 호구의 집계는 호적의 작성 없이는 불가능하다. 이하 먼저 호적 작성의 규정을 살펴보고, 이 과정에서 어떻게 호구의 집계가 이루어지는 지를 漢代의 다른 사례와 비교해 봄으로써 초원4년 낙랑목간의 작성 과정을 이해해 보기로 하자.

1. 호적의 작성

낙랑군의 호적 작성은 원칙적으로 진한시대 호적 작성의 방법과 동일하게 작성되었을 것이다. 호적의 정확한 양식에 대해서는 아직까지도 논의가 진행 중이지만, 문헌과 간독에 다수 흩어져 있는 호적 작성과 관련한 여러 규정을 참조하면 낙랑군에서의 호적 작성 상황을 충분히 복원해 볼 수 있다. 張家山漢簡 二年律令 戶律에는 호적의 작성과 관련한 기본적 규정이 전한다. 전한초기의 율령이지만 전체적인 내용은 큰 변동 없이 漢代 전 시기에 걸쳐 실시되었으리라 추정된다.

① 매년 8월 鄕部嗇夫 · 吏 · 令史에게 공동으로 호적을 작성하도록 하고, 그 副本은 縣廷에 보관한다. 移徙하는 자가 있으면 戶籍과 年籍, 爵 등이 상세히 기록되어 있는 장부를 봉인해서 이사한 곳으로 이송해야 한다. 만약 이송하지 않거나, 이송하더라도 봉인을 하지 않은 경우 또 문서는 이송했는데도 실제로 사람이 이사하지 않은 지 10일이 넘어가면 황금4량의 벌금형에 처한다. 호적이 원래 있었던 곳의 里正 · 里典이 이 사실을 신고하지 않으면 동일한 범죄로 처리한다. 鄕部嗇夫 · 吏主 및 戶를 조사했던 자가 이를 찾아내지 못하면 황금1량의 벌금형에 처한다.[15]

② 民宅園戶籍, 年細籍, 田比地籍, 田命籍, 田租籍은 副本을 만들어 縣廷에 제출해야 한다. 이 때 篋 또는 匣匵에 담아서 끈으로 꼭 묶고 令 혹은 丞 · 官嗇夫의 印으로 봉인한다. 별도로 문서고를 만들어 넣고 그 문을 봉인한다. 이 문서를 취급해야 할 일이 있으면 令史와 담당자가 봉인을 해 둔 상태에서 令印과 丞印이 남아있다는 것을 보고하고 그 뒤 嗇夫가 개봉하고 나서야 공동으로 취급할 수 있다.…… 民이 유언을 해서 田宅 · 奴婢 · 財物을 나누려고 할 때에는 鄕部嗇夫가 직접 그 유언을 수리하여 각각 參辨券에 기록한 뒤 戶籍을 올리듯이 縣에 제출한다. 분쟁이 생기면 券書로 처리한다. 券書가 없으면 처리하지 않는다. 이 때 받은 전택은 戶를 형성하지 않아도 가질 수 있

---

15) 彭浩 · 陳偉 · 工藤元男 主編, 『二年律令與秦讞書』, 上海古籍出版社, 2007(이하 『二年律令』으로 약칭) 戶律 328-330簡 "恒以八月令鄕部嗇夫 · 吏 · 令史相襍案戶籍, 副藏其廷. 有移徙者, 輒移戶及年籍爵細徙所, 並封. 留弗移, 移不並封, 及實不徙數盈十日, 皆罰金四兩; 數在所正 · 典弗告, 與同罪; 鄕部嗇夫 · 吏主及案戶者弗得, 罰金各一兩."

으며, 8월달에 호적에 기입한다. 유언에 구실을 붙여 券書를 만들지 않으면 벌금1량에 처한다.[16]

[호적 작성 시기]

①에서는 맨 처음 호구를 조사하는 과정이 전한다. 이에 의하면 호적은 매년 8월에 만들어진다. 문헌자료에도 仲秋之月 즉 8월에 호구를 조사하는 案比가 실시되었다는 기록이 다수 확인된다.[17]

한 가지 주의할 것은 호적의 정리는 1년에 한 번 이루어진다는 점이다. ②에 따르면 유언으로 말미암아 새롭게 戶가 형성되는 등 호적상의 변동사항이 발생해도 이를 곧바로 호적에 기입하지 않고 8월이 된 이후 기입한다.(至八月書戶) 그 사이에 문제가 발생하면 호적이 아니라 그 상황을 적어둔 券書에 의해 처리한다.[18] 아이를 낳았을 경우 그 다음 '戶時' 즉 8월에 하라는 것도[19] 호구 내의 변동 사항을 수시로 기입하는 것이 아니라 8월에 1번 처리한다는 뜻이다. 운몽수호지 封診式에는 이와 관련한 흥미있는 내용이 전한다. 睡虎地 秦簡에 의하면 당시에는 신장이 6척 미만을 「小」로 분류하고 이를 호적에 기입했는데,[20] 土伍 甲의 가족과 재산을 압수하는 과정을 적어 놓은 封診式에 甲의 아들을 '子小男子某, 高六尺五寸'라고 표기했다.[21] 이는 본래 鄕에 보관된 호적에는

---

16) 『二年律令』 戶律 331~336簡 "民宅園戶籍·年細籍·田比地籍·田命籍·田租籍, 謹副上縣廷, 皆以篋若匣匱盛, 緘閉, 以令若丞·官嗇夫印封, 獨別爲府, 封府戶; 卽有當治爲者, 令史·吏主者完封湊令若丞印, 嗇夫發, 卽襍治爲; 其事(?)已, 輒復緘閉封藏, 不從律者罰金各四兩. 其或爲詐僞, 有增減也, 而弗能得, 贖耐. 官恒先計讎, □籍□不相(?)復者, 輒劾論之. 民欲先令相分田宅·奴婢·財物, 鄕部嗇夫身聽其令, 皆參辨券書之, 輒上如戶籍. 有爭者, 以券書從事; 毋券書, 勿聽. 所分田宅, 不爲戶, 得有之, 至八月書戶, 留難先令, 弗爲券書, 罰金一兩."

17) 『後漢書』志5 禮儀志 p.3124 "仲秋之月, 縣道皆案戶比民"; 『後漢書』卷5 安帝紀 p.227 "東觀記曰:「方今八月案比之時. 」謂案驗戶口, 次比之也".

18) 『二年律令』 戶律 337簡 "民大父母, 父母, 子, 孫, 同産, 同産子, 欲相分子奴婢, 馬牛羊, 它財物者, 皆許之, 輒爲定籍."에는 노비와 가축 등 재물을 분할 상속할 때에 '곧바로 定籍' 할 것을 규정하고 있다. 그러나 여기서의 '輒爲定籍'은 곧바로 戶籍을 교정한다는 의미가 아니다. 전택의 소유 혹은 분할은 戶를 단위로 이루어졌고, 역으로 戶의 형성은 授田 자격의 발생이기도 하다. 그렇지만 戶는 경제적 共財의 단위이므로(鷲尾祐子, 「漢初の戶について-〈二年律令〉を主な史料として」, 富谷至 編, 『江陵張家山二四七號墓出土漢律令の硏究 -論考篇』, 朋友書店, 2006) 전택 이외의 분할 상속된 기타 재물 역시 戶의 개별 구성원에 속하는 것이 아니라 戶主에 소속되어 기록된다. 따라서 戶籍의 변동을 기다려야 비로소 戶 단위로 기재될 수 있다. 즉 337간에서는 비록 田宅을 제외한 분할을 규정하고 있지만, 이것 역시 전택이 포함된 상기 ②334-336간과 동일한 규정을 적용해야 한다. 그러므로 여기서의 '輒爲定籍'은 곧바로 호적을 교정하는 것이 아니라 券書와 같은 성격의 문서를 작성하는 것으로 이해해야 한다. 京都大學 二年律令 注釋本에서는 단지 이를 '현 단계에서 확정한 籍帳'이라고 해석했지만,(富谷至 編, 『江陵張家山二四七號墓出土漢律令の硏究 -注釋篇』, p.221) 그 형식이 券書이건 별도의 籍帳이건 간에 모두 임시적인 것이며, 호적이 정리되는 8월이 되어야 정식으로 그 내용을 기입하였다고 생각한다.

19) 『二年律令』 戶律 326簡 "産子者恒以戶時占其☒."

20) 高恒, 「秦律中的徭·戍問題」, 『秦漢法制論考』 廈門大學出版社, 1994.

21) 雲夢睡虎地秦墓編寫組, 『睡虎地秦墓竹簡』, 文物出版社, 2001(이하『雲夢睡虎地秦簡』으로 약칭) 封診式 封守 8-12簡 "鄕某爰書:以某縣丞某書, 封有鞫者某里士伍甲家室, 妻, 子, 臣妾, 衣器, 畜産. ●甲室, 人：一宇二內, 各有戶, 內

지난번 호적 작성 때 아들의 키가 6척 미만이었기 때문에 아들을「小」로 분류했지만 지금 압수명령이 떨어져 직접 가 본 결과 그 키가 6척 5촌이 되었던 것으로 이해된다. 지금의 키는 6척이 넘었으므로 마땅히「大」로 분류되어야 하지만 아직 8월 호적 정리가 이루어지기 전이므로 지난번 호적에 적힌「小」를 그대로 사용했다는 것이다.[22] 이렇듯 변동사항이 생길 때마다 호적을 바꾸지 않고 1년에 1번 8월에 호적을 작성·정리하였다.

[본인의 직접 신고]
호적 작성의 기본은 원칙적으로 본인의 신고에 의거했다. 張家山漢簡 二年律令과 奏讞書에는 호적 신고와 관련된 규정이 있다.

③ 백성들은 모두 스스로 나이를 신고해야 한다.(自占) 나이가 어려서 스스로 신고할 수 없고 그렇다고 대신 신고해 줄 부모나 同産도 없다면, 吏가 그 나이를 결정한다. 스스로 신고를 하건 자식이나 同産을 대신해서 신고를 하건 실제 나이와 3살 이상 차이가 나면 모두 耐刑에 처한다. 아이를 낳은 자는 항상 戶時(8월)에 그 아이를 신고하라.[23]

④ 令에 다음과 같이 쓰여 있다. 호적(名數)이 없는 자들은 모두 스스로 호적을 신고하도록(自占)하도록 하라. 縣道官에 가서 신고하라. 30일이 지났는데도 호적을 신고하지 않으면 모두 耐爲隸臣妾에 처하고, 錮하도록 한다. 爵과 賞으로 贖免하지 못하도록 하며, 이를 숨긴 자는 동일한 죄로 처벌한다.[24]

③에 명백히 규정된 것처럼 스스로 신고하는 것(自占)이 원칙이다. 호적에 등록되지 않은 사람들에 대한 규정인 ④에서도 自占을 강제하고 있다. 다만 나이가 너무 어리거나 혹은 부득이 신고가 어려운 경우는 그 부모나 가족이 대신 신고하는 것이 허락된다. 그렇지만 연로해 거동이 불편한 모친을 흔들리지 않도록 잘 모시고 호적 신고를 하러 갔던 사례는[25] 自占이 강제되었음을 알려

室皆瓦蓋, 木大具, 門桑十木. ●妻曰某, 亡, 不會封. ●子大女子某, 未有夫. ●子小男子某, 高六尺五寸. ●臣某, 妾小女子某. ●牡犬一. 幾訊典某某, 甲伍公士某某:「甲倘有【它】當封守而某等脫弗占書, 且有罪.」某等皆言曰:「甲封具此, 無它當封者.」即以甲封付某等, 與里人更守之, 侍(待)令.」

22) 石岡浩,「戰國秦の良民の〈大〉〈小〉區分と身長6尺 -未成年に科す實刑と未發達な贖刑制度の關係」,『法史學研究會會報』11, 2007.

23)『二年律令』戶律 325-326簡 "諸(?)民皆自占年. 小未能自占, 而毋父母, 同産爲占者, 吏以□比定其年. 自占, 占子, 同産年, 不以實三歲以上, 皆耐. 産子者恒以戶時占其〼."

24)『奏讞書』案例 14 "令日, 諸無名數者, 皆令自占書名數, 令到縣道官. 盈?日, 不自占數名數, 皆耐爲隸臣妾, 錮, 勿令以爵賞免, 舍匿者與同罪."

25)『後漢書』卷39 江革傳 p.1302 "建武末年, 與母歸鄉里. 每至歲時, 縣當案比, 革以母老, 不欲搖動. 自在轅中輓車, 不用牛馬, 由是鄉里稱之日, 江巨孝."

주는데, 그 까닭은 호적을 신고할 때에는 본인이 직접 출두해서 얼굴과 이름을 맞춰보았기[26] 때문이다.

[里의 공동 책임]

하지만 직접 신고를 한다고 해도 거짓 신고의 가능성은 여전히 남는다. 이럴 경우 民이 거주하는 里의 里正·里典, 경우에 따라서는 伍人도 연대 책임을 진다. ①에 따르면, 이사를 갔는데도 호적이 함께 이송되지 않았을 경우 본래 호적이 있던 곳의 里正·里典에게 신고의 의무를 부여했다. 雲夢睡虎地 秦簡에도 동일한 내용이 발견된다.

⑤ 匿敖童, 及占癃不審, 典·老贖耐, ●百姓不當老, 至老時不用請, 敢爲詐僞者, 貲二甲; 典·老弗告, 貲各一甲; 伍人, 戶一盾, 皆遷之. ●傅律.[27]

이 운몽수호지 진간에 의하면 호적의 작성과 관련된 행위인 占이나 請의 주체와 부정행위를 고발하는 告의 주체가 구별되어 있다. 따라서 里正·里典이 호적을 신고하는 것이 아니라 백성이 직접 占이나 請의 형식으로 자신의 신상을 보고했던 것이다. 다만 이러한 보고가 정확한지에 대한 책임은 함께 거주하고 있는 里의 里正·里典이 졌고, 문제가 발생했을 경우 이를 고발해야 했다. 里에서는 문서로 호적을 작성하지 않았으며, 고발행위도 구두에 의한 고발이지 이를 문서로 처리하지 않았다.[28]

[鄕에서의 호적 작성]

호적이 작성되는 단위는 鄕이었다. ①에서 보듯 鄕嗇夫 외에 吏와 令史가 공동으로 호적을 작성하지만 작성의 주체는 鄕이었고, 그 원본은 鄕에 보관되었다. 雲夢睡虎地 秦簡의 封診式에는 縣에서 피의자의 연령과 신분 등의 신상을 鄕에 문의하는 사례를 여럿 확인할 수 있다. 예를 들면 縣丞이 鄕主에게 "甲의 노예인 丙이 스스로 '某里의 士伍인 甲의 臣'이라고 하는데, 이 丙의 이름과 연령, 里名 등과 함께, 이제까지 죄를 저지른 적이 있는지, 그 중 어떤 죄가 사면되었는지, 혹은 재심문의 필요가 있는지, 甲이 丙을 면해준 뒤 다시 노예로 삼은 적이 있는지 등을 서면으로 확인"해 줄 것을 지시하고 있다.[29] 이 경우처럼 피의자가 自縣 출신일 경우는 그 성명 등 호적 관련

---

26) 『後漢書』 卷39 江革傳 p.1302 "注云, 案驗以比之, 猶今兒閱也."

27) 『雲夢睡虎地秦簡』 秦律雜抄 傅律 32~33簡.

28) 卜憲群, 「從簡帛看秦漢鄕里的文書問題」, 中國古中世史學會 第3回 國際學術討論會 〈古代 中國의 公·私文書 流通과 帝國秩序〉 發表文, 2008.05.

29) 『雲夢睡虎地秦簡』 封診式 39-41簡 "丞某告某鄕主; 男子丙有鞫, 辭曰: 「某里士伍甲臣.」其定名事里, 所坐論云何, 何罪赦, 或覆問無有, 甲嘗身免丙復臣之不也? 以律封守之, 到以書言." 동일한 사례는 封診式 43-45簡 "丞某告某鄕

사항을 鄕에 조회하지만, 피의자가 他縣 출신일 경우에는 먼저 피의자의 縣主에게 조회를 부탁하고 그 縣主는 다시 호적이 있는 鄕에 문의하는 방식을 취한다.[30] 鄕이 호적을 작성했을 뿐 아니라 그 호적을 보관하여 사안이 발생할 때 원본과의 일치 여부를 판단하는 역할을 했음을 명백히 보여준다. 또 居延漢簡 등에 보이는 각종 名籍은 비록 호적이라고 할 수는 없지만 이것 역시 호적에 기초해서 작성되었던 것은 분명한데, 이 명적에 나오는 籍貫이 항상 〈縣名+里名〉만으로 구성되어 있는 것도[31] 호적의 작성 단위가 鄕이었기 때문에 군이 鄕名을 기재할 필요가 없었던 것이다.[32] ②에서 鄕嗇夫가 유언에 따른 재산의 변동을 호적에 기입하는 책임자로 등장하는 것도 동일한 맥락이다.

이와 같이 개인이 직접 보고하는 것을 원칙으로 하며, 里 단위에서는 이러한 신고가 거짓 없이 이루어졌는지 공동 책임을 지지만, 정작 호적 문서가 만들어지는 단위는 鄕이었다. 따라서 가장 먼저 호구 집계가 이루어진 곳도 鄕이었다.

[호적의 내용]

호적은 말 그대로 戶를 단위로 호주와 그에 귀속된 가족 구성원을 기록한 장부를 일컫는다. 일반적으로는 호주와 가족들의 이름 외에도 그 구성원과 관련된 신상이 모두 적혀져 있었을 것이라고 본다. 문헌이나 居延漢簡 등에서 확인된 각종 名籍에 신분, 본적, 이름, 작위, 나이 등이 적혀 있었기 때문이다.[33] 하지만 이년율령 ①에 따르면 移徙의 경우 戶籍외에 年籍, 爵 등이 상세히 기록되어 있는 장부를 이송하여야 하고,(移戶及年籍爵細徙所) ②에서도 民宅園戶籍, 年細籍, 田比地籍, 田命籍, 田租籍와 같이 다양한 장부의 명칭이 열거되었기 때문에 戶籍에는 마치 호구와 관련된 사항만을 적었을 가능성이 있다. 里耶秦簡에는 이사를 했지만 年籍이 도착하지 않았으므로 이를 소속 鄕에 요구하는 내용의 간독이 있는데,[34] 여기에서도 호적 외에 年籍이 별도로 존재했음을

主：某里五大夫乙家吏甲詣乙妻丙, 曰：「乙令甲謁黥劓丙.」其問如言不然? 定名事里, 所坐論云何, 或覆問無有, 以書言."에도 보인다.

30) 『雲夢睡虎地秦簡』 封診式 有鞫 6-7簡 "敢告某縣主：男子某有鞫, 辭曰：「士伍, 居某里.」 可定名事里, 所坐論云何, 何罪赦, 或覆問無有, 遺識者以律封守, 當騰, 騰皆爲報, 敢告主."宮宅潔, 「秦漢時代の裁判制度 -張家山漢簡《奏讞書》より見た」, 『史林』 81-2, 1998, pp.54-55.

31) 『居延漢簡釋文合校』 214 · 127 "縣里年姓官秩亡"; 303 · 15 "具署郡縣名姓年…",

32) 李成珪, 「秦의 地方行政組織과 그 性格」, 『東洋史學研究』 31, 1989, pp.40-46에서는 단순한 행정상의 편의 외에 鄕의 자립성을 약화시키기 위한 면도 있다고 지적한다.

33) 『史記』 卷130 太史公自序 索隱引 博物志 "太史令茂陵顯武里大夫司馬遷, 年二十八, 三年六月乙卯除, 六百石"; 『居延新簡』 E.P.T51:4 "居延甲渠第二隊長居延廣都里公乘陳安國年六十三 建始四年八月辛亥除 不史"; E.P.T53:4 "戍卒魏郡元城宜馬里大夫王延壽年廿五"; E.P.T56:106 "戍卒東郡淸城西里公乘孟辛年廿四."

34) 湖南省文物考古研究所 編著, 『里耶發掘報告』, 岳麓書社, 2007 (이하 『里耶秦簡』으로 약칭) J1⑯9 正面 "廿六年五月辛巳朔庚子啓陵鄕□敢言之都鄕守嘉言渚里□▨(第1行) 劾等十七戶徙都鄕皆不移年籍令日移言 ●今問之劾等徙□(第2行) 書告都鄕日啓陵鄕未有牒毋以知劾等初産至今年數□(第3行) □□□謁令都鄕具問劾等年數敢言之(第4行)"

알 수 있다. 그렇다고 해서 年籍이나 기타 장부가 호적과 완전히 별도로 작성되는 것은 아니다. 앞서 설명한 바와 같이 나이와 토지, 작위 모두 호적이 개정되는 시점인 8월에 호적의 호구 변동에 따라 한꺼번에 교정되며, 또 모두 鄕에 의해 관할된다. 따라서 넓은 의미의 호적에 나이와 작위, 토지 등의 장부가 포함된다고 보아도 좋다.

[호적의 대상]

호적의 기본 단위는 戶이다. 그렇지만 여기서의 戶란 현실적으로 존재하는 가족을 말하는 것이 아니다. 진한시대 호적에 기입된 戶는 법률적 개념으로서 호적의 기본 단위를 의미한다. 운몽수호지 진간과 이년율령에는 室과 同居, 家와 戶와 같은 가족 관련 용어가 복잡하게 출현한다. 대략적으로 동거하는 경우 동일한 戶에 속하고, 별거하면 戶가 나뉘는 경우가 대부분이다. 그러나 '別居不同數' '同居數'처럼 同居 여부와 同數 여부가 병렬되는 것은 법률적으로 이들이 별개의 개념이라는 것을 알려준다. 즉 동거하면서 각각 별개의 戶에 속하는 경우도 있으며, 별거하면서도 동일한 戶에 속할 수 있다는 것이다. 또 복수의 戶가 同居할 수도 있다. 일단 혈통, 혼인관계를 기초로 한 자연가정이라는 뜻의 家와 달리, 戶는 共財의 의미가 강한 법률적 개념으로 정리해 둔다.[35]

이 戶에 과연 노비가 포함되었는지 여부를 두고 오랫동안 많은 논의가 이루어졌지만,[36] 얼마 전부터 연달아 張家山漢簡 奏讞書, 走馬樓吳簡과 里耶秦簡이 발견되면서 이 문제는 대략 해결된 듯하다. 雲夢睡虎地의 조문에 주인과 노비의 연좌 문제가 언급되었지만[37] 그 호적 편입 여부가 분명치 않았었는데, 奏讞書 案例4에 노비인 符가 明이라는 사람의 호적에 편입되었다는 기록이 확인되고,[38] 走馬樓吳簡에 노비가 '戶下奴'로 기록되어 호석에 편입되었으며, 가장 최근에는 里耶秦簡戶籍簡에 '臣' '隸大女子' '妾'의 이름으로 함께 기재된 사실이 확인되면서, 호적에 노비가 포함된 것은 분명해졌다.

2. 호구의 집계

지금까지 정확히 호적이라고 할 만한 실물 자료는 거의 없었다. 최근 里耶秦簡의 호적간이 발견되어 호적과 관련된 흥미로운 여러 사실들이 확인되고 있을 뿐이다. 반면 상술한 방법과 내용

---

35) 鷲尾祐子,「漢初の戶について-〈二年律令〉を主な史料として」.

36) 富谷至,「連坐制とその周邊」, 林巳奈夫編,『戰國時代出土文物の硏究』, 京都大學人文科學硏究所, 1985 ; 鈴木直美,「前漢初期における奴婢と戶籍について」, 池田雄一 編,『奏讞書 –中國古代の裁判記錄』, 刀水書房, 2002 ; 陳爽,「走馬樓吳簡所見奴婢戶籍」, 北京吳簡硏究班 編,『吳簡硏究』第1輯, 崇文書局, 2004 ; 鈴木直美,「里耶秦簡にみる秦の戶口把握 –同居・室人再考」,『東洋學報』89-4, 2008.

37)『雲夢睡虎地秦簡』法律答問 22簡 "盜及者(諸)它罪, 同居所當坐." 何謂「同居」? ●戶爲「同居」, 坐隷, 隷不坐戶謂也."

38)『二年律令』奏讞書 案例4 "符有名數明所."

의 호적이 작성되면서 그 내용에 기초해 호구 및 여러 관련 사항의 통계가 집계되었는데, 이러한 집계가 기록된 자료는 무척 다양하다. 초원4년 낙랑목간도 이러한 부류에 속한다고 생각된다. 이하 鄕, 縣, 郡의 단위에서 각각 호구가 집계되는 상황을 출토 사례와 함께 살펴보자.

[鄕 단위에서의 집계]

먼저 戶의 口數가 집계된 자료가 走馬樓吳簡에서 다수 확인된다. 走馬樓吳簡 중 戶籍類는 본래 册書의 형태로 묶여 있었을 것으로 추정되지만, 발견될 당시에는 編連이 끊어져 모두 흩어져 버렸기 때문에 본래의 모습을 복원하기가 쉽지 않다. 그렇지만 매 간에 등장하는 인명에 주의하면 불완전하나마 몇 개의 간을 연결해 볼 수 있다.

宜陽里戶人公乘夏隆年四十一眞吏
　　　隆子男帛年十一
　　　帛男弟燥年八歲
　　　燥男弟得年六歲
　　　隆戶下奴謹年十三雀兩足
　　　隆戶下奴成年廿二
　　　右隆家口食九人 訾一百[39]

이것이 본래의 호적인지 아닌지에 대해서는 논란의 여지가 있다. 하지만 여기에는 호주의 작위, 나이, 신분과 함께 가족 구성원 및 노비의 나이가 기록되었으며, 이에 기초해 맨 마지막에 전체 口數가 집계된 죽간이 덧붙여져 있다. 주목할 만한 것은 그 통계 안에 노비가 포함되었다는 사실, 그리고 口數와 함께 전체 戶의 재산이 기록되었다는 점이다. 주마루오간에는 그밖에 이처럼 관련 가족 구성원을 모두 묶어 복원할 수는 없지만 마지막 간과 동일한 集計簡이 매우 많다. 그 형식을 보면 右某家口食合若干人+(其若干人男若干人女) + (算若干) + (訾若干)으로 되어 있다.[40]

湖北省 江陵 鳳凰山 10호묘 출토 전한 초기 간독에서는 戶別 집계와 함께 里에 속한 전체 戶의 집계도 보인다.

鄭里廩簿　凡六十一石七斗

---

39) 『長沙走馬樓三國吳簡』 竹簡(一), 文物出版社, 2003 (이하 『走馬樓吳簡』 竹簡(一)로 약칭) 9090, 9165, 9213, 9217, 9013, 9092, 9324 簡牘의 복원은 町田隆吉, 「長沙吳簡よりめた〈戶〉について −三國吳の家族構造に關する初步的考察」, 『長沙吳簡研究報告』 第3輯, 2007에 따랐다.

40) 汪小烜, 「走馬樓吳簡戶籍初論」, 北京吳簡研究班 編, 『吳簡研究』 第1輯, 崇文書局, 2004, p.148.

戶人聖能田一人口一人　田八畝　◊移越人戶　貸八斗二年四(?)月乙(下缺)

戶人特能田一人口三人　田十畝　＋　卩　貸一石

戶人擊牛能田二人口四人　田十二畝　＋　卩　貸一石二斗

戶人野能田四人口八人　田十五畝　＋　卩　貸一石五斗

戶人＊(疒+獻)冶能田二人口二人　田十八畝　＋　卩　貸一石八斗

戶人□能田二人口三人　田廿畝　/今□奴愛(?)　貸二石

戶人立能田二人口六人　田廿三畝　＋　卩　貸二石三斗

戶人越人能田三人口六人　田卅畝　＋　卩　貸三石

戶人不章能田四人口七人　田卅畝　＋　卩　貸三石七斗

戶人勝能田三人口五人　田五十四畝　＋　卩　貸五石四斗……

戶人虜能田二人口四人　田廿畝　＋　卩　貸二石

戶人禾貴能田二人口六人　田廿畝　＋　卩　貸二石

戶人小奴能田二人口三人　田卅畝　＋　卩　貸三石　□一石五……

戶人佗(?)能田三人口四人　田廿畝　＋　卩　貸二石

戶人定民(?)能田四人口四人　田卅畝　＋　卩　貸三石

戶人靑肩能田三人口六人　廿七畝　＋　卩　貸二石七斗

戶人□奴能田四人口七人　田卅三畝　＋　卩　貸二石三斗

戶人□奴能田三人口□人　田廿畝　＋　卩　貸四石

戶人□□能田四人口六人　田卅三畝　＋　卪　貸二石二斗

戶人公士田能田三人口六人　田卅一畝　＋　卩　貸二石一斗

戶人騈能田四人口五人　田卅畝　＋(下缺)

戶人朱市人能田三人口四人　田卅畝(下缺)

戶人□頁奴能田三人口三人　田□四畝(下缺)

戶人□車□能田二人口三人　田廿畝十　＋(下缺)

戶人公士市人能田三人口四人　田卅二畝(下缺)

　　이 간독은 鄭里에 소속된 戶에게 貸食한 양을 호별로 적기하고 전체 貸食糧을 집계한 것이다.
里 전체의 호구수가 집계된 것은 아니지만 鄭里의 호주와 그 能田의 숫자 및 戶의 전체 口數가 기
록되어 있다. 즉 호별로 작성된 호적을 기초로, 호당 能田이 얼마나 있는지 그리고 전체 口數는
얼마였는지를 집계했던 사례이다. 이 10호 漢墓의 묘주는 鄕에 소속된 관리 즉 鄕嗇夫라고 추정되
는데, 향색부가 호적을 작성하였으므로 이상의 집계가 향에서 작성된 호적에 의해 이루어졌을 것
임은 쉽게 추정할 수 있다.
　　走馬樓吳簡에서는 좀 더 구체적으로 里 단위의 집계 사례를 볼 수 있다.

右吉陽里領吏民卅六戶口食一百七十三人[41]
　　右高遷里領吏民卅八戶口食一百八十人[42]

　　이 집계간 앞에는 매 호마다의 口數가 열거되었을 가능성이 크지만, 里 단위로 戶數와 口數가 집계되고 있었다는 사실을 확연히 보여준다. 이를 집계하여 작성한 단위는 里의 상급 기관인 鄕이었다.

　　이상 戶의 口數 그리고 里의 호구가 집계된 사례를 보았는데, 그렇다고 이것들이 戶나 里 단위에서 작성된 것을 의미하지 않는다. 1절에서 살펴 본 바와 같이, 戶에 속한 개인이 직접 신고의 의무를 지고 또 里에서 감독의 책임을 지지만 호적이라는 문서가 작성된 단위는 鄕이었다. 호구의 집계가 호적이 작성될 때 같이 계산될 수밖에 없는 것이라면, 결국 상기의 자료는 鄕에서 소속 里와 戶의 호구를 집계한 결과라고 보아야 한다.

[縣 단위에서의 집계]

　　①에서 보듯이 일단 향에서 작성된 호적은 그 부본을 봉인해서 縣廷에 제출한다. ②에 의하면 縣에 도착한 호적은 다른 어떤 문서보다 신중하게 처리되고, 관리의 철저한 책임 하에 특별한 문서 창고에 별도로 보관된다. 그리고 매우 특별한 경우에 한해 개봉이 가능한데, 그 때에도 담당자와 令史는 縣令과 縣丞의 봉인 여부를 확인한 뒤, 다시 제3자인 嗇夫에게 개봉을 명하게 된다. 동시에 향별로 보고된 각종 집계가 縣 단위에서 수합되어 縣 전체의 집계가 이루어졌다.

　　최근 安徽省 天長市 漢墓에서 발견된 前漢 中晚期의 간독은 이 단계의 모습을 보여주고 있는 것 같다.[43] 특히 주목을 끄는 것은 간독의 전면에 戶口簿가 기록되어 있고, 뒷면에 算簿가 적혀있는 목간이다.

(정면)

戶口簿

・戶凡九千一百六十九少前
　口四萬九百七十少前
・東鄕戶千七百八十三口七千七百九十五
　都鄕戶二千三百九十八口萬八百一十九

(배면)

算簿

・集八月事算二萬九復算二千四十五
　都鄕八月事算五千四十五
　東鄕八月事算三千六百八十九
　垣雍北鄕[44]八月事算三千二百八十五

---

41) 『走馬樓吳簡』竹簡(一) 10397.
42) 『走馬樓吳簡』竹簡(一) 10229.
43) 天長市文物管理所・天長市博物館,「安徽天長西漢墓發掘簡報」,『文物』2006-11.

楊池鄉戸千四百五十一口六千三百廿八　　　　　　垣雍東鄉八月事算二千九百卅一

鞠鄉戸八百八十口四千五　　　　　　　　　　　　鞠鄉八月事算千八百九十

垣雍北鄉戸千三百七十五口六千三百五十四　　　　楊池鄉八月事算三千一百六十九

垣雍東鄉戸千二百八十二口五千六百六十九　　　・右八月

　　　　　　　　　　　　　　　　　　　　　・集九月事算萬九千九百八十八復算二千六十五

　　앞면에는 縣 전체의 호수와 구수를 기록한 뒤, 縣에 속한 각 향의 호수와 구수를 기록하였다. 따라서 향에서 작성된 호적이 縣에 보고된 이후 작성된 것임에 틀림없다. 한편 이 무덤의 북쪽에는 東陽縣 古城遺趾가 있고, 목간에도 '東陽'이라는 글자가 자주 등장하고, 또 함께 출토된 名謁의 내용으로 보아 묘주는 臨淮郡 東陽縣의 고급 관리로 추정된다. 그러므로 東陽縣 소속 鄉의 호구수가 鄉別로 집계되어 있는 戸口簿도 역시 東陽縣에서 작성되었을 것이다. 二年律令에서 규정된 방식대로, 각 鄉에서 집계된 호구가 縣에 이송되어 보관되었고, 동시에 縣의 책임자가 이것들을 수합한 결과라고 생각된다.

　　그런데 주의해 두어야 할 것은 이 목간의 뒷면에 '算簿'가 기록되어 있다는 점이다. 여기에는 東陽縣 소속의 모든 鄉이 8월에 납부한 算賦 납부 기록이 기록되어 있는데, 먼저 전체 算賦 액수와 復算 액수를 기록한 후 각 鄉別로 算賦의 액수를 기록하였다. 마지막 줄에는 9월의 算賦 및 復算 액수가 기록되어 있다. 우선 8월에 전체 액수와 향별 액수가 정확히 기록되어 있는 것은 앞면의 鄉의 호구수와 뒷면의 算賦의 상관관계를 표시한 것이다. 또 8월에는 모든 향별 통계를 기록하면서도 9월에는 전체적인 통계만을 내고 鄉別 기록이 없는 것을 보면, 호구 집계가 8월에 이루어졌으므로 이때에 새롭게 기록을 할 필요가 있었고 그 이후에는 일단 호구수와 算賦와의 상관관계가 밝혀진 이상 굳이 다시 기록할 필요가 없기 때문이었을 것이다.

　　走馬樓吳簡의 戸籍類에서도 동일한 사례를 찾아볼 수 있다.

ⓐ 右廣成鄉領吏民二百一十六▨[45]

ⓑ 右小武陵鄉領四年吏民一百九十四□民九百五十一人吏□□□□算一千三百卅四錢[46]

ⓒ 集凡樂鄉領嘉禾四年吏民合一百七十三戸口食七百九十五人[47]

------

44) 발굴보고서에는 '垣雍北鄉戸'라고 석독되어 있으나, 사진과 비교하면 戸자는 보이지 않는다. 출판 오류라고 생각된다.

45) 『走馬樓吳簡』 竹簡(一) 4801.

46) 『走馬樓吳簡』 竹簡(一) 4985.

47) 『走馬樓吳簡』 竹簡(一) 8482.

ⓐ는 廣成鄕이라는 鄕단위로 호수가 집계되어 있다는 것을 알 수 있다. 뒷부분이 殘簡이지만, ⓒ에는 호수 뒤에 구수가 집계되어 있고, ⓑ에는 구수와 함께 算賦의 액수가 기록되어 있다. 다시 말해 호구수의 파악이 算賦라는 세역의 징수와 연계되어 있다는 것이다.

[郡 단위에서의 집계]

현에서 수합·정리된 호구수 집계는 다시 郡에게 보고되었다. ①②에 의하면 호적의 부본이 현으로 이송되어 보관되었지만, 郡으로는 호적 자체가 이송된 것 같지는 않다.

ⓓ 縣道官의 집계를 각각 소속 二千石官(郡守)에게 보고(關)한다.[48]

ⓔ 秋冬이 되어 해가 끝나갈 무렵에는 縣의 戶口, 墾田, 田穀의 入出, 盜賊의 多少를 집계하여 集簿를 만들어 올린다.[49]

ⓓ에 의하면 郡으로 호적이 이송된 것이 아니라 집계 결과가 적힌 計簿를 보고한 것으로 생각된다. 간독과 문헌에 보이는 '關'字는 문서로 보고하는 행정절차를 말한다.[50] 이렇게 군으로 보고된 각종 집계 자료는 郡에서 수합되고, 이를 바탕으로 ⓔ에서 지적하듯이 다시 호구, 墾田, 田穀, 盜賊 등 다양한 항목별로 전체 집계가 이루어졌다.

각 현에서 집계된 자료가 군에서 다시 정리된 사례가 얼마 전 소개되었다.[51] 湖北省 荊州市 紀南鎭 松柏村에서 발견된 1호묘에서 전한 武帝 초기에 해당되는 목독이 출토되었는데, 이 중에는 南郡에 소속된 縣과 侯國별로 免老된 자의 숫자, 그리고 新傅된 자의 숫자, 罷癃者의 숫자가 기록된 것이 있다.

(正面一欄)	(正面三欄)	(背面一欄)
南郡免老簿	南郡新傅簿	南郡罷癃簿
巫免老278人	巫新傅203人	巫罷癃116人, 其74人可事
秭歸免老246人	秭歸新傅261人	秭歸罷癃160人, 其133人可事
夷道免老66人	夷道新傅37人	夷道罷癃48人, 其40人可事
夷陵免老42人	夷陵新傅45五人	夷陵罷癃22人, 其17人可事
醴陽免老61人	醴陽新傅25人	醴陽罷癃26人, 其15人可事

---

48) 『二年律令』置吏律 214簡 "縣道官之計, 各關屬所二千石官."

49) 『漢官解詁』"秋冬歲盡, 各計縣戶口墾田, 田穀入出, 盜賊多少, 上其集簿."

50) 全孝彬, 「走馬樓吳簡 倉庫의 物資管理體系」, 『東洋史學研究』99, 2007, pp.231-233.

51) 荊州博物館, 「湖北荊州紀南松柏漢墓發掘簡報」, 『文物』2008-4.

屛陵免老97人　　　　屛陵新傅26人　　　　屛陵罷癃76人，其62人可事
州陵免老74人　　　　州陵新傅15人　　　　州陵罷癃61人，其48人可事
沙羨免老92人　　　　沙羨新傅50人　　　　沙羨罷癃51人，其40人可事
安六免老67人　　　　安六新傅19人　　　　安六罷癃28人，其24人可事
宜成免老232人　　　宜成新傅546人　　　宜成罷癃643人，其570人可事

（正面二欄）　　　　（正面四欄）　　　　（背面二欄）
臨沮免老331人　　　臨沮新傅116人　　　臨沮罷癃199人，其134人可事
顯陵免老20人　　　　顯陵新傅12人　　　　顯陵罷癃45人，其40人可事
江陵免老538人　　　江陵新傅255人　　　江陵罷癃363人，其316人可事
襄平侯中廬免老162人　襄平侯中廬新傅78人　襄平侯中廬罷癃218人，其169人可事
邟侯國免老277人　　邟侯國新傅220人　　邟侯國罷癃275人，其223人可事
便侯國免老250人　　便侯國新傅123人　　便侯國罷癃307人，其264人可事
軑侯國免老138人　　軑侯國新傅56人　　　軑侯國罷癃70人，其59人可事
● 凡免老2966人　　　● 凡新傅2085人　　　● 凡罷癃2708人，其2228人可事，480人不可
　　　　　　　　　　　　　　　　　　　　　事

현별 호구의 전체숫자가 집계된 것은 아니지만, 호구 중에 각종 요역의 대상이 되는 新傅, 반대로 요역의 대상에서 면제되는 免老, 그리고 요역의 연령 대상이지만 신체장애로 감면을 받을 수 있는 罷癃의 숫자 및 그 중에서도 요역이 가능한 자와 그렇지 못한 자의 숫자를 구별하여 집계하였다. 그런데 이런 집계는 호적에 적힌 호구, 나이 및 신체상황을 알아야 비로소 가능한 것이다. 원칙적으로 각 현의 호구수가 집계되면서 동시에 免老, 新傅, 罷癃의 집계가 현별로 이루어지고, 이러한 현별 통계 숫자가 군에 보고되면 군에서는 이를 수합하여 군 전체의 통계를 냈을 것이다.

縣別로 호구수를 집계한 것은 아니지만, 郡 단위에서 호구수가 집계되었다는 것을 보여주는 또 다른 사례로는 江蘇省 連雲港市 출토 尹灣漢簡의 上計문서가 있다.[52]

集簿

縣邑侯國38, 縣18, 侯國18, 邑2, 其24有城, 郡官2
鄕170, □106, 里2534, 正2532人

---

52) 連雲港市博物館等, 『尹灣漢墓簡牘』, 中華書局, 1997. (이하 『尹灣漢簡』으로 약칭.)

亭688, 卒2972人, 郵34, 人408, 如前

界東西551里, 南北488里, 如前

縣三老38人, 鄉三老170人, 孝弟力田各120人, 凡五百六十八人

吏員2203人, 大守1人, 丞1人, 卒史9人, 屬5人, 書佐10人, 嗇夫1人, 凡27人

都尉1人, 丞1人, 卒史2人, 屬3人, 書佐5人, 凡12人

令7人, 長15人, 相18人, 丞44人, 尉43人, 有秩30人, 斗食501人, 佐使亭長1182人, 凡1840人

侯家丞18人, 僕行人門大夫54人, 先馬中庶子252人, 凡324人

戶266290, 多前2629, 其戶11662獲流

□1397343, 其42752獲流

提封512092頃85畝2……人如前

侯國邑居園田211652, □□1901302 …… 35万9千……

種宿麥10萬7千……頃, 多前1920頃82畝

男子706064人, 女子688132人, 女子多前7926

年八十以上33871, 六歲以下262588, 凡296459

年九十以上11670人, 年七十以上受杖2823人, 凡14493, 多前718

春種樹656794畝, 多前46320畝

以春令成戶7039, □27926, 用穀7951石8斗8升, 率口2斗8升有奇

一歲諸錢出145834391

一歲諸穀入506637石2斗2升少, □升出212581石4斗□□升

尹灣漢簡 集簿에는 먼저 東海郡 소속 전체의 縣·侯國·邑·鄉·里·亭·郵와 같은 행정단위의 수, 郡 전체의 면적, 縣三老·鄉三老·孝弟·力田 각각의 수와 전체 수, 太守府의 관리 수, 都尉府 관리 수, 縣令 이하 亭長에 이르기까지의 관리 수 등 행정기관의 구성과 관리의 수가 집계되었다. 이어서 38개 현 전체의 호수와 구수, 墾田의 수, 男女老少의 수, '春種樹'와 '春令成戶'의 수, 그리고 錢穀의 출입 등이 집계되어 있다. 이 간독에는 상면에 '集簿'라고 쓰여 있어 앞서 인용한 ⓔ 『漢官解詁』의 集簿가 이를 일컫고 있음을 알 수 있다.

이 集簿 간독에는 소속 縣의 이름이나 縣別 호구수 및 기타 사항이 적혀 있지 않지만, 상기 荊州市 紀南鎭 松柏村 한묘 출토 간독과 같은 현별 집계가 없으면 郡 전체의 집계가 불가능하다는 것은 너무도 분명하다. 集簿와 함께 출토된 간독에는 동해군 소속 38개의 縣名은 물론, 縣別로 吏員의 숫자가 기록되어 있는 〈東海郡吏員簿〉가 있으므로,[53] 집부와 함께 각종 항목을 현별로 정리한 장부가 만들어졌을 것임에 틀림없다.

[중앙에서의 집계]

郡에서 上計된 문서는 중앙으로 보고된다. 그리고 전국에서 올라온 모든 상계문서는 다시 중앙 차원에서 수합되고 집계된다. 현재 확인된 출토 실물 자료는 없지만, 『한서』 지리지가 대략적으로 이에 해당된다. 『한서』 지리지는 元始2년(A.D.2) 전국의 군현을 기록하고 각 군마다 호수와 구수를 기록했으며, 모든 군의 호수와 구수를 합쳐 전국의 호구수를 기록했는데 이는 원시2년 중앙에 상계된 문서를 수합하여 집계한 문서를 바탕으로 작성되었을 것임에 틀림없다. 또 西晉 征吳大將 王濬이 吳의 항복을 받았을 때 확보한 장부에 州郡縣의 숫자와 호수, 남녀의 구수, 관리의 수, 미곡의 수, 배의 수 등이 기록되어 있었는데[54] 이것도 중앙에서 집계된 장부의 존재를 가리킨다.

[호구 集計의 목적]

중국고대는 물론, 근현대에 이르기까지 호적은 국가통치의 핵심을 이루어왔다. 호적제도를 통해 백성들의 신분과 재산을 파악하고, 이를 기초로 각종 행정제도와 사회관리가 이루어졌기 때문이다. 호적의 중요성은 다음과 같은 後漢末 徐幹의 『中論』 民數篇에 잘 드러난다.

무릇 통치는 백성들의 힘을 잘 쓰는데 있다. 백성들의 힘을 잘 쓰려면 골고루 세역을 부과해야 하는데, 이는 호적이 잘 갖추어져 있느냐에 달려 있다. 곧 호적이 나라의 근본이란 뜻이다. …… 나라가 어지러워지면 戶口가 호적에서 빠져나가고 家는 십오제에서 벗어나, 세역을 피하는 자들이 생겨나고, 도망하여 유랑하는 자가 생겨난다. 이렇게 되면 간교한 마음이 생겨 거짓말을 하게 되고, 작게는 도적질이 생기고 크게는 난리가 나기 마련이다.[55]

한 마디로 백성들을 정확히 파악해야 나라가 잘 다스려진다는 말인데, 그 기본은 호적의 작성에 있음을 역설한 것이다. 즉 호적이 갖추어져야 세역을 부과할 수 있고, 세역이 제대로 부과되어야 나라가 평온해진다는 것이다. 당시 호적의 가장 중요한 기능을 세역의 부과로 인식했음을 알 수 있다.

호적에 호주와 가족의 성명, 나이와 작위가 포함된 것도 일차적으로 세역의 징수 여부 및 액수의 판정과 관련이 있다. 나이와 작위에 따라 세역의 유무 및 다과가 결정되기 때문이다. 일단 호

---

53) 『尹灣漢簡』 二正 "下邳吏員百七人令一人秩千石丞一人秩四百石尉二人秩四百石官有秩二人鄉有秩一人令史六人獄史四人官嗇夫三人鄉嗇夫十二人游徼六人牢監一人尉史四人官佐七人鄉佐九人郵佐二人亭長 · 六人凡百七人."

54) 『三國志』 吳書 卷48 孫皓傳 p.1177 "晉陽秋曰, 濬收其圖籍, 領州四, 郡四十三, 縣三百一十三, 戶五十二萬三千, 吏三萬二千, 兵二十三萬, 男女口二百三十萬, 米穀二百八十萬斛, 舟船五千餘艘, 後宮五千餘人."

55) 『中論』 民數篇 "夫治平在庶功興, 庶功興在事役均, 事役均在民數周, 民數周爲國之本也. …… 及亂君之爲政也, 戶口漏于國版, 夫家脫于聯伍, 避役連逃者有之, 棄損者有之, 浮食者有之. 于是奸心竟生而僞端并作, 小則濫竊, 大則攻劫."

단위로 납부된 세금이나 요역인원이 里에 수합되면 그 책임자가 그 전체를 鄕에 건네게 되는데,[56] 이때 전달된 전체의 양을 확인하기 위해 세역납부자인 호구의 전체 숫자와 비교해 보아야 한다. 마찬가지로 鄕에서 縣으로, 그리고 縣에서 郡으로 이동할 때에도 똑같이 호구수와의 비교가 필수적이다. 앞에서 인용한 집계를 보더라도, 향에서 집계된 사례의 경우 주마루오간의 호적류간의 마지막 간이 右某家口食合若干人+(其若干人男若干人女) + (算若干) + (訾若干)으로 되어 있던 것은 호 단위의 세역을 점검하기 위한 것이다. 강릉 봉황산 10호묘 간독에서 호구 및 能田, 토지의 숫자가 집계된 것도 표면상은 貸食을 위한 것이지만 결국 세역의 확보를 전제로 한 것이다. 天長縣 출토 호적부의 앞면에 호구 집계가 기록되었고 그 뒷면에 算賦가 기록되어 있는 것도 호구 집계의 목적이 세역 납부 확인에 있다는 것을 여실히 보여준다. 荊州市 紀南鎭 松柏村 출토 각종 免老簿 · 新傅簿 · 罷癃簿는 모두 요역의 징발과 관련이 있는가 하면, 尹灣漢簡 集簿에 나타난 호구수와 墾田과 田穀의 수도 중앙으로 상납하는 세역의 양과 부합되어야 했을 것이다.

물론 호적은 세역 수취 외에도 국가의 모든 통치 행위에 사용되었을 것이다. 예컨대 "爲戶籍相伍"[57]와 같이 호적을 만들어 연좌 및 각종 치안을 담당하는 伍制를 갖춘다는 기록이 있다. 또한 세역의 징수 여부는 곧 지방관의 考課와 연관되므로 호적의 집계에는 지방관의 고과를 평가하기 위한 의미도 자연히 담겨있기 마련이다.[58] 그러나 제민지배체제의 핵심적 부분인 수전이 호를 단위로 시행되었다든지[59] 군역을 징발하는 경우 역시 호적에 의거하지 않을 수 없는 등[60] 호적의 일차적 기능이 세역의 확보에 있다는 점은 徐幹의 지적대로이다.

이처럼 호적 및 호적에 쓰인 정보가 세역의 징수와 관련된 것이라면, 초원4년 낙랑목간에 쓰인 각종 집계 숫자 및 호한의 구분 역시 궁극적으로 세역 징수와 관련되었을 것이라고 보아 좋다.

---

56) 『居延漢簡釋文合校』985:合45.1A

      熒   東利里父老夏聖等敎數

           秋賦錢五千 西鄕守有秩志臣佐順臨

      陽   □□親具

57) 『史記』 卷6 秦始皇本紀, p.289.

58) 이런 이유 때문에 지방관은 자신의 치적을 드러내기 위해 교묘하게 집계 장부를 조작하기도 한다. 尹灣漢簡 集簿의 각 항목에도 조작의 흔적을 찾을 수 있다. 李成珪, 「虛像의 太平: 漢帝國의 祥瑞와 上計의 造作」, 『古代中國의 理解』 4, 지식산업사, 1998.

59) 『雲夢睡虎地秦簡』 爲吏之道 p.174 "●卅五年閏再十二月丙午朔辛亥, ○告相邦 : 民或棄邑居野, 入人孤寡, 徼人婦女, 非邦之故也. 自今以來, 假門逆旅, 贅壻後父, 勿令爲戶, 勿予田宇. 三世之後, 欲仕仕之, 仍署其籍曰 : 故某慮贅壻某叟之仍孫. 魏戶律."

60) 『漢書』 卷1上 高帝紀上 2年 5月條 p.37 "漢王屯滎陽, 蕭何發關中老弱未傅者悉詣軍" 如淳曰, 律, 年二十三傅之疇官, 各從其父疇學之. 高不滿六尺二寸以下爲罷癃. 『漢儀注』云, 民年二十三爲正, 一歲爲衛士, 一歲爲材官騎士, 習射御騎馳戰陳. 又曰, 年五十衰老, 乃得免爲庶民, 就田里. 今老弱未嘗傅者皆發之. 未二十三爲弱, 過五十六爲老."

[초원4년 낙랑목간의 성격]

낙랑군에서 직접 호적이 발견되지 않았고 또 향과 현급 단위에서의 집계를 보여주는 자료가 확인된 것도 아니지만, 이상의 진한대 호적 관련 법률규정, 그리고 중국에서 출토된 기타 지역의 사례를 참조하면 초원4년 낙랑목간은 다음과 같은 과정을 거쳐 작성되었으리라 추정된다. 먼저 낙랑군의 군현민은 직접 자신의 신상을 보고해야 할 의무가 있었다. 그리고 그 보고가 정확한지 여부는 자신이 속한 里의 里典·里老가 책임을 진다. 이사를 하거나 호적의 변동 사항이 생길 때에도 본인이 보고하지만, 里의 관련자 역시 동시에 책임을 진다. 하지만 문서로 호적이 작성되는 단위는 鄕이었다. 즉 鄕嗇夫는 매년 8월 1번 본인의 신고를 받아 호단위로 호구, 나이, 토지 등의 장부를 작성하고 이를 보관한다. 호적 관련 사항이 변동되면 관련 사항을 기록해 두지만 호적을 변경하는 것은 다음 8월을 기다린다. 호적이 작성되면서 자연스럽게 호 단위, 그리고 里 단위의 집계가 이루어지게 된다. 호적 작성과 집계가 끝나면 鄕은 호적의 부본과 집계 장부를 縣에 이송한다. 縣에서는 이를 받아 문서고에 보관하고 봉인한다. 각 鄕으로부터의 집계가 수합되면, 항목별로 縣 전체의 집계를 실시한다. 縣은 다시 이 집계 내용을 郡에 보고한다. 호적과 같은 장부 자체는 이송되지 않는다. 郡은 각 현으로부터 보고받은 내용을 바탕으로 역시 집계를 실시한다.

바로 이 단계에 해당되는 것이 초원4년 낙랑목간이다. 목간의 제목을 「樂浪郡初元四年縣別戶口多少□□」라고 한 것으로 보아, 이 제목이 그대로 목간에 쓰였을 것이다. 천장현 호구부나 윤만한간 집부의 경우에는 모두 목간의 윗부분에 가로로 '호구부'와 '집부'가 각각 쓰였지만, 이 경우는 글자 수가 많으므로 첫째 줄에 세로로 쓰여졌을 가능성도 있다. 강릉봉황산 10호묘의 鄭里廩簿의 경우에는 첫째 목간에 '鄭里廩簿'라는 제목이 쓰였다.

「樂浪郡初元四年縣別戶口多少□□」 낙랑목간은 초원4년 낙랑군에서 소속 25개 縣의 호구수를 보고받은 뒤 이를 현별로 기록해 두었던 것이다. 따라서 본장에서 살펴본 호구 집계의 여러 사례 중에 郡 단위에서 집계된 사례가 이것과 가장 가까운 형식을 갖고 있었을 것이다. 형주시 기남진 송백촌의 木牘 중 현재 공개된 것은 免老·新傅·罷癃의 숫자뿐이지만, 그 형식은 南郡에 소속된 전체 현과 후국별로 각각의 숫자를 나열하고 郡 전체의 숫자를 집계한 것이다. 한편 윤만한간 集簿는 현별로 나열한 것이 아니라 郡 전체의 숫자만이 제시되었지만, 그 내용은 호수와 구수, 그리고 90세 이상, 80세 이상, 70세 이상의 노인과 6세 미만의 어린이 숫자 등이었다. 그러나 양자 모두 縣별 호구수가 집계되지 않으면 불가능한 것이고 윤만한간의 경우에는 관리 인원수가 縣별로 정리된 것도 포함되어 있으므로, 초원4년 낙랑목간과 같이 縣별로 호구수가 정리된 장부가 함께 작성되었음에 틀림없다. 바꾸어 말하면 초원4년 낙랑목간 역시 호수와 구수만이 아니라 기남진 송백촌 木牘이나 윤만한간의 집부 등과 같이 연령별 숫자, 墾田·田穀의 집계, 免老, 新傅, 罷癃의 숫자 등 각종 호구 관련 사항들이 별도로 집계되었을 것이다.

Ⅲ. 낙랑군 초기 편호의 대상과 방법

전한 무제 元封3년(B.C.108) 낙랑군이 설치되면서 곧바로 편호 작업이 착수되었을 것이다. 군현 일반에서 실시된 편호와는 다음과 같은 두 가지 측면에서 구분된다. 첫째, 한이 고조선과 1년 이상의 전쟁을 치룬 뒤 고조선을 멸망시키고 그곳을 점령하여 편호를 했다는 점, 둘째, 내지 군현에서는 확인되지 않은 '한족'과 '원 토착주민'의 구분이 있었으며 그 비율은 14:86였다는 점이 그것이다. 손영종의 보고에 따르면 「樂浪郡初元四年縣別戸口多少□□」에는 "낙랑군의 총인구 28만여 명 중에서 한족 인구수는 4만 명 정도로서 전체 인구수의 약 14% 밖에 안 되며, 원 토착주민 수는 약 86%였다고 인정되는 것이다. 이 4만 명도 낙랑군을 설치한 지 63년 후의 통계이므로 처음 낙랑군 설치 당시의 한족 계통 주민 수는 1만 5000~2만 명 정도였다고 볼 수 있다."고 한다. 이 두 점에 유의해 가며 과연 누구를 어떻게 편호했었는지를 살펴보자.

1. '원 토착주민'의 구성

초원4년 통계 중 '원 토착주민'은 약 86%를 차지한다고 한다. 낙랑군 전체 인구가 약 28만 명이므로 약 24만 명이 여기에 해당된다. 그런데 먼저 주의할 점은 '한족'과 비교해서 비율의 많고 적음이 아니라 일단 24만 명의 '원 토착주민'이 호적에 등록되었다는 것이다. 다시 말해 이 숫자는 24만 명의 '원 토착주민'이 단지 낙랑군에 살고 있었다는 것을 말하는 것이 아니라, 24만 명이 국가권력에 의해 호적에 편제되었다는 것을 뜻한다. 기원전 108년에 낙랑군이 설치된 이후 초원4년 기원전 45년까지 63년 만에 24만 명의 '원 토착주민'을 편호했다는 셈이 되는데, '한족'과 '원 토착주민'을 종족적 대립이라는 입장에서만 보면 이해하기 힘든 숫자이다.

낙랑군의 편호 대상으로 삼은 '원 토착주민'에는 크게 두 부류가 예상된다. 첫째는 고조선에 의해 소속되어 고조선의 호적에 편호된 자, 둘째는 고조선에 직접 예속되지 않은 상태로 군장에 소속된 자들이다. 물론 현재 고조선의 편호 상황을 알 수 없는 상태에서 섣부른 분류는 곤란하다. 군장들이 자신의 백성들을 이끈 상태로 고조선의 호적에 편입되었을 가능성도 완전히 배제할 수는 없다. 그러나 이들이 고조선의 멸망이라는 시점에서 이들이 별도로 활동했을 것이며 적어도 고조선에 개인 자격으로 편호되었을 자들과는 달리 독립적 성격이 더 강했을 것이라 생각된다. 이하 한이 적국에 승리한 뒤 그 적국의 백성을 편호하는 과정을 통해, 낙랑군의 편호 과정을 추정해 보자.

[고조선 유민의 편호]

秦漢之際의 시기 유방이 함양에 도착해서 여러 장군들이 금은보화를 다툴 때 蕭何는 혼자 먼저 秦의 율령과 각종 서적을 거두어 들였는데, 유방이 천하의 호구가 얼마나 되고 백성들이 무엇에 괴로워하는지를 알게 된 것은 이 때문이었다고 한다.[61] 소하가 거두어들인 秦의 문건 중에 진의 호적이 들어있었다는 뜻이다. 또 유방이 이 秦人을 곧바로 자신의 호구로 삼았다는 말이기도 하다. 점령자가 피점령자들을 편제하여 자신의 세력기반으로 삼았던 것은 당연한 조치이다.

　얼마 뒤 유방은 항우의 초와 결전을 벌이고 결국 초에 승리했다. 본래 이곳의 民도 秦人이었겠지만 항우가 秦을 격파하고 난 뒤 자신의 民으로 편호했을 텐데, 유방은 이곳을 접수하면서 楚의 民을 다시 漢의 民으로 편제했다는 것이다. 이때 발생한 호적 관련 소송이 張家山漢簡 奏讞書 案例2에 보인다.

　媚가 말하길, 저는 본래 點의 婢였지만 楚時에 도망하여 漢에 항복하였는데 호적에 등록하지는 못했습니다. 그런데 點이 媚를 잡아 자기의 호적에 등록하여 媚를 다시 노비로 삼았고, 그 후 祿에게 팔았습니다. 다시 노비가 되는 것은 마땅치 않다고 생각하여 도망갔습니다. …… 媚가 말하길, 楚時에 도망하였는데, 媚가 漢人이 되었음에도 불구하고(爲漢)[62] 다시 媚를 婢로 삼아 팔아버렸습니다.[63]

　안례2의 주제는 點의 노비였던 媚가 한이 초를 멸망하기 이전 초에서 도망가서 한에 항복했지만 아직 한의 호적에 自占하지 못한 상황에서 다시 옛 주인인 點이 媚를 다시 자기 호적에 등록시켜 버린 사건이다. 즉 한에 항복했지만 한의 호적에 등록하지 않았기 때문에 문제가 발생했다. 媚를 노비로 볼 것인가 아니면 庶人으로 볼 것인가에 따라 처벌이 달라지게 되는데, 이 문제의 판단을 상급 기관에 의뢰한 것이다.

　필자가 이 안례에서 일단 주목하고 싶은 사람은 媚라는 노비가 아니라 媚를 노예로 갖고 있었던 楚人 點이다. 그는 楚時에 노비 媚를 소유하고 있었던 楚人이었으며 그 당시 노비를 소유한 신분으로 초의 호적에 편제되었을 것이다. 노비 외에도 충분한 토지를 갖고 있었을 點은 초가 멸망

---

61) 『漢書』 卷39 蕭何列傳 p.2006 "沛公至咸陽, 諸將皆爭走金帛財物之府分之, 何獨先入收秦丞相御史律令圖書臧之. 沛公具知天下阨塞, 戶口多少, 彊弱處, 民所疾苦者, 以何得秦圖書也."

62) 早稻田大學漢簡研究會에서는 點이 漢民이 되었다고 해석하고,(早稻田大學漢簡研究會,「秦漢交替期のはざまで -江陵張家山漢簡『奏讞書』を讀む」,『中國出土資料研究』 第5號, 2001, p.93) 池田雄一은 媚가 漢民이 되었다고 해석했다.(池田雄一編,『奏讞書 -中國古代の裁判記錄』, p.46) 안례의 앞부분에 등장하는 '爲漢'이 모두 媚와 관련된 것이며 굳이 點의 '爲漢' 여부가 언급될 필요가 없기 때문에, 필자는 후자의 해석을 따른다.

63) 『二年律令』 奏讞書 案例 2 "十一年八月甲申朔丙戌, 江陵丞驁, 敢讞之. 三月己巳, 大夫祿辭曰:"六年二月中, 買婢媚士伍點所. 價, 錢萬六千. 迺三月丁巳, 亡. 求得媚. 媚曰:'不當爲婢.'" ●媚曰:"故點婢. 楚時去亡, 降爲漢, 不書名數. 點得媚, 占數復婢媚, 賣祿所, 自當不當復受婢, 即去亡." 它如祿. ●點曰:"媚故點婢. 楚時亡, 六年二月中, 得媚. 媚未有名數, 即占數, 賣祿所." 它如祿 · 媚. ●詰媚:"媚故點婢. 雖楚時去亡, 降爲漢, 不書名數. 點得, 占數媚, 媚復爲婢, 賣媚當也. 去亡, 何解?" ●媚曰:"楚時, 點乃以爲漢, 復婢, 賣媚. 自當不當復爲婢, 即去亡. 毋它解." ●問媚:"年, 卅歲." 它如辭. ●鞫:"媚故點婢. 楚時亡, 降爲漢, 不書名數. 點得, 占數, 復婢, 賣祿所. 媚去亡. 年, 卅歲. 得, 皆審." ●疑媚, 罪. 它縣論. 敢讞之. 謁報. 署獄史發. ●吏當:"黥媚(顏)顏畀祿." 或曰:"當爲庶人."

한 뒤 도망하지 않고 줄곧 江陵에 거주했던 것으로 판단된다. 심문 과정 중 點이 도망갔었다는 어떤 언급도 없기 때문이다. 그러므로 한이 江陵을 접수한 뒤 楚人의 신분이었던 點은 계속 강릉에 거주한 채 한의 호적에 다시금 편제되었다는 셈이다. 뿐만 아니라 그는 한의 호적에 편입된 이후 자신의 노비를 찾아 호적에 등록시킬 수 있을 정도로 기존의 재산권을 거의 그대로 인정받은 듯하다. 江陵은 항우에 의해 楚로 편제되기 전에는 秦의 영역이었으므로 그 이전에는 秦의 호적에 편제되었을 것이다. 결국 點이 秦의 호적에서 楚의 호적으로 그리고 다시 漢의 호적으로 편제되었 듯이, 거주지를 버리고 도망가지 않는 대부분의 호구들은 그 재산권과 함께 새로운 정권에 의해 그대로 계승되었을 것이다.

단, 무조건 자동적으로 계승되었던 것은 아니다. 노비 媚의 경우에도 '降爲漢'이라는 과정을 명기하고 있지만, 장가산한간 『曆譜』 高祖 5年 4月 辛卯條 아래에도 묘주가 '新降爲漢'했다고 주기되어 있다. 한이 고조 5년 12월 垓下전투에서 승리하면서 楚는 멸망했고, 그 다음 5년 2월 한 왕조가 정식으로 성립되었으며, 그 후 5년 4월에 묘주 자신이 漢廷에 투항하였던 셈이다. 결국 초가 멸망하고 한이 성립된 이후에 항복했다는 것은 곧 漢民이 되기 위해서 '降爲漢'이라는 절차가 필요했음을 의미하는 것 같다.[64] 항복이라는 절차 이후에는 직접 신고 방식으로 한의 호적에 편입되는 것이 원칙이었을 것이다. 다만 직접 신고하지 않는 경우는 기존의 호적이 중요한 근거가 되었을 것이다. 왜냐하면 媚가 부재한 상태에서 點이 '媚를 호적에 등록시키고 다시 노비로 삼았던'(占數媚, 媚復爲婢) 것은 초의 호적에 근거했을 것이기 때문이다.

주헌서 안례4에도 유사한 사례가 전한다. 軍의 노비였던 武가 楚時에 도망하여 한에 항복한 뒤(降漢) 한의 호적에 등록했는데, 士伍 軍이 武가 아직도 자신의 노예라고 주장하며 이를 체포해 줄 것을 요구하였고, 이 사실을 정확히 알지 못한 求盜 視가 武를 체포하는 과정에서 서로 賊傷하게 됨으로써 발생한 사건이다.[65] 안례2의 媚와는 달리 軍이 한에 항복한 이후 스스로 호적에 등록한 사례이다. 심문 중 사실관계를 확인하는 부분에서 "武는 士伍이며, 37세이다."라고 기록되어 있는

---

64) 蔡萬進, 『張家山漢簡《奏讞書》研究』, 廣西師範大學出版社, 2006, p.100.
65) 『二年律令』 奏讞書 案例 5 "●十年七月辛卯朔甲寅, 江陵餘‧丞驚, 敢讞之. 迺五月庚戌, 校長池曰: "士伍軍, 告池曰: '大奴武, 亡, 見池亭西, 西行.' 池以告, 與求盜視追捕武. 武, 格鬪, 以劍傷視. 視亦以劍傷武." ●今, 武曰: "故, 軍奴. 楚時去亡, 降漢, 書名數爲民. 不當爲軍奴. 視捕武, 誠格鬪, 以劍擊, 傷視." 它如池. ●視曰: "以軍告, 與池追捕武. 武以劍格鬪, 擊傷視. 視恐弗勝, 誠以劍刺傷武而捕之." 它如池. ●軍曰: "武故軍奴, 楚時亡, 見池亭西. 以武當復爲軍奴, 卽告池所, 曰: '武, 軍奴, 亡.' 告誠不審." 它如池‧武. ●詰武: "武雖不當受軍奴, 視以告捕武. 武宜聽視而後與吏辯是不當狀, 乃格鬪, 以劍擊傷視. 是賊傷人也. 何解?" ●武曰: "自以非軍亡奴, 毋罪. 視捕武, 心恚, 誠以劍擊傷視. 吏以爲 '卽賊傷人.' 存吏, 當罪. 毋解." ●詰視: "武, 非罪人也. 視捕, 以劍傷武, 何解?" 視曰: "軍告: '武, 亡奴.' 亡奴罪當捕. 以告捕武, 武格鬪傷視. 視恐弗勝, 誠以劍刺傷捕武. 毋它解." ●問武: "士伍. 年, 卅七歲." 診, 如辭. ●鞫之: "武, 不當復爲軍奴. 軍以亡奴告池. 池以告與視捕武. 武, 格鬪, 以劍擊傷視. 視亦以劍刺傷捕武. 審." ●疑武‧視罪. 敢讞之. 謁報, 署獄史曆發. ●吏當: "黥武爲城旦, 除視." ●廷, 以聞: "武當黥爲城旦. 除視."

데, 이는 武가 한의 호적에 분명히 기재된 증거이다. 楚時에 武를 노비로 소유했던 軍이 여기에 士伍로 표시되었던 것도 안례2의 點과 마찬가지로 한의 점령 이후 스스로 自占한 결과일 것이다. 즉 초의 호적에 편호된 자들이라도 自占해서 다시 한의 호적에 등록되어야 하며, 초의 호적에 노비로 등록되었었다고 하더라도 楚時에 도망해서 한에 항복한 뒤 한의 호적에 등록될 수 있다는 것이다. 결국 한의 호적은 초의 호적을 근거로 하기는 하지만 한이 정한 규정에 따라 다시 작성되었다는 것이다.

이렇게 기존의 호적을 중심으로 점령지의 호구를 적극적으로 파악하지만, 안례2의 노비 媚처럼 혼란의 와중에 호적에 등록하지 못하고 누락된 자들도 다수 있었다. 주헌서 안례 14에서는 호적에 등록되지 않았던 자를 숨겨놓았던 자를 심문하면서 관련 법령을 제시했다.

令에 다음과 같이 쓰여 있다. 호적(名數)이 없는 자들은 모두 스스로 호적을 신고하도록(自占) 하도록 하라. 縣道官에 가서 신고하라. 30일이 지났는데도 호적을 신고하지 않으면 모두 耐爲隸臣妾에 처하고, 錮하도록 한다. 爵과 賞으로 贖免하지 못하도록 하며, 이를 숨긴 자는 동일한 죄로 처벌한다.[66]

30일이라는 비교적 짧은 기간 동안 신고하지 않으면 관노비에 해당하는 耐爲隸臣妾의 형벌을 받을 뿐 아니라 爵賞으로도 贖免하지 못하도록 한 것은 그만큼 호적 등록을 강제적으로 추진했다는 것을 말한다. 물론 이 법령은 전란 중에 많은 民들이 유망하여 호적에 등록되지 않은 漢初 시점에서 반포한 것이지만,[67] 令으로 편집되었다는 것은 차후 판결에서 일정한 효력을 갖는다는 것을 의미하기도 한다.

이상에서 한초의 주헌서를 중심으로 한이 적국을 점령한 이후 호적 작성과 관련하여 추진한 정책을 보았는데, 그 전체적 경향은 첫째, 일차적으로 기존 정권에 의해 파악된 호구를 파악하여 이를 근거로 한다. 둘째, 그렇지만 모든 피점령지 백성은 일단 항복이라는 절차를 거친 뒤 스스로 직접 신고하여 한의 호적에 등록한다. 셋째, 원칙적으로는 점령지의 백성들이 갖고 있었던 기존의 기득권을 유지하는 쪽으로 호적이 작성된다. 가령 개인적으로 소유하고 있던 노비라든가 재산을 인정하는 차원에서 호적에 등록된다. 넷째, 다만 점령되기 이전 적국에서 투항해 온 자에 대해서는 본래 호적상의 신분을 묻지 않고 새롭게 한의 호적에 서민으로서 등록할 수 있다.

---

66) 『二年律令』 奏讞書 案例 14 "令曰, 諸無名數者, 皆令自占書名數, 令到縣道官. 盈卅日, 不自占數名數, 皆耐爲隸臣妾, 錮, 勿令以爵賞免, 舍匿者與同罪."

67) 『漢書』 卷1下 高帝紀 p.54 "夏五月, 兵皆罷歸家, 詔曰, 諸侯子在關中者, 復之十二歲, 其歸者半之. 民前或相聚保山澤, 不書名數, 今天下已定, 令各歸其縣, 復故爵田宅, 吏以文法敎訓辨告, 勿笞辱. 民以飢餓自賣爲人奴婢者, 皆免爲庶人. 軍吏卒會赦, 其亡罪而亡爵及不滿大夫者, 皆賜爵爲大夫. 故大夫以上賜爵各一級, 其七大夫以上, 皆令食邑, 非七大夫以下, 皆復其身及戶, 勿事."

楚보다 夷狄에 가까운 곳을 점령한 사례도 있다. 장가산한간 주헌서 안례18은 진시황 27-28년의 사례인데, 蒼梧郡 利鄕에서 반란이 일어나 관리가 民을 징발하여 진압하려 했으나 民이 도망간 사건을 담고 있다. 秦의 蒼梧郡의 위치는 대략 지금의 호남성 동남부 일대에 해당된다. 漢의 長沙郡으로 이어지는 곳이라는 설명도 있지만[68] 南越의 蒼梧王의 존재는[69] 이곳이 내경과 외경 사이에[70] 해당됨을 암시한다. 초를 점령한 상황에 비해 창오군에서의 편호 작업이 쉽지 않았을 것이라 예상된다.

그런데 이 주헌서 안례에서는 蒼梧郡의 民을 '新黔首'라고 표현했다. 진시황 26년에 공식적으로 民을 黔首라고 바꾸어 불렀으므로[71] '新黔首'란 '新民'의 뜻이다. 안례 전체에 걸쳐 이들을 일컬을 때마다 줄곧 '新黔首'라고 한 것을 보면[72] '舊'와 대비하여 표기했던 것 같지만 일단 民으로 편호했음에는 틀림없다. 더욱이 구체적 내용을 보면, 令史가 新黔首를 징발하여 반란을 진압하였으나 전황이 나빠지자 더 많은 新黔首를 징발하여 모두 3차례에 걸친 징발이 있었다는 점, 令史가 이들의 籍을 주관했다는 내용이 쓰여 있다. 즉 창오군을 점령한 이후 秦은 이곳의 民을 호적에 편제시키고 이에 기초해서 수시로 군사요역에 징발했다는 뜻이다. 비록 초에 비해 民의 편호 작업이 용이하지 않았을 곳에도 일단 원칙적으로 호적을 작성하고 그들을 편호지배에 끌어들였다는 것이다.

따라서 낙랑군에서도 고조선의 호적에 편제되었던 자들을 대상으로 상기와 같은 과정이 예상된다. 즉 일단 고조선의 호적을 장악하고, 이 상태에서 고조선 유민의 항복 절차 및 직접 신고를 강제하였을 것이며, 특별한 경우가 아니라면 그들의 재산권을 인정해 주었지만, 한과의 대치 상황에서 혹은 그 이전에 고조선의 호적을 이탈했던 자가 한에 투항한 경우라면 과거 고조선 호적상의 신분을 묻지 않고 한의 호적에 등록했을 것이다. 가능한 최대한의 호구를 편호하기 위해 강력한 처벌을 동반한 강제규정이 반포되었을 것임도 분명하다.

[고조선 유민의 만이 구분]

그렇다면 고조선의 유민은 '한족'에 속하였을까 아니면 '원 토착주민'에 해당되었을까? 먼저 필자는 한이 고조선의 호적에 편제된 자들을 하나의 부류에 넣었을 것이라고 본다. 다시 말해 고조선을 점령하고 그 유민을 한의 호적에 등록하면서 그들의 종족을 일일이 살펴 그들을 혈연에 따라 '한'과 '원 토착주민'으로 구분하지 않았을 것으로 본다.

---

68) 陳偉,「秦蒼梧‧洞庭二郡芻論」,『歷史研究』2003-5.

69)『史記』卷20 建元以來侯者年表, p.1050, "以南越蒼梧王聞漢兵至降侯."

70) 李成珪,「中華帝國의 膨脹과 縮小」,『歷史學報』186, 2005, pp.92-102는 내부의 夷狄과의 경계를 內境으로 지칭했다.

71)『史記』卷6 秦始皇本紀 p.239 "分天下以爲三十六郡, 郡置守‧尉‧監. 更名民曰黔首."

72) 143簡의 경우는 단지 黔首라고만 했다.

기왕의 연구는 그동안 줄곧 한인계 주민을 군현 설치 이전부터 거주했던 망명인의 후예라고 보았고, 군현 설치 이후에는 이들에게 '민'의 자격을 주고 대우했던 반면 원주민에게는 이들을 '민'에는 포함시키지 않고 간접적 방식으로 함으로써 종족 계통에 따른 차이를 두었다는 주장도 있었다.[73] 이중적 종족지배를 주장하지 않는 연구자도 낙랑군 설치 이전과 이후의 종족적 구별을 막연하게나마 인정하는 경우가 많았다.

그러나 서론에서 지적한 바와 같이 이러한 견해는 종족적 구분을 선험적으로 받아들였기 때문이라고 생각한다. 첫째, 많은 연구자들이 주목했던『三國志』東夷傳 濊條에 '한사군 설치 이후 胡漢이 稍別되기' 시작했다는 기록이야말로 낙랑군 설치 이전에는 '호한'의 구별이 없었다는 것을 입증하는 중요한 반증 자료이다. 이미 많은 논자들이 고고학 자료를 이용하여 기원전 2세기에 '토착 한인'이 고조선계와 충분히 융합했거나 적어도 토착화했다는 점을 강조했던 점, 또 위만 세력이 두발과 복장 등 기존의 습속에 동화했다는 점[74] 등을 이 구절과 함께 고려하면[75] 고조선 유민을 굳이 종족별로 구분했다고 생각되지 않는다. 둘째, 초원4년 낙랑목간에 '호한'이 아니라 '한족'과 '원 토착주민'으로 구분된 것에 주목해야 한다.『삼국지』에 '호한'이라고 쓰였기 때문에 줄곧 종족적 구분이라는 생각에서 벗어나기 힘들었던 것이지만, '호' 대신 '원 토착주민'으로 표현했다는 것은 적어도 이들을 종족적으로 구별하지 않았음을 여실히 증명해주기 때문이다. 그러므로 '호한초별'의 '호한'이 갖는 의미도 토착세력인가 한인인가 정도의 의미라고 보아야 할 것이다. 셋째, 고조선과 오랜 동안의 전란을 치렀다는 점을 간과해서는 안 된다. 점령자인 漢에게 고조선의 유민은 오랫동안 그들에게 저항하고 괴롭혀 왔던 존재였다. 더욱이 한에 대항하는 주체 세력은 준왕을 비롯한 위만조선의 핵심세력이었고, 이들은 다름 아닌 오래전 내지에서 건너온 소위 '토착 한인' 혹은 '한인계'였다. 한에게 고조선의 유민은 적국의 유민이면서 이제는 편호의 대상일 뿐이다.[76] 종족적 구분이 거의 힘든 상태에서 漢이 이들을 일일이 종족적으로 구별해야 할 이유는 하등 존재하지 않았다. 앞서 살펴본 楚와 蒼梧郡에도 이전부터 거주하던 자들을 종족별로 구분한 증거는 어디에도 찾을 수 없다.

이처럼 한의 입장에서는 고조선계 유민이라면 고조선계이건 위만조선계이건 동일한 범주로 일괄적으로 편호해야 할 대상이었다. 그런데 그들이 낙랑군 설치 이전에 고조선에 거주했던 자들이었다면 이들을 '원 토착주민'으로 편호했던 것이 용어의 의미상 지극히 당연하다.

---

73) 權五重,『樂浪郡研究』, pp.69-92.

74)『史記』卷115 朝鮮列傳 p.2985 "滿亡命, 聚黨千餘人, 魋結蠻夷服而東走出塞."

75) 오영찬,『낙랑군 연구』, pp.75-158.

76) 오영찬,『낙랑군 연구』 pp.38-54는 南越이 한의 침략에 대처해서 종족적 구분에 의한 차별적 대응양식이 보이지 않았던 것에 주목하여, 고조선의 경우도 이와 유사한 상황을 상정했다.

[군장 휘하의 下戶 편호]

고조선 유민 중에는 고조선에 직접 개별적으로 파악된 자들이 있었는가 하면, 君長에 의해 통솔되었던 자들도 존재했을 것으로 추정된다. 전자는 朝鮮縣을 비롯한 낙랑 직할 지역에 집중되었을 것인 반면, 후자는 주로 남부도위와 동부도위의 지역에 거주했을 것이다. 현재로서는 군장에 통솔되었던 자들이 고조선 정부와 어떤 관련을 맺고 있었는지 정확히 알 수 없지만, 낙랑군이 설치된 이후 군장에 통솔된 자들도 군현지배에 편제시키는 것을 원칙으로 했다고 생각한다. 기왕의 연구는 이원적 종족지배를 주장하건 아니면 일원적 군현지배를 주장하건 모두 군장 질서 하에 있던 자들을 군현지배 바깥에 두었다고 이해해 왔던 것 같다.[77] 이하 먼저 이 점을 살펴보도록 하자.

㉠ 漢武帝伐滅朝鮮, 分其地爲四郡. 自是之後, 胡 · 漢稍別. 無大君長, 自漢已來, 其官有侯邑君三老, 統主下戶. 其耆老舊自謂與句麗同種. 其人性愿愨, 少嗜欲, 有廉恥, 不請匃. 言語法俗大抵與句麗同, 衣服有異. 男女衣皆著曲領, 男子繫銀花廣數寸以爲飾. 自單單大山領以西屬樂浪, 自領以東七縣, 都尉主之, 皆以濊爲民. 後省都尉, 封其渠帥爲侯, 今不耐濊皆其種也.[78]

㉡ 四夷國王, 率衆王, 歸義侯, 邑君, 邑長, 皆有丞, 比郡縣[79]

㉠의 "無大君長, 自漢已來, 其官有侯邑君三老, 統主下戶"는 下戶를 統主하고 있는 군장의 존재를 보여준다. 필자는 군장에게 侯 · 邑君 · 三老라는 '官'을 부여했다는 것이 곧 군현조직 속에 편제된 것을 의미한다고 보고, 특히 ㉡에서 丞의 설치를 지적한 이상 이들을 독자적인 세력으로 방치하지 않았을 것이라고 주장했다.[80] 다만 이 자료만으로는 군장 휘하의 하호를 어떻게 군현지배로 편입되었는지는 설명이 충분치 않다. 여기서 懸泉置 출토 한간의 羌人 명적을 주목해 보자.[81]

歸義壘渠歸種羌男子奴葛.(Ⅱ0114②:180)

歸義聊鑪良種羌男子芒東.(Ⅱ0114②:181)

歸義壘甬種羌男子潘廳.(Ⅱ0114③:423)

歸義壘卜茈種羌男子狼顚.(Ⅱ0114③:459)

歸義聊藏耶茈種羌男子東憐.

---

77) 오영찬, 『낙랑군 연구 –고조선계와 한계의 종족 융합을 통한 낙랑인의 형성』, pp.120–130 ; 이성규, 「중국 군현으로서의 낙랑」, pp.33–34.

78) 『三國志』卷30 魏書 東夷傳, p.848.

79) 『後漢書』志28 百官志, p.3632.

80) 金秉駿, 「중국고대 簡牘자료를 통해 본 낙랑군의 군현지배」, pp.166–169.

81) 423,459간독의 출토 층위로 보아 羌人 名籍의 시기는 서한 중기로 판단되며 늦어도 元帝와 成帝보다 늦지 않다고 한다. 張俊民, 「散見"懸泉漢簡"」, 『敦煌學輯刊』1997–2. p.110.

歸義聊卑爲芘種羌男子唐堯.

歸義聊卑爲芘種羌男子跪當.

歸義壘卜芘種羌男子封芒.

歸義鍾良種羌男子落跪.

■右鍾良種五人.(Ⅱ0214①:1~6)[82]

명적의 형식이 '歸義+某種+羌+男子+名'으로 되어 있어 한인과는 구별되어 처리되었음에 틀림 없고 또 세부적인 種을 칭하고 있으므로 이들이 그 種의 군장에 의해 통솔되었을 것이라고 추측 되지만, 문제는 군장에 의해 통솔된 자들이 다시 군현에 의해 개별적으로 모두 파악되어 있었다 는 점이다. 만약 이들이 군현에 편호되지 않았다면 강인들을 이토록 세부 단위인 種별로 세밀히 나누어 파악할 리 없기 때문이다.

물론 이들은 모두 ㉡에서 규정한 '歸義'에 국한된다. '歸義' 외의 강인은 파악되지 않았을 가능 성이 크다. 다시 말해 모든 군장 휘하의 호를 일률적으로 파악했다는 것이 아니다. 현천치 출토 한간에는 강인의 소송 분규를 다룬 사례가 있는데, 그 마지막 부분에 "相犯徼外, 在赦前, 不治"라 는 〈使者條〉 규정이 보인다.[83] 徼外에서 벌어진 일의 경우 赦令이 내려진 이전의 사건에 대해서는 다루지 않겠다는 내용이지만, 바꾸어 말해 徼內의 羌人들에 대해서는 赦令을 막론하고 관리와 지 배의 대상이 된다는 의미이다. 徼外·塞外와 徼內·塞內의 羌人을 구분하고 徼內에 거주하는 자 들에 대해서는 상기 '歸義' 羌人과 같이 그들을 개별적으로 파악하여 군현지배 안에 편제했다고 생각된다. 이들은 자연히 군현의 호구 수에 포함되었을 것이다. 장가산한간 이년율령에도 徼內와 徼外의 구분은 명확한데, 徼外人이 徼內로 들어와 도적 행위를 했을 경우 腰斬이라는 극단적인 처벌이 가해지는데,[84] 이는 徼內 군장 및 그 휘하 만이에 대해 속죄를 해 주었던 것과 명확히 대비 된다.(후술)

이하 지역을 한대의 巴郡 지역으로 옮겨 군현지배와 군장 질서의 관계를 살펴보자.

㉢ 及秦惠王幷巴中, 以巴氏爲蠻夷君長, 世尙秦女, 其民爵比不更, 有罪得以爵除. 其君長歲出賦二千 一十六錢, 三歲一出義賦千八百錢. 其民戶出賨布八丈二尺, 雞羽三十鍭. 漢興, 南郡太守靳彊請一依秦 時故事.[85]

---

82) 『懸泉置漢簡釋粹』(張德芳·胡平生 編撰, 上海古籍出版社, 2001) 〈歸義羌人名籍〉.
83) 『懸泉置漢簡釋粹』〈案歸何詆言驢掌等謀反冊〉 "……年八月中徙居博望萬年亭徼外歸兩谷, 東與歸何相近, 去年九月中, 驢掌子男芒封與歸何弟封當爭言鬪, 封唐(124簡)以股刀刺傷芒封二所, 驢掌與弟嘉良等十餘人共奪歸何馬廿匹·羊四 百頭, 歸何自言官, 官爲收得馬廿匹·羊五十(26簡)九頭, 以其歸何. 餘馬羊以使者條相犯徼外, 在赦前不治, 疑歸何怨 恚, 詆言驢掌等謀反. 羌人逐水草移徙……(440簡)"(Ⅱ0214①:214·Ⅱ0214①:26·Ⅱ0114③:440)
84) 『二年律令』盜律 61簡 "徼外人來入爲盜者, 要斬. 吏所興能捕若斬一人, 拜爵一級. 不欲拜爵及非吏所興, 購如律."

ⓒ은 巴氏를 蠻夷君長으로 삼고 군장이 휘하의 만이들을 대신해서 1년마다 2016전의 賦를, 그리고 3년마다 義賦 1800전을 내도록 했던 사실을 전해준다. 이것만 보면 군장에 소속된 만이는 군장에게 귀속시킨 것처럼 보이기도 한다. 그렇지만 이어서 '其民'이 戶마다 嫁布와 雞羽를 납부했다는 기록을 보면, 군장 외에 다시 군현과의 종속관계를 맺고 있다는 것을 알 수 있다. 그 앞서 '其民'에게 不更에 준하는 爵을 사여했다는 것도 이들이 군현지배 질서에 편입되었음을 시사한다. 물론 不更이 아니라 그에 준한다고(比) 했기 때문에 군현의 爵的 질서에 곧바로 편입되었다고 보기 힘든 점도 있지만, 죄가 있으면 爵으로 속죄해 주었다는(有罪得以爵除) 기록이 바로 이어지는 것으로 보아 원칙적으로 이들에 대해 爵的 질서를 적용했다고 보아도 대과는 없을 것 같다.

[無大君長]

장가산한간 주헌서 안례 중에는 이것과 매우 유사한 만이의 세역 납부 관련 사례가 있다.[86] 이 내용을 보면, 피고자 南郡 夷道縣 毋憂라는 자가 屯卒로 징집되었다가 도망했지만 다시 붙잡혀온 뒤 재판과정에서 "君長에 속해 있는(有君長) 蠻夷의 경우 매해 賨錢 56전을 납부하면 요역을 면제해 준다"는 蠻夷律을 인용하며 자신의 억울함을 호소하고 있다. 필자는 먼저 피고가 군장에 속해 있다는 점에 주목하고 싶다. 사실 이 안례에서는 毋憂 개인이 56전을 냈는지 아니면 군장이 이를 수합해 대신 냈는지 확실히 알 수 없지만, 군장에 소속된 자로서 56전을 납부했다는 사실만큼은 분명하다.

그런데 毋憂 개인이 납부한 56전과 상기한 ⓒ의 내용이 동일한 규정이라는 지적에 주목해 볼 필요가 있다.[87] 이 지적에 의하면 ⓒ의 2016전은 56전으로 나눌 경우 36명분에 해당되며, 1800전을 다시 36명으로 나누면 50전에 해당된다. 바꾸어 말하면 매해 36명분의 賨錢 56전과 3년마다 36명분의 義賦 50전을 납부했다고 볼 수 있다는 것이다. 사실 南郡蠻이 매년 2016전이라는 금액은 2000전, 3000전 혹은 적어도 1800전처럼 우수리가 없는 概數가 아니다. 구체적 인원이 개입된 계산과정을 거친 결과라고 생각된다. 巴君長이 납부하는 두 개의 납부 액수가 모두 36명분이라는 점은 결코 우연으로 넘길 수 없다.

---

85) 『後漢書』 卷86 南蠻西南夷列傳, p.2841.

86) 『二年律令』 奏讞書 案例 1 "十一年八月甲申朔己丑, 夷道〼 介丞嘉敢〼 獻之. 六月戊子發弩九詣男子毋憂, 告爲都尉屯, 已受致書, 行未到, 去亡. ·毋憂曰: 蠻夷, 大男子, 歲出五十六錢以當徭賦, 不當爲屯, 尉窯遣毋憂爲屯, 行未到, 去亡, 它如九. ·窯曰: 南郡尉發屯有令, 蠻夷律不日勿令爲屯, 卽遣之, 不知亡故, 它如毋憂. ·詰毋憂: 律, 蠻夷男子歲出賨錢, 以當徭賦, 非日勿令爲屯也, 及雖不當爲屯, 窯已遣, 毋憂卽屯卒, 已去亡, 何解? 毋憂曰: 有君長, 歲出賨錢, 以當徭賦, 窯復也, 存吏, 毋解. ·問, 如辭. ·鞫之: 毋憂蠻夷, 大男子, 歲出賨錢, 以當徭賦, 窯遣爲屯, 去亡, 得, 皆審. ·疑毋憂罪, 它縣論, 敢讞之, 謁報. 署獄史曹發. ·史當: 毋憂當腰斬, 或日不當論. ·廷報: 當腰斬."

87) 伊藤敏雄, 「中國古代における蠻夷支配の系譜 -稅役を中心として」, 堀敏一先生古稀記念『中國古代の國家と民衆』, 汲古書院, 1995.

다만 여기에는 南郡蠻의 군장이 납부하는 전체 양이 36명분에 불과하다는 문제가 있다. 36명분의 가능성을 지적한 연구에서도 이 때문에 군장이 통솔하고 있었던 자가 36명이라고 보지 않고, 단지 36명분만 내면 좋다는 일종의 優免 규정이라고 이해했다.[88] 만약 巴氏 군장이 巴中 전체를 통할하는 자였다면 당연히 이렇게 보아야 한다. 그러나 문제는 과연 이 기록에서의 巴氏 군장이 巴中 전체 혹은 南郡蠻 전체를 대표하는 자였는가라는 점이다. 필자는 여기에서의 巴氏 군장이란 巴氏 전체를 대표하는 군장이 아니라 巴氏 성을 가진 혹은 巴氏로 분류되는 종족의 일개 군장으로 이해하고 싶다. 그 증거는 ㉢의 마지막 구절에서 찾을 수 있다. 漢初에 南郡太守 靳彊이 秦에서 실시되었던 巴氏 군장의 고사를 따를 것을 중앙에 請했으므로 일단은 전한에도 巴氏 군장의 동일한 내용이 실시되었다는 것이다. 바로 이 南郡에 해당되는 지역에서 발생한 사건이 상기 주헌서 안례1이다. 그런데 주헌서에는 매년 2016전이라는 전체 금액이 나오는 것이 아니라, 단지 1인당 56전을 납부한다는 내용만이 전한다. 그러므로 남군태수 靳彊이 주목했던 秦時의 고사는 매년 군장이 2016전을 낸다는 사실이라기보다 만이의 군장이 있는 자에게 56전이라는 賓錢을 납부한다는 내용이었다고 보아야, ㉢과 주헌서의 내용을 일관되게 이해할 수 있다. ㉢에서 2016전과 1800전이라는 숫자가 기입된 것은 태수가 그 내용을 중앙에 請할 때 인용한 秦時의 故事가 36명을 통솔한 巴氏의 군장에 대한 내용이었기 때문이었을 것이다. 아마 본래의 문건에는 『후한서』의 ㉢보다 자세하게 기록되어 있었을 터이지만, 2016전과 1800전이라는 숫자 자체가 충분히 56전의 의미를 전달했다고 판단해서 굳이 56전씩 36명분이라는 점을 되풀이하지 않은 결과라고 생각된다. 사실 『후한서』의 전체적인 뜻은 秦時에 만이에 대해 실시했던 우면 조치를 남군에 적용했다는 것인 이상, 그 내용만 전달되면 그뿐이며 모든 내용을 상세히 적을 필요는 없었을 것이다. 이 지역에 거주하는 다른 만이의 사례도 이를 뒷받침한다.

㉣ 板楯蠻夷者, 秦昭襄王時有一白虎, 常從群虎數遊秦蜀巴漢之境, 傷害千餘人. 昭王乃重募國中有能殺虎者, 賞邑萬家, 金百鎰. 時有巴郡閬中夷人, 能作白竹之弩, 乃登樓射殺白虎. 昭王嘉之, 而以其夷人, 不欲加封, 乃刻石盟要, 復夷人頃田不租, 十妻不筭, 傷人者論, 殺人者得以倓錢贖死. 盟曰, 秦犯夷, 輸黃龍一雙. 夷犯秦, 輸淸酒一鍾. 夷人安之.[89]

㉣은 巴郡 板楯蠻의 사례인데, 주목해 두어야 할 것은 이 맹약이 板楯蠻 전체에 대해 적용되었다고 보기 힘들다는 점이다. 맹약 부분만을 떼어내면 秦과 夷만이 언급되었기 때문에 마치 秦의 昭王과 板楯蠻 夷人 전체 사이에 맺어진 규정이라고 보인다. 그런데 맹약을 맺게 된 과정을 보면,

---

88) 伊藤敏雄, 「中國古代における蠻夷支配の系譜」, p.245 ; 中村威也, 「中國古代西南地域の異民族 −特に後漢巴蜀における民と夷について」, 『中國史學』 10, 2000.
89) 『後漢書』 卷86 南蠻西南夷列傳, p.2842.

파군의 閬中夷 중 한 사람에 대해 봉읍을 사여하는 대신 일정한 우면을 약속했던 것이므로, 이를 곧바로 閬中夷 전체 혹은 板楯蠻 전체에 적용된 것으로 보아서는 곤란하다. ㉣을 기록한『후한서』의 注에는『華陽國志』를 인용하여 白虎를 사살한 자가 '巴夷 廖仲 等'이라고 했는데, 이를 근거로 巴夷 전체에 상기 맹약을 실시했다고 보기 힘든 것과 동일한 이치이다. 상기한 ㉢의 巴氏는 巴中지역의 만이이므로 결국 巴氏 군장에 대한 규정㉢과 巴郡 閬夷 규정㉣이 같은 지역의 만이에게 달리 적용되었던 셈이다. 그밖에 강족에 대한 한의 정책을 보아도 일반적으로 종족 내부의 적대관계를 이용하였지, 모든 군장과 동일한 맹약을 맺는 경우는 매우 드물었다. 따라서 ㉣의 규정은 板楯蠻 전체가 아니라 백호 사살의 공을 세웠던 자들의 특정 종족을 대상으로 했을 가능성이 크다. 그렇다면 ㉢의 내용도 ㉣과 마찬가지로 巴中의 만이 전체를 대상으로 한 것이 아니라 36명의 만이를 거느린 巴氏 일개 특정 군장을 대상으로 실시된 것으로 보아도 좋다.

필자는 상기한 ㉢파씨 군장의 사례가『삼국지』東夷傳 濊條에 보이는 '無大君長'과 그 '統主下戶'의 상황, 즉 낙랑군에 편제된 군장질서의 모습을 잘 보여준다고 생각한다. ㉢의 내용이 36명을 통솔했던 巴氏 군장의 사례라는 필자의 추정이 허락된다면, 당시 군현지배에 편입된 군장질서의 규모 또한 매우 작았던 것으로 볼 수 있는데, '無大君長'이란 곧 이를 표현한 것이라고 볼 수 있기 때문이다. 漢代 羌族 사회에 주목한 연구에 의하면, 강족 군장질서의 규모가 의외로 매우 작다는 것을 알 수 있다.[90] 가령 다음과 같은『후한서』西羌傳을 살펴보자.

㉤ 種의 부류가 매우 번잡하고, 君臣 관계가 없으며 서로 상대방을 우두머리로 삼지 않는다. 세력이 강하면 種을 나눠 酋豪를 자처하고, 세력이 약하면 다른 사람에 붙는다. 서로 掠取하며 무력을 숭상한다.[91]

강족의 種類가 무척 많고, 서로 군장을 자처한다는 것으로 보아 일단 그들의 규모가 그다지 크지 않았을 것임을 짐작할 수 있지만, 전한 宣帝 元康3년(B.C.63) 강족의 先零種 및 여러 種들의 연합을 기록하면서 200명 이상의 추장이 모였다는 것이나,[92] 후한 章帝 章和元年(B.C.87) 한이 연회를 위장해 800명 이상의 강족 추장을 주살했다는 사실은[93] 이를 뒷받침한다. 특히 후한 桓帝 延熹7년(B.C.164)에는 강족의 추장 355명이 3000여 落을 이끌고 한에 복속했다는 사실은[94] 1명의 추장이

---

90) 王明珂,『華夏邊緣 –歷史記憶與族群認同』, 臺北:允晨文化, 1997, pp.114-118

91)『後漢書』卷87 西羌傳 p.2869 "種類繁熾. 不立君臣, 無相長一, 强則分種爲酋豪, 弱則爲人附落, 更相抄暴, 以力爲雄"

92)『漢書』卷69 趙充國傳 p.2972 "元康三年, 先零逐與諸羌種豪二百餘人解仇交質盟詛."

93)『後漢書』卷87 西羌傳 p.2882 "逐將種人詣臨羌縣, 紆設兵大會. 施毒酒中, 羌飲醉, 紆因自擊. 伏兵起, 誅殺酋豪八百餘人."

94)『後漢書』卷65 段熲傳 p.2147 "明年春, 羌封僇·良多·滇那等酋豪三百五十五人率三千落詣熲降."

평균 10落만을 거느리고 있다는 것을 말해주는데, 여기서의 落이 野營 단위인 텐트를 의미한다면 그 추장이 통솔하는 자들의 규모가 대단히 작다는 것을 말해준다.[95] 낙랑군의 군장질서를 강족의 그것과 무조건 일치시킬 수 없겠지만, '無大君長'이라는 표현은 이러한 상황을 묘사한 것이라고 보아도 큰 무리는 없을 듯하다.

사실 대규모의 만이를 거느리는 군장이 독립적으로 세력을 확보하고 있었다면, 이들을 군현지배 하에 편제시키는 것은 결코 쉬운 일이 아니다. 하지만 그 반대로 수십 호 정도의 규모라면 군장의 통솔권을 인정하더라도 그 휘하의 만이를 동시에 군현지배에 편호시켜 지배하는데 큰 문제는 없을 것이다.

결국 소규모 군장질서를 인정하면서 군장과 그 휘하의 만이를 모두 군현지배 하에 편제시켰다는 것인데, 그렇다면 소규모의 군장들은 어떤 형식으로 존재했을까? 먼저 다음의 秦簡 기록을 참조해 보자.

ⓗ 臣邦人이 그 主長의 명령을 듣지 않고 夏를 떠나려 해도 이를 허락하지 않는다. 여기서 夏란 무엇인가? 秦屬을 떠나려는 것이 곧 夏를 떠난다는 뜻이다.[96]

군장에 소속된 臣邦人들이 군장의 명령을 어기고 秦의 통치질서 바깥으로 나가려는 것에 대한 규정이다. 바꾸어 말하면 군장질서에서 벗어나는 것을(不安其主長) 곧 秦의 통치질서에서 벗어나는 것으로(去秦屬, 去夏) 이해했다는 것이다. 여기서 臣邦이란 秦에 복속되었으나 군장질서를 온존한 상태를 의미한다.[97] 다시 말해 秦에서 군장에게 그 소속 만이들을 통할하도록 했던 것인데, 이는 곧 『삼국지』 동이전 예조의 '統主下戶'를 연상케 한다. 즉 넓은 평원지역에 농경생활을 하며 마을에 정착한 자들이라면 개별적으로 이들을 편호해야 하겠지만, 만약 畜牧 혹은 半農半牧의 생활 등 상이한 경제생활로 인해 이동이 잦은 자들이라면 개별적 통제가 곤란했을 터이므로 이들을 그 공동체의 군장에게 위임하였던 것이다.

그러나 일단 군현지배에 편입된 이상 군장의 권한은 이전에 비해 크게 제약되었음에 틀림없다. 군장은 자신에게 통솔된 자들을 확보하여 군현지배에 편제할 의무가 지워졌다고 생각된다. 그들의 주요한 임무는 ⓒ과 ⓔ에 나타난 蠻夷의 세역 납부였을 것이다. 특히 ⓒ의 경우처럼 군장은 통솔한 자들의 세금을 모아서 납부하는 중간자 역할을 담당했다고 생각된다. 즉 군장이 배타적으로 자기 휘하의 만이들을 관장하거나 혹은 자의적으로 호구수를 산정하여 세역을 납부하는 것이 아

---

95) 王明珂, 「中國漢代의 羌(三)」, 『長江流域文化研究所年報』 제5집, 2007, p.193에 의하면, 20세기초 티벳인의 기본적 야영단위도 대략 5~80개의 텐트, 평균적으로는 10~15개 텐트에 불과하다고 한다.

96) 『雲夢睡虎地秦簡』 法律答問 176簡 "臣邦人不安其主長而欲去夏者, 勿許. 何謂夏? 欲去秦屬是謂夏."

97) 渡邊英幸, 「秦律의 夏와 臣邦」, 『東洋史研究』 66-2, 2007.

니라, 군장과 휘하의 만이들이 모두 개별적으로 호적에 편입된 상태에서 군현에 의해 산정된 세역을 군장이 대신 수합하여 납부했을 뿐이다. 후한의 금석문「繁長張禪等題名」에서 夷王을 제외한 夷民・夷侯・邑長・邑君이 夷民과 함께 모두 戶로 표현된 것도 이들이 모두 군현의 편호였음을 의미하지만,[98] 앞서 예를 들었던 주헌서 안례1의 사례 역시 이 부분을 잘 보여준다. 蠻夷인 毋憂의 賨錢 56전을 군장이 수합・납부했지만 毋憂는 다시 縣尉에 의해 징집되었는데, 이 과정에는 군장이 전혀 개입되지 않았다. 뿐만 아니라 賨錢 납부로 徭賦가 면제되었지만 이것이 과연 屯卒 징집 면제 사유가 되는지 여부를 둘러싸고 본 사안이 진행되는 동안, 어디에도 毋憂의 군장이 그를 대신해서 대변하는 장면이 나오지 않는다는 사실에 주목해야 한다. 만이 毋憂는 군현에 편호되어 개별적으로 세역 납부의 부담을 졌다는 것이며, 毋憂의 군장은 단지 세금을 수합하는 역할을 담당했을 것이다. 물론 내부의 사소한 다툼 등은 군장의 책임 하에 처리되었을 것이다.[99]

하지만 군현지배로의 복속은 곧 세역 납부 등 적지 않은 경제적 부담을 가져온 것임에 틀림없다면, 그에 상응하는 대응조치도 필요했다. 운몽수호지 진간에는 臣邦의 군장들이 자신의 후계자를 지정할 수 있도록 규정하고 있을 뿐 아니라,[100] 군장에 대한 특별대우를 규정한 부분도 있다.

㉑ 무엇을 鬼薪鋈足이라고 하는가? 무엇을 贖宮이라고 하는가? ●臣邦眞戎君長의 爵이 上造 이상이면 죄를 지어도 속죄해준다. 群盜의 죄를 지었으면 贖鬼薪鋈足로 처벌하고, 腐罪의 죄를 지었으면 贖宮으로 처벌하며, 群盜의 죄에 준하는 다른 죄도 이와 같이 한다.[101]

본래 진률과 한률 모두 5인 이상의 群盜에 대해서는 일반 도적 행위에 비해 매우 엄격하다. 개인의 도적 행위는 절도액이 아무리 많아도 黥爲城旦舂이고,[102] 22전에서 1전까지는 貲一盾정도의 처벌을 받는 반면,[103] 군도의 경우에는 1전 이상만 되어도 '斬左止, 又黥以爲城旦'이라는 극단적인 처벌을 받게 된다.[104] 그런데 상기 ㉑에 의하면 上造 이상의 작을 가진 臣邦의 군장은 贖鬼薪鋈足이라는 輕刑으로 속죄해 주었으며 다른 죄에 대해서도 속죄가 가능하도록 했다. 南郡蠻의 경우 일

---

98) 이성규, 「중국 군현으로서의 낙랑」 p.31.

99) 군장질서의 이러한 모습은 명청시대 이후 근대까지 변경지역에서 촌락을 책임졌던 土司・土官의 사례와 매우 유사하다. 상세한 비교는 次稿를 기대한다. 黎光明・王元輝 著, 王明珂 編校, 『川西民俗調査記錄 1929』, 中央研究院歷史語言研究所, 臺灣, 2004 등 참조.

100) 『雲夢睡虎地秦簡』 法律答問 72簡 "擅殺・刑・髡其後子, 讞之. ●何謂後子? ●官其男爲爵後, 及臣邦君長所置爲後太子, 皆爲後子."

101) 『雲夢睡虎地秦簡』 法律答問 113-114簡 "何謂贖鬼薪鋈足? 何謂贖宮? ●臣邦眞戎君長, 爵當上造以上, 有罪當贖者, 其爲群盜, 令贖鬼薪鋈足; 其有腐罪, 贖宮. 其它罪比群盜者亦如此."

102) 『二年律令』 盜律 55簡 "盜臧直過六百六十錢, 黥爲城旦舂."

103) 任仲赫, 「秦漢律의 罰金刑」, 『중국고중세사연구』 15, 2006, p.7.

104) 『雲夢睡虎地秦簡』 法律答問 1簡 "五人盜, 臧一錢以上, 斬左止, 又黥以爲城旦."

반민도 不更에 준하는 작을 사여하고 속죄가 가능했으며,(ⓒ) 판순만의 경우에도 살인에 대해 금전으로 속죄를 할 수 있었다.(ⓓ)

이상에서 살핀 바와 같이 낙랑군에 편호된 자들 중에는 군장에 통솔된 자들도 포함되있다고 생각된다. 이들은 徼外·塞外의 군장질서와는 달리 歸義의 절차를 거친 뒤 徼內·塞內에 거주하는 자들이었을 것이다. 이들 군장에게는 일정한 통솔권을 인정하였으나 그것은 통치의 편의를 위한 정도에 머물렀을 가능성이 크다. 군장과 그 소속 만이들은 모두 군현에 편호되었으며 군현의 지배 원칙에 의거해 세역 부담을 졌을 것이다. 자연히 군장은 더 이상 국가의 지배를 대신하는 독립적 세력이 아니라 작은 규모에 불과한 이른바 '無大君長'이었다고 생각된다. 이들이 '한족'이 아닌 '원 토착주민'에 속했을 것임은 물론이다.

2. '漢族'의 구성

낙랑군이 설치된 이후 63년이 지난 뒤 '한족'이 전체 인구의 14%를 차지했다는 사실은 점령자의 비율이 '원 토착주민'에 비해 적다는 점에서는 정상적인 사실일 수 있지만, 이 비율을 근현대 시기 점령지배에서 본국인이 진출한 비율과 비교하면 특이한 편이라고 해야 할 것 같다. 일제시대 일본인이 한반도 전체 인구에서 차지하는 비율은 1925년 당시 2.33%에 불과하고, 1944년에도 2.84%에 불과했다.[105] 티벳의 경우 漢族이 전체 인구에서 차지하는 비율도 1990년에 3.68%에 불과했고 그 뒤 한족의 이주가 많이 이루어졌지만 2001년의 조사에서도 5.9%에 머물렀다.[106] 이에 비하면 낙랑목간에 기록된 '한족' 14%는 매우 높은 수치에 속한다. 전체 인구의 14% 즉 약 4만 명에 달하는 '한족'은 어떻게 구성되었을까?

[徙民]

기왕의 연구가 낙랑군의 특수성을 주장했던 주요한 근거 중의 하나는 낙랑군에 대규모 사민이 확인되지 않는다는 점이었다. 대규모 사민이 없었던 이상 낙랑군의 주요 구성원은 기존 고조선 유민이 될 수밖에 없었으므로 이들을 대상으로 한 군현지배는 한대 내군의 형태와는 크게 달랐을 것이라는 입장이다. 그러나 필자가 전고에서 지적했듯이 문헌기록에 한대 서북부 河西 四郡처럼 대규모 사민기록이 보이지 않지만, 秦律 중 만이 지역을 다룬 屬邦律을 보면 낙랑군으로의 소규모 사민 가능성은 충분하다.[107] 이에 의하면 만이 지역의 행정기관인 道官 사이에 隸臣妾과 收人 그리고 그들의 妻가 함께 이주하고 있었음을 알 수 있다.[108] 문헌기록의 대규모 사민도 刑徒, 노비를

---

105) 국가통계포털 http://www.kosis.kr/ 참조.

106) 중국통계청 http://www.stats.gov.cn/tjsj/ndsj/ 참조. 1982년 조사에 의하면 4.85%, 2001년에는 5.9%였다.

107) 金秉駿, 「중국고대 簡牘자료를 통해 본 낙랑군의 군현지배」, pp.155-158.

108) 『雲夢睡虎地秦簡』 屬邦律 201簡 "道官相輪隸臣妾, 收人, 必署其已稟年日月, 受衣未受, 有妻無有. 受者以律續食衣

위주로 이루어질 수밖에 없었던 상황을 고려하면,[109] 이 율령에 규정된 내용이 곧 사민의 범위에 들어간다고 보아도 좋다. 다만 이것은 율령 상의 규정일 뿐 사민의 구체적 사실을 보여주는 것은 아니었는데, 최근 공개된 里耶秦簡의 호적 간독은 그 구체적 사민의 모습을 알려준다.

호북성 용산현 리야진에서 출토된 이 간독은 그동안 진한시대 호적 실물이 발견되지 않았었기 때문에 호적의 형식을 비롯해 노비의 호적 등재 여부 등 그 자료적 가치가 매우 높다.[110] 최근 이 간독을 분석한 이성규 교수는 호주가 모두 不更의 작위를 갖고 그 아들은 역시 모두 上造의 작위를 소지하고 있는 기이한 현상, 또 호주를 표기하면서 모두 '荊'을 부기한 점, 遷陵縣 유지가 고고학적으로 楚系 주민의 이입을 보여준다는 점 등에 주목하여, 이 호적에 기입된 자들이 南陽郡의 '荊人'을 遷陵縣으로 遷徙한 사민들이라는 점을 증명했다.[111] 뿐만 아니라 南陽里 외에도 里耶秦簡에 보이는 竟陵縣 蕩陰里, 遷陵縣 陽陵里·陽成里 등이 각각 河內郡 蕩陰縣, 南陽郡 陽陵縣·陽城縣에서 천사된 사민들로 구성되었기 때문에 천사된 지역과 동일한 명칭을 사용해 里名을 지었다는 흥미 있는 결론을 제시했다. 이 호적 간독에는 단간이 많기 때문에 여기에 포함된 28호의 전체 인구수를 정확히 알 수 없지만, 비교적 완전한 간독의 경우 호당 평균 6~7명이므로 약 200명 정도로 보아도 좋다. 그리고 리야진간 遷陵縣 啓陵鄉 成里의 호수가 27호이므로 南陽里 호적 간독의 28호 역시 1리의 규모라고 보고, 천사된 사민들로 구성된 남양리, 탕음리, 양릉리, 양성리 등 역시 같은 규모라고 한다면, 적어도 대략 1000명 이상의 사민이 이곳으로 천사되었을 것이라고 보아도 좋을 것 같다. 그런데 문헌에서는 어디에서도 秦帝國 시기 이 지역으로 사민이 행해졌다는 기록을 찾을 수 없다. 수만 명을 상회하는 대규모 사민이 아니기 때문에 문헌에 기록되지 않을 가능성이 크다면, 낙랑군의 경우에도 이 정도의 소규모 사민이 실시되었을 가능성은 크다고 생각된다. 河西 四郡은 물론 상기한 남방 지역 등 군현이 막 설치된 初郡의 경우 지역을 막론하고 이런 식의 사민이 이루어졌다면 낙랑군이 특별히 예외가 될 가능성은 많지 않다.

이렇게 사민된 경우 그들의 호적은 새로 거주하게 된 곳으로 이송되어야 한다. 이송이 된 이후 본래 거주했던 곳의 호적은 삭제되었을 것이다. 따라서 이들의 호구수가 호적이 이송된 낙랑군의 인구 통계에 포함되었을 것임은 너무도 당연하다. 낙랑군이 설치된 이후 이곳으로 사민이 이루어졌다면 그들이 '한족' 혹은 '한인'으로 등록될 것임도 분명하다.

반면 현실적으로는 낙랑군에 와서 살고 있지만 이곳의 호적에는 포함되지 않는 경우도 있다. 특히 낙랑군의 한인을 언급할 때마다 자주 군현 설치 이후 부임해 온 長吏 및 기타 屬吏 그리고 병

之. 屬邦."

109) 李成珪,「中國 古代 帝國의 統合性 提高와 그 機制」『中國古代史研究』11, 2004, pp.26~27.

110)『里耶秦簡』K27, K1/25/50, K43, K28/29, K17, K8/9/11/47, K42/46, K30/45, K4, K2/23, K13/48, K36, K3, K5, K38/39, K15, K18, K6, K7, K26, K31/37, K33, K35, K51, K12, K14, K19, K32, pp.203-211.

111) 李成珪,「里耶秦簡 南陽戶人 戶籍과 秦의 遷徙政策」,『中國史學』57, 2008.

사, 상인 등의 존재를 상정하곤 하지만, 이들의 경우 낙랑군 호적에 포함되지 않았다. 윤만한간 중 〈東海郡下轄長吏名籍〉에는 동해군 長吏들의 원래 신분과 임용 원인 등이 그들의 籍貫과 함께 명기되어 있다. 모두 124인의 籍貫을 확인할 수 있는데, 이를 분석한 연구에 의하면 동해군의 장리 임용에서 本縣人은 물론 本郡人도 제외된다는 원칙이 철저히 엄수되었고 동일 郡내에서의 전직도 가급적 피하는 것이 관례였다고 한다.[112] 즉 동해군의 장리들은 자기의 籍貫을 유지한채 다른 郡의 직책으로부터 전직되어 왔다는 것이다. 가령 "下邳令 六安國陽泉 李忠 故長沙內史丞 以捕群盜尤異除"[113]의 예를 들어보면, 원래 長沙內史丞이었던 李忠이 '以捕群盜尤異除'의 원인으로 東海郡 下邳令에 임명되었는데 그의 籍貫은 六安國 陽泉縣이었다는 식이다. 李忠의 전직인 長沙內史丞 시절에도 그의 적관은 여전히 六安國 陽泉縣이었을 것이라면, 그의 임지가 어디였든 그의 호적은 변동되지 않았음을 말해준다. 따라서 호구 집계상 그는 長沙國도 아니고 東海郡도 아니고, 六安國의 호구로 집계되었을 것이다. 수졸의 경우도 마찬가지다. 거연한간이나 돈황한간에서 흔히 확인되는 수졸의 명적에는 그들의 籍貫이 기록되어 있는데, 특히 거연한간의 사례를 분석한 결과 본군인 張液郡 출신 40건 외에는 關東 지역의 21개 郡國에서 징집되었음을 알 수 있다.[114] 이들의 정해진 병역 의무 기간이 끝나면 모두 장리의 책임 하에 자신의 郡國으로 귀환해야 했다.[115] 따라서 이들 또한 張液郡의 인구 통계에는 포함되지 않았을 것이며, 마찬가지로 내군으로부터 왔을 낙랑군의 수졸 역시 호구 집계에는 포함되지 않았다고 보아야 한다. 범죄를 저질러 강제 노역을 하는 경우도 동일하다. 이들의 籍貫은 변하지 않기 때문이다. 리야진간에는 洞庭郡의 某縣에 수졸로 가 있는 陽陵縣 鶏里의 士伍를 본현에서 貲罰 징수를 위해 추적하는 기록이 있는데,[116] 이것 역시 수졸의 적관이 변하지 않는다는 것을 말해준다. 상인이 매매가 끝난 뒤 다른 곳으로 가는 것 또한 당연한 일이다. 그러므로 호적의 이송이 동반되는 사민이 아닌 경우, 비록 낙랑군에 거주하고 있는 '한인'이라고 하더라도 초원4년 낙랑목간의 호구 집계에는 포함되지 않았다고 해야 할 것이다.

---

112) 李成珪, 「前漢 縣長吏의 任用方式 −東海郡의 例」, 『歷史學報』 160, 1998.

113) 『尹灣漢簡』 3正.

114) 李成珪, 「中國 古代 帝國의 統合性 提高와 그 機制」, p.48.

115) 『居延新簡』 EPT 51:15 "制日下丞相御史, 臣謹案令日, 發卒戍田, 縣侯國財令史將二千石官令長吏并將, 至戍田所罷卒還, 諸將罷卒不與起居免削爵."

116) 『里耶秦簡』 J1⑨11 "卅三年三月辛未朔丁酉司空騰敢言之陽陵谿里士五采有?餘錢八百五十二不采戍洞庭郡不知何縣署●今爲錢校券一上謁洞庭尉令署所縣責以授陽陵司空司空不名計問何縣官計付署計年爲報已訾責其家家貧弗能入乃移戍所報署主責發敢言之/四月壬寅陽陵守丞恬敢言之寫上謁報署金布發敢言之/卅四年八月癸巳朔朔日陽陵邀敢言之至今未報謁追敢言之卅五年四月己未朔乙丑洞庭叚(假)尉觸謂遷陵丞陽陵卒署遷陵其以律令從事報之當騰/嘉手●以洞庭司馬印行事敬手"

[亡人]

　　손영종의 글을 포함해 기존의 논의에서는 이들의 상당 부분이 '토착 한인', 즉 군현 설치 이전부터 거주하던 한인계 출신이었을 것이라고 추정했다. 그 중 먼저 秦末 陳勝의 난 이후 혼란을 피해 燕·齊·趙에서 조선으로 도망 왔던 수만 명에[117] 주목하곤 했다. 만약 이들이 '한족'으로 분류되었다면 이 숫자만으로 4만 여명의 '한족'은 매우 간단하게 해결될 수 있을지 모른다. 그러나 서론에서 설명한 바와 같이 '한인'은 한 왕조가 성립된 이후에 성립된 개념이므로 燕·齊·趙로부터의 이민자들을 '한인'이라고 볼 수 없다. 이는 후대에 '한' 왕조의 판도가 결정되고 '만이' 대 '한인'이라는 문화적 정체성 구도가 확정된 이후의 개념이 반영된 것이다. 적어도 고조선 시기에 이들이 스스로를 '한인'이라는 명칭으로 분류하여 호적을 만들지 않았던 이상, 오랜 전쟁을 치룬 적국의 고조선 유민을 혈연적 기원에 의거해 '호한'으로 구분했을 가능성은 없다. 그러므로 필자는 앞에서도 설명했듯이 이들이 비록 한인의 문화와 친숙했다고는 할 수 있을지언정 낙랑군이 설치된 이후 이들이 '한족'으로 분류되었을 가능성은 없다고 생각한다.

　　다음은 한 왕조가 성립한 이후 '한'의 지역에서 도망 왔던 자들의 경우이다. 이들은 본래 '한인'의 신분으로 도망한 자들이기 때문에 첫 번째 경우보다 '한인'으로 일컬어졌을 가능성이 높다. 그러나 이들은 이미 타국으로 도망한 자들이고, 한대 법령에 의하는 한 이들은 적국인과 다름없는 자들이었다. 장가산한간 이년율령에는 亡律과 捕律이 각각 나뉘어 제정되었다는 사실 자체가 亡人에 대해 엄격히 규제하였음을 알려주지만, 徼·塞·關을 넘어간 도망에 대해서는 훨씬 엄격한 처벌을 가했다. 가령 吏民이 도망하여 1년이 넘으면 耐罪에 해당되고 1년에 미치지 않으면 繫城旦春에 해당되며, 公士 이상의 작위 소지자는 도망한 날짜만큼 관부에서의 노동으로 대신할 수 있었다.[118] 그런데 關을 넘는 경우에는 형벌이 크게 달라진다. 진률에는 "邦亡未出徼關亡, 告不審"이라는 기록이 있는데, 그에 대한 처벌로 '爲告黥城旦不審'이라고 되어 있으므로[119] '出徼關亡'의 죄는 黥城旦에 해당된다. 일반적 의미의 도망에 비해 극단적으로 무거운 형벌이다. 돈황한간에 인용된 捕律에는 匈奴外蠻夷로 도망해 간 자는 적군에게 항복한 자와 똑같이 腰斬에 처한다는 규정이 있다.[120] 『한서』 흉노전에도 한과 흉노 사이에 자주 발생하는 도망자들의 문제를 해결하기 위한 조약을 소개하고 있는데, 이 조약은 한과 흉노 양측 모두 塞를 넘지 않도록 하는 약속을 지키지 않으면 살해한다는 엄격한 처벌의 내용을 담고 있다. 진률과 한률 사이에 약간의 형량 차이가 있기는 하지만, 양자 모두 최고의 중형으로 다스린다는 점에서는 동일하다.

---

117) 『三國志』卷30 魏書 東夷傳, p.848 "陳勝等起, 天下叛秦, 燕·齊·趙民避地朝鮮數萬口."

118) 『二年律令』亡律 157簡 "吏民亡, 盈卒歲, 耐; 不盈卒歲, 繫城旦春; 公士, 公士妻以上作官府, 皆償亡日. 其自出也, 笞五十. 給逮事, 皆籍亡日, 軵數盈卒歲而得, 亦耐之."

119) 『雲夢睡虎地秦簡』法律答問 48簡 "告人曰邦亡, 未出徼關亡, 告不審, 論何也? 爲告黥城旦不審."

120) 『敦煌漢簡釋文』釋MC.983 "●捕律亡入匈奴外蠻夷守棄亭鄣逢者不堅守降之及從塞徼外來絳而賊殺之皆要斬妻子耐爲司寇作如."

흥미로운 것은『사기』조선열전에는 한 왕조 성립 이후 고조선이 '所誘漢亡人滋多'라고 했는데, 같은 시기의 법령에 이에 대한 처벌이 전해진다는 점이다. 즉 장가산한간 주헌서 안례3에는 제후국인 齊의 臨淄 獄史 闌이 여자 南을 변장시키고 통행증을 위조하여 '闌出關'하려고 했던 혐의로 고발된 사건을 담고 있다. 이 사건을 맡은 관리들은 여자 南의 경우 '亡之諸侯'의 죄목을 결정했지만, 獄史 闌에게는 '亡之諸侯'한 여자 南을 은익한 죄로 논해야 할지 아니면 '從諸侯來誘'로 처리할지를 두고 의견이 엇갈려 상급심의 판단을 요구했다.[121] 고조선의 '所誘'에 응해 고조선으로 도망한 漢人이 붙잡혔다면 '亡之諸侯'로 城旦舂의 형벌에 엄중히 처해졌을 것임은 분명하다.[122] 이와 같이 한이 성립한 이후 고조선으로 도망한 자는 이러한 중형을 받아야 할 대상자였다. 더욱이 이들은 전국시대에 도망해 온 衛滿 세력과 적절한 융합과정을 거쳤으며,[123] 양자 모두 한 무제의 침략에 맞서 저항했던 세력이었다고 보아야 한다면, 점령 이후 이들을 한족으로 분류할 가능성은 대단히 적어 보인다. 그들은 고조선 유민과 다름 없는 '土人' 혹은 '원 토착주민'으로 편입되었을 것이다. 종종 전한말 郡三老 王閎의 조상인 王仲이 琅邪郡 不其縣 출신으로 전한 文帝 3년 바다를 건너 낙랑지역으로 망명해 왔다는 기록을 들어[124] 이들이 낙랑 訷邯縣에 정착하고 토착화한 한인계라고 하지만,[125] 필자는 위와 같은 이유로 이들이 호적에 '한인'이 아닌 '토인' '원 토착주민'으로 분류되었다고 이해한다.

　　반면 낙랑군이 설치된 이후 도망한 자의 경우는 한 제국 안에서의 도망이므로 상기 '亡之諸侯' 혹은 '闌出關'과는 구별되며, 따라서 이들은 '토인'이 아니라 '한인'이라고 해야 마땅하다. 그렇지만 이들은 한의 법질서를 위반하고 본적지에서 도망한 자이기 때문에 그들이 도망한 곳에서 다시 붙잡혔을 경우 원칙적으로 본적지로 되돌려 보내져야 했다.『한서』고제기에는 진한 교체기에 발생했던 많은 유민들을 모두 본적지 현으로 돌려보내고 그들에게 옛 爵과 전택을 보장해 줄 것을 명령한 조서가 있다.[126] 전한 초기 정치의 안정을 묘사한 기록에는 그 상황을 "文帝와 景帝시기

---

121)『二年律令』奏讞書 案例 3 ●十年七月辛卯朔癸巳, 胡狀·丞憙, 敢讞之. 劾曰: "臨淄獄史闌, 令女子南冠繻冠, 佯病臥車中, 襲大夫虞傳, 以闌, 出關." 今, 闌曰: "南, 齊國族田氏, 徙處長安. 闌, 送行, 娶爲妻, 與偕歸臨淄. 未出關, 得." 它如劾. ●南言, 如劾及闌. ●詰闌: "闌非當得娶南爲妻也. 而娶以爲妻, 與偕歸臨淄. 是闌, 來誘及姧. 南, 亡之諸侯. 闌, 匿之也. 何解?" 闌曰: "來送南, 而娶爲妻, 非來誘也. 吏以爲姧及匿南. 罪, 毋解." ●詰闌: "律所以禁從諸侯來誘者, 令它國毋得娶它國人也. 闌, 雖不故來, 而實誘漢民之齊國. 卽從諸侯來誘也. 何解?" 闌曰: "罪, 毋解." ●問, 如辭. ●鞫: "闌, 送南, 娶以爲妻, 與偕歸臨淄, 未出關, 得, 審." 疑闌, 罪. 繫. 它縣論. 敢讞之. ●人婢淸, 助趙邯鄲城, 已卽亡, 從兄趙地, 以亡之諸侯論. 今, 闌來送徒者, 卽誘南. ●吏議: "闌與淸同類. 當以從諸侯來誘論." 或曰: "當以姧及匿黥舂罪論." 十年八月庚申朔癸亥, 太僕不害, 行廷尉事, 謂: "胡嗇夫, 讞獄史闌. 讞, 固有審. 廷, 以聞, 闌, 當黥爲城旦, 它如律令."

122)『漢書』卷44 淮南厲王傳, p.2139 "亡之諸侯, 游宦事人, 及舍匿者, 論皆有法."

123) 高久健二,『樂浪古墳文化硏究』, 학연문화사, 1995 ; 오영찬,『낙랑군 연구』참조.

124)『後漢書』卷76 王景傳 p.2464 "王景字仲通, 樂浪?邯人也. 八世祖仲, 本琅邪不其人. 好道術, 明天文. 諸呂作亂, 齊哀王襄謀發兵, 而數問於仲, 及濟北王興居反, 欲委兵師仲, 仲懼禍及, 乃浮海東奔樂浪山中, 因而家焉."

125) 權五重,「樂浪 王調政權 成立의 國際的 環境」.

까지 유민이 되돌아가서 호구가 증식되었다"는 말로 대신했다.[127] 전한 무제기 관동지역에서 대규모 유민이 발생하자 신하들이 이들 중 호적이 있는 자는 모두 귀환시키고 호적이 없는 자들의 경우에 한해 변경으로 사민 시킬 것을 주장했지만 허락되지 않았는데,[128] 이것 역시 호적이 있는 자의 경우는 호적이 있는 곳으로 되돌려 보내는 방침이 변하지 않았음을 뜻한다. 昭帝시기에 이르러 이들 유민이 점차 되돌아가기 시작했지만 모두 귀환한 것은 아니라는 지적들[129] 역시 기본 원칙이 이어지고 있음을 알 수 있다.

그런데 宣帝시기에 들어오면서 이러한 귀환 방침에 약간의 변동이 생겼다. 地節 3年(B.C. 67) 여전히 귀환조치를 유도하기 위해 유민에게 公田 및 藪澤을 假與하며 種食을 貸與한 후 일정 기간 세역을 면제하는 정책을 반포하면서도,[130] 이와 동시에 현지에서 유민들을 招集하여 정착시키는 정책도 동시에 장려하기 시작했다. 그 대표적 사례는 地節 3년 宣帝가 膠東國의 相 王成이 유민 8만 여명으로 하여금 招集하여 호적에 自占토록 하여 포상을 받았던 사건이다.[131] 前漢末 元始2년(A.D.2) 교동국의 인구가 323,331명이었고,[132] 영역 규모도 크게 바뀌지 않았다면 약 70년의 기간을 감안하더라도 당시 교동국 인구에서 유민이 차지하는 비율은 상당히 높다고 하지 않을 수 없다.[133] 물론 나중에 이것이 허위보고라는 점으로 밝혀졌지만, 선제가 당시 이런 식의 유민 확보책을 인정하고 장려했다는 것임에는 분명하다. 전한 시기 지방관의 치적 중 유민의 귀환 정착이 중요한 항목이 된 것도 선제 이후의 지방관에 해당된다.[134] 각 지역에서 도망 유민들을 본적지로 돌려보내지 않고 그 지역의 호구로 등록시켰던 또 하나의 결정적 사례는 윤만한간에서 찾을 수 있다. 윤만한간 集簿에 따르면, 호수의 경우 266,290호로서 전해보다 2629호 증가했는데 그 중 11662호가 獲流에 의한 것이고, 인구수의 경우 1397343명으로서 그 중 42752명이 獲流에 의한 것이라고 기록하고 있다. 호수의 경우는 전체 호수의 약 4.4%에 달하고, 인구수는 전체의 3.1%에 이른다. 膠東相 王成의 사례에는 미치지 못하지만, 이 획류를 제외하면 오히려 전해에 비해 인구가 감소한

---

126) 『漢書』 卷1下 高帝紀下 p.54 "詔曰, 諸侯子在關中者, 復之十二歲, 其歸者半之, 民前或相聚保山澤, 不書名數, 今天下已定, 令各歸其縣, 復故爵田宅, 吏以文法教訓辨告, 勿笞辱, 民以飢餓自賣爲人奴婢者, 皆免爲庶人, 軍吏卒會赦, 其亡罪而亡爵及不滿大夫者, 皆賜爵爲大夫, 故大夫以上賜爵各一級, 其七大夫以上, 皆令食邑, 非七大夫以下, 皆復其身及戶, 勿事."

127) 『漢書』 卷16 功臣表 p.528 "故逮文·景四五世間, 流民旣歸, 戶口亦息."

128) 『漢書』 卷46 石慶傳 p.2197 "元封四年, 關東流民二百萬口, 無名數者四十萬, 公卿議欲請徙流民於邊以適之."

129) 『漢書』 卷24上 食貨志 p.1141 "至昭帝時, 流民稍還, 田野益闢, 頗有畜積.";『漢書』 卷60 杜延年傳 p.2664 "數爲大將軍光言, 年歲比不登, 流民未盡還."

130) 『漢書』 卷8 宣帝紀 p.49 "流民還歸者, 假公田, 貸種·食, 且勿算事."

131) 『漢書』 卷89 王成傳 p.3627 "今膠東相成, 勞來不怠, 流民自占八萬餘口, 治有異等之效. 後詔使丞相御史問郡國上計長吏守丞以政令得失, 或對言前膠東相成僞自增加, 以蒙顯賞, 是後俗吏多爲虛名云."

132) 『漢書』 卷28下 p.1634 "膠東國, 戶七萬二千二, 口三十二萬三千三百三十一."

133) 葛劍雄, 『中國人口史』, 第1卷 導論·先秦至南北朝時期, 復旦大學出版社, 2005, p.391.

134) 李成珪, 「虛像의 太平: 漢帝國의 祥瑞와 上計의 造作」, p.138.

셈이므로 문책을 피하기 위해서라도 王成과 같은 增飾이 불가피했을 것이다. 그렇지만 그 숫자의 다과에 과장이 포함되었다고 하더라도 이러한 獲流가 공식적인 上計 문서에 포함될 수 있을 정도로 공식화되었다는 사실은 부인할 수 없다.

여기서 「樂浪郡初元四年縣別戶口多少□□」木簡의 제작 시점이 상술한 유민에 대한 정책 변화의 시점보다 뒤에 위치한다는 것이 주목된다. 즉 膠東相 王成이 유민을 귀환시키지 않고 해당 지역에서 등록시켜 포상을 받은 시점이 宣帝 地節 3년(B.C.67)인데, 이 낙랑목간은 그로부터 22년이 지난 初元 4년(B.C.45)에 해당된다. 따라서 낙랑목간의 호적이 작성되는 시점에 낙랑군에서도 동일한 방식의 獲流가 이루어져 이들의 호구수가 전체 집계에 포함되었을 것임은 어렵지 않게 추측할 수 있다. 물론 이들도 한률에 의하는 한 처벌 대상임에는 틀림없지만, 상술한 정책의 변화와 함께 적절한 법적 절차 즉 사면을 받는 형식으로 漢人으로 호적에 등록되었을 것이다.

[通婚을 통한 轉換]

'한족'과 '원 토착민'의 구분은 절대 고정적인 것은 아니었다. 다음과 같은 운몽수호지 진간의 조문에 주목해 보자.

眞臣邦君公이 죄를 지었는데, 그 죄가 耐罪 이상이면 贖하도록 한다. 여기서 眞이란 무엇인가? 臣邦의 父母가 아이를 낳거나 它邦에서 출산하면 眞이라고 한다. 무엇을 夏子라고 하는가? 臣邦의 아버지와 秦의 모친이 낳은 아이를 말한다.[135]

이 조문에는 단지 眞臣邦人와 夏子의 경우만을 설명했기 때문에, 다른 경우의 수에 대해 어떻게 분류해야 할지에 대해 논의가 진행되어 왔다.[136] 그렇지만 필자는 眞과 夏의 설명방식에 주목하면 이 조문이 지향하는 바를 어렵지 않게 이해할 수 있다고 본다. 먼저 秦과 臣邦 및 它邦이라는 지역적 개념 외에 편호민을 구분하는 방식으로 眞과 夏라는 두 가지 개념이 존재했음을 알 수 있다. 그 중 夏에 대해서는 臣邦父와 秦母가 낳은 경우만을 언급하고 秦父와 臣邦母, 혹은 秦父와 秦母가 낳은 경우를 언급하지 않지만, 秦이 가부장적 사회라고 한다면 秦母의 자식을 夏라고 한 이상 秦父의 자식도 夏라고 했음은 틀림없다.[137] 夏에 대응하는 眞의 경우를 臣邦의 父母 자식이라고만 규정한 것도 그 밖의 경우는 夏의 범위에 속한다는 것을 암시한다. 夏에 대한 설명을 臣邦父

---

135) 『雲夢睡虎地秦簡』 法律答問 177簡 "眞臣邦君公有罪, 致耐罪以上, 令贖. 何謂眞? 臣邦父母産子及産它邦而是謂眞. ●何謂夏子? ●臣邦父·秦母謂也."

136) 이 논의에 대해서는 渡邊英幸, 「秦律の夏と臣邦」, 『東洋史研究』 66-2, 2007 참조.

137) 飯島和俊, 「戰國秦の非秦人對策 −秦簡を手掛りとして見た戰國秦の社會構造」, 『中村治兵衛先生古稀記念東洋史論叢』, 刀水書房, 1986.

와 秦母의 사례로 설정한 것은 가장 불확실한 경우를 夏로 규정함으로써 나머지 秦父와 秦母, 秦父와 臣邦母의 결혼은 마땅히 夏로 설정된다는 점을 표현한 것이라고 생각된다. 眞과 夏 사이에 다른 구분이 언급되지 않은 상태에서 臣邦과 秦의 통혼을 가정한 이상 결국 네 가지의 경우의 수를 상정할 수 있는데, 그 중 세 가지의 경우가 夏에 속하게 된다는 것을 규정한 셈이다. 이는 秦의 지향점이 夏의 확대에 있었다는 점을 의미한다.[138]

臣邦을 夏로 전환시키려는 노력은 법령 규정에 그치지 않는다. 본장 1절에서 인용한 ⓒ의 南郡蠻 기록에 의하면, 秦代 蠻夷 君長은 대대로 秦女를 맞아들이도록 했다.(世尙秦女) 따라서 秦律에 의하는 한 巴氏 군장의 자식은 공식적으로 夏에 속하게 된다. 또 일단 그 자식이 아들이라면 그가 夏에 속하는 한 부계질서의 원칙 상 배우자가 秦女이든 臣邦女이든 그 자식은 역시 夏에 속하게 될 것이다. 그 자식이 여자일 경우일 경우 비록 秦律에 夏女의 결혼에 대해서 언급이 없지만, 眞과 夏 이외의 다른 구분이 없고 秦女가 夏女의 범위에 들어가는 이상 그녀가 秦父를 맞이하건 臣邦父를 맞이하건 그 자식도 夏에 속할 가능성이 매우 크다. 이렇듯 한 번의 통혼만으로도 夏의 범위는 크게 확대될 수 있다. 그런데 남군만의 사례처럼 만이 군장에 대한 '世尙秦女'의 정책이 대대로 지속되었다면, 그만큼 夏의 범위는 더욱 커져갔다고 보아도 좋을 것이다. 물론 만이가 과연 스스로 夏로 인식했는지 아니면 자신의 종족 관념을 유지했는지 알 수 없지만, 중요한 점은 그들의 자아 인식이 무엇이었든 간에 국가의 호적 편제 과정에서 이들이 夏로 편제되었고 그 범위는 점차 확대되었을 것이라는 점이다.

현재로서는 낙랑군에서 南郡蠻의 巴氏와 같은 '世尙秦女'의 정책이 강제적으로 시행되었는지 확인할 수는 없다. 다만 한대 만이정책 중 하나의 특징은 만이를 한인과 雜處시킨다는 것이었고,[139] 낙랑군의 경우에도 '한족'과 '원 토착주민'을 분리 거주시키지 않았던 이상 자연스러운 雜居가 불가피했으리라 생각된다. 이러한 상황에서 양자 간의 통혼이 이루어졌을 가능성을 상정하는 것도 큰 무리는 없을 것 같다. 특히 낙랑군 설치 이전에 한으로부터 도망온 유민들은 낙랑군 설치된 직후 당연히 '원 토착주민'으로 분류되었을 것이지만, 소위 문화적 친연성을 가정할 수 있다면 이들과 '한족'의 통혼은 충분히 가능한 일이었을 것이고 그 결과 통혼 이후 '한족'으로 분류되었을 수도 있다고 생각된다.

이상에서 살펴본 바와 같이 낙랑목간에 기입된 14%의 '한족'은 일차적으로 낙랑군 설치 이후 소규모의 사민에 의해, 그리고 무제 말기 이후 발생한 다량의 유민들이 선제 초기 이후 유민의 획

---

138) 渡邊英宰, 「秦律の夏と臣邦」, pp.182-183.

139) 『史記』 卷113 南越列傳 p.2967 "南越王尉佗者, 眞定人也, 姓趙氏. 秦時已幷天下, 略定楊越, 置桂林·南海·象郡, 以謫徙民, 與越雜處十三歲.";『後漢書』 卷87 西羌傳 p.2878 "建武九年, 隗囂死, 司徒掾班彪上言, 今凉州部皆有降羌, 羌胡被髮左衽, 而與漢人雜處, 習俗介旣異, 言語不通, 數爲小吏黠人所見侵奪, 窮恚無聊, 故致反叛, 夫蠻夷寇亂, 皆爲此也." 등.

류 허용 방침으로 인해 호적에 등록되었을 가능성이 크다. 다만 그 밖에도 '원 토착주민'을 통혼과 같은 방식에 의해 '한족'으로 전환하는 정책도 중요한 요인으로 작동하고 있었다고 추정된다. 적어도 진한시대의 원칙은 '한족'과 '원 토착주민'을 종족적으로 구분하고 이들을 종족적으로 융합하지 않았던 것이 아니라, 이들을 가능한 '하' 혹은 '한족'의 범위로 끌어들이려고 했다는 것이다.

Ⅳ. 결론

본고는 평양에서 출토된 「樂浪郡初元四年縣別戶口多少□□」 낙랑목간을 소재로 낙랑군 설치 초기 편호 과정을 검토해 보았다. 초원4년 낙랑목간의 내용이 아직 모두 공표된 것이 아니지만, 낙랑군의 縣別 인구가 집계되었던 것은 분명한 만큼 이 목간의 존재 자체가 낙랑군의 호적 작성 사실을 충분히 뒷받침해 준다. 필자는 낙랑군의 호적 작성 과정이 같은 시기 내군에서의 작성 방식과 유사할 것이라는 전제 하에, 진한시기 호적 작성과 관련한 법령 조문 그리고 里·鄕·縣·郡별로 호구수가 집계되었던 사례를 중국 출토 간독자료에서 추출하여, 낙랑군에서의 호적 작성과 집계 과정을 복원하였다. 호적은 1년에 한 번 8월에 작성되며, 본인이 직접 출두하여 신고하는 형식을 취한다. 민의 거주단위인 里에서는 신고의 정확성을 보증하는 책임을 져야 하지만, 정작 호적이 작성되는 행정단위는 鄕이었다. 호적이 鄕에서 작성된 후 그 부본은 縣으로 이송되지만 호적을 관리하는 것은 여전히 鄕에서 담당했다. 호적과 함께 年籍, 田籍이 동시에 작성되는데 이것들은 民에 대한 세역 징수의 기초 자료가 되었다. 호 단위의 호적이 작성되면 곧 각 행정단위별로 호구수의 집계가 이루어진다. 鄕에서는 그 하급단위인 里별 집계가, 縣에서는 鄕별 집계가, 郡에서는 縣별 집계가, 중앙에서는 郡별 집계가 행해지는데, 지금까지 출토된 간독자료 중에는 각 단계에 해당하는 간독을 확인할 수 있다. 집계의 목적 역시 단위별 징수한 세역의 양을 확인하고 점검하기 위한 것이었다. 낙랑군에서도 동일한 과정이 실시되었고, 초원4년 낙랑목간은 그 결과라고 보아 틀림없다.

초원4년 낙랑목간에는 縣별 호구수와 함께 '한족'과 '원 토착주민'의 구분이 기입되었다. 그리고 그 비율은 14%:86%였다. 본고에서는 초원4년 낙랑 호적에 편호된 '원 토착주민'과 '한족'이 어떻게 구성되었는지를 살펴보았다. 특히 원봉3년 낙랑군이 설치되었을 상황을 상정하고 이때에 편호되었을 여러 부류에 대해 편호되었는지 여부와 편호되었다면 '원 토착주민'과 '한족' 어느 쪽으로 기입되었을 것인지를 분석해 보았다. 전체 인구의 86%에 달하는 '원 토착주민'에는 먼저 고조선 호적에 편제되었던 자들이 속했을 것이며, 이들은 소위 고조선계와 한인계를 막론하고 모두 '원 토착주민'으로 분류되었을 것이다. 이와는 달리 군장에 의해 통솔된 자들의 경우에는 귀의하여 塞內에 거주하고 있는 자들과 독립적 세력을 유지한 채 새외에 거주한 자들로 구별되는

데, 전자에 대해서는 적극적인 편호지배를 추진했다. 일단 귀의한 군장과 그 휘하 만이들에게는 일정한 優免 조치를 취하면서도 모두 호적에 등록하고 법령에 규정된 律令과 爵의 질서를 적용했다. 즉 군장에 소속되어 있기는 하지만 동시에 군현지배의 세역 징수를 비롯한 각종 부담을 져야 했다. 또 군현지배에 편입된 군장질서는 그 규모가 매우 작았으며 군장은 휘하 구성원의 세금 수합 및 노역 징발을 책임져야 했다. 반면 기존의 연구와 달리 14%라는 많은 부분을 차지하는 '한족'에는 낙랑군 설치 이후 시행된 소규모 사민이 포함되었을 것이다. 그러나 長吏·戍卒·상인과 같이 일시적으로 거주했던 자들은 호구 통계에 포함되지 않았다. 유민의 경우 낙랑군 설치 이전에 도망해 온 자들은 고조선 유민으로 파악되어 일정한 행정절차를 거친 이후 '원 토착주민'으로 분류되었을 것이지만, 낙랑군 설치 이후 도망온 자들은 전한 선제 이후 유민에 대한 정책의 변화를 계기로 낙랑군 지역의 호적에 '한족'으로 등록되었다고 추정된다. 한편 더 중요한 것은 '원 토착주민'과 '한족'의 신분이 고정된 것이 아니라, 통혼 정책과 같은 방식으로 점차 '한족'으로의 전환이 꾀해졌다는 점이다.

본고의 논증 과정에서 드러난 바와 같이 '낙랑군이 설치된 이후 호한이 稍別했다'는 의미는 점령지역에 대한 임시적 세역의 우면조치를 시행하기 위해 호적에 기입된 것이었다. 낙랑목간에 '호한'이 아니라 '한족'과 '원 토착주민'이라는 방식으로 주민을 구분한 것이 곧 '호한초별'이 종족적 구별이 아니라 점령자와 피점령자를 구별했던 것이었음을 잘 알려준다. 한편 진한제국의 군현지배의 궁극적 목적은 사민이나 획류의 방식을 동원하는가 하면 적극적 통혼 정책 등을 활용하여 '한족'의 확대를 꾀하는 것이었다. 진한시대 점령지에 대한 초기 정책은 즉각적인 저항을 피하기 위해 적절한 세역상의 우면 조치를 취하는 방식으로 나타났지만, 그들이 지향했던 것은 가능한 많은 만이를 '한'의 범위로 전환시켜 初郡의 시점에서 양보한 세역 우면 조치 대신 이들에 대한 지배를 강화하는 것이었다. 물론 이러한 지배 강화는 종종 일부 점령지의 저항을 불러일으켰지만, 동시에 이러한 저항은 진한시대 점령지 정책이 이원적 종족적 지배가 아니라 일원적 편호지배를 지향하고 있었음을 알려준다.[140] 낙랑군의 군현지배는 이러한 제국 전체의 입장과 동일했던 것으로 보아야 하며, 초원4년 낙랑목간 역시 그러한 과정의 반영이라고 생각된다. 물론 각 지역이 직면했던 현실적 문제에 따라 군현지배의 구체적 모습이 다양하게 나타났다는 것은 분명하지만, 현상적인 '호한' 구별의 상황을 군현지배의 궁극적 지향과 혼돈해서는 안 된다고 생각한다.

투고일 : 2008. 4. 11   심사개시일 : 2008. 4. 13   심사완료일 : 2008. 5. 17

---

140) 金秉駿, 「중국고대 簡牘자료를 통해 본 낙랑군의 군현지배」, pp.152-153.

高久健二, 『樂浪古墳文化研究』, 학연문화사, 1995

권오중, 「樂浪 王調政權 成立의 國際的 環境」, 『歷史學報』 196, 2007

김병준, 「중국고대 簡牘자료를 통해 본 낙랑군의 군현지배」, 『역사학보』 189, 2006

김병준, 「낙랑군 연구의 새로운 이해 틀, '낙랑인'」, 『한국고대사연구』 48, 2007

손영종, 「낙랑군 남부지역(후의 대방군지역)의 위치 – '락랑군 초원4년 현별 호구다소□□' 통계
　　자료를 중심으로」, 『력사과학』 198, 2006

손영종, 「료동지방 전한 군현들의 위치와 그후의 변천(1)」, 『력사과학』 199, 2006

오영찬, 『낙랑군 연구 –고조선계와 한계의 종족 융합을 통한 낙랑인의 형성』, 사계절, 2006

윤용구, 「새로 발견된 낙랑목간 –樂浪郡 初元四年 縣別戶口簿」, 『한국고대사연구』 46, 2007

이성규, 「里耶秦簡 南陽戶人 戶籍과 秦의 遷徙政策」, 『中國學報』 57, 2008

이성규, 「前漢 縣長吏의 任用方式 –東海郡의 例」, 『歷史學報』 160, 1998

이성규, 「中國 古代 帝國의 統合性 提高와 그 機制」, 『中國古代史研究』 11, 2004

이성규, 「중국 군현으로서의 낙랑」, 『낙랑문화연구』, 동북아역사재단, 2006

이성규, 「中華帝國의 膨脹과 縮小」, 『歷史學報』 186, 2005

이성규, 「秦의 地方行政組織과 그 性格」, 『東洋史學研究』 31, 1989

이성규, 「虛像의 太平: 漢帝國의 祥瑞와 上計의 造作」, 『古代中國의 理解』 4, 지식산업사, 1998

임중혁, 「秦漢律의 罰金刑」, 『中國古中世史研究』 15, 2006

전효빈, 「走馬樓吳簡 倉庫의 物資管理體系」, 『東洋史學研究』 99, 2007

葛劍雄, 『中國人口史』, 第1卷 導論·先秦至南北朝時期, 復旦大學出版社, 2005

高恒, 「秦律中的徭·戍問題」, 『秦漢法制論考』 廈門大學出版社, 1994

卜憲群, 「從簡帛看秦漢鄉里的文書問題」, 中國古中世史學會 第3回 國際學術討論會 〈古代 中國의
　　公·私文書 流通과 帝國秩序〉 發表文, 2008.05.

黎光明·王元輝 著, 王明珂 編校, 『川西民俗調查記錄 1929』, 中央研究院歷史語言研究所, 臺灣, 2004

連雲港市博物館等, 『尹灣漢墓簡牘』, 中華書局, 1997

王明珂, 「中國漢代の羌(三)」, 『長江流域文化研究所年報』 第5輯, 2007

王明珂, 『華夏邊緣 –歷史記憶與族群認同』, 臺北:允晨文化, 1997

汪小烜, 「走馬樓吳簡戶籍初論」, 北京吳簡研究班 編, 『吳簡研究』 第1輯, 崇文書局, 2004

張德芳·胡平生 編撰, 『懸泉置漢簡釋粹』, 上海古籍出版社, 2001

張俊民, 「散見"懸泉漢簡"」, 『敦煌學輯刊』 1997–2

陳爽, 「走馬樓吳簡所見奴婢戶籍」, 北京吳簡研究班 編, 『吳簡研究』 第1輯, 崇文書局, 2004

陳偉, 「秦蒼梧・洞庭二郡芻論」, 『歴史研究』 2003-5

蔡萬進, 『張家山漢簡《奏讞書》研究』, 廣西師範大學出版社, 2006

天長市文物管理所・天長市博物館, 「安徽天長西漢墓發掘簡報」, 『文物』 2006-11

荊州博物館, 「湖北荊州紀南松柏漢墓發掘簡報」, 『文物』 2008-4

渡邊英幸, 「秦律の夏と臣邦」, 『東洋史研究』 66-2, 2007

鈴木直美, 「里耶秦簡にみる秦の戸口把握 −同居・室人再考」, 『東洋學報』 89-4, 2008

鈴木直美, 「前漢初期における奴婢と戸籍について」, 池田雄一 編, 『奏讞書 −中國古代の裁判記録』, 刀水書房, 2002

飯島和俊, 「戰國秦の非秦人對策 −秦簡を手掛りとして見た戰國秦の社會構造」, 『中村治兵衛先生古稀記念東洋史論叢』, 刀水書房, 1986

富谷至, 「連坐制とその周邊」, 林巳奈夫編, 『戰國時代出土文物の研究』, 京都大學人文科學研究所, 1985

石岡浩, 「戰國秦の良民の〈大〉〈小〉區分と身長6尺 −未成年に科す實刑と未發達な贖刑制度の關係」, 『法史學研究會會報』 11, 2007

伊藤敏雄, 「中國古代における蠻夷支配の系譜 −税役を中心として」, 堀敏一先生古稀記念『中國古代の國家と民衆』, 汲古書院, 1995

町田隆吉, 「長沙吳簡よりめた〈戸〉について −三國吳の家族構造に關する初歩的考察」, 『長沙吳簡研究報告』 第3輯, 2007

早稻田大學漢簡研究會, 「秦漢交替期のはざまで −江陵張家山漢簡『奏讞書』を讀む」, 『中國出土資料研究』 第5號, 2001

中村威也, 「中國古代西南地域の異民族 −特に後漢巴蜀における民と夷について」, 『中國史學』 10, 2000

鷲尾祐子, 「漢初の戸について−〈二年律令〉を主な史料として」, 富谷至 編, 『江陵張家山二四七號墓出土漢律令の研究 −論考篇』, 朋友書店, 2006

〈中文提要〉

乐浪郡初期编户过程与'胡汉稍别'
-「乐浪郡初元四年县别户口多少□□」木简为线索-

金秉骏

2006年我们接触了平壤出土乐浪简牍上写的简单内容。据北朝鲜学者所介绍、简牍标题是〈乐浪郡初元四年县别户口多少〉。基本内容涉及到乐浪郡二十五个县的户数以及口数。虽然这片简牍还没有全面公布、但公布的有些数字包含有关乐浪郡初期的珍贵信息。第一、这枚简牍是在西汉宣帝初元四年(公元前45年)做成的。因为在西汉武帝元封三年(公元前108)设置了乐浪郡、与初元四年乐浪简牍有六十三年的时间差异。我们能够了解到乐浪郡初期这六十三年间的控制情况。同时这个简牍上的人口统计与《汉书地理志》的统计有四十七年的时间差、由此能够看到西汉晚期乐浪郡的变化。第二、简牍上记录了乐浪郡二十五个县的户口数。虽然公布的数字有限、我们也可以就此大致推测乐浪郡直辖地区和南部都尉、东部都尉地区之间的差异等。特别、东部都尉各个县的户数要比我们的想象更少、大概是二百七十九户至一千三百五十七户。第三、除了户口数以外、这枚简牍上揭示了'汉族'和'元土著住民'的分别以及各个全人口的比率。本文比较侧重于第三个问题。《三国志》东夷传曰、"汉武帝伐灭朝鲜、分其地为四郡、自是之后、胡汉稍别"。许多学者以这段记载强调乐浪郡的种族支配论。不过、本人认为汉代国家支配的目标并不在于种族分歧。乐浪郡的'胡汉稍别'也只是户籍上的差异、以表示税役负担上的不同。乐浪简牍上的'汉族'和'元土著住民'就支持了这种观点。因为'元土著住民'并不是种族的观点、而是区分了占领者和被占领者的概念。本人以为'胡汉稍别'的'胡汉'也有同样的概念。基于以上的观点、本文以〈乐浪郡初元四年县别户口多少〉简牍为线索探讨乐浪郡初期编户过程。首先、利用汉代其他地区出土的简牍、本人以求复原乐浪郡初期的制作户籍的过程。然后、考虑到人口比率上百分之十四的'汉族'和百分之八十六的'元土著住民'的问题、试析了各个成分以及其特征。最后、本人探讨了乐浪郡编户过程的意义。

▶ 关键词 : 乐浪、「乐浪郡初元四年县别户口多少□□」、平壤、户籍、编户、胡汉、汉族、土人

일본 고대 목간의 계보
- 한국 출토 목간과의 비교검토를 통하여 -

三上喜孝*

〈국문초록〉

　　본고는 일본 고대목간의 계보를 더듬어 찾고자 하는 관점에서 한국의 출토목간에 주목하고, 양자를 비교 검토함으로서 그 특질을 부각시키는 것을 목적으로 한다. 우선 기록간에 주목하면, 첫머리에 날짜를 기입하고 그 아래 인명에 할주를 나란히 쓰는 기재양식이, 한국출토의 6세기 목간과 일본의 7세기 목간에 공통적으로 나타나고 있다. 또한 목간에 보이는 독특한 용자법도 한국 출토목간과 일본의 7세기 목간에 공통적으로 확인된다. 더욱이 『논어』를 기재한 목간이 한국과 일본에서 출토하고 있는 사실은, 『논어』가 백제에서 자져온 것이라고 하는 『고사기』의 전승과 아울러, 문자문화의 수용이 한반도로부터 비롯되었다는 당시 사람들의 인식을 나타내고 있다

　　한국 출토목간과 일본 고대목간을 비교하면, 7세기의 지방목간과 많은 공통점을 보이고 있는 것을 확인할 수 있다. 가장 현저한 것이 近江지역(현재 滋賀현)에서 출토된 7세기 목간이다. 한자를 일본어의 어순으로 나열해서 기록한 西河原森ノ内遺跡 출토목간은 한국의 壬申誓記石에서 볼 수 있는 문체를 상기시킨다. 湯ノ部遺跡 출토의 『牒』 문서양식을 가진 목간은 6세기대로 추정되는 신라 月城垓子 출토 목간인 『牒』목간의 계보를 이어받는 것으로 봐도 좋다. 7세기 近江지역 출토

* 日本 山形大學 人文學部 准教授

의 목간과 한국 출토목간 사이에 이러한 공통성이 보이는 배경에는, 이 지역이 한반도의 도래인이 집주하고 있었던 것과 관련이 있지만, 단지 이것이 近江지역만의 특수성이라고 볼 수는 없다. 일본 고대사회에서 목간이 왕성히 사용된 것은 같은 시기에 한반도에서 목간이 사용되고 있었던 사실과 밀접하게 관련되어 있다. 열도에 문자문화를 가져온 도래인이 그와 동시에 목간에 의한 정보 전달기술도 가져온 결과, 정보 전달매체로 목간의 유효성이 확인되고 일본의 율령국가 통치기술의 하나로서 커다란 역할을 하게 된 것이다.

▶ 핵심어 : 일본고대목간, 기록간, 문서목간, 고대近江지역, 도래인

Ⅰ. 들어가며

한국에서 출토된 목간에 대해서는, 일본의 목간학회가 1996년도 연구집회에서 李成市씨가 「韓國出土 木簡에 대하여」라는 제목으로 보고를 한 것이 계기가 되어 일본 고대사 연구자의 관심을 불러일으키게 되었다.

이어서 일본의 고대목간과, 중국과 한국출토의 문자자료 비교를 의식적으로 진행한 단서를 논고로 거론할 만한 것이 1999년에 발표된 平川南의 「屋代遺跡群 木簡의 확대」이다. 이 논고는 長野縣의 屋代遺跡群에서 출토한 7세기 후반~8세기 전반의 목간군 가운데, 중국과 한국 출토의 문자자료와 공통하는 요소가 보이고 있음을 지적하였다. 그 후 한국 남부의 성산산성에서 출토한 다량의 부찰목간이 공표됨에 따라, 일본 고대 목간과의 비교연구의 중요성이 다시금 명확히 인식되기에 이르렀다.

1999년에 한국 국립김해박물관에서 「함안성산산성 출토목간의 내용과 성격」이라는 제하의 심포지움이 이루어지고, 여기서 처음으로 한국 출토 목간에 대해 한국 연구자와 일본 연구자가 의견을 교환하게 되었다.

더욱이 한국에서는 2004년 국립창원문화재연구소에 의해 『한국의 고대목간』이란 제목의 대형 도록이 간행되고, 현 단계에 공표되어 있던 한국 출토 목간의 전반에 대한 사진과 석문을 최초로 시도한 기초 데이터가 공개되었다. 이것으로 한국 출토 목간의 연구는 이후 비약적으로 진전될 가능성을 갖게 되었다. 더욱이 한국 출토 목간과 일본 고대 목간의 본격적 비교연구가 비로소 가능하게 되었던 것이다. 한국 출토 목간은 일본에서 확인되는 7세기대의 最古 목간보다도 100년 정도 오래되고, 6세기 후반으로 거슬러 올라갈 수 있는 것이 확인되고 있어, 일본 고대 목간의 祖型과 系譜를 찾을 수 있는 자료군이라 할 수 있다.

이 글에서는 李成市 씨와 平川南 씨에 의한 지금까지의 연구 성과와 『한국의 고대목간』의 기초

데이터를 아울러, 일본 고대 목간의 계보를 탐구하는 시점에서 새롭게 한국 출토 목간과 일본 고대 목간의 비교검토를 하고자 한다.

Ⅱ. 목간의 기재양식을 둘러싼 비교검토 –일본 고대 목간과 한국 출토 목간–

1. 記錄簡의 공통성

李成市 씨와 平川南 씨에 의해 한국 출토 목간과 일본 고대 목간의 형상·서식·용법에 대해서 비교검토가 이루어지고, 이미 기본적인 시점은 나왔다고 할 수 있다. 이하 일본 고대 목간의 계보를 찾고자 하는 본 보고의 시점에서 새로이 공통의 요소를 거론해 보기로 한다.

주지하는 바와 같이 목간은 V자형의 칼자국이 좌우에 있는 부찰목간과 短冊形의 목찰에 기록과 문서를 적은 문서목간으로 크게 구분된다. 문서목간 중에는 다시 발신자와 수신자가 명확한 협의의 문서목간과 장부 등의 역할을 가진 기록간으로 나눌 수 있다.

성산산성 출토의 목간에서는 그 하단에 좌우로 절입이 된 부찰의 형상을 가진 목간이 수없이 많이 출토되었다. 출토된 유적의 성격이 山城인 것을 근거로 하면, 이들 형상의 목간은 역시 성산산성에 물품을 납입할 때 부찰로서의 성격을 가졌다고 생각하는 것이 타당할 듯하다.

이러한 한국 출토 목간과 일본 고대 목간에 있어서 형상의 공통성은 1999년 시점에 이미 지적

【史料 1】慶州 雁鴨池出土木簡
〔186호, 『한국의 고대목간』의 번호매기기에 의함〕

·隅宮北門廷 阿□□ 同宮西門廷 □□

·東門廷 □□ 開義門廷 小邑友永 金差□

177×42×5(단위:mm)

된 바 있고, 이 점 하나만 보더라도 일본 고대 목간이 반도 목간의 영향을 강하게 받고 있음은 명백하다.

형상뿐 아니라 서식의 측면에서도 공통성은 뒷받침된다. 그 일례로서 기록간에 대해 보고자 한다. 이미 지적되고 있는 바와 같이 일본의 목간과 매우 유사한 것으로서 자주 거론되는 것이 궁성문의 守衛에 관련된 다음의 목간이다.

경주 안압지는 신라시대의 왕궁 추정지인 월성의 동북에 인접한 연못이다. 1975년부터의 발굴조사에서 많은 유물이 출토되었고, 그 중에는 30점 이상의 목간도 포함되어 있었다.

안압지 목간에 대해서는 발견 당초부터 조사에 관여한 이기동선생에 의해 목간에 관한 조사 보고가 이루어지고, 일본에도 소개되었다. 그 연구에 의하면, 중국연호가 보이는 목간의 존재로, 목간의 연대를 8세기 후반 무렵으로 추정하였다. 일본에서는 바로 平城京에서 목간이 성행하는 시기에 해당한다.

그리고 이것과 거의 동일한 서식이 평성궁에서 출토되고 있다.

【史料 2】平城宮木簡(『日本古代木簡選』岩波書店)

・東三門 額田 林 神 北門 日下部 北府 服□
　　　　各務 漆部 秦 　　 県 　　 大伴
・合十人　　五月九日食司日下部太万呂状

187×22×2(단위:mm)　011

평성궁목간은 병위가 서궁이라 불리우는 구획에 있는 문으로 출근한 당일의 식료 청구를 위한 목간으로 보여진다. 각 문에 이름을 올리고, 그 아래 인명을 작은 글씨로 기록하고 있는 점이 공통하고 있다.

또 7세기대의 일본 고대 목간과 관련해서 주목되는 것은 다음과 같은 서식의 목간이다.

부여 능산리사지는 백제 사비시대(538년 천도)의 사원유적이며, 사비도성의 나성동측과 능산리

【史料 3】扶余 陵山里寺址木簡〔304호〕

130×35×5(단위: mm)

·四月七日　寶憙寺　智眞
　　　　　　　　　　慧

·送塩一石

고분군 사이에 있는 계곡에 위치하고 있다. 1992년부터 2002년까지 8차에 걸쳐 조사가 실시되어, 백제가람형식 사원의 존재가 확인된 것 이외에, 공방지라 추정되는 건물지에서 백제금동대향로(국보 287호), 목탑지의 심초석 위에서 백제창왕(위덕왕) 13년(567년)에 공주가 사리를 공양했다고 하는 명문을 가진 사리감(국보 288호)이 발견되었다. 목간은 陵山里寺 조성 이전의 배수로로 보이는 유구에서 24점이 출토 되었다. 따라서 목간의 연도는 陵山里寺 조성 이전인 6세기 전반경이라 생각된다. 백제목간은 서식과 자음표기 등에서 일본의 목간과 공통하는 부분이 많다.

　그런데 본 목간은 冒頭에 「四月七日」의 날짜와 사명, 그리고 그 아래에 작은 글씨로 승려의 이

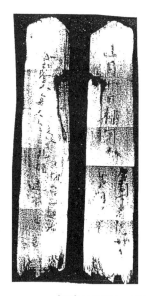

【史料 4】長野縣·屋代遺跡群 87號木簡
(『木簡硏究』22)

·五月廿日　稲取人　金刺マ若侶廿□
　　　　　　　　　　金刺マ兄□
·(뒷면의 釈文略)

(288)×55×4　019

름이 列記되어 있다. 해석은 어렵지만, 「四月七日」이라는 날짜로 봐서, 「석가탄신일 의례에 참석하기 위해 이곳에 온 승려들, 날짜, 사찰마다 정리한 출석명부」였다고 하는 견해가 있다. 뒷면은 異筆이며, 表裏의 관계는 불명확하다.

서식 상 주목되는 것은 冒頭에 월일이 기록되어 있는 것, 그리고 그 아래 작은 글씨로 인명을 열기되어 있는 것이다. 이러한 기재는 7세기 단계의 일본 목간에 많이 보이고 있다.

屋代遺跡群은 고대 信濃國(現在의 長野縣)의 埴科郡家에 관련된 유적이라 생각되며, 7세기 중반부터 8세기 전반에 걸친 목간이 많이 발견되었다. 율령제 도입 전후의 지방 관아의 실태를 알 수 있는 중요한 유적이다. 【史料 4】는, 冒頭에 「五月二十日」「稻取人」이라 적혀져 있고, 그 아래 2행에 인물들 이름이 열기되어 있다. 「稻取人」이란 벼를 수취한 사람을 의미한다고 생각되며, 出擧(稻의 利息付借貸)를 기록한 목간이라 생각된다.

【史料 5】福岡大宰府出土木簡
(7世紀後半)『日本古代木簡選』岩波書店

・八月□日記貸稻数 [　　] 財×
　　　　　　　　財マ人　物×

(153) ×32×7　019

大宰府는 고대의 西海道(현재의 큐슈지방)의 諸國을 통괄하는 관부로, 여기서도 7세기부터 8세기에 걸친 목간이 많이 출토되고 있다. 【史料 5】는 7세기 후반 것인데, 冒頭에 「八月□日記」「貸稻数」가 있고, 그 아래에 2행에 인물의 이름이 열기되어 있다. 「貸稻」란 「出擧」의 고식 표현이며, 이 목간도 역시 벼의 利息付借貸와 관련된 내용이라고 생각된다.

이러한 冒頭에 날짜를 적고, 그 아래 2행에 걸쳐 사람 이름을 열기하는 타입의 서식은 7세기대의 다른 지역의 목간에도 보이며, 공통의 서식으로서 주목된다. 게다가 부여 능산리사지 목간의 서식과의 공통성에서 기록간의 서식이 한반도의 영향을 받았음을 보여주는 것인 듯하다.

또 일본의 목간에서 이런 서식의 경우, 작은 글씨부분에 열기되어 있는 인물은 出擧 稻支給의 대상자 등, 어떠한 물품 지급의 대상자인 경우가 많음을 고려하면, 능산리사지 목간도 단지 승려의 출석명부일 뿐 아니라 어떤 지급장부였을 가능성도 고려할 수 있다. 일정한 서식의 기원으로서, 유사한 성격의 장부가 만들어지는 일례로 이러한 서식의 유사성에 今後 주목해야 할 것이다.

2. 용법의 공통성

다음으로 용법이라는 관점에서 일본의 목간과 한국의 목간을 비교해 보고자 한다. 이미 지적된 것으로 「鑰」(=鍵, 카기)와 「椋」(=倉, 쿠라)가 일본과 한국의 출토문자 자료에 공통하는, 특이한 사용법으로서 주목되고 있다. 이것들은 한반도와 일본열도에서 중국과는 다른 독자의 의미가 부여된 한자였음이 지적되고 있다. 여기서는 李成市 씨가 주목한 「椋」자를 특히 다루어 보고자 한다.

「椋」은 중국에서는 「倉」이라는 의미는 아니며, 오랫동안 일본의 國字였다고 생각해 왔다. 근래 한국에서 「倉」을 의미하는 「椋」자가 사용된 출토문자 자료가 발견되어, 「倉」과 같은 의미로 한반도에서도 사용되고 있음이 확인되었다. 李成市 씨는 이것을 수합하여 「椋」자가 고구려에서 유래하여, 백제와 신라에도 수용되고, 그것이 일본에도 도입되었다고 하는 경로를 상정하였다.

한반도의 문자자료에 「椋」자를 명확히 확인할 수 있는 것으로, 우선 고구려의 벽화고분의 하나인 덕흥리고분(평안남도 남포시 강서구역 덕흥동)의 묘지명을 들 수 있다. 묘지명에 의하면, 덕흥리고분은 5세기 초인 409년에 축조된 것으로, 피장자는 「信都縣」(하북성 안평군) 출신의 「鎮」이라는 인물이었다고 한다. 그 묘지명의 마지막 부분에 다음과 같은 기술이 있다.

【史料 6】高句麗 德興里古墳墓誌銘
  造萬功日殺牛羊酒宋米粲
  不可盡掃旦食塩鼓食一椋記
  示後世富壽無疆

다음으로 경주 황남동유적에서 「下椋」·「仲椋」 등이 쓰여진 8세기 전반 무렵의 목간이 있다. 또 신라의 왕궁에 인접한 안압지에서도 벼루에 「椋司」라 묵서된 것이 발견되었다.

그러면 백제에서는 어떤 것이 있었을까? 현재까지 백제목간 중에 「椋」자를 확인할 수 있는 것은 없지만, 중국의 사서인 『周書』에 따르면, 백제에는 「內椋部」·「外椋部」라는 관사가 존재하였다고 한다.

그런데 일본의 고대 목간 중에도 「椋」자를 사용한 예가 보이고, 다수가 7세기부터 8세기 초의

【史料 7】慶州皇南洞376遺跡出土木簡〔281호〕

· 五月廿六日椋食□□之下椋有
· 仲椋有食廿二石

175×20×6

것이라는 점은 주목된다. 이것은 이미 平川南 씨와 東野治之 씨에 의해 지적된 바 있지만, 다시 한 實例를 보도록 한다.

【史料 8】福岡縣 · 井上藥師堂遺跡出土木簡(『木簡研究』22)
　　「□寅年白日椋稻遺人…」(部分)

【史料 9】兵庫縣 · 山垣遺跡出土木簡(『木簡研究』20)

· 合百九十六束椋□稻二百四束…」(部分)

井上藥師堂遺跡은 7세기 후반부터 8세기 전반에 걸친 목간이 출토된 것으로 알려져 있다. 여기서 다룰 목간은 7세기 후반의 것으로 某年(□寅年)에 「白日椋」에서 받은 出擧에 대해서 미납자(「稻遺人」)의 리스트를 작성해 올린 것인 듯하다.

山垣遺跡은 丹波國氷上郡의 郡家別院으로 생각되는 유적이며, 8세기 초 무렵의 목간이 출토하였다. 冒頭에 간지년이 쓰여 있었던 것으로 추측되는데, 701년 대보령 시행 후 머지않은 무렵의 것인 듯하다. 벼를 빌릴 때 붙인 出擧의 지급에 관련된 목간으로 추정된다.

한편, 8세기 이후의 지방 관아의 목간에서는 「椋」자를 사용하지 않고, 「倉」 등의 글자가 사용된다.

「何道」는 창고의 이름, 「綬」는 「授」라고 생각되며, 「何道倉」에서 벼 10속을 「達良君猪弓」에게 지급할 때의 기록간이라 생각된다. 여기서는 「倉」자가 사용되고 있다.

【史料 10】 山口縣 · 周防國府跡出土木簡(8世紀後半)
      (『木簡研究』23)

· 「何道倉稻綬達良君猪弓十束　　　　　　　　」
· (裏面釈読不明)

253×37×8　011

율령제 아래에서는 「쿠라」(「倉」「蔵」「庫」)의 용법에 관해서 엄밀히 구별되어 있고, 표기에 있어서도 율령법이 의식되어 있었을 것이다. 다만 그 이전에 있어서는 엄밀한 표기상 의식적인 구별은 되어있지 않았었기 때문에 「椋」자가 사용되었던 것은 아닐까? 게다가 그것에는 한반도의 영향을 받은 문자표기가 되었던 것이 흥미롭다.

다음으로 자음표기에 대해서 보자. 백제목간 중에 다음과 같은 것이 있다.

【史料 11】扶余・陵山里寺址出土木簡

(6世紀前半)〔297호〕

「□城下部対徳疏加鹵」

245×26×10 稲荷山鐵劍銘文

목간의 용도는 불명이지만, 「□城下部」라는 소속명, 「対徳」이라는 관위(16등 중 제11등)에 이어 「疏加鹵」라는 3문자가 보이고, 이것은 아무래도 인명을 字音 표기한 것인 듯하다. 여기서 상기되는 것은 埼玉縣稻荷山古墳出土의 철검명문에 새겨진 「獲加多支鹵大王(와카타케루大王)」의 표기이다. 「加」, 「鹵」를 인명의 자음표기에 사용되고 있는 점은 일치하고 있다. 稻荷山철검의 연대가 5세기 후반인 것을 고려하면, 양자의 연대는 매우 근접하며, 稻荷山 철검의 자음표기가 백제의 영향을 강하게 받고 있음을 백제목간으로 증명할 수 있다고 생각한다.

3. 습서목간의 공통성

목간 중에는 문자의 습득을 위해 典籍의 일부를 베껴 쓰거나, 같은 문자를 반복하여 쓰는「習書」라고 불리는 것도 존재한다. 그중에서도 최근 주목되고 있는 것은 『論語』를 베껴 쓴 목간의 존재이다.

2001년에 부산대학교박물관이 실시한 김해시 봉황동지구의 발굴조사에서 단면이 정방형에 가까운 사각뿔 모양의 각 면에 『論語』公冶長편 한 구절을 기록한 목간이 출토되었다(석문은 橋本繁씨에 의함).

상하단은 결손 되었고, 소위 고대 중국의 「觚」라 불리는 형태와 유사한 것을 알 수 있다. 연대는 7세기 후반 이후라 생각된다.

이 『論語』목간에서 바로 연상되는 것은 일본의 德島縣 觀音寺遺跡 출토 목간이다. 관음사유적은 阿波國府推定地의 한 모퉁이에 해당하며, 7세기 후반대를 중심으로 하는 목간이 많이 발견되었다. 그 중에서도 주목된 것이 7세기 전반의 연대로 비정되어 있는, 역시 사각뿔 모양의 각 면에

【史料 12】金海市鳳凰洞地區出土木簡

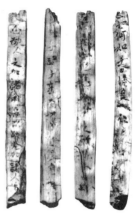

    Ⅰ   ×不欲人之加諸我吾亦欲无加諸人子×

    Ⅱ ×文也子謂子産有君子道四焉其×

    Ⅲ ×已□□□色旧令尹之政必以告新×

    Ⅳ ×違之何如子曰清矣□仁□□曰未知×

(209)×19×19

기록된『論語』목간이다(석문은 東野治之 씨에 의함).

이것은『論語』學而편의 冒頭에 해당한다. 이것도 역시「觚」형상이지만, 글자체는 매우 특이하며, 상당히 읽기 어렵다.

이 두 개의『論語』목간이 각각 어떠한 성격의 것인가에 대해서는 東野治之 씨와 橋本繁 씨에 의한 상세한 연구가 있다. 여기서 확인해 두고 싶은 것은「觚」형상을 하고, 그 사면에『論語』가

【史料 13】德島縣・觀音寺遺跡出土木簡

（Ⅰ）子曰　学而習時不□□乎□自朋遠方来□□楽□不□□不慍

（Ⅱ）□□□□乎□ [　　　　] □□

（Ⅲ）　 [　　　　] □□□□□□□□人[　] □□□

（Ⅳ）□□□□□□□□□□□□□□□□

(653)×29×19

기록되어 있는 점에서, 양자는 매우 닮아있는 것이 틀림없고, 『論語』 목간은 한반도와 일본열도의 문자문화의 관계를 직접 다룰 수 있는 좋은 소재이다.

일본에서 『論語』 목간은 지금까지 약 28점이 확인 되어 있으며, 그 중 19점이 도성에서 출토되었고, 9점이 지방에서 출토되었다.

일본에 있어 『論語』 목간의 특징을 정리해보면, 다른 전적의 습서와 비교해서도 출토점수가 많은 것, 도성뿐 아니라 지방의 관아관련 유적에서도 출토하고 있는 것, 중앙·지방을 따지지 않고, 7세기 후반에서 8세기 전반이라는 시기에 많이 보이는 것 등을 지적할 수 있다. 문자문화의 수용이 급속히 진전되는 7세기의 일본열도에 있어 『論語』는 각 지역에 꽤 널리 서사되고 있는 전적이었다고 할 수 있을 듯하다.

같은 경향을 보여주는 것이 『千字文』의 습서목간이다. 『千字文』도 중국에 있어서는 『論語』와 함께 초학자용의 텍스트로서 저명한 것이다. 중국남조 梁의 周興嗣가 만들었다고 하며, 천개의 문자가 중복됨이 없이 4자 1구의 운문으로 되어 있다. 이 『千字文』을 기록한 목간은 현재 17점이 확인되고 있고, 전적의 습서로서는 『論語』 목간 다음으로 출토수가 많다. 정창원문서 중에서도 『千字文』을 기록한 낙서가 7예 남아있다. 일례를 들어보자.

【史料 14】奈良縣·藥師寺出土木簡
(『日本古代木簡選』岩波書店, 1990年)

· 「池池天地玄黄

　宇宙洪荒日月

　霊亀二年三月

· (裏面省略)

121×64×11　　011

그런데 『論語』와 『千字文』은 일본 고대의 습서목간에서 가장 많이 출토하고 있는 것이지만, 이 두개의 전적은 백제에서 전해주었다는 전승이 있다.

【史料 15】『古事記』応神天皇條

　　亦、百済国主照古王、以牡馬壱疋·牝馬壱疋、付阿知吉師以貢上。亦、貢上横刀及大鏡。又、

　　科賜百済国、「若有賢人者貢上。」故、受命以貢上人、名和邇吉師。即論語十巻·千字文一巻、

　　并十一巻、付是人即貢進。

『古事記』應神天皇조에는 『論語』·『千字文』이 백제의 和邇吉師(王仁)에 의해 전래되었다는 전승이 있고, 각지에 보이는 『論語』·『千字文』목간은 고대일본이 백제의 문자문화의 직접적인 영향을 받았다는 것을 상징적으로 보여주는 기사라고 한다. 물론 이 기사는 사실이라고 말하기는 어렵지만, 적어도 『論語』와 『千字文』의 습서가 왕성하게 이루어진 7세기 후반부터 8세기 전반의 일본고대사회에 있어서는 문자문화는 백제에서 전래된 것이라는 인식이 문자를 배우는 사람들 사이에서 공유되고 있었음을 보여주고 있다.

그 의미에서 습서목간의 연구는 동아시아 세계에 있어 문자문화 수용의 특질을 탐구할 수 있는 큰 열쇠가 된다고 생각한다.

4. 한일 출토 목간의 비교에서 보이는 것

지금까지 서술하며 느낀 것은 한국 출토 목간과 일본 고대 목간과의 공통성은 宮都목간과 같은 정형한 형식의 목간에서는 좀처럼 살펴볼 수 없고, 오히려 일본의 지방사회에서 출토되는 7세기 후반에서 8세기 초에 걸친 목간에서 많이 보인다는 점이다.

이것에 관해 平川南 씨는 「屋代遺跡群 木簡의 확대」라는 논문 중에 다음과 같이 서술하고 있다. 「屋代木簡의 특성은 信濃國이라는 지역적 특색으로 파악해야할 것인가, 지방목간 전반까지 다루어 고려해야할 것인가, 앞으로의 중요한 검토과제이다. 다시 말해 여기서는 구태여 따지지 않았지만, 屋代木簡에 있어서 파악된 여러 가지 특성은 지방목간이라서 그러는지, 宮都목간으로는 검증할 수 없는 것인가 하는 점, 또 하나는 屋代木簡의 연대는 몇 점을 빼고는 7세기 후반에서 8세기 전반에 한정되지만, 여기서 밝힌 특성은 시기적인 경향, 요컨대 7세기적인 목간의 특성이라고 파악해야 할 것인지, 또한 8세기 이후의 종이에 의한 문서행정 정비 등이 목간과 어떠한 관련을 가졌는지 등, 시기적인 변천에서 재검토하는 것이 역시 남아있는 큰 과제이다.」

이 平川南 씨의 문제제기는 중요하다. 지금까지 검토해온 바와 같이, 궁도목간보다도 오히려 지방출토목간에 한국 출토 목간과의 공통성이 보이는 점은, 역시 주의해야 하지 않을까? 비교적 이른 단계에 형태와 서식이 갖춰져 있는 궁도목간과는 대조적으로 지방목간은 형태와 서식이 宮都 정도도 갖춰지지 않은 상황 속에서 한국 출토 목간에 보이는 다양한 요소의 영향이 어느 단계까지는 잔존한 것은 아닐까?

또 하나, 7세기 후반에서 8세기 전반이라는 한정된 시기의 목간에 한국 출토 목간과의 공통성이 보이는 점 역시 주목된다. 그것에 더해 『論語』·『千字文』이라는 초학자용의 텍스트가 이 시기에 집중하여 습서되고 있다는 사실도 이것과 관련해서 다루지 않으면 안 된다고 생각한다.

이런 점을 다시 검증하기 위해 근년, 7세기대 목간이 많이 출토되고 있는 近江지역 출토 목간을 다루어 고찰해 보고자 한다.

Ⅲ. 7세기의 일본 고대 목간과 도래인 –近江지역출토의 목간을 소재로서

현재 滋賀縣에 해당되는 近江(오우미)지역은 고대 도성이 있던 畿内에 인접한 지역이며(그림 1), 琵琶湖(비와코)라는 일본 최대의 호수를 중심으로 위치하고 있으므로 예부터 수륙교통의 요지 였다(그림 2). 7세기 후반의 天智朝에는 大津宮이 설치되고, 8세기 중반의 聖武朝에는 紫香樂宮이 설치되는 등, 기내에 준하는 지역으로 생각되고 있었다.

近江은 도성에 가깝기도 해서 지방사회 중에서도 일찍부터 선진적인 문서행정이 시행된 것으로 생각된다. 그 때문일까, 近江지역에서는 7세기대 목간이 비교적 많이 출토하고 있는 점이 특징이다.

특히 근년, 비와코의 東岸에 위치한 西河原(니시가와라)유적군에서는 7세기 후반에서 8세기 초

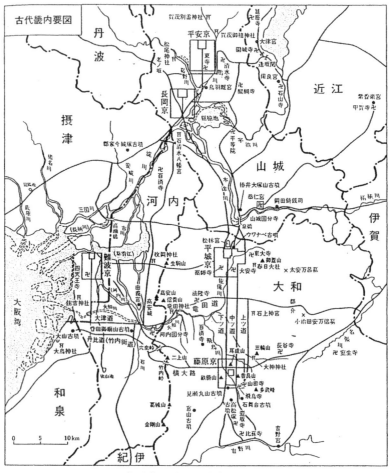

【그림 1】 古代畿内要圖(岩波日本史辭典)

두에 걸친 목간 100점 정도가 집중해서 출토하고 있다. 여기서는 이 중 西河原森ノ內遺跡, 湯部遺跡, 西河原宮ノ內遺跡에서 출토한 목간을 통해 한국 출토 목간과의 공통성을 고찰해 보고자 한다.

1. 日本語文을 기록한 목간 -西河原森ノ內遺跡出土木簡

우선 거론하고자 하는 것은, 西河原(니시가와라) 森ノ內(모리노우치)유적 출토의 목간이다. 여기서는 일본어 表記史를 고찰하는데 있어서 획기적인 발전을 초래한 목간이 출토되었다.

이 목간은 단책형 목찰의 앞뒷면에 1행으로 기록되어 있다. 내용은 「椋直이 전한다. 내가 가지고 간 벼는 말을 얻지 못한 관계로, 나는 되돌아와 버렸다. 그러므로, 너, 卜部가 스스로 뱃사람을

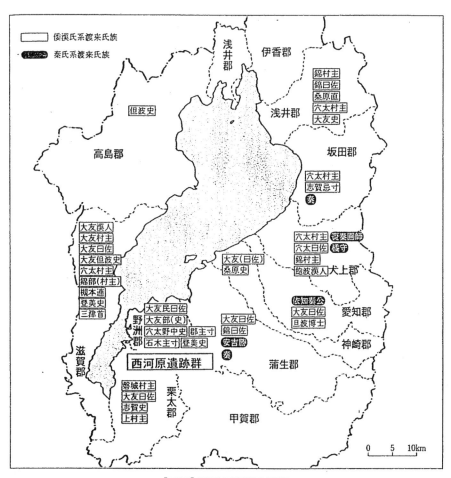

【그림 2】近江의 도래계씨족 분포도
(大橋信弥『古代豪族과 渡來人』의 지도에 일부 加筆)

【史料 16】滋賀縣・西河原森ノ內遺跡出土木簡

　「・椋直伝之我持往稲者馬不得故我者反来之故是汝卜ア
　　・自舟人率而可行也。其稲在処者衣知評平留五十戸旦波博士家」

410×35×2　011

데리고 가야한다. 그 벼가 있는 곳은, 衣知評・平留五十戸의 旦波 博士집이다」라 하는 것이다.

　우선 용법으로서 주목되는 것은 「椋」이다. 이것은 이미 지적된 바, 일본어에서는 「구라」로 발음되어 「倉」과 같은 의미의 글자이다. 여기서는 「椋直」는 氏名이라 생각된다.

　다음으로 「之」이다. 이것도 이미 지적되었다시피, 「之」는 고대조선의 文末表現으로서 사용되고 있고, 여기서도 그러한 용법이라 생각된다.

　그리고 무엇보다도 이 목간은 순수한 한문이 아니고, 한자를 일본어의 어순에 맞게 나열한 일본어문의 목간인 점이 큰 특징이다. 이러한 한문표현은 한국에서는 552년 또는 612년에 제작되었다고 생각되고 있는 「壬申誓記石」에 보이는 「誓記体」라 불리는 문체와 공통하고 있다.

【史料 17】慶州・壬申誓記石(552年 또는 612年) (國立慶州博物館藏)

　　壬申年六月十六日二人幷誓記。天前誓、今自三年以後、忠道執持、過失无誓。若此事失、天大罪得誓、若国不安大乱世、可行誓之。又別先辛未年七月廿二日大誓、詩・尚書・礼伝倫得誓三年。

　즉 한자를 고유어의 어순으로 나열하여 의사를 전달하고자 하는 표기방법은 일본 독자로부터 생겨난 것은 아니라, 한반도에서 생긴 방법이 일본열도에 전해졌다고 생각되며, 7세기 단계의 문서목간 중에는 직접적인 형태로 이러한 표기방법이 다루어진 것이 있었음을 알 수 있다.

덧붙여, 8세기초 단계에서도 평성경의 長屋王家木簡에서 동일한 일본어문을 기록한 목간이 출토되고 있다.

【史料 18】平城京·長屋王家出土木簡(『平城京木簡2』1712号)
  · 当月廿一日御田苅竟大御飯米倉古稲
  · 移依而不得収故卿等急下坐宜
    219×14×2　011

내용은 「이번 달 21일에 御田의 벼의 수확을 마쳤습니다. 大御飯米는 창고에 묵은 벼를 옮겼기 때문에 수납할 수 없었습니다. 때문에 卿 等은 급히 와 주십시오.」 문장 끝에 「宜」는 조동사 「可」와 같은 의미로 사용되었다. 이 같은 직접적인 일본어문 표기 목간은 7세기 후반부터 8세기 초에 현저히 드러나고 있다고 할 수 있다.

2. 「牒」의 문서양식을 가진 목간 −湯ノ部遺跡 出土木簡

다음으로 滋賀縣 湯ノ部(유노베)유적에서 출토된 다음의 목간을 다루고자 한다.

목간의 우측면에 적힌 「丙子年」은 676년에 해당한다고 생각된다. 내용은 문자가 결손된 부분도 많고, 자세한 것은 분명치 않지만 「玄逸」이라는 인물이 어떤 「蔭」에 관련된 사건에 대해 제출한 문서였다고 생각된다. 「牒」의 양식을 가진 문서목간이다. 牒은 일본에서는 율령의 공식령에 규정된 문서양식인 것으로 알려져 있다. 이하 다소 세세한 검토가 되겠지만, 「牒」의 문서양식에 대해서 검토한다.

【史料 20】에 보이는 것처럼, 양노공식령이 정한 첩에는 내외의 官人主典이상이 諸司에 상신할 경우의 서식으로 규정되어 있다. 소위 관인 개인이 관사에 상신할 때 쓰이는 양식인 것이다. 湯ノ部 遺跡出土의 「牒」목간도 개인의 상신문서로 볼 수 있다.

그런데 일본의 공식령에 정해진 「牒」은 그 母法인 당의 공식령이 정한 「牒式」과는 전혀 대응하고 있지 않다.

율령에서는 일본의 공식령으로 정해져있는 관인 개인의 상신문서로서의 「牒」과는 달리 官司의 하달문서로서 「牒」이 규정되어 있다.

애초 당의 공식령에 제정된 관사문서는, 관사간 문서와 관사내 문서 두 부류이며, 이 중 관사내 本局에서 別局의 하달에 「牒」, 別局에서 本局으로의 상신에는 「刺」, 別局 간의 왕래문서로서 「關」이 사용되었다. 그러나 관사내 別局이 발달하지 않은 일본에서는 공식령에 이것이 받아들여지지

【史料 19】滋賀縣・湯ノ部 遺跡出土木簡(『日本古代木簡集成』東京大學出版會)

　・「丙子年十一月作文㲉」(右側面)

　・「牒、玄逸去五月中□□蔭人、自從二月已来、㲉 養官丁、久不潤、□ [　　] □蔭人」

　・「次之、□□丁 [　　　　] □□壊及於□□、[　　　] 人、□裁、謹牒也」

274×120×20　011

【史料 20】養老公式令14 牒式條

　　牒式

　　牒云云。謹牒。

　　　　年月日　其官位姓名牒

　　　　　　右内外官人主典以上。縁事申牒諸司式。〈三位以上。去名。〉若有人物名数者。件人物
於前。

않아서 일본에서는 「刺」「關」의 문서가 존재하지 않았다. 대신 필요에 따라 「牒」이 관사내 문서로서 上申・下達 兩用으로 사용되었다고 생각된다. 즉「牒」 양식의 문서는 당령에서 제정된 여러 문서양식에서 선택되어 받아들여지게 된 것이다. 그러면 어째서 「牒」의 문서양식이 선택적으로 받아들여지게 된 것일까?

　홍미 깊은 것은 한국 출토 목간 중에도 「牒」의 문서목간이 보이는 것이다.

【史料 21】唐公式令復旧第九條(『唐令拾遺』東京大學出版會)

　　牒式

　尚書都省　為某事

　某司云々。案主姓名、故牒。

　　　　年月日

　　　　　　主事姓名

　左右司郎中具官封名　　令史姓名

　　　　　　　書令史姓名

　　右尚書都省、牒省内諸司式。其応受判之司、於管内行牒、皆准此、判官署位、皆准左右司郎中。

【史料 22】慶州 月城垓字出土木簡〔149호〕

　　牒垂賜教在之後事者命盡

　　経中入用思買白不雖紙一二斤

　　大鳥知郎足下万引白了

　　使内

190×7~12×9~12

　신라의 왕궁소재지로 추정되고 있는 경주 월성에 둘러진 周濠(垓字)에서 1980년대에 출토한 소위「月城垓字木簡」은 근래의 연구에서 6세기 후반대라는 연대관이 주어졌다.

　이 문서목간에 대해서는 사각막대의 측면 네면에 문자가 쓰여져 있기 때문에, 문서 첫머리부분이 어디서부터 시작이고, 어느 방향으로 읽을 것인가에 대해 논의가 있어왔다. 그러나 이성시 씨가 지적한 것처럼「牒」부분부터 쓰기 시작했다고 보는 것이 좋을 듯하다. 즉 이것은「牒」의 문서양식에 기인한 문서목간이라 생각할 수 있다.

　내용은 사경에 필요한 종이의 구입 청구를 한 문서목간이라 추정된다. 주목할 것은 받는 측이라 생각되는「大鳥知郎」에 대해「足下」라는 脇付가 보이므로, 이 문서목간이 상위자에 대한 상신문서일 가능성이 고려된다.

　만일 그렇게 생각된다고 하면,「牒」의 문서양식은 고대 신라에 있어서도 개인이 제출한 상신문서로서 6세기 단계부터 사용되고 있고, 그것이 일본의 7세기 목간과 8세기 공식령의 규정에도 영향을 주었다고 생각된다.「牒」은 일찍부터 한반도와 일본열도에서 널리 사용된 문서양식이었던 만큼, 율령제 도입이후도 汎用性이 높은 문서양식으로서 선택적으로 받아들여져 이용된 것이 아니겠는가?

또 하나 이 목간에서 특징적인 것은 목간의 측면에 문자가 기록되어 있다는 것이다. 일본의 고대목간의 다수는 얇은 단책형 판의 1면에 혹은 앞뒤 양면에 문자가 기록된 경우가 많고, 측면에 기록된 예는 드물다.

그런데 한국 출토 목간에서는 판모양의 앞뒤 양면에 구애받지 않고, 사각뿔 모양의 각면에 문자를 기록한 것과 나뭇가지의 목재에 묵서를 돌려가며 쓴 것, 목편의 다양한 면을 이용해서 묵서한 예가 있다. 湯ノ部木簡의 기재 방법도 앞뒤 양면에 구애받지 않고, 측면에도 묵서되어 있는 점에서 한국 출토 목간과의 공통성을 볼 수 있을 듯하다.

3. 冒頭에 날짜를 적은 기록간-西河原宮ノ内遺跡出土木簡

마지막으로 西河原(니시가와라) 宮ノ内(미야노우치)유적에서 출토한 목간을 다루어 보고자 한다. 2006년도 제7차 조사에서 목간이 7점 출토되었다. 이들 목간은 2006년 12월 2~3일에 일본의 나라문화재연구소에서 개최한 목간학회에서 처음으로 공표되었다. 공표된 7점 가운데 6점이 굴립주건물지의 기둥을 뽑아낸 곳에서 출토됐다. 이 중 1호 목간에 「庚子年」(700年), 3호 목간에 「壬寅年」(702年), 4호 목간에 「辛卯年」(691年)의 연호가 기록되어 있어 이들 목간이 7세기 말부터 8세기 초에 걸쳐 작성된 것이 판명되었다.

또 출토한 목간의 대부분이 단책형이며, 이 중 몇 점은 길이 60cm, 폭 4~4.5cm라는 규격성을 가지고 있고, 하단에는 구멍이 있는 점도 공통한다. 아무래도 같은 규격을 가진 목간이 묶여져 있었음을 추측할 수 있다.

석문에 대해서는 확정되지 않은 부분도 있고, 검토의 여지도 남아있지만, 목간학회에서 공표된 석문 중 2점을 소개한다.

【史料 23】의 4호 목간은 거의 완전한 형태로 남아있고, 冒頭에 연대를 기록하고, 다음에 인명, 볏단 수를 기록하는 기재순으로 되어있다.

冒頭에 연대를 적은 기록방식은 일본에서는 7세기대 목간에 자주 보이며, 앞서 본 부여 능산리사지 출토목간에도 같은 서식을 볼 수 있다. 7세기 말에서 8세기 초에 걸친 전형적인 기록간의 서식으로 봐도 좋을 듯하다.

같은 宮ノ内유적에 가까운 湯ノ部유적에서는 다음과 같은 기록간의 削屑도 출토되었다.

冒頭에 역시 날짜를 기록하고, 그 아래 작은 글씨로 인명인 듯한 문자가 기록되어 있다. 「田力」의 의미는 분명하지 않지만【史料 4】에 제시한 屋代遺跡出土목간의 기재양식과 날짜가 유사하기 때문에 이것도 역시 여름의 出擧 지급에 관련된 기록간일지도 모른다.

【史料 23】滋賀縣・西河原宮ノ内遺跡出土 4號木簡

・「辛卯年十二月一日記宣都宣椋人□稲千三百
五十三半把　○」

595×41×10　011

【史料 24】滋賀縣・西河原宮ノ内遺跡出土 6號木簡

・刀自右二人貸稲　稲二百□又□□稲卅□貸　　　　　　　○」
・
　　]人佐太連　　二人知　　　　　文作人石木丈マ文通
　　]首弥皮加之　　　　　　　　　　　　　　　　　　○」

(289)×45×5　019

【史料 25】滋賀縣・湯ノ部遺跡出土木簡(『木簡硏究』22)

五月廿四日 [   ] 田力   □□
                小山□
                □□

091 (削屑)

또 거기에는 「椋」이라는 표기가 보인다. 「椋人」은 인명이라 생각되지만 벼1353半이라는 수치의 기재에서 이것은 「椋」(=倉)에 납입된 벼의 束數를 기록한 것으로 봐도 좋고, 「椋人」이라는 이름도 문자로 미루어 보아 창고의 관리를 담당하는 역할을 지녔던 인물이었을 가능성이 높다. 「倉」의 의미로 「椋」자를 사용하는 것은 7세기부터 8세기에 걸친 특징적인 표기법이며 이 목간에서도 확인된다.

【史料 24】6호 목간은 상부가 결실되었지만 4호 목간과 마찬가지로 全長은 60cm였다고 추정된다. 표면에는 「貸稻」라는 표현이 있고, 이들 목간이 「貸稻」 즉 出擧(擧의 利息付貸借)에 관련된 기록간이었음을 알 수 있다.

뒷면에는 두 사람의 인명과 그 아래 이 목간을 쓴 「文作人」의 이름이 보인다. 주목해야 할 것은 이 「文作人」이라는 용어이며, 平川南 씨가 지적한 바에 의하면 한국의 「大邱戊戌銘塢作碑」(推定578年)에 비문의 작자로서 「文作人」이라는 단어가 보여, 한반도와 용어의 공통성을 엿볼 수 있다.

이 「文作人」이라는 말은 兵庫縣 袴狹(하카자)유적 출토의 목간 중에도 보인다.

【史料 26】兵庫縣 袴狹遺跡出土木簡(『木簡硏究』22號)
　・「出石郡秦部牛万呂戸口秦部旅人己口分桑 [   ] 上一斤四□□□□」
　・「   [   ]   □文作人□□□人福□足石」

395×45×5　011

袴狹遺跡에서는 수많은 목간이 출토하고 있지만, 이들 목간에는 「秦部」의 이름이 많이 보이며 이 지역에 도래계의 집단이 분포하고 있었다. 「文作人」이라는 말은 그러한 도래계 집단이 사용하였던 「書記者」에 대한 호칭일지도 모른다.

이상 冒頭의 연대 기재, 「椋」의 용법, 「文作人」의 표기 등에서 이들 목간도 동시대 한반도의 영향을 강하게 받았음을 판단할 수 있다.

4. 목간의 書記者로서의 渡來人

지금까지 近江지역의 琵琶湖 東岸에서 출토된 7세기 후반에서 8세기 초에 걸친 목간에 대해서 살펴보았는데, 고유어의 한자문 표기, 율령제적 문서양식의 선진적 사용, 기록간의 규격성 등 모두 한국 출토 목간과의 공통성이 극히 높다고 생각된다. 그렇다면 왜 7세기 후반부터 8세기 초의 近江지역에 이러한 특징이 현저하게 나타난 것일까?

주지하듯이, 고대의 근강지역은 한반도에서 온 도래인이 집주한 지역이었다. 특히 5세기 후반부터 끊임없이 도래계 집단이 近江의 각지에 거주하여, 「志賀漢人(시가노아야히토)」이라 총칭되었다. 그들은 비와코의 수상교통을 이용한 교역과 對고구려 외교의 관리·운영 등에 관여하였다고 생각된다.

그러한 관점에서 【史料16】의 西河原森ノ內遺跡出土목간을 다시 한 번 살펴보자. 우선 冒頭에 보이는 「椋直」은 도래계씨족의 「倭漢直」의 일족으로 되어 있다. 다음으로 「旦波博士」는 志賀漢人의 일족인 「大友但波史」氏이며, 역시 도래계 씨족이다. 「博士」란 문필과 기록에 깊이 관여한 씨족에게 주어진 姓(카바네)인 「史(후히토·후미히토)」의 고식 표기로 생각된다. 그 「旦波博士」가 거주한 「衣知評」은 후에 愛智郡에 해당되고, 도래계 씨족 秦씨의 본거지가 되었던 땅이다. 이 경우에 이 목간에 보이는 인명이나 지명은 近江에 거주하는 도래계 씨족과 깊이 관련된 것이 많다.

【史料 19】의 湯ノ部 遺跡出土목간에 보이는 인명 「玄逸」은 승려풍의 이름이며, 7세기 이 지역에 도래계 씨족에 의해 사원이 왕성하게 조영되었음을 고려하면, 이 인물도 도래인일 가능성이 있다. 【史料24】의 西河原宮ノ內遺跡出土목간에 보이는 「文作人」의 표기는 서술했다시피, 도래계 집단이 사용한 「書記者」에 대한 호칭일 가능성이 있다.

이렇게 보면 이들 목간에는 모두 도래인이 깊이 관여하고 있고, 아무래도 목간의 서기자는 도래인이었다고 생각해도 좋을 듯하다.

당초 5세기 후반의 문자자료인 熊本縣·江田船山古墳 출토 철검명문에는 명문의 말미에 「書者張安也」라 기록되어 있고, 명문의 작자가 「張安」이라는 도래계 인물이었던 것이 잘 알려져 있다. 이 「張」이라는 姓은 백제의 對中외교에서 使者의 姓으로 자주 등장하므로 「張安」도 같은 계보상에 있는 인물이라 생각된다. 그리고 이들 목간에서 7세기 후반에 이르러서도 역시 도래인에 의한 문서 작성은 중시되었던 것이다.

Ⅳ. 맺으며

본 글의 전반에서는 지금까지도 지적되어 왔던 한국 출토 목간과 일본 고대 목간의 공통성을 구체적인 예를 들면서 다시 확인하였고, 후반에는 비교연구의 실천예로서 近江지역 출토의 7세기 후반대의 목간을 다루어 한국 출토 목간과의 공통성과 그 배경을 고찰하였다.

近江지역 출토 목간의 검토에서 목간의 書記者와 도래인과의 관계를 명확히 지적할 수 있다. 다만 이것은 단순히 도래인들이 집주하고 있던 近江지역의 특수성으로 이해해서는 안 되며, 고대 일본에 있어 목간의 사용이 도래인의 영향을 받아 개시되었다고 하는 일반적인 문제로서 파악해야 할 것이다.

도대체 일본의 고대사회에서 왜 목간이 활발히 사용되었는가? 이 점에 대해서는 지금까지 명쾌한 해답이 나오지 않았다. 당시는 종이가 귀중하였다든가, 口頭傳達(音聲言語)의 세계를 배경으로 하여 사용하였다든가 하는 다양한 설명이 이루어져 왔다. 그러나 본질은 단순한 점에서 확인할 수 있다고 생각할 필요가 있다. 즉, 동시기 한반도에서 목간이 사용된 것이 일본열도의 고대사회에서 목간을 사용한 큰 요인이 되었던 것은 아닐까? 일본열도에 문자문화를 전한 도래인은 동시에 목간에 의한 정보전달 기술을 전하고, 그 결과 정보전달 매체로서 목간의 유효성이 인식되어, 율령국가의 통치기술의 하나로서 역할을 차지하게 되었던 것은 아닐까? 그 의미에서도 일본 고대 목간의 계보를 고찰할 때에는 한국 출토 목간에 지금까지보다도 더 주목하지 않으면 안 됨을 강조하며 이 글을 마치고자 한다.

[번역: 이동주(성림문화재연구원)]

| 투고일 : 2008. 4. 7 | 심사개시일 : 2008. 4. 22 | 심사완료일 : 2008. 5. 7 |

참/고/문/헌

李成市,「韓國出土の木簡について」,『木簡研究』19, 1997年.

平川南,「屋代遺跡群木簡のひろがり」,『古代地方木簡の研究』, 吉川弘文館, 2003年. 初出1999年.

平川南,「韓國・城山山城木簡」,『古代地方木簡の研究』所收, 初出 2000年.

國立昌原文化財研究所,『韓國の古代木簡』, 2004年.

舘野和己,「日本古代の木簡」,『韓國の古代木簡』所收, 2004年.

李基東, 「雁鴨池から出土した新羅木簡について」, 『慶北史學』 1, 1979年.(日譯, 『國學院雜誌』 83-6, 1982年).

尹善泰, 「韓國古代木簡の出土現況と展望」, 『韓國の古代木簡』 所收, 2004年.

李成市, 「古代朝鮮の文字文化」, 平川南編, 『古代日本文字の學た道』, 大修館書店, 2005年.

武田幸男, 「德興里壁畵古墳被葬者の出自と經歷」, 『朝鮮學報』 130, 1989年, 共同通信社, 『高句麗壁畵古墳』, 2005年.

平川南編, 『古代日本文字の來た道』, 大修館書店, 2005年.

平野邦雄, 「クラ(倉・庫・藏)の研究-大宰府, 郡家の發掘調査によせて-」, 『大宰府古文化論叢』上卷, 吉川弘文館, 1983年.

橋本繁, 「金海出土『論語』木簡と新羅社會」, 『朝鮮學報』 193, 2004年.

東野治之, 「近年出土の飛鳥京と韓國の木簡」, 『日本古代史料學』, 2005年, 初出 2003年.

橋本繁, 「古代朝鮮における『論語』受容再論」, 早稻作田大學朝鮮文化研究所主催シンポジウム, 『韓國古代木簡の世界Ⅲ』資料, 2006年.

三上喜孝, 「習書木簡からみた文字文化受容の問題」, 『歷史評論』 680, 2006年.

滋賀縣教育委員會, 『湯ノ部遺跡發掘調査報告書』, 1995年.

稻岡耕二, 「國語の表記史と森ノ內遺跡木簡」, 『木簡研究』 9, 1987年.

山尾幸久, 「森ノ內遺跡出土の木簡をめぐって」, 『木簡研究』 12, 1990年.

犬飼隆, 「古代の「言葉」から探る文字の道」, 『古代日本文字の來た道』所收.

犬飼隆, 「森ノ內遺跡出土手紙木簡の書記樣態」, 『木簡による日本語表記史』, 笠間書院, 2005年.

吉川眞司, 「奈良時代の宣」, 『律令官僚制の研究』, 塙書房, 1998年. 初出 1988年.

尹善泰, 「慶州月城垓字出土木簡について」, 早稻田大學朝鮮文化研究所, 『21世紀COEプログラム關シンポジウム韓國古代木簡の世界Ⅱ』レジュメ集, 2005年.

李鎔賢, 「新羅木簡の形狀と規格」同『韓國出土木簡の世界Ⅱ』所收.

李成市, 「朝鮮の文書行政六世紀の新羅」, 『文字と古代日本2文字による交流』, 吉川弘文館, 2005年.

三上喜孝, 「文書樣式『牒』の受容をめぐる一考察」, 『山形大學歷史・地理・人類學論集』 7, 2006年.

畑中英二, 「滋賀縣野洲市西河原宮ノ內遺跡(7次)の調査」木簡學會第28回研究集會資料, 2006年12月3日, 4日.

大橋信弥, 「野洲市西河原宮ノ內遺跡出土の木簡について」, 木簡學會第28回研究集會資料, 2006年12月3日, 4日.

大橋信弥, 「近江における渡來系氏族の研究」, 『古代豪族と渡來人』, 吉川弘文館, 2004年, 初出 1995年.

東野治之, 「大寶令前の官職をめぐる二, 三の問題」, 『長屋王家木簡の研究』, 塙書房, 1996年, 初出 1984年.

加藤謙吉, 「フミヒト系諸氏の出自について」, 『古代文化』 49-7, 1997年.

小笠原好彦, 「近江の佛教文化」, 『古代を考える近江』, 吉川弘文館, 1992年.

田中史生, 『倭國と渡來人』, 吉川弘文館, 2005年.

畑中英二・大橋信, 「滋賀・西河原宮ノ內遺跡」, 『木簡研究』 29, 2007.

〈日文要約〉

日本古代木簡の系譜

三上喜孝

　本稿は，日本古代木簡の系譜をさぐるという觀點から，韓國出土木簡に注目し，兩者の比較・檢討を行うことによって，その特質を浮かび上がらせることを目的とする．まず記錄簡に注目すると，冒頭に日付を記し，その下に人名の割書を列記するという記載様式が，韓國出土の6世紀代の木簡と，日本の7世紀の木簡に共通してあらわれている．また，木簡にみえる獨特の用字法も，韓國出土木簡と日本の7世紀の木簡に共通している．さらに『論語』を記した木簡が韓國と日本で出土している事實は，『論語』が百濟からもたらされたとする『古事記』の傳承とあわせて，文字文化の受容が半島からもたらされたとする當時の人々の認識を示している．

　韓國出土木簡と日本古代木簡を比較すると，7世紀の地方木簡と多くの共通点を見いだすことを確認できる．最も顯著なのが，近江地域（現在の滋賀縣）で出土する7世紀代の木簡である．漢字を日本語の語順に並べて記した西河原森ノ內遺跡出土木簡は，韓國の壬申誓記石にみられる文體を想起させる．湯ノ部遺跡出土の「牒」の文書様式をもつ木簡は，7世紀代と推定される新羅の月城垓字出土木簡の「牒」木簡の系譜をひくものとみてよい．7世紀の近江地域出土の木簡に韓國出土木簡とのこのような共通性がみられる背景には，この地域が半島からの渡來人が集住していたことと關連があるが，ただこのことは近江地域の特殊性ととらえるべきではない．日本の古代社會で木簡が盛んに使用されたのは，同時期の半島で木簡が使用されていた事實と密接に關わっている．列島に文字文化をもたらした渡來人が，同時に木簡による情報傳達技術をもたらした結果，情報傳達媒體としての木簡の有效性が認識され，日本の律令國家の統治技術の一つとして大きな役割を占めるようになったのである．

▶ キーワード：日本古代木簡，記錄簡，文書木簡，古代近江地域，渡來人

西河原森ノ內 遺跡址의 '椋直'木簡에 對한 語學的 考察

金永旭*

〈국문초록〉

　필자는 西河原森ノ內 유적지 출토 목간에 대한 기존의 연구들을 검토해 보고, 기존의 논의에서는 주목하지 않았던 문제에 대해서도 어학적으로 의미가 있는 문제로 판단되는 것들을 다루게 되었다. 이 목간을 韓國의 木簡들과 比較해 가면서 제기된 문제의 해결을 시도한 결과, 다음과 같은 結論을 얻게 되었다. 첫째, '椋直'은 씨족명이라는 기존의 학설과는 달리, '창고지기'와 같이 직명을 나타내는 명사임을 밝혔다. 둘째, 목간에 보이는 문법형태 '之'에 대한 어학적 고찰을 하였는데 한국어 자료를 통해서 '之'의 용법을 추적해 본 결과, 이것은 그 기능이 평서문 종결의 어미였고 5세기의 고구려 언어 표기 자료에서 그 기원을 확인할 수 있었다. 셋째, '得'에 대한 판독의 문제인데 필자는 이것이 '傳'자를 잘못 판독한 것으로 결론을 내렸다. 넷째, 목간에 보이는 자간 공백이 신라표기법에 영향을 받았다는 기존의 견해가 있었는데 필자는 이러한 견해를 수용하여 기존의 논의를 뒷받침할 만한 자료들을 찾아본 결과, 신라의 목간 자료에서는 이러한 자간 공백

---

* 서울市立大 國語國文學科 敎授

의 예들을 다수 확인할 수 있었다. 그렇지만 백제의 목간 자료에서도 자간 공백의 예를 확인할 수가 있어서 문제의 목간이 신라 계통일 것이라는 기존의 학설은 보류할 수밖에 없었다.

▶ 핵심어 : 도래인, 목간, 경직, 표기법, 자간 공백, 신라 목간, 백제 목간.

Ⅰ. 머리말

日本古代木簡選(1990: 71)에는 渡來人 지역에서 출토되었다는 7세기 무렵의 목간 자료가 있다. 일본 목간학회의 목간 번호로는 421번인데 같은 책 192면에 이것의 판독문이 日本木簡學會의 이름으로 다음과 같이 공표되었다.

(前面) 椋直伝之我持往稲者馬不得故我者反來之故是汝卜ア
(後面) 自舟人率而可行也 其稲在處者衣知評平留五十戶旦派博士家

三上(2007: 219)에는 위의 判讀文이 다음과 같이 해석되어 있다.

椋直伝之/ 椋直이 전한다.
我持往稲者馬不得故/ 내가 가지고 간 벼는 말을 얻지 못한 까닭으로,
我者反來之/ 나는 되돌아 와 버렸다.

故是汝卜ア/ 그러므로, 너, 복부가
自舟人率而可行也/ 스스로 뱃사람을 데리고 가야 한다.
其稲在處者/ 그 벼가 있는 곳은,
衣知評平留五十戶旦派博士家/ 의지평, 평류 오십호의 단파 박사 집이다.'

1984年, 日本 滋賀縣의 西河原森ノ內 유적지에서 이것이 出土되었는데 여기에 적힌 문장들은 일본의 고대 문자와 언어를 이해함에 있어서 중요한 자료로 학계의 주목을 받게 되었다.

天武11年(682年)이전인 7세기 후반 자료로, 犬飼隆 선생은 이것을 신라의 壬申誓記石과 비교하여 여기에 적힌 표기법이 한국에서 영향을 받았을 것이라는 추정을 한 바 있었다.[1]

李成市(2005: 42)도 이것이 한국식 한문의 영향으로 형성된 것이라는 견해를 밝혔다.

三上(2007)은 421번 목간에 보이는 '-之'가 古代韓國의 文末表現에 사용된 것과 동일하고 漢字

가 일본어순으로 표기된 점을 근거로 이것이 임신서기석의 문체와 같다고 평가하였다.

목간이 출토된 滋賀縣은 近江 지역이다. 이곳은 옛날에 渡來人들이 살았던 곳이다. 이러한 정황들을 고려할 때에 421번 목간을 한국 목간이나 금석문과 비교하는 것은 國語史的으로 의미가 있는 일로 생각된다.

물론, 이것은 기존의 연구에서 이미 충분하게 논의된 자료이기 때문에 이 글에서 421번 목간을 처음부터 끝까지 전면적으로 재론하려는 것은 아니다. 목간의 내용 중에서 아직까지도 해결하지 못한 문제들을 중심으로 논의를 해 보자는 것이다.

필자는 421번에 대해서 다음과 같은 네 가지의 의문점을 제기한다.

첫째, '椋直'이 과연 氏族名인가?
둘째, 도래인 목간에 보이는 '之'의 용법은 그 뿌리가 무엇인가?
셋째, '馬不得故'의 '得'은 과연 정확하게 판독된 것인가?
넷째, 木簡에 보이는 字間 空白이 함의하는 바는 무엇인가?

위에서 제기된 문제들을 하나씩 풀어나가기 위해서 기존의 연구 업적들을 검토하되 비교 가치가 있는 한국의 고대국어 자료들을 검토해 볼 것이다. 주로 5세기부터 7세기 사이의 한국어 표기를 반영하고 있는 고구려 금석문 자료와 백제의 목간 자료, 신라의 목간 자료들을 중심으로 논의를 진행할 것이다.

Ⅱ. '椋直'에 대한 해석

다음의 사진은 國立民俗博物館에서 2002년에 발행한 "古代日本 文字のある風景"이라는 圖錄의 43면에 수록되었다[2]. 목간의 첫 글자는 '椋'이다.

'椋'이 무엇을 의미하는지가 논의의 출발점이다. 이 문제를 풀기 위해서 옛 기록을 살펴볼 필요가 있다.

三國志의 魏書 高句麗傳에는 다음과 같은 내용이 있다.

---

1) 여기에 대한 仔細한 事項은 犬飼隆(2005: 67~90)을 參照할 수 있다.
2) 이것은 原資料를 模寫한 것이다. 日本古代木簡選(1990: 71, 목간번호 421)에 실린 원 자료의 사진이 희미하기에 독자들의 편의를 도모하기 위해서 模寫한 것으로 보인다. 모사 자료라고 해서 학술적 가치가 없는 것은 아니다. 모사 자료이기는 하지만 이것이 小林芳規(1998/1999: 51)에도 인용되어 있으므로 학술적으로 이용하기에 큰 문제는 없을 것으로 판단된다.

'···其民喜歌舞 國中邑落 暮夜男女羣聚 相就歌戲 無大倉庫 家家自有小倉 名之爲桴京···'

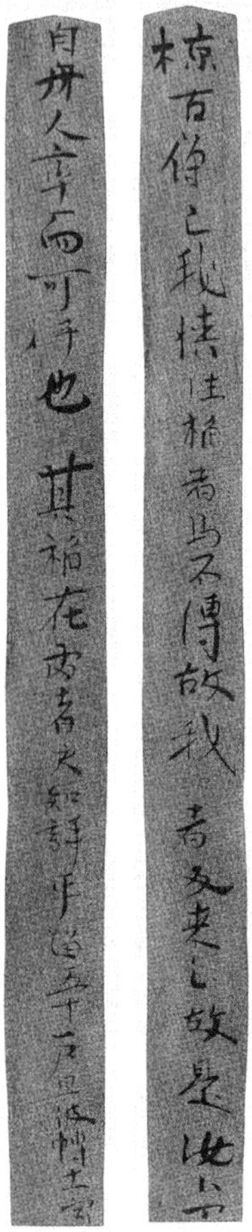

고구려에는 큰 창고가 없는 대신에 집집마다 조그만 창고가 있었다는 데 그것을 '부경'이라고 부른다는 것이다.

'京'은 본래 지표면의 습기를 피할 수 있도록 바닥을 높게 한 창고를 일컫는다.

'北史'의 百濟傳에는 官制의 하나로 外椋部와 內椋部가 있었다. 三國史記의 職官誌에도 '广(마룻대 엄)'이 있는 '京(广+京)'이라는 官職이 보인다. '京'字에 木部를 붙이거나 广偏을 씌운 까닭은 '서울 京'과의 混同을 避하기 위함이다.

'桴'字는 지붕의 마룻대를 가리키는 말이다. 이것은 小倉을 덮는 高句麗의 지붕 양식과도 관계가 있다. '广'도 '桴'와 뜻이 같아서 广偏과 京이 合成된 '京(广+京)'字는 桴京과 그 의미가 동일하다.

椋이 高句麗의 '桴京'에서 비롯되었을 것이라는 주장은 李成市(2005: 42)에서도 확인할 수 있다. 李成市 선생에 따르면 '椋'字를 고구려인이 창안했는데 이것이 新羅, 百濟, 伽倻, 列島에 전파되었다는 것이다[3].

漢字의 용법에도 '椋(푸조 나무 량)'이 있기는 하지만 그것은 나무 이름을 의미하지, 촌락에 있는 조그마한 창고를 뜻하는 것은 아닐 것이다.

'椋'의 용례는 德興里 古墳 墨書에서 확인된다[4]. 409년에 조성된 이 고분의 壁畵墳 앞방 천장고임의 壁畵 下段部에는 14行154字로 된 墨書가 있다.

묘지의 13~4行에는 다음과 같은 기록이 있다.

'···且食鹽豉食一椋記之····'

〈그림1〉

전호태(2004: 124)는 이 구절을 '아침에 먹을 간장을 한 창고 분이나 두었다'로 해석했다. 여기에는 보충을 요하는 대목이 있다.

---

3) 韓國의 '椋'은 '京'의 '口'가 '日'로 되어 있어서 日本의 '椋'과 字劃上의 差異가 있지만 意味는 同一한 것으로 보인다. 왜 이러한 差異를 보이는지에 대한 解明은 此後의 宿題다. '椋'이 日本語에서는 クラ로 '倉'과 同一한 意味다. 이 文字가 한때는 日本의 國字로 알려져 있었다. 國史編纂委員會 編(1987: 249)에 의하면 '椋'은 日本의 正倉院과 類似한 校倉式 建物 樣式이라 한다.
4) 전호태(2004: 124)를 參照할 수 있다. 墓誌의 기록에 묵서의 연대가 永樂18年 戊申 12月25日이다. 이것을 서력기원의 양력으로 환산하면 西紀409年1月26日이다.

'食鹽'은 흔히 소금으로 알려져 있다. 이것을 전호태(2004: 124)처럼 '간장'으로 해석하려면 확인 과정을 거쳐야 한다[5]. 그리고 원문에서는 엄연히 존재하는 '鼓食'에 대한 해석이 빠져 있다.[6]

鼓는 '두드릴 고'이니 '鼓食'은 배를 두드리고 먹을 수 있을 만큼 倉庫에 가득 찰 정도로 풍성한 식량을 뜻한다. '食鹽'도 간장으로 확대 해석하는 것보다 '먹는 소금'으로 보는 것이 좋을 듯하다.

묵서의 해석을 위해서 문법적인 사항도 고려할 필요가 있다. 德興里 古墳 墨書에는 '-之'가 두 번 나타나는데 이것들이 모두 문장 종결사로 쓰였다. 게다가 처소격 조사인 '-中'의 존재도 확인된다.

이러한 문법 형태들의 존재는 덕흥리 고분 묵서가 고구려식 한문으로 적혀져 있음을 보이는 것이다[7]. 이에 따라 문제의 묵서를 이두의 관점에서 해석하면 다음과 같다.

旦食鹽/ 아침에 먹을 소금과
鼓食/ 두드리며 먹을 만한 음식이
一椋記之/ 한 창고임을 기록한다.

'椋'의 용례는 신라의 목간 자료에서도 확인이 된다. 경주 황남동 376번지 유적지에서 출토된 二面 墨書 목간 281번에는 '椋'이 3번이나 보인다. 묵서의 판독문은 다음과 같다[8].

(前面)五月廿六日椋食○內之 下?有··· ···
(後面)仲椋有食廿三石

결론부터 말하자면, 이것은 新羅 吏讀다. 7세기 혹은 8세기 초의 자료로 추정되는 吏讀다. 華嚴經寫經造成記(755년)보다 100여 년 정도 앞선 것이므로 경주 황남동 281번 목간은 국어사적으로 의미가 있는 자료다.

목간에 남아있는 글자 수가 많지는 않지만, 황남동 281번 목간은 '-內-'와, '-之' 등의 중요한

---

5) 첫째, 5세기 무렵 고구려에 간장이라는 가공 식품이 있었는지를 확인해야 한다. 둘째, 간장이라는 것이 있었다고 하더라도 그것이 어떻게 표기되었는지까지를 확인한 후에야 그런 해석이 가능하다.

6) 이 글에서는 高句麗式 終結詞인 '-之'에 대한 어학적 논의도 없었다.

7) 이러한 사안들을 충분히 고려할 필요가 있다. 가설을 입증할 방법이 없다면 문자의 뜻에 충실하고 우리가 동원할 수 있는 문법적 지식을 바탕으로 해석하는 것도 하나의 대안이다.

8) 여기에 대해서는 國立昌原文化財研究所 編(2006: 200~201)을 참조. 281번 목간은 소나무로 만든 것인데, 길이가 17.5cm, 폭 2.0cm, 두께 0.6cm이다. 아랫부분이 파손되어서 전체 내용은 알 길이 없다. 墨書된 것은 판독이 되었지만 해석이 없고 判讀文에 대한 어학적 분석도 없었다.

문법 형태들이 보인다는 면에서 주목할 필요가 있다. 先語末語尾 '-內-'만 하더라도 현재까지 출토된 韓國語 文字資料 중에서 最古의 것이다.

선어말어미가 확인된다는 것은 이것이 초기 이두로서는 상당히 성숙한 문장임을 의미한다. 한국어의 문법 형태 발달 과정을 살펴보면 어말어미가 생겨난 다음에야 선어말어미가 발달하기 때문이다.

'-內-'는 중세국어 선어말어미 '-ᄂᆞ-'에 대응한다. 이것은 서법의 문법형태다. 서법이란 명제에 대한 화자의 심리적 태도를 반영하는 문법범주인데 '-內-'는 그 기능이 직설법이다.

직설법이라 함은 사태를 화자가 사실 그대로 파악하여 서술하는 서법으로 가상법이나 회상법에 대비되는 서법이다.

'-內-'를 시제의 관점에서 해석하면 현재 시제다. 이것은 '五月卄六日椋食○內之'라는 문장의 내용이 화자의 관점에서는 실제로 행해진 현재의 사태임을 뜻한다.

해석을 하면 '5월 26일에 창고에 먹을 것(식량)을 ○하다.'이다. 목간의 중간이 닳아버린 까닭에, ○의 字를 判讀할 수 없지만 문맥으로 미루어 ○은 창고의 식량 재고 조사와 관련이 있을 것이다.

'···○內之' 다음에는 字間空白이 있고[9] 이어서 '下椋有'이다. 아랫부분이 파손되어 그 내용을 알 수 없지만, 이어지는 字가 후면의 '食○石'처럼, '식량 몇 석'일 것으로 짐작된다. '仲椋有食卄三石'은 '중간 창고에 있는 식량이 23석'이라는 뜻이다.

중국에서는 창고의 의미로 '椋'을 사용하는 용례가 확인되지 않았다. 이에 비해 한국에서는 경주 목간에 보이는 '下椋, 仲椋' 등의 용례와, 德興里 墨書, 魏書 高句麗傳, 北史 百濟傳, 三國史記 職官誌의 기록에서 '椋'의 용례가 여러 곳에서 확인된다. 결론을 말하자면 滋賀縣의 木簡에 보이는 '椋'은 한국의 영향일 가능성이 크다.

이제부터의 문제는 '椋直'의 뜻이 무엇인지를 해석해 내는 것이다. 犬飼隆(2005: 72)에서는 '椋直'을 氏族名으로 보았다. 三上(2007: 219)도 이에 동의했지만, 이러한 주장을 뒷받침할 만한 근거가 논문에서는 제시되어 있지 않다.

'椋直'이 씨족명이라면 '椋直'의 씨족들이 일본 자료나 한국 고대사 자료에 나옴직하지만 현재까지도 그 증거들은 발견되지 않았다.

日本古代木簡選(1990: 192)에서는 '椋直'을 씨족명으로 보는 이유를 다음과 같이 설명하고 있다. 비록 '椋直'이라는 姓氏는 없지만, 椋連이라는 姓은 있었다는 것이다. 이것은 倭漢直氏의 枝氏라는 것이고 이에 따라 椋連을 椋直姓과 관련지었다.

'連'이 왜 '直'으로 바뀌었는지에 대한 해명이 없는 한, 椋連에서 椋直이라는 씨족명이 유래했

---

9) 황남동 목간 281번은 종결사인 '-之' 다음에 空白이 있다는 점에서도 그 표기법을 주목할 필요가 있다. 자간 공백은 일종의 句讀法이다. 空白을 두어서 내용이 바뀐다는 표시를 한 것이다.

다는 가설을 받아들이기 어렵다[10].

씨족명 가설에 대한 대안의 하나로 三國遺事 卷二에 보이는 竹旨郎條의 '倉直'이라는 말에 필자는 주목을 하고자 한다.

'幢典牟梁益宣阿干 以我子差富山城倉直 馳去行急 未暇告辭於郎'.

해석을 하자면, '幢典인 모량리 익선 아간이 내 아들(득오)을 차부산성 창직으로 임명하였는데, 급히 달려가느라고 갈 길이 급해서 랑(죽지랑)께 말씀을 올릴 틈도 없었습니다'이다.

幢典은 신라 군대의 직책으로 부대장 급이고 阿干은 신라 관등의 제6위다. 그러니 阿干이 임명한 '倉直'이란 微官末職에 불과하다.

'倉'과 '椋'의 의미가 서로 통한다. '倉直'과 '椋直'에는 '直'이라는 공동의 한자가 있다. 椋直과 倉直은 한자가 다르기는 하지만 둘 다, '창고지기'를 가리킨다는 점에서 그 의미를 동일하게 해석할 수 있다. 삼국유사에 보이는 '-直'이란 마치 접미사처럼 쓰여서, '관리인'의 뜻으로 사용되었다.

물론 이러한 해석이 椋直의 '直'에 적용된다는 직접적인 근거는 없다. 그렇지만 앞에서도 이미 논의한 바 있듯이 '椋'이 한국에서 유래한 것이라는 점을 상기하지 않을 수 없다.

'椋直'이 일본자료에서 확인될 수 없고, 중국에서도 그러한 용법이 없다면 유일한 대안은 韓國由來說이다.

이상의 논의들을 바탕으로 '椋直'에 대한 필자의 의견을 종합하면 다음과 같다.

첫째, '椋直'이라는 단어는 '椋+直'으로 분석할 수 있다.
둘째, '椋'은 고구려에서 창안한 한자로 신라를 거쳐서 일본에 전파되었다.
셋째, '直'은 일종의 접미사로 '관리인'이라는 뜻을 지니고 있다.
넷째, '椋直'은 '倉直'과 마찬가지로 '창고지기'라는 뜻으로 해석이 된다.

Ⅲ. '之'에 대한 문법적 해석

'椋直傳之/ 椋直이 전한다.'에 나오는 '之'의 문법적 위상은 무엇일까? 이것이 대명사라면 한

---

10) 게다가 '椋直'이라는 단어를 굳이 씨족명으로만 해석해야 하는지에 대해서도 근거가 없다. '椋直' 자체도 뜻이 있는 단어이고 그렇다면 이것이 보통명사일 가능성도 배제해서는 안 될 것이다. 혹은 이것이 직책을 나타내는 직책명일 수도 있는 것이다.

문 문법에 부합하므로 특별히 문제 삼을 이유가 없다. 그러나 대명사가 아니라면 '之'의 용법은 무엇이며, 이러한 용법은 어디에서 유래한 것일까?

이것이 만약 대명사라면 문맥상 목적어로 쓰였을 것이다. 그러나 이때의 '之'를 목적어로 분석할 수는 없다. 萬若, 그렇다면 '椋直이 그것을 전한다'는 것으로 해석이 될 것이다. 그런데 대명사로 쓰이려면 그 내용을 해석할 수 있는 선행 정보가 있어야 한다.

'椋直傳之'는 문장의 맨 처음에 나온다. 암호문이 아닌 다음에야 '之'가 무엇을 가리키는지 해독할 수가 없다. 선행 정보가 없는 해석불가능한 대명사의 용법이란 암호문이 아닌, 사실을 전달하는 문서의 첫머리에는 쓸 수가 없다.

대명사가 아니라면, 이때의 '之'를 문법적으로 어떻게 해명할 것인가? 이것이 이 장에서 풀어나가야 할 문제다. '椋直傳之'의 之가 대명사가 아니라면, 이것은 문장의 끝에 오므로 문종결사로 가정할 수밖에 없다. 이와 같이 종결사로서의 '之'의 용법은 한국에서 그 용례들을 확인할 수 있다.

한국에서는 7세기 이전에도 이러한 '之'의 용법이 존재했었다. 이른바 初期 吏讀라고 불리는 古文字 資料에서 확인된다. 주지하다시피 한국어 표기의 기원에 관한 논의는 金石文과 鄕歌 해독의 연구에서 싹텄다.

朝鮮總督府에서 편찬한 吏讀集成의 부록 第一面에는 다음과 같은 石刻文이 실려 있다.

丙戌十二月四 漢城下後部小兄文達節 自此西北行涉之[11]

초기의 모습을 보이는 吏讀가 고구려에서 비롯하였으리라는 발상은 평양에서 고구려의 古城 石刻文이 발견된 1913년 이후부터 시작되었다.[12] 吏讀集成의 凡例에는 최초의 연구자를 '本書吏讀の蒐集及び編輯は, 主として本院囑託金聖睦氏が之を擔當した.'와 같이 기록하고 있어서 초기 이두에 착안한 학자는 김성목 씨였음을 알게 한다.

초기 이두의 한 형태이며 종결사의 용법으로 사용된 '-之'는 5세기 한국 자료에서부터 그 용례를 찾을 수 있다. 德興里 古墳 墨書에도 두 번이나 나온다.

旦食鹽鼓食一椋記之' '
諸曹職吏故銘記之',

廣開土王 碑文에도 之가 있다.

---

11) 이때의 四는 '中'의 誤讀이었다.
12) 여기에 대해서 李基文(1981: 65~66)을 參照할 수 있다.

制令守墓之

平壤 石刻文에서도 '之'가 확인된다.

西北行涉之.

中原 高句麗碑에서도 용례가 3번이다.

東來之
建立處用者賜之
敎跪營之

그 외에도 '女郎三之(川前里 刻石文), 合五人之(丹陽 積城碑)', '敎令誓事之(南山 新城碑)'等이 있다.

옆의 자료는 咸安 城山山城 出土 一面 墨書 48번 목간이다. 6세기 중반 자료다. 國立昌原文化財研究所(2006: 67)의 判讀에 따르면, '殂鑄十之'로 되어 있지만, 이것은 판독의 再考를 요한다. 鑄가 아니라 鐵이다[13]. 여기에 표기된 '殂鐵十之'는 '조철이 열 개다'로 해석된다. 종결사 '-之'가 있고 한국어순으로 되었다.

이것은 華嚴經寫經造成記(755년)의 吏讀보다 200년 가량이나 앞섰다[14]. 목간 자료가 보여주듯이 新羅 吏讀는 삼국 시대 후반기에 이미 모습을 어느 정도 갖추고 있었다[15].

이러한 용례들을 一瞥해 볼 때에 고구려에서 발생한 之의 용법이 신라에도 이어졌음을 짐작케 한다.

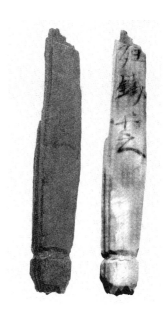

---

13) 이것이 鑄 字라면, 48번의 두 번째 字 우측에 오른쪽으로 비스듬하게 내려 그어진 '파임' 획을 설명하지 못한다. 鑄라면 수직으로 곧은 '내리긋기' 획이 있어야 한다.

14) 從來에는 華嚴經寫經造成記의 吏讀文을 新羅吏讀의 起源으로 推定한 적이 있었다. 拙稿(2007)에서는 그것보다 더 이른 時期의 新羅吏讀文으로 月城垓子木簡149番을 提示한 적이 있다. 그러나 咸安山城48番 木簡에는 月城垓子149番보다 더 이른 時期의 吏讀文이 書記되어 있다. 6世紀 中葉이라는 見解가 支配的이다. 國立昌原文化財研究所(2006: 32, 改訂版)을 參照.

15) '殂鐵'이 어떤 종류의 쇠인지는 알 수가 없지만 6세기 중반의 신라의 철기 문명을 짐작케 하는 片鱗이라는 점에서 문명사적 의미가 있겠지만 아쉽게도 '十之' 뒤에는 이어진 文字가 없다.

'椋直伝之'의 之는 한반도의 之와 관련이 있다. 이런 관점에서 '椋直伝之'를 '椋直이 전한다'로 해석하여 之를 초기이두의 문장 종결사인 '-之/다'에 대응한 三上(2007: 219)의 해석은 타당하다. 이때의 之는 한반도의 금석문과 목간에 보이는 종결사 '-다'에 해당한다.

'我者反來之/ 나는 되돌아 와 버렸다.'의 之도 마찬가지다. 이때의 '之'도 대명사로 해석하기 어렵다. '我者反來之'는 순한문이라기보다는 일본식 한문, 즉 和化漢文이다.

이때의 者는 古代日本語의 '*-は'에 對應되는 것으로 보인다. 新羅 吏讀資料도 이러한 용법을 확인할 수 있다. 華嚴經寫經造成記(755년)에 보면 다음과 같은 구절이 있다.

    成內 法者 楮根中 香水 散ぅ

이때의 者도 '我者反來之'의 그것과 문법적 기능이 동일하다.

좀더 이른 시기의 용례로 백제 목간을 들 수 있다. 좌측 자료는 扶餘 陵寺址에서 출토된 6~7世紀頃의 백제 목간이다. 판독문과 그것의 통사 구조는 다음과 같다.

    其身者如黑也
    [[[其]ADNP[身者]NP]NP[如黑也]VP]S
    [[[그]ADNP[몸은]NP]NP[거무스럼하다]VP]S
    (ADNP는 관형사구이고 NP는 명사구, VP는 동사구, S는 문장이다.)

'其身者如黑也'는 漢文인 '其身如黑'을 百濟式 漢文으로 풀어놓은 것이다. 즉, 主語인 '其身'에 '-者'라는 吐를 달고, '如黑'에는 '-也'라는 終結詞를 덧붙인 것이다.

이상의 논의를 정리하면, 필자의 結論은 다음과 같다. 고대시기의 한국과 일본에서는 중국의 한문에서 변형된, 백제식 한문이나 和化漢文 등을 사용하였던 것이며 그 시기의 '之'는 한국과 일본이 공통적으로 文終結詞로 사용하였다.

Ⅳ. '得'에 대한 판독의 문제

日本木簡學會에서 編纂한 日本古代木簡選(1990: 192)에서 문제의 第5字(그림1)를 '得'으로 판독했다. 이러한 독법이 犬飼隆(2005: 48)에 이어졌고 三上(2007: 219)에서도 답습되었다.

그런데 '得'자의 판독에는 오류가 있다. 어떠한 書道字典에서도 '得'이 〈그림1〉의 第5字처럼 필사된 것을 확인할 수가 없기 때문이다.

결론부터 말하면, 이것은 '傳'이다. 물론 필자는 원본 자료를 눈으로 직접 확인한 적이 없다. 필자의 판독은 전적으로 國立民俗博物館에서 2002년에 발행한 "古代日本 文字のある風景"이라는 圖錄의 43 면에 수록된 것과 小林芳規(1998/1999: 51)에 의존한다는 한계가 있다. 그런 까닭에 〈그림1〉은 진본과 같다는 전제하에서 논의를 시작할 수밖에 없다.

필자의 관견으로는 오독의 원인이 목간421호에[16] 보이는 일본식 표기 방식에 경도되어서 벌어진 사태가 아닌가 한다. 三上(2007: 219)에서는 '馬不得故'를 '말을 구하지 못한 까닭'으로 解釋하였다. 이런 해석은 이것을 일본어순의 和化漢文으로 보았기 때문일 것이다. 만약 이것을 한문으로 보았다면 목적어인 馬는 동사로 해석한 得 뒤에 있어야 한다.

한편, 犬飼隆(2005: 48)에서는 '得'에 대하여 다른 의견을 제시한 바 있다. 古事記 上卷에 '不得還入'과 같은 용례가 있어서, 일본 고대어에서도 得이 '可能'의 意味를 나타내는 助字로 쓰였다는 것이다.[17]

필자는 기존의 논의에 대해서 다음과 같은 두 가지 의문을 제기한다.

첫째, '馬不得故'의 得은 '不得還入'의 용례와는 달리, 助字로 보기 어렵다. 이것이 助字로 쓰여서 不得이 '能力 否定'의 助用言으로 機能한다면 '不得還入'의 경우처럼 還入이라는 本用言이 있어야 올바른 統辭構造가 되는 것이다. '馬不得故'의 不得 뒤에는 本用言이 없다.[18]

둘째, '馬不得故'를 '말을 구하지 못한 까닭[三上(2007: 219)]'으로 解釋한 것은 文脈에 맞지 않다.

椋直이 旦派 博士에게 맡긴 벼(稻)는 말로 운반된 것이다. 椋直은 운수 책임자이지 장사꾼은 아니다. 그런 까닭에 도중에 벼를 추가로 구입했을 리가 없다. 운반 도중에 벼를 추가하지 않았다면 말을 추가로 구할 까닭도 없다. 그러니 '不得馬'의 뜻으로 '馬不得' 따위의 표현을 쓰지 않았을 것이다.

輸送路의 사정으로 보아 말(馬)로는 벼를 더 이상 운반할 수가 없었을 것이다. 椋直이 목간을 쓴 이유도 여기에 있을 것이다. 벼를 계속해서 목적지까지 운반하기 위해서는 배(舟)가 필요한 상황임을 알려야 했을 것이다.

따라서 '말을 구하지 못했다/ 馬不得故'보다는 '말로써는 벼를 더 이상 전달할 수가 없다/馬不傳故'라는 표현이 목간을 쓴 목적에 더 맞을 것이다.

뿐만 아니라 우리가 여기에서 看過해서는 안 될 기본 원칙이 있다. 判讀은 判讀이다. 해석과 판독이 서로 혼돈 되어서는 안 될 것이다.

---

16) 木簡番號는 日本古代木簡選에 提示된 番號를 基準으로 한다. 日本古代木簡選(1990: 71)을 參照.
17) '得'의 古代日本語用例는 犬飼隆(2005: 74)를 參照할 수 있다.
18) 이 점에 대해서는 글을 발표할 당시, 이용 교수(서울시립대)가 지적한 바 있다.

자료가 보여주는 문자의 판독이란 '馬不傳故'임이 분명하다. 이것을 해석하면, '말이 전할 수 없는 까닭에'이고 비록 목적어가 빠져 있기는 하지만 문맥상으로 그것은 '벼'임에 틀림없다.

물론, '馬不傳故'를 '椋直伝之'나 '我者反來之'처럼 和化漢文이라고 할 만한 적극적 증거는 없다. 따라서 西河原森ノ內 遺跡址 出土 木簡에는 '椋直傳之'처럼 日本語順도 존재하지만, '馬不傳故'처럼 漢文도 섞여있는 和漢混用體라는 결론에 도달할 수밖에 없다.

그러면 漢和混用體로 표기된 日本의 古代 木簡을 우리는 어떻게 이해해야 할 것인가?

우선, 문제의 421號 목간이 7세기 후반의 일본 자료임에 주목해야 한다. 일본 목간을 이와 비슷한 시기의 新羅資料인 新羅月城垓子木簡과 비교해 보는 것은 의미가 있을 것이다. 게다가 목간이 출토된 지점이 渡來人들이 살았다는 지역이라는 점에서도 당시의 한반도에서 사용된 한자표기법과 연관 고리가 있을 가능성이 크기 때문이다.

月城木簡 149號는 그 形態가 觚에 해당하는데 이것을 판독하면 아래와 같다.

(1面)大鳥知郎 足下 万引 白之
(2面)經中 入用 思 買白不踓紙 一二个
(3面)牒垂賜 敎在之 後事 若命盡
(4面)使內

목간을 해석하면 다음과 같다.

'(1面)대조지랑 족하께 만인이 사룁니다.
(2面)경에 들여서 쓸 것을 생각하여 백불유 종이 한두 개를 매입하였고
(3面)첩에서 내리신 명령이 있었는데 뒤에 일을 명령대로 다 하였습니다.
(4面)시킨 대로 처리함.'

처소격 조사 '-中'이나 평서형 어말어미 '-之'의 존재로 이것이 新羅 吏讀임이 확인되지만, 2面의 '買白不踓紙一二个'는 漢文이다. 新羅木簡도 문제의 일본 목간처럼, 國文과 漢文의 混用을 보인다.

이른바 '漢韓混用體'는 初期吏讀의 한 특징이다. 이것은 變體漢文이라기보다 韓化漢文으로 부르는 것이 좋겠다. 이러한 문체의 전통이 韓半島에서는 뿌리가 깊기 때문이다.

韓化漢文이 고구려 자료에도 보인다. 앞에서 논의한 바 있듯이 409年의 德興里 墨書銘, 414年의 廣開土王碑文에서도 확인이 된다. '黃龍負昇天', '而倭以辛卯年來', '顧命世子儒留王以道興治', '賣者刑之 買人制令守墓之' 등은 순수 한문이라기보다는 고구려식으로 변형된 한문이다.

광개토왕비문에서는 이것들이 한문에 섞여서 산발적으로 나타난다. 비문 전체 문장에서 그것

들의 비중이 그리 크지는 않았다. 그러나 5세기 후반의 중원 高句麗碑로 내려오면 韓化漢文의 比重이 점점 더 커지게 된다.

중원의 고구려 비문은 고구려왕이 중원에 온 5月부터 그해 12월23일까지 그곳에서 일어났던 크고 작은 사건들이나 和親儀禮, 王의 下賜品目, 高句麗와 新羅의 관계, 百濟와 新羅의 관계에 관한 사건들이 기록되었다. 한화한문의 문체를 확인해 보기 위하여 비문을 해석해 보면 다음과 같다.

五月中 高麗太王 祖王 /오월에 고려태왕의 조왕이

令□新羅寐錦 世世爲願 如兄如弟 上下 相和 守天/ 신라 매금으로 하여금 世世로 願하되 兄답고 아우답게 위아래가 서로 和하고 守天하도록

東來之./ 東으로 왔다.

寐錦 (忌)太子共/ 매금은 태자 공을 두려워 하였으며

前部太使者 多亏桓奴 主簿 貴(德)/ 전부태사자 다우환노와 주부 귀덕이

(細)(類)(王)(安)(耳台)□(去)□□到至 跪營(天)/ · · · 이르러 영천에 무릎을 꿇었고

太子共 語 向(塹)上/ 태자 공이 전상을 향하라고 말했으며

共看節 賜太藿鄒 (授)食 (在)東夷寐錦之衣服/ 함께 보는 때에 태곽추와 수식과 동이 매금의 의복을 주고

建立處 用者 賜之./ 건립한 곳은 사용자에게 주었다.

隨□節□□奴客人輩 敎諸位 賜上下(衣)服/ 따르는 자인 이때의 □□奴客과 人輩에게도 제위로 하여 상하의 의복을 주고

敎東夷寐錦 遝還來/ 동이매금을 뒤따라 돌아오게 하였으며

節敎賜寐錦土內 諸衆人 □□□□(王)國土 太位 諸位 上下 衣服 (來)受/ 이때의 매금토내 諸衆人에게 □□을 주고 □□國土의 태위와 제위상하에게도 의복을 와서 받으라고 명하고

敎跪營之./ 영에 (와서) 무릎을 꿇게 하였다.

十二月廿三日甲寅 東夷寐錦上下 至于伐城/ 12월 23일(갑인)에 동이매금의 상하가 우벌성에 이르자

敎來前部大使者 多于桓奴 主簿 貴德 □夷境□ 募人三百/ 전부대사자 다우환와 주부 귀덕을 오게 하고 (동)이의 경(내)에서 300명을 모집토록 하니

新羅土內 幢主 下部拔位使者 補奴 □疏奴□□/ 신라토내의 당주인 하부 발위사자 補奴가 奴□□을 □疏하였는데

凶鬼蓋盧 供□ 募人 新羅土內 衆人 跓動· · · · · ·/ 흉귀 개로가 □을 주면서 신라토내 사람들을 모으니 衆人이 머뭇거리면서 움직이어 · · · · · · .

여기에서 고대 한국어 문법형태들이 확인된다는 것과(例: -中, -之), 한국어순 문장들의 확인

으로(例: 建立處 用者 賜之) 광개토왕 비문보다는 더욱 한국화한 것이다.[19] 이러한 한반도의 사정을 참고하자면 초기의 일본에 일본어와 한문이 혼용된 문체가 보이는 것은 자연스러운 현상이 아닌가 한다.

이상의 논의를 정리한 필자의 결론은 다음과 같다.

첫째, 馬不得故의 '得'은 '傳'으로 고쳐져야 한다.
둘째, 이 문장이 포함된 일본의 목간은 漢和混用體로 되어 있다.

V. 字間의 空白에 대하여

〈그림2〉에서 필자의 관심을 끄는 것은 '也'字와 '其'字 사이의 공백이다. 字間空白의 의미에 대해서는 犬飼隆(2005: 84~5)에서 주목한 바가 있다.

〈그림2〉의 '-也'는 文終結詞이므로 이어지는 문장과 구분하기 위하여 空白이 존재하리라는 추리를 할 수는 있겠지만, 모든 종결사 뒤에 字間空白이 나타나는 것은 아니다.

壬申誓記石의 '可容行誓之Ø'에 나타나는 之 뒤의 공백에 주목을 하고 이것이 日本 木簡과 비슷하다는 것이다. 犬飼隆 선생이 空白의 의미를 인식한 것은 卓見이 아닐 수 없다.

필자는 이러한 생각을 발전시켜서 木簡表記法의 계통을 밝힐 수 있는 단서로 삼고자 한다. 犬飼隆 선생의 주장이 옳다면 신라나 백제의 목간에서도 자간공백의 존재가 확인되어야 할 것이다.

신라 목간과 백제 목간은 공백의 표기에서 비슷한 양상을 보이고 있지만, 고구려의 금석문과 신라의 금석문에서는 차이가 있다.

그림2

이러한 차이가 有意味한 것이라면 字間 空白의 有無가 椋直 木簡의 기원을 해명하는 실마리로 삼을 수 있을 것이다. 현재까지 발굴된 자료를 살펴보면 자간공백에 대해서 三國의 자료 간에 미묘한 차이를 보이고 있다.

신라 목간 281번의 앞면인 '五月卄六日椋食○內之 下椋有'에는 '之'와 '下' 사이에 空白이 있다.

149번 목간인 '敎在之'와 '後事'에도 字間 空白이 있다. 高句麗의 경우는 木簡資料의 확인이 어

---

19) 時間의 흐름에 따른 記述, 그리고 導入部와 展開部가 形式的으로 區分된다.

려워서 木簡의 書記方式을 직접적으로 알기는 어렵다. 그런데 金石文을 보더라도 종결사 뒤에 字間 空白이 나타나지는 않는다. 中原 高句麗碑文에도 終結詞 '-之'가 3번이나 出現하지만 여기에도 字間 空白이 없다.

以上의 論議에 따르자면 日本 木簡 421番의 書記 方式은 犬飼隆(2005: 84~5)의 주장처럼 百濟나 高句麗보다는 新羅의 傳統을 이은 것으로 짐작이 된다.

백제목간에서도 자간공백의 증거들을 찾아내기가 힘들다. 扶餘 陵寺址 출토 백제 목간 301번은 6~7세기 자료로 추정하는데, 國立扶餘博物館(2002: 100)에서는 이것을 '書亦從此法爲之凡六了五方'으로 판독하였다.[20]

'書亦從此法爲之'는 '서법 또한 이에 따라서 법으로 삼는다'는 뜻이다. 여기에서 종결사 '-之'를 확인할 수 있다. '從此'를 제외하고는 한국어순으로 표기되었다. 그런데 日本木簡과는 달리, 여기에서는 字間 空白이 없다.

요컨대 新羅 木簡을 제외하고는 자간 공백을 확인할 수 없다.

이러한 사실은 犬飼隆 선생의 주장을 뒷받침한다.

삼국 중에서 신라의 목간이나 금석문에서만 자간 공백이 발견되었으므로, 일본의 도래인 지역

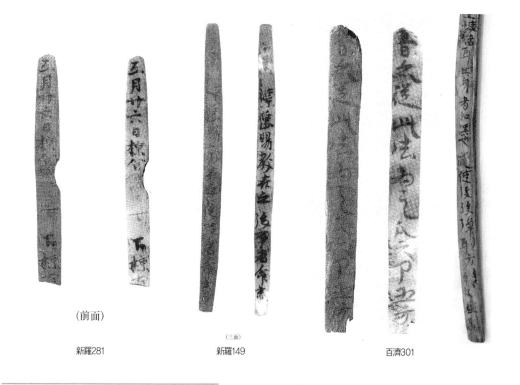

(前面)

(三面)

新羅281 　　　新羅149 　　　百濟301

---

20) '書亦從此法爲之凡六了五方'은 百濟 吏讀다. 百濟吏讀에 대한 硏究는 拙稿(2003)에서 행한 바가 있지만 당시에는 이것을 다루지 않았으므로, 百濟木簡301의 吏讀에 대한 것을 필자로서는 처음으로 논의하는 것이다.

출토 목간에 보이는 자간공백이 한반도의 영향일 것이라고 전제를 하게 되면, 영향을 준 국가는 신라일 수밖에 없을 것이다.

그런데 윤선태(2007: 100)에서 능산리 출토 사면 목간에도 字間 空白이 있음을 주장함으로써 犬飼隆 선생의 주장을 再考할 수밖에 없는 처지에 놓았다.

윤선태 교수는 '其身者如黑也'와 '道使復後彌耶方' 사이에도 意圖的인 字間 空白이 있다는 것이다.[21]

백제 자료에서 자간공백의 증거는 이것이 현재까지로는 거의 유일해 보인다. 백제의 금석문 자료에서는 임신서기석의 경우처럼 자간공백이 확인된 사례가 아직까지는 없다.

그렇지만 이러한 사례의 발견으로 日本 木簡의 書記法이 新羅뿐만 아니라 百濟의 그것으로부터도 影響을 받았을 可能性을 열어 놓지 않을 수 없게 되었다.

다만 자간 공백의 표시법이 신라와 백제에서 독자적으로 발달한 것인지 아니면 백제의 표기방식이 신라에 영향을 미쳤는지는 아직까지 그것을 밝혀줄 만한 근거가 마련되어 있지 않은 듯하다.

그렇다면 終結詞 뒤의 空白은 무엇을 意味하는가?

윤 교수의 논문에서도 밝힌 바 있듯이 이것은 句讀 表示다. 終結詞 뒤의 空白은 아무 것도 없는 것이 아니라 一種의 '마침표'이다.

百濟人과 新羅人들은 제로(zero)에 대한 언어학적 인식을 하고 그것을 이두 표기법에 응용하였다.

이것은 한국의 문자언어사에서 제로(zero)의 가치를 인식하고 이것을 積極的으로 활용한 최초의 사례로 의미가 있다.

字間에 글자 하나가 들어갈 만한 餘白을 둠으로써, 形式的으로 아무것도 표시하지 않은 공(空)이, 말 그대로 아무 것도 없음이 아니라, 보이지 않는 空間에 文章이 바뀐다는 役割을 부여한 것이다.

이러한 전통은 신라 향가표기법에서도 이어지고 있을 뿐만 아니라 한국 문헌 자료에 표기된 구두법의 전통으로 확립되었으며 이러한 표기 전통이 후대에도 계승되었다.

VI. 맺음말

필자는 西河原森ノ內 유적지 출토 목간이 목간에 대한 기존의 연구들을 검토해 보고, 기존의

---

21) 이것은 매우 흥미 있는 관찰로, 만약 그 字間 空白이 意圖的인 것이라면 新羅木簡의 書寫法은 百濟木簡의 影響을 받았다는 것을 의미한다. 윤선태(2007: 100~101)에서 空白을 基準으로 좌측에 보이는 목간 자료의 문장을 둘로 구분하였다. 이에 따른 논리적 귀결로, 윤 교수는 신라의 고대 자료에서 보이는 자간 공백을 백제에서 기인한 것으로 해석하였다.

연구에서 드러난 문제점들을 지적하고 여기에 대한 필자 나름의 해답을 구하려는 시도를 해 보았다.

그리고 기존의 논의에서는 주목하지 않았던 문제에 대해서도 어학적으로 의미가 있는 문제로 판단되는 것들을 다루게 되었는데, 이 목간을 韓國의 木簡들과 比較해 가면서 문제의 해결을 시도한 결과, 다음과 같은 結論을 얻게 되었다. 필자가 이 글의 머리말에서 제기한 문제는 아래와 같은 네 가지였다.

첫째, '椋直'이라는 단어의 의미 해석에 대한 고찰이다. 여기에서 '椋直'은 씨족명이 아니라 '창고지기'와 같이 직명을 나타내는 명사임을 밝혔다.

둘째, 목간에 보이는 문법형태 '之'에 대한 어학적 고찰. 한국어 자료를 통해서 '之'의 용법을 추적해 본 결과, 이것은 그 기능이 평서문 종결의 어미였고 5세기의 고구려 언어 표기 자료에서 그 기원을 확인할 수 있었다. 이것이 신라로 계승되었다는 점을 보였는데, 신라의 초기 이두 자료에서 이것들을 다양하게 확인할 수 있었다. 이러한 신라 이두에 보이는 '之'의 용법과 일본 목간의 '之'가 동일한 문법 기능을 지니고 있다는 사실을 확인할 수가 있었다.

셋째, '得'에 대한 판독의 문제. 여기에 대해서는 기존의 연구 논저에서는 전혀 거론된 바가 없었지만, 필자는 이것이 '傳'자를 잘못 판독한 것으로 결론을 내렸다. 그 당시에 '不得'의 得이 助字로 쓰였다는 기존의 논의에 문제가 있음을 지적하고, 이것이 '不得'일 경우에 목간의 문맥을 해석함에 있어서도 자연스럽지 못하다는 점을 논의하였다. 그리고 여기에 대한 대안으로 得을 傳으로 판독하였다. 이에 따라, 목간 자료에 서사된 자형과도 일치하며 문맥의 해석도 보다 자연스럽다는 결론에 도달할 수 있었다.

넷째, 목간에 보이는 자간 공백에 대한 해석. 신라 금석문에 나타나는 자간공백을 근거로 하여 일본 목간의 자간 공백을 서로 비교하고 이에 따라 일본의 목간이 신라표기법에 영향을 받았다는 기존의 견해가 있었다. 필자는 이러한 견해를 적극적으로 수용하여 기존의 논의를 뒷받침할 만한 자료들을 찾아보았다. 그 결과, 백제의 목간 자료에서는 잘 보이지 않았지만 신라의 목간 자료에서는 이러한 자간 공백의 예들을 다수 확인할 수가 있었다.

그렇지만 백제의 목간 자료에서도 자간 공백의 예를 확인할 수가 있어서 문제의 목간이 신라 계통일 것이라는 기존의 학설은 보류할 수밖에 없게 되었다. 도래인의 목간이 백제 계통인지 신라 계통인지는 좀더 분명한 자료가 나타날 때까지는 확실한 결론을 내릴 수 없게 되었다.

투고일 : 2008. 4. 29   심사개시일 : 2008. 5. 13   심사완료일 : 2008. 6. 7

犬飼隆(2005), 『木簡による日本語書記史』, 東京: 笠間書院.

高句麗研究會 編(1999), 『廣開土好泰王碑 研究』100年, 서울: 학연문화사.

高句麗研究會 編(2000), 『中原高句麗碑 研究』, 서울: 학연문화사.

高永根(1981), 『中世國語의 時相과 叙法』, 서울: 塔出版社.

國立慶州博物館(2002), 『文字로 본 新羅』, 서울: 학연문화사.

國立歷史民俗博物館 編(2002), 『古代日本 文字のある風景』, 朝日新聞社.

國立昌原文化財研究所(2004), 『韓國의 古代木簡』, 서울: 藝脈出版社.

國立昌原文化財研究所(2006,改訂版), 『韓國의 古代木簡』, 서울: 藝脈出版社.

國史編纂委員會 編(1987), 『中國正史 朝鮮傳 譯註一』, 大韓民國文敎部國史編纂委員會.

김영욱(2003가), 「佐藤本 華嚴文義要訣의 國語學的 研究」, 『口訣研究』10, 口訣學會.

김영욱(2003나), 「百濟 吏讀에 對하여」, 『口訣研究』11, 口訣學會.

김영욱(2004가), 「判比量論의 國語學的 研究」, 『口訣研究』12, 口訣學會.

김영욱(2004나), 「漢字·漢文의 韓國的 受容」, 『口訣研究』13, 口訣學會.

김완진(2005), 「국어학 10년의 앞날을 바라본다」, 『국어국문학 미래의 길을 묻다』(서강대 국문과 엮음), 太學社.

김홍석(2006), 『형태소와 차자표기』, 亦樂: 서울.

남권희(2002), 『高麗時代 記錄文化 研究』, 淸州 古印刷 博物館.

남풍현(1981/1986), 『借字表記法研究』, 檀大出版部.

남풍현(1999), 『國語史를 위한 口訣研究』, 太學社.

남풍현(1999), 『瑜伽師地論 釋讀口訣의 研究』, 太學社.

남풍현(2000가), 『吏讀研究』, 太學社.

남풍현(2000나), 「中原高句麗碑文의 解讀과 그 吏讀的 性格」, 『中原高句麗碑研究』, 학연문화사.

남풍현(2002), 「新羅時代 口訣의 再構를 위하여」, 『口訣研究』8.

남풍현(2006), 「上古時代에 있어서 借字表記法의 發達」, 『口訣研究』16.

도수희(2005), 『백제어 연구』, 제이엔시.

藤本幸夫(1986), 「中字攷」, 『日本語研究(二)』, 東京: 明治書院.

木簡學會 編(1990), 『日本古代木簡選』, 東京: 岩波書店.

伏見冲敬編/車相轅 訓譯(1976), 『書道大字典』, 凡中堂.

三上喜孝(2007), 「日本古代木簡の系譜」, 韓國木簡學會第1回國際學術大會論文集.

小林芳規(1998/1999), 『日本의 漢字』, 東京: 大修館書店.

小林芳規(2002), 「大谷大學藏新出角筆文獻について――特に, '判比量論'に書き入れられた新羅の文字

と記號--」,『書香』第19號: 4~6面, 京都: 大谷大學圖書館報.

小林芳規(2006),「Stylus(尖筆・角筆) 文獻のみちびく世界--研究の現狀と課題」,『平成18年度國際學術シンポジウム』, 廣島大學大學院文學研究科.

小倉進平(1929/1974),『鄕歌及び吏讀の研究』, 京城帝國大學法文學部/亞細亞文化社影印.

여호규(2004),「고구려 건국설화가 모두루 무덤에 묻힌 까닭은」,『고대로부터의 통신』, 푸른역사.

鈴木靖民(1999),「日本における廣開土王碑拓本と碑文の研究」,『광개토호태왕비연구100년』, 학연문화사.

윤선태(2000),『新羅 統一期 王室의 村落支配--新羅古文書와 木簡의 分析을 中心으로--』, 서울대학교 박사학위 논문.

윤선태(2005),「월성해자 출토 신라 문서목간」,『역사와 현실』 제56호.

윤선태(2006가),「百濟 泗沘都城과 '嵎夷'」,『동아고고논단』제2집, 충청문화재연구원.

윤선태(2006나),「한국고대목간의 연구현황과 전망」, 한국역사연구회 기획 발표 논문집.

윤선태(2007),「韓國 古代文字 資料의 符號와 空隔」, 2007韓日國際워크숍發表論文集, 口訣學會.

이기문(1972/1992),『國語史槪說(개정판)』, 塔出版社.

이기문(1981),「吏讀의 起源에 대한 一考察」,『震檀學報』 52.

李成市(1998),「韓國出土의 木簡について」, 日本木簡學會發表原稿.

이승재(1992),『高麗時代의 吏讀』, 太學社.

이용현(2006가),「8세기 중후반 신라 동궁 주변 --경주안압지목간의 종합적 검토--」, 원고본 (2006.12.2. 한국역사연구회에서 발표).

이용현(2006나),『韓國木簡基礎研究』, 서울: 신서원.

이우태(2005),「金石文을 통하여 본 漢字의 導入과 使用」,『한국고대사연구』 38: 113~34면.

이은규(2006),『고대 한국어 차자표기 용자 사전』, 제이엔시.

이준석(1998),『國語 借字表記法의 起源 研究』, 高麗大學校 博士學位 論文.

임기환(2000),「중원고구려비를 통해 본 고구려와 신라의 관계」,『中原高句麗碑 研究』, 서울: 학연문화사.

전호태(2004),「고구려는 정말 유주를 지배했는가」,『고대로부터 통신』, 푸른역사.

鄭永鎬(2000),「中原高句麗碑의 發見調査와 意義」,『中原高句麗碑 研究』, 서울: 학연문화사.

鄭在永(2003),「百濟의 文字 生活」,『口訣研究』 11: 87~124면.

鄭喆柱(1988),『新羅時代 吏讀의 研究』, 啓明大學校 博士學位論文.

叢文俊(1999),「關於高句麗好太王碑文字與書法之研究」,『광개토호태왕비연구100년』, 학연문화사.

최장열(2004),「중원고구려비」,『고대로부터의 통신』, 푸른역사.

한국역사연구회 편(2006),『목간과 한국고대의 문자생활』, 한국역사연구회 기획 발표 논문집.

韓國學文獻研究所 編(1975),『吏讀資料選集』, 서울: 亞細亞文化社.

韓國學研究院 影印(1987), 『三國史記』, 國語國文學叢林 37, 大提閣.

Karlgren, Bernhard(1923/1966), *Analytic dictionary of Chinese and Sino-Japanese*, Taipei: Ch'eng-wen Publishing Company.

Ramstedt,G.J.(1928), Remarks on the Korean Language,

Helsinki: *Mémoires de la Société Finno-ougrienne*. Vol. LVIII: 441~453.

〈日文要約〉

　西河原森ノ內遺跡址出土木簡は日本語資料として重要しかし古代韓國語及び韓國語表記法研究にも重要な資料だ. 7世紀頃列島の古代文字資料なのに日本語のみならず, 韓國語でも讀解になるからだ. 筆者はこれを韓國木簡と比較して數三の 結論に到達した.

　第一, 西河原森ノ內遺跡址出土木簡の書記法はその起源が韓國木簡にある.
　第二, 日本木簡學會の判讀文で, ‘得’は‘伝’で直らなければならない.
　第三, それは書簡木簡ではなく稲の運送に關する公文書だ.

▶ キーワード：渡来人, 木簡, 椋直, 表記法, 字間空白, 新羅木簡, 百濟木簡

大阪 桑津 유적 출토 百濟系 木簡의 내용과 용도

金昌錫*

〈국문초록〉

일본 오사카시의 쿠와즈 유적에서 발견된 목간 1점은 일본 最古의 呪符木簡으로서 주목받아왔다. 하지만 그간에 판독과 해석에 문제가 많아 목간의 내용을 이해하고 용도를 파악하기가 어려웠다.

비슷한 성격의 중국, 일본 목간은 '별자리 그림 – 도형화하거나 크게 쓴 글씨 – 原字形을 유지하거나 작게 쓴 글씨'의 세부분으로 구성되어 있다. 이에 비추어 보면, 이 목간은 '북두칠성의 星圖 – 북두칠성의 靈力 – 欠田里의 현실과 기원'에 관한 내용을 적은 것으로 생각된다. 한국 고대인들은 별에 대한 신앙을 갖고 있었으며, 백제인들도 日官部, 式占 등의 자료를 놓고 볼 때 예외가 아니었다. 해석에서 핵심이 되는 것은 세 구성 부분 중 마지막 부분을 위에서 아래로, 오른쪽에서 왼쪽으로 읽어나가는 방식과, '道章白加之'의 '白'을 人名이나 神名의 일부가 아니라 '사뢰다, 아뢰다'는 의미의 動詞로 파악한 것이다.

이 목간은 북두칠성에게 풍요를 기원하는 道敎 신앙의 단면을 보여주며, 특히 내용 구성상 도교의 祭文인 靑詞의 원형을 갖추고 있다. 쿠와즈 유적에서 출토된 壁柱建物, 韓式 土器와 더불어

---

* 강원대 역사교육과 조교수

이 목간은 도교적 문화요소도 百濟系 주민들에 의해 이 지역으로 유입되었음을 보여준다. 이들은 7세기 전반에 풍요를 기원하는 도교식 제사에 관여하였고, 제사가 끝난 후 목간을 우물 가까이에 폐기했다. 이후 우물을 없앨 때 흙으로 메우면서 목간이 그 속에 딸려 들어간 것으로 보인다.

▶ 핵심어 : 大阪(오사카) 桑津(쿠와즈), 百濟, 木簡, 道敎, 祭祀, 呪符

Ⅰ. 머리말

1991년 일본 오사카시 쿠와즈(桑津) 유적의 아스카시대 문화층에서 목간 1점이 출토되었다. 목간은 우물 속에서 발견되었는데, 동반 출토된 토기가 7세기 전반의 형식을 띠고 있어 목간의 연대도 7세기 전반으로 파악하고 있다.[1]

이 유적과 목간에 주목하는 이유는 쿠와즈 유적 주변이 오래 전에 百濟郡이라 불렸고, 도래계 씨족인 田辺氏의 본거지로 알려져 왔기[2] 때문이다. 중심을 차지하고 있는 유구가 壁柱建物인데 이 형식이 백제에서 발전하여 倭 지역으로 전래된 사실, 그리고 출토된 하지키 가운데 在地化한 韓式系 시루가 포함되어 있는 점도[3] 이와 조응하는 현상이다. 쿠와즈 유적에는 백제계 문화 요소가 혼입되어 있고, 따라서 이 목간의 제작에도 백제계 이주민들이 간여했을 가능성이 있다. 더욱이 발견된 목간은 1점에 불과하지만, 상반부에 그려진 별자리와 그 뒤를 잇는 문장이 道敎 문화를 배경으로 한 것이어서 이채롭고 흥미를 자아낸다. 宮南池와 山水紋塼, 금동 대향로에서 보듯이 백제는 泗沘期에 난숙한 도교 문화를 향유하고 있었다.[4] 이러한 백제인들의 이주와 함께 도교 문화 요소가 일본 열도로 이입되는 양상도 이 목간을 통해 유추해 볼 수 있다고 생각한다.

한편으로는 그간 이 목간의 판독과 해석에서 제기된 혼선을 풀어보려는 욕심이 작용하기도 했

---

1) 高橋 工(1991), 「桑津遺跡から日本最古のまじない札」, 『葦火』 35, 大阪市文化財協會.
　　　　(1992), 「大阪·桑津遺跡」, 『木簡研究』 14.
2) 上田正昭(1989), 「飛鳥文化の背景」, 『古代の道敎と朝鮮文化』, 人文書院, pp.140~148.
　高橋 工(1991), 앞의 논문, p.3.
3) 권오영(2007), 「벽주건물에 나타난 백제계 이주민의 일본 기내지역 정착」, 『고대 한일문화교류 학술대회 발표요지』, 한국고대사학회, p.4.
　벽주건물이란 방형이나 장방형으로 도랑을 파고, 그 안에 기둥을 세운 후 그 사이에 점토를 채워 넣는 방식으로 벽을 만들어 이 벽체만으로 지붕을 받들게 한 것이다. 殯殿 등의 특수 용도뿐 아니라 住居나 창고용으로도 쓰였다. 한반도에서는 대부분 백제권역에서 발굴되며 일본의 백제계 이주민 취락에서도 검출되어 양국의 문물 교류를 보여주는 자료이다(權五榮·李亨源(2006), 「삼국시대 壁柱建物 연구」, 『韓國考古學報』 60).
4) 장인성(2001), 『백제의 종교와 사회』, 서경, pp.53~100.

다. 이러한 의도가 얼마나 실현되었는지 자신이 서지 않지만, 이왕에 제기된 견해와는 다른 판독안과 내용 이해를 제시했고, 이를 통해 이 목간의 문화사적 의의를 구체화해보았다는 점에서 나름대로 의의를 둘 수 있지 않나 한다. 아울러 근래 고조되고 있는 목간 연구열을 확장하여, 외국에서 발견된 한국계 목간 그리고 우리 쪽에서 발견된 중국계 목간에도 주의를 기울여야 하고, 이에 대한 연구를 바탕으로 해야만 동아시아에서 목간 문화가 확산·발전하는 계기를 포착할 수 있다는 점을 이 글을 통해서 환기할 수 있다면 다행이겠다. 제현의 질정을 바란다.

Ⅱ. 形狀과 내용 구성

목간은 사진과 같이 긴 오각형을 뒤집어 놓은 모양이다. 檜 재질의 나무[5]를 장방형으로 다듬고 다시 하단부의 양 모서리를 깎아내어 뾰족하게 만들었다. 홈이나 구멍은 없다. 따라서 일단 어디에 매달아 묶거나 걸고 혹은 땅에 꽂아 사용한 것은 아니라고 할 수 있다. 일본 학계에서는 이 목간을 呪符木簡[6]으로 분류하는데, 주부 목간은 그 사용법에 따라 양쪽의 홈을 이용하여 매다는 것, 아래쪽을 尖形으로 날카롭게 깎아 땅이나 흙에 꽂는 것, 구멍에 끈을 꿰어 목이나 팔목에 거는 것, 못으로 박아 고정하는 것, 둥근 목제 용구[曲物]에 써 넣은 것으로 크게 나눈다.[7] 쿠와즈 목간은 아래쪽을 뾰족하게 가공했지만 지면에 꽂을 수 있을 정도는 아니다.[8] 또 21.6×3.9×0.4cm의 크기로 볼 때 몸에 지니기 위한 것으로 보기

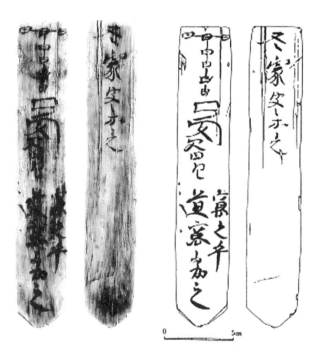

그림 1. 桑津 유적 출토 목간 사진과 모사 도면[9]

---

5) 永島暉臣愼(1994), 「譯者まえがき - 王育成論文について」, 『大阪市文化財論集』, 大阪市文化財協會, p.380.
6) 呪符木簡은 목간의 형상과 기재 내용으로 보아 어떤 신앙에 기초해서 사용되었다고 추측되는 목간을 가리킨다(和田萃(1982), 「呪符木簡の系譜」, 『木簡研究』 4, p.97).
7) 山里純一(2005), 「呪符の機能」, 『文字と古代日本 4 : 神佛と文字』, 吉川弘文館, pp.56~70.

도 어렵다.

형태상으로 보아 여타의 일본 주부목간과 분명한 차이가 있다. 고대 중국의 경우는 管見에 의하는 한 그다지 많이 알려져 있지 않은 것 같다. 현재까지 이러한 성격의 목간으로서 最古의 것은 江蘇省 高郵縣 邵家溝의 後漢代 墓에서 출토되었다. 그런데 이 역시 하단부가 수평으로 다듬어져 있어 쿠와즈 출토 목간과는 형태가 다르다. 그리고 『抱朴子』에 실린 呪符의 형태를 보면, 이미 4세기 전반 무렵 중국에서는 木製에서 종이나 絹布로 製材가 바뀌고 있었다.[10] 7세기 전반의 유물인 쿠와즈 목간은 당시의 중국 呪符와 다르고, 뒤를 이어 출현하는 일본의 주부목간과도 다른 모습인 것이다.

하지만 기록된 내용을 보면 많은 유사성을 발견할 수 있다. 그림 2의 후한대 목간을 보면, 상단부에 6개 별로 이뤄진 별자리를 그리고 그 왼쪽 귀퉁이에 '符君'이라고 적었다. 그 아래로는 큰 글씨로 5자 정도를 圖形化해서 썼다. 중반부 이하는 죽은 자가 冥界로 속히 떠날 것을 종용하는 내용[11]을 작은 글씨로 썼다.

일본의 주부목간 가운데도 비슷한 내용 구성을 보이는 사례가 수 점 있다. 그림 3은 상반부에 별자리 그림과 도형화한 글자, '鬼小' '今'의 큰 글자가 중앙을 차지하고, 하반부 우측에 의미를 알 수 없는 '乎其'가 쓰여져 있다. 9개의 별을 표시한 것은 '羅堰'이란 별자리로서 큰 비를 막고 灌漑를 관장한다고 한다. '鬼' 역시 길함을 상징하는 28宿의 하나이다. 이와 함께 이 목간이 우물 유구에서 발견된 점을 들어 우물 혹은 물과 관련된 제사에 사용되었다고 보고 있다.[12]

그림 2. 중국 江蘇省 高郵縣 邵家溝 後漢墓 출토 목간 (山里純一, 앞의 논문, p.54)

그림 3. 일본 藤原宮 유적 출토 목간 (木簡學會 編, 앞의 책, p.112)

---

8) 일본의 呪符木簡은 일반적으로 상단부가 圭頭形 즉 山 모양이고 하단부는 첨형이다. 이는 하단을 지면에 꽂기 위한 것이다. 지면에 꽂힌 상태로 오랜 동안 풍우에 노출되어 묵흔이 흐려진 상태로 출토되기도 한다(和田 萃(2006), 「道術・道家醫方と神仙思想 - 道家的信仰の傳來」, 『列島の古代史 7 : 信仰と世界觀』, 岩波書店, p.138).

9) 사진은 木簡學會 編(2004), 『日本古代木簡集成』, 東京大學出版會, p.112, 도면은 高橋 工(1991), 앞의 논문, p.2의 것을 전재했으며, 좌우의 위치만 바꿨다.

10) 和田 萃(2006), 앞의 논문, pp.140~141. 이에 따르면 江蘇省 출토 墓中符의 계보를 잇는 것이 新疆 위구르자치구 투루판현의 5세기 전반~6세기 초 古墓에서 나온 '隨葬遺物疏'이고 모두 종이 재질이라고 한다.

11) 山里純一, 앞의 논문, p.54에 실린 해석은 다음과 같다. "을사일 죽은 자의 鬼名은 天光이다. 天帝가 강림하여 이미 너의 이름을 아신다. 빨리 가도 3천리 길이다. 너는 즉시 떠나지 않으면 南山이 명하여 와서 너를 잡아먹을 것이다. 급히 행하기를 율령과 같이 하라."

이밖에도 일본의 주부목간 가운데 별자리를 포함한 符籙[13]이 그려져 있는 예들을 살펴보면 대략 그림, 도형화한 글씨 그리고 原字形으로 쓴 부분으로 삼분되어 있다. 이를 다시 중국의 사례와 종합해보면 적어도 별자리가 들어간 목간의 내용은 "별자리 그림(符) – 도형화하거나 크게 쓴 글씨(籙) – 原字形을 유지하거나 작게 쓴 글씨"의 세부분으로 구성되었음을 알 수 있다. 별자리 그림이 天上의 세계를 상징함은 물론이다. 그리고 세 번째 부분은 祈願文, 기원의 수혜자, 急急如律令 등의 呪句가 들어가므로 현실의 인간 세계에 속한다. 문제는 중간 부분인데, 도형화하거나 破字를 통해 변형되어 판독이 어렵다. 하지만 그림 2의 목간에서 '鬼'는 28수의 하나이고, '今'을 다른 용례에 비추어 오늘 즉 당일 사용을 표시하는 것[14]으로 본다면, 이 부분은 天界와 人間世의 문제가 공존한다고 할 수 있다. 즉 중간 부분은 천상과 지상을 이어주는 媒介部인 것이다. 字形을 天文인 그림과 人文인 글자의 중간 형태로 변형시킨 점도 이와 관련되는 듯하다.

이제 이러한 점들을 염두에 두고 쿠와즈 유적 목간을 살펴보자. 앞서 검토한 유례에 비추어 볼 때 별자리가 그려진 면이 앞면이고, 이어지는 내용은 뒷면까지 이용하여 썼음을 알 수 있다. 별자리 그림이 符에 해당한다.

다음 籙 부분은 애매한 점이 있다. 크게 쓴 글자만인지, 아니면 그에 연속하여 있는 작은 글자 '欠田里'[15]도 이에 포함되는지가 문제이다. 글자 크기가 현격하게 달라 두 부분이 내용상으로 구분되는 것은 분명하다. 하지만 양자가 사이를 거의 띄지 않고 붙어서 쓰여졌고, 오히려 '里' 자 아래로 공간을 설정한 점, 그리고 하반부의 글자들과 크기나 굵기가 차이가 있는 점을 고려하면 '欠田里'도 위의 큰 글자와 같이 籙에 포함시켜 이해하는 것이 타당할 듯하다.

그리고 하반부에 두 줄로 쓴 부분과 뒷면의 문장이 마지막 구성 부분인 현실 세계의 기원문에 해당한다. 이제 장을 바꿔서 이들에 대해 보다 상세하게 검토해보겠다.

Ⅲ. 해석과 용도

우선 별자리부터 보자. 별자리는 '日'자 7개를 '–'로 연결하여 T자형으로 그렸다. 별 표시는 중국의 경우 後漢~南北朝時期까지는 ○, ●로 했고, 唐代에는 □(작은 사각형)으로 했다.[16] 일본

---

12) 木簡學會 編, 앞의 책, p.101.

13) 符는 원래 信標, 籙은 미래를 예견하는 讖言을 의미한다. 『三國遺事』紀異篇 序文에도 "帝王之將興也 膺符命 受圖籙 必有以異於人者"라고 하여, 符·籙을 쓰고 있다. 이 글에서는 잠정적으로 별자리 등의 그림을 符, 도형화한 글자를 籙으로 구분하여 지칭하겠다.

14) 山里純一, 앞의 논문, pp.57~58.

15) 欠은 文 혹은 攵으로, 田은 日로, 里는 見 혹은 記로도 보이지만, 모양이 가장 가까운 글자는 '欠田里'이다.

16) 王育成(1992), 「日本桑津木簡道敎符呪」, 『文物天地』; 永島暉臣愼 監譯(1994), 「桑津遺跡の道敎木簡について」, 『大阪市文化財論集』, 大阪市文化財協會, pp.381~382.

에서도 명확히 별자리를 표시한 경우 현재까지는 ○ 혹은 □만 나타나고 있으므로 '日'을 이용한 별 표시는 쿠와즈 목간의 특징 가운데 하나이다.

이 별자리의 정체에 대해서는 28수 중 남방의 星宿에 비정하는 견해[17]가 있으나, 수평을 이루고 있는 세 개의 별이 星宿에서는 山 모양으로 꺾여 있어 형태가 다르다. 그리고 이 별자리는 衣裳, 兵事, 도적 방지 등을 관장한다[18]고 하나, 뒤에 나오는 기원의 내용(후술)과 어울리지 않는다. 아래 도형화한 글자도 별자리 이름이라면 '星'으로 볼 수 없다. 따라서 이를 星宿라고 하기 어렵다.

7개의 별을 연결한 모양은 北斗七星을 표현한 것이라고 생각된다. 北魏 元乂墓 출토 星圖와 돈황 발견 唐代 두루마리의 星圖 등 중국 고대의 천문도는 물론 후대인 五代, 南宋의 천문도에도 7개의 별로 이뤄진 T자 형의 별자리는 없었고,[19] 平壤에서 발견된 석각 천문도를 기초로 했다는 朝鮮初의 「天象列次分野地圖」에서도 찾을 수 없었다. 따라서 목간에 표시한 별자리는 星宿 혹은 북두칠성을 목간 상단부의 모양에 따라 T자 형으로 변형했다고 생각된다. 하지만 그것이 상징하는 의미나 여타 자료에 등장하는 예에 비추어 볼 때 북두칠성일 가능성이 높다고 본다.

『史記』 天官書에 의하면, 북두칠성을 天帝 太一 즉 북극성의 수레라고 하였다. 천제는 여기 타고 사방을 돌아 다스리므로 陰陽과 계절의 구분, 五行의 순환과 節度의 움직임 등이 모두 북두칠성과 관련된다.[20] 前漢은 북극성을 太一神이라 하여 제천 의례의 중심으로 삼았으며, 高句麗는 북극성보다 북두칠성에 대한 관념이 지배적이었다. 고구려 고분벽화에서 별자리가 그려진 22기 중, 북두칠성은 19기에서 21개가 발견되어 가장 높은 빈도를 나타낸다. 중국에서 북극성에 관심을 가진 것과 대비된다.[21] 고구려 벽화고분의 영향을 받은 일본 奈良縣 明日香村의 기토라 고분에 북두칠성이 등장하는 것은 자연스러운 현상이다.

신라의 경우 金庾信이 태어날 때 七曜의 정기를 받아 등에 七星文이 있었다고 한다.[22] 이러한 설화적 분식은 그의 후손인 金巖과 金長淸이 도교적 성향을 갖고 있었으므로 이들에 의해 후대에 부회된 것일 가능성이 크다. 하지만 本彼部의 遊村에서 靈星祭를, 靈廟寺의 남쪽에서 五星祭를 국가 차원에서 지냈으므로[23] 일찍이 신라에도 북두칠성에 대한 신앙이 자리 잡고 있었던 듯하다. 그

---

17) 위의 논문, p.382.

18) 『隋書』 卷20 志15 天文 中 二十八舍 "七星 七星 一名天都 主衣裳文繡 又主急兵守盜賊 故欲明 星明王道昌 闇則賢良 不處 天下空 天子疾 動則兵起 離則易政".

19) 馮時(2007), 『中國天文考古學』, 中國社會科學出版社, pp.434~458.

20) 『史記』 卷27 天官書5 "北斗七星 (中略) 斗爲帝車 運于中央 臨制四鄕 分陰陽 建四時 均五行 移節度 定諸紀 皆繫於斗".

21) 金一權(2002), 「한국 고대인의 천문우주관」, 『강좌 한국고대사 8 : 고대인의 정신세계』, (재) 가락국사적개발연구원, pp.26~27 및 p.67.

22) 『三國遺事』 卷1 紀異2 金庾信.

23) 『三國史記』 卷32 雜志1 祭祀.

전통은 3세기 전반에도 확인할 수 있으니, 고구려는 宮室 좌우에 큰 집을 짓고 鬼神, 社稷과 함께 靈星을 제사 지냈다.[24] 濊도 星宿의 움직임을 관찰하여 한 해의 풍흉을 예측했다.[25]

百濟 사회도 이러한 전통과 습속에서 예외가 아니었으리라 생각한다. 늦어도 泗沘期에는 중앙에 日官部가 설치되어 있었고, 백제인들은 陰陽 五行을

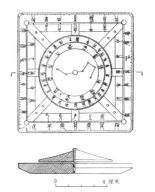
그림 4. 중국 甘肅省 武威磨咀子 M62 출토 前漢代 式盤 도면 (李零(2006), 「中國方術正考」, 中華書局, p.74)

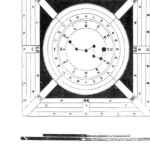
그림 5. 平壤 石巖里 王盱 무덤 출토 後漢代 式盤 도면 (같은 책, p.75)

이해하며 醫藥과 卜筮, 占相의 術을 알고 있었다.[26] 그 기반에는 漢城期 이래의 天文 및 術數에 관한 지식과 신앙[27]이 자리 잡고 있었다. 예컨대 毗有王은 450년에 남조의 宋에 式占과 易林을 요청하여 받았다.[28] 식점은 天盤과 地盤으로 이뤄진 式盤이라는 도구를 이용하여 점을 친다. 그리고 천반의 중앙에는 북두칠성이 그려지고 바깥쪽으로 12神將과 28宿 등이 표시되어 있다. 북두칠성은 28수와 구분되어 각 宿가 관장하는 分野와 그 운행을 총괄하는 위치에 있는 것이다. 이를 사용한 백제인들이 수많은 별자리 가운데서도 북두칠성을 핵심적인 역할을 하는 별자리의 하나로 인식하고 있었음에 틀림없다.

일본에서도 群馬縣 富岡市 소재 유적에서 출토된 7세기 후반~8세기 후반의 목간에 北斗를 뜻하는 '天罡星'을 표기한 것이 있다. 靜岡縣 浜松市의 伊場 유적 출토 목간은 8세기 후반~10세기 중엽으로 비정되는데 여기도 '天罡'이 등장한다.[29] 이런 면에서 볼 때 7세기 전반으로 추정되는 쿠와즈 유적 출토 목간은 북두칠성에 대한 신앙과 儀禮가 한반도로부터 일본 열도로 확산되는 양상을 보여준다고 할 수 있겠다.

다음은 籙에 해당하는 부분을 살펴보자. 크게 과장하여 쓴 글자는 한 글자인지, 두 글자인지조차 판단하기 어려울 정도로 변형이 심하다.[30] 위에 그려진 별자리의 이름일 가능성이 크지만 기존

---

24) 『三國志』 卷30 魏書30 烏丸鮮卑東夷傳30 高句麗.

25) 위의 책, 濊 條.

26) 『周書』 卷49 列傳41 異域 上 百濟.

27) 장인성, 앞의 책, pp.83~100.

28) 『宋書』 卷97 列傳57 百濟國.

29) 平川 南(2003), 「木簡と信仰」, 『古代地方木簡の硏究』, 吉川弘文館, pp.579~584.

30) 符籙에는 여러 글자를 조합하거나 뒤집어서 쓰고 혹은 일종의 기호처럼 조작하는 경우도 있다. 이를 통해 문자가 신비화되고 주술적 힘을 갖게 된다고 여겨졌다(和田 萃(1982), 앞의 논문, pp. 105~106).

의 星宿圖에서 비슷한 字形의 별자리 이름을 확인할 수 없다. 자형으로 보아 '一' '弓'과 가로 획을 뺀 '女'를 조합했거나,[31] '口安'[32] 혹은 '石安'으로 보는 견해[33]가 있다. 별자리의 이름으로는 28수 중에 女宿가 있지만, 이는 별 4개로 이뤄져 있어 목간의 7성과 다르다. 따라서 필자는 잠정적으로 이름을 '口安' 혹은 '晏'으로 읽고, 별자리의 이름은 아니지만 災厄이 없고 節候가 순조롭도록 보장해주는 북두칠성의 靈力을 뜻하는 것으로 이해하고자 한다.

다음 '欠田里'는 지명으로 보인다.[34] '里'는 법제화된 행정구역이 아니라 자연 촌락이나 마을을 뜻하는 용어일 것이다.[35] 奈良~平安期로 편년되는 兵庫縣 袴狹 유적에서 발견된 목간이 이와 관련하여 주목된다.

우측열의 문장은 '里中家日人'으로 읽는다.[36] 정확한 의미는 알 수 없지만 家를 포괄한 단위가 '里'임을 짐작할 수 있다. 쿠와즈 목간 뒷면에 나오는 '家'도 欠田里 지역에 있는 家戶의 뜻일 것이다.[37]

그림 6. 일본 兵庫縣 袴狹 유적 출토 목간 도면(渡辺 昇(1991), 「兵庫縣 袴狹遺蹟」, 『木簡研究』13, p.78)

흠전리를 지명으로 볼 수 있다면, 이는 인간 생활의 구체적인 공간을 摘示한 것으로 앞서 그림 3의 '今'이 구체적인 시간을 제시한 것에 대응한다. 그 위에 붙어 있는 '口安' 혹은 '晏'이 북두칠성의 靈力과 效驗을 표현한 점을 고려하면, 이와 맞물려 인간세의 특정 지역을 명시하고 있으므로 籙이 천상계와 인간계를 매개하는 역할을 한다는 앞서의 이해와도 부합한다.

---

31) 山里純一, 앞의 논문, p.56.

32) 木簡學會 編, 앞의 책, p.101.

33) 王育成, 앞의 논문, p.383.

34) 高橋 工(1991), 앞의 논문, p.2.

35) 일본 고대의 律令 地方官制는 8세기 초의 大寶律令과 養老律令에 의해 國-郡-里・鄕制로 완성되었다. 그러나 이미 7세기 후반의 飛鳥淨御原令을 기초로 해서 國-評-里-戶制는 확립되어 있었다(박석순 등(2005), 『일본사』, 대한교과서주식회사, pp.49~54). 7세기 말 藤原宮 유적 출토 荷札목간에 某郡 某里의 기재 방식이 보인다 (橋本義則(1993), 「奈良 藤原宮蹟」, 『木簡研究』 15, pp.23~24). 藤原京 유적에서는 '坂田評(?) 長岡里 秦人 …'의 목간이 발견되어 7세기 말 評制가 실시되고 있을 때 里가 그 하위에 존재했음을 보여주고, 지명을 사료에서 확인할 수는 없지만 '申間里'라는 곳에서 贄를 바친 貢進物 付札도 있다(竹田政敬(1993), 「奈良 藤原京右京五條四坊」, 『木簡研究』 15, pp.29~31). 따라서 '欠田里'는 율령제에 입각한 행정구역명이 아니고, 우리 삼국시기의 自然村처럼 자연 취락의 이름에 그 단위로서 '里'를 붙인 것이라고 생각된다.

36) 渡辺 昇(1991), 「兵庫縣 袴狹遺蹟」, 『木簡研究』 13, p.77.

37) 필자는 2007년 11월 24일 열린 한국목간학회 제2회 학술대회에서 본 논문을 발표했는데, 이에 대한 토론에서 '家'의 개념은 일본에서 8세기 이후에야 등장한다는 朴理順 교수의 지적이 있었다. 그렇다면 이 목간의 '家'는 율령적・법제적 개념이 아니고 주거 단위 혹은 주거용 건조물로서의 家戶라는 의미로 보아야 하겠다. 앞서 언급한 흠전리의 '里' 용법과 마찬가지라고 생각된다.

이제 세 번째 부분을 검토해보자. 이에 대해서도 판독부터 이견이 있고, 이로 말미암아 해석에 관한 의견의 일치를 보지 못하고 있다. 목간을 발굴하여 보고한 高橋 工은 다음과 같은 판독과 해석안을 제시했다.

앞면 : (符籙) 文(欠?)田里 道意白加之   "(符籙) 文田의 里에서 道意와 白加가
               募之乎   모은다.
뒷면 : 各家客等之   (그 대상은) 各家의 客等이다."[38]

欠田里를 符籙과 분리해서 보는 점이 우선 필자의 견해와 다르다. 그리고 欠田里를 그 바로 아래 있는 '道' 이하의 문장과 연결함으로써 좌측열을 우측열보다 먼저 읽은 점도 특이하다. 道意와 白加를 人名으로 본 점도 創見이다. 하지만 이러한 견해는 여러 가지 문제를 안고 있는데, 가장 큰 것은 상단에 그려진 별자리와 문장의 내용이 어떤 관계에 있는지 불분명하다는 점이다.

이에 대해 王育成의 견해는 다음과 같다.

앞면 : (道教符) 咎(咎?)厄   "(도교부) 災厄은
       道意白加之   天道의 뜻에 따라 白石神에 제압되리라.
       稟之年   주어진 수명까지
뒷면 : 在家客不之   재가의 俗人을 범하지 말라."[39]

欠田里를 '咎厄'으로 읽고 도교부와 분리해서 이해한 점, 募之乎를 '稟之年'으로 읽고 뒷면의 몇 글자도 달리 판독한 것이 주목된다. 무엇보다도 高橋 工의 견해에서 인명으로 본 道意와 白加를 문장으로 풀어서 이해한 점이 다르다. 이는 별자리를 그린 道教符와 후반부의 기록을 관련시켜 보려는 의도가 작용한 결과일 것이다.

王育成의 해석에서 전제로 삼고 있는 것은 필자가 'ㅁ安' 혹은 '宴'으로 읽은 부분의 'ㅁ' 또는 '曰'에 해당하는 글자를 '石'으로 판독한 것이다.[40] 돌〔石〕에 대한 신성 관념은 우리의 고대사회에서도 확인되므로[41] '石'자의 변형일 가능성이 없는 것은 아니다. 그러나 이를 확장하여 이어지는 부분의 '白'을 '백석신'으로 간주한 것은 무리한 추측이라고 본다.

---

38) 高橋 工(1991), 앞의 논문, p.2.
        (1992), 「大阪・桑津遺跡」, 『木簡研究』 14, pp.57~58.
39) 王育成, 앞의 논문, pp.382~384.
40) 위의 논문, p.383.
41) 金昌錫(2003), 「石戰의 起源과 그 性格 變化」, 『國史館論叢』 101, 國史編纂委員會, pp.143~152.

그렇다고 해서 첫 번째 견해처럼 白加를 인명으로 보는 것도 받아들이기 어렵다. 흥미롭게도 白加는 문헌 사료에서 확인할 수 있는 인물이다.

이 해에 百濟가 사신과 승려 惠總, 令斤, 惠寔 등을 보내 부처님 사리를 바쳤다. 백제가 恩率 首信,德率 益文, 那率 福富味身 등을 보내 調를 올리고, 더불어 불 사리와 승려 聆照律師, 令威, 惠衆, 惠宿, 道嚴, 令開 등을, 그리고 寺工인 太良未太와 文賈古子, 鑪盤博士인 將德 白昧淳, 瓦博士인 麻奈文奴, 陽貴文, 陵貴文, 昔麻帝彌, 그리고 **畫工인 白加**를 보냈다. 蘇我馬子宿禰는 백제의 승려들을 초빙하여 受戒의 법을 묻고, 善信尼 등을 백제 사절인 恩率 首信 등을 따라가 배우도록 했다.[42]

威德王 35년(588)에 法興寺(飛鳥寺) 창건을 위해 倭에 파견한 畫工 白加를 이 목간에 나오는 백가로 보는 것이다. 그가 귀국하지 않고 쿠와즈 지역에 정착하여 장수했다면 이 목간에 등장할 수도 있다. 실제로 이 점이 쿠와즈 목간을 백제계 渡來人과 관련시켜 이해하는 유력한 근거의 하나였다.[43]

하지만 필자는 이에 동의하지 않는다. '白'자는 그 위에 있는 글자보다 훨씬 작게 쓰여졌다. 도의와 백가가 모두 인명이라면 글자 크기를 이렇게 차이 나게 쓰지 않았을 것이다. 그리고 이 부분의 내용을 전체적으로 보면, '加之'와 뒷면의 '等[44]之'가 대응하고 있다. 즉 '加之'는 '더하다', '等之'는 '동등하다'의 뜻으로 보이며, 서로 對句를 이루고 있다. 이런 시각에서 볼 때 우측열의 '募之'도 '부족하다'는 의미의 '寡之'로 판독하고자 한다.[45] 字形도 '寡'의 윗부분이 '艹'보다는 '宀'에 가깝다.

그렇다면 白加를 인명으로 봐선 안 되고, '白'과 '加'를 끊어 읽어 '白'을 '사뢰다'의 뜻을 가진 동사로 보는 것이 합리적이라는 생각이다. 경주의 月城垓字 출토 사면 목간이 같은 용례를 보여준다.

---

42) 『日本書紀』 卷21 崇峻天皇 元年.

43) 高橋 工(1991), 앞의 논문, pp.2~3.

44) 奈良県 奈良市 佐紀町의 平城宮 유적 및 二條大路의 長屋王家 출토 목간에서 '等'을 '方'와 같이 쓴 예를 찾을 수 있다(奈良文化財研究所 운영 木簡畵像 데이터베이스 http://jiten.nabunken.go.jp 참조). 우리의 경우 「신라촌락문서」의 沙害漸村 부분에 나오는 '公方', 「경주 율동 마애열반상 造成記」의 '大方'에서 같은 글자를 확인할 수 있다. 이밖에 같은 사례에 대해서는 河日植(1997), 「新羅 統一期의 王室 直轄地와 郡縣制 - 菁堤碑貞元銘의 力役運營 事例 分析」, 『동방학지』 97, pp.22~29를 참조할 것.

45) '之'자의 이러한 용법은 한국 고대의 吏讀에서 평서법 종결어미로서 '-다' '-이다'의 의미로 쓰인 용례를(南豊鉉(2000), 「新羅華嚴經寫經 造成記」, 『吏讀研究』, 태학사, p.210) 따른 것이다. 이렇게 볼 경우 '寡之年' 부분은 '부족하다. (올) 해는'으로 해석된다. 의미상으로 보면 '年寡之'가 자연스러우므로 '年'과 '寡之'를 도치시켜 쓴 듯하다. 이유는 분명치 않지만, 후술하듯이 뒷 단락과의 구분을 의식한 결과가 아닐까 한다. 일본 학계에서는 '之'를 의미가 없는 글자로 보거나 萬葉假名로 읽는 견해도 있다고 한다(高橋 工(1992), 앞의 논문, p.58).

大鳥(鳥?)知郎足下万引(拜?)白了　　　"대조지랑 족하에게 만인이 사뢰옵니다."

　신라의 예이긴 하지만 '白'이 분명히 동사로 사용된 예이다. 쿠와즈 목간의 '白'도 이와 같이 해석하는 것이 자연스럽다고 생각된다. 그렇다면 이어지는 '加之'는 '白' 즉 사뢴 내용이 될 것이다.

　이는 우측열의 '寡之'와 연동하여 해석해야 한다. 필자는 일반적인 漢文의 기재 순서나 목간의 書寫法에 비추어 볼 때 우측열부터 시작하여 좌측열로, 그리고 뒷면의 순으로 읽어나가야 한다고 본다. 우측열은 '寡之年'으로 판독하고자 한다.[46] 마지막 글자를 '乎'로 보기도 하지만 형태가 다르고 해석의 난점도 있다. '年'으로 볼 경우에도 자형이 다르긴 마찬가지인데 대신 해석상의 장점이 있다. 즉 '(수확이) 부족한 해'로 새길 수 있다. 그리고 '年'자를 略化하여 쓰는 경우도 확인되므로[47] 이를 '寡之年'으로 볼 수 있다면, 이는 위에 쓴 欠田里의 그 해 수확 상황을 예측하여 기록한 것이 아닐까 한다.

　이어지는 부분에서 '白' 다음의 내용은 祈願文에 해당한다. 즉 '(北斗의 영험을) 더하여 각 家와 客[48]이 고르게 거둘 수 있기를' 정도로 해석할 수 있다. '道意'는 인명으로 보아 기원의 주체로 볼 수도 있지만, 이러한 종류의 목간에서 이처럼 기원자의 이름을 기록한 예가 드물다는 문제가 있다. 따라서 '道의 뜻' 혹은 '道章'으로 판독하여 '도의 원리에 입각한 문장'으로 볼 수 있다. 후자를 따른다면 '加之 ~ 等之' 부분이 '章'의 내용으로서 '白'의 대상이 된다. 필자는 후자의 판독과 해석을 취하고자 한다.[49]

---

46) 이 부분은 세 글자 외에도 엷은 묵흔이 보이고, 측면에서 보면 이 부분의 두께가 얇아 깎아내고 다시 쓴 것으로 보이지만 원래 글자는 판독이 어렵다고 한다(高橋 工(1992), 앞의 논문, pp.57~58).

47) 長屋王家 출토 목간의 '和銅八年'과 平城京 二条大路 출토 목간의 '天平七年' 부분에서 '年' 자가 그러한 예이다(앞의 木簡畵像 데이터베이스 참조).

48) '客'의 의미는 분명치 않다. '家'와 더불어 추가적인 고찰이 필요하다. 다만 『隋書』卷35 志30 經籍4 "其潔齋之法 (中略) **齋者** 亦有人數之限 (中略) 其齋數之外有人者 並在縣埏之外 謂之**齋客** 但拜謝而已"라는 기록이 있어, 도교 제사인 齋에 참석할 수 있는 정규 인원 외의 사람들을 '齋客'으로 칭했음을 알 수 있다. 혹시 목간의 '客'도 이러한 의미가 아닐지 모르겠다.

49) 章은 도교의 祝辭이다. 醮祭와 上章의 의례는 4세기 西晉 말에는 이미 성립되었으며, '醮'·'章'의 용어도 남북조시기의 후반에는 등장한다고 한다(福永光司(1989), 「道教における '醮'と '章' − '延喜式'의 '祭祀'와 '祝辭'에 寄せて」, 『道教と東アジア』, 人文書院, pp.29~32). 『隋書』卷35 志30 經籍4 "云奏上天曹 請為除厄 謂之上章"과, 唐의 승려인 法琳이, 南朝의 도교를 체계화한 陶弘景(456~536)을 비판하면서 "귀신을 불러 행하는 醮法은 신기한 것과 여러 가지 음식을 바친다. 먼저 **章을 奏上하고** 神將, 神兵을 청하며 道士들은 모두 笏을 들고 스스로 稱臣하며 머리를 조아리고 再拜하면서 은혜와 복을 구하는데 속인들이 행하는 바와 전혀 다르지 않다"(酒井忠夫 外(1985), 『道教』 1, 平河出版社 ; 崔俊植 옮김(1991), 『道教란 무엇인가』, 民族社, p.181에서 재인용)고 한 것, 또 高麗 末에 李穀이 쓴 「下院醮靑詞」의 "恭奏**龍章**"(『東文選』 卷115 靑詞)에서 도교 의례를 지낼 때 아뢰는 일종의 祭文으로서 '章'의 용례를 확인할 수 있다.

이상에서 검토한 사항을 정리하여 필자의 판독문과 해석을 제시하면 다음과 같다.

앞면 : 별자리 그림   "북두칠성〔符〕

        口安(晏?) 欠田里   평안의 별. 흠전리는〔籙〕

        寡之年   (수확이) 부족한 해이다.

        道章白加之   道의 文章을 사뢰오니, 더하여

    뒷면 : 各家客等之   각 家와 客이 고루 (거둘 수 있)기를 (빕니다.)"

쿠와즈 목간을 위와 같이 이해했을 때 후반부의 글은 일종의 祭文 성격을 갖고 있는 듯하다. 그리고 전체적인 내용은 후대의 靑詞와 유사한 구조를 갖추고 있다. 청사란 齋醮 행사 시에 도교의 신에게 올리는 祝文으로서 靑藤紙라는 푸른 종이에 썼기 때문에 이런 이름이 붙었다.[50] 『東文選』에 실린 고려·조선 시기 청사의 구조를 보면, ①제사 대상에 대한 칭송 ②현실 상황 ③기원 사항의 세 부분으로 짜여져 있다.[51]

목간의 첫머리에 나오는 符籙은 이 중 ①에 해당하고, 흠전리의 불량한 작황이 ②, 풍요를 기원하는 부분이 ③에 해당한다. 고려 이후 시기의 청사 내용과 대비하는 것에 무리가 따르지만, 제사 의례와 제문의 保守性을 고려하면 靑詞의 기본적인 구조는 통일신라 나아가서는 삼국시기 도교 계통 의례의 祝文에도 연결되는 것이라고 생각된다.

즉 이 목간은 북두칠성에게 풍요를 기원하는 도교 신앙[52]의 단면을 보여주며, 특히 내용 구성상 후대 靑詞의 원형을 갖추고 있다는 점을 주목해야 한다. 欠田里는 현존하는 사료에 나오지 않지만, 이 목간이 출토된 쿠와즈 유적 부근일 것이다. 이 지역에 무슨 이유에서인지 凶作 혹은 凶漁[53]가 예상되는 상황이 조성되었고 이를 극복하기 위해 북두칠성을 대상으로 풍요를 기원하는 제사를 지냈을 것이다. 이 때 제사의 대상을 표시한 일종의 神主(位牌)이자 그에게 바칠 祝文을 적은 것이 이 목간이고, 주술적 상징으로서 또는 祭壇에 설치하기 위해 하단부를 뾰족하게 깎지 않

---

50) 徐永大(1995), 「도교」, 『한국사』 26, 국사편찬위원회, p.294.

51) 金勝惠(1987), 「"東文選" 醮禮靑詞에 대한 宗敎學的 考察」, 『道敎와 韓國思想』, 亞細亞文化社, pp.110~117.
    梁銀容(1994), 「도교사상」, 『한국사』 16, 국사편찬위원회, p.297.

52) 『史記』卷28 封禪書6 "其明年 伐朝鮮 夏旱 (中略) 上乃下詔曰 天旱 意乾封乎 其令天下尊祠靈星焉"과 『隋書』卷35 志30 經籍4 "夜中於星辰之下 陳設酒脯鴾餌幣物 歷祀天皇太一 祀五星列宿 爲書如上章之儀以奏之 名之爲醮 又以木爲印 刻星辰日月於其上 吸氣執之 以印疾病 多有愈者"의 기록은 별에 대한 신앙과 도교 의례가 밀접한 관계에 있었음을 보여준다. 고려·조선 초에도 北斗醮와 기우를 위한 齋醮의 설행이 이뤄졌다(韓㳓劤(1988), 「朝鮮王朝初期에 있어서의 儒敎理念의 實踐과 信仰·宗敎 ─ 祀祭問題를 中心으로」, 『韓國史論』 3, 서울大學校 國史學科, pp.219~224).

53) 『日本書紀』卷10 應神天皇13年 9月 조에 보이는 桑津邑은 河內湖를 낀 나루로서 고대에 攝津國 百濟郡에 속했다고 한다(木簡學會 編, 앞의 책, p.101).

앉을까 한다.

제사용품은 의례가 끝남과 동시에 폐기하는 것이 관례이다.[54] 그런데 이 목간은 훼손의 흔적을 찾을 수 없다. 우물 유구에서 출토되었으므로, 제사 종료 후에 水源을 상징하는 우물 속에 던져 넣어 물과의 결합을 통해 풍요를 기원하는 행위를 했을 가능성도 있다. 폐기가 아니라 의례의 일환으로 우물에 넣었을 수도 있다는 것이다. 실제로 藤原宮 유적에서 발견된 그림 3의 목간은 우물을 폐기할 때 목간의 홈과 구멍을 이용하여 우물의 모서리 기둥에 설치했으며, 우물 혹은 물의 제사와 관련된 유물로 보고 있다.[55]

그런데 쿠와즈 목간의 경우는 홈이나 구멍이 없다. 보고서에 따르면,[56] 우물 유구는 직경 1.3m, 깊이 2.8m로서 폐기할 때 우물 내부와 측벽을 파낸 뒤에 매립했으며, 채워 넣은 흙 속에서 스에키, 하지키, 건축 부재 등과 함께 목간이 나왔다는 간략한 언급만 있다. 목간이 출토된 위치나 그것이 들어 있던 흙이 원래 어디 있었는지를 알 수 없는 것이다.[57] 하지만 상식적으로 판단하면, 우물을 메울 때 주변의 흙이나 우물 시설을 파괴하고 난 잔해를 이용하는 것이 편리하므로 목간이

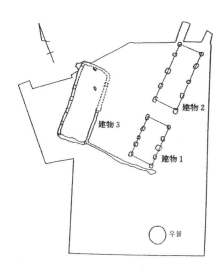

그림 7. 桑津 유적 前期 유구 (高橋 工(1992), 앞의 논문, p.56)

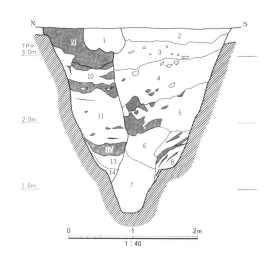

그림 8. 우물 유구의 단면도 (大阪市文化財協會(1998), 『桑津遺跡發掘調查報告』, p.159)

---

54) 김창석(2004), 「한성기 백제의 국가제사 체계와 변화 양상 – 풍납토성 경당지구 44호, 9호 유구의 성격 검토를 중심으로」, 『서울학연구』 22, 서울학연구소, pp.9~10.

55) 木簡學會 編, 앞의 책, pp.100~101.

56) 大阪市文化財協會(1998), 『桑津遺跡發掘調查報告』, p.159.

57) 우물에 관련된 제사는 우물 축조시, 사용시, 폐기시의 것으로 구분할 수 있다(鐘方正樹(2003), 『井戶の考古學』, 同成社, pp.156~170). 제사의 시점과 내용을 알기 위해서 관련 유물의 출토 위치와 층위가 분명하게 파악되어야 함은 물론이다.

들어 있던 흙도 우물 주변에 있었을 가능성이 크다. 제사 행위의 일환으로 목간을 우물 속에 넣었는지는 알 수 없지만, 적어도 제사가 우물 주변에서 이뤄졌고 우물과 거기서 샘솟는 물이 이 제사의 주요한 모티프가 될 수 있다고 보는 것이다. 우물이 상징하는 생명력과 고대인들의 우물에 대한 신성 관념,[58] 다양한 형태로 이뤄진 물[水]의 제사를[59] 상기한다면, 이는 欠田里의 풍요를 기원하는 목간의 내용과도 배치되지 않는다.

현재로서는 우물이 사용되던 7세기 전반의 시점에 우물 근처에 있던 건물군(그림 7 참조)에 거주하던 사람들이 제사를 주관했고, 제사가 끝난 후 목간을 훼손하지 않은 채로 우물 가까이에 폐기했으며, 이후 건물군을 폐기하면서 우물을 없앨 때[60] 흙으로 메우면서 목간이 그 속에 달려 들어간 것으로 판단된다.

IV. 맺음말

쿠와즈 유적 출토 목간에 보이는 '白加'를 인명으로 보지 않는다고 해서 이 목간과 백제의 관계를 부정하는 것은 아니다. 서두에 언급했듯이 壁柱建物址와 韓式系 土器가 발굴되었고 이 지역을 포함한 河內 지방이 백제계 이주민의 집주지 가운데 하나였으므로 이 목간은 백제 문화의 기반에서 제작되었음이 분명하다.[61] 목간이 발견된 우물 주변의 건물군을 官衙 유적으로 추정하고,[62] 목간을 사용한 제사의 책임자를 이 관아에 소속된 관료라고 보더라도 실제 의례를 진행하고 목간을 제작한 것은 적어도 백제 문화에 친숙한 인물이었을 것이다.

백제의 국가제사 체계는 漢城期 末이 되면 변화하여 中國的·道敎的 성격의 제사가 등장한다. 風納土城 경당지구의 9호 제사 유구를 통해 이를 확인할 수 있다.[63] 그리고 熊津 천도 이후 중국 南朝와의 문물 교류가 활발해지면서 南朝 계통의 도교 문화를 본격적으로 수용하게 되었다. 이 과정에서 天文, 曆法에 대한 학술과 함께 별자리에 대한 신앙과 제사도 들어왔을 것이다. 물론 그 배경에는 三韓 시기 이래의 파종제와 수확제와 같은 農耕儀禮의 전통이 자리 잡고 있었을 터이다.

---

58) 李丙燾(1976), 「韓國古代社會의 井泉信仰」, 『韓國古代史硏究』, 博英社.
　　한편 한반도 지역의 우물 출토 예를 보면, 청동기시대 유적인 大邱 東川洞, 論山 麻田里에서 우물이 조사된 바 있다. 그리고 大邱 時至地區 등의 삼국시기 우물에서는 각종 토기, 과일 씨앗, 동물 뼈 등이 출토되어 우물을 대상으로 한 祭儀가 이뤄졌음을 알 수 있다(金昌億(2004), 「우물에 대한 祭儀와 그 意味」, 『嶺南文化財硏究』17).
59) 岐阜縣博物館(1999), 『水とまつり － 古代人の祈り』.
60) 大阪市文化財協會, 앞의 책, p.163에 의하면 건물군과 우물의 폐기 시점은 같다고 한다.
61) 목간의 書體에 대해 東野治之는 7세기의 백제풍이라고 보았다고 한다(高橋 工(1992), 앞의 논문, p.58).
62) 高橋 工(1991), 「桑津遺跡の掘立柱建物群」, 『葦火』34, 大阪市文化財協會, p.3.
63) 김창석(2004), 앞의 논문.

이와 같이 삼한 이래의 전통과 중국의 도교 문화가 결합하여 백제 사회에서 별자리에 대한 신앙과 제사 의례가 성립했다. 그리고 이것이 백제인의 일본 열도 이주 및 王室 차원의 문물 교류를 통해 倭 사회로 유입된 것이다. 물론 이 때도 왜 자체의 주술적 습속과 결합했을 것임은 물론이다. 이러한 도교 문화의 확산 과정을 여실히 보여주는 자료가 바로 7세기 전반의 쿠와즈 유적 출토 목간이다. 현재까지 발견된 일본의 呪符木簡으로서는 最古의 것으로 평가된다.[64] 따라서 이 목간은 일본으로 도교 문화와 신앙[65]이 전래되는 데에 백제인들이 주도적인 역할을 수행했음을 입증하는 자료로서 의미가 크다.

한편 백제에서 별에 대한 신앙과 제사가 다양하게 전개되었고 후대의 靑詞에 해당하는 祭文도 작성되었을 것임을 이 자료를 통해 시사 받을 수 있었는데, 그 구체적 양상은 향후 새로운 자료의 발굴을 기다려 규명해야 할 과제이다. 또한 별자리를 중심으로 한 도교적 신앙과 문화 요소가 일본으로 유입되기 시작하는 時點은 아직 분명하지 않으므로 후속 자료의 출현을 주시해야 할 것이다.

* 이 글을 작성하는데 필요한 논문과 자료를 제공해주신 한신대학교의 權五榮 敎授, 日本 國立 歷史民俗博物館의 平川 南 館長, 京都府立大學의 井上直樹 敎授께 감사드린다.

투고일 : 2008. 4. 8   심사개시일 : 2008. 4. 30   심사완료일 : 2008. 5. 29

---

64) 高橋 工(1992), 앞의 논문, p.58.

65) 和田 萃(2006), 앞의 논문, pp.127~129은 道士와 道觀을 갖춘 종교로서의 道敎는 일본에 전래되지 않았고, 神仙思想 · 方術 · 醫術 등의 도교적 신앙만이 6세기 전 · 중반에 백제로부터 전해졌다고 보았다. 上田正昭 역시 일본에서 敎團 道敎는 성립하지 않았으나 道術, 符禁 등의 도교적 신앙은 전래되어 아스카문화를 형성하는 배경이 되었다고 보았다(앞의 책, pp.157~158). 『周書』百濟傳을 보아도 백제에 道士는 없지만 도교적인 術數는 시행되고 있었다고 하므로, 교단 도교와 민간 도교 그리고 종교로서의 도교와 도교적 신앙을 구분하는 것은 경청할만한 견해라고 생각한다.

장인성(2001), 『백제의 종교와 사회』, 서경.

박석순 등(2005), 『일본사』, 대한교과서주식회사.

酒井忠夫 外(1985), 『道敎』 1, 平河出版社 ; 崔俊植 옮김(1991), 『道敎란 무엇인가』, 民族社.

大阪市文化財協會(1998), 『桑津遺跡發掘調査報告』.

岐阜縣博物館(1999), 『水とまつり－古代人の祈り』.

鐘方正樹(2003), 『井戸の考古學』, 同成社.

木簡學會 編(2004), 『日本古代木簡集成』, 東京大學出版會.

馮時(2007), 『中國天文考古學』, 中國社會科學出版社.

李丙燾(1976), 「韓國古代社會의 井泉信仰」, 『韓國古代史研究』, 博英社.

金勝惠(1987), 「"東文選" 醮禮靑詞에 대한 宗敎學的 考察」, 『道敎와 韓國思想』, 亞細亞文化社.

韓沾劤(1988), 「朝鮮王朝初期에 있어서의 儒敎理念의 實踐과 信仰·宗敎 － 祀祭問題를 中心으로」, 『韓國史論』 3, 서울大學校 國史學科.

梁銀容(1994), 「도교사상」, 『한국사』 16, 국사편찬위원회.

徐永大(1995), 「도교」, 『한국사』 26, 국사편찬위원회.

河日植(1997), 「新羅 統一期의 王室 直轄地와 郡縣制 － 菁堤碑 貞元銘의 力役運營 事例 分析」, 『동방학지』 97.

南豊鉉(2000), 「新羅華嚴經寫經 造成記」, 『吏讀研究』, 태학사.

金一權(2002), 「한국 고대인의 천문우주관」, 『강좌 한국고대사 8 : 고대인의 정신세계』, (재) 가락국사적개발연구원.

金昌錫(2003), 「石戰의 起源과 그 性格 變化」, 『國史館論叢』 101, 國史編纂委員會.

_____(2004), 「한성기 백제의 국가제사 체계와 변화 양상 － 풍납토성 경당지구 44호, 9호 유구의 성격 검토를 중심으로」, 『서울학연구』 22, 서울학연구소.

金昌億(2004), 「우물에 대한 祭儀와 그 意味」, 『嶺南文化財研究』 17.

權五榮·李亨源(2006), 「삼국시대 壁柱建物 연구」, 『韓國考古學報』 60.

권오영(2007), 「벽주건물에 나타난 백제계 이주민의 일본 기내지역 정착」, 『고대 한일문화교류 학술대회 발표요지』, 한국고대사학회.

和田萃(1982), 「呪符木簡の系譜」, 『木簡研究』 4.

上田正昭(1989), 「飛鳥文化の背景」, 『古代の道敎と朝鮮文化』, 人文書院.

福永光司(1989), 「道敎における '醮' と '章' － "延喜式"の '祭祀'と '祝辭'に寄せて」, 『道敎と東アジア』, 人文書院.

渡辺 昇(1991), 「兵庫縣 袴狹遺蹟」, 『木簡研究』13.

高橋 工(1991), 「桑津遺跡の掘立柱建物群」, 『葦火』34, 大阪市文化財協會.

_____(1991), 「桑津遺跡から日本最古のまじない札」, 『葦火』35, 大阪市文化財協會.

_____(1992), 「大阪・桑津遺跡」, 『木簡研究』14.

王育成(1992), 「日本桑津木簡道教符呪」, 『文物天地』; 永島暉臣慎 監譯(1994), 「桑津遺
　　跡の道教木簡について」, 『大阪市文化財論集』, 大阪市文化財協會.

橋本義則(1993), 「奈良 藤原宮蹟」, 『木簡研究』15.

竹田政敬(1993), 「奈良 藤原京右京五條四坊」, 『木簡研究』15.

永島暉臣慎(1994), 「譯者まえがき － 王育成論文について」, 『大阪市文化財論集』, 大阪
　　市文化財協會.

平川 南(2003), 「木簡と信仰」, 『古代地方木簡の研究』, 吉川弘文館.

山里純一(2005), 「呪符の機能」, 『文字と古代日本 4: 神佛と文字』, 吉川弘文館.

和田 萃(2006), 「道術・道家醫方と神仙思想 － 道家的信仰の傳來」, 『列島の古代史 7:
　　信仰と世界觀』, 岩波書店.

奈良文化財研究所 운영 木簡畵像 데이터베이스 http://jiten.nabunken.go.jp

〈日文要約〉

大阪桑津遺跡出土の百濟系木簡の內容とその用度

金昌錫

　日本大阪市の桑津遺跡から發見された木簡一点は，日本最古の呪符木簡として注目されてきた．しかし，判讀や解釋をめぐる問題があり，木簡の內容を理解し，かつその用度を把握することは至難のことだった．

　類似の中國や日本の木簡の場合，'星圖 −圖形化したり，大きく書いたりした文字 − 原字形を維持したり，小さく書いたりした文字'といった三つの部分に構成されている．これに照らしてみると，桑津木簡は'北斗七星の星圖 − 北斗七星の靈力 − 欠田里の現實と祈願'に關する內容を書いたものと判斷される．韓半島の古代人達は星についての信仰をもち，さらに百濟人達をも，日官部や式占などの資料を參考すると，その例外ではなかった．解釋において核心的なのは，三つの構成の中で最後の部分を，上から下へ，右から左へ呼んでいく方式と，'道章白加之'の'白'を，人名や神名の一部ではなく，'白す（もうす）'という意味の動詞として解することである．

　この木簡は，北斗七星に豊穣を祈願する道教信仰の性格をあび，特にその內容の構造上，道教の祭文である靑詞の原型を備えている．同じく桑津遺跡から出土された壁柱建物や韓式土器とともに，この木簡は，道教的文化要素も百濟系の住民達によりこの地域に編入されたことを見せ示す．これらは，7世紀の前半に豊穣を祈願する道教式祭祀に關わり，その祭祀が終わった後，木簡は井戸の近いところで廢棄された．その後，井戸を無くし，土でうずめる際，木簡がその中に入り込まれたようである．

▶ キーワード：大阪桑津, 百濟, 木簡, 道教, 祭祀, 呪符

신/출/토 목/간 및 문/자/자/료

부여 왕흥사지 발굴조사 성과와 의의*

- 昌王銘 명문사리기 출토 성과 -

김용민 · 김혜정 · 민경선**

〈국문초록〉

부여 왕흥사는 『三國史記』, 『三國遺事』 등 문헌에 창건(法王 2년, 600년)과 낙성(武王 35년, 634년) 관련 기사가 수록되어 있는 백제시대의 중요한 사찰로, 1934년 부여 규암면 신리 일원에서 「王興」명 기와편이 수습 · 신고됨에 따라 이 지역이 왕흥사의 위치로 비정되었다. 이후 왕흥사의 중요성이 인정되어 충청남도 기념물 제33호로 지정되었으며(1982년), 2001년에는 사적 제427호로 승격 지정되었다. 이에 국립부여문화재연구소에서 2000년부터 연차 발굴조사 계획을 수립하여 현재까지 8차례에 걸쳐 발굴조사를 실시한 결과 고려시대 건물지, 백제 사찰 가람구조를 알 수 있는 목탑지 · 회랑지 · 축대 · 진입로 등이 확인되었으며 사역 동편 외곽지역에서는 백제 및 고려시대의 기와가마터 11기가 확인되었다.

2007년도 발굴조사(8차)에서는 목탑지의 규모 및 구조, 심초석이 확인되었고 사역 남쪽 전면부에서 동서 및 남북석축이 확인되었다. 목탑지의 기단은 이중구조로 구축되었는데 하층기단은 약 14×14m 규모로 잘 치석된 장대석을 이용하였고, 상층기단은 약 0.8m 안으로 들여 시설하였다.

---

* 이 글은 국립부여문화재연구소에서 작성한 『扶餘 王興寺址 發掘調査(8次) 略報告』와 이를 토대로 작성된 2008년 1월의 국제학술대회 성과발표 내용을 중심으로 수정 · 보완한 것임을 밝혀둔다.

** 김용민(문화재청 발굴조사과장 전국립부여문화재연구소 소장)

　김혜정(국립나주문화재연구소 학예연구사) · 민경선(국립부여문화재연구소 학예연구사)

목탑지 내부에는 토심적심시설이 6개소 확인되었으나 정확한 구조를 파악하기는 어려웠다. 사방으로 통하는 계단지가 확인되었고 북편 외곽에는 금당으로 통하는 보도석 3매가 깔려 있었다. 목탑지 외부에는 1.5m내외의 부정형한 형태의 수혈에서 기와편들이 다량 출토되었는데 일부 고려기와들이 확인되어 목탑이 고려시대까지 사용되었을 것으로 추정된다. 한편 목탑지 정중앙에서 크기 100×110㎝, 두께 45㎝의 장방형 석재가 확인되었다. 석재 남단부에는 16×12×16㎝ 크기의 사리공이 마련되어 있었고 이를 사다리꼴의 석제뚜껑으로 덮었으며 사리공 안에는 사리기가 금제사리병−은제사리호−청동사리합의 3중구조로 안치되어 있었다. 청동사리합 외면에는 5자6행 29자의 "정유년(577년) 2월 15일 백제 창왕이 죽은 왕자를 위해 절(또는 목탑)을 세우고 본래 사리두 매를 묻었을 때 신의 조화로 셋이 되었다(丁酉年二月 / 十五日百濟 / 王昌爲亡王 / 子立刹本舍 / 利二枚葬時 / 神化爲三)"는 내용으로 명문이 음각 시문되어 있어 왕흥사의 창건연대를 알 수 있었고, 이를 통해 문헌기록에서 확인된 왕흥사 축조연대 및 백제사에 대한 재검토 계기를 마련하게 되었다. 동편에는 석재의 설치를 위해 넓고 완만하게 斜道가 마련되어 있었다. 심초석 남쪽에서는 금·은 장신구, 운모판, 관모철심, 철제도자·집게, 곡옥·유리구슬류 등 각종 사리공양구가 수습되었다. 사리공을 피해 심초석 상면 중앙에 80㎝의 방형 판축시설이 확인되었는데 이는 상부 초석의 적심시설로 추정된다. 사역의 남편에는 축대로 보이는 동서석축과 사찰의 진입시설로 보이는 남북석축이 확인되었다. 동서석축은 목탑지에서 25m 떨어져 있고 현재 길이 95m, 잔존높이 3.8m의 최대 16단이 확인되었는데 중문지로 추정되는 중앙부는 석축이 확인되지 않았다. 전면부에는 석축 상부의 어떠한 시설물에서 쓸려 내려와 집적된 것으로 보이는 기와류가 다량 출토되었다. 남북석축은 문헌기록에서 보이는 御道로 추정되며 동서석축에 직교하게 잇대어져 길이 약 62m, 너비 13m, 잔존높이는 1~2m로 4단에서 최대 10단 정도가 확인되었다. 조사구역 남단부에서는 남북석축을 일부 파괴하고 우물지와 도수 및 집와시설이 확인되었다.

이번 발굴조사에서 연대가 가장 올라가는 실물 사리장치 및 사리공양구가 확인되어 사리기 연구에 획기적인 자료를 제공하였고, 심초부 조성에 대한 새로운 기법이 확인된 점은 주목되며, 문헌기록과 일치하지 않는 명문이 확인되어 백제사를 재조명하는 계기를 마련한 점 등의 중요한 성과를 거두게 되었다. 또한 중국의 남·북조에서 사용되었던 동전이 출토되어 당시 국제교류의 일면을 확인할 수 있었고 그 외 각종 사리공양구에서 뛰어난 백제 공예술을 엿볼 수 있는 중요한 자료가 확보되었다. 향후 금당지, 강당지 등 중심사역과 사역 남편일대의 석축에 대한 정밀조사를 연차적으로 실시하여 문헌상에서 확인되는 백제 왕흥사의 위상을 밝혀낼 계획이다.

▶ 핵심어 : 백제 왕흥사, 왕흥사지, 위덕왕, 명문사리기, 사리공양구, 목탑지, 심초부

Ⅰ. 조사경위

扶餘 王興寺는『三國史記』,『三國遺事』등 문헌에 창건(法王 2년, 600년)과 낙성(武王 35년, 634년) 관련 기사가 수록되어 있는 백제시대의 중요한 사찰[1]로, 그 터가 현재 행정구역상 忠南 扶餘郡 窺岩面 新里 697번지 일원으로 백마강으로부터 북쪽으로 약 300m 정도 떨어져 있고 드무재산의 남편 계곡부에 위치하고 있다. 1934년 이 일대에서「王興」銘 기와편이 수습·신고됨에 따라 이 지역이 王興寺의 위치로 비정되었다. 이후 王興寺의 중요성이 인정되어 충청남도 기념물 제33호로 지정되었으며(1982년), 2001년에는 사적 제427호로 승격 지정되었다. 이에 국립부여문화재연구소에서 백제문화권 주요유적 학술발굴조사사업의 일환으로 중장기 계획을 수립하여 2000년부터 연차적인 발굴조사를 실시하고 있다.(도면1, 사진1)

2000년부터 2007년까지 8차례에 걸쳐 발굴조사가 이루어졌는데, 2000년도 발굴조사(1차)는 사역을 벗어난 지역으로 유구가 확인되지 않았고 2001년도 발굴조사(2차)에서는 사역 북편지역에 대해 조사가 이루어져 고려시대 이후의 건물지와 백제시대 건물지 일부가 확인되었다. 2002년(3차)부터 본격적인 발굴조사가 실시되어 동·서회랑지를 비롯해 회랑지 북편에서 부속건물지가 확인되었고 남편 저습지일대에서 동서석축이 확인되어 王興寺의 실체를 파악하는 계기가 마련되었다. 2005년(6차)과 2006년(7차) 조사된 지역은 사역에서 동편으로 약 150m 벗어난 산사면에서 백제시대 기와가마터 10기와 고려시대 기와가마터 1기가 확인되어 王興寺에 기와를 공급했을 가마의 존재가 밝혀지게 되었으며 고려시대 가마터에서 '王興'銘이 찍힌 기와편이 출토되어 王興寺가 고려시대까지 존속했음을 짐작할 수 있었다.(사진2, 3)

2007년도(8차)에서는 기존에 일부 확인된 목탑지와 그 남편 일대의 석축부에 대한 조사가 이루어졌다. 그 결과 목탑지의 전체적인 규모와 구조 및 축조방식이 확인되었고 사역의 남편에서 동

---

1)『三國史記』卷第27 百濟本紀 第5

  ○ 法王 : 二年 春正月 創王興寺 度僧三十人
  ○ 武王 : 三十五年 春二月 王興寺成 其寺臨水 彩飾壯麗 王每乘舟 入寺行香
『三國史記』卷第28 百濟本紀 第6
  ○ 義慈王 : 二十年 六月 王興寺僧皆見 若有船楫隨大水入寺門
『三國遺事』卷第1 王曆 第1 紀異 第1
  ○ 太宗春秋公 : 五年 六月 王興寺僧皆見如舡楫隨大水入寺門
『三國遺事』卷第2 紀異 第2
  ○ 南扶餘 前百濟 : 又泗沘崖又有一石 可坐十餘人 百濟王欲幸王興寺禮佛 先於此石望拜佛 其石自煖 因名煖石
  ○ 武王 : 殿塔廊廡各三所創之 額曰彌勒寺 國史云王興寺
『三國遺事』卷第3 興法 第3
  ○ 法王禁殺 : 明年庚申 度僧三十人 創王興寺 於時都泗沘城今扶餘 始立栽而升遐 武王繼統 父基子構 歷數紀而畢成 其寺亦名彌勒寺 附山臨水 花木秀麗 四時之美具焉 王每命舟 沿河入寺 賞其形勝壯麗 與古記所載小異 武王是貧母與池龍通交而所生小名薯蕷卽位後諡號武王 初與王妃草創也

서석축과 진입로인 남북석축이 확인되어 문헌에 기록된 백제 왕흥사의 실체가 점차 드러나게 되었다.(사진4) 특히 목탑지 심초부에서 명문사리기를 비롯해 각종 사리공양구가 출토되어 백제사 연구에 귀중한 학술자료를 확보하게 되었다. 2008년 현재 제9차 발굴조사가 진행되고 있는데 추정 금당지에 대한 조사를 비롯해 2007년도 조사된 목탑지 및 남편 석축시설에 대한 추가조사를 실시하여 보다 명확한 사역의 범위 및 구조를 파악하고 사찰의 전체 조성과정에 대해 밝힐 예정이다.

Ⅱ. 조사내용

1. 유구

1) 목탑지

사역의 중심부에 위치한 목탑지는 동·서회랑지로부터 약 19m, 남편의 동서석축으로부터 약 18m 떨어져 있다. 기단은 이중구조로 구축되었는데 하층기단은 길이 1m 내외의 잘 치석된 長大石을 이용하여 축조하였으나 대부분 결실되고 서편에 6매와 남편에 1매, 북편에 2매만이 남아 있다. 상층기단은 하층기단에서 약 0.8m 안으로 들여 시설하였는데 30~40cm 내외의 할석을 이용한 최하부 석렬만 잔존해 있다.(사진5)

목탑지의 규모는 하층기단부가 14×14m이고 상층기단부는 13.2×13.2m로 정방형이다. 내부에는 80×65cm의 토심적심시설이 6개소 확인되었다. 이러한 적심토(토심적심)는 백제 사비기에 유행한 건축 기초 조성 기법으로서 기단토를 일정 크기 만큼 굴광한 후 그 내부에 흙을 여러차례 판축 또는 다짐으로 쌓아 올리고 다시 그 위에 초석과 기둥을 올리는 형식이다. 현재 왕흥사 목탑지에 남아 있는 적심토만으로 목탑의 칸수나 기둥배치를 정확히 알 수는 없으나, 기존 자료와 함께 비교하여 볼 때 3칸×3칸일 가능성이 있으며, 차후에 세밀한 검토를 통해 밝히고자 한다.[2]

목탑지 사방으로 통하는 계단지가 확인되었고, 북편 외곽 중앙부에는 금당으로 통하는 60×40cm의 장방형 보도석 3매가 확인되었다. 목탑지 외부에는 1.5m 내외의 부정형한 형태의 수혈에서

---

2) 백제사찰 목탑지 제원 비교(단위: m)

유적명	왕흥사지	능사	군수리사지	금강사지	부소산폐사지	미륵사지
규모	14×14	11.7×11.7	14.14×14.14	14.2×14.2	7.95×8.05	19.4×19.4
기단	석축 이중기단	석축 이중기단	전적 이중기단	석축 이중기단	석축	석축 이중기단
칸수	(추정)정면 3칸 ×측면 3칸	(추정)정면 3칸 ×측면 3칸	(추정)정면 3칸 ×측면 3칸		(추정)정면 3칸 ×측면 3칸	(추정)정면 5칸 ×측면 5칸
계단	동서남북 4개	남북 2개	(추정) 남북 2개	동서 2개	남북 2개	동서남북 4개

기와편들이 다량 출토되었고 일부 고려 기와들이 확인되고 있어, 이로 보아 목탑이 고려시대까지 사용되었을 것으로 추정된다.

기단토는 현재 30~50㎝ 정도 남아 있는데, 목탑자리를 굴착하여 내부를 암갈색 사질점토, 적갈색 사질점토, 황색 마사토 등을 반복다짐하여 성토했다. 한편 목탑지를 남북으로 관통하여 설치되어 있던 후대 배수관을 걷어내는 과정에서 정중앙부 잔존기단토의 약 50㎝ 아래에서 크기 100×110㎝, 두께 45㎝의 석재가 확인되었다. 이 석재를 안치하기 위해 기단토를 동편에서 서편으로 완만하게 경사지도록 굴착하였는데 이는 斜道로 이곳을 통해 석재를 지하로 이동한 것으로 보인다.(사진6) 지하 석재를 안치한 후 석재 주변을 흙으로 채웠다. 석재 上面의 南端部에는 16×12×16㎝의 장방형 舍利孔이 마련되어 있으며 이를 사다리꼴의 석제뚜껑으로 덮고 있었다. 사리공 내부에는 金製舍利瓶 · 銀製舍利壺 · 靑銅舍利盒의 3중구조로 봉안된 舍利器가 안치되어 있었는데(사진7) 사리공이 있는 석재까지 포함하면 사리장치가 4중구조인 셈이다. 석재의 상면과 같은 높이로 그 남편에는 금 · 은 장신구, 운모판, 관모철심, 철제도자 · 집게, 곡옥 · 유리구슬류 등 각종 사리공양구가 수습되었는데 이는 교란되지 않고 한 층위에서 비교적 안정된 상태로 출토되어 사리기를 봉안하는 과정에서 일시 매납한 것으로 보인다.(사진8)

석재의 상면에는 사리공 뚜껑이나 사리공양구 등을 파손시키지 않고 중앙에 80×80㎝의 정방형 판축시설이 확인되었다.(사진9) 이 시설은 황색점토 및 사질토로 반복 다짐하였는데 지상에 심주를 세우기 위해 설치한 초석의 토심적심시설로 추정된다. 이와 관련하여 심초부 조성수법에 대해 몇가지 가능성이 제기되었다. 첫째는 지하의 사리공이 있는 석재 위에 바로 심주가 세워졌다가 후에 심주를 뽑아버리고 그 주위를 되파서 내부를 다져 지상에 2차 심주를 세우기 위한 적심시설로 사용했을 가능성이 제기되었다. 이 의견은 지금까지 확인된 심주 안치 방법이 이시기에는 대부분 지하심초석에 심주가 세워진 지하식이기 때문에 이번 왕흥사 목탑지 자료도 같은 맥락에서 해석하려는 관점이다. 둘째는 지하 석재 상면에서 기둥이 있었던 흔적이 확인되지 않았고 사리장치를 비롯해 주변 사리공양구들이 교란 · 파손되지 않은 점 등으로 보아 처음부터 틀을 이용하거나 또는 다른 방법으로 적심토를 조성하기 위한 공간을 확보하여 주변부를 채워가면서 동시에 적심토내부를 판축하였을 가능성이 제기되고 있다. 이 중 고고학적인 층위를 중심으로 조성순서를 판단할 경우는 두 번째 안이 타당하다. 즉, 드러난 층위 양상으로는 지하 석재 위에 기둥을 조성한 흔적이나 기둥 폐기 후 되파기를 한 정황이 전혀 없고 판축적심토와 주위 채움토가 동시에 조성되었다고 볼 수밖에 없기 때문이다. 따라서 현재까지의 판단으로는 두 번째 안에 가깝다고 보여진다[3]. 그러나 현재 기단토 상부가 상당부분 유실되어 최하부만 잔존하는 상태이기 때문에 심초부 조성과정에 대해 구체적으로 증명할 수 있는 자료가 확보되지 않아 지상에 별도의 초석이 사용되었는지 여부는 명확하게 파악할 수 없는 실정이다.[4] 또한 두 번째 안도 몇가지 의문점이 있다. 즉, 왜 처음부터 지상에 심주를 세울거라면 지하 석재를 만들었는지, 그 이유가 지하에 사리를 매납하는 풍습때문이었는지, 그렇다면 왕흥사는 심주의 지상화 과정에서 지하 사리매납의 관습만이 남은 과도기적 사례인지 등의 의문이 남는다. 이러한 의문은 향후의 조사에서도 지속적으로 구명되어져야 할 부분이며, 기존 자료와의 비교 검토를 통해 종합적으로 판단하고자 한다.

목탑지의 하층기단에서 약 1.5m 떨어진 외곽에서는 수혈유구가 서편에 1개소, 남편과 동편에 각 2개소씩 확인되었다. 남편과 동편의 수혈 간 중심거리는 5.5~5.7m 정도이며 수혈의 크기는 폭 1.5m 내외로 평면형태가 방형에 가깝다. 서남편 수혈에 대한 내부조사 결과, 3단으로 굴착하였으며 깊이는 1.5m 정도이다. 내부에서는 백제~고려시대 평기와편들이 다량 출토되었으며 하부로 내려갈수록 크기가 비교적 큰 기와들이 확인되었다. 이러한 수혈유구는 일정한 간격으로 배치되어 있어 단순한 폐기와시설이 아닌 특별한 용도로 사용되었을 것으로 추정되나 정확한 성격은 아직 알 수 없다.

2) 석축시설

사역의 남편에는 경사진 지형을 평탄하게 하여 대지조성을 위한 남단 축대로 사용되었을 것으로 보이는 동서석축과 그 남편으로 중심축에 직교하여 사찰로 진입하기 위한 시설로 추정되는 남북석축이 확인되었다.

동서석축은 현재까지 길이 95m가 확인되었고 이는 동·서 각 방향으로 더 연장될 것으로 보이며 잔존높이 3.8m로 최대 16단이 남아 있다. 축조방식은 거칠게 다듬은 할석을 횡평적하여 거의 직벽을 이루게 축조하였다. 추정 중문지인 남북석축과 연접되는 약 12m 구간은 석축이 확인되지 않았으나 목탑지 중심에서 동서석축까지의 거리가 25m로 부여지역 백제 사찰유적에서 확인된 중문에서 탑 사이의 거리와 유사[5]하여 이 구간에 중문 또는 계단 등의 시설이 있었을 것으로 추정된다. 동서석축 前面에 약 5m의 구간에서는 기와가 다량으로 퇴적되어 있었는데 이는 석축 상부의 회랑과 같은 시설에서 기와들이 쓸려 내려와 집적된 것으로 추정된다. 기와들은 동서석축에서 남쪽으로 두 차례에 걸쳐 경사지게 퇴적되어 있었다. 백제시대 기와는 황적갈색 사질점토층에서 확인되고 고려시대 기와는 회색 사질점토층에 주로 포함되어 있다.(사진10)

남북석축은 문헌기록에서 보이는 왕이 사찰로 진입하기 위한 진입로 즉, 御道로 추정되며 현재 사찰의 중심축선상에서 동서석축에 직교하게 잇대어져 길이 약 63.4m, 너비 13m, 잔존높이는

---

3) 목탑지 심초부분의 유구와 심주안치 방법 해석을 위한 현장 검토자문회의(2008.3.27) 결과 얻어진 결론이다.

4) 佐川 正敏(2008), 김연수(2008) 참조.

5) 백제사찰 목탑지와 중문지 간 중심거리 제원 비교

(단위: m)

유적명	능사	군수리사지	금강사지	부소산폐사지	미륵사지	왕흥사지 (목탑지-동서석축)
거리	26.3	25.25	24.8	16	33.35	25

1~2m로 4단~최대 10단 정도가 확인되었다. 축조방식은 동서석축과 마찬가지로 할석을 횡평적하였으며 남쪽으로 가면서 완만하며 경사도는 약 6°를 이루도록 축조하였다. 남북석축은 두 차례에 걸쳐 조성된 것으로 추정되는데, 동서석축과의 서편연접부에서는 양 석축 끝이 맞닿아 직교되게 축조하였다.(사진11) 한편 동편연접부의 경우 동서석축이 서편으로 약 1m 정도 돌출되어 있고 남북석축의 최하단이 동서석축의 최하단보다 약 1m 위의 황색사질점토층에 축조되어 있어 1차로 조성된 남북석축이 붕괴 또는 매몰된 후 그 상부에 재축조한 것으로 추정된다.(사진12) 도로 床面으로 보이는 남북석축의 내측에는 백제시대 기와편이 혼입된 흑색 유기물과 모래가 퇴적되어 있었고, 외곽에는 주로 뻘층으로 이루어져 있으며 하부에는 모래층이 확인되었다.

남북석축 남편 끝부분에서는 4개의 木主가 확인되었는데 2개가 하나로 회청색 점토층에 박혀 있다. 남동편 모서리부분에서는 우물지와 우물지의 남서편에 길이 1.2m의 수키와로 축조된 導水施設이 확인되었다. 우물지는 직경 3m 정도이며 할석을 이용해 원형으로 축조하였다. 도수시설 끝부분과 그 동편으로 1m 떨어진 지점에서 기와를 수직으로 세워 촘촘하게 만든 集瓦施設도 확인되었다. 이러한 집와시설은 2003년 조사 시 서회랑의 북편 부속건물지 서편 기단부분에서 확인되어 步道施設로 보았으며 이번에 확인된 집와시설은 도수시설과 연결되어 있어 淨化施設이었을 것으로 추정되나 향후 내부조사를 실시해 유구의 정확한 성격이 밝혀질 것으로 예상된다. 남편 일대에서는 백제시대 평기와편이 다량으로 확인되어 건물지가 있었을 것으로 추정되며 남북석축 상부에 퇴적된 뻘층에서는 주름무늬병과 인화문토기편을 비롯해 통일신라시대 건물지로 추정되는 석렬 2기가 열을 맞추며 확인되었다.

2. 출토유물

1) 석제 사리장치뚜껑(도면2, 사진13, 14)

지하 석재 상면의 남단부에 마련된 舍利孔을 덮고 있던 석제뚜껑은 25×19㎝, 두께 8㎝로 평면 장방형, 단면 사다리꼴의 지붕모양을 하고 있다. 이러한 형태는 일본에서는 角錐臺形, 중국에서는 盝頂形으로 불리고 있으며 중국 北魏~隋代의 석제사리외함에서 자주 나타나는 형태가 이미지화된 것으로 보인다. 하부는 사리공에 맞게 끼울 수 있도록 16×12×0.8㎝의 촉과 같은 형태로 턱이 마련되어 있다. 이 뚜껑의 재질은 화강암이며 외면에 辰砂(또는 朱-HgS)로 문양을 그렸는데 보존처리 결과 문양이 그려진 모든 면에는 모서리를 돌아가는 실선을 그려 각 면이 분할되도록 표현하였고 윗면은 안쪽에 3종의 同心圓文, 바깥쪽에 다시 2종의 동심원문이 그려져 있어 내외의 동심원문 사이에 반원문을 연속으로 시문하여 전체적으로 연화문 또는 중국 漢代의 거울에 보이는 內行花文처럼 보인다. 여기에 네 꼭지점에는 三葉文이 그려져 장식적 요소를 더했으며 옆면은 네 면이 동일한 모티브로 되어 있는데 중심부분에 측면의 연화좌를 두고 좌우에 唐草文系文樣을 혼합한 형상을 하고 있다. 이러한 당초문 등 식물계통의 문양은 중국 南北朝時代 불교미술에 융합되어 대대적으로 유행하는데 연화문과 같은 중심 문양에 장식적 요소를 더하는 보조적인 역할로 많이 사용되었다. 우리나라에서는 삼국시대 고구려 고분벽화나 금속공예품, 기와 등에서 많이 확인된다.[6]

2) 사리기

사리공 내부에서 출토된 사리기는 金製舍利瓶-銀製舍利壺-靑銅舍利盒의 3중구조로 안치되어 있었다.(사진15, 16) 청동사리합은 직경 7.9㎝, 높이 10.3㎝의 원통형으로 뚜껑에는 연꽃봉오리형태의 손잡이가 달려 있고 그 주변으로 연화문 형태의 흔적이 확인되었다. 동체 외면에는 상·하 양단에 2줄의 음각선을 돌리고 그 안으로 5자 6행 29자의 "丁酉年二月/十五日百濟/王昌爲亡王/子立利本舍/利二枚葬時/神化爲三"이라는 명문이 음각되어 있었는데 그 내용은 "丁酉年(577년) 2월 15일 백제왕 昌이 죽은 왕자[7]를 위해 사찰을 세우고 본래 사리 2매를 묻었을 때 신의 조화로 셋이 되었다."는 것이다.(사진17) 이는 王興寺의 창건과 관련된 내용으로 문헌기록과 차이를 보여 王興寺 창건시기를 밝히고 나아가 문헌 속 百濟史에 대한 재검토 계기를 마련하게 되었다. 즉, 『三國史記』에는 600년(法王 2년)에 착공하여 634년(武王 35년)에 낙성되었다는 王興寺의 축조연대가 기록되어 있는데, 이번 발굴에서 577년(威德王 24년)이라는 명확한 연대가 명기되어 있는 사리기가 출토되면서 창건 당시의 기록이라는 1차 사료로서 중요한 가치를 가지기 때문이다. 또한 청동사리합에 새겨진 '昌王'이라는 명문은 부여 陵山里寺址에서 출토된 석제사리감에도 새겨져 있어 주목된다. 昌王은 泗沘로 천도한 聖王의 맏아들이며 백제 27대 威德王으로 45년간 재위했다. 이러한 명문의 확인으로 陵寺와 같이 王興寺도 威德王代에 사찰이 조영되었으며 567년(威德王 14년)에 만들어진 陵寺보다 10년 뒤에 조성된 것임을 알 수 있다. 또한 威德王이 597년 일본에 사신으로 보낸 阿佐太子 외에 또 다른 왕자를 두었다는 역사적 사실을 확인할 수 있었다.

청동사리합 내부에 봉안된 은제사리호는 6.8×4.4㎝의 크기로 저부에 굽이 부착되어 있고 동체는 球形에 가까운 형태이다. 뚜껑에는 寶珠形 손잡이가 달려 있으며 그 주변으로 8엽의 尖形 연화문이 음각 시문되어 있다. 내부 바닥에는 금제사리병을 놓기 위한 원통형 받침대가 마련되어 있다. 비파괴분석 결과 99%이상 銀이 검출되어 거의 純銀으로 만든 것임이 확인되었다.

가장 안쪽에 있었던 금제사리병은 4.6×1.5㎝의 크기로 底部에 굽이 부착되어 있고 동체 하부가 볼록한 형태이다. 은제사리호와 마찬가지로 뚜껑에 보주형 손잡이가 달려 있고 그 주변으로 6엽의 연화문이 음각 시문되어 있다. 사리병의 비파괴분석 결과 金이 98% 이상 검출되어 純金에 가깝다. 내부에서 舍利는 확인되지 않았고 맑은 물이 가득 차 있었는데 분석 결과 주변 지하수와

---

6) 보도자료(2008.4.14) "선명한 진사 문양을 드러내다 −목탑터 석제사리장치뚜껑 보존처리 결과 공개−" 참조.
7) 이 부분에 대하여 '亡'자를 '三'자로 판독하여 '죽은 왕자'가 아닌 '죽은 세왕자'로 보는 견해도 있다.(이도학, 2008)

같은 성분이며 사리와 관련지울만한 특별한 성분은 확인되지 않았다.

이와 같이 3중으로 된 사리기는 재질을 달리하여 귀한 재질일수록 안쪽에 배치되는 방식을 하고 있다. 이렇듯 여러 겹으로 싼 것은 佛舍利를 소중히 안치하기 위한 것으로 釋迦가 入滅하자 그의 유체가 철곽 속의 금관에 안치되었다거나 석가의 보관이 금, 은, 동, 철의 4중관이었다는 경전 내용과도 관련되는 듯하다.[8] 백제는 聖王代부터 중국에서 사리신앙의 영향을 받고 또 威德王代에는 일본에 승려와 장인을 파견하였을 뿐만 아니라 사리도 함께 전하는 등 불교문화 국제교류의 주역이 되었다. 이 사리기는 그러한 백제불교문화의 국제성을 잘 보여준다.

3) 사리공양구

사리공 주변으로 남편 일대에 다종다양한 사리공양구가 수습되었는데 이들은 심초부 조성과정에서 사리기를 봉안하고 일시에 매납한 것으로 보인다. 공양구들은 대부분 장신구로 금·은, 동합금, 옥, 유리, 철제품 등 그 재질도 다양하다.(사진18)

금제품으로는 목걸이, 귀걸이, 炭木金具, 金帽裝飾, 구슬, 金絲 등이 있는데 그 중 목걸이의 경우 武寧王陵에서 출토된 것과 같은 형태로 12면의 球形態로 만들고 그 위에 다시 금알갱이를 모서리마다 누금기법으로 붙여 만든 것과 조금기법으로 環부분을 깎아 거칠게 만든 것, 아무런 장식이 없이 환이 연결되어 6면의 球를 이루는 것 등 다양하다.(사진19) 이러한 형태의 목걸이는 최근 몽골 도르닉나르스 흉노무덤 2호분에서도 출토된 바 있다.[9] 귀걸이는 1점으로 누금기법으로 만든 방울형태의 장식부가 달려 있다.(사진20) 탄목금구는 화석화된 목탄에 금판으로 둘레를 감싼 것으로 좌우측에 구멍이 뚫려 있으며 무령왕릉에서 목걸이로 출토된 것과 같다. 금모장식은 4점 모두 帽子形이며 투조를 한 것과 투조하지 않은 것으로 분류된다. 구슬은 목걸이의 일부로 추정되며 금사는 익산 왕궁리유적에서 확인된 꼬임금사와 제작기법이 동일하며 일부는 무령왕릉에서 출토된 금제 나선형장식과 유사하다.(사진21)

은제품으로는 환, 구슬, 과판 등이 있는데 이 중 銙板은 心葉形으로 능산리사지나 왕릉 출토품과 유사하며 6세기 전반기에 속하는 유적 등에서 집중 출토되고 있다. 과판 내부는 띠고리와 결구를 위한 ㄷ자형 걸이가 땜질로 부착되어 있는 것과 고리 내판 전체를 땜질해 부착한 것으로 분류된다.(사진22)

동합금제품으로는 젓가락, 팔찌, 동전 등이 있다. 젓가락은 파손되었지만 1쌍이 출토되었는데

---

8) 강우방(1993), 『한국 불교의 사리장엄』, 열화당, pp.30~36.

9) 2006~2007년 한-몽공동학술조사단이 東몽골 흉노무덤 3기에 대한 발굴조사를 실시하였는데, 이 중 2호무덤에서 12개의 작은 고리를 맞물리게 연접해 구슬모양을 만들고 각 고리가 만나는 지점에 세 개의 금알갱이를 삼각형으로 나란히 배치한 후 그 위에 도로 소환연접구체 또는 공심다면체 등으로 불리는 형태의 것으로 목걸이 장식에 사용된 것이 출토되었다.(국립중앙박물관, 2007, pp.203~231)

길이는 약 21cm로 무령왕릉에서 출토된 것과 길이와 형태가 같다. 특히 손잡이부분에는 구멍이 뚫린 0.5cm 정도의 고리가 부착되어 있는데 이는 기능과 관련된 것으로 보이며 직물도 일부 부착되어 있어 백제 직물 연구에도 중요한 자료로 평가된다.(사진23) 팔찌는 2점으로 외면에는 V자형 홈을 깎아 鋸齒形으로 장식하고 내면은 편평하게 만들었는데 이러한 형식은 무령왕릉을 비롯해 공주 금학동, 합천 옥전, 경주 금관총 등에서도 출토된 예가 많아 삼국시대에 일반적으로 사용되었을 것이라 추정된다.(사진24) 동전은 常平五銖錢 2점과 五銖錢 1점이 확인되었는데 상평오수전은 중국 南北朝時代 北齊(550~577) 때 사용된 것으로 경주 분황사 모전석탑에서도 출토된 예가 있다. 五銖錢은 중국 漢나라 武帝 5년(B.C. 118년)에 처음 동전으로 만들어 유통된 것이나 이 후 梁나라 武帝 4년(523년)에 鐵製五銖錢을 만들어 사용하였는데 무령왕릉에서는 誌石 위에서 五銖錢 90여 개가 꾸러미로 출토되어 토지신에게 묘지 사용료를 지불하는 형태로 당시 중국 南朝에서 유행했던 풍습이다. 이를 통해 당시 백제가 중국의 南朝와 北朝 모두 교류하였음을 알 수 있다.(사진25)

옥제품은 곡옥을 비롯해 饕餮文이 새겨진 옥제품, 비녀, 鎭墓獸形 패식 등 다양한 것이 있는데 이들은 장신구로 사용되었을 것으로 추정된다. 곡옥은 무령왕릉과 능산리사지를 비롯해 고분 출토품이 많으며 백제뿐만 아니라 삼국시대 전반적으로 널리 쓰인 장신구 중 하나이다.(사진26) 도철문 옥제품은 부채꼴로 잘라낸 것을 양면에 음각으로 도철문을 시문하고 이를 이등분해서 매납한 것으로 보인다.(사진27) 비녀는 길이가 10cm이며 흰색을 띄고 단면은 원형이다. 진묘수형 패식은 중앙부에 구멍이 뚫려 있으며 목걸이의 중심부에 있었을 장신구로 추정된다.(사진28) 붉은 색의 호박으로 만든 이 패식은 둥근 머리에 엎드린 모습을 하고 있으며 무덤 안에서 무덤을 지키는 진묘수를 형상화 한 것으로 중국 江蘇省 鎭江 陽彭山 東晋墓 출토 진묘수의 엎드린 자세나 구멍이 뚫린 위치 등이 매우 흡사하며 이를 더욱 형상화한 형태이고, 무령왕릉에서 출토된 탄목제 패식과도 유사한 형태이다. 흰색의 호랑이형 패식은 호랑이 얼굴만 표현한 것으로 입부분에 구멍이 뚫려 있다.(사진29)

유리제품은 구슬류가 있는데 공양구 중 대부분을 차지한다. 그 제작기법은 하나씩 알갱이를 둥글게 만드는 것과 띠형의 유리를 잘라 만든 것으로 크게 구분된다. 이러한 구슬들은 모두 꿰는 구멍이 뚫려 있어 목걸이와 팔찌 등에 쓰였을 것으로 보인다. 이들은 능산리사지나 군수리사지 등에서도 출토되었으며 무령왕릉에서도 다수 출토된 바 있다. 금은박구슬도 확인되었는데(사진30) 이는 연주문꼴로 된 대롱구슬로 유리 위에 금박 또는 은박을 씌우고 다시 유리를 입힌 것으로 백제의 경우 4세기경부터 천안 청당동유적을 시작으로 6~7세기의 대형묘까지에서 출토되는 것으로 알려져 있으며 무령왕릉에서는 은박구슬이 출토되었다.

철제품은 도자, 관모심, 집게 등이 있다. 도자는 총 8점이 출토되었는데 길이는 11.5~25.5cm이고 칼집의 목질흔이 확인되었다. 관모심은 역삼각형으로 윗변이 약 29cm, 양변이 약 22cm, 심 중심 길이는 약 25.5cm, 두께는 0.4cm이다.(사진31) 이는 부여 능안골 36호분과 나주 복암리 3호분의

5호와 7호 횡혈식석실묘 등에서 출토된 바 있다. 부여 능안골 36호분 발굴 결과 백제 귀족의 관모 앞부분을 장식하는 관모심으로서 가운데에는 6등급 이상의 귀족만이 착용하던 은화식을 세워 꽂았던 것으로 확인된 바 있다. 집게는 길이 5.9㎝로 오늘날 족집게와 같은데 분황사 모전석탑에서는 금동제 족집게가 출토되었다.(사진32)

운모판으로 연꽃 모양을 만들고 연잎 사이에 마름모꼴의 작은 금박을 넣어 장식한 운모판 장식이 관모철심 중앙부에 얹혀진 상태로 출토되었다. 출토 정황으로 보아 관모 앞부분에 부착하여 관모장식으로 사용되었을 가능성이 있지만 기존 출토례에서는 확인된 바가 없고 관모에 부착되었다는 적극적인 증거가 없기 때문에 정확한 것은 앞으로 자료 증가를 기다려야 할 것이다. 운모판장식은 중심을 원형판으로 만들고 각각의 연잎을 따로 만들어 重葉의 형태로 장식하였다. 전체 지름은 10.5㎝로 추정되며 두께는 0.16㎜이다. 운모는 도교신앙의 불로장생을 기원하는 신선술과 관련된 약재로도 알려져 있으며 운모판을 이용해 연꽃 모양을 만들어 장식한 것은 우리나라에서는 최초로 확인된 것으로서 더욱 가치가 있다.(사진33)

왕흥사지 목탑지 심초부에서 출토된 사리공양구의 구성요소가 당시의 고분 출토품과 유사한데 이는 목탑이 석가의 무덤이므로 사리 봉안 시 고분 매납 부장품과 같은 맥락에서 이들을 매납했을 것으로 생각되며, 명문에서 확인된 바와 같이 죽은 왕자를 위해 절을 세운 것이라면 그와 관련된 부장품으로도 추정해 볼 수 있을 것이다.

4) 와전류

심초부 출토 사리기 및 사리공양구를 제외한 유물들은 대부분이 동서석축 전면부의 회색 사질 점토층과 황적갈색 사질점토층에서 출토된 와전류로 연화문수막새, 연목와, 인장와, 장식기와, 치미편, 전 등 총 200여 점이 수습되었다.

연화문수막새는 연판 끝에 버선코형 돌기가 있고 중앙에 1+8과의 연자를 돌린 형식이 가장 많은 양을 차지하고 왕흥사지 3호 가마터 하부에서 출토된 바 있는 연판이 하트형이고 자방에 돌대가 돌아간 형식도 확인되었다. 특히 버선코형식의 연화문수막새는 창건기 막새로 추정된다.(사진34)

연목와는 10엽의 화엽을 가진 직경 20㎝의 대형에서부터 직경 13㎝의 8엽 연목와까지 다양한 크기가 출토되었다. 자방부에는 못구멍 주위로 6~8과의 연자가 배치되어 있으며 못구멍 형태는 방형과 원형이 있다. 연목와 직경이 15㎝ 이상인 경우, 모두 자방부가 돌대로 구획되어 있고 중앙에는 방형의 못구멍이 뚫려 있다.(사진35)

인장와는 왕흥사지에서는 처음 확인된 것으로 암키와의 배면에 '巳', '毛'가 음각으로 인각되어 있다. 이 중 巳는 간지와 관련이 있을 것으로 추정된다. 이러한 인장와는 군수리사지와 관북리 백제유적 등 백제 사비기 유적에서 다량 확인되고 있다.(사진36)

장식기와의 경우 추정 직경 20㎝ 정도의 원형구멍이 있고 주변에 돌대로 첨형 연화문을 베풀고 또 그 주변을 당초문으로 표현한 것이 출토되었다. 치미는 깃부분과 등부분이 출토되었으며 사립이 혼입된 태토로 만들어졌다. 귀면와는 눈과 코의 일부, 수염이 남아 있는데 눈은 구멍을 뚫어 표현하였으며 얼굴 주변에서 시작된 수염은 위로 치켜세워 끝을 반전시켰다. 백제시대 귀면문은 규암면 외리에서 출토된 귀면문 塼이 대표적이다.(사진37)

Ⅲ. 조사성과

이번 발굴조사 성과를 요약하면 다음과 같다.

먼저 현재까지의 자료가운데에서 연대가 가장 올라가는 사리장치 및 사리공양구가 확인되어 사리장치와 사리신앙에 대한 연구는 물론 그 봉안수법 및 공양품, 사리기의 조합상을 알 수 있는 등 불교미술과 사리기 연구에 획기적인 자료를 제공하게 되었다. 또한 절대연대가 새겨진 명문사리기가 출토됨으로써 그동안 문헌기록상에서만 확인되어 오던 백제 王興寺가 실제로는 23년 앞선 창건연대가 밝혀져 王興寺의 축조연대를 비롯하여 나아가 百濟史를 재조명하는 전기를 마련하게 되었다. 앞으로 사리기 명문 내용에 대한 해석 결과를 통해 위덕왕대를 중심으로 하는 백제 사비기의 국내외 정세와 대일 교류관계 등 다양한 측면에서 연구가 촉진될 전망이다.

유물 가운데는 중국의 南北朝에서 사용되었던 북제의 동전이 출토되어 당시 국제교류의 일면을 확인할 수 있었으며, 그 외 각종 사리공양구에서 다양한 도안과 뛰어난 백제 공예술을 엿볼 수 있어 백제 미술 및 공예사 연구에 있어서도 중요한 자료로 평가되고 있다. 관모장식이나 요대장식, 직물자료 등 백제 복식사연구에도 중요한 자료를 확보하였다.

또한 목탑의 심초부 조성에 있어서는 지하 심초에서 지상심초로 옮겨가는 과도기적인 자료로서 새로운 심초안치 방법이 확인된 점도 주목된다. 심초석에 사리공을 만든 방법과 사리공의 위치도 중요 자료이며 석재 사리장치뚜껑은 상면의 문양과 함께 새로운 자료로서 앞으로 미술사, 문양사적 측면에서 많은 연구가 기대된다.

사역의 남편 일대 축대와 진입로시설의 확인으로 인해 왕이 배를 타고 王興寺에 들어갔다고 하는 문헌기록을 실제로 입증할 수 있는 자료를 확보하게 되는 성과를 거두었다. 고대 사찰의 가람배치에 있어서 강변에 위치하고 남문 앞쪽에 진입로가 있는 독특한 구조의 형식은 아직 비교할 만한 자료가 없는 귀중한 것으로서 고대 동아시아 사찰건축 연구에 중요한 자료가 되었다.

향후 금당지, 강당지 등 중심사역과 사역 남편일대의 석축에 대한 추가 정밀조사를 연차적으로 실시하여 전체 사역 및 석축시설의 조성과정, 선후관계와 함께 진입부에서 배를 대었던 접안시설의 여부를 파악하고, 문헌상에서 확인되는 百濟 王興寺의 위상을 밝혀나갈 예정이다.

투고일 : 2008. 4. 11   심사개시일 : 2008. 5. 15   심사완료일 : 2008. 6. 12

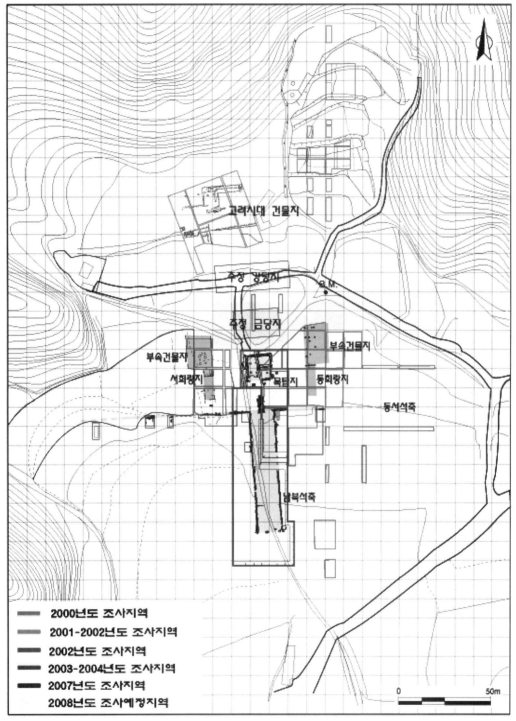

고려시대 건물지

주장 강당지

B.M.

주장 금당지

부속건물지

부속건물지

서회랑지

목탑지

동회랑지

동서석축

남북석축

2000년도 조사지역
2001-2002년도 조사지역
2002년도 조사지역
2003-2004년도 조사지역
2007년도 조사지역
2008년도 조사예정지역

0   50m

도면1. 부여 왕흥사지 발굴조사 현황도

기와가마터

사진1. 왕흥사지 원경

사진2. 왕흥사지 기와가마터 전경

사진3. 1호 기와가마터 출토 '王興' 銘 기와편 세부

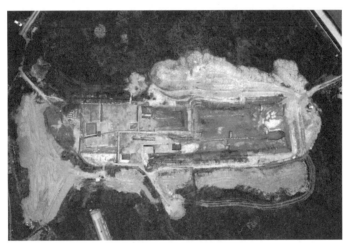

사진4. 부여 왕흥사지 발굴조사구역 전경

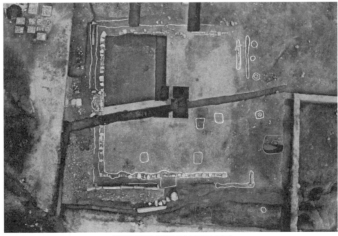

사진5. 부여 왕흥사지 목탑지 전경

사진6. 목탑지 심초부와 斜道 노출상태

사진7. 목탑지 심초부 사리공 내 사리기 출토상태

사진8. 목탑지 사리공 주변 사리공양구 출토상태

사진9. 심초석 상면 판축적심시설 토층 단면 상태

사진10. 동서석축 및 남측 전면부 기와 퇴적상태

사진11. 동서·남북석축 서편연접부

사진12. 동서·남북석축 동편연접부

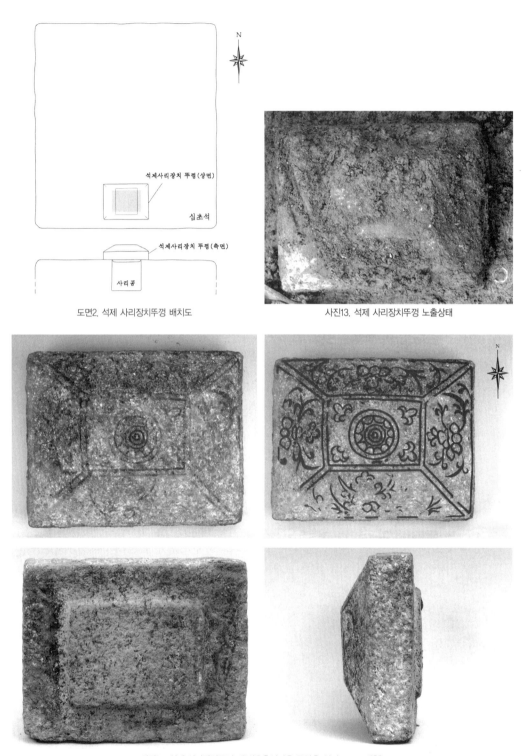

도면2. 석제 사리장치뚜껑 배치도

사진13. 석제 사리장치뚜껑 노출상태

사진14. 석제 사리장치뚜껑 세부(우측상단은 문양을 일러스트로 재현)

사진15. 사리기 3중구조 봉안상태

사진16. 목탑지 심초 하부 출토 사리기 일괄

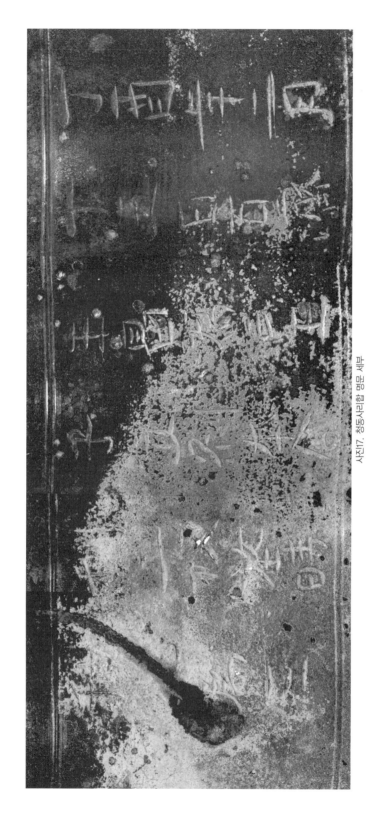

사진17. 청동사리함 명문 세부

사진18. 목탑지 심초부 출토 사리공양구 일괄

사진19. 사리공양구─금제장식류

사진20. 사리공양구─금제이식

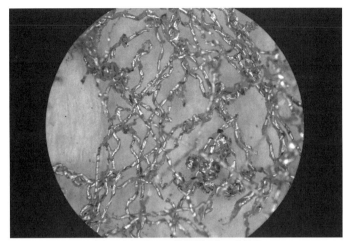

사진21. 사리공양구―금사(광학현미경 50배 확대)

사진22. 사리공양구―은제품 일괄

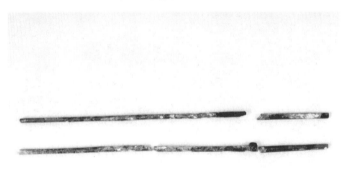

사진23. 사리공양구―청동젓가락 1쌍

사진24. 사리공양구─팔찌

사진25. 사리공양구─상평오수전

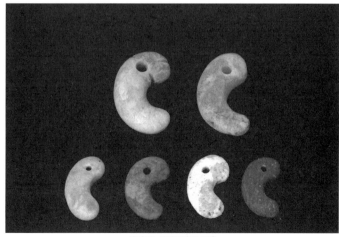

사진26. 사리공양구─곡옥

사진27. 사리공양구—도철문 옥제품(앞면, 뒷면, 문양)

사진28. 사리공양구—진묘수형 패식

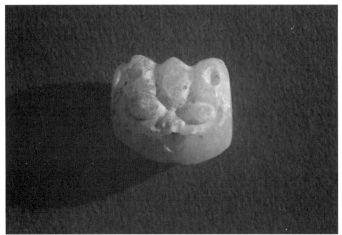

사진29. 사리공양구—호랑이형 패식

사진30. 사리공양구-박구슬

사진31. 사리공양구-관모심 노출상태

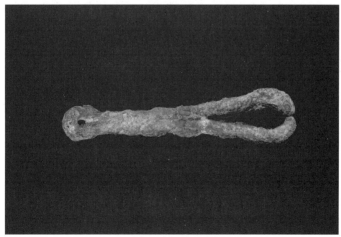

사진32. 사리공양구-집게

사진33. 사리공양구-운모판 장식

사진33. 사리공양구-운모판 장식

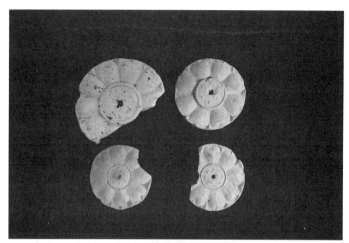

사진35. 동서석축 주변 출토 연목와

사진36. 동서석축 주변 출토 인각와

사진37. 동서석축 주변 출토 치미 · 장식기와 · 귀면문

김혜정(2008), 「王興寺址 發掘調査 成果」, 『扶餘 王興寺址 出土 舍利器의 意味』國際學術大會 자료집, 國立扶餘文化財研究所, pp.18~38.

김연수(2008), 「扶餘 王興寺 木塔址 出土 舍利莊嚴具에 대하여」, 『扶餘 王興寺址 出土 舍利器의 意味』國際學術大會 자료집, 國立扶餘文化財研究所, pp.39~54.

佐川 正敏(2008), 「古代日本と百濟の木塔基壇の構築技術および舍利容器·莊嚴具安置形式の比較檢討」, 『扶餘 王興寺址 出土 舍利器의 意味』國際學術大會 자료집, 國立扶餘文化財研究所, pp.61~113.

楊泓(2008), 「中國南朝對百濟佛教文化的影響」, 『扶餘 王興寺址 出土 舍利器의 意味』國際學術大會 자료집, 國立扶餘文化財研究所, pp.115~140.

이한상(2008), 「王興寺 木塔址 一括遺物의 性格과 意義」, 『扶餘 王興寺址 出土 舍利器의 意味』國際學術大會 자료집, 國立扶餘文化財研究所, pp.199~224.

전창기(2007), 『왕흥사 기와가마터 발굴조사 성과』, 전국역사학대회 발표요지

정자영, 탁경백(2007)『한국 고대목탑의 기단 및 심초부 축조기법에 관한 고찰-백제 사지를 중심으로』, 문화재 40호, 국립문화재연구소

國立扶餘文化財研究所(1998), 『능산리 부여공설운동장부지 백제고분 발굴조사보고서』

國立扶餘文化財研究所(2002), 『王興寺』發掘中間報告 Ⅰ

國立扶餘文化財研究所(2007), 『王興寺址 Ⅱ』기와가마터 發掘調査報告書

國立扶餘博物館·扶餘郡(2000), 『陵寺』扶餘 陵山里寺址 發掘調査 進展報告書

國立扶餘文化財研究所(2005), 「扶餘 軍守里寺址(史蹟 第44號) 發掘調査 略報告書」

國立夫餘文化財研究所(2006), 「부여 군수리사지 발굴조사(제4차) 약보고서」

국립공주박물관(2006), 무령왕릉 발굴 35주년 기념 및 신보고서 발간을 위한 『무령왕릉 학술대회』 자료집

국립공주박물관(2005, 2006), 『武寧王陵』출토 유물 분석 보고서(Ⅰ)(Ⅱ)

강우방(1993), 『한국 불교의 사리장엄』, 열화당

이송란(2004), 『신라 금속공예 연구』, 일지사

장은정·황보창서·윤상덕(2007), 「몽골 도르릭나르스 흉노 무덤 발굴조사 보고」, 한-몽 공동학술조사 10주년 국제학술심포지엄 『초원의 대제국 흉노 2000년전 무덤의 발굴』자료집, 국립중앙박물관, pp.203~231.

〈日文要約〉

扶餘王興寺址發堀成果と意義

金容民・金惠貞・閔庚仙

　扶餘王興寺は『三國史記』，『三國遺事』などの文獻により，創建(法王2年，600年)と落成(武王35年，634年)の關連記事が收録されている百濟時代の重要な寺刹である．1934年，扶餘窺岩面新里の周辺で「王興」名の瓦片が收拾・申告されたことにより，この地域が王興寺の存在の場所として比定された．その以降，王興寺の重要性が認められ，忠淸南道の記念物第33号に指定され(1982年)，再び2001年には史蹟第427号に昇格指定された，それに從い國立扶餘文化財研究所では2000年から年次發掘調査計畫を樹立し，現在まで8回にわたる發掘調査を實施した結果，高麗時代の建物跡や百濟の寺刹の伽藍構造がわかるような木搭跡・回廊跡・石築・進入路などを確認し，寺域の東側の外郭地域では百濟及び高麗時代の瓦窯跡11基を確認した．

　2007年度の發掘調査(8次)では木搭跡の規模及び構造，心礎石が確認されてあるし，寺域の南側の前面部では東西及び南北石築を確認した．木搭跡の基壇は二重構造で構築されており，下層基壇は約14×14mの規模で加工された長臺石を利用し，上層基壇は約0.8m奥に入って設置された．木搭跡の内部では土心積心が6カ所確認されたが，正確な構造の把握には至らなかった．また四方に通じている階段跡が確認されてあるし，その北側の外郭には金堂に通じる歩道石3枚が敷かれてあった．木搭跡の外部には1.5m内外の不定形な形態の竪穴から瓦片が大量出土され，その中から一部高麗瓦が確認されたことにより木搭が高麗時代まで使われた可能性があると推定した．一方，木搭跡の正中央では大きさ100×110cm，厚み45cmの正方形の石材が確認された．この石材の南端部には大きさ16×12×16cmの舍利孔が設けられており，梯形の石材蓋で閉められていた．舍利孔の中には舍利器が金製舍利瓶－銀製舍利壺－靑銅舍利盒の3重構造で安置されていた．靑銅舍利盒の外面には5字6行で29字の"丁酉年(577年)2月15日に百濟の昌王が亡くなった王子のためにお寺(または木搭)を建て，舍利二果を埋めたとき，神様の造化で三果になった.(丁酉年二月 / 十五日百濟 / 王昌爲亡王 / 子立刹本舍 / 利二枚葬時 / 神化爲三)"という内容の明文が陰刻時文されていて，王興寺の創建年代をわかることができた．これによって文獻記録で確認した王興寺の築造年代及び百濟寺に關する再檢討のきっかけになった．東側には石材の設置のため，廣く緩慢な斜道が造られていった．心礎石の南側では金・銀の裝身具，雲母板，冠帽鐵心，鐵製刀子・やっとこ，曲玉・硝子玉類など，各種舍利供養具が收拾された．舍利孔を避けて心礎石の上面中央に80cmの方形の版築が確認されいて，これは上部礎石の積心据え付けであると推定している．寺域の南側では石築でみられる東西石築と，寺刹の進入施設とみられる南北石築が確認された．東西石築は木搭跡から25m離れて，長さ95m，殘存高さ3.8m，最大16段が確認されたが，中門跡と推定される中央部は石築が確認されなかった．前面部には石築上部のある施設が水に滑られて集積されたものと見られる瓦類が大量出土された．南北石築は文獻記錄でみえる御道と推定されるもので，東西石築に直交した形で当たった長さ約62m，幅13m，殘存高さ1~2mで，4段から最大10段の石築が確認された．調査區域の南端部では南北石築を一部破壊しながら設置された井戸跡と導水及び集瓦施設が確認された．

　今回の發掘調査では，年代が一番古い實物の舍利裝置及び舍利供養具が確認され，舍利器の研究に畵期的な資料を提供することができ，心礎部の造成に關する新しい技法が確認された点は注目される．また文獻記錄と一致してない明文が確認され，百濟寺を再照明する契機になるなど重要な成果をあげた．また中國の南・北朝で使われた錢が出土され，当時國際交流の一面を確認することができたし，その他，各種の舍利供養具では優れた百濟の工芸術を伺える重要な資料を確報した．今後，金堂跡，堂跡など中心寺域と寺域の南側一帯の石築に關する精密調査を年次的に實施し，文獻上で確認される百濟王興寺の位相を明らかにする計畵である．

▶ キーワード：百濟 王興寺，王興寺址，威德王，銘文舍利器，舍利供養具，木塔址，心礎部

扶餘 雙北里 현내들·北浦유적의 조사 성과
- 현내들유적 출토 百濟木簡의 소개 -

이판섭·윤선태

〈국문초록〉

충청문화재연구원에서 2006~2007년 발굴조사한 雙北里 현내들·北浦遺蹟은 忠淸南道 扶餘郡 扶餘邑 雙北里 일원으로서 扶蘇山 북쪽의 錦江으로 합류하는 佳增川 및 그 지류에 위치해 있다. 현내들유적에 대한 조사결과 1~7구역에서 백제시대 유구가 확인되었고, 비교적 유구 상황이 안정적인 3구역을 통해 백제시대 Ⅰ·Ⅱ문화층의 구분이 가능하였다. Ⅰ문화층에서 확인된 유구로는 건물지 1동 및 수로 1기가 있고 Ⅱ문화층에서는 도로유구 7기, 건물지 5기, 수혈유구 2기 및 수로 5기가 확인되었다.

한편 현내들유적의 4구역에서는 묵서가 있는 木簡이 7점 이상 출토되었는데, 남북도로1과 동서도로1이 교차하는 지점의 측면에 위치한 수혈에서 발굴되었다. 이 수혈은 백제시대 Ⅱ문화층의 도로조성과 함께, 격자형 도로구획 내부의 대지를 조성하는 과정에서 만들어진 것으로 추정된다. 출토된 백제목간에는 '인명+丁數' 등이 나열된 문서목간, '관등+인명' 또는 '지명+(인명)' 등이 기록된 부찰형목간, 습서용으로 사용된 사면목간 등이 출토되어 백제의 문서행정이나 목간활용

---

* 이판섭((재)충청문화재연구원 연구원), 윤선태(동국대 역사교육과 조교수).

법을 이해하는데 큰 도움이 된다.

▶ 핵심어 : 백제, 부여 현내들유적, 목간, 문서목간, 부찰목간, 사면목간

Ⅰ. 조사개요

부여 쌍북리 현내들·北浦유적(Ⅰ-1·3구간)에 대한 조사·발굴은 충청남도종합건설사업소에서 시행하는 백제큰길 연결도로 건설공사의 일환으로서 2006년 12월 19일부터 2007년 6월 6일 사이에 실시되었다. 본 조사지역에 대한 지표조사는 2001년도에 충남대학교박물관, 시굴조사는 2005년 (재)충청문화재연구원이 실시하였으며, 이미 2006년도에 오얏골·꿩바위골유적(Ⅱ-2구간)에 대한 발굴조사를 실시하여 백제시대 생활유구 및 경작유구 그리고 조선시대 경작유구를 확인한 바 있다.

현내들·북포유적에서 조사된 주요 유구는 백제시대 도로유구, 건물지, 지엽부설시설, 폐기유구 등이 있다. 특히 현내들유적에서는 묵서가 있는 백제목간이 7점 이상 출토되어 학계의 큰 주목을 받았다.

Ⅱ. 유적의 입지와 환경

쌍북리 현내들·북포유적은 충청남도 부여군 부여읍 쌍북리 일원으로서 부소산 북쪽의 금강으로 합류하는 佳增川 및 그 지류에 위치해 있다. 가증천은 북서류하다가 하류에서 남서류하여 금강에 합류되는데, 부소산성 북쪽에 인접하여 금강으로 유입되고 있다(도면 1). 쌍북리 및 정동리 주변의 가증천 일대는 1970년대까지도 범람원 주변 습지로 남아 있다가 경지정리가 이루어져 현재는 정동들 및 가증들, 소새미들, 현내들로 정리되어 경작지와 시설원예지로 이용되고 있다. 특히 현내들유적(Ⅰ-1구간)이 위치한 가증천 지류 주변의 저지대에는 현재까지도 경작이 이루어지지 않는 습지지역이 분포해 있는 상황이며, 저지대 주변의 완만한 구릉완사면을 따라 소규모 마을이 형성되어 있다.

현내들유적의 미세지형상 위치는 가증천 1차 지류의 상류지역으로서 대체로 남서에서 북동방향으로 가면서 해발고도가 낮아지고 지류 주변으로 퇴적지형을 이루고 있는데, 조사과정에서 지속적으로 流水에 의해 유구의 교란과 이에 따른 보수작업이 반복되었음이 확인된다. 북포유적은 부소산 및 그 가지능선으로 연결된 靑山에 의해 둘러싸인 형태로서 얕은 육상부에서 가증천변의

【도면 1】현내들·북포유적 주변의 지리환경

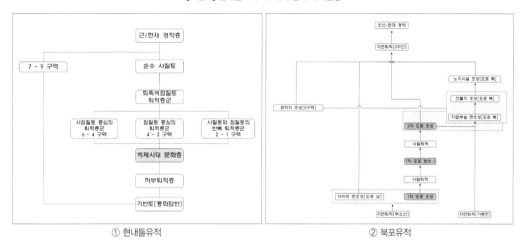

① 현내들유적　　　　　　　　　　　② 북포유적

【도면 2】조사지역 층위 모식도

수상부로 연결되는 전환지점에 해당한다.

　현내들유적의 조사범위 내에서 확인되는 층위양상은 지표로부터 크게 ①현 경작면 구성층군 − ②사질토 퇴적층 − ③회흑색 점질토층 − ④사질토 및 점질토의 반복퇴적층군 − ⑤백제시대 문화층군으로 구분된다(도면 2). 백제시대 문화층 상부에 존재하는 ④번 층군의 경우 층위상 굵은 모래 퇴적과 함께 상하 기복이 심한 퇴적양상을 보여주고 있는데, 주변 지형상 남쪽에 위치한 금성산의 곡부와 함께 부여읍 시가지의 관통 도로가 놓여져 있는 청마산 능선에 의해 형성된 곡부 유입수가 조사지역내에서 합류해 가증천으로 흘러들고 있기 때문에, 반복적이고 불규칙한 퇴적양상을 보이고 있다.

이에 비하여 ③번의 회흑색 점질토층 상부로는 비교적 안정된 수평퇴적 양상을 보이고 있다. 3·4구역의 경우 부소산 남동 구릉부로 이어지는 퇴적양상상 경계지대로서 ④번 사질토 및 점질토 반복퇴적층군의 비율이 현저하게 줄어들면서 회흑색내지 회백색의 점질토층이 중심을 이루고 있다가 5구역에서는 현저하게 순수한 모래층이 증가한다.

북포유적은 국지적으로 부소산 기슭에 가까운 지역의 기반은 점성이 있고 沙粒이 섞인 풍화토로서 황갈색내지 명갈색을 띠고 있다(도면 2). 이러한 기반 위로 산 경사면을 따라 마모되지 않은 소형 할석들과 모래가 섞여 퇴적되거나 사·점질토가 퇴적되어 있는데, 층위 표면들은 불규칙적인 모습을 보여주고 있다. 이후 점질토와 함께 모래가 섞인 단단한 회흑색 사·점질토층을 기반으로 하여 백제시대 1단계 면이 조성되어 있다.

백제시대 2단계는 1단계 이후 모난 잔자갈이 섞인 사·점질토가 퇴적되어 있고 그 위로 유기물질이 포함되어 있는 사·점질토나 옅은 회흑색의 점질토를 기반으로 조성되어 있다. 한편 하천 방향인 북쪽으로 가면서 敷葉과 함께 주변의 회색 및 회녹색이 섞인 실트를 이용하여 2단계 면을 마련하였다. 백제시대 2단계 상부로는 얇게 사질토층이 개재되어 있는 양상이 확인되며, 광물질 집적으로 인해 매우 단단한 암갈색 사점질토층이 두껍게 전면에 걸쳐 퇴적되어 있다.

Ⅲ. 조사내용

1. 현내들유적

현내들유적은 조사지역을 북동–남서방향으로 관통하는 경작지로(작업로)를 기준으로 하여 모두 9개 소구역으로 구분하였으며, 조사결과 1~7구역에서 백제시대 유구가 확인되었는데, 비교적 유구 상황이 안정적인 3구역에서 백제시대 Ⅰ·Ⅱ문화층이 확인되었다(도면 3). Ⅰ문화층에서 확인된 유구로는 건물지 1동 및 수로 1기가 있고 Ⅱ문화층에서는 도로유구 7기, 건물지 5기, 수혈유구 2기 및 수로 5기가 확인되었다. 그 중에서 도로유구를 중심으로 살펴보면 다음과 같다.

도로유구는 조사지역 중 4·5구역에서 확인되었다. 도로유구는 동서방향과 남북방향으로 조성되어 있고, 그 중 남북도로 2와 동서도로 2는 노면에 장축방향으로 8~10cm 정도 폭의 홈이나 가는 선들이 확인되었다(도면 3). 그리고 남북도로 3의 서쪽으로는 석축이 확인되었다. 북서쪽의 풍화암반이 완만하게 내려오다가 급경사를 이루는 지점에 2~3단 정도로 낮게 석축하여 보강하였고 이와 평행하게 수로가 위치해 있으며, 북쪽의 종단부 지점에서 거의 직각에 가까운 동서방향을 띠면서 풍화암반을 거칠게 굴토한 후 다진 흔적이 관찰된다.

한편, 현내들유적의 4구역에서는 木簡이 다량으로 출토되었는데, 남북도로 1과 동서도로 1이

도로 번호	잔존규모(m) (길이×폭)	도로 방향	설 명
1	7.94×(3.28)	남북방향 [N-4°-E]	· 4구역. · 남북도로1. · 남단에서 확인되었는데, 노면에서 특별한 흔적은 관찰되지 않으나, 북쪽 측면을 따라 세목열이 조성되어 있다.
2	12.2×6.95	동서방향 [E-6°-N]	· 4구역. · 동서도로1. · 층위상 지속적으로 보수과정이 행해졌다.
3	10.46×5.2	남북방향 [N-3°-E]	· 4구역. · 남북도로2. · 지속적인 보수가 행해졌지만, 노면은 크게 두차례에 걸쳐 보수가 이루어지고 있다. 각 노면에는 장축방향의 좁고 긴 형태의 홈들이 파여 있다.
4	8.42×4.12	동서방향 [E-14°-N]	· 4구역. · 동서도로2. · 노면에 장축방향으로 좁고 긴 형태의 홈들이 파여 있다.
5	10.5×6.24	동서방향 [E-13°-N]	· 5구역. · 동서도로3. · 내부에 구가 형성되어 있어 크게 도로 보수가 이루어진 시기가 있음이 확인된다.
6	38×5.1	남북방향 [N-17°-W]	· 5구역. · 남북도로3. · 풍화암반 상부에 풍화토와 점질토를 이용하여 다졌으며 등고선방향에 사교하여 침식된 흔적이 관찰되고 있다. 서쪽에 위치한 배수로의 경우 층위상 최초 굴토를 통해 수로를 조성하였으나, 이후 수로의 서쪽 측면을 석재로 보강하여 보수한 흔적이 관찰된다. 석축의 잔존 길이는 17.62m이고 석렬 주변으로 편평하게 조성한 대지는 잔존 길이 21.53m, 폭 약 5m 내외이다.

교차하는 지점의 측면에 위치한 수혈에서 확인되었다. 수혈은 백제시대 Ⅱ층의 도로조성과 함께, 격자형 도로구획 내부의 대지를 조성하는 과정에서 만들어진 것으로 추정된다.

2. 북포유적

북포유적은 조사지역을 남동–북서방향으로 관통하는 포장도로 및 남쪽의 마을 진입로를 기준으로 하여 모두 3개 구역으로 구분하였으며, 조사결과 1구역과 3구역에서 백제시대 유구가 확인되었다. 3구역에서 확인된 도로의 보수과정 중에서 路面 폭이 변화하는 시점을 중심으로 2개 문화층으로 구분할 수 있다.

백제시대 Ⅰ층에서는 동서방향의 1차 도로유구, 백제시대 Ⅱ층에서는 2차 도로유구(보수 후 도로), 건물지 1동, 수로 1기, 폐기유구 7기 및 지엽부설 등이 확인되었고 1구역에서는 경작지 2식이 확인되었다. Ⅱ층은 도로 조성 후 1차 도로유구가 조성된 지점에서 보다 북쪽으로 생활가능지역이 쌍북양수장을 둘러싸듯 확대되는 양상을 보이고 있는데, 북서쪽 쌍북양수장의 측면 저지대를 제외하고는 조사지역 북동지역에서 구덩이나 溝 형태에 枝葉이 깔려있는 양상이 확인되었다. 이후 건물지나 폐기유구, 수로 등이 조성되었다. 도로유구와 지엽부설을 중심으로 살펴보면 다음과 같다.

1차 도로유구는 N구역의 남쪽으로 치우친 지점에서 동서방향으로 조성되어 있음이 확인되었다. 현 자북을 기준으로 하여 약 6°정도 틀어져 있는 상태인 E- 6°-N로서, 거의 동서방향을 취하고 있으며, 最長 38.2m가 확인되었다.

부대시설로 남·북 側溝(배수로) 및 동쪽에 치우쳐 暗渠施設 그리고 측구에서 分枝하는 남북 방향의 배수로가 확인되었다. 路幅은 6.73~7.55m로서 대체로 7m 정도의 폭을 유지하고 있으며, 최초 조성당시의 측구 폭을 포함할 경우 10m 내외이다.

노면에는 도로방향과 일치하는 동서방향의 얇고 세장하게 굴광된 흔적들이 확인되고 있는데, 부분적으로 세굴되거나 회청색의 단단한 모래가 퇴적되어 있다. 측구는 남측구와 북측구 모두 비교적 양호한 상태로 확인되었

【사진 1】 북포유적 1·2차 동서도로 북측구 중복모습

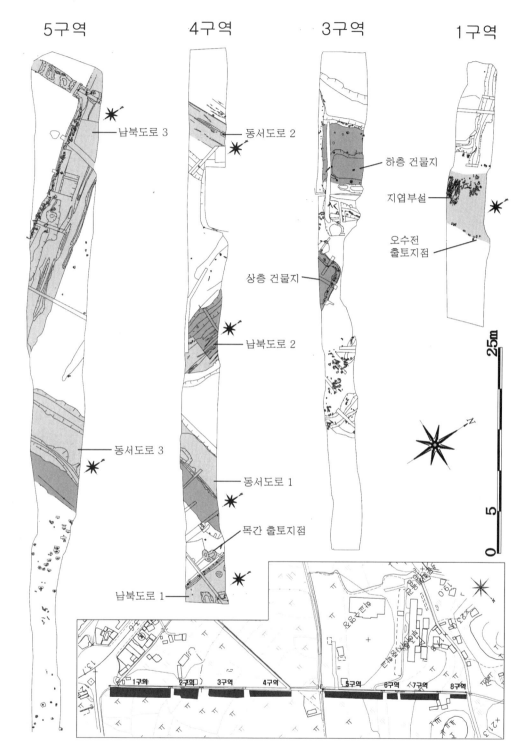

5구역

남북도로 3

동서도로 3

4구역

동서도로 2

남북도로 2

동서도로 1

목간 출토지점

남북도로 1

3구역

하층 건물지

상층 건물지

1구역

지엽부설

오수전
출토지점

25m

5

0

1구역   2구역   3구역   4구역   5구역   6구역 7구역   8구역

【도면 3】 현내들유적(Ⅰ-1구간) 유구 평면도

고 모두 사용 중 보수흔적이 확인되었으며, 처음 조성 이후 보수과정이 있을 시점에서 측구 폭이 좁아지고 있다. 북측구의 경우 측구 양쪽 측벽을 따라 말뚝을 시설하여 측구 벽면이 붕괴되는 것을 방지하였고 서쪽 조사경계지점에서는 측구 북측면을 넓게 확장 굴토한 후 사점질토로 단단하게 만든 다음 측면 말뚝시설을 하였다.

한편 남측구의 서쪽 경계지점에서는 측구 남측면을 넓게 확장 굴토한 후 석비레가 일부 섞인 사점질토를 다짐과 함께 말뚝시설을 하였는데, 말뚝열을 따라 할석을 올려놓아 측구 상면을 마무리하였다. 측구 폭은 말뚝열을 기준으로 할 때, 1차 도로는 180~210cm 정도이고 보수 후는 104~162cm의 폭을 유지하고 있다. 측구 깊이는 처음 조성 당시 대체로 50~68cm이고 보수 후의 깊이는 20~46cm 정도이다.

1차 도로와 관련된 부대시설로서 조사지역 동쪽 경계지점에서 측구 내부의 배수를 위한 것으로 추정되는 암거시설이 확인되었다. 잔존길이는 남북방향으로 약 12m 정도가 확인되었다. 암거시설의 방향은 현 자북 기준으로 N-5°-W 방향으로 1차 동서도로와 거의 수직을 이루고 있다. 벽체는 하부에 석재를 부분적으로 세운 후 그 상부에 단면 원형이나 편평하게 다듬은 목재를 횡방향으로 설치하여 벽체를 구성하였다. 수로의 폭은 약 100cm 내외이다.

2차 동서도로는 1차 동서도로의 상면에 위치해 있으며, 도로 폭이 440~450cm 정도로 폭을 줄여 조성하였고 그 흔적은 조사 경계의 서쪽에 치우쳐 확인되고 있으며, 부대시설로서 측구 및 암거시설이 확인되었다. 路上 조성토는 암갈색과 회백색의 사질이 우세한데, 조사과정에서도 상당

【사진 2】 북포유적(Ⅰ-3구간) 북측구상 1·2차 동서도로의 관계

집수정

수장

1호 지엽부심

동서수로

7호 지엽부심

8호 지엽부심

1호 폐기유구

2호 폐기유구
3호 폐기유구

건물지

6호 폐기유구
4호 폐기유구
5호 폐기유구

7호 폐기유구

1차 동서도로
(암거시설)

2차 동서도로

1차 동서도로

2차 동서도로 암거시설

입구

진입로

N

0   5   25   50m

【도면 4】 북포유적(Ⅰ-3구간) 3구역 유구 평면도

히 단단한 편이었다. 북측구는 1차 도로 북측구의 중앙부에서 도로 안쪽으로 중심을 이동시켜 굴토하였고 남측구의 경우 서쪽 경계지점에서는 1차 도로 남측구의 중앙부에서 도로 안쪽으로 240cm 정도 이동하여 굴토한 반면, 남동쪽의 경계지점에서는 대체로 1차 도로 측구 상부에 위치해 있는 양상이다.

한편 암거시설에서 일부 연속하여 할석으로 남측구 측면을 70cm 범위에 걸쳐 보강하였다. 현자북기준으로 N-5°-W 방향을 하고 있으며, 도로방향과 거의 직각을 이루고 있다. 양쪽 측면을 판석이나 할석을 이용하여 보강을 하였다. 암거시설을 기준으로 하여 도로 폭은 약 440~450cm 정도이고 측구를 포함할 경우 폭은 600~610cm 정도이다.

북포유적의 3구역에서 확인된 지엽부설 시설은 건물지 북쪽부터 시작하여 조사지역의 북쪽 경계지점에 걸쳐서 분포해 있으나, 서쪽 분포범위는 쌍북양수장의 설치 과정에서 교란된 상태여서 정확한 양상을 파악할 수 없었다. 조사범위 내에서는 제1·7·8호 지엽부설 시설이 조사되었지만, 북쪽 배수로 층위상에서 5개의 지엽부설 시설이 조사지역 북쪽 외부로 연장하여 존재하고 있음이 확인되었다. 조사지역 내에 존재하는 지엽부설시설의 방향은 현 쌍북양수장을 향해 감싸듯 조성되어 있는데, 구지형상 서쪽의 양수장이 위치한 지점이 가장 낮은 부분에 해당한다. 한편 조사지역내 지엽부설의 견부까지 지엽이 깔릴 경우 육상부에서 수상부로 이어지는 급경사면의 경사도가 완만해지는 모습을 띠고 있으며, 특히 제1호 지엽부설이 위치한 지점은 육상부의 해발고도와 큰 차이 없이 완만하게 이어지는 양상을 띠고 있다.

IV. 현내들유적 출토 백제목간

1. 기존의 백제목간 출토현황

백제목간은 1983년 충남 부여의 官北里유적에서 최초로 발굴된 이래, 1995년에는 부여 宮南池유적, 1998년에는 부여 雙北里 102번지유적, 2000년에는 부여 陵山里寺址(陵寺)유적 등 다수의 백제유적에서 출토된 바 있다. 현재까지 출토된 백제목간은 현내들 출토 목간을 포함해 모두 60점 이상으로 집계된다.[1] 최근 부여권의 개발과 함께 백제유적에 대한 발굴건수가 증가하고 있기 때문에, 앞으로 더욱 많은 백제목간들이 출토될 것으로 기대된다. 지금까지 공개된 백제목간의 출토

---

1) 전체 백제목간의 출토점수는 능사유적의 목간 출토점수가 아직 제대로 공개되지 않아 명확하지 않다. 〈표2〉는 기왕에 공개된 목간출토점수만을 집계한 것이다.

현황을 정리하면 다음과 같다.

【표 2】 백제목간 출토현황(2007년 11월 현재)

출토유적	발굴연도	출토유적의 시기	출토점수(묵서)		비고
부여 능사	(1992-2002)	6세기 중후반	24	(20)	削屑, 觚1
부여 관북리	(1983-2003)	7세기	12	(10)	南朝尺
부여 쌍북리 102번지	(1998)	7세기	2	(2)	量器, 唐尺
부여 궁남지	(1995-2001)	7세기	11	(3)	觚1
부여 쌍북리 현내들	(2007)	6~7세기	14	(7)	觚1
합계	5개 유적		63	(42)	

백제목간은 신라목간에 비해 출토점수는 비록 적지만, 매우 다양한 정보들을 담고 있기 때문에, 질적인 측면에서 결코 뒤지지 않는다. 특히 기존의 연구에서 불모지였던 백제의 律令, 文書行政, 심지어 都城 內外의 공간구조와 景觀 등에 대해서도, 목간자료를 제대로만 활용한다면 접근이 가능하리라 생각된다. 백제목간의 발굴은 백제사 연구에 일대 혁신을 가져올 새로운 전환점이 될 것으로 믿어 의심치 않는다.

2. 현내들 목간의 출토상황

현내들유적 출토 목간은 남북도로 1과 동서도로 1의 교차지점 주변에 위치한 수혈유구에서 출토되었다. 수혈유구는 남북도로 1의 서쪽 측구에 인접하여 위치해 있었는데, 남쪽에 위치해 있는 수혈①은 장직경 181cm, 단직경 최대 69cm 정도의 장타원형을 띠고 북쪽에 위치해 있는 수혈②는 최대 직경 114cm의 평면 타원형을 띠고 있다. 수혈유구의 동쪽 일부는 남북도로 1의 서쪽 측면에 위치한 폭 29cm, 높이 13cm의 소형 둑 일부를 파괴하고 조성되었기 때문에, 공정상 도로가 만들어진 이후 수혈유구가 조성된 것으로 파악된다.

수혈 내부의 퇴적양상은 수혈①이 수혈②에 비해 그 양상이 현저한 편으로서, 바닥면에는 굵은 모래와 일부 유기물이 혼재한 상태로 퇴적되어 있고 이후 상부로 가면서 입자 크기에 따라 분급이 이루지고 있으며, 가장 상위 내부 퇴적은 잔가지와 같이 형태를 보존하거나 부서진 유기물들이 집중된 양상을 띠고 있다.

특히 출토된 목간 중 四面木簡(No.96)은 두 개체로 부러진 상태로 하부편은 수혈②의 내부에서 출토된 반면, 뾰족하게 깎은 상부편은 수혈②에서 북쪽으로 약 87cm 정도 떨어진 수혈 외부에서 조사당시 처음으로 노출되었다. 이외 도면 6~8에 도시되어 있는 목간들은 수혈② 내부에서 4면목간(No.96)의 하부편과 함께 출토되었다.

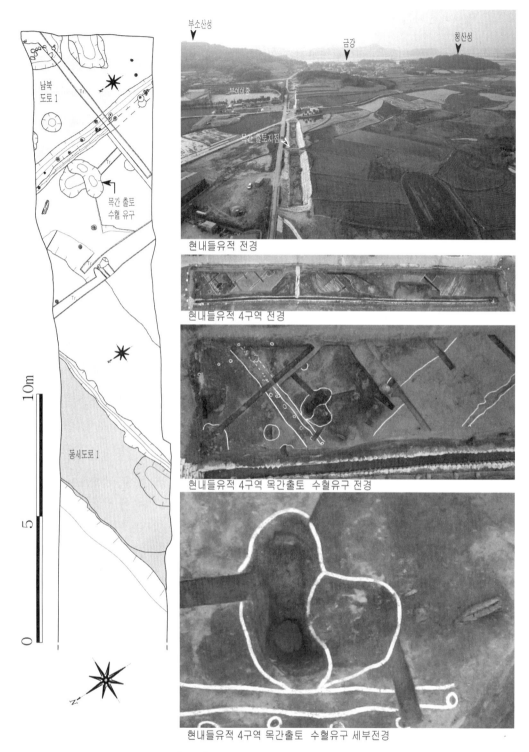

현내들유적 전경

현내들유적 4구역 전경

현내들유적 4구역 목간출토 수혈유구 전경

현내들유적 4구역 목간출토 수혈유구 세부전경

【도면 5】 현내들유적 4구역내 목간출토 수혈유구

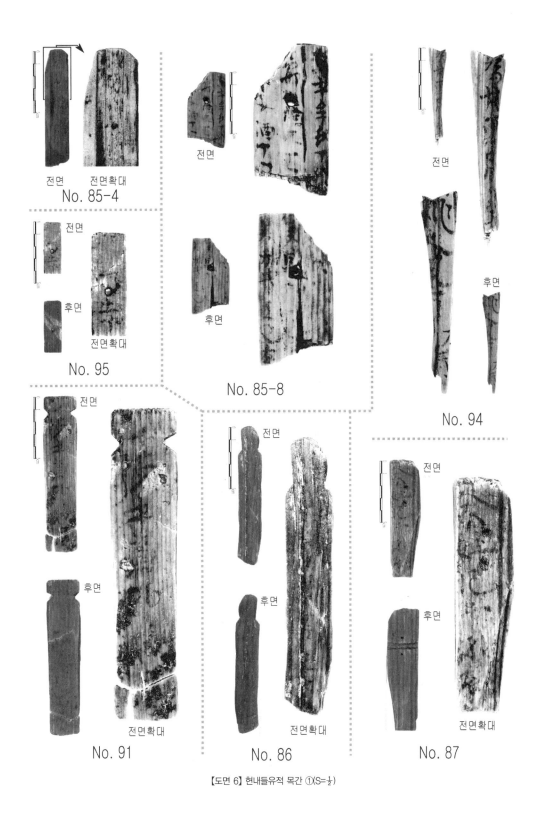

전면　　　　전면확대
No. 85-4

전면

후면
No. 95

전면

후면
No. 85-8

전면

후면
No. 94

전면

후면

전면확대
No. 91

전면

후면

전면확대
No. 86

전면

후면

전면확대
No. 87

【도면 6】 현내들유적 목간 ①(S=½)

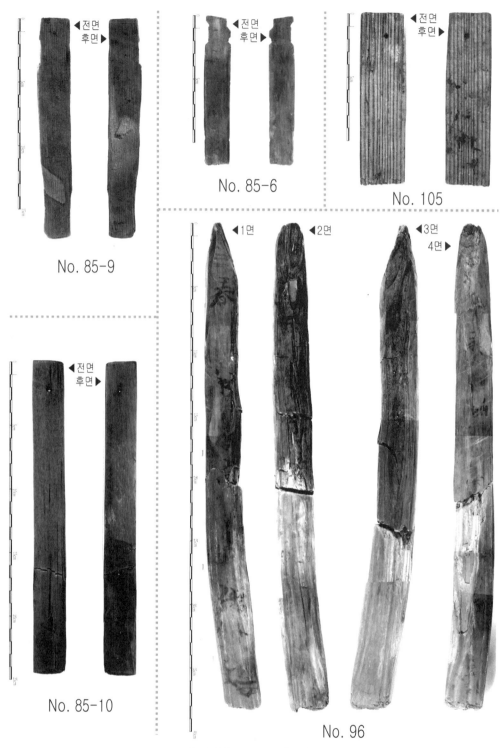

No. 85-9

No. 85-6

No. 105

No. 85-10

No. 96

【도면 7】현내들유적 목간 ②(S=½)

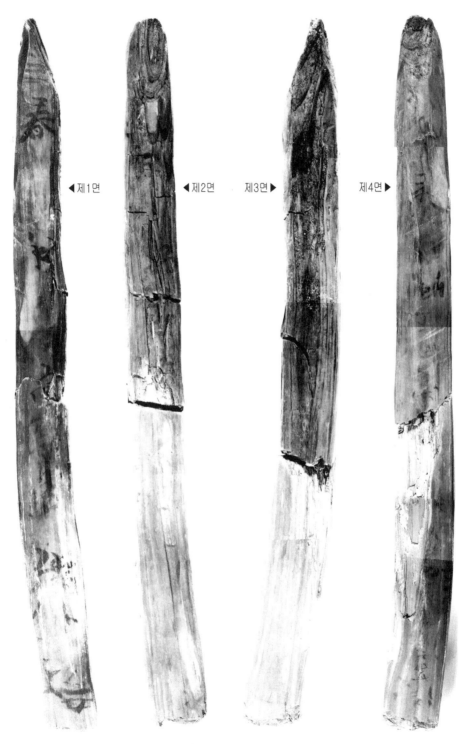

◀제1면　　◀제2면　　제3면▶　　제4면▶

【도면 8】 현내들유적 목간 ③ (No. 96)

3. 현내들 목간의 묵서판독

한국목간학회는 2007년 7월 19일(목) 국립부여박물관 보존과학실에서 부여 현내들 백제목간의 묵서 판독회를 〈충청문화재연구원〉의 협조를 얻어 개최하였다.[2] 판독회에서는 출토 목간 12점을 대상으로 실견 및 적외선 촬영을 통해 목간 묵서의 판독 작업을 실시하였다. 판독문은 판독회에 참석했던 한국목간학회 연구회원들의 의견을 종합해 윤선태가 대표 집필하였다. 판독문에 사용된 기호의 범례는 다음과 같다.

판독문 기호범례

×	(파손)
○	(구멍)
∨	(목간 좌우 V자형 缺入部)
□	(글자수를 알지만 판독불능인 경우)
……	(글자수도 모르고 판독불능인 경우)
『 』	(天地逆으로 거꾸로 쓴 글자)

1) 85-4호 목간 (크기: 9.4×1.9×0.55cm)

(1) 묵서판독

· □□　　　×

(2) 형태

하단은 파손되었지만, 상단은 좌측면의 일부를 제외하고는 온전히 남아있다. 상단의 우측에 모를 죽인 것으로 보아, 파손된 좌측에도 모를 죽인 대칭형이 아니었을까 추측된다. 상단에 한 두 글자의 묵흔이 있지만, 판독이 불가능하며, 글자인지도 명확하지

현내들 85-4

2) 당시 판독회 참석자는 다음과 같다(가나다순). 고광의(동북아역사재단), 권인한(성균관대), 김병준(한림대), 김수태(충남대), 김영욱(서울시립대), 김창석(강원대), 문동석(한신대), 박중환(국립공주박물관), 신종원(한국학중앙연구원), 양진석(서울대), 윤선태(동국대), 이병호(국립부여박물관), 이성배(충남대), 이수훈(부산대), 이용현(국립부여박물관), 정재영(한국기술교육대), 최남규(전북대), 그외 많은 대학원생들이 참여하였다.

않다.

　그런데 이 목간에는 우측면에 얕은 구멍(구경0.3cm)을 일정한 간격으로 파놓았다. 현존하는 구멍의 수는 5개이며, 간격은 위에서부터 차례로 9cm, 10cm, 17cm, 19cm, 17cm이다. 첫 번째와 두 번째 구멍을 합치면, 17~19cm 정도의 등간격을 염두에 두고 구멍을 파놓았다고 볼 수 있다.

(3) 용도

　이 목간은 앞, 뒷면을 매우 평평하게 공들여 다듬었을 뿐만 아니라, 우측면에 등간격으로 얕은 구멍을 파놓았다는 점에서 '자(尺)'일 가능성이 있다. 즉 17~19cm 간격의 구멍을 자의 눈금으로 볼 수 있다면, 첫 번째 두 번째 눈금은 반치(半寸)를, 나머지는 일촌(一寸)의 간격을 염두에 두고 구멍을 팠다고 볼 수 있으며, 이 경우 周尺의 길이와 유사하다. 그러나 자의 눈금을 구멍으로 판 사례는 없기 때문에 이 목제품의 용도는 쉽게 단정하기 어렵다. 다만 이성산성에서 출토된 신라의 唐尺처럼 자의 측면에 눈금을 새긴 사례는 있기 때문에, 자의 가능성만을 언급해두려고 한다.

2) 85-6호 목간 (크기: 11.8×2.1×0.3cm)

(1) 묵서판독
　· 묵흔 없음

(2) 형태
　이 목제유물은 상하단 측면이 모두 파손되었고, 묵흔도 없어 목간으로 보기 어렵지만, 상단부의 좌·우측에 인위적인 凹형의 폐기흔적은 신라의 문서목간에서 확인되는 廢棄行程과 매우 유사하다는 점에서 주목된다.

현내들 85-6호　　안압지 186호

3) 85-8호 목간 (크기: 6.1×3.1×0.5cm)

(1) 묵서판독

(앞면)
```
      □牽牟氏丁一
  · □ㅇ隆□丁一  ×
  ×  □酒丁一
```

```
                    × □
(뒷면)   · 溪□○□       ×
          □加□來之□
```

(2) 형태

목간의 상단은 한쪽 일부분만 파손되었지만, 하단은 크게 파손되어 크기 등 목간의 원형을 복원하기가 어렵다. 한편 앞·뒷면에 모두 묵서가 확인되며, 앞·뒷면 2행의 두 번째 글자가 모두 구멍으로 인해 훼손되었다는 점에서 구멍은 이 목간이 폐기되고, 재활

현내들 85-8 앞·뒷면

용될 때 뚫은 것으로 추정된다. 후술하지만 현내들 목간에는 목간이 폐기된 뒤 다른 용도로 재활용된 것들이 다수 확인된다. 이는 현내들 목간의 출토상황이나 전체 목간의 성격과 관련하여 주목해야할 될 요소라고 생각된다.

(3) 용도

이 목간은 앞면의 묵서가 비교적 잘 남아있어, 목간의 용도를 추론하는데 크게 도움이 된다. 우선 전면 1행의 '牟氏'는 〈능산리 사면목간〉과 〈계유명천불비상〉에서도 확인되는 당시 백제에서 널리 사용된 人名이라고 생각된다. 또 전면의 각 행에는 공통적으로 'ㄒ一'이 부기되어 있다. 그리고 전면의 1행과 2행 사이에는 위 판독문에 묘사한 것처럼 行間에 界線이 그어져 있다. 이러한 묵서의 특징으로 보아, 이 목간의 전면은 인명과 ㄒ의 數를 나열한 문서목간의 파편이라고 생각된다. 후면의 내용은 정확히 알 수 없지만 전면에 이어지는 내용이 기록된 것이 아닌가 생각된다. 이 목간은 비록 파편이지만, 백제의 문서행정을 이해할 수 있는 중요한 자료라고 생각된다.

4) 85-9호 목간 (크기: 17.2×1.9×0.7cm)

(1) 묵서판독
· 묵흔 없음

(2) 형태

칼로 좌·우측면을 파기한 흔적은 남아있지만, 묵흔은 확인하지 못했다.

5) 85-10호 목간 (크기: 24.5×2.6×0.5cm)

(1) 묵서판독

· ○ 묵흔 없음

(2) 형태

묵흔은 확인되지 않았지만, 상단 가운데 구멍이 있고, 외형이나 크기가 '奈率'이 묵서된 능산리 298호 목간과 유사해, 부찰형 목간으로 분류할 수 있다고 생각된다.

현내들 85-10

6) 86호 목간 (크기: 11.2×2×0.3cm)

(1) 묵서판독

· ∨ …… … ×

(2) 형태

묵흔은 있으나 판독이 어렵다. 그러나 상단 좌우에 ∨자형의 缺入部가 남아 있어 부찰형목간으로 분류할 수 있다고 생각된다.

6) 87호 목간 (크기: 9.4×2.5×0.9cm)

(1) 묵서판독

· × 水不好記上 □□ ×
· × …… …   ×

현내들 86

(2) 형태

상·하단이 파손되었으며, 뒷면에는 가로로 홈을 파고 그 상하에 각각 구멍을 뚫어놓았다. 이 홈과 구멍은 전면의 묵서를 훼손하였다는 점에서, 목간이 폐기된 뒤 재활용될 때 만든 것이라고 생각된다.

(3) 용도

현재의 판독만으로는 목간의 용도를 말하기 어렵다. 한편 앞면의 다섯 번째 글자인 '上'은 혹 '之'일 가능성도 있는데, 만약 '之'라면 그 다음에 의도적으로 終止符的인 빈칸처리

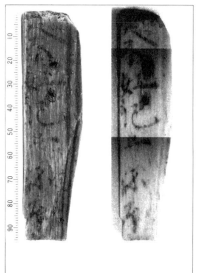

현내들 87 앞·뒷면

를 한 것으로 볼 여지도 있다. 이 경우 之가 종결형어미로 사용된 백제의 이두로도 이해할 수 있는 매우 중요한 자료가 된다. 또한 앞면의 마지막 글자는 '家' 혹 '至' 또는 '承'일 가능성도 있다. 서체가 매우 힘이 있고, 波策을 의도적으로 강조하였는데, 백제의 서풍을 이해할 수 있는 중요한 자료라고 생각된다.

7) 91호 목간 (크기: 12.6×2.7×0.6cm)

(1) 묵서판독

· ∨ 德率 首比

(2) 형태

상단에 V자형 缺入部가 있는 완형의 부찰형목간이다.

(3) 용도

이 목간의 묵서는 '□城下部對德疏加鹵'가 기록된 능산리 297호 목간과 서식이 유사해, '首比'는 인명이라고 생각된다. 신분증명을 위한 牌札이거나 물품에 매달아 기증자 또는 소유자 등 관련자를 기록한 부찰목간이 아

현내들 91

닐까 생각된다. 한편 두 번째 글자인 '率'은 현내들 85-8호 목간의 전면 1행 두 번째 글자 '率'과 서체가 동일하다.

8) 94호 목간 (크기: 8.2×1.1×0.4cm)

(1) 묵서판독
- × 爲丸□月⋯ ×
- × 天□之⋯⋯ ×

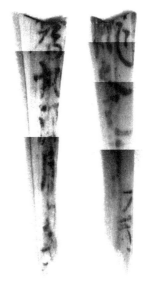

(2) 형태와 용도
이 목간은 칼로 종, 횡으로 여러 번 폐기된 파편이어서 완형을 추론하기가 어렵고, 목간의 용도 또한 알 수 없다. 그러나 능산리 목간 중에도 이러한 廢棄行程이 이루어진 문서목간이 있기 때문에, 이 목간 역시 문서목간일 가능성이 높다고 생각된다.

현내들 94 앞·뒷면

9) 95호 목간 (크기: 4.1×0.9×0.3cm)

(1) 묵서판독
- □○上了 ×

(2) 형태와 용도
이 목간에는 구멍이 있지만 첫 번째 글자가 구멍으로 인해 훼손되었다는 점에서 구멍은 이 목간이 폐기되고, 재활용될 때 뚫은 것으로 추정된다. 한편 구멍이 현존목간의 한가운데 있다는 점에서 애초 원래 목간의 하단부를 잘라내어 일정한 길이로 만든 다음 구멍을 뚫은 것으로 생각된다.

목간의 '上了(部)'라는 묵서로 볼 때 그 아래에는 인명이 있었을 것으로 생각된다. 이 목간은 '德率 首比'가 묵서된 현내들 91호 목간이나 '□城下部對德疏加鹵'가 기록된 능산리 297호 목간처럼 [지명+관등+인명] 등이

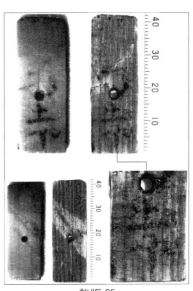

현내들 95

기록된 목간군으로 분류할 수 있다. 이러한 서식의 목간과 그 용도 등에 대해서는 추후 세밀한 검토가 필요하다고 생각된다.

10) 96호 목간 (크기: 38.6×3.1×2.9cm)

(1) 묵서판독

- × □春…『春』…秋…□官當津□
- × □□□丘… …
- × 當兩正經正… …
- × … …

현내들 96

(2) 형태와 용도

이 목간은 觚, 즉 사면목간으로서 동일한 글자가 반복되고, 부분적으로 글자 방향을 거꾸로 天地逆으로 쓴 글자, 또 가획한 글자도 확인되는 전형적인 習書用 목간이라고 생각된다. 백제가 사면목간을 습서 목간으로 활용한 사례는 이미 〈궁남지 사면목간〉에서도 확인되었다. 위 판독문 중 '官(管)', '兩(面,雨)' 등은 초서체의 습서로 날려 써 판독이 불확실하며, 그 외에 판독이 어려운 많은 글자가 습서되어 있다. 한편 첫 번째 글자인 '春'은 三의 가로획이 4개로 가획되어 있다.

11) 105호 목간 (크기: 13.5×3.6×0.4cm)

(1) 묵서판독

- ○ 漢씁□ ×

(2) 형태와 용도

이 목간은 상단에 구멍이 뚫어져 있는 부찰형목간인데, 하단은 파손되었다. 남아있는 묵서가 몇 글자 되지 않아, 용도를 추론하기 어렵지만, 위 판독이 맞다면, 漢谷(=씁)은 지명일 수도 있다.

투고일 : 2008. 4. 31   심사개시일 : 2008. 5. 11   심사완료일 : 2008. 6. 12

〈日文要約〉

扶餘雙北里ヒョンネドル・北浦遺蹟の調査成果

李眅燮・尹善泰

　　忠淸文化財研究院で2006〜2007年發掘調査した雙北里ヒョンネドル(현내들)・北浦遺蹟は忠淸南道扶余郡扶余邑雙北里一員として扶蘇山北の錦江で合流する佳增川及びその支流に位している. ヒョンネドル遺跡に對する調査結果 1〜7區域で百濟時代遺構が確認されたし, 比較的遺構狀況が安定的な3區域を通じて百濟時代Ⅰ・Ⅱ文化層の區分が可能だった. Ⅰ文化層で確認された遺構では建物地1洞及び水路1基があって, Ⅱ文化層では道路遺構7基, 建物地5基, 竪穴遺構2基及び水路5基が確認された.

　　一方ヒョンネドル遺跡の4區域では墨書がある木簡が7点以上出土されたが, 南北道路1と東西道路1が交差する地点の側面に位した竪穴で發掘された. この竪穴は百濟時代 Ⅱ文化層の道路造成とともに, 格子形道路區劃内部の垈地を造成する過程で作られたことに推定される. 出土された百濟木簡には ‘人名+丁数’ などが羅列された文書木簡, ‘官等+人名’ または ‘地名+(人名)’ などが記録された附札形木簡, 習書用で使われた四面木簡などが出土されて百濟の文書行政や木簡活用法を理解するのに大きい役に立つ.

▶ キーワード：百濟, 扶餘 ヒョンネドル遺蹟, 木簡, 文書木簡, 付札木簡, 多面木簡

남한산성 출토 銘文瓦에 대한 일고찰

심광주*

〈국문초록〉

南漢山城 行宮址에 대한 발굴조사 결과 조선시대에 조성된 남한행궁 下闕址 앞마당에서 통일신라시대의 대형건물지가 확인되었다. 건물의 규모는 길이 53.5m 너비 18m에 달하며, 건물의 구조는 사방에 外陣柱間이 있고, 內陣柱에는 두께 2m 정도의 두터운 벽체가 있는 특수한 건물임이 밝혀졌다. 건물지의 초석 주변에서 다량의 통일신라시대의 기와가 출토되어 이 건물은 新羅 文武王 12년(672) 축성된 '晝長城' 의 군수물자를 보관하던 倉庫였을 것으로 추정된다.

출토된 통일신라 기와중 상당수는 길이 50cm가 넘는 大形瓦이며, 그중의 일부는 한 장의 무게가 20kg이 넘고 길이가 64cm에 달할 정도의 特大形瓦에 속하는 것으로 확인되어 학계의 주목을 받고 있다. 또한 기와 중에는 10여종에 달하는 銘文瓦가 상당량 포함되어 있다. 명문와는 '甲辰城年末村主敏亮', '麻山停子瓦草'명 기와가 가장 많으며 '官草', '丁巳年', '城', '天主', '白', '香' 등의 명문와도 몇 점씩 확인되었다. 명문와의 '甲辰' 년은 824년으로 추정되며, 여타의 명문와들도 제작방법이나, 절대연대 측정자료, 공반유물 등을 고려할 때 대략 8세기 후반에서 9세기 대에

---

* 토지박물관 학예실장

제작된 것으로 추정된다. 명문의 내용은 기와의 제작 집단이나 제작시기, 기와의 사용처 등을 의미하는 것으로 판단된다.

▶ 핵심어 : 남한산성, 남한산성 행궁지, 주장성, 통일신라시대 대형건물지, 명문와

I. 머리말

남한산성 행궁지에 대한 발굴조사는 한국토지공사 토지박물관에 의하여 1998년부터 2008년까지 10여년간 8차에 걸쳐서 실시되었다. 행궁권역 정비보존을 위하여 실시된 이 연차 발굴조사를 통하여 행궁지에서는 조선시대에 조성된 행궁의 상궐과 하궐을 비롯하여 광주유수가 행정업무를 수행하던 좌승당, 재덕당, 유차산루 등의 각종 부속건물과 행각건물지, 종묘의 기능을 하던 좌전 등이 확인되었다. 조사된 유구에 대해서는 건물복원이 추진되어 현재 상궐, 좌승당, 재덕당 좌전, 남행각 등 상당수의 건물은 복원이 완료된 상태이며, 하궐과 한남루, 연못 등 그 부속시설에 대한 복원작업이 진행되고 있다.

그런데 행궁 권역에서는 1차 발굴 때부터 17세기 이전의 유물이 출토되어 이곳에 조선시대 행궁보다 이른 시기의 유구부존 가능성을 예견할 수 있게 되었다. 실제로 상궐지의 뒤편에서는 4~5세기대의 백제주거지가 발굴되었으며, 온돌시설이 있는 고려시대 건물지도 확인되었다. 6차 발굴에서는 하궐지 앞마당에서 대형의 통일신라 와적층이 확인되어 7·8차 조사를 통하여 전면조사를 실시한 결과 길이 53.5m 너비 18m에 달하는 통일신라시대의 대형건물지가 노출되었다. 이 건물의 크기는 통일신라시대의 왕궁이나 사찰을 제외하고는 지금까지 발굴된 건물중 가장 큰 규모에 속하며 건물의 형태는 사방에 外陣柱間이 있어 비를 피할 수 있게 하였고, 內陣柱에는 두께 2m 정도의 두터운 벽체가 있는 구조임이 확인되었다. 건물지의 초석 주변에서는 수천 여 장의 통일신라시대 기와가 5개의 층을 이루며 노출되어 이 건물이 통일신라시기에 조성되었음을 알 수 있게 하는데 출토유물이나 절대연대, 건물의 구조 등을 고려할 때 이 건물지는 문무왕 12년(672)에 한산주에 축성된 晝長城의 창고건물로 추정되었다.[1]

특이한 것은 출토된 기와중 상당수는 길이 50cm가 넘는 대형와이며, 그중의 일부는 한 장의 무게가 20kg이 넘고 길이가 64cm 에 달할 정도의 특대형와에 속하는 것으로 확인되어 학계의 주목을 받게 되었다. 또한 기와 중에는 다양한 종류의 명문와가 상당량 포함되어 있어 기와의 제작 집

---

1) 한국토지공사 토지박물관, 2007 「남한산성행궁지 8차 발굴조사-제3차지도위원회의 자료집」

단이나 제작시기 등을 이해하는데 중요한 정보를 제공해 줄 것으로 기대되고 있다.

　7·8차 발굴조사에서 출토된 기와에 대한 분석은 현재 진행중에 있으며, 출토된 명문와의 정확한 분포빈도나 종류 등에 대한 고찰은 보고서를 통하여 밝혀지게 될 것이다. 따라서 본고는 6차에서 8차 발굴조사의 현장설명회를 통하여 공개된 자료를 바탕으로 남한산성의 통일신라 대형건물지에서 출토된 명문와에 대하여 간략하게 소개함으로써 관련분야 전문가들의 고견을 듣고자 한다.

남한산성 발굴조사 현황

조사년도	조사 명칭	조사 성과	조사기관
1998–1999	행궁1차발굴	행궁 범위 확인, 외곽건물지파악	토지박물관
1999–2000	행궁2차발굴	상궐,재덕당,좌승당,유차산루지 조사	토지박물관
2000–2001	행궁3차발굴	좌전 규모 파악, 상궐지 온돌 조사	토지박물관
	성벽발굴1	옹성 조사, 성벽 조사	토지박물관
2001–2002	행궁4차발굴	행각, 이위정지, 백제유구 조사	토지박물관
2002–2003	행궁5차발굴	행궁외곽경계, 건물지 확인	토지박물관
2003–2004	행궁6차발굴	하궐지, 일장각지, 문지 조사	토지박물관
2005–2006	행궁7차발굴	통일신라건물지 조사	토지박물관
2006	성벽발굴2	북문수구지 조사, 통일신라성벽 확인	중원문화재연구원
2006–2007	행궁8차발굴	한남루,완대정조사,통일신라건물지 전면 조사	토지박물관
2007	인화관지발굴	인화관담장, 집수시설 확인	기호문화재연구원

Ⅱ. 유적 현황 및 명문와 출토양상

　남한산성에서 확인된 통일신라 건물지는 정면 16칸, 측면 6칸(외진주초 기준)이다. 이것은 지금까지 산성에서 발견된 통일신라 건물지 중 최대 규모이며, 건물지 주변에서 발굴된 많은 기와들이 불에 타서 적갈색을 띠고 있고 소토가 층을 이루며 벽체가 서쪽으로 무너져 있는 양상으로 미루어 이 건물의 마지막 폐기원인은 화재로 인한 붕괴였던 것으로 추정되고 있다.

　건물은 사방으로 외진주칸이 있고 그 안쪽에 두터운 벽체를 갖춘 구조이며, 외진주초석들은 내진부에 비하여 약 15cm 정도 낮게 위치하도록 하여 한단 낮추었다. 외진주초석의 바깥쪽에는 처마의 낙숫물이 떨어지는 지점을 따라 배수로를 조성하였다. 초석의 간격은 약3.5m 정도이며 할석으로 간단한 적심시설을 하고 그 위에 길이 80cm 정도 크기의 가공하지 않은 자연석을 초석으로 놓았다.

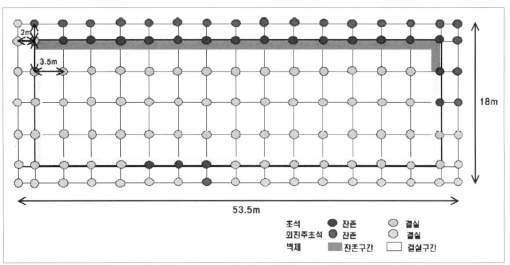

건물지 모식도

건물지의 내진주 초석이 놓이는 곳에는 점토를 다져서 벽체를 조성하였다. 벽체는 바닥에 산자갈을 깔고 그 위에 목탄을 5-10cm 정도 깐후 갈색점토와 황갈색점토를 교대로 판축하여 쌓아올렸으며, 벽체의 두께는 130-150cm 정도이다. 판축벽체의 양쪽에는 할석이나 와편으로 마감을 하여 벽체의 두께는 2m에 달할 정도로 두텁다.

무너진 벽체의 주변에서 통일신라 기와층이 쌓여 있었으며, 토층조사결과 건물지 서쪽에서 5개의 기와층이 확인되어 번와를 포함한 건물의 보수공사가 수차에 걸쳐서 이루어졌음을 알 수 있게 되었다. 또한 건물지가 놓여 있는 곳의 지하에는 암맥이 흐르면서 중심부가 높고 남북쪽이 낮기 때문에 전면적으로 생토층까지 제토를 하고 인위적으로 할석과 사질점토를 쌓아올려서 평탄화 하는 대규모 대지조성공사를 하였다. 또한 초석적심부에 대한 굴광선이 확인되지 않는 것으로 보아 치밀한 사전계획에 따라 대지조성과 적심과 초석배치, 벽체 판축 등 건물의 축조가 한치의 오차도 없이 순차적으로 이루어졌음이 밝혀졌다.

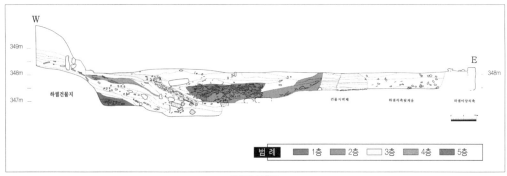

건물지 토층도

건물지 서쪽구간에서 확인된 통일신라시대 기와층은 위에서부터 Ⅰ층으로 하여 Ⅴ층까지 구분이 가능하였다. Ⅰ층은 조선시대 하궐마당지 하부에 존재하는 인위적인 기와매립층으로 전체적으로 완만한 'U'자형을 이루며 상부가 평탄한 것이 특징이다. 동서 너비 약 5m, 두께 0.3~0.8m에 걸쳐 분포하며 통일신라건물지의 서쪽 남단을 제외한 건물지 서쪽 전 지역에서 확인되고 있다. 기와층의 아랫면이 완만한 'U'자 형을 이루고 윗면이 고른 것으로 보아 건물이 있는 지역을 평탄화 하기 위하여 상대적으로 레벨이 높은 건물의 동쪽부분에 쌓여있는 기와를 경사가 완만한 구상의 지형에 인위적으로 기와편들을 매립한 것으로 생각된다. 유물포함층 중 기와의 양이 가장 많으며 '末村主', '麻山停子' 등의 명문이 있는 기와가 많이 포함되어 있다. 간혹 토기편들이 출토되나 원래 기형을 파악할 만한 것은 거의 없으며, 통일신라시기의 경부 파상선문 대호편, 편병편 등이 수습된 바 있다.

Ⅱ층은 소토층으로 이 층을 제거하면 구 지표에서 초석, 기단 등이 노출되는 점으로 보아 동편에 있는 통일신라 대형건물지가 화재로 소실되면서 무너져 형성된 층으로 판단된다. 소토, 목탄, 황갈색사질점토, 적갈색기와편, 할석과 산돌들이 섞여 있다. 와적층의 규모는 너비 4~5m, 두께 0.1~0.7m 정도이며, 대형건물지를 따라 띠상으로 50m 정도 범위에 분포되어 있다. 유물포함층 중 기와의 양이 Ⅰ층 다음으로 많으며 기와의 대부분은 불에 타 적갈색을 띤다. 이중에는 마치 지붕이 무너져 내린 듯 서너 매의 수키와가 겹쳐져 있는 것도 있다. 이곳에서도 '末村主' 명 기와가 다수 확인되고 기와양상이 Ⅰ층과 동일하며 大瓦라고 할 만한 크고 두꺼운 기와들이 전혀 나오지 않는 것으로 보아 적어도 건물의 폐기시점에는 이 건물에 大瓦가 즙와되지 않았음을 알 수 있게 해준다.

Ⅲ층은 대형건물지 서쪽 배수석렬의 뒤채움으로 사용된 와적층이다. 와적층은 하궐지 쪽에서 경사면을 따라 서측 배수석렬까지 이어져 있고 너비는 2m 안팎이며 완형기와는 거의 없이 통일신라기와의 잔편들만 확인된다는 특징이 있다.

Ⅳ층은 Ⅲ층 이전에 조성된 배수석렬의 뒤채움으로 추정된다. 배수로 서측 석축열의 서쪽에서 이 배수로보다 이전시기에 축조된 또 하나의 석축이 확인되었는데 이 와적층은 이 선축된 배수로 석축의 뒷채움을 한 것으로 생각된다. 이 선축된 배수구의 간격을 좁히며 후축 배수석렬(Ⅲ층)이 조성되어 건물폐기 시까지 배수석렬로 사용되었음이 확인되었다. 와적층은 너비 3m에 걸쳐 두께 30~50cm로 분포하며 하궐지 쪽에서 경사면을 따라 선축 배수석렬까지 이어져 있다. 이른바 大瓦라고 하는 크고 두꺼운 기와들은 대부분 이 곳에서 출토되었다.

Ⅴ층은 최하층으로 Ⅳ층 아래에 존재한다. 이곳은 대형건물지의 서단부로 비교적 완만하게 경사진 하궐지에서 급격하게 단이 지면서 발굴지역과 이어지는 부분인데 바로 단 직하의 풍화된 암반 위에 너비 1~2m에 걸쳐 두께 20cm 정도로 분포한다. 대부분이 작은 편들로 이루어져 있으며, 두께나 크기로 미루어 대와편이라기 보다는 일반적인 통일신라기와의 양상을 보여주고 있다.

Ⅲ. 통일신라 대형건물지 출토 명문와

1. '甲辰城年末村主敏亮' 명 수키와1 (탁본1)

회청색경질의 수키와로 완형에 가깝다. 태토에는 1~3mm 크기의 사립이 많이 혼입되어 있으며 1cm 내외의 굵은 석립도 확인된다. 내면에 絲切痕이 남아 있는 것으로 보아 점토판으로 제작되었음을 알 수 있다. 절단부의 한쪽면은 내→외, 다른 한쪽은 외→내 방향으로 와도질하여 잘랐으며 파쇄면은 정면하지 않았다. 외면에는 장판고판으로 상단과 하단에 한번씩 돌아가면서 찍은 명문이 있다. 명문의 내용은 '甲辰城年末村主敏亮' 으로 판독된다.

길이 42cm, 와구부 직경 22cm, 미구부 직경 14cm, 두께 2.2cm

'甲辰城年末村主敏亮' 명 수키와

2. '甲辰城年末村主敏亮' 명 수키와2 (탁본2)

회청색경질의 수키와이며 와구부의 모서리 일부가 결실되었지만 완형에 가깝다. 태토에는 1~3mm 크기의 사립이 많이 혼입되어 있으며, 내면에 사절흔은 관측되지 않는다. 측단부는 한쪽면은 내→외, 다른한쪽은 외→내 방향으로 와도질을 한 후 잘라내었으며, 파쇄면을 정면하지는 않았다. 외면에는 미구를 상부로 하여 와구방향으로 동일한 명문이 양각으로 찍혀 있다. 명문의 내용은 '甲辰城年末村主敏亮' 으로 판독되며, 1)번 수키와와 같은 고판으로 제작된 것으로 보인다.

길이 40cm, 와구부 직경 20cm 미구부 직경 10cm, 두께 2.2cm

'甲辰城年末村主敏亮' 명 수키와

3. '甲辰城年末村主敏亮' 명 수키와3 (탁본3)

회청색경질의 수키와이며 절반정도가 결실된 상태이나 길이는 알 수 있다. 역시 한쪽은 내→외, 다른 한쪽은 외→내 방향으로 와도질을 하여 잘라내었으며, 파쇄면을 2차 정면하지는 않았다. 태토에는 굵은 沙粒이 많이 혼입되어 있으며, 사절흔이 확인된다. 외면에는 장판고판으로 하단부를 돌아가면서 먼저 두드리고 상단부를 두드려서 한줄의 명문이 중간부분에서 약간씩 어긋나게 찍혀 있다. 명문의 내용은 '甲辰城年末村主敏亮' 명으로 판독되며, 동일한 내용의 다른 명문와들과 같은 고판으로 제작된 것으로 보인다.

길이 42.5cm, 두께 2cm,

'甲辰城年末村主敏亮' 명 수키와

4. '末村主敏亮' 명 수키와4 (탁본4)

적갈색 연질의 수키와이며 명문이 있는 와구부 일부만 남아있는
상태이다. 태토에는 1~2mm 크기의 셔드가 많이 혼입되어 있으
며, 굵은 석립도 함께 포함되어 있다. 내면에는 사절흔이 관측되며
외면에는 종방향으로 타날된 명문이 남아 있으나 '末村主敏亮' 부
분만 선명하게 보인다.

길이 22cm, 두께 2cm

'末村主敏亮' 명 수키와

5. '甲辰城年末村主敏亮' 명 암키와1 (탁본5)

회청색경질의 암키와로 종방향으로 결실되어 너비는 확인이 되
지 않는다. 내면에는 사절흔이 남아있으며 측단부는 내→외 방향
으로 1/2정도 와도질을 한 후 잘라내었다. 태토에는 1~5mm 크기
의 사립이 많이 혼입되어 있다. 외면에는 수키와와 동일한 고판을
사용한 것으로 보인 명문이 찍혀 있는데 상하 두 번씩 두드린 수키
와와 달리 돌아가면서 한번씩 두드렸음이 확인된다. 이는 암키와
가 수키와에 비하여 6cm 정도 크기가 작기 때문일 것이다. 명문의
내용은 '甲辰城年末村主敏亮'으로 판독된다.

길이 36.5cm, 두께 2.5cm

'甲辰城年末村主敏亮' 명 암키와

6. '甲辰城年末村主敏亮' 명 암키와2 (탁본6)

회청색 경질의 암키와로 일부가 결실되기는 했지만 전체적으로
완형에 가깝다. 내면에는 포흔과 사절흔 및 점토판 접합흔이 확인
된다. 하단 내면에는 2cm 폭으로 와도질 정면을 하여 깎아내었다.
양측면은 모두 내→외 방향으로 와도질을 하여 잘라내었으며 와도
의 깊이가 1/3 정도로 얕고 파쇄면은 2차정면하지 않고 그대로 두
었다. 외면에는 길이 33cm 너비 5cm 정도로 확인되는 장판고판으
로 두드려서 찍은 명문이 확인된다. 명문의 내용은 '甲辰城年末村
主敏亮' 명으로 판독되며, 역시 동일한 내용의 다른 명문와와 같은
고판을 사용한 것으로 판단된다.

길이 36cm, 하단너비 26.5cm 두께 2.5cm

'甲辰城年末村主敏亮' 명 암키와

7. '麻山停子瓦草' 명 수키와 (탁본7)

암갈색 연질의 수키와편으로 1/3정도가 결실된 상태이다. 태토에는 1~3mm 크기의 사립이 많

이 혼입되어 있으며 내면에는 사절흔이 확인된다. 외면에는 상단부에서 하단부로 종방향으로 두드려서 양각으로 찍은 명문이 있다. 명문의 내용은 '麻山停子瓦草'로 판독된다. 특히 와라는 글자양 옆에는 6줄의 횡선이 양각으로 표현되어 있어 같은 명문의 다른 기와들과 동일한 고판을 사용했는지를 쉽게 확인할 수 있게 해 준다. 이 글자를 지금까지 凡 자로판독하여 '무릇 기초를 한다' 는 뜻이라는 견해도 있지만[2], 瓦자의 이체자로 보아 기와라는 의미로 이해하는 것이 더 타당하고 내용적으로도 합리적일 것으로 생각된다.

길이 41cm, 두께 2.2cm

'麻山停子瓦草' 명 수키와

8. '麻山停子瓦草' 명 암키와1 (탁본8)

회색연질의 암키와편으로 1/3정도가 결실된 상태이다. 양측단부는 모두 내→외방향으로 1/2~1/3정도 깊이로 와도질을 한 후 잘라내었으며, 파쇄면은 2차 정면하지 않고 그대로 두었다. 외면에는 길이 34cm, 너비 6cm 크기의 장판고판으로 두드려서 생긴 명문이 있다. 명문의 내용은 '麻山停子瓦草'로 판독되며 같은 내용의 수키와에 찍힌 고판과 동일한 것으로 판단된다.

길이 36cm, 하단너비 27cm, 두께 2.2cm,

'麻山停子瓦草' 명 암키와

9. '麻山停子瓦草' 명 암키와2 (탁본9)

암갈색의 연질암키와로 부분적으로 결실되었지만 전체적으로 비교적 완형에 가깝다. 태토에는 1~3mm 크기의 사립이 많이 혼입되어 있으나 1cm 크기의 굵은 석립도 포함되어 있다. 내면에는 포흔과 사절흔 및 점토판 접합흔이 남아 있으며 하단부 내면에는 와도로 정면하였다. 양측면에는 와통에 노끈으로 드리운 분할계선이 찍혀 있으며, 내→외 방향으로 1/2깊이로 와도질을 하여 잘라내었다. 외면에는 종방향으로 글짜가 찍혀 있으나 선명하지 못하지만 '麻山停子瓦草'로 판독된다.

길이 37.5cm, 하단너비 26cm, 두께 2.5cm

'麻山停子瓦草' 명 암키와

2) 상명대학교박물관, 1998, 『洪城 石城山城-건물지발굴조사보고서』, 192~194쪽

10. '官草(?)' 명 암키와1 (탁본10)

회색의 연질암키와편으로 명문이 있는 부분만 남아있다. 태토에는 사립이 많이 혼입되어 있으며 측단부는 1/2정도 깊이로 내→외방향으로 와도질한 후 잘라낸 흔적이 있다. 외면에는 종방향으로 양각의 명문이 찍혀 있는데 좌서로 된 관자가 분명하게 보이며 다음자는 분명하지 않지만 '麻山停子瓦草' 명 기와에서 보이는 草자

'官草' 명 암키와편

와 자획이 유사하므로 '官草' 였을 것으로 추정된다. 글자가 찍혀있는 주변에는 어골문이 곡선화된 형태의 문양이 찍혀 있다.

　　잔존너비 20cm, 두께 1.8cm

11. '官草' 명 암키와2 (탁본11)

상단부가 결실된 회색 연질의 암키와이다. 내면에는 포흔과 사절흔이 깊게 남아 있으며, 측면에는 노끈을 드리운 분할계선 흔적이 남아있다. 하단부 내면은 건장치기와 물손질정면하였으며 외면에는 장판고판으로 종방향으로 타날된 명문이 양각으로 찍혀 있다. 명문은 앞의 암키와와 동일한 고판으로 판단되는데 내용은 역시 '官草' 로 판단된다.

'官草' 명 암키와

　　추정길이 36cm, 두게 2.5cm

12. '天主' 명 암키와 (탁본12)

암갈색 연질의 암키와편으로 명문이 있는 부분만 남아있다. 태토에는 붉은색의 shard가 많이 혼입되어 있으며 내면에는 사절흔과 포흔이 관측된다. 측단부는 내→외면으로 깊이 1/4정도로 와도질을 하고 잘라낸 파쇄면이 남아 있으며 외면에는 횡선문의 방곽 안에 '天主' 명 명문이 양각으로 타날되어 있다. 방곽의 크기는 5×

'天主' 명 기와

4cm 이다. 남한산성에서 인접한 하남시 천왕사지에서는 '天王' 명 기와가 여러점 출토되었으나 이처럼 王자의 가운데 획이 위로 올라가 主자로 인식되는 경우는 찾아보기 어렵다.[3]

　　잔존너비 14cm, 두께 2.3cm

---

3) 한국문화재보호재단, 2002, 『河南 天王寺址 2次試掘調査報告書』, 92쪽

13. '天主' 명 암키와 (탁본13)

암갈색 연질의 암키와편으로 명문이 있는 부분만 남아있다. 태토에는 붉은색의 shard가 많이 혼입되어 있으며 내면에는 사절흔과 포흔이 관측된다. 측단부는 와도로 완전히 정면하였다. 외면에는 횡선문과 격자문이 타날되어 있으며, 5cm, 3cm 크기의 방곽 내에 '天主' 라는 글자가 찍혀 있다.

잔존너비 15cm, 두께 1.8cm

'天主' 명 기와

14. '丁巳年' 명 암키와 (탁본14)

회색연질의 암키와편이며 명문이 있는 부분 일부만 남아있다. 태토에는 1~2mm 크기의 사립이 다량 혼입되어 있으며 내면에는 사절흔과 포흔이 확인된다. 측면에는 내→외 방향으로 1/2이상 와도로 잘라낸 후 절단하여 와도흔과 파쇄흔이 남아있다. 외면에는 종방향으로 6cm 간격으로 두드린 명문이 확인되는데 '丁巳年' 이라는 세글자만 확인될 뿐 다른 내용이 더 있었는지는 알 수 없다.

잔존크기 23cm, 두께 2cm

'丁巳年' 명 암키와

15. '城' 명 수키와1 (탁본15)

회흑색 연질의 수키와편으로 명문이 있는 부분 일부만 남아있다. 태토에는 1~3mm 크기의 사립이 다량 혼입되어 있으며 내면에는 사절흔과 포흔이 남아있다. 외면에는 무문에 횡방향으로 '城' 자 한자만이 양각으로 찍혀 있다.

잔존크기 20cm, 두께 2.3cm

'城' 명 수키와편

16. '城' 명 암키와1 (탁본16)

암회색 연질의 암키와이며 상단부의 일부가 결실되었으나 전체적으로 거의 완형에 가깝다. 태토에는 굵은 석립이 많이 혼입되어 있으며, 내면에는 사절흔과 접토판 접합흔이 관측된다. 양측단부는 와도로 1/2이상 자른후 잘라내어 파쇄흔이 그대로 남아있다. 하단부내면에는 와도로 깎기 정면을 하였다. 외면에는 장판고판으로 종방향으로 타날한 문양이 찍혀 있는데 어골문과 선조문이 결합된 문양 중간부분에 좌서로 찍은 '城' 자 명 명문이 있다.

길이 41.5cm, 상단부 너비 31cm, 하단너비28c, 두께 2.5cm

'城' 명 암키와

17. '城' 명 암키와2 (탁본17)

'城' 명 암키와편

회백색연질의 암키와편이다. 태토에는 1~3mm 크기의 사립이 다량 혼입되어 있으며 내면에는 포흔과 사절흔이 관측된다. 측단부는 내→외방향으로 1/4정도 깊이로 얕게 와도로 자른후 분할하였으며 외면에는 장판고판으로 종방향으로 타날한 명문이 찍혀 있다. 명문은 '城' 자 한자이며 명문의 좌측에는 4×4cm 크기의 방곽을 十자로 4등분 한 후 각각에 ㅌ과 ㄷ모양의 문양을 90° 회전시키면 대칭이 되도록 배치하였는데 글자라기 보다는 문양이라고 판단된다.

잔존크기 18cm, 두께 2.5cm

18. '□城' 명 암키와 (탁본18)

'□城' 명암키와편

회청색 경질의 암키와편으로 하단부의 일부만 남아있다. 내면에는 사절흔이 관측되며 하단부의 내면에는 와도로 정면하였다. 측단부에는 양쪽 모두 1/2~1/3깊이로 내→외 방향으로 와도로 자른 후 잘라내었다. 외면에는 선조문이 타날되어 있고 종방향으로 7cm 간격으로 크고 선명하게 명문이 찍혀 있으나 아쉽게도 윗부분의 글자가 일부만 보일뿐 무슨 성이었는지 성이름은 알 수 없다.

잔존크기 27cm , 두께 2.5cm

19. '否' 명 암키와 (탁본19)

'否' 명암키와

회백색연질의 암키와로 거의 완형에 가깝다. 태토는 매우 정선된 점토이며, 내면에는 사절흔과 포흔이 있다. 양측면은 절단후 와도로 2차정면을 하여 파쇄흔이 남아있지 않으며, 하단부에도 선조문이 타날되어 있다. 외면에는 단판의 선조문이 호선상으로 타날되어 있으며 상단부에 6×3cm 정도의 타원내에 '否' 자가 도장처럼 찍혀 있다. 명문은 선조문이 타날된 이후에 찍어 바탕의 문양에 의하여 글씨가 굴곡을 이루고 있다.

길이 46.5cm, 상단너비 35.5cm, 하단너비 29cm, 두께 2cm

20. '白' 명 암키와 (탁본20)

회백색연질의 암키와로 하단부의 1/2정도가 결실된 상태이다. 태토는 매우 정선되었으며 미세한 석립이 혼입되어 있다. 기와의 내면에는 포흔과 사절흔 및 점토판접합흔이 관측된다. 특히 점토판접합흔에는 성형후 물손질 정면하였으며 상단부상단의 내면에는 와도질 정면을 하였다. 하단부의 바닥에도 선조문 고판으로 두드려서 정면하였다. 외면에는 선조문이 찍힌 단판고판으로 호선상으로 타날하였으며, 그 위에 3×3cm 크기의 말각방형 도장으로 '白'자의 명문을 찍어놓았다.

길이 48cm, 상단너비 34.5cm, 두께 2cm

'白' 명암키와

21. 판독미상의 명문 수키와 (탁본21)

회청색경질의 수키와로 와구부 측면 일부가 결실된 상태이다. 태토에는 3~5mm 크기의 석립이 다량 혼입되어 있으며 내면에는 포흔과 거친 사절흔이 남아있다. 측면 분할은 한쪽은 내→외, 다른 한쪽은 외→내 방향으로 와도질을 한 후 잘라내었다. 외면에는 3cm 간격으로 장판고판으로 종방향으로 명문을 찍어 놓았으나 고판의 간격이 너무 좁고 글자의 깊이가 얕아서 글자의 판독이 어렵다.

길이 39cm, 와구 직경 20cm, 미구직경 10cm, 두께 2.5cm

판독미상의 명문 수키와

22. 판독미상의 명문암키와 (탁본22)

회색연질의 암키와로 완형에 가깝다. 태토에는 1~3mm 크기의 사립이 다량 혼입되어 있으며 내면에는 포흔과 사절흔, 점토판접합흔 등이 관측된다. 측면에는 노끈을 드리운 분할계선이 확인되며 양측모두 내→외방향으로 와도로 1/2정도 자른 후 잘라내었다. 기와 하단의 내면은 와도로 정면하였다. 외면에는 장판고판으로 종방향으로 타날한 명문이 찍혀 있으나 고판의 간격이 조밀하고 글자가 선명하지 않아 판독이 어렵다.

길이 32cm, 하단너비 26cm, 상단너비 26cm, 두께 3cm

판독미상의 명문암키와

Ⅳ. 출토명문와에 대한 고찰

1. 명문와의 종류

남한산성 통일신라 대형건물지에서 출토된 명문의 종류는 대략 10여종이 확인된다. 그 중 '甲辰城年末村主敏亮' 와가 가장 많은 양을 차지하고 그 다음이 '麻山停子瓦草' 명 와이다. '城' 명와도 여러점 확인 되지만 '官草', '丁巳年', '城', '天主', '白', '香' 등의 명문와는 전체를 다해도 몇 점이 되지 않을 정도로 소량이다. 명문와는 암키와 수키와 구분이 없이 두 종류 모두에서 동일한 고판으로 찍은 명문이 확인되고 있다. 이러한 현상은 명문와가 출토된 다른 유적의 경우도 마찬가지 인데 암키와의 경우 즙와시 명문 부분이 아래쪽에 위치하게 되어 명문이 보이지 않게 되므로 명문은 즙와 이후의 기능적인 측면보다는 기와의 제작 및 공급과 관련이 있음을 알 수 있다.

남한산성 출토 명문와는 제작기법으로 보면 대략 크게 두 가지로 구분된다. 하나는 단판고판으로 타날한 후 그 위에 도장 찍듯이 명문을 찍은 것이고 다른 하나는 명문을 새긴 장판 고판으로 타날하여 문양을 찍듯이 한 것이다. 인장처럼 찍은 것은 '亐', '白'명 와 두 점에 지나지 않으며, 나머지 것들은 모두 장판고판으로 찍은 것들이어서 문양 찍듯이 찍은 명문와가 절대다수를 차지하고 있다.

명문을 찍은 방법에서 분명한 차이를 보이는 이 두 종류의 기와는 제작기법에서도 차이가 확인된다. 인장처럼 명문을 찍은 기와는 길이가 46cm 내외로 다른 명문와에 비하여 10cm 정도 더 큰 대와이며, 양 측면은 기와분할 후에 와도로 2차 정면을 하여 파쇄흔을 남기지 않고 있다. 또한 기와 외면의 타날도 단판고판으로 두드려 호선상의 문양이 남아 있으며, 제작시 와통의 바닥에 닿는 기와하단부도 고판으로 두드려서 정면하였다.

반면 장판고판으로 타날된 명문와는 길이가 36-40cm 정도로 작아지고 양측면도 분할계선을 따라 와도로 그은후 부러뜨렸으며 분할면을 2차정면을 하지 않아 파쇄면이 그대로 남아있다. 이러한 차이는 기와 제작기법의 변화양상과도 맥을 같이 하는 것으로 통일신라시대 전기에서 후기로 가면서 기와의 크기는 작아지고, 단판고판에서 장판고판으로 변화해가는 일반적인 흐름을 보여주고 있다. 즉 인장와 형태의 명문와는 문양형태의 장판고판으로 타날된 명문와에 비하여 제작시기가 앞서는 것으로 판단된다.

2. 명문와의 의미

남한산성에서 출토된 명문와중 가장 많은 양을 차지하는 것이 '甲辰城年末村主敏亮'명 瓦이다. 여기서 '甲辰'은 기와가 제작된 해를 의미하며, '城年'은 산성의 성벽이나 건물에 대한 대한 보수공사가 이루어진 해일 가능성이 있다고 생각된다. 그다음의 '末村主'는 기와제작을 주관한 관리의 직함이거나 제작지역을 의미하는 것으로 생각되는데 末村이 구체적으로 어디를 의미하는지는 알 수 없다. 村主는 지방민을 효율적으로 다스리려고 지방의 유력자에게 준 신라시대 지방행정조직의 말단 관직으로서 자연촌락 2~3개를 관할하면서 대개 중앙에서 파견한 지방관을 보좌, 행정업무를 담당하였다. 촌주는 지방관이 조세를 징수하거나 築城을 비롯한 각종 역역에 지방민을 동원하는 것을 도움으로써 중앙권력이 지방에 침투하는 매개 역할을 맡았는데 이처럼 '末村主'명 기와가 많이 출토되는 것은 남한산성의 축성과 유지보수에 말촌주가 중요한 역할을 하였음을 의미하는 것이라고 생각된다. '敏亮'으로 판독된 부분은 촌주의 이름이라고 생각된다.

다음으로 많은 양을 차지하는 것이 '麻山停子瓦草'명 기와이다. 여기서 '麻山停'이라는 용어는 기와를 만든 지역명을 의미하는 것으로 판단된다. 통일신라시대에 停은 가장 핵심적인 지방군으로 한산주에 南川停과 骨乃斤停이 있었고 나머지 각주에 1개의 정이 있어 모두 10개의 정이 있었으며 '麻山停'에 대한 기록은 보이지 않는다. 그러나 『삼국사기』에 태종무열왕이 660년에 '沙羅停'에 주차하였다는 기록이 있는 것으로 보아 10정 이외에도 국방과 치안의 요충지 여러곳에 지역의 명칭이 붙여진 停이 있었을 가능성을 제시해 주는 자료로서 의미가 있다고 생각된다. 현재로서는 마산정이 어디인지는 알 수 없으며, 子의 의미도 해결되어야 할 과제이다. 瓦草는 기와를 의미한다고 생각되는데 미륵사지나 석성산성처럼[4] 瓦자를 凡자로 판독한 경우도 있지만 범자의 위에 한획이 더해져 있어 瓦자의 이체자로 보는 것이 타당할 것으로 생각된다. 통일신라시대의 건물지에서 출토된 기와 중에는 瓦草라고 쓰여진 명문와들이 비교적 많이 있는데 이는 기와 또는 기와제작소를 의미할 수도 있다고 생각된다.

그 외에 '官草'명 기와가 있는데 이는 관에서 사용하는 기와라는 의미로 이해된다.[5] 또한 '□□城'명 기와나 '城'명기와가 있는데 '官草'명 기와와 마찬가지로 기와의 사용처를 분명하게 밝혀놓은 것이 아닌가 생각된다.

그런데 특이하게도 '天主'명 기와가 2점이 확인되었다. 인접한 하남시의 천왕사지에서 '天王'명 기와가 여러점 출토되어 비교해 보았지만 王자의 가운데 획이 위로 뻗어 올라가 분명하게 主자로 판독되는 것은 확인되지 않는 것으로 보아 '天主'로 판독하는 것이 타당할 것으로 생각된다. 다만 현재로서는 '天主'의 의미가 무엇인지는 알 수 없으며 추후 충분한 검토가 필요할 것으로 생각된다.

하남 천왕사지 추토 天王명 기와편[6]

3. 명문와의 제작시기

명문기와의 제작시기를 추정할 수 있는 자료로는 '甲辰城年末村主敏亮'명 기와와 '丁巳年'명 기와가 있다. 우선 갑진년명 기와에서 보이는 갑진년으로 추정할 수 있는 연대는 대략 644년, 704년, 764년, 824년, 884년, 944년 중의 하나일 것이다. 명문와와 공반된 기와의 제작기법을 살펴보면 원통형 와통을 사용하고, 점토판 소지를 사용하여 대부분의 기와에서 사절흔이 관측되며, 수키와의 절단방향이 한쪽은 내→외, 다른 한쪽은 외→내쪽으로 엇갈려 자르고 있는 점[7] 등 통일신라 기와의 제작기법을 보이고 있으며, 토기자료나 절대연대 측정자료 등을 고려할 때 통일신라시기의 주장성과 밀접한 관련이 있는 건물로 추정되기 때문이다.

---

4) 상명대학교박물관, 1998, 『洪城 石城山城-건물지발굴조사보고서』,192-194쪽, 보고서에서도 凡草로 판독하였지만 범자가 아니라 瓦자의 이체자이다.

5) '官草'명와는 미륵사지에서도 출토된바 있다.(국립부여문화재연구소, 19996『彌勒寺-遺蹟發掘調査報告書Ⅱ』,600쪽

6) 한국문화재보호재단, 2002, 『하남 천왕사지 2차 시굴조사보고서』, 87쪽 도면39-③

7) 이처럼 수키와의 절단방향이 엇갈리게 자르는 제작기법은 신라 통일기 이후에 등장하는 것으로 추정되고 있다.(부여문화재연구소, 1993,『부여 구아리 백제유적 발굴조사보고서』, 49쪽)

따라서 갑진년에 해당하는 몇 개의 년대 중 주장성이 축성되기 전인 644년과 고려초기로 넘어가는 944년은 우선적으로 제외해도 별 무리가 없을 정도로 가능성이 낮다고 생각된다. 다음으로 이 명문와는 대형건물지가 최종적으로 폐기되는 시점에 즙와가 되어 있었으며, 5개의 기와퇴적층 중 위에서부터 Ⅰ층과 Ⅱ층에서 출토되고 있으므로, 몇 차에 걸친 번와나 보수공사가 이루어진 이후일 것이다. 그러므로 주장성 축성이 이루어지는 672년으로부터 30여년 정도밖에 경과하지 않은 704년과 건물의 붕괴시점과 거의 같은 시기라고 생각되는 884년 또한 그 다음으로 가능성이 낮을 것으로 생각된다.

따라서 명문와가 제작되었을 가능성이 상대적으로 높은 시기는 764년이나 824년이 될 것이다. 그런데 단판고판으로 제작한 대형 기와가 주류를 이루는 Ⅲ층에서 Ⅴ층 출토기와와 달리 Ⅰ층과 Ⅱ층기와는 단판고판에서 장판고판으로 바뀌어가고 대형와에서 중소형와로 바뀌어가는 등 기와 생산이 대량생산시스템으로 변화해가는 단계에 있으며 이러한 제작기법의 변화양상은 대략 9세기대에 나타나는 현상으로 이해되고 있다. 아울러 명문와와 같은 층에서 출토된 토기류가 각병과 경부파상문용, 완 등 9세기를 중심연대로 하는 유물들이 대부분을 차지하고 있음도 고려할 수 있는 요인이 된다. 따라서 명문와의 '甲辰' 년은 764년 보다는 824년이 더 가능성이 있을 것으로 판단된다.

건물지를 발굴조사 하는 과정에서 수습된 목탄시료의 AMS측정 결과도 이러한 추론을 뒷받침해준다. 흥미로운 것은 대형건물지의 건축부재가 토벽하부의 목탄에 비하여 이른 시기로 측정되었는데 이는 건축물의 기둥재로 사용된 나무의 수령과 토벽하부의 목탄에 사용된 나무의 수령 차이에서 기인하는 것으로 AMS 측정의 정확도를 보여주는 것이라고 생각된다.

남한산성 대형건물지 목탄시료 AMS 측정결과

시료번호	위 치	측정연대
NH 005	대형건물지 폐기층(건축부재 추정, 2층 소토층)	A.D. 580~670년
NH 007	토벽 하부 목탄층	A.D. 670~880년
NH 008	대형건물지 폐기층(건물부재 추정, 2층 소토층)	A.D. 650~890년

Ⅴ. 맺음말

남한산성 行宮址에 대한 발굴조사 결과 조선시대의 남한행궁 下闕 앞마당에서 통일신라시대에 조성된 대형건물지가 발굴되었다. 건물의 규모는 길이가 53.5m, 너비가 17.5m 로 지금까지 산성에서 확인된 최대 규모이며, 건물의 용도는 두께 2m에 달하는 벽체가 있어 창고용 건물로 추정되었다. 이 건물은 화재에 의하여 붕괴되었으며, 건물이 무너지면서 형성된 기와 퇴적층에서는 대략 10여 종에 달하는 銘文瓦가 출토되었다. 명문와 중에는 '甲辰城年末村主敏亮', '麻山停子瓦草'명 기와가 가장 많으며 '官草', '丁巳年', '城', '天主', '白', '香' 등의 명문와도 몇 점씩 확인되었다. 이러한 명문와의 내용은 기와의 제작 집단이나 제작시기, 사용처 등을 나타내며 명문와의 제작시기는 대략 9세기 초로 추정된다.

　　건물지에서 출토된 기와는 현재 분석 중에 있으므로 기와의 제작기법이나 명문와의 종류별 수량이나 특징 등에 대해서는 추후 보고서를 통하여 상세한 검토가 이루어지게 될 것이다.

탁본1. '甲辰城年末村主敏亮' 명 수키와1

탁본2. '甲辰城年末村主敏亮' 명 수키와2

탁본3. '甲辰城年末村主敏亮' 명 수키와3

탁본4. '甲辰城年末村主敏亮' 명 수키와4

탁본5. '甲辰城年末村主敏亮' 명 암키와1

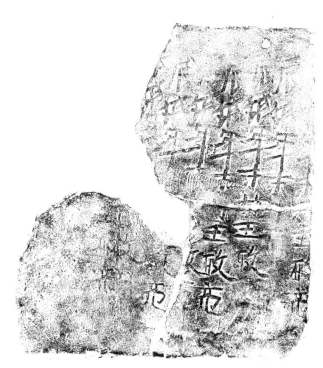

탁본6. '甲辰城年末村主敏亮' 명 암키와2

탁본7. '麻山停子瓦草' 명 수키와

탁본8. '麻山停子瓦草' 명 암키와1

탁본9. '麻山停子瓦草' 명 암키와2

탁본 10. '官草(?)' 명 암키와1

탁본11. '官草(?)' 명 암키와2

탁본12. '天主' 명 암키와1

탁본13. '天主' 명 암키와2

탁본14. '丁巳年' 명 암키와

탁본15. '城' 명 수키와1

탁본16. '城' 명 암키와1

탁본17. '城' 명 암키와2

탁본18. '□城' 명 암키와

탁본19. '좀' 명 암키와

탁본20. '습' 명 암키와(파손되어 일부만 탁본)

탁본21. 판독미상의 명문 수키와

탁본22. 판독미상의 명문암키와

투고일 : 2008. 4. 13   심사개시일 : 2008. 5. 27   심사완료일 : 2008. 6. 5

⟨Abstract⟩

Roof-tiles with inscriptions of Unified Silla from Namhansanseong fortress site

Sim, Gwang-zhu

While excavating the temporary palace(Haenggung) site in Namhansanseong fortress, a large building site of Unified Silla period was discovered in the front yard of lower palace site. The building is 53.5m long and 18m wide. It was a special building with exterior columns all around and inner columns with 2m thick walls. It was destroyed by fire. Around the foundation of the building, a lot of roof tiles made in the Unified Silla period were discovered. It is estimated that the building was a storage for military supplies for Jujangseong fortress that was built in the 12th year of King Munmu of Silla(672).

Many of the excavated roof tiles are very large and over 50cm. The largest ones are 64cm long and weigh over 20kg. Their large sizes have drawn attention in academic circle. There are about 10 types of tiles with inscriptions. Most frequently found inscriptions are '甲辰城年末村主敏亮' and '麻山停子瓦草' Other inscriptions include '官草', '丁巳年', '城', '天主', 'Cheonju', '白' and '香', Year '甲辰' in the inscription is estimated to be year 824. In light of the production methods of other roof tiles with inscriptions, absolute age dating data, and other relics discovered together such as earthenware, they seem to be produced between late 8th century and early 9th century. It is estimated that the inscriptions indicate the producer group, production time, and uses.

▶ Key words : Namhansanseong, temporary palace in Namhansanseong, Jujangseong, Unified Silla period, large building site, roof tiles with inscriptions

태안 청자운반선 출토 고려 목간의 현황과 내용

임경희 · 최연식*

〈국문초록〉

2008년 충남 태안 대섬 수중발굴조사를 통해서 2만 여점에 달하는 양질의 고려청자와 선원들이 사용하던 솥, 물동이 등의 선상생활용품이 인양되었다. 2008년 인양예정인 고려 시대 청자 운반선과 함께 이번 발굴에서 무엇보다도 중요한 것은 고려시대 목간이 출토되었다는 점이다.

충남 태안 대섬에서 출토된 목간은 파손된 부분이 많으며, 특정한 모양이 반복되는 것은 아니어서 형태상 분류는 어렵다. 반면 내용이 반복되는 것들이 많이 있어 내용별로 '耽津'이 적혀 있는 A형, '安永戶'가 적혀 있는 B형, '崔大卿'이 나타나는 C형, '柳將命'의 D형, 그리고 부호가 있는 E형으로 분류하였다.

목간 내용을 통해 청자운반선은 '耽津'에서 출발했다는 사실을 알 수 있다. 강진의 어느 세력인지는 앞으로 연구를 더욱 진행해 봐야 할 것이다. 도자기는 일정한 단위로 묶여 있는데, 목간 묵서 중에 '裏'라는 단위가 나타난다. 정확히 어느 정도의 수량인지는 현재까지는 알 수 없다. 이외에도 '六十' '卅七' '廿' 등 구체적인 수량이 기록된 경우도 있다.

도자기는 '在京'의 '隊正仁守', '安永戶' 등에게 운송되었다. 이들은 신분이라든가 용법으로

* 임경희(문화재청 국립해양유물전시관 학예연구사), 최연식(목포대학교 역사문화학부 교수)

보아 중간 유통자일 가능성이 크다. 목간에는 '崔大卿宅上' '柳將命宅上'이라는 문구도 보이는데, 대경이나 장명은 모두 정식 관제에는 드러나지 않지만, 대경은 3품에 해당하는 관직명의 이칭, 장명은 무반직의 이칭으로 생각한다. 이들의 경우 최종 소비자였을 것으로 추정할 수 있다. 목간의 여러 곳에는 동일한 수결이 반복되어 나타나는데, 도자기의 적재와 운반을 책임지는 사람의 것으로 보인다.

이번에 출토된 고려시대 목간은 화물의 물표 역할을 했던 것으로, 화물의 발송자, 운송자, 중간 유통자, 최종 소비자가 드러나 있어 고려시대 도자기 운반과 유통과정을 연구하는데 중요한 자료가 될 것이다.

미술사에서는 도자기 번조방법, 문양, 기형 등을 근거로 하여 그 생산지를 추정하였고, 편년 연구를 진행해왔다. 또한 최근에는 도자기의 성분분석을 통하여 산지추정을 하는 과학적인 연구도 이루어지고 있다. 그러나 도자기의 운반이나 유통 과정 등은 연구의 공백으로 남아 있었다. 이번 대섬 출토 목간은 이러한 공백을 메울 수 있는 중요한 자료가 될 것이다. 이는 도자기에 한정되지 않고, 고려시대 경제활동에서 상품의 운송, 유통 등의 문제를 풀어가는 실마리도 된다.

▶ 핵심어 : 목간, 물표, 도자기 운반과 유통, 탐진, 대경

Ⅰ. 머리말

물속에 잠겨버린 유물이나 유적을 발굴하여, 인류의 생활방식이나 역사 등을 밝혀내는 학문을 수중고고학이라고 한다. 고고학의 영역이 수중으로까지 넓어진 것이지만, 바다라는 특수 환경으로 인해 육상고고학에 비해 기후나 바다 환경 등의 영향을 받으며, 발굴에 물리적인 어려움이 많아 첨단장비의 도움도 절실하다. 현재 우리나라에서 수중발굴을 담당하는 기관은 문화재청 국립해양유물전시관이 유일하다.

우리나라 수중발굴은 1976년 신안선 발굴을 시작으로 현재까지 여러 건의 수중지표조사와 총 14건의 발굴조사가 있었다. 발굴지역은 서남해안에 집중되어 있으며, 고려시대의 고선박과 청자, 선상생활용품 등이 인양되었다. 이외에도 중국 선박과 도자기도 인양하였다. 이번 충남 태안 대섬 수중발굴은 이제까지의 우리나라 수중발굴의 집약판이라고 할 수 있을 정도로 많은 성과가 있었다. 2008년 인양예정인 고려시대 청자 운반선을 비롯하여 12세기 중반 것으로 추정되는 2만 여점에 달하는 양질의 고려청자와 선원들이 사용하던 솥, 물동이 등의 선상생활용품이 나왔다.

하지만, 이번 발굴에서 무엇보다도 중요한 것은 고려시대 목간이 출토되었다는 점이다. 14차례에 걸친 수중발굴조사에서 목간이 출토된 것은 이번이 두 번째이다. 첫 번째는 전라남도 신안군 증도 앞바다에서 발굴한 '新安船'에서 나온 것이다. '신안선' 목간에는 '至治三年(1323)'이 적

혀 있어, 적재 유물의 연대를 파악하는 기준을 제시하였다. 또한, '東福寺' '箚崎' '釣寂庵' 등의 명칭을 통해서 신안선이 일본으로 향하던 배였다는 점을 알 수 있었다. 이처럼 '신안선'에서 발견된 목간은 신안선의 항로와 편년 등을 파악하는데 결정적 증거가 되었다.

태안 대섬 수중 발굴을 통해서는 우리나라 최초로 고려시대 목간이 출토되었다. 목간 형태를 갖추고 명문이 적혀 있는 것과 도자기를 포장할 때 사용한 쐐기목에 수결이 적혀 있는 것, 두 가지 종류가 나왔다. 이글에서는 먼저 목간을 형태와 내용별로 분류하여 소개하고, 이후 명문 내용에 대한 판독 및 해석을 하고자 한다. 마지막으로 이번에 출토 인양된 목간의 의의에 대해서 적고자 한다.[1]

Ⅱ. 태안 대섬 출토 목간 현황

충남 태안 대섬에서 출토된 목간은 파손된 부분이 많으며, 특정한 모양이 반복되는 것은 아니어서 형태상 분류는 어렵다. 반면 내용이 반복되는 것들이 많이 있어 내용별 분류를 시도하였다.

목간은 크게 5가지 종류로 '耽津'이 적혀 있는 A형, '安永戶'가 적혀 있는 B형, '崔大卿'이 나타나는 C형, '柳將命'의 D형, 그리고 부호가 있는 E형으로 분류하였다.

목간 설명은 먼저 치수(㎝)를 적기하고, 앞면과 뒷면의 명문을 적었다. 다음으로 각 목간의 형태적 특징을 적은 후 발굴위치를 적었다. 하지만, 발굴위치가 적히지 않는 경우도 있다. 이는 육상발굴과 다르게 수중에서의 발굴 작업의 어려움 중의 하나가 유물 위치 파악이 어려운 경우가 있기 때문이다. 그리드를 설치하고 인양작업을 해 나가는 과정에서 바닷속 부유물질이나 개흙을 제거하는 제토작업이 진행되는데, 이때 정확하게 어느 그리드인지 알 수 없는 유물들이 수습되는 경우가 발생한다. 때문에 목간의 위치비정에 어려움을 겪게 되어 발굴위치를 파악할 수 없는 경우가 있다. 이하 판독문 기호 범례는 다음과 같다.

V-V자형 결입구, ×-파손, □-판독중, ( )-추정, ■-적외선 촬영 결과 묵흔 있음

1. A형 목간

A형 목간은 앞면에는 "'耽津'에서 '在京'하고 있는 '隊正' '仁守'에게 '沙器' '얼마를' 보낸

---

1) 충남 태안 대섬 앞바다 수중발굴조사는 국립해양유물전시관의 수중발굴과가 담당하였다. 수중발굴과 보존처리 등을 담당하고 있는 김병근, 양순석 두 학예연구사의 도움으로 이 글이 작성될 수 있었다. 또한, 목간의 적외선 촬영은 국립문화재연구소 보존과학연구실로부터, 목간의 판독에 있어서는 조선대학교 사학과 김경숙 교수와 목포대학교 중문과 신정호 교수의 도움을 받았다. 지면을 빌려서 감사를 전한다.

다"는 내용으로 이루어져 있다. 뒷면에는 "'□□'가 배의 船進(앞머리) 또는 船尾에 싣는다."라는 내용이다.

1) 대섬목간 A-1 (17.3×2.1×1)

(앞면) ∨   耽津亦在京隊正 ×

(뒷면) □□×

둥근 머리와 몸체가 V자형 결입구를 경계로 나누어져 있으며, 하단은 손실되었다. F8~F9 그리드에서 발견되었다.

2) 대섬목간 A-2 (29.4×3.2×0.9)

(앞면) ×   隊正仁守了付沙器壹□□

(뒷면) □□載船(尾)수결

상단은 결손되었고, '壹' 자를 경계로 2조각으로 부서져 있었다. F8지역에서 인양되었다.

3) 대섬목간 A-3 (8.9×3.7×0.6)

(앞면) × 沙器壹□■

(뒷면) × 수결

상단은 결손되었다. 뒷면에는 수결만 있다. G7~G10 사이에서 발굴되었다.

⟨A-1⟩

⟨A-2⟩

⟨A-3⟩

4) 대섬목간 A-4 (10×3.8×0.4)

(앞면) × 了付沙器壹□ ×

(뒷면) × 수결

상단과 하단이 모두 결손 되었다. F8~F9사이에서 출토되었다.

5) 대섬목간 A-5 (40×2.5×0.8)

(앞면) 耽津亦在京隊正仁守了付沙器八十

(뒷면) □□載船(尾)수결

명문이 있는 부분이 거의 완형으로 남아 있는 목간이다. 상단의 亦자 오른쪽과 하단의 八자 오른쪽이 일부 결실되었다. 뒷면 하단에 수결이 보인다. F8에서 발굴되었다.

6) 대섬목간 A-6 (11×3.4×0.6)

(앞면) × 津亦在京隊 ×

(뒷면) □□載 ×

위와 아래 부분이 결손 되었다. G7~G10 사이에서 발굴되었다. 수중의 개흙을 제거하기 위한

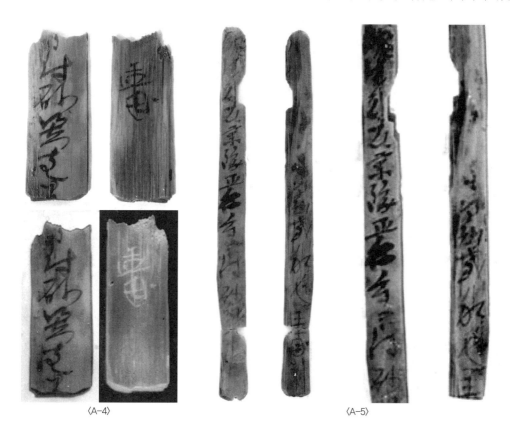

〈A-4〉 〈A-5〉

제토작업 중 수습되어 인양되었다.

7) 대섬목간A-7 (16.5×3.1×0.4)

(앞면) ×　亦在京隊正仁守了　×

(뒷면) □□載船(進)　×

상단과 하단이 결손 되었다. 隊자와 仁자의 아랫부분이 각각 분리되어 있는 상태로 출토되었다. F8~F9사이에서 출토되었다.

8) 대섬목간A-8 (8.2×2.4×0.5)

(앞면) ×　在京隊　×

(뒷면) □　×

상단과 하단 모두 결손 되었고, 隊자의 일부가 결실되어 있다. F1에서 발견되었다.

〈A-6〉

〈A-7〉　　　　　　　〈A-7〉

2. B형 목간

B형 목간은 "'在京'하고 있는 '安永戶'에 '沙器' '一裏'를 보낸다."는 내용을 이루고 있는 것들이다. A형과는 다르게 뒷면에는 명문이 없다.

1) 대섬목간 B-1 (37.7×4.4×0.8)
(앞면) □□□在京安永戶付沙器一裏
(뒷면) 묵흔 없음.
명문이 남아있는 부분의 결손이 없고 하단의 일부분만 결실되었다. V자형 결구 등은 나타나지 않고 목재를 다듬어서 글을 써넣었다. 상단 부분의 글씨는 아직 해독되지 않고 있다. E7에서 발견되었다.

2) 대섬목간 B-2 (29×4×1)
(앞면) × 安永戶付沙器裏
(뒷면) 묵흔 없음
상단이 결실되었으나 하단은 파손이 없다. F8~F9사이에서 발견되었다.

3) 대섬목간 B-3 (5.6×2.5×0.8)
(앞면) × 裏 ×
(뒷면) 묵흔 없음

〈B-1〉

〈B-2〉

〈B-3〉

상·하단 모두 결실되었고, 裏자 한글자만 남아있다. '安永戶' 목간에 남아있는 단위(裏)와 같아 B형으로 분류하였다. E9지역에서 인양되었다.

4) 대섬목간 B-4(7.9×3.3×0.5)

(앞면) × □□□ ×

(뒷면) 묵흔 없음.

하단이 결실되었다. F10에서 인양되었다. 현재 판독중이나 B-1의 윗부분과 일치하는 면이 있어서 B형으로 분류하였다. 또한, 수종분석 결과가 나오면 좀더 정확해지겠지만 육안으로 관찰했을 때 나무의 재질이 아래의 B-5와 동일하다. B-4와 5가 붙임 아귀가 일치하지는 않아 일단 2종류로

〈B-4〉

분류하였으나, 명문을 보았을 때는 하나로 연결될 가능성이 높다.

5) 대섬목간 B-5(5.5×2×0.9)

(앞면) × □在 ×

(뒷면) 묵흔 없음.

상하단이 모두 결실되었으며, 출토위치를 알 수 없다. 在자는 A형과 B형 모두에 나타나지만, B-1의 판독중인 글자와 유사한 면이 있어서 B형으로 분류하였다.

〈B-5〉

3. C형 목간

C형 목간은 "崔大卿' 댁에 올린다"라는 내용으로 다른 내용은 보이지 않는다. 또한 뒷면에는 아무런 명문이 없다. 하지만 C형 목간의 명문은 다른 것에 비해서 정자체로 쓰여 졌으며 글씨가 매우 진하게 남아 있다.

1) 대섬목간 C-1 (26×4×0.8)

(앞면) ∨崔大卿宅上

(뒷면) 묵흔 없음.

사각형으로 다듬어진 머리와 몸통이 V자형 결구로 나누어져 있다. 하단으로 갈수록 폭이 넓어지고 아래 부분이 결손 되었다. F9에서 발견되었다.

2) 대섬목간 C-2 (18.7×3×0.5)

(앞면) 崔大卿宅上

(뒷면) 묵흔 없음.

윗면이 세모꼴로 다듬어져 있다. 아래 부분은 일부 결실되었을 것으로 추정된다. 역시 C-1과 마찬가지로 매우 진하게 글씨가 남아있다. G5에서 발견되었다.

3) 대섬목간 C-3 (19.2×3.5×0.9)

(앞면) ×(卿)宅上

(뒷면) 묵흔 없음.

윗부분이 결실되었다. 명문 아래 부분과 하단이 분리되어 있다. 명문의 제일 윗 글자는 鄕

〈C-1〉

〈C-2〉　　　　　　　　　　　〈C-3〉

으로 볼 여지도 있지만, 卿자로 보는 것이 타당할 듯 하다. H9지역에서 발굴되었다.

4. D형 목간

D형 목간은 "'柳將命' 댁에 '沙器' 얼마를 올린다."는 내용이고, 뒷면에는 아무런 글씨가 없다. 한편만 발견되었다.

1) 대섬목간D (15.5×1.8×0.8)

(앞면) × 柳將命宅上沙器□ ×

(뒷면) 묵흔 없음.

위와 아래 부분이 모두 결실되었다. 다른 목간에 비해서 폭이 좁다. E~H 그리드의 제토작업 도중 수습 인양되어, 정확한 출토위치는 알 수 없다.

5. E형

E형 목간은 A~D 목간과는 다른 독특한 내용을 담고 있다. "위에는 37를 아래에는 20을"이라는 내용이다.

1) 대섬목간E (29.7×3.2×0.9)

(앞면) 上卅七 下卄 ×

(뒷면) 묵흔 없음.

윗단을 세모꼴로 가공하였으며, 목간의 왼쪽 상단 부분은 V자형 결구를 한 흔적이 있다. 아래 부분은 결실되었다. G6에서 발굴 인양되었다.

〈D-1〉

〈E-1〉

6. 기타

  태안 대섬 출토 도자기는 켜켜이 포개고 그 안에 충격을 흡수하기 위한 짚을 넣었다. 이후 주변에 4개의 쐐기목을 덧대어 포장하고 선박에 적재하였다. 그리고 쐐기목에 동일한 사람의 수결이 반복되어 나타나고 있다. 수결이 쓰여진 쐐기목은 현재 여러 점 발굴 인양되어 있는데 60㎝에 이르는 완형의 긴 쐐기목에서부터 5㎝ 정도의 파편들이 있다. A~E형 목간들은 도자기 사이에 찔러 넣은 형태로 남아 있었다. 여기에서는 쐐기목에 대한 자세한 소개는 생략하도록 하겠다. 다만, 모두 수결만 있는 것에 비해서 ×와 ○ 부호가 수결의 위·아래에 적혀있는 것이 한 점 있어 소개한다.

〈수결이 적혀 있는 쐐기목들〉

1) 대섬목간 기타(22.7×3.1×0.6)

(앞면) '×' □수결□ '○'

(뒷면) 묵흔 없음.

  하단이 결실되어있다. 수결의 위아래에 묵흔이 있고, 윗부분에는 ×가, 아래 부분에 ○가 있는 것이 특징적이다. H9에서 발굴되었다.

Ⅲ. 명문 해석에 관련된 문제들

  이번 장에서는 목간에 나타나고 있는 명문의 해석에 관련된 몇 가지 문제를 소개하고자 한다.

  A형 목간 중 앞면 "耽津亦在京隊正仁守了付沙器八十", 뒷면 "□□載船尾수결"의 명문이 남아

〈기타〉

있는 A-5형이 가장 완형에 가깝다고 판단된다. 먼저, 앞면의 명문은 "탐진이 개경에 있는 대정 인수에게 사기 80을 보낸다."라고 해석된다. 발송자는 탐진, 수취자는 대정 인수, 보낸 도자기 양의 구조이다. 도자기 양과 관련해서는 A-5의 '六十'과 A-2, 3, 4의 '壹□'의 차이가 있다. '壹'의 뒤 글자는 단위를 나타내는 한자일 것으로 추정된다.

화물의 발송자가 '탐진'이라고 되어 있는데, 이는 耽津縣이 단위인지 아니면 탐진이라고만 적어도 누구인지 알 수 있는 탐진의 어떤 세력일지는 연구를 진행해봐야 할 주제라고 생각된다.

다음으로 '在京隊正仁守'의 역할문제이다. 정9품 무반인 隊正이 어떤 연유로 수취자로 되어 있는지, 또한 그가 최종 수취자인지 아니면 개경에서의 중간 유통을 담당한 인물이었는지 역시 중요한 문제로 부각될 수 있을 것이다. 또한 '在京'이라고 표현된 대정 인수의 신분 문제도 관심이 가는 주제이다.

뒷면은 "□□가 船尾/(進)에 싣는다."라고 해석된다. 현재 판독이 안 된 '□□'는 적재와 운송을 책임지는 인물로 보인다. 글자 형태로 볼 때 A-1, 2, 5, 6, 7에 적혀 있는 인물이 모두 동일인일 가능성이 높다고 생각된다. A-2와 5의 경우 船 다음의 글자는 長의 초서체와 비슷하지만 마지막 획이 아래로 꺾이지 않고 아래로 처지고 있어 長으로 보기 힘들다. 尾의 약자체일 가능성이 있어 일단 (尾)로 추정하였다. A-7의 경우 船 다음의 글자는 進을 간략하게 적은 것으로 생각되어 (進)으로 추정하였다. 이러한 추정을 따르면 船進과 船尾는 각기 배의 나아가는 부분(앞부분)과 배의 꼬리부분(뒷부분)을 가리키는 것으로 볼 수 있지 않을까 생각된다. 이와 관련하여서는 2008년에 인양 예정인 선체와 유물 발견 지점과의 비교 등을 통하여 다시 검토하여야 할 것이다.

B형 목간은 앞면에만 명문이 나타나는데 "□□□在京安永戶付沙器一裹"라고 적힌 B-1형이 가장 완형에 가깝다고 생각된다. 가장 앞부분의 "□□□"는 명확한 판독이 되지 않고 있다. A형 목간의 내용과 비교할 때 이 앞부분에 발송자가 기록되어 있을 것으로 생각되며, 이 경우 목간의 내용은 A형과 마찬가지로 발송자, 수취자, 발송량의 구조로 이루어져 있으며, '□□□가 서울에 있는 安永戶에게 沙器(도자기) 한 꾸러미를 보낸다'는 내용으로 해석될 수 있다. 다만 A형과 달리 在京 앞의 글자는 亦이 아니고 수취자로 생각되는 安永戶 뒤에도 了가 없다. 이두를 섞지 않은 한문만의 표현이라고 할 수 있다. 安永戶는 人名으로 볼 수도 있겠지만, A형의 在京隊正仁守와 마찬가지로 在京하고 있는 安永의 戶라고 보는 것이 타당할 듯하다(安 역시 성으로 보기 힘들다고 생각된다). 여기에 보이는 安永(戶)가 중간수취자인지 최종수취자인지는 앞의 在京隊正仁守와 마찬가지로 향후에 해결해야 할 문제이다.

C형 목간은 앞에서 언급했듯이 여러 목간 중에서 글씨도 가장 정성들여 쓴 흔적이 역력하다. "崔大卿 댁에 보낸다."라는 간단한 내용이 언급되어 있으며, 뒷면은 적외선 촬영결과 묵흔이 없는 것으로 나타났다. 앞의 A, B형 목간과는 다르게 수취자만이 나타난다. 수취자인 崔大卿은 人名으로 볼 여지도 있지만, 아무래도 崔씨 성을 가진 '大卿'이라는 관직을 대유한 인물로 보는 것이 타당할 듯하다.

『高麗史』百官志에는 大卿이 나타나지 않는다. 그러나『高麗史』,『高麗史節要』기사와 개별 인물의 墓誌銘에서는 그 용례를 확인할 수 있다. 찾아진 사례들 중 順宗妃 宣禧王后 金氏의 父는 大卿 金良儉이었으며, 睿宗 後宮인 淑妃 崔氏 父 崔湧도 大卿이었다. 고려 명종 때 과거에 급제하여 禮部郞中知制誥(正5品)를 역임한 咸修가 大卿 閔志寧의 딸과 혼인하였다는 기록도 있다. 이외에도 僧統 왕탱 역모 사건에 연루되어 귀양을 간 大卿 李仲平의 사례, 高宗代에 左軍兵馬使 貢天源(3品)을 大卿으로 강등시킨 예, 최항의 전처는 大卿 최온의 딸 이었다는 사례 등이 나타난다.

또한『高麗史』列傳 이자겸전에 나오는 내용으로 "이자겸이 왕에게 重興宅 西院으로 가자고 청하였으므로 왕은 의장대를 갖추지 않고 사잇길로 갔다. 왕이 서원 문 앞에 당도하니 大卿 金義元과 崔滋盛이 중흥택 집사의 자격으로 마중 나왔다"라는 기록이 있다. 당시 김의원은 그의 墓誌銘에 의하면 禮賓卿·知御史臺事 관직을 대유하고 있던 시기로 예빈경(從3品)으로서 대경이라고 일컬어진 것으로 추정할 수 있다.

고려시대의 寺·監 등에는 卿과 少卿이 있었다. 그중 전의시, 종부시, 위위시, 사복시, 예빈시, 전농시, 내부시, 사재시 등에는 정3품 내지는 종3품의 卿과 정4품 내지 종4품의 품계를 가진 少卿이 있었는데, 편년 기사나 열전 등에는 보이지 않지만, 少卿에 대칭하여 이들 관서의 卿을 '大卿'이라고 칭하였을 가능성이 있다. 이렇게 해석한다면 '崔大卿'은 도자기의 최종 수취자가 아니었을까 생각된다.

D형 목간은 "(柳)將命宅上沙器□" 한 사례만이 보인다. (柳)는 아랫 부분만이 남아 있지만 남아 있는 획으로 볼 때 柳로의 추정이 가능하다. 내용은 "유장명 댁에 도자기 얼마를 올린다."라고 해석할 수 있다. 여기에서 '柳將命'은 人名으로 볼 가능성과 柳씨 성을 가진 '將命'으로 볼 여지가 있다. '택상'이라는 표현으로 볼 때 후자의 가능성이 높다고 생각된다. 이 경우 '將命'은 '大卿'과 마찬가지로『高麗史』百官志에는 나타나지 않는 관직명이다. 무반 관직 중 하나의 이칭으로 생각되는데, 향후의 연구과제로 남겨둔다. 將命이 관직일 가능성이 높고 '택상'이라는 표현이 사용된 것으로 보아 '柳將命(宅)'의 경우도 청자의 최종 수취자로 보아야 할 것이다.

E형 목간은 다른 것들과는 문장 구조나 내용이 매우 다르다. 발송자나 수취자가 드러나지 않고, 다만 상하에 얼마라는 내용만 있다. 화물량의 단위가 없어서 얼마만큼의 양을 나타내는지는 알 수 없으나, 향후 선체인양이 완료되고 수중 도면이 완성되면 추정이 가능할 것으로 생각된다.

지금까지 살펴본 것처럼 E형을 제외한 나머지 목간은 모두 沙器 즉 도자기의 발송과 관련된 것이지만 그 구성에 차이가 있다. A형과 B형은 각기 '발송자-耽津, 수취자-在京 隊正 仁守, 발송물-沙器 얼마' 와 '발송자 □□□, 수취자-在京 安永戶, 발송물-沙器 얼마'의 구성으로서 발송자와 수취자, 발송물의 양을 구체적으로 기록하고 있다. 한편 C형과 D형은 '수취자-아무개(宅)'만이 기록되어 있다. 이러한 형식상의 차이는 수취자의 성격 차이를 반영하는 것으로 생각된다. 즉 C형과 D형이 해당 화물의 직접 수취자로 생각되는 것과 달리 A형과 B형의 수취자는 최종 수취자가 아니라 발송자의 대리인으로서 해당 화물을 서울에서 관청에 납부하거나 판매하는 등의 일을 맡은 중간 수취자의 역할을 담당하였을 가능성이 있다고 생각된다. 서울에 있는 인물로 나타나는 隊正 仁守와 安永戶의 신분 및 역할에 대해서는 많은 연구가 필요하다. 한편 A형의 뒷면에 보이는 船積과 관련된 내용도 보다 정확하게 판독될 필요가 있다.

Ⅳ. 맺음말

이상으로 충남 태안 대섬 수중발굴 조사에서 인양된 목간을 분류 소개하고, 명문에 관련된 몇 가지 문제를 제시하였다. 형태상으로 분류하기에는 공통점을 찾기 쉽지 않아 내용 분류를 하였다.

미술사에서는 도자기 번조방법, 문양, 기형 등을 근거로 하여 그 생산지를 추정하였고, 편년 연구를 진행해왔다. 또한 최근에는 도자기의 성분분석을 통하여 산지추정을 하는 과학적인 연구도 이루어지고 있다. 그러나 도자기의 운반이나 유통 과정 등은 연구의 공백으로 남아 있었다. 이번 대섬 출토 목간은 이러한 공백을 메울 수 있는 중요한 자료가 될 것이다. 이는 도자기에 한정되지 않고, 고려시대 경제활동에서 상품의 운송, 유통 등의 문제를 풀어가는 실마리도 된다.

마지막으로 이 글에서 '목간'이라는 용어를 사용하였지만, 이번에 발굴 인양된 것은 도자기의 발신자, 수취자, 화물량 등을 표현한 물표의 기능을 한 것으로 적절한 개념어를 사용할 필요가 있다.

투고일 : 2008. 4. 17   심사개시일 : 2008. 4. 21   심사완료일 : 2008. 5. 15

⟨Abstract⟩

Wooden documents of the Goryeo dynasty from a shipwreck off the coast of Taean

Lim, Kyoung-hee and Choe, Yeon-shik

Some 20,000 quality celadon pieces of the Goryeo Dynasty were recovered from a sunken vessel earlier this year, as well as utensils used by sailors, such as pots and water jars. The artifacts were discovered during an underwater excavation survey in waters off Daeseom Island in Taean, South Chungcheong Province. Along with the vessel that sank with its precious cargo of celadon of the Goryeo Dynasty, which will be salvaged in 2008, what is most significant in this discovery is that *mokgan* (strips of wood used as writing material before paper was available), of the Goryeo Dynasty were also found.

The *mokgan* discovered in waters off Daeseom in Taean, South Chungcheong Province are mostly damaged and it is difficult to classify them according to forms, as specific patterns are not repeated. On the other hand, in terms of content, many of them are repetitivethus they are classified in terms of content into Type A, on which the word "Tamjin (耽津: the ancient name of Gangjin)" is written; Type B on which the name "Ahn Yeong-ho (安永戶)" is written; Type C on which the name "Choi Daegyeong (崔大卿)" is written; and Type D on which "Yu Jangmyeong (柳將命) is written; and Type E with various symbols.

Through the description on the mokgan, it was learned that the celadon carrier started from *Tamjin*. Further research is needed to identify which forces of Gangjinit refers to. The celadons were bundled by certain units and a unit of gwa (裹) is found. It is not yet known what amount *gwa* refers to precisely. Besides, there were cases where exact quantities were recorded, such as 80 (八十), 37 (卅七) and 20 (廿).

The ceramics were transported to Daejeonginsu (隊正仁守) and Ahn Yeong-ho (安永戶) who were most likely the interim distributors given their class and usages. Found on the *mokgan* were words such as 崔大卿宅上 (*Choi Daegyeong Taeksang*) and 柳將命宅上 (*Yu Jangmyeong Taeksang*). It is believed that *daegyeong* is another name for official rank 3 and *jangmyeong* refs to another titlefor military officers. They are presumed to be the final clients. In several parts of the *mokgan* are found the same signatures, which appear to be those of a person in charge of loading and transportation of the ceramics.

The *mokgan* of the Goryeo Dynasty discovered in the latest underwater excavation were used as cargo tags and showed the names of thesender, the transporter, interim distributor, and the final client. These *mokgan* will thus serve as important material in researching the transportation and distribution of pottery during the Goryeo Dynasty.

In art history, production locations have been presumed on the basis of methods of firing ceramics, patterns and forms and, based on this, chronological research has been conducted. Moreover, in recent years, scientific research to identify production locations has been conducted by analyzing the composition of ceramics. However, the transportation and distribution process of ceramics has been left the void of research. The *mokgan* discovered in waters off Daeseom will become an important research material to fill this void. They will also provide clues to solve such issues as the transportation and distribution of goods in trading activities during the Goryeo Dynasty, not merely being limited to the area of ceramics.

▶ Keywords : *Mokgan*, tag, transportation and distribution of pottery, Tamjin, Daegyeong

『長沙走馬樓三國吳簡・竹簡(貳)』 신자료 소개*

于振波**

〈국문초록〉

이미 공개된 『長沙走馬樓三國吳簡・竹簡(壹)』에 비해, 『長沙走馬樓三國吳簡・竹簡(貳)』는 새로운 많은 자료를 담고 있다. 어떤 것은 『竹簡(壹)』에 없는 것도 있고, 어떤 것은 『竹簡(壹)』에 있지만 더 상세하다. 예를 들어 "丘"를 보면, 『竹簡(貳)』에 들어있는 자료는 비록 지금까지의 논의를 종식시킬 수는 없지만, 이 문제의 복잡성을 보여주기에 충분하다. 어떤 학자들은 "士"가 학문을 하지만 아직 出仕하지 않은 사람으로 이해한다. 그러나 "士"가 軍事와 더 깊은 관련을 갖고 있음을 보여주는 자료가 더 많기 때문에 이 신분에 대해서는 앞으로 연구를 기다려야 할 것 같다. 歲伍와 月伍는 什伍 조직의 명칭이 아니라 신분의 한 종류이며, 그들은 특정 사무를 책임지면서 세금을 납부하였다. 양한 시기 권농정책으로서 종종 민간에서 耕織에 힘을 다할 자들을 선발하여 "力田"이라는 칭호를 수여하면서 몇 가지 혜택을 주었다. 『竹簡(貳)』에서는 이 제도가 삼국시기 오국에서도 계속 사용되었다는 것을 보여준다. 『竹簡(貳)』에는 중요한 법률사 자료가 들어있는데,

---

* 본고는 한국고등교육재단 국제학술교류기금(ISEF)의 지원을 받아 작성됨.
** 湖南大學嶽麓書院敎授, 中國社科院簡帛硏究中心兼職硏究員

그 중 몰수한 도적의 재물을 처리하는 방식 및 "大屯"과 "癸卯書"가 반영하고 있는 법률제도는 문헌기록의 부족한 면을 보완하기에 충분하다.

▶ 핵심어 : 주마루오간, 죽간(일), 죽간(이), 삼국시기

Ⅰ. 들어가며

長沙走馬樓三國吳簡이 1996년 출토된 후, 이미 11년이 지났다. 이 기간에 1999년 『長沙走馬樓三國吳簡・嘉禾吏民田家莂』(이하『田家莂』로 약칭함)이 출판되어 이천여 장의 목간도판과 석문이 공개되었고, 2003年 『長沙走馬樓三國吳簡・竹簡(壹)』(이하『竹簡(壹)』로 약칭함)이 출판되어 만장 이상의 죽간 도판과 석문이 공개되었으며, 2007년 초반에는 『長沙走馬樓三國吳簡・竹簡(貳)』(이하『竹簡(貳)』로 약칭함)가 출판되어 구천여 장의 죽간도판과 석문이 공개되었다. 현재 『竹簡(參)』과 『竹簡(肆)』의 정리 작업도 이미 완성되어 곧 출판될 예정이다. 『田家莂』과 『竹簡(壹)』의 내용에 대해서는 논문을 통해 상세히 소개되었다.[1] 여기에서는 주로 신자료인 『竹簡(貳)』에 대해 소개하고자 한다.[2]

총괄적으로 『竹簡(壹)』과 비교해보면, 『竹簡(貳)』의 형식부터 내용까지 매우 많이 유사하다. 형식으로 보면, 양자 모두 죽간이며 게다가 殘簡이 많은데 앞으로 출판될 『竹簡(三)』도 이와 같다. 『竹簡(肆)』부터 비로소 비교적 완전한 죽간이 확인되기 시작한다. 내용으로 보면, 『竹簡(壹)』과 『竹簡(貳)』는 모두 다량의 戶口類 簿籍, 각종 賦稅 장부, 소량의 기타 행정문서를 포함하고 있다. 그러나 구체적으로 비교하면, 『竹簡(貳)』는 『竹簡(壹)』에는 없었던 새로운 내용을 담고 있으며, 『竹簡(壹)』에 다소 확인되었을지라도 더 상세하다는 것을 알 수 있다. 지금부터 새로운 자료를 소개하고 내 견해도 간단히 말하고자 한다.

---

1) 『田家莂』에 대한 소개는 「嘉禾四年吏民田家莂解題」, 「嘉禾五年吏民田家莂解題」, 長沙市文物考古研究所, 中國文物研究所, 北京大學歷史學系走馬樓簡牘整理小組, 『長沙走馬樓三國吳簡・嘉禾吏民田家莂』(北京：文物出版社, 1999), pp.71-72, p.165 참고. 『竹簡壹』의 소개는 王素・宋少華・羅新, 「長沙走馬樓簡牘整理的新收獲」, 『文物』1999.5: pp.26-44 참고.

2) 본문에서 인용한 吳簡자료의 편호 앞에 A가 붙은 것은 『竹簡(壹)』을, 편호 앞에 B가 붙은 것은 『竹簡(貳)』를 출처로 한다.

II. "丘"의 성격

吳簡에서"丘"의 성격이나 鄕,里와의 관계에 대해서는 학술계에서 논쟁이 비교적 많다. 秦漢시기 鄕里는 상하종속관계의 기층행정단위로서 존재하였으며, 주로 民戶, 賦稅 등을 관리하였으나 吳簡에서 확인되는 다량의 丘에 대한 자료는 『竹簡(壹)』에서 "某鄕某丘"의 형식으로 확인되었다. 그래서 어떤 학자는 里의 명칭이 丘로 변화되었다는 견해를 제시하였고(즉 秦漢이후 里가 점차 丘로 대체됨), 또 어떤 학자는 丘가 鄕里의 외부에서 형성된 자연촌락으로 이해하였다. 또한 鄕里의 취락에서 이탈된 모형으로서 丘는 경작구역이나 징수조직으로 이해되기도 한다.[3] 『竹簡(貳)』에서 확인되는 자료도 여전히 위와 같은 맥락에서 벗어날 수는 없지만, 오히려 이러한 문제의 복잡함을 충분히 보여주고 있다. 구체적으로 보면, 간독에서 "某鄕某丘"의 형식 외에도 "某里某丘"의 형식이 나타난다.

　　☑禾二年正月廿九日息裏胡萇丘☐☑ (B6950)
　　☑斛〓嘉禾六年正月廿七日妹裏新成丘☐關主記梅綜付掾孫☑ (B8373)
　　☑月九日郡吏息裏貴丘李政☑ (B4823)
　　☑……〓嘉禾二年九月五日息裏營(?)浦丘文雙付庫吏殷連受☑ (B2944)

"某鄕某丘"의 형식에서 보면 丘는 鄕의 하부조직인 것 같지만, "某里某丘"의 형식에서도 丘는 里의 하부단위인 것처럼 보인다. 簡B6950에는 息里와 胡萇丘가 확인되지만, 아래에 열거한 두 간독에서는 모두 平鄕과 직접 대응된다.

　　入平鄕胡長丘☐田何貸三 (A6531)
　　入平鄕息裏嘉禾二年私學限米十三斛嘉禾三年正月七日大男李文(?)關邸閣李嵩付倉吏黃諱潘慮
　　　　(B2709)。

이에 따르면 里와 丘는 鄕에 예속되어 있는 동급단위로도 보인다. 吳簡에서 한 개의 丘와 다수의 鄕이 대응되는 사례가 다량으로 존재한다는 것을 고려할 때, 만약 鄕里나 鄕丘를 종속관계로 보는 입장에서 벗어나지 않는다면 이와 같은 복잡한 문제를 이해하기 매우 어렵다.[4]

---

3) 王素著, 市來弘志譯, 「中日における長沙吳簡研究の現段階」, 長沙吳簡研究會, 『長沙吳簡研究報告』第3集(東京 : 長沙吳簡研究會, 2007.3), pp.48-87. 그 중 pp.62-66에 여러 견해가 집중적으로 소개되어 있다.

4) [日]森本淳, 「嘉禾吏民田家莂にみ゙える同姓同名に關する一考察」, 長沙吳簡研究會, 『嘉禾吏民田家莂研究−長沙吳簡研究報告』第1集(東京 : 長沙吳簡研究會, 2001), pp.68-79 ; 蘇衛國・嶽慶平, 「走馬樓吳簡鄕丘關系初探」, 『湖南大學

Ⅲ. "士"의 신분

嘉禾吏民田家莂 중에는 "士"가 "田家"의 신분으로 토지조세를 납부하는 기록이 있는데, 그들이 납부할 때 일정정도의 우대가 존재한다. 어떤 학자들은 吳簡에서의 士는 학문을 하지만 아직 出仕하지 않은 사람으로 이해하지만, 매우 많은 자료에서 볼 때 "士"의 신분에 대한 더 깊은 연구가 필요하다는 것을 알 수 있다.

첫째, 吳簡 정리작업자들이 제시한 바에 따르면 士에 대한 우대는 사실 아주 적다. 당시 孫吳정부는 "士"에 대한 우대정책을 폈는데, 그들의 토지에 대해 書에 의거하여 錢布를 납부하지 않게 하였다.(사실상 稅米도 징수하지 않는다.) "書"는 국가가 선포한 법령이다. 중요한 것은 이 莂券에 기재된 旱田, 熟田畝에서, 종종 熟田의 畝數는 적은 반면 旱田의 畝數는 많다는 것이다. 예를 들면, 4,491簡 樸丘 士 李安, 佃田52畝, 5畝熟田, 48畝旱田 ; 4,492簡 吳有, 佃田94畝, 7畝熟田, 87畝旱田 ; 4,490簡 王某, 佃田75畝, 10畝熟田, 65畝旱田이다. "旱田"에서는 每畝 당 여전히 布6寸6分, 37錢을 납부하게 되어, 결과적으로 熟田의 "依書不收錢布"에 의한 혜택은 많지 않다.[5]

둘째, 吳簡에서는 "吏士", "師士"도 확인되는데, 모두 軍事와 관련된다. "吏士"를 예로 들면,

廿八斛九斗一升運送大屯及給禀諸將吏士□米一萬三千卅六斛(A1737)
☑年八月十三日丙午書給監運兵曹孫供所領吏士三人(A2419)
・孫方吏士卅五人嘉禾二年十一月直其一人三斛卅二人人二斛二人皷(鼓)史人一斛五斗其(B3880)
☑子□□裨將軍孫□所領吏士□米(B4028)
☑糧都尉嘉禾元年十一月二日甲子書給都尉周山所領吏士十六人嘉禾元年十一月直(B7372)
☑年十一月二日甲子書給都尉梁通所領吏士九人嘉禾元年十二月直起(B7378)
督軍糧都尉嘉禾元年十月廿二日甲辰書給武猛都尉所領吏士七十七人(B7463)

"師士"에 대한 예를 들면,

都尉兒福倉曹掾阮父所領師士九十人嘉禾元年六月直其卒六人人三斛廿二人☑(A1993))
都尉嘉禾元年十一月三日乙醜書給監運掾□這所領師士十二人□☑(A2107)

學報』(社會科學版)2005.5, pp.33-38 참고.
5) 「嘉禾四年吏民田家莂解題」, 『長沙走馬樓三國吳簡・嘉禾吏民田家莂』(北京 : 文物出版社, 1999), pp.71-72 참고.

셋째, 만약 앞에서 언급한 "吏士", "師士", "士"의 관계가 여전히 불분명하다면, 吳簡에서 확인되는 "郡士"는 어떻게 이해할까? 『竹簡(壹)』에서는 郡士가 "僦錢"을 납부하는 것이 확인된다.

郡士馬伯僦錢月五百 郡士朱主僦錢月五百 郡士王徹僦錢月五百(A4390)
☑□穀僦錢月五百 大男張□僦錢月五百 郡士杜黑僦錢月五百(A4490)

『竹簡(貳)』에서는 郡士가 租米를 납부하는 기록도 보인다.

☑丘郡士租米五斛二斗〓嘉禾元年十一月廿六新唐丘謝元關邸……☑(B283)
入□鄉嘉禾元年租米十一斛五斗〓嘉禾五年十一月廿七日唐(?)中丘郡士陳□關邸閣郭據付倉吏黃諱
　史潘慮受(B382)
其七十二斛五斗五升郡士黃龍三年租米(B817)
☑·其四十二斛九斗六升黃龍□年郡士租米(B1169)
郡士□□年五十一　☑(B2753)
右郡士入所貸元年稅米卅一斛(B8956)

현재 확인되는 한에서는 郡士가 납부하는 토지조세는 租米뿐인데, 만약 더 많은 자료를 통해 郡士가 稅米를 납부하지 않는 것이 증명된다면, 그들과 田家莂의 士는 같은 신분에 속할 가능성이 높다.

넷째, 일반적으로는 한 戶의 인구, 토지, 기타 재물은 모두 호주 이름 아래 기록되는데, 吳簡에서는 오히려 "士田" "士妻田"이 보인다.

☑□卅二畝廿一步郡□田不行士田不收□(B7383)
☑士田收租米五斛二斗一升六合(B7981)
☑牒□士妻子田四頃☑(A1458)
右區景妻田四町合廿六畝(A3370)
☑　·右士黃尾妻田五畝合六□□□六□六□□(B6168)
☑　·右士彭葰妻田二畝合□□(B6238)
·右士黃卑(?)妻田九畝合……　☑(B6320)

또한 "士妻田"에서 납부하는 조세는 "士妻租"라고 한다.

其六百六十斛二斗四升黃龍三年租米 其五十二斛士妻租(A2076)

入黃龍三年租米六百卅九斛一斗一升 其一百卅二斛七斗士妻租 已中(A2186)

‧右都鄉士妻子租米廿斛七斗(B33)

☑□都尉□□士妻子嘉禾元年租米(B7791)

이와 대응되는 "民", "吏", "卒" 등의 기타 신분에서는 오히려 이러한 현상이 보이지 않는다. 상술한 자료에서 합리적인 해석을 얻기 전에는 吳簡에서의 士 신분은 믿을 수 있는 결론을 얻기가 어려울 것이다.

Ⅳ. 歲伍와 月伍

"歲伍"와 "月伍"는 『竹簡(壹)』에서 먼저 확인되었다. 자료가 한정되어 있기 때문에 戰國시대 이래로 백성을 통제하기 위해 실시되었던 "什伍"組織과 연관시켜 생각하기 쉬웠다. 그러나 『竹簡(貳)』가 출판됨에 따라 이와 관련된 자료가 증가하여 歲伍와 月伍에 대한 이해도 변화되었다.

"歲伍"에 대해 예를 들면 아래와 같은 간독이 있다.

☑十六人 歲 伍 區 將 主(A8054)

右歲伍卒□領吏民八十八戶(B519)

☑□歲伍番祝領吏民五十五戶(B619)

‧右歲伍謝胥(?)領吏民七十五戶 ☑(B1105)

入□鄉二年調布七匹〓嘉禾二年八月十九日上利(?)丘歲伍烝□所☑(B4550)

入都鄉二年新調布一匹〓嘉禾二年八月廿日因扩丘歲伍吳淺民黃漢付庫吏殷連受(B5318)

入中鄉嘉禾二年布二匹〓嘉禾二年八月三日唐下丘歲伍潘船(?)付主庫吏殷連受(B5502)

入都鄉皮二枚〓嘉禾二年八月廿六日吳唐丘歲伍供便付庫吏殷連受(B8888)

歲伍는 "領吏民" 즉, 吏民을 관리할 수 있는데, 그 관리하는 바는 몇 십 戶이지 5戶가 아니다. 이것은 "歲伍"가 什伍組織의 명칭이 아니며, "吏", "卒", "士" 등과 같이 신분을 의미한다는 것을 보여준다. 歲伍도 調布, 皮 등을 납부하는 의무가 있다.

"月伍"에 관해서는 아래와 같은 간독이 있다.

入廣成鄉調枳皮一枚嘉禾二年八月十三日彈浿丘月伍李名付庫吏☑(A8368)

☑伍妻尾月伍妻樵(?)所主殷 ☑(A8586)

入都鄉嘉禾二年稅米四斛〓嘉禾三年正月十二日渚下丘月伍五□關邸閣□□☑(B568)

入都鄕嘉禾二年稅米五斛壹嘉禾三年正月十一日緒下丘月伍五大關邸閣李嵩付倉吏黃諱史潘慮(B703)

歲伍와 같이 月伍도 什伍組織의 명칭이 아니라 신분의 한 종류이다. 그들도 어떠한 의무를 부담하고 있는 것 같다.(예를 들면, 簡A8586에 "所主"라는 두 글자가 보임) 동시에 稅米, 枙皮 등을 납부한다.

歲伍와 月伍를 합쳐서 "歲月伍"라고 칭하기도 한다.

□歲月伍五戶(B525)
領歲月伍五戶下品(B580)

簡B580을 통해 알 수 있듯이 歲伍와 月伍 중에서도 下品戶가 있다.

현재에는 아직 歲伍 혹은 月伍가 限米를 납부하는 기록은 보이지 않는데, 限米는 屯田과 관련된 賦稅의 일종이다.

어떤 학자는 歲伍, 月伍를 漢代의 요역제도와 관련시켜 歲伍는 戍邊 "1년을 수행하여 更"하는 자로서 戍邊을 완수한 후에는 본적지로 돌아와 여전히 "歲伍"로써 장부에 기록되어 있는 것으로 이해하며, "月伍"는 "郡縣에 1개월간 파견되어 更"하는 자를 가리키는 것으로 이해한다.[6] 이러한 추론은 검증이 더 필요하다. 즉, 왜 1년간 戍邊의 의무를 하고 본적지로 돌아온 자가 吏民을 관리하는 의무를 갖는가? 만약 月伍가 郡縣에 1개월간 파견되어 更하는 자라면 이러한 신분에 해당되는 사람들은 당연히 매우 많아야 할 텐데, 왜 吳簡에서만 간간히 확인되는가? 이러한 의문에 대한 답변이 필요하다.

V. 力田

兩漢시기 권농정책으로서 종종 민간에서 耕織에 힘을 다할 자들을 선발하여 "力田"이라는 칭호를 수여하면서 몇 가지 혜택을 주었다. 『竹簡(貳)』에서는 이러한 명칭이 확인된다. 吳簡에서 力田에 대해 稅米, 調布를 납부한 기록이 있다.

入都鄕嘉禾元年稅米十五斛五斗二升壹嘉禾元年十一月十七日栗中丘力田周□鄧□關邸閣郭據付倉
    吏黃諱潘☑(B273)
入都鄕嘉禾元年稅米廿一斛五斗壹嘉禾二年正月□日劉裏丘力田鄧□關邸閣郭據付倉吏黃諱史潘慮

---

6) 黎石生,「走馬樓吳簡所見"士伍", "歲伍", "月伍"探討」,『史學月刊』2008-6.

受(B375)

入都鄕嘉禾元年稅米廿三斛㠭嘉禾元年十一月十日員東丘力田彭萌民黃□☑(B1289)

入南鄕嘉禾二年調布七匹三丈九尺㠭嘉禾二年七月廿五日佤丘力田李帛(?)付庫吏殷連受(B5537)

☑力田潘明二年所調(B6311)

　　三國시기 吳國의 力田과 漢代를 비교했을 때, 그 공통점과 차이점에 대한 보다 구체적인 상황은 더 많은 吳簡자료가 공개된 후에야 비로소 해답을 찾을 수 있을 것이다.

Ⅵ. 법률사 사료

1. "賊"에 대한 처리

『竹簡(貳)』에서는 "賊"(즉, 반란자)에 대한 기록이 보인다.

其卅二斛一斗七升賊黃勳黃龍三年叛物買米(B3859)

其卅六斛大男張吉張狗所買賊黃勳黃龍三年牛價米(B3866)

其十六斛大男張壽買賊黃☑(B3971)

☑其廿六斛六斗七升賊黃勳黃龍三年財物賈米(B4316)

其卅五斛嘉禾元年賊帥佃米☑(B7362)

　　상술한 다섯 장의 간독 중, 앞의 네 장에서는 모두 "賊"의 재물을 백성에게 팔면서, 그 대신 받는 것은 주로 米이지 錢幣는 아니라는 것을 알 수 있다. 다섯 번째 간독에서 "賊帥佃米"의 의미는 불분명하지만, 사로잡은 반란자를 통제하여 농업에 종사시킴으로써 식량을 납부받는 것은 아닐까?

2. 大屯

『竹簡(壹)』에서는 "大屯"이 나타나는데 屯田과 관련되는 것 같지만 구체적인 의미는 불분명하다.

右布家口食二人一人迗大屯(A1622)

廿八斛九斗一升運送大屯及給稟諸將吏士□米一萬三千卅六斛(A1737)

『竹簡(貳)』에서도 "大屯"과 관련된 자료가 확인되는데, 그 중 아래에 열거한 두 장의 간독은 비교적 특별하다. :

□□言□緒丘大男黃楈(?)大女黃員罪應髡頭笞二百黥面送大屯事
　　　嘉禾三年五月十二日書佐烝頓(?)具封(B7189)
□曹言……詣大屯□請殺(?)爵(?)事
　　　嘉禾五年五月七日書佐烝志(?)具封(B7195)

첫 번째 것은 남자 1인 여자 1인을 징벌하기 위해 제출한 공문서의 단편인데, 두 사람이 받는 처벌은 髡刑, 200의 笞刑, 黥刑, 大屯으로 보냄이다. 두 번째 것도 이와 유사한 공문서 단편인데, 범죄자는 大屯으로 보내지고 爵位가 삭감된다. 이와 같은 것으로 보면, "大屯"은 대체로 노동을 강제하는 것으로서 일반적인 屯田과 다른 점이 있다.

3. 癸卯書

『竹簡(貳)』는 賦稅징수와 관련된 문서가 나타나는데, 이것을 일컬어 "癸卯書"라고 한다. 모두 殘簡이다.

家屬可詭責者已列言依癸卯書原除(B51)
□民無有家屬可詭責者已列言依癸卯書原除(B139)
其百五斛負者□還宮無有家屬可詭責者已列言依癸(B178)
其一百一十五斛負者見詭課貧窮無有錢入已列言依癸卯(B180)
其六十八斛九斗七升負者見詭課貧窮無有錢入已列言依(B186)
詭責者赴□□☑(B231)
☑可詭責者依癸卯書原除　中(B238)
詭責已列言依癸卯書原除(B254)
無有家屬可詭責者已列☑(B301)
物故無所詭責已列言依癸卯書原除　中(B720)
☑□□□□無有家屬可詭責負者已列言依癸卯書原除(B841)
☑……物故無有家屬可詭責……(B891)
無所詭責已列言依癸卯書原除(B892)

☑□屬可詭責(B996)

詭責已列言依癸卯書原☑(B1015)

☑詭負者若死叛□身……(B1403)

詭責已列言依癸卯書原除(B2706)

☑無有家屬以詭責者依癸卯書☑(B4447)

☑依癸卯書原除(B510)

列言依癸卯書原除(B798)

위에 제시한 간독을 종합해보면, "癸卯書"의 대체적인 내용은 다음과 같다. 즉, 賦稅가 연체된 民戶가 사망이나 빈곤 등으로 인해 가족구성원 중에서 연체된 賦稅를 부담할 수 없는 경우 면제할 수 있다는 것이다.

이러한 정책을 제정한 것이 吳王 孫權인가, 아니면 어떠한 다른 사람인가? 어떤 상황에서 제정된 것인가? 현재는 아직 확실히 알 수 있는 방법이 없다. "癸卯"가 연대를 표시한 것이라면, 黃武2년(223년)만이 그 조건에 부합되는데, 그 때에는 孫權이 막 즉위하여 이러한 詔令을 공포하여 민심을 사려했을 가능성도 있다. 그러나 한대의 관례에 의하면 조서 앞쪽의 간지 명칭은 보통 구체적인 날짜를 가리키지 연도를 가리키지 않는다. 만약 "癸卯書"의 간지가 구체적인 날짜를 가리킨다면, 문제는 더욱 복잡해지지만, 현재까지의 자료로는 자세한 내용을 알기 힘들다.

『竹簡(貳)』에는 새로운 자료가 더 많다. 예를 들면 田地, 戶籍, 賦稅, 徭役에 관한 것인데, 지면이 부족하여 여기에서는 일일이 소개할 수 없다.

吳簡 정리자들의 소개에 따르면, 『竹簡(肆)』부터 수록된 죽간은 모두 순서가 교란되어 출토된 죽간이 아니라고 한다. 죽간의 순서는 고고발굴에서 출토된 위치에 따라 배열되어 있어, 죽간이 원래 묻혀있던 상황을 반영하고 있다. 우리는 빠른 시일 내에 이러한 자료들이 공개되길 기대하고 있다.

[번역: 전효빈(태동고전연구소)]

투고일 : 2008. 4. 9   심사개시일 : 2008. 4. 14   심사완료일 : 2008. 5. 21

⟨Abstract⟩

Introduction of Wu wooden slips of the Three Kingdoms period unearthed at Zoumalou,

Changsha: Bamboo slips Ⅱ

Yu, Zhen-bo

Bamboo Slips Ⅱ provides us with some new information which is absent or insufficient in Bamboo Slips Ⅰ. For example, the information about qiu 丘 in Bamboo Slips Ⅱ cannot clear up different viewpoints yet, but makes us know the complexity of this topic. It's said that shi 士 in Wu slips were learned scholars without official position, but more information indicates that they had close relationship to military affairs. Suiwu 岁伍 and yuewu 月伍 did not have something to do with the system of shiwu 什伍 but meant social status or occupation. In Han Dynasty, the authorities always entitled 'litian' 力田 to those who were engaged in farming and weaving and gave them special treatment. Such practice was still followed in Wu Kingdom of Three-kingdom Period according to Bamboo Slips Ⅱ. The way of dealing with confiscated property of bandits and the legal system reflect from datun 大屯 and guimaoshu 癸卯書 is important to make up for a deficiency of the books handed down from ancient times.

▶ Key words : Wu slips unearthed at Zoumalou, Bamboo Slips Ⅰ, Bamboo Slips Ⅱ,
　　　　　　Three-kingdom Period.

역/주

<張家山漢簡 二年律令 譯注에 부쳐>

국내의 중국고대사 연구자들은 특히 秦漢시대 연구자를 중심으로 2005년 말부터 <簡牘研究會>(가칭)를 조직하고 매달 한 번씩 강독회를 개최해 왔다. 강독회에서는 그동안 里耶秦簡, 張家山漢簡, 額濟納漢簡, 敦煌懸泉置漢簡를 포함한 秦漢시대의 간독을 다루어 왔는데, 간독의 내용은 물론 간독의 형식, 서체, 개별 글자의 문자학적 고증 등 다양한 문제를 논의하고 있다. 특히 張家山漢簡 二年律令이 갖는 자료적 가치에 주목하여, 이미 발표된 국외의 역주본, 연구논문을 바탕으로 새로운 국문 역주를 준비 중이다. 이 역주는 국내 연구자의 입장에서 그동안의 국외 연구를 종합한다는 의미 외에 한국 목간 및 역사를 연구하는 국내 연구자에게 정보를 제공하는 의미도 갖는다. 본『목간과 문자』학술지에서는 앞으로 이 二年律令의 역주를 계속 게재할 예정이다. 역주는 기본적으로 율령 별로 나누어 작성되지만, 먼저 완성된 순서대로 게재할 예정이다.[편집자]

張家山漢簡〈二年律令〉爵律・興律(392簡−406簡)

金珍佑*

〈爵 律〉

【說明】 張家山漢簡 〈二年律令〉에서 22번째의 율인 爵律은 392~395簡으로 전부 4개의 簡인데, 율명이 적혀있는 395簡을 빼면 3개 簡에 3개의 조문으로 구성되어 있다. 〈二年律令〉 爵律에서의 '爵'은 바로 20等爵制의 軍功爵으로 秦律을 그대로 계승한 것이다. 〈二年律令〉에는 軍功爵과 관련해서 爵의 등급, 권익, 가치, 계승. 官給과의 관계 등을 규정하는 율문이 다수 나오고 있어 中國 古代 爵制研究에서 매우 중요한 사료적 가치를 가진다. 爵律은 그 중에서 죄를 범했을 경우 작위 수여 자격의 박탈 원칙과 작의 금전으로 환산되는 가치, 작을 위조했을 때의 처벌 규정 등을 규정하고 있다.

【原文】 當拜爵及賜[1], 未拜而有罪耐者[2], 勿拜賜.[3] 392簡

【譯文】 작(爵)과 사여품을 수여해야 하는데, 아직 내리지 않은 상태에서 (당사자나 계승자가) 내(耐)(이상)의 죄를 지은 경우 작(爵)과 재물을 주지 않는다.

【注釋】

1) 〈二年律令〉 爵律의 첫 번째 조문인 392簡은 爵과 賞賜를 받을 자격을 가진 자가 아직 정식으로 수여받지 않았는데 耐刑 이상의 죄를 범한 경우 그 자격을 취소한다는 율문이다. 이 율문은 아래 자료 ①『睡虎地秦簡』 秦律十八種・軍爵律의 조문과 내용이 비슷해서, 〈二年律令〉 당시의 漢初

* 高麗大學校 BK21 〈문화교류의 세계사팀〉 연구교수

律이 秦律을 그대로 계승하고 있음을 보여준다. 그런데 죄를 범했을 경우 자격을 취소한다는 이 규정을 『睡虎地秦簡』은 본인과 계승자(後者)로 나누어서 자세히 언급하는데 비해, 〈二年律令〉爵律 392簡은 구분되지 않고 간명하게 서술하고 있다. 그래서 본고는 秦律의 동일한 규정을 〈二年律令〉 단계에서는 율문이 간략하게 정리된 것으로 보고 해석하였다. 그러면서도 계승자(後者)의 경우는 爵律 392簡의 바로 앞이자 置後律의 마지막 조문인 자료 ② 390簡에 또 耐刑 이상의 죄를 지으면 爵을 계승할 수 없다고 별도로 규정되어 있다.

그리고 자료 ①의 秦律에는 이미 爵은 받았지만 賞賜를 받지 않은 상태에서 죽거나 죄를 지었다면 賞賜는 그대로 사여한다는 규정이 이어지는데 비해, 「二年律令」 爵律은 그러한 내용이 보이지 않는다. 여기서 漢律의 규정이 秦律에 비해 더 엄격해진 것으로 보기도 하지만(李均明, 「張家山漢簡所反映的二十等爵制」, 『中國史研究』, 2002-2), 분명하지는 않다.

2) '有罪耐者'는 '耐罪 이상의 죄를 지은 경우'로 보아야 한다. '耐罪'는 두발은 남겨놓고 鬢鬚를 깎는 상징적 肉刑에 속하는 신체형으로 隷臣妾·司寇와 같은 勞役刑이 반드시 수반되는 형벌이었다. 秦漢律에서 '耐罪'는 형벌 등급의 중요한 경계지점으로 '耐罪以上'은 본격적으로 죄수가 되어 구금되며 公民으로서의 제반 권리를 상실하여 작위와 恩賜의 대상에서 제외되는 기준이 되었다(任仲爀, 「秦漢律의 耐刑－士伍로의 수렴시스템과 관련하여－」, 『中國古中世史研究』 19집, 2008·2, 107–110쪽 참조). 爵律 392簡과 자료 ① ②를 보면 '耐罪'가 작위 수여가 취소되는 기준이었음을 분명히 알 수 있다.

3) '賜'는 동사 또는 명사적인 용어로도 각각 해석할 수 있다. '賜'를 동사로 보면 앞의 '拜(爵)'와 마찬가지로 '수여한다'는 의미인데, '拜'는 목적어가 '爵'이나 '官'에 한정되고 '賜'는 賞賜로 내려지는 각종 재물이 목적어로 생략되어 있는 것이다. 따라서 '拜'는 爵의 수여이고 '賜'는 재물의 하사를 의미해서, '勿拜賜'에서 '拜'와 '賜'는 모두 뒤에 목적어가 생략된 동사가 된다. 반면 명사적인 용어로 해석하면 '賜'는 사여품 혹은 그것을 수여하는 행위를 함께 지칭하는 표현이 된다. 이렇게 보면 '拜爵及賜'와 '勿拜賜'는 모두 '拜'만을 동사로 해서 '爵·賜를 수여한다(拜)'고 해석하게 된다(富谷至 編, 『京都大學人文科學研究所報告 江陵張家山二四七號墓出土漢律令の研究』, 朋友書店, 2006년, 249–250쪽 참조. 이하 京都大學 註釋本으로 약칭). 그런데 자료 ① '受其爵及賜' '賜未受'와 ④의 '拜爵賜'의 용례를 보면 '賜'는 보통 뒤에 목적어 없이 단독으로 사용되면서 '受'나 '拜'와 같은 동사에 연동되어 있음을 알 수 있다. 역문은 일단 후자의 방식으로 해석했는데, 좀 더 숙고를 필요로 한다.

【關聯資料】

① 『睡虎地秦簡』 秦律十八種·軍爵律, "從軍當以勞論及賜, 未拜而死, 有罪法耐遷(遷)其後; 及法耐遷(遷)者, 皆不得受其爵及賜. 其已拜, 賜未受而死及法耐遷(遷)者, 鼠(予)賜."

② 『張家山漢墓竹簡』 「二年律令」 置後律, 390(C250), "嘗有罪耐以上, 不得爲人爵後. 諸當拜爵後

者, 令典若正, 伍里人毋下五人任占."

③『張家山漢墓竹簡』「二年律令」盜律, "?外人來入爲盜者, 要斬. 吏所興能捕若斬一人, 拜爵一級. 不欲拜爵及非吏所興, 購如律."

④『散見簡牘合輯』256, "十一軍吏六百以上兵車御右及把摩干鼓正鉞者, 拜爵賜論爵比士吏."

【原文】諸當賜受爵, 而不當拜爵者, 級予萬錢.[1] 393簡

【譯文】무릇 사여받거나 작(爵)을 수여받아야 하지만, 작(爵)을 받을 수 없는 경우 작(爵) 1급에 1만전을 준다.

【注釋】

1) 393簡의 조문은 작을 받을 수 없는 사람에게 대신해서 작1급에 1만전을 준다는 규정이다. '不當拜爵者'를 高敏은 392簡의 규정에 비추어 耐罪 이상의 죄를 지어 작을 받을 수 없는 자로 보면서 이 경우 돈으로 대신 지급하였다고 하였다. 그리고 이를 통해서 작을 매매할 때 적어도 작1급당 1만전의 가치가 있었다고 유추하였다(高敏, 「從〈二年律令〉看西漢前期的賜爵制度」, 『文物』 2002-9). 반면 京都大學의 주석본은 '不當拜爵者'를 작을 받을 자격이 없는 여자나 노비 같은 경우로 예를 들고 있다.

아래 자료를 함께 참조해 보면, 작을 받을 수 있는 공적에 대해 爵制의 일정한 한도(大夫級) 이상부터는 금전으로 보상하는 것과 비교해서 '不當拜爵者'는 아래로 신분이나 형벌 등의 이유로 인해 작을 받을 수 없는 사람에게도 금전적인 보상을 하고 있음을 알 수 있다. 이러한 규정들에서 軍功을 장려하면서도 軍功爵의 남발을 방지하여 爵을 통한 신분상의 변동을 가급적 통제하려는 국가권력의 의지를 읽을 수도 있을 것이다.

【關聯資料】

①『張家山漢墓竹簡』「二年律令」賜律, 290簡, "諸當賜, 官毋其物者, 以平賈予錢."

②『張家山漢墓竹簡』「二年律令」捕律, 150簡, "捕從諸侯來爲間者一人, 拜爵一級, 有(又)購二萬錢. 不當拜爵者, 級賜萬錢, 有(又)行其購."

③『張家山漢墓竹簡』「二年律令」捕律, 148簡, "其斬一人若爵過大夫及不當拜爵者, 皆購之如律."

④『散見簡牘合輯』258, "各二級, 斬捕八級, 拜爵各三級, 不滿數, 賜錢級千, 斬首捕虜毋過人三級, 拜爵皆毋過五大夫, 必頗有主以驗, 不從法狀"

【原文】諸詐僞自爵, 爵免, 免人(自爵免, 爵免人)者[1][2], 皆黥爲城旦舂. 吏智而行者, 與同罪.[3]
394簡

【譯文】무릇 위조한 작(爵)으로 스스로의 죄를 면죄 받거나 다른 사람의 죄를 면죄 받은 경우 모두 경위성단용(黥爲城旦舂)으로 처벌한다. 이(吏)가 알면서도 (죄의 감면을) 시행한 경우 같은 죄로 처벌한다.

【注釋】

1) 張家山漢簡整理小組에 따르면 '爵免'은 작으로 자기의 죄를 면하는 것이고 '免人'은 다른 사람의 죄를 면하는 것이다.

2) 아래 사진에 보이듯이 重文符號가 찍혀있는 394簡의 '自爵..免..人者'를 張家山漢簡整理小組은 '自爵爵免免人者'로 釋文을 했는데, 京都大註釋本은 重文符號의 법칙에 따라서 이를 '自爵免爵免人者'로 釋讀을 했다.

3) 394簡 조문은 작을 위조하여 자신이나 다른 사람의 죄를 면죄 받는 경우의 처벌 규정으로, 관리가 거짓을 알면서도 처리했다면 역시 같은 죄로 처벌되고 있다. 형벌의 감면은 작이 가지는 중요한 기능으로 아래 자료 ① ②에서 구체적으로 확인할 수 있다. 반면 이 조문은 작이 가지는 형벌 감면의 특권을 위조 등의 방법으로 악용하는 경우를 방지하려는 규정이다.

【關聯資料】

① 『睡虎地秦簡』「秦律十八種」軍爵律, "欲歸爵二級以免親父母爲隷臣妾者一人, 及隷臣斬首爲公士, 謁歸公士而免故妻隷妾一人者, 許之, 免以爲庶人. 工隷臣斬首及人爲斬首以免者, 皆令爲工. 其不完者, 以爲隱官工."

② 『張家山漢墓竹簡』「二年律令」錢律, 204簡, "捕盜鑄錢及佐者死罪一人, 予爵一級. 其欲以免除罪人者, 許之."

③ 『張家山漢墓竹簡』「二年律令」盜律, 75簡, "吏智而出之, 亦與盜同法."

【原文】 ■ 爵律[1] 395簡

【譯文】 ■ 작율

【注釋】

1) 작위 수여 자격의 취소 원칙 · 금전으로 환산되는 작의 가치 · 작을 위조했을 때의 처벌 규정

등으로 구성된 392-394簡의 세 조문을 포괄하는 律名으로 395簡은 '爵律' 두 글자를 적어놓은 표제간이다. 〈二年律令〉의 爵律은 위에 제시한 『睡虎地秦簡』 秦律十八種·軍爵律과 내용이 유사해서, 漢初에 秦律을 그대로 계승했음을 보여준다. 다만 律名에서 〈二年律令〉은 '軍' 字가 빠져있는데, 여기서 漢初에 이미 軍功을 중심으로 하는 기존 秦代 爵制의 변화를 찾아볼 수 있는 지, 中國古代 爵制硏究와 관련해서 흥미로운 문제이다.

〈興 律〉

【說明】 張家山漢簡〈二年律令〉에서 23번째로 배치되어 있는 興律은 396-406簡까지 모두 11개의 簡인데, 律名이 적혀있는 406簡을 빼면 10개의 簡에 9개의 율문으로 구성되어 있다. 그 중 396-397簡은 중요한 사건의 上獄 절차이고, 398-400簡은 군역의 동원(擅興)에 대한 내용이며, 401-403簡은 徭役에 관한 율문이고, 404-405簡의 내용은 변경의 경계와 烽燧에 대한 것이다. 따라서 〈二年律令〉의 興律은 다음의 『晉書』刑法志 기사 내용과도 명백히 부합한다는 것을 알 수 있어서, 〈二年律令〉이 蕭何의 九章律과도 일정한 관련이 있음을 확인할 수 있다. 『晉書』권30, 刑法志, "漢承秦制, 蕭何定律, 除參夷連坐之罪, 增部主見知之條, 益事律興廐戶三篇, 合爲九篇. ······, 興律有上獄之事, 科有考事報讞, 宜別爲篇, 故分爲繫訊·斷獄律. 興律有擅興徭役. ······, 興律有乏徭稽留, ······, 以驚事告急, 與興律烽燧及科令者."

【原文】 縣道[1]官所治死罪及過失[2], 戲而殺人[3], 獄已具[4], 毋庸[5]論, 上獄[6]屬所二千石官[7]. 二千石官令毋害[8]都吏[9]復案[10], 問(聞)二千石官, 二千石官 396簡 丞謹掾[11], 當論, 乃告縣道官以從事[12]. 徹侯[13]邑上在所郡守[14]. 397簡

【譯文】 현(縣)·도(道)의 관에서 취조한 사죄(死罪) 및 과실·유희로 살인한 사안은 (취조한) 조서가 이미 갖추어졌더라도 논죄해서는 안 되고, 조서를 (현·도가) 소속된 이천석 관에게 올린다. 이천석관은 과실이 없고 공평무사한[無害] 도리(都吏)에게 조서를 다시 조사하게 해서 이천석관에게 보고하도록 한다. 이천석관의 승은 신중히 (都吏가 보고한 내용을) 심사하여 논죄하고는 현·도의 관에 고하여 사건을 처리하도록 한다. 철후(徹侯)의 읍에서는 소재한 군의 군수에게 (재판을) 올린다.

【注譯】
1) '道' 는 縣에 대비해서 주로 이민족이 거주하는 행정구역이다. 『漢書』 권19上, 百官公卿表,

742쪽, "有蠻夷曰道.";『後漢書』권28, 百官五, 3623쪽, "凡縣主蠻夷曰道."

2) '過失'은 의도하지 않고 잘못으로 죄를 저지른 것을 말한다.『晉書』권30, 刑法志, 928쪽, "其知而犯之謂之故, 意以爲然謂之失, ······, 不意誤犯謂之過失."

3) '戲而殺人'은 서로 악의를 가지고 다툰 것이 아니라 쌍방이 합의하에 힘으로 대련하거나 유희를 하다가 사람을 살해한 경우이다(『晉書』권30, 刑

그림 1. 도판 394簡에서 '鬪..免..人者' 부분

法志, 928쪽, "兩訟相趣謂之鬪, 兩和相害謂之戲."). 唐律에서 '戲而殺人'은 '鬪殺傷(死刑)'에서 2등을 낮추어 처벌하고 있지만(『唐律疏議』권23, 鬪訟·戲殺傷人, "諸戲殺傷人者, 減鬪殺傷二等"), 〈二年律令〉에서는 자료 ① 賊律 21簡을 보면 '鬪而殺人'이 棄市인데 비해 '戲而殺人'의 형량은 '贖死'으로 金二斤八兩(具律, 119簡)에 해당하였다.

4) '獄已具'는 사안을 취조하여 관리가 작성한 조서를 말한다.『史記』권122, 酷吏列傳, 3137쪽, "湯掘窟得盜鼠及餘肉, 劾鼠掠治, 傳爰書, 訊鞫論報, 并取鼠與肉, 具獄磔堂下. 集解 鄧展曰, 罪備具.";『漢書』권59, 張湯傳, 2637쪽, "師古曰, 具爲治獄之文, 處正其罪, 而磔鼠也."『漢書』권71, 于定國傳, 3041-3042쪽, "姑女告吏, 婦殺我母, 吏捕孝婦, 孝婦辭不殺姑, 吏驗治, 孝婦自誣服, 具獄上府. ······, 于公以爲此婦養姑十餘年, 以孝聞必不殺也. 太守不聽, 于公爭之, 弗能得, 乃抱其具獄, 哭於府上, 師古曰, 具獄者, 獄案已成, 其文備具也."

5) 정리소조에 따르면 '毋庸'은 '不要' 즉 '···해서는 안 된다'의 의미라고 하며, '庸'은 '用'과 통행하는 글자로 '用' '以'의 뜻으로 해석하면 될 것이다.

6) '上獄'은 하급관부에서 취조한 조서를 상신하는 것을 말하는 것으로, 具律 116簡에 거의 동일한 내용이 있으

그림 2. 〈작율〉

며 자료③ 거연한간에도 유사한 문장이 나온다. 따라서 정리소조는 이 조문이 具律에 들어가야 할지도 모른다고 본다. 반면 張家山漢簡研讀班은 『晉書』刑法志의 魏「新律」제정 이전 법률체계를 언급하는 내용에 근거해서 具律에 들어가는 것은 맞지 않다고 보았다(「張家山漢簡〈二年律令〉校讀記」, 『簡帛研究2002·2003』, 廣西師範大學出版社, 2005, 191쪽). 『晉書』권30, 刑法志, 923·925쪽, "是時承用秦漢舊律, 興律有上獄之法. ······, 興律有上獄之事, 科有考事報讞, 宜別爲篇, 故分爲繫訊·斷獄律."

7) '二千石官'은 漢代 지방관 중 최고위직인 郡守와 國相을 지칭하는 표현이다. 漢代 관직의 등급은 秩祿으로 구분하는데, 郡守와 諸侯王國의 相은 모두 秩이 2천석이어서 漢代에는 향용 양자를 통칭하여 '二千石'이라고 불렀다. 『漢書』권89, 循吏傳, 3624쪽, "與我共此者, 其唯良二千石乎! 師古曰謂郡守諸侯相."

8) 정리소조는 '毋害'의 뜻을 해롭지 않은 즉 과실이 없는 것으로 주석했다. 다음의 역대 주석을 참조하면, '毋害'는 공평무사하여 직권을 이용하여 해로움을 끼치지 않는 관리의 자질을 의미한다고 볼 수 있다. 『史記』권53, 蕭相國世家, 2013쪽, "以文無害爲沛主吏掾. 集解駰案, 漢書音義曰, 文無害有文無所枉害也. 律有無害都吏, 如今言公平吏. 一曰無害者如言無比, 陳留間語也. 索隱裴注已列數家, 今更引二說. 應劭云, 雖爲吏而不刻害. 韋昭云, 爲有文理, 無傷害也."

9) '都吏'는 郡의 佐吏로 漢初 郡國에서는 都吏로 하여금 예하 속현들을 순행하게 하였다. 漢 중엽부터는 주로 郵書의 전송을 감독하는 직무로 인해 督郵(掾)으로 불렸는데, 郡의 佐吏 중에서는 가장 지위가 높으면서 광범위하게 督察하는 역할을 수행하였다. 『漢書』권4, 文帝紀, 113-114쪽, "二千石遣都吏循行, 不稱者督之. 如淳曰, 律說, 都吏今督郵是也. 閑惠曉事, 即爲文無害都吏."

10) '復案'은 예하 속현에서 상신된 조서를 다시 재심하는 것으로, 자료② 116-117簡의 '覆治'와 같은 의미라고 생각된다. 다만 양자가 재심을 하는 과정에서 완전히 일치하는 것인지, 아니면 '復案'은 신중한 사건 처리를 위해 조서만을 다시 점검하는 것이고 '覆治'는 재심 요청을 접수하여 사건의 심리에서부터 모든 재판 과정을 다시 진행하는 차이가 있는 지는 좀 더 검토할 필요가 있다. 『後漢書』권48, 霍諝傳, 1616쪽, "凡事更赦令, 不應復案.";『後漢書』권78, 宦者列傳, 2532쪽, "若無可察, 然後付之尙書. 尙書擧劾, 請下廷尉, 覆案虛實, 行其誅罰."

11) 정리소조는 '掾'을 丞이 二千石官을 '보좌'한다는 의미로 주석하고 있다. 반면 京都大 주석본(253쪽)은 이 글자의 자형이 '掾'字로 읽을 수 있을 지 분명하지 않다고 하면서 '錄'으로 釋讀할 수도 있다고 보았다. 張家山漢簡硏讀班도 간독의 도판을 세밀하게 보면 '錄'으로 보아야 한다고 하면서 '都吏가 심사하여 이천석관에게 보고한 내용을 기록한다'는 의미라고 하였다(「張家山漢簡〈二年律令〉校讀記」, 『簡帛研究2002·2003』, 廣西師範大學出版社, 2005, 191쪽). 한편 王偉는 '掾'을 '심사한다'의 의미라고 보면서, 진·한초의 출토자료에서 동사로 사용되는 '掾'字는 모두 '심사한다'로 해석된다고 하였다(「張家山漢簡〈二年律令〉雜考」, 簡帛硏究網, 2003.1.21.). 이상의 논의를 정리하면, 397簡의 해당 글자는 '掾' 혹은 '錄'으로 읽으면서, 의미는 '보좌한다' '기록한다' '심

사한다'의 세 가지 해석이 있다. 본고는 일단 '심사한다'는 뜻으로 역문을 만들었다.

12) '從事'는 지시에 따라 직무를 수행하라는 의미로 漢簡에 자주 나오는 표현이다(張家山漢簡研讀班,「張家山漢簡〈二年律令〉校讀記」,『簡帛研究2002·2003』, 廣西師範大學出版社, 2005, 191쪽).

13) '徹侯'는 商鞅 이래 秦漢代 軍功 20等爵制에서 최고의 작위이다. 漢 武帝 때 황제의 이름을 避諱하여 '通侯'라고 고쳤으며 또 '列侯'로 지칭하기도 하였다. 『漢書』권19상, 百官公卿表, 739-740쪽, "爵, 一級曰公士, 二上造, 三簪裊, 四不更, 五大夫, 六官大夫, 七公大夫, 八公乘, 九五大夫, 十左庶長, 十一右庶長, 十二左更, 十三中更, 十四右更, 十五少上造, 十六大上造, 十七駟車庶長, 十八大庶長, 十九關內侯, 二十徹侯. 皆秦制, 以賞功勞. 徹侯金印紫綬, 避武帝諱, 曰通侯, 或曰列侯, 改所食國令長名相, 又有家丞·門大夫庶子庶子." 자료 ④ 戶律에는 徹侯에게 택지를 지급하는 규정이 나오고 있다. 반면 徹侯는 별도로 食邑을 분봉받기 때문에 戶律에서 토지는 제19급 關內侯(95頃)부터 지급되고 있다.

14) 漢初의 지방행정에서 재판과정만을 놓고 보면 死罪 및 고의가 아닌 살인사건 즉 중요한 사건은 縣·道가 1차 심리를 하고 조서를 만들어 관할 二千石官에 보고하게 되어 있다. 보고받은 二千石官은 都吏에게 조사하게 한 후 판결을 해서 다시 縣·道에 집행하도록 지시하는 방식이었음을 알 수 있다. 徹侯의 食邑도 縣·道와 마찬가지로 소재한 郡守에게 보고하도록 되어 있어 일상적인 행정은 郡의 감독을 받았다고 볼 수 있다(陳蘇鎭,「漢初王國制度考述」,『中國史硏究』 2004-3 참조).

【關聯資料】

① 『張家山漢墓竹簡』「二年律令」賊律, 21簡, "賊殺人´鬪而殺人, 棄市. 其過失及戲而殺人, 贖死."

② 『張家山漢墓竹簡』「二年律令」具律, 116-117簡, "乞鞫者各辭在所縣道, 縣道官令, 長, 丞謹聽, 書其乞鞫, 上獄屬所二千石官, 二千石官令都吏覆之. 都吏所覆治廷, 及郡各移旁近郡, 御史, 丞相所覆治移廷."

③ 『居延漢簡釋文合校』2966:合126,31, "□□獄屬所二千石□."

④ 『張家山漢墓竹簡』「二年律令」戶律, 314簡, "宅之大方卅步. 徹侯受百五宅."

【原文】 當戍[1], 已受令而逋[2]不行盈七日[3], 若戍盜去署[4]及亡[5]過(盈)[6]一日到七日, 贖耐; 過七日, 耐爲隸臣; 過三月[7], 完爲城旦. 398簡

【譯文】 수자리를 서야 하는데 이미 명령을 받고도 달아나서 (임지로) 가지 않은 것이 만7일이거나, 수자리를 서면서 몰래 부서를 이탈하거나 도망한 것이 만1일 이상 7일까지는 속내(贖耐)에 처한다. 만7일이 넘으면 내위예신(耐爲隸臣)이다. 3개월이 넘으면 완위성단(完爲城旦)이다.

【注譯】

1) '戍'에 대해서는 다음 사료 참조. 『史記』권106, 吳王濞列傳, 2824쪽, "集解曰, 更有三品, 有卒更, 有踐更, 有過更. 古者正卒無常人, 皆當迭爲之, 是爲卒更. 貧者欲顧更錢者, 次直者出錢顧之, 月二千, 是爲踐更. 天下人皆直戍邊三月, 亦各爲, 律所謂繇戍也. 雖丞相子亦在戍邊之調, 不可人人自行三月戍, 又行者出錢三百入官, 官給戍者, 是爲過更. 此漢初因秦法而行之, 後改爲謫, 乃戍邊一歲."

2) '受令而逋'는 명령을 받고 아예 소집에 응하지 않고 도망친 경우(逋)로, 秦律의 아래 자료② 法律答問 '可(何)謂逋事及乏繇' 조에 자세한 설명이 보인다.

3) 변경의 수자리를 가야 하는데 가지 않고 도망했거나, 수자리 서는 근무지를 이탈해서 달아난 경우 처벌하는데 중요한 기준은 날짜이다. 아예 가지 않은 경우는 7일이 기준이고 현지에서 도망한 것은 만 1−7일(贖耐), 7일 이상(耐爲隸臣), 3개월 이상(完爲城旦)으로 구분해서 처벌이 강화되고 있다.

4) '盜去署'는 몰래 근무지를 이탈한 것으로, 秦律에서도 자료 ③ 法律答問 '可(何)謂竊署' 조에 내용이 확인된다.

5) '盜去署及亡'에서 '盜去署'와 '亡'이 병렬되면 양자의 행위를 구별하고 있다. 양자는 어디까지 도망갔느냐(거리), 혹은 복귀할 생각이 있는지의 여부(의도)에서 차이를 생각할 수 있지만 분명하지는 않다.

6) '過'는 본래 정리소조 석문에는 '盈'으로 되어 있지만, 도판이나 적외선 사진을 보면 '過'字로 고쳐야 한다고 한다(彭浩·陳偉·工藤元男 主編, 『二年律令與奏讞書 張家山二四七號漢墓出土法律文獻釋讀』, 上海古籍出版社, 2007년, 243쪽 참조. 이하 『二年律令與奏讞書』로 약칭). 京都大 주석본도 '過'字로 보고 있다. 만1일 이상 7일까지라는 기간으로 볼 때 해석상 차이는 없는 것 같다.

7) 정리소조의 본래 釋文(2001년)은 簡牘의 '三月'이 '三日'을 잘못 쓴 것으로 보았는데, 형벌등급으로 볼 때 만 1−7일: 贖耐, 7일 이상: 耐爲隸臣, 3개월 이상: 完爲城旦으로 배치되는 것이 문맥 상 합리적이다. 이후 정리소조의 釋文修訂本(2006년)에서는 '三日'로 보는 해석이 삭제되고, 다른 주석본들도 모두 '三月'로 해석하고 있다.

【關聯資料】

① 『張家山漢墓竹簡』「二年律令」捕律, 143簡, "興吏徒追盜賊, 已受令而逋, 以畏耎論之."

② 『睡虎地秦簡』「法律答問」, "可(何)謂 '逋事' 及 '乏繇(徭)'? 律所謂者, 當繇(徭), 吏, 典已令之, 卽亡弗會, 爲 '逋事'; 已閱及敦(屯)車食若行到繇(徭)所乃亡, 皆爲 '乏繇(徭)'."

③ 『睡虎地秦簡』「法律答問」, "可(何)謂 '竊署'? '竊署' 卽去殹(也), 且非是? 是, 其論可(何)殹(也)? 卽去署殹(也)."

【原文】當奔命[1]而遼不行, 完爲城旦.[2] 399簡

【譯文】 긴급한 일로 급히 동원되었지만(奔命), 달아나서 가지 않은 경우 완위성단(完爲城旦)이다.

【注譯】

1) '奔命'은 긴급할 때 특별 동원되는 병력이다. 『漢書』권7 昭帝紀, 219쪽, "遣水衡都尉呂破胡募吏民及發犍爲 · 蜀郡犇命擊益州, 大破之. 應劭日, 舊時郡國皆有材官騎士以赴急難, 今夷反, 常兵不足以討之, 故權選取精勇. 聞命犇走, 故謂之犇命."

2) 앞의 398簡 조문은 날짜를 기준으로 처벌이 단계적으로 정해지는데 비해, 399簡 조문은 긴급한 일에 특별히 동원했는데 도망했기 때문에 도망한 행위 그 자체로 앞에서 3개월 이상 도망한 것과 같은 完爲城旦으로 무겁게 처벌하고 있다.

【原文】□□斬(?)左(?)止(趾)(?)爲城旦.[1] 400簡

【譯文】□□참좌지위성단.

【注譯】

1) 본래 釋文에서 앞의 다섯 글자는 완전히 釋讀할 수 없었는데, 『二年律令與奏讞書』에서 적외선 사진 판독을 통해 '斬(?)左(?)止(?)' 세 글자를 추정하였다. 이 간독은 의미 자체가 불명이어서 현재 興律에 배치되어 있는 것도 확실하지 않다. 다만 興律의 398-399簡이 軍役 동원의 명령을 받고도 소집에 응하지 않고 도망했을 때 贖耐-耐爲隷臣-完爲城旦의 단계로 처벌되는 반면 뒤의 401簡이 徭役에 참가했다가 도망한 행위로 벌금형과 배상에 처하는 것과 비교해 보면, 400簡의 斬左趾爲城旦은 398-399簡에 이어서 더욱 무겁게 처벌되는 軍役 회피의 행위에 대한 것이라고 추정해 볼 수 있다.

【原文】乏[1]徭[2]及車牛當徭而乏之, 皆貲日廿二錢[3], 有(又)賞(償)乏徭日, 車☑ 401簡

【譯文】 요역에서 도망하거나 수레와 소를 요역에 동원해야 하는데 내지 않으면 모두 하루에 벌금 22전을 부과하며, 또 요역에서 빠진 날짜만큼 배상시킨다. 거☑

【注譯】

1) 본래 정리소조 釋文은 401簡의 맨 윗부분의 글자를 '已(?)'로 해독하였지만, 기존의 간독 도판만으로는 의미가 잘 통하지 않아서 해석이 잘 되지 않았다. 『二年律令與奏讞書(2007년)』에서 적외선 사진 판독을 통해 '乏'字로 고침으로써 401簡 조문 전체의 의미가 통하게 되었다.

2) '逋事'가 요역 동원의 명령을 받고 아예 소집에도 응하지 않고 도망한 것인데 비해, '乏徭'는 일단 소집에는 응한 후에 이동하는 과정이나 요역 장소에 도착한 후 도망하는 행위를 지칭한다. '乏徭'의 구체적인 내용에 대해서는 秦律의 아래 자료① 法律答問 '可(何)謂逋事及乏徭' 조의 내용을 참조. 앞서 398-400簡의 처벌이 신체-노역형인데 비해 401簡 '乏徭'에 대해서는 요역 손실분만큼 벌금과 배상으로 처벌하고 있어 그 輕重을 짐작해 볼 수 있다.

3) '貲'는 벌금형으로 「二年律令」에서는 이 조문에서만 '貲卄二錢'으로 유일하게 나오고 있다. 본래 정리소조 석문에서는 '十'이었지만, 『二年律令與奏讞書(2007년)』의 적외선 사진 판독에 따라 '卄'으로 수정하였다.

【關聯資料】

① 『睡虎地秦簡』「法律答問」, "可(何)謂 '逋事' 及 '乏繇(徭)'? 律所謂者, 當繇(徭), 吏, 典已令之, 卽亡弗會, 爲 '逋事' ; 已閱及敦(屯)車食若行到繇(徭)所乃亡, 皆爲 '乏繇(徭)'."

② 『睡虎地秦簡』「秦律十八種」繇律, "御中發徵, 乏弗行, 貲二甲. 失期三日到五日, 誶 ; 六日到旬, 貲一盾 ; 過旬, 貲一甲."

【原文】徭(?)日(?)☑[1] 402簡

【注譯】

1) 402簡은 두 글자 정도를 釋讀하였지만, 간독의 왼쪽 부분이 없어서 분명히 판독하기는 어렵다.

【原文】☑罰有日及錢數者.[1] 403簡

【注譯】

1) 403簡은 하단에 몇 글자만 남아있어서 내용을 해석하기 어렵다.

【關聯資料】

① 『張家山漢墓竹簡』 「二年律令」 金布律, 190쪽, "縣道官勿敢擅用, 三月壹上見金, 錢數二千石官, 二千石官上丞相, 御史."

【原文】 乘徼[1], 亡人道其署[2]出入, 弗覺, 罰金□☑[3] 404簡

【譯文】 변경의 망루에 올라 경계를 서는데, 도망한 사람이 그 부서의 (관할 구역)을 통하여 출입한 것을 발각하지 못했다면 벌금□☑이다.

【注譯】

1) '乘'은 성루에 올라 수비하는 것이다. 『漢書』 권1, 高帝紀, 21쪽, "師古曰, 乘, 登也, 謂上城而守也." '徼'은 변경의 장벽을 지칭한다. 『漢書』 권93, 3724쪽, 佞幸傳, "師古曰, 徼猶塞. 東北爲之塞, 西南爲之徼. 塞者以障塞爲名, 徼者取徼遮之義也." 따라서 '乘徼'은 변경의 망루에 올라 경계를 서는 것이다.

2) 여기서 '道'는 '통하여' '통과하여'의 의미이다. 따라서 '道其署'는 경계를 서는 그 부서의 관할 범위를 통과하는 것을 말한다.

3) 404簡은 변경의 경계를 서는 사람이 도망자가 자기 관할 범위를 통하여 출입했는데도 발각하지 못했을 때의 처벌 규정으로 벌금형에 처하고 있다. 이와 유사한 내용이 『張家山漢簡』 奏讞書 8번째 案例에 나오는데("··北地守讞, 奴宜亡, 越塞道. 戌卒官大夫有署出, 弗得, 疑罪. ·廷報, 有當贖耐"), 여기서는 '贖耐'로 처벌하고 있어 차이가 있다.

【原文】 守燧乏之, 及見寇失不[1]燔燧[2], 燔燧而次燧弗私〈和〉, 皆罰金四兩. 405簡

【譯文】 봉수를 지키고 있면서 제대로 관리하지 못하거나, 적을 보고도 과실로 봉수를 올리지 못했거나, 봉수를 올렸지만 다음 봉수대에서 호응하지 못했다면, 모두 벌금 4량이다.

【注譯】

1) '燔燧'는 낮에는 연기를 피워 올리고 밤에는 횃불을 드는 것을 지칭한다. 『漢書』 권48, 賈誼傳, 2241쪽, "斥候望烽燧不得臥. 張晏曰, 畫?烽, 夜燔燧也. 師古曰, 張說誤也. 畫則燔燧, 夜則擧烽."

2) '次燧弗和'는 순서대로 연결되는 다음 차례의 봉수대에서 호응하여 봉수를 올리지 못한 것을 말한다.

그림 3. 〈흥률〉

【原文】 ■ 興律[1] 406簡

【譯文】 ■ 흥율

【注釋】

1) 興律 406간은 396-405簡까지 10枚 9개의 조문을 포괄하는 律名의 표제간이다. '興律'은 漢初 蕭何가 기존의 秦律에 더하여 九章律을 만들면서 독립된 律名이 되었는데, 〈二年律令〉興律의 9개 조문은 앞서 『晉書』 刑法志의 기사처럼, '上獄之事' '擅興徭役' '烽燧及科令者'로 구성되어 있어 비교적 내용이 복잡하다. 이러한 漢律의 '興律'은 曹魏의 新律 制定 때 내용이 정리되면서 '擅興律'이 되었는데, 이후 律名의 변화를 거치지만 결국 唐律의 '擅興律'로 계승되어 갔다고 할 수 있다. 『晉書』 권30, 刑法志, 922-923쪽, "漢承秦制, 蕭何定律, 除參夷連坐之罪, 增部主見知之條, 益事律興廄戶三篇, 合爲九篇. ······, 興律有上獄之事, 科有考事報讞, 宜別爲篇, 故分爲繫訊·斷獄律. ······, 興律有擅興徭役, 具律有出賣呈, 科有擅作修舍事, 故分爲興擅律. ······, 以驚事告急, 與興律烽燧及科令者, 以爲驚事律.";『唐律』擅興律, "疏議曰, 擅興律者, 漢相蕭何創爲興律, 魏以擅事附之, 名爲擅興律. 晉復去擅爲興, 又至高齊, 名爲興擅律. 隋開皇改爲擅興律."

투고일 : 2008. 4. 13   심사개시일 : 2008. 5. 11   심사완료일 : 2008. 6. 1

〈中文提要〉

张家山汉简《二年律令》爵律、兴律译注

金珍佑

张家山汉简《二年律令》中、爵律和兴律各排为第22位和第23位。爵律为第392-395简。除了载录律名的第395简之外、该律以三条律文为构成。兴律为第396-406简、亦除了律名得第406简之外、总有10枚简、9条律文。

《二年律令》爵律的'爵'指着20等爵制的军功爵。这明显地表示汉朝初期继承了秦律。由于有关军功爵的律文、比如：爵的等级、权益、价值、继承以及与官职之关系等的规定散见于《二年律令》、可说在进行中国古代爵制的具体运用情况的研究中、它具有极为重要的史料价值。其中、爵律规定着犯罪时罢黜爵位授予资格的原则、爵的金钱上价值、伪造爵时应处的法律规定等。

《二年律令》兴律的9条律文的内容有所复杂。第396-397简的律文记载着地方上下级行政机关之间运行的上狱程序规定。第398-400简是不从行军役擅兴时给予处罚的内容、第401-403简是逃避徭役而导致官府的损失时采取的罚款和赔偿规定。第404-405简是在边疆行戍过程中、警戒工作和烽燧管理上出现问题时加以处罚的律文。所以、《二年律令》兴律可分为上狱的程序和官府的擅兴两个部分。

显然、这还与《晋书》《刑法志》的'兴律有上狱之事'、'兴律有擅兴徭役'、'与兴律烽燧及科令者'等内容吻合。因此、对于曹魏新律之前汉律法律体系的了解、它能成为很重要的根据。同样、从《晋书》《刑法志》的'汉承秦制、萧何定律、益事律兴、厩、户三篇'、可以推想汉初《二年律令》的兴律与萧何的九章律之间存在某种程度上的关系。

▶ 关键词：张家山汉简、二年律令、爵律、兴律、睡虎地秦简、秦律、汉简

彭浩·陳偉·工藤元男 主編,《二年律令與奏讞書》

(上海古籍出版社, 2007年)에 대하여

彭浩·陳偉·工藤元男 主編,《二年律令與奏讞書》 (上海古籍出版社, 2007年)에 대하여

尹在碩*

〈국문초록〉

　1984년에 발굴된 張家山漢簡은 漢初의 역사는 물론 秦漢 法制史의 연구에 획기적 자료로 평가받고 있다. 현재 이에 대한 전체 석문은 2001년 《張家山漢墓竹簡[二四七號墓]》에 실려 있다. 그런데 최근 武漢大學 簡帛硏究中心 등에서 기존의 석문을 수정 보완하기 위하여 二年律令과 奏讞書의 죽간을 적외선 사진기로 촬영하여 《二年律令與奏讞書》를 편찬하였다. 그 결과 죽간 자체의 잔결과 마모 등으로 기존 석문에서 해독하지 못하였거나 오독한 부분을 대대적으로 수정 보완하였다. 이 글에서는 張家山漢簡의 발굴과 정리 과정 및 그 구성과 내용을 간단히 소개하고, 2007년에 출간된 《二年律令與奏讞書》의 석문을 《張家山漢墓竹簡[二四七號墓]》 및 일본의 《二年律令譯注稿》과 비교하는 한편, 《二年律令與奏讞書》에서도 여전히 발견되는 석문의 오류 또는 실수에 대하여 지적하고자 하였다.

▶ 핵심어 : 《이년율령여주언서》, 장가산한간, 이년율령, 주언서, 수호지진간, 죽간

* 慶北大學校 史學科 敎授

Ⅰ.머리말

1900년 이래 현재까지 중국에서는 戰國부터 魏晉시대에 제작 사용된 죽간 또는 목간이 약 30만 매 발굴되었고, 지금도 발굴 소식이 끊이지 않고 있다. 현재까지 약 400매 정도의 목간이 발굴된 한국 목간학계에서는 부러운 일임에 틀림없지만, 중국고대사학계와 簡牘學界에서는 기존 자료에 대한 숙성한 연구를 기다릴 틈도 없이 쏟아지는 새로운 자료의 틈바구니에서 망연자실할 지경이 다. 종래 居延漢簡·敦煌漢簡을 뒤이어 武威漢簡·馬王堆漢簡·銀雀山漢簡·雲夢睡虎地秦簡·龍 崗秦簡·懸泉置漢簡·包山楚簡·上海楚簡·郭店楚簡·尹灣漢簡·走馬樓吳簡 등이 그러하고, 최근 에는 張家山漢簡과 里耶秦簡이 그 뒤를 잇고 있다. 그런가 하면 2007년 11월에는 湖南大學 岳麓書 院에서 홍콩의 文物商으로부터 진시황시대에 작성된 것으로 추정되는 죽간 2,098매를 구매하였다 는 소식까지 들리고 있다.[1] 기존《雲夢睡虎地秦墓竹簡》1,150매 만으로도 秦代史 연구를 획기적으 로 진전시켰다는 점을 돌이켜보면,[2] 이번 발견은 진대사 연구가 簡牘에 대한 의존도를 더욱 높이 는 계기가 될 뿐 아니라, 한편으로는 漢代 前期史 연구에도 많은 도움을 줄 수 있을 것으로 생각되 는데, 특히 이 글에서 중점적으로 다룰《二年律令與奏讞書》와의 연계 연구가 무엇보다 기대된다.

Ⅱ.張家山漢簡의 구성과 내용 소개

2007년 8월 上海古籍出版社에서 출간한 彭浩·陳偉·工藤元男 主編의《二年律令與奏讞書》의 이 해를 돕기 위해서는 張家山漢簡의 발굴과 정리 및 석독 과정에 대해 먼저 알아볼 필요가 있다. 湖 北省 江陵縣 서쪽 2Km 지점에 위치한 張家山 일대에서 1983년 12월부터 84년 1월에 걸쳐 247·

---

1) 필자는 2008년 4월7일부터 10일까지 武漢大學에서 진행된 國際數術簡牘研討會에 참석하였는데, 이 자리에서는 1986년에 발굴된 후 공표되지 않았던 放馬灘日書乙種에 대한 사진판본과 석문을 둘러싼 토론 외에, 湖南大學 岳麓 書院의 陳松長교수가 소개한 秦簡이 눈길을 끌었다. 陳교수에 의하면 2007년 11월 岳麓書院에서 秦始皇시대의 죽간 2,098매를 岳麓書院에서 홍콩의 골동품상으로부터 人民幣 150만원(한화 약2억3천만 원으로 아직 돈을 지불하지는 않았다고 한다.)에 구매하였다. 진품으로 판정된 이 죽간은 여덟 덩어리로 구성되어 있고, 脫色과 매 죽간을 유리판 에 하나씩 고정시키는 작업을 마친 결과, 총 2,098매 중 字迹과 형태가 비교적 완전한 것이 800여 매이고, 내용은 算 術·隸卜·律令·日書 등으로 구성되었으며, 특히 令이 많이 포함되어 있음이 밝혀졌다. 簡文에는 秦始皇帝의 이름 에 대한 避諱는 나타나지만 한고조 劉邦에 대한 피휘는 나타나지 않고, 글자체는 小篆을 위주로 하면서도 古隸書體 도 일부 나타나며, 문장의 풍격은 里耶秦簡과 매우 흡사하다고 한다. 그리고 簡文 중에는 "內史" "爲吏之道" "居貲" "卅六" "丞相狀" "丞相綰" 등의 용어와 里耶秦簡에서 처음 등장한 "洞庭(郡)"과 더불어 "蒼梧(郡)"의 명칭도 보인다 고 한다. 그리하여 이 죽간은 진시황시대 현 荊州 일대에 매장된 郡守級의 묘에서 도굴된 것으로 추정되고 있는데, 기존《雲夢睡虎地秦簡》에 뒤이어 秦代史 연구의 획기적 자료로 기대된다.
2) 이 글에서 사용한 雲夢睡虎地秦簡은 雲夢睡虎地秦墓編寫組,《睡虎地秦墓竹簡》, 文物出版社, 2001年本이고,《睡虎地 秦簡》으로 약칭하도록 한다.《睡虎地日書》역시 이 책의 것을 저본으로 하였다.

249·258호의 西漢 초기 묘장이 발굴되었다.[3] 이 중 247호 묘에서 漢律·奏讞書·蓋盧·引書·脈書·算數書, 249호묘에서는 日書·曆書·遣策, 258호 묘에서는 曆書가 출토되었다. 이어서 1985년–1988년에도 같은 지역에서 발굴된 327호 묘에서 日書(300여매), 336호 묘에서 功令(184매)·養生治病之書(93매)·盜跖(44매)·曆譜(70매)·漢律十五種(372매)·遣策(56매)·내용불상의 간독(10매)이 출토되었다. 이 중 247호묘에서 발굴된 간독만이 출간되었고,[4] 그 나머지는 아직 전모가 공개되지 않고 있다.

총 1,236매(殘片 불포함)의 죽간이 출토된 247호 묘는 土坑木槨墓로서, 槨室의 머리 부분에 漆器·銅器·木俑과 더불어 竹簡을 넣어둔 상자가 위치하고, 그 아래에는 棺이 놓여 있었다. 이러한 葬法과 기물의 유형 등은 秦末漢初 江漢平原 지역의 일반적인 묘장의 그것과 흡사하고, 특히 죽간 중의 曆譜에 의하면 피장자가 사망한 해는 西漢 呂太后2년(B.C.186년)이거나 이보다 약간 뒤의 어느 시점이며, 葬法과 수장품의 수준 등을 분석한 결과, 피장자는 이 지역에서 근무한 말단 관리로서 법률과 算法에 능통하고 의술이나 양생술에도 관심이 많은 서한 초기의 인물로 밝혀졌다. 따라서 이들 죽간은 漢帝國의 창건자인 劉邦의 황후 呂太后가 정권을 장악한 시기에 실제 사용된 문서로서, 당시의 정치·경제·사회·문화 전반을 연구하는 데 더없이 중요한 자료로 인식되었다. 독자의 이해를 돕기 위해 장가산한간 전체의 개략적 내용과 이년율령의 律目 및 그 내용을 간단히 정리 소개하면 다음과 같다.

《張家山漢簡의 구성과 내용》

항목	길이	죽간번호	주요내용
曆譜	23cm	1–18	漢高祖5年(B.C.202年) 4月에서 呂太后2年(B.C.186年) 後九月까지의 朔日干支를 기재한 曆譜로서, 지금까지 알려진 曆譜 중 가장 이른 西漢 前期의 것으로 추정된다.
二年律令	31cm	1–524	漢高祖5年에서 呂太后2年에 이르는 시기에 시행된 律令으로 추정되며, 27(혹은 28)종의 律과 1종의 令(津關令)으로 구성되어 있다.
奏讞書	28.6 –30.1cm	1–228	縣 또는 郡에서 발생한 범죄사건 중 郡縣에서 판결하기 힘든 안건을 廷尉에게 상신하여 판결하게 한 疑獄罪案 모음집으로서, BC.7세기에서 BC.3세기에 이르기까지 발생한 24개의 사건에 대한 告訴·調査·審理·判決에 이르는 재판의 전과정이 기술되어 있다.

---

3) 荊州地區博物館, 〈江陵張家山三座漢墓出土大批竹簡〉, 《文物》, 1985–1; 張家山漢墓竹簡整理小組, 〈江陵張家山漢簡概述〉, 《文物》, 1985–1.

4) 張家山二四七號漢墓竹簡整理小組, 《張家山漢墓竹簡[二四七號墓]》, 文物出版社, 2001年. 이하 이 책은 《張家山漢簡》으로 약칭함.

항목	길이	죽간번호	주요내용
脈書	34.2 -34.6cm	1-66	60여종의 질병 명칭과 인체내 經絡의 방향 및 발생할 수 있는 질병에 대해 기술하고 있는데, 馬王堆帛書 중 《陰陽十一脈灸經》《脈法》《陰陽脈死候》에 상당하는 내용으로 이루어져 있다.
算數書	29.6 -30.2cm	1-190	《九章算術》과 유사한 내용의 數學書(69개로 구성된 수학 문제집)로서, 西漢 중기 혹은 東漢 초기의 저작으로 추정되는 《九章算術》보다 시대적으로 앞선다. 주요 내용은 분수의 성질, 사칙연산, 비례, 체적 및 면적의 계산 등으로 구성되어 있다. 수학서이지만 계산의 예시문으로 당시의 사회 경제적 내용이 들어있어 漢初 사회 경제사의 연구에도 도움을 준다.
蓋廬	30 -30.5cm	1-55	蓋廬(闔廬)가 질의하고 申胥(伍子胥)가 답변하는 형식으로 구성되어 있으며, 주로 국가통치 방식과 用兵의 이론을 서술하고 있다. 兵家와 陰陽家의 이론적 색채가 짙어 兵陰陽家書로 불리기도 한다.
引書	30 -30.5cm	1-112	고대 養生之術書의 하나로서 사계의 養生之道와 養生術式 및 養生術에 의한 질병치료 방법, 養生理論 등으로 구성되어 있다. 馬王堆帛書 중의 《導引圖》의 내용과 유사하다.
遣策	不一定	1-41	247호묘의 수장물품 명칭과 숫자를 기록하고 있다. 이 중 "書一笥"는 竹簡의 부장 사실을 기록한 것이다.

《二年律令의 律目과 내용》

律目	주요 내용	세부 내용
賊律	국가와 개인의 안전을 해치는 범죄에 대한 형벌 규정	반란, 모반, 降敵, 간첩 행위, 방화, 실화, 선박사고, 살인 모의, 고의 살인, 과실치사, 친속 살상, 璽印 위조, 皇帝文書 위조, 上書 부실, 券書의 내용 증감, 封印의 훼손, 毒(毒矢)의 제조와 사용, 符券과 열쇠 분실 등의 범죄를 처벌하는 규정으로 구성.
盜律	公私財産의 侵犯罪에 대한 처벌 규정	절도와 절도의 모의 또는 교사, 뇌물 수수, 떼도둑, 불법 入境한 외지인의 절도, 내지인의 出境 절도, 黃金의 국외 반출, 폭력 및 공갈에 의한 재물 탈취, 도굴, 관리 사칭 관청재물 탈취, 관청 재물의 임의적 사용 등에 대한 처벌 규정으로 구성.

律目	주요 내용	세부 내용
具律 (囚律)	訴訟에 관련된 규정	具律과 囚律은 소송 관련 법률 조문으로서, 二年律令에는 具律의 표제만 있고, 囚律의 표제는 없다. 그러나 내용상 具律만이 아니라 囚律이 포함되어 있음이 밝혀져, 93-98簡·101簡·102-103簡·107-109簡·112簡·113簡이 囚律의 내용으로 추정된다.[5]
告律	범죄자의 고소 고발 관련 규정	범죄자의 고발 장려, 誣告나 부실한 고발, 가족내 비속의 존속에 대한 고발과 노비의 주인 고발에 대한 처벌 규정, 자수에 대한 감형 규정 등을 포함.
捕律	범죄자 체포 관련 규정	범죄자를 체포하거나 관청에 범죄자에 대한 정보를 제보하여 범죄자 체포에 도움을 준 경우 등에 대하여 범죄의 경중을 따져 각기 차등 있게 포상하도록 하는 규정, 관리의 범죄자 체포 규정 및 처벌 규정, 群盜의 체포에 대한 포상 규정, 제후의 간첩 체포시의 포상 규정 등을 포함.
亡律	도망자 처벌 규정	吏民 및 刑徒·노비의 도망죄, 도망자 은닉죄, 도망자와의 혼인죄, 도망자 고용죄, 노비의 도망죄 등에 대한 처벌 규정 및 노비 사면 규정 등을 포함.
收律	범죄자의 재산·처자의 몰수와 관련된 규정	범죄자의 처자와 전택 및 기타 재산의 몰수 규정, 連坐收孥의 면제 조건 규정, 범죄자의 재산 몰수시 獄吏 및 유관 관리들의 준수 규정, 죄를 지은 노비의 처자 몰수 규정, 관노비로 몰수될 자들의 은닉자에 대한 처벌 규정 등을 포함.
雜律	26 또는 27조목의 律目에 포함되지 않는 잡다한 규정	불법적 월담 행위, 불법적 부세 징수, 도박에 의한 재산 탈취, 채무자의 인신 혹은 물건의 강제 저당, 성범죄 등에 대한 처벌 규정을 포함. 이중 성범죄 관련 규정이 제일 많다.
錢律	화폐 유통 및 鑄錢 관련 규정	유통 가능한 동전의 규격, 盜鑄錢에 대한 처벌 규정으로 구성. 이중 盜鑄錢에 대한 처벌 규정이 가장 많다.
置吏律	관리의 추천 임명 관련 규정	관리로 추천된 자가 청렴하지 못하거나 무능한 경우 추천자의 관직 박탈 규정, 관리를 잘못 추천한 자가 관리가 아닌 경우에 대한 처벌 규정, 면직된 관리가 20일 동안 관직을 떠나지 않았을 때의 처벌 규정 등을 포함.
均輸律	물자 운송 관련 규정	간문에 잔결이 심하여 구체적인 내용 파악이 힘들다.

---

5) 李均明, 〈二年律令·具律中應分出囚律條款〉, 《鄭州大學學報》, 2002-3, pp.8-10.

律目	주요 내용	세부 내용
傳食律	驛傳 관련 규정	각급 관리 및 有爵者가 사용할 수 있는 傳車 및 膳食의 수량과 質量, 그리고 驛傳의 車食을 사용할 수 없는 경우에 대한 규정을 포함.
田律	墾田과 芻藁 징수 및 산림 보호 등에 관련된 규정	토지개간, 授田, 芻藁 징수 및 사용 등에 관한 규정, 토지의 경계와 田間의 길·수리시설 등을 유지 보수하는 방법에 대한 규정, 봄·여름에 산림을 벌목하거나 어린 짐승을 잡는 행위 및 독을 풀어 물고기를 잡는 행위 등을 금지하는 규정, 특정일에는 토목사업을 하지 못하도록 하는 규정, 戶賦 납부 규정 등을 포함.
市律	시장 관련 규정	시장에서 판매하는 繒布의 폭과 시장세 납부에 관련된 규정, 시장 관리원의 업무 및 처벌에 관한 규정, 물건 값을 속이는 상인에 대한 처벌 규정 등을 포함.
行書律	우편물 전달과 郵驛조직 관련 규정	郵驛 설치 거리와 우역 내부의 구조를 각 지역적 특색에 따라 정하도록 하는 규정, 郵人에 대한 요역·호부·전조의 면제 규정, 우편물 전달의 시한과 속도 및 封印 훼손시의 처벌 규정 등을 포함.
復律	수공업자에 대한 賦役 면제 규정	관영수공업에 종사하는 工人의 戶에 대한 免役 우대 규정, 수공업을 배우는 신참 공인의 학습 기간과 숙련도에 따른 徭賦 면제 규정 등을 포함.
賜律	官秩과 爵級에 따른 사여물의 차등 지급 규정	爵級 및 官秩을 기준으로 한 의복 사여 규정, 순직 관리에 대한 衣棺·棺槨·棺錢·槨錢의 사여 규정, 유작자·무작자 및 司寇·徒隷 등에 대한 酒食의 차등 지급 규정 등을 포함.
戶律	戶籍의 작성과 정리 및 관리에 관한 규정	五大夫 이하의 入伍 의무 규정, 里門·縣邑門의 시간별 개폐 규정, 關內侯를 비롯한 19개 爵級과 無爵者 및 司寇·隱官 등에 대한 田宅 사여 규정, 後子(가계계승자)의 擇田 우선권 부여 규정, 卿 신분 이상의 유작자에 대한 田租 면제 규정, 田宅의 매매와 관련된 규정, 전택의 계승과 매매시에 鄕吏가 취해야 하는 사무 및 이와 관련된 업무 처리 지연시의 처벌 규정, 불법적 전택 소유 행위에 대한 처벌 규정, 호구 조사 및 호적 정리 업무에 관련된 규정, 유서에 의한 전택·노비·재물의 분할 상속시에 지켜야 할 업무 처리 규정 및 상속분쟁의 해결 규정 등을 포함.

律目	주요 내용	세부 내용
效律	장부에 기입된 물품의 재고 조사와 관련된 규정	매 3년마다 혹은 신구 관리의 교체시 반드시 장부에 기재된 물품을 조사하여 하자가 있는 경우 책임자로 하여금 배상을 하게 하는 규정, 곡물의 반출이 규정량보다 많거나 반출이 불가함에도 반출한 경우 책임자에게 배상하게 하는 규정 등을 포함.
傅律	傅籍 등재 관련 규정	爵級의 고하를 기준으로 한 給騶과 受杖의 연령 설정 규정, 爵級의 고하에 따른 免老와 免老의 연령 설정 규정, 後子와 支子의 작위 계승 규정, 부친의 爵級 고하를 기준으로 자식의 傅籍 연령을 서로 달리 설정하는 규정 등을 포함.
置後律	後子(가계 계승자)에 의한 戶主 신분과 爵位 및 田宅의 계승에 관련된 규정	질병 또는 공무로 유작자 또는 관리가 사망할 경우 가계계승의 순서 및 작위계승의 순서(아들-딸-부-모-형제-자매-처)를 지정한 규정, 유복자나 형제지간의 가계계승과 관련된 규정, 後子가 될 친속이 없을 경우 絕戶를 피하기 위해 노비를 면하여 서인으로 삼아 주인의 전택 및 재산을 계승케 하는 규정, 형제간의 재산 상속은 中分의 원칙을 지키도록 한 규정, 과부의 가계계승과 관련된 규정, 관리의 후계자 관련 사무 처리 규정, 耐罪 이상의 자는 작위의 계승자가 될 수 없다는 규정 등을 포함.
爵律	賜爵의 조건 및 有爵者 우대책에 관련된 규정	爵과 賜의 수여 조건, 拜爵이 부적절한 자에 대한 돈의 지급, 작위의 반납에 의한 자신 및 타인의 면죄 규정 및 이를 위반한 경우에 대한 처벌 규정 등을 포함.
興律	兵·徭役의 징발과 복무에 관련된 규정	屯戍 복역자의 도망죄 처벌 규정, 車牛의 징발 관련 규정, 실수로 봉화를 올린 경우 및 적을 보고도 봉화를 올리지 않거나 다른 봉수대의 신호에 화답하여 봉화를 올리지 않은 경우 등에 대한 처벌 규정을 포함.
徭律	徭役과 관련된 비교적 특수한 규정을 초록	睆老에 대한 요역 半減 규정을 비롯하여, 요역 면제 규정, 물자 운반을 위한 車牛 징발 규정, 궁수의 매년의 훈련 규정, 변경 요역에 동원된 자의 요역 일수가 법정 일수를 초과하거나 모자랄 경우 다음 해의 요역일수 계산에 반영한다는 규정 등을 포함.
金布律	金錢과 布帛의 수납에 관련된 규정	縣廳에서 복무하는 徒隷에게 지급하는 겨울과 여름 의복 재료의 치수와 수량에 대한 규정, 현관에서 일하는 馬牛에게 지급하는 사료의 양을 정한 규정, 전납 및 속죄금 납부 관련 규정, 租錢·質錢·戶賦錢·園池錢 징수 후의 보고 규정, 製鹽·採鐵·採銀·採鉛·採丹하는 자에 대한 세금 부과 규정 등을 포함.

律目	주요 내용	세부 내용
秩律	관리의 秩祿 관련 규정	중앙과 군현의 관리에게 지급하는 秩祿의 고하를 정한 규정.
史律	史·卜·祝의 학업과 시험에 관한 규정	史·卜·祝의 자제의 학업 개시 연령과 시험에 응시할 수 있는 학업 연한 및 시험 일자 등에 대한 규정, 史·卜·祝을 공부하는 학동이 시험에 통과하는 데 필요한 시험내용과 분량을 정한 규정 등을 포함.
津關令 (38枚)	人馬와 물자의 津關 통관시에 지켜야 할 28조목의 황제의 명령	津關을 불법적으로 넘는 자에 대한 처벌 규정을 비롯하여, 人馬와 物資의 津關 출입시의 준수 규정, 진관 출입시 반입 또는 반출 금지 품목의 설정 규정, 關中에서 馬匹 구매시의 준수 규정, 關吏의 업무와 관련된 처벌 규정, 關外 거주 관리 및 요역자의 사망시 運柩의 通關 관련 규정, 津關 설치 규정 등을 포함.

위와 같이 구성된 장가산한간의 조기 발표에 대한 학계의 절실한 기대에도 불구하고 애초 발굴 보고서의 내용은 매우 소략하였다. 또한 脈書·引書·奏讞書·算數書의 석문이 각기 1989·1990·1993·2000년에 조금씩 발표된 나머지[6] 죽간 전체의 유기적 해석이 어려웠고, 심지어 죽간 중에서 가장 비중이 높은 二年律令을 포함한 석문 전체가 《張家山漢墓竹簡[二四七號墓]》라는 서명으로 일괄 발표된 것은 2001년 11월이었으니, 이는 발굴 시점으로부터 약 18년이 걸린 셈이다. 이로 인하여 석문의 조기 발표를 학수고대한 연구자들의 기대가 거의 분노 상태로 바뀐 것은 죽간의 정리와 석문 작업에 참여한 학자들의 구구한 변명에도 불구하고[7] 충분히 이해함직한 일이었다.

2002년부터 본격적으로 시작된 장가산한간의 연구에서 가장 활기를 띠고 있는 분야는 서한 초

---

6) 張家山漢簡整理小組, 〈江陵張家山漢簡脈書釋文〉, 《文物》, 1989-8; 張家山漢簡整理小組, 〈江陵張家山漢簡引書釋文〉, 《文物》, 1990-8; 張家山漢簡整理小組, 〈江陵張家山漢簡奏讞書釋文〉, 《文物》, 1993-8; 張家山漢簡整理小組, 〈江陵張家山漢簡算數書釋文〉, 《文物》, 2000-9.

7) 석문 전체의 일괄 발표가 늦어진 이유에 대해서는 "《睡虎地秦簡》에 비해 張家山漢簡의 정리 작업에 대한 턱없이 부족한 경제적 지원" "발굴기관과 정리 및 석문을 담당한 기관 또는 연구자들간의 비협조" 등이 제기되었는데, 무엇보다 죽간을 보유한 기관의 자료 독점욕도 단단히 한몫을 한 것으로 보인다. 특정 기관의 자료 독점에 따른 학계의 불협화음은 비단 중국에서만 나타나는 현상은 아닌 것 같다. 그런데 각주1)에서 밝혔듯이 未公布된 간독자료의 석문에 대한 세미나에 중국측 전문가는 물론 외국학자(프랑스·영국·미국·일본·한국)까지 초청한 武漢大學 簡帛硏究中心의 행보는 매우 고무적인 현상이었다. 이는 자료의 독점보다는 공개로 인한 연구의 수월성을 조기에 확보하고자 하는 노력의 일환이라 할 만한데, 그 이면에는 중국간독학계의 새로운 간독자료에 대한 자신들만의 연구의 우월성과 자신감도 작용한 것으로 보인다.

기의 법률문서인 二年律令과 奏讞書이다. 주언서는 이년율령에 비해 일찍 발표되었기에 비교적 일찍부터 이에 대한 연구가 활발하여 專著가 나오기도 하였다.[8] 그러나 이년율령의 경우 출토 후 18년이라는 긴 세월을 거쳐 간행되었음에도《睡虎地秦簡》에 비해 석문과 주석의 치밀성이 떨어진다는 지적이 제기되어 왔다. 이는 장가산한간의 정리와 석독 과정에서 연구자들 간의 이견이 심했던 탓도 있겠고, 아울러 국가 차원의 경제적 지원이《睡虎地秦簡》에 비해 거의 이루어지지 않았던 것도 한 요인이었던 것 같다. 그래서인지 장가산한간의 경우, 연구자 개인의 개별적 연구 외에 대외적 지원을 받지 않는 상태에서 각 대학이나 연구소를 중심으로 연구자들이 자발적으로 모여 공부하는 연독반이 비교적 활발하게 가동되었던 것 같다. 중국에서는 中國文物研究所의 李均明선생과 中國社會科學院 歷史研究所의 謝桂華선생을 중심으로 꾸려진 張家山漢簡研讀班을 비롯하여,[9] 北京大學·武漢大學 등의 研討班이 활동하였고, 일본에서도 京都大學 인문과학연구소의 冨谷至 교수를 중심으로 한 三國時代出土文字資料研究班,[10] 早稻田大學의 工藤元男교수가 중심이 된 早稻田大學簡帛研究會,[11] 專修大學《二年律令》研究會[12] 등이 이년율령을, 學習院大學의 鶴間和幸 교수가 주축이 된 學習院大學漢簡研究會[13]는 주언서를 研讀하였다. 이러한 연구반들의 활동 결과는 연구자의 개별적 논문 작성에 많은 영향을 미쳤음은 말할 필요가 없다.

장가산한간에 대한 개별 연구자의 논문은 현재까지 수백편이 발표되었고 이를 종합한 논문집·주석집·논저목록까지 나와 있을 정도인데,[14] 이를 가능하게 한 계기 중에는 현재 중국 간독 학회 전반을 주도하고 있는 간독 전문 학술지와 인터넷상의 간독 정보의 공유 현상을 들지 않을

---

8) 대표적으로 蔡萬進,《張家山漢簡〈奏讞書〉研究》, 廣西師範大學出版社, 2006年이 있다.

9) 張家山漢簡研讀班의 二年律令과 奏讞書에 대한 研讀會는 2002년 3월부터 2003년 말까지 中國文物研究所에서 진행되었다. 2002년 한 해 동안 본인이 이 모임에 참가할 때, 약 10여명이 매주 금요일 오후 2시부터 3-4시간씩 고정적으로 참석하였는데, 李均明·謝桂華·胡平生·王子今·徐世虹·蔣非非·沈松金·張曉峰·王昕·宋艷萍·菜秀萍·謝洪波 등이 그들이고, 그 결과물은〈張家山漢簡《二年律令》校讀記〉,《簡帛研究2002·2003》, 廣西師範大學出版社, 2005年, pp.177-195로 발표되었다.

10) 이들의 연구 결과는 三國時代出土文字資料研究班,〈江陵張家山漢墓出土二年律令譯注稿(一)(二)(三)〉,《東方學報》, 第76冊(2004年)·77冊(2005年)·78冊(2006年)(앞으로《二年律令譯注稿》로 약칭함)과, 이를 종합한 冨谷至 編,《江陵張家山二四七號墓出土漢律令の研究(論考篇·譯注篇)》, 朋友書店, pp.1-331이 있다.

11) 早稻田大學簡帛研究會에서는〈張家山第二四七號漢墓竹簡譯註〉 4篇을 2004-2006年《長江流域文化研究所年報》의 第1-3號에 발표한 바 있다.

12) 專修大學〈二年律令〉研究會에서는 이년율령의 연구 성과물인《張家山漢簡〈二年律令〉譯註》8편을《專修史學》第35號((2003년11월)-第42號(2007년3월)에 발표하였다.

13) 學習院大學漢簡研究會에서는〈春秋故獄の名裁き - 江陵張家山漢簡『奏讞書』讀む〉,《中國出土資料研究》第4號(2000年3월)를 필두로 2003년 3월까지 7편의 奏讞書 譯註本을 발표하였다.

14) 대표적으로 中國社會科學院簡帛研究中心編,《張家山漢簡二年律令研究文集》, 廣西師範大學出版社, 2007年; 朱紅林,《張家山漢簡二年律令集釋》, 社會科學文獻出版社, 2005年; 黃錦前,〈張家山漢墓竹簡研究論著目錄(2003년11月)〉, http://www.jianbo.org; 張小鋒,〈2002-2003年國內張家山漢簡研究論著目錄〉, http://economy.guoxue.com 등이 있다.

수 없다. 우선 학술지의 경우, 역사학 전반을 다루는 기존 학술지 뿐 아니라 간독 관련 글만을 게재하는 학술지가 장가산한간을 비롯한 간백 연구의 전문적 터를 제공하고 있다는 점인데, 중국사회과학원 簡帛硏究中心의 《簡帛硏究》, 武漢大學 簡帛硏究中心의 《簡帛》, 西北師大史學科와 甘肅省文物考古硏究所의 《簡帛學硏究》, 中國文物硏究所의 《出土文獻硏究》, 張顯成 主編의 《簡帛語言文字硏究》, 그리고 대만의 《國際簡牘學會會刊》《中華簡牘學會通報》 등이 그것이다. 이뿐 아니라 더욱 흥미로운 점은 간독자료의 출토 상황이나 간독 관련 학술대회 관련 정보가 거의 실시간으로 간독 전문 인터넷사이트에 탑재되는가 하면, 개별 연구자들의 상당수의 논문이 학술지에 게재되기 전 또는 후에 인터넷상에서 공개된다는 사실이다.[15] 따라서 현재 중국 간독학계에서는 어느 기관 또는 개인이 간독 관련 정보를 독점하겠다는 발상은 거의 사라지고 있다해도 과언이 아닐 것이다. 이외에도 사이버공간의 활용은 학술지에 비해 간독 관련 정보나 논문의 게재 시간이 전혀 소요되지 않는 장점도 가지고 있다. 그리하여 연구자간의 정보 공유가 실시간으로 이루어질 뿐 아니라, 특정 주제에 대한 인터넷상의 토론을 거친 후 학술지에 논문을 게재하게 되어 그만큼 논문의 완성도를 높이는 계기도 되고 있다. 한국목간학계 역시 이러한 소통의 방식에 대한 관심이 필요할 것으로 보이는데, 이렇게 하기 위해서는 사이트운영자의 성실함 뿐만 아니라 학술정보와 연구성과의 교류에 대한 학자들간의 열린 마음과 소통의 자세가 무엇보다 필요하다는 점은 세삼 강조할 필요도 없을 것이다.

Ⅲ. 《二年律令與奏讞書》의 석문 검토

앞에서도 언급하였듯이 《張家山漢簡》이 발굴 후 18년 만에 지상의 빛을 보게 되었으나 석문에 대한 논의는 끊임없이 진행되어왔다. 이 과정에서 2001년 11월 《張家山漢簡》을 간행한 張家山二四七號漢墓竹簡整理小組가 다시 2006년 5월에 《張家山漢墓竹簡[二四七號墓](釋文修訂本)》(文物出版社)을 재간행한 것은 《張家山漢簡》의 오류나 미비한 부분이 그만큼 많았음을 웅변하는 것이자, 한편으로는 장가산한간에 대한 석문상의 종지부를 찍고자 하는 고육책으로도 보인다. 그런데 이러한 상황에서 《二年律令與奏讞書》이 다시 출간된 것은 다소 의외라 할 수밖에 없는데, 이를 가능하게 한 것은 간독 촬영기술의 진보와 함께 그간 장가산한간 연구의 양적 질적 축적, 그리고 중국은 물론 외국 연구기관간의 긴밀한 협조의 결과라 할 수 있다. 특히 후자는 이 책이 武漢大學簡帛硏究

---

15) 2000년 2월 27일 山東大學 儒學硏究中心의 龐朴교수가 개설하고 현재 山東大學 文史哲硏究院 簡帛硏究所가 운영하는 http://www.bamboosilk.org 및 http://www.jianbo.org와 최근 武漢大學의 陳偉교수가 주축이 되어 운영하고 있는 武漢大學簡帛硏究中心의 http://www.bsm.org.cn이 가장 대표적인 簡帛 전문 포털사이트라 할 수 있다.

中心·荊州博物館·早稻田大學長江流域文化研究所의 합작품이라는 데에서 잘 드러난다. 필자에게
《二年律令與奏讞書》에 대한 서평을 요청한 武漢大學簡帛研究中心의 主任이자 武漢大學歷史學院長
인 陳偉교수에 의하면, 荊州博物館에서는 죽간을 제공하고, 早稻田大學측에서는 적외선카메라를
제공하였으며, 武漢大學측에서는 죽간의 촬영과 도판과 석문의 작성과 편집 등의 작업을 총괄하
였다고 한다. 세 기관의 대표자인 陳偉·彭浩·工藤元男은 중심적 역할을 맡으면서 긴밀한 협조
체제를 유지하였는데, 이 과정에서 죽간이라는 자신들만의 진귀한 유물을 외국 연구기관에 완전
개방하였을 뿐 아니라, 竹簡文에 대한 釋文과 주석 작업에까지 일본 학자를 동참시킨 사실은 비단
경제적 이유만으로 설명하기 어려운 부분도 있을 것이다. 즉, 보다 정확한 석문의 작성과 풍부한
주석 작업을 위해서는 국내외를 막론하고 우선 자료에 대한 소아병적 독점욕을 버려야 한다는 의
식이 강하게 작용하였고, 한편으로는 간독 연구에 대한 중국학자들의 자신감이 크게 작용한 것으
로 보인다. 陳偉교수가 이 책에 대한 서평을 외국인에게 부탁한 것도 이러한 자부심의 반증이라
할 수 있다.

　《二年律令與奏讞書》를 간행하는 데 일등공신은 무엇보다 적외선 영상기술의 동원이라 할 만하
다. 陳偉 교수의 소개에 의하면, 자신들이 사용한 사진기는 早稻田大學에서 2003년에 제공한 적외
선카메라로서, 일본 하마마츠(浜松)포토닉스사에서 제작한 IRRS-100 제품번호의 카메라였다고
한다. 카메라의 시야가 좁아서 죽간 하나를 여러 등분으로 나누어 찍은 후 이를 컴퓨터상에서 합
성하여 도판을 제작하였는데, 촬영과정에서 촬영범위내의 죽간에 대한 조도가 고르지 않아 흡족
한 만큼의 성과는 얻지 못하였다고 한다.[16] 그렇지만 이같이 새로운 기술을 접목한 결과 《二年律
令與奏讞書》는 《張家山漢簡》에 비해 간문의 判讀率를 훨씬 높였을 뿐 아니라, 《張家山漢簡》에서는
방기되었던 일부 죽간 殘片을 판독하여 정식 간문으로 복원하는 성과도 올렸다.[17] 그리고 이를 바
탕으로 《張家山漢簡》의 조문 배치 순서와 다르게 이년율령의 조문을 재배치하는가 하면, 조문에
대한 구두점을 《張家山漢簡》과 달리 찍음으로 인하여 해당 조문에 대한 해석의 정확성을 제고하
였다. 나아가 校釋에서는 매 글자 또는 단어나 구절에 대한 주석을 달면서 이 책이 나오기 직전까
지 발표된 이년율령과 주언서 관련 대표적 연구 성과를 직접 인용하거나 참고하여 주석을 서술함
으로써 독자의 이해력 제고에도 지대한 공헌을 하였다. 특히 석문과 주석의 작성과정에 중국과
일본의 14명의 젊은 학자들이 참여하여 고전적 문헌자료는 물론 중국과 일본의 대표적인 최신의

---

16) 중국에서 간독의 석독에 적외선촬영기술이 이용되기 시작한 것은 1970-80년대 이래지만 당시에는 육안 위주 석독
　　과정에서 보조기술로만 활용되었는데, 《尹灣漢墓簡牘》《居延漢簡補編》 등이 그러한 예였다. 그러나 최근에는 돈황
　　에서 발굴된 《懸泉置漢簡》과 《長沙走馬樓吳簡》의 석독도 역시 적외선 영상기술을 활용하였다.

17) 적외선카메라에 의해 기존 《張家山漢簡》의 석문을 수정하는 것 외에, 《張家山漢墓竹簡(釋文修訂本)》《張家山漢簡〈
　　奏讞書〉研究》《張家山漢簡二年律令校釋》《二年律令譯注稿》《張家山漢簡》 등의 개별적 연구 성과물을 참조하여 석
　　문을 교정한 예도 적지 않은데, "令民共(供)食之, 月二戶"(308簡)의 "戶"를 "石"으로 수정한 것은 《二年律令譯注稿》
　　의 견해를 수용한 대표적 사례라 할 수 있다.

연구 성과까지 적극 참조하였다는 점은 매우 주목할 만하다. 이는 종래 간독문의 주석이 고전 문헌에 의존한 중국의 전통적 주석 달기의 방식을 벗어나지 못한 것에 비한다면 주석 분야에서의 획기적 진전이라 할 만하다.

이 책은 장가산한간 중 曆譜·脈書·算數書·蓋廬·引書·遣策을 제외한 二年律令과 奏讞書의 죽간 圖版·釋文·校釋 및 참고자료의 소개 등 네 부분으로 나누어져 있다. 그중 도판은 죽간의 적외선 사진을 확대하여 인쇄해 놓은 상태인데, 《張家山漢簡》의 도판과 비교하면 오히려 선명도가 떨어지는 것도 적지 않다. 왜냐하면 죽간을 완전 脫水하여 건조 보관해 오던 것을 촬영한 터이라, 출토된 지 20년이 경과한 죽간의 字迹이 이전만 같지 못하였고, 심지어는 죽간이 심각하게 변형되거나 세로로 갈라진 것도 적지 않기 때문이다. 그렇지만 묵흔만 남아있는 글자에 대해 적외선 촬영을 진행하고, 종전 《張家山漢簡》의 죽간 도판을 대조 분석하여, 종래 판독하지 못한 글자를 보충하고 석문상의 오류를 수정하는 데 상당한 성과를 올릴 수 있었는데, 그 결과를 다음 ≪표≫로 정리할 수 있다. 이를 통하여 적외선 촬영을 전후한 《張家山漢簡》과 《二年律令與奏讞書》의 석문의 차이를 확연히 구별할 수 있을 것이다. 아울러 ≪표≫를 통하여 이년율령에 대한 일본의 대표적 釋文과 註解本인 《二年律令譯注稿》본과 《二年律令與奏讞書》의 석문 비교도 가능할 것이다.

≪二年律令 석문 수정 일람≫

죽간 번호	《張家山漢墓竹簡》	《二年律令譯注稿》	《二年律令與奏讞書》
4	燔寺舍	燔寺舍	賊燔寺舍
4	民室屋廬舍·積寂(聚), 縣爲城旦春	民室屋廬舍·積寂(聚), 縣爲城旦春	民室屋廬舍·積寂(聚), 縣爲城旦春
4-5	責(債)所燔	責(債)所燔	責所燔
7	舳艫負二, 徒負一	舳艫負二, 徒負一	舳艫負二, 徒負一
19	軍(?)吏緣邊縣道	軍(?)吏緣邊縣道	軍吏緣邊縣道
27	斷決鼻·耳者	斷決鼻·耳者	斷陕(決)鼻·耳者
30	奴婢毆庶人以上	奴婢毆庶人以上	奴婢毆(毆)庶人以上
44	謁斬若刑	謁斬□若刑	謁斬止刑(?)若刑
63	通歙(飲)食餽饋之	通歙(飲)食餽遺之	通歙(飲)食餽遺之
66	盜發冢(塚)	盜發冢(塚)	盜發塚
67	不當賣而私爲人賣	不當賣而私爲人賣	不當賣而和爲人賣
68	罪其妻子	罪其妻子	完其妻子

죽간 번호	《張家山漢墓竹簡》	《二年律令譯注稿》	《二年律令與奏讞書》
77	□□□財(?)物(?)私自假僞 (貸)	□□□財(?)物(?)私自假僞 (貸)	□□以財物私自假僞(貸)
79	及在縣道官廷(?)	及在縣道官廷	及在縣道官非
84	☑殺傷其夫	殺傷其夫	☑妻(?)殺傷其夫
96	□□以其贖論之	□□以其贖論之	審，各以其贖論之
105	非之官在所縣道界也	非之官在所縣道界也	非出官在所縣道界也
127	城旦舂罪完爲城旦舂	黥爲城旦舂罪完爲城旦舂	黥爲城旦舂罪完爲城旦舂
138	完城☑二兩	完城☑二兩	完城[旦舂罪，購金]二兩
143	逗留畏耎弗敢就	逗留畏耎弗敢就	逗留畏耎(愞)弗敢就
148	所捕‧斬雖後會□□	所捕‧斬雖後會赦不	所捕‧斬雖後會赦不
150	數人共捕罪人而當購賞	數人共捕罪人而當購賞	數人共捕罪人而當購賞
165	自出殹，□□	自出殹，□□	自出殹(也)，笞百.
170	所舍罪當黥☑贖耐；完 城旦舂以下到耐罪， 及亡收‧隸臣妾‧奴 婢及亡盈十二月以上	所舍罪當黥☑贖耐. 完 城旦舂以下到耐罪， 及亡收‧隸臣妾‧奴 婢及亡盈十二月以上	所舍罪當黥☑贖耐；完城旦 舂以下到耐罪，及亡收‧隸 臣妾‧奴婢及亡盈十二月以 上
192	及其所與皆完爲城旦舂	及其所與皆完爲城旦舂	及其所與皆完成城旦舂
195	皆完爲城旦	皆完爲城旦舂	皆完爲城旦舂
211	□□□□有事縣道官而免斥	☑有事縣道官而免斥	□□□若有事縣道官而免斥
214	其受恒秩氣稟，及求財用年 輸	其受恒秩氣稟，及求財用年 輸	其受恒秩氣(餼)稟(廩)，及 求財用委輸，
219	毋得徑請. 徑請者者	毋得徑=請=者=	毋得徑請者. 徑請者
225	方長各□□而□□□□發 □出□置皆如關□	方長各□□而□□□□發□ 出□置皆如關□	方長各□□見其□□□將有 盜出□□皆如□□
226	諸(?)行(?)津關門(?)東 (?)☑□□	諸(?)行(?)津關門(?)東 (?)……	諸□津關所索得雖未出，皆 坐臧(贓)爲盜，☑皆索弗得， 戍邊二歲
229	發傳□□□□	發傳□□□□	發傳所相(?)去遠
236	五百石以下到二百石毋過二人	五百石以下到二百石毋過二人	五百石以下到三百石毋過二人
247	道□阪險	道□阪險	道及阪險

죽간 번호	《張家山漢墓竹簡》	《二年律令譯注稿》	《二年律令與奏讞書》
248	□□□□□及□土	□□□□□及□土	盜侵飲道千(阡)伯(陌)及塹土〈之〉
251	諸馬牛到所，皆毋敢穿窏穿窏及及置它機能害人·馬牛者	諸馬牛到所，皆毋敢穿=窏=，及=置它機能害人馬牛者	諸馬牛到所，皆毋敢穿窏及[置它機]，穿窏及置它機能害人·馬牛者
260	奪之列. 列長·伍人弗告	奪之列=. 長·伍人弗告	奪之死〈列〉. 死〈列〉長·伍人弗告
263	□市律	□市律	關市律
264	南水	南水	南界
265	一郵十二室	一郵十二室	一郵郵十二室
269	發致及有傳送	發致及有傳送	發徵及有傳送
273	不中程半日	不中程半日	行不中程半日
275	□縣□劾印	□縣□劾印	過縣輒劾印
286	有疾病色(?)者收食	有疾病□者收食	有疾病ㅋ者收食
297	佐史八斤，酒七升	佐史八斤，酒七升	佐史八斤，酒各一斗
308	令民共(供)食之，月二戶	令民共(供)食之，月二戶	令民共(供)食之，月二石
313	以爲其□田子之	以爲其□田子之	以受其殺田子之
318	□□廷歲不得以庶人律，未受田宅者，鄉部以其爲戶先後次次編之，久爲右	☑廷歲不得以庶人律，未受田宅者，鄉部以其爲戶先後次次編之，久爲右	未受田宅者，鄉部以其爲戶先後次次編之，久爲右
318	□□廷歲不得以庶人律	☑廷歲不得以庶人律	亡盈(?)卒歲不得以庶人律代戶□□□（新見竹簡與殘片：X一）
325	民皆自占年	□民皆自占年	諸(?)民皆自占年
331	田比地籍·田命籍	田比地籍·田命籍	田比地籍·田合籍
333	臧(藏)□已	臧(藏)□已	其事(?)已
338	令毋敢逐(逐)夫父母及入贅		令勿敢逐(逐)夫父母及入贅
340	諸(?)後欲分父母·子·同產·主母·叚(假)母	□後欲分父母·子·同產·主母·叚(假)母	諸後欲分父母·子·同產·主母·叚(假)母

죽간 번호	《張家山漢墓竹簡》	《二年律令譯注稿》	《二年律令與奏讞書》
347	縣道官令長及官(?)比(?)長而有丞者□免・徒……雖不免・送(徙)	縣道官令長及官(?)母(?)長而有丞者□免・徒……雖不免・送(徙)	縣道官令長及官母長而有丞者節(卽)免・徒……唯(雖)不免・送(徙)
349	實官史免徒, 必效☑	實官史免・徒, 必效☑	實官史免・徒, 必效代☑
354	禀畺米月一石	禀鬻米月一石	禀鬻米月一石
361	若次其父所, 所以以未傅	若次其父所,=以=未傅	若次其父所以, 所以未傅
363	及天鳥者, 以爲罷癃(癃)	及天鳥者, 以爲罷癃(癃)	及天鳥, 皆以爲罷癃(癃)
367	以孺子□□□子……【五大夫】後子爲公大夫	以孺子☑子……【五大夫】後子爲公大夫=	以孺子[子]・[良人子]……[五][大][夫]後子爲公大夫
369	皆爲死事者	皆爲死事者	□□□皆爲死事者
374	長爵爲下爵・毋爵□□□□□	長爵爲下爵・毋爵□□□□□	長爵爲下爵・毋爵死事者及□爵
377	子・同産産・大父母・大父母之同産十五日之官	子・同産=・大父=母=・之同産十五日之官	子・同産・大父母・父母之同産十五日之官
281	乃以棄妻[子][男]	乃以棄妻[子][男]	乃以棄妻子男
382–383	以□人律□之□主田宅及餘財……有□子若主所言吏者	以□人律□之□主田宅及餘財……☑□□子若主所言吏者	以庶人律子之其主田宅及餘財……有夫(?)子若主所信使者
384	女子爲父母後而出嫁者	女子爲父母後而出嫁者	女子爲戸, 母後而出嫁者
385	□□□□長(?)次子, □之其財, 與中分. 其共爲也, 及息	☑…□□□□□其財, 與中分. 其共爲也, 及息	□□□□長(?)次子, 畀之其財, 與中分其共爲也及息
388	□□□[不][審], [尉]・[尉][史][主][者][罰][金][各][四][兩]	☑□[不][審], [尉]…□[者][罰][金][各][四]□	□□□不審, 尉・尉史主者罰金各四兩
389	[尉]・[尉][史][主][者][罰][金][各]□[兩]	尉=・[史][主][者][罰][金][各]□[兩]	尉・尉史主者罰金各□兩
394	諸言作(詐)僞自爵・爵免・免人者	諸言作(詐)僞自爵=免=・人者	諸言作(詐)僞自爵免・爵免人者
398	過三月〈日〉, 完爲城旦	過三月, 完爲城旦	過三月, 完爲城旦
400	□□□□□爲城旦	□□□□□爲城旦	□□斬(?)左(?)止(趾)爲城旦

죽간 번호	《張家山漢墓竹簡》	《二年律令譯注稿》	《二年律令與奏讞書》
401	已(?)繇(徭)及車牛當繇(徭) 而乏之，皆貲日十二錢	□繇(徭)及車牛，當繇(徭) 而乏之，皆貲日十二錢	乏繇(徭)及車牛當繇(徭)而 乏之，皆貲日廿二錢
402	☑繇(?)日(?)☑	☑□□□□□□☑	繇(?)日(?)☑
403	☑罰有日及錢數者	☑罰有日及錢數者	罰有日及錢數者
407	晥老各半其爵繇(徭)，□入 獨給邑中事	晥老各半其爵繇□入 獨給邑中事	晥老各半其爵繇(徭)員，入 獨給邑中事
413	補繕邑□	補繕邑□	補繕邑院
414	勿以爲繇(徭)．市垣道橋， 命市人不敬者爲之	☑勿以爲繇(徭)．市垣道橋， 命市人不敬者爲之	☑勿以爲繇(徭)．市垣道橋， 令市人不敬者爲之
415	□□爲□□□□	□□爲□□□□	傳(?)送(?)爲□□□□
418	諸內作縣官及徒隷	諸宂作縣官及徒隷	諸宂作縣官及徒隷
421	□□槀□．乘輿馬芻二槀 一．犓·□食之	□□槀□．乘輿馬芻二槀 一．犓·□食之	芻槀半．乘輿馬芻二槀一． 犓·玄(稟)食之
425	□□馬日匹二斗粟·一斗菽 寸(?)．傳馬·使馬·都廄 馬日匹菽寸(?)一斗半斗．	☑□□馬日匹二斗粟·一斗 菽寸(?)．傳馬·使馬·都 廄馬日匹菽寸(?)一斗半斗．	□□馬日匹二斗粟·一斗叔 (菽)．傳馬·使馬·都廄馬 日匹叔(菽)一斗半斗．
426	□□□□□□吏□□□□ 告官及歸任行縣道官者	☑……告官及歸任行縣道官 □	□□□□□□吏□□□□ 告官及歸任行縣道官
436	諸私爲菌(鹵)鹽，煮濟·漢	諸私爲菌(鹵)鹽，煮濟·漢	諸私爲菌〈鹵(鹵)〉鹽煮濟漢
437	□十三斗爲一石，□石縣官 稅□□三斤	☑十三斗爲一石，□石縣官 稅□□三斤	銀十三斗爲一石，□石縣官 稅□銀三斤
442	□君(?)，長信□卿(?)·□ 傅(?)	□君，長信□卿，□傅	□□，長信將行·中傅(?)
443	雲中□□□□□·新豐· 槐里·雎	雲中……新豐，槐里，雎	雲中·□·高(?)□□□· 新豐·槐里·雍
444	二千石□丞六百石	二千石□丞六百石	二千石尉丞六百石
447	胸忍·□□□□□□臨邛	胸忍，□□□□□□臨邛	胸忍·□(符?)·□□·□ □(閬中?)·臨邛
451	菌(鹵)·楬邑	菌(鹵)，楬〈枸〉邑	菌〈鹵(鹵)〉·楬〈枸〉邑
453	戎邑·□□□陵·江陽	戎邑·□□陵道，江陽	戎邑·葭明·陽陵·江陽

죽간 번호	《張家山漢墓竹簡》	《二年律令譯注稿》	《二年律令與奏讞書》
455	涅……熒(滎)陽	涅……熒(滎)陽	涅〈涅〉……熒陽
459	館陰·隆廬	館陰, 隆廬	館陰〈陶〉·隆廬
460	聊城·□·觀	聊城, □, 觀	聊城·燕·觀
463	樂府, 寺, 車府	樂府, 寺車府	樂府, 寺車府
467	長信食☑宕三楊官	長信□□☑宕三楊關	長信食☑宕三楊官
468	關中司馬□□關 司☑	……☑	關中司馬□□關司☑
469	□□□□秩□□□□□秩 □□□□□秩百廿石	□……□□秩百廿石	□□□尉秩□二百石. 塞城(?) □秩□□□. □□秩百廿石
471	縣·道傳馬	縣·道傳馬	縣·道司馬
475	試史學童以十五篇	試史學童以十五篇	試史學童以十五篇
477	徵卜書三千字, 卜九發中七以 上, 乃得爲卜, 以爲官處(?)	徵卜書三千字, 卜九發中七以 上, 乃得爲卜, 以爲官處(?)	誦卜書三千字, 卜六發中一 以上, 乃得爲卜, 以爲官佐
478	卜六發中三以上者補之	以六發中三以上者補之	以六發中三以上者補之
482	官受除事	縣道官受除事	【縣】官受除事
483	吏壹弗除事者……史·人〈 卜〉屬郡者	吏壹弗除事者……史·人〈 卜〉屬郡者	吏壹〈亶〉弗除事者……史人 〈卜〉屬郡者
485	爲十二更, 踐更□□	爲十二更, 踐更□□	爲十二更, 踐更
488	論未有□, 請闌出入塞之津 關	論未有□, 請闌出入塞之津 關	論未有令. · 請闌出入塞之 津關
490	官屬人·軍吏卒乘塞者□其 □□□□□日□□牧□□	官屬·軍吏卒乘塞者□其□ □□□□日□□牧□□	官屬·軍吏卒乘塞者, 禁(?) 其□弩: 馬·牛出, 田·波 (陂)·苑(?)·牧, 繕治
492,506 6,518	扞〈扞〉關	扞關(492, 506) 扞〈扞〉關(518)	扞關
493	禁毋出私金□□. 或以金器 入者, 關謹籍書, 出復以閱, 出之	禁毋出私金□□. 或以金器 入者, 關謹籍書, 出復以閱, 出之	禁毋出私金器·鐵. 其以金 器入者, 關謹籍書. 出, 復 以閱, 出之
494– 495	亡人越關·垣離(籬)·格 塹·封刊……得道出入所. 出入盈五日不反(返)	亡人越關·垣·離(籬)· 格·塹·封·刊……道出 入. 所出入盈五日不反(返)	亡人越關垣·離(籬)格· 塹·封·刊,……得道出入所 出人〈入〉, 盈五日不反(返)

죽간 번호	《張家山漢墓竹簡》	《二年律令譯注稿》	《二年律令與奏讞書》
497	可, 以□論之	日可, 以□論之	可, 以闌論之
498	詣入傳□□吏(?) 里□長物色□瑕見外者	詣入傳□□吏(?) 里□長·物色□瑕見外者	皆入傳, 書郡縣里年長物色疵瑕見外者
501	不 幸 死, 縣道各(?)屬所官謹視收斂	☑縣道各(?)屬所官謹視收斂	不幸死, 縣道若屬所官謹視收斂
503	□□□等出	□□□等出	□□□等比
504	請中大夫謁者……, 得私置馬關中	請中夫=·謁者……, 得私置馬關中	請中大夫·謁者……, 得私買馬關中
508	皆津關	皆津關	皆【告】津關
512	諸以傳出入津關而行□子□未盈一歲	諸以傳出入津關而行□子□未盈一歲	諸以傳出入津關而行産子, 駒未盈一歲
515	不得□及馬老病不可用	不得□及馬老病不可用	不得買及馬老病不可用
518	任徒治園者出人(入)扞〈扞〉關	任徒治園者出人(入)扞關	佐(?)·徒治園者出人(入)扞關
519	丞相·御史以聞, ·詔	丞相·御史以聞, ·詔	丞相·御史以聞, ·制

≪奏讞書 석문 수정 일람≫

죽간 번호	《張家山漢簡》	《二年律令與奏讞書》
16	署如廥發	署中廥發
30	不智(知)前亡, 乃疑爲明隸	不智(知)前亡乃後爲明隸
33	符有【名】數明所	符有數明所
46	□□□弩(奴)告池	軍以亡弩(奴)告池
51	女子甀·奴順等亡, 自處□陽, 甀告丞相自行書順等自贖	女子甀·奴順等亡, 自處彭陽, 甀告丞相: 自行書, 順等自贖.
56-57	佐悁等詐簿爲徒養,……悁爲僞書也	佐恬等詐簿爲徒養,……恬爲僞書也.
58	謀令大夫武窬舍上造熊馬傳	謀令大夫武窬□上造熊馬傳
63	誠智(知)種無【名】數	誠智(知)種無數
66	勿令以爵·賞免	勿令以爵·償免
69	七年八月己未江陵丞言	七年八月己未江陵忠言

죽간 번호	《張家山漢簡》	《二年律令與奏讞書》
69	爵左庶長□□□	爵左庶長. 恢曰: 誠令
88	信有侯子居雒陽楊里	信, 諸侯子, 居雒陽楊里
89	居新郪都隱(?)里……廣德里	居新郪都陵里……【居】廣德里
97	獄史丙治(笞)	獄史丙笞
105	它如前. 丶 詰訊毛于詰	它始〈如〉前. 詰訊毛于詰〈講〉
107	銚卽磔治(笞)講北(背)可□餘, 北(背)□數日	銚卽磔治(笞)講北(背), 可餘伐. □數日
111	它如獄	它如【故】獄
112	初得□時, 史騰訊毛謂盜犯牛	初得時, 史騰訊, 毛讕謂盜犯牛
120	毛不能支疾痛而誣講	毛不能支疾痛而誣指講
123	貲□人環(返)之	貲已人環(還)之
124	南郡卒史蓋盧 · 摯田 · 叚(假)卒史	南郡卒史蓋盧 · 摯 · 朔, 叚(假)卒史
125	其壬寅補盜從治	其壬寅摯盜從治
131	御者恒令南郡復	御史恒令南郡復
133	敎謂庫新黔首當捕者不得	敎謂庫新黔當捕者不得
137	及屯卒□敬	及屯卒備敬(警)
137	移徙(?)遝之, 皆未來	移徙遝之, 皆未來
147	聞(?)等上論奪爵令戌	聞等上論奪爵令戌
149	人臣當謹奏法以治	人臣當謹奏〈奉〉法以治
151	遝來會, 建日	遝來會, 建〈逮〉, 日
152	得□視氏所言籍	得, 熟視氏所言籍
154	謁(?)訊傅先後以別	譖(潛)訊傅先後以別
154	蒼梧守已劾論□□□□□□□	蒼梧守已劾論, □媱 · 魁各□ · 氏一甲
157	詗(庫)上書言獨財(裁)新黔首罪	庫上書言獨財(裁)新黔首罪
160	其一人縠(繫)	其一縠(繫)
162	異時獄□日	異時衛〈衛〉法日
164	臣謹案說所以切肉刀新磨(?)甚利, 其置枹(庖)[俎]	臣謹案說所以切肉刀新段(鍛)甚利, 其俎□豎〈堅〉
170	君出飯中蔡比之, 同也	君出飯中蔡比之, 同已
170	君今旦必游而炙至, 肉前	君今旦必疎(梳)而炙至於前
171	今旦寡人方跂(汲)跂(汲)扇而炙來, 然且與子復診之. 君懱(俛)視席端	今旦寡人方疎(梳)扇而炙來然(燃). 且與子復診之. 君備(俯)視席端

죽간 번호	《張家山漢簡》	《二年律令與奏讞書》
175	以白徒罪論之	以白徒法論之
180	死夫(?)以男爲後	死□以男爲後
186	妻之爲後次夫・父母, 夫・父母死	妻之爲後次夫父母, 夫父母死
187-188	致之不孝	致次不孝
190	不祠其家三日	不祠其冢三日
194	弗得, □之	弗得校上
194-195	侵生夫罪[輕]於侵欺死夫, □□□□□□與	侵生夫罪重于侵欺死夫, 今甲夫死□□□, 與
195	男子奸棺喪旁	男子奸棺喪旁
198	忠・大□固追求賊	忠文・□固追求賊
201	弗能□	弗能智(知)
201	□□取葆(保)庸	及商販・葆(保)庸
206	貴大人臣不敬悳(德), 它縣人來乘庸(傭)	貴大人臣不敬愿・它縣人來流庸(傭)
212	落莫(暮)行正旗下	落莫(漠)行正旗下
213	衣故有帶	衣故布帶
216	不智(知)去故	不智(知)云故
216	舉鼠以婢北(背)刀入僕所詣鞞中	舉閭以婢北(背)刀入僕所詣鞞中
216-217	刀環噲旁賤(殘), 賤(殘)傳鞞者處獨靑有錢(殘)	刀環噲旁賤, 賤傳鞞者處獨靑有錢
219	人盜紺(拑)刀	人盜紬刀
220	卽就訊磔	卽急訊, 磔
224	已亥(核)	已論
228	舉鼠毋害	舉閭毋害

　　그런데 이 책이 거둔 이상과 같은 석문의 수정과 보충의 성과에도 불구하고, 이들 석문에 대한 이견이 제기될 가능성이 여전히 있음도 사실이고, 편집과정상의 실수로 인한 誤釋도 여러 군데에서 발견된다. 필자가 발견한 것만도 다음과 같은 정도이니 《二年律令與奏讞書》의 석문에 대해서도 연구자들의 세심한 주의가 여전히 필요하다 하겠다. 우선, 이년율령 192간의 ▨을 "完成城旦"으로 석독하였는데, ▨를 "爲"가 아닌 "成"으로 석독한 것은 명백한 오류이다. 아마도 편집과정에서 생긴 실수일 것이다. 이와 유사한 사례로 주언서 66간의 "勿令以爵・償免"을 들 수

있다. 여기서 "償"은 "賞"을 잘못 석독한 것임이 명백하다. 도판에서 이 글자는 [圖]이고, 또한 주언서 65간의 "毋得以爵當·賞免" 중 賞의 도판 글자인 [圖]과도 동일하다. 반면 장가산한간에 자주 나오는 償의 도판 글자인 [圖]과는 완전히 다르다. 따라서 인용한 65간과 66간 모두 "爵 또는 賞으로써 죄를 면하게 하지 말라"는 뜻이 된다. 한편 이렇게 볼 때, 65간의 "當"을 校釋에서는 "抵"와 같은 뜻으로 보고, "爵으로써 서로 죄를 면하는 데 상당하도록 하다"는 뜻으로 이해하였으나, 65간 역시 66간과 동일한 의미이므로 "當"은 衍文으로 보는 것이 타당하다.[18] 그리고 주언서 133간: "敎謂庫新黔當捕者不得"에서는 편집과정에서 "黔"자 다음에 "首"자를 누락시켰다. 이 부분의 도판 글자는 [圖]로서 그 석문은 "黔首"로 표기해야 함이 분명하다. 또한 주언서 160간: "其一彀(繫)"에서 "一" 다음에 "人"자를 누락시켰다. 도판의 [圖]은 "一人"이 분명하다. 이 역시 편집과정의 실수일 것이다. 그리고 주언서 216간: "舉閻以婢北(背)刀入僕所詣鞞中"과 228간의 "舉閻毋害" 중 "閻"자의 도판 글자는 [圖]와 [圖]인데, 이 두 글자는 모두 關로 석독되는 [圖]과 자형이 같으므로 "閻"가 아니라 "關"로 석독하는 것이 더 타당하다.

한편 "列"자와 관련하여, 《張家山漢簡》에서는 28간: "毆同死〈列〉以下"로, 260간: "奪之列. 列長, 伍人弗告"으로 석독한 반면, 《二年律令》에서는 28간: "毆同列以下", 260간은 "奪之死〈列〉. 死〈列〉長, 伍人弗告"로 석독하면서, 校釋에서 죽간 작성자가 "列"을 "死"자로 잘못 표기한 결과라 하였다. 그런데 두 석문 모두에서 "列"자의 표기 방식이 통일되어 있지 않다. 따라서 석문의 신뢰성이 떨어지는 것은 물론, 과연 당시 죽간 작성자가 "列"과 "死"조차 구분하지 못할 정도였을까? 하는 의문이 든다. 왜냐하면 《睡虎地秦簡》과 장가산한간에서 "死"와 "列"은 거의 혼용되다시피 할 정도로 字型이 유사하기 때문이다. 즉, 《睡虎地秦簡》에서 列은 [圖], 死는 [圖], 그리고 《睡虎地日書》에서 死는 [圖]로 나타난다. 그리고 이년율령의 28간에서는 死〈列〉로 석독된 부분이 [圖]로, 260간에서는 [圖]로 나타나는데, 이것과 死자가 가장 잘 드러난 이년율령 93간의 [圖], 주언서 190간의 [圖], 孔家波漢簡 335간의 [圖]과 비교하면[19] 실제 양자간에는 그다지 차이가 나타나지 않는다. 그리고 이들 글자는 《睡虎地秦簡》에서 "列"로 석독한 [圖]과도 구별하기 힘들다. 이는 이년율령의 抄寫者가 "列"자를 "死"자로 잘못 표기한 것이 아니라 당시인들이 이 두 글자를 혼용한 결과로 밖에 볼 수 없다. 따라서 이 글자가 포함된 글의 문맥에 따라서 "死" 혹은 "列"로 석독해야 할 것인데, 수호지진간정리자들이 《睡虎地秦簡》 金布律의 "賈市居列者及官府之吏, 毋敢擇行錢·布; 擇行錢·布者, 列伍長弗告"에서 "死"로도 읽을 수 있는 [圖]과 [圖]을 굳이 "列"로 석독한 것은 바로 이 문장 전체 의미에서 이 글자를 파악한 결과일 것이다. 따라서 《二年律令》 260간의 "[圖]"은 "列. 列長"으로 석독하는 것이 옳을 것이다.[20]

18) 蔡萬進, 《張家山漢簡〈奏讞書〉研究》, P.19에서도 "當"을 衍文으로 보았다.
19) 湖北省文物考古研究所·隨州市考古隊編, 《隨州孔家坡漢墓簡牘》, 文物出版社, 2006, P.98.

"冢"자와 관련하여, 장가산한간에서 冢자는 모두 두 번 나오는데, 우선 이년율령 66간의 [冢] 을《張家山漢簡》에서는 "冢(塚)"으로,《二年律令與奏讞書》에서는 "塚"으로 석독하였다. [冢]을 冢 (塚)으로 석독하건 塚으로 석독하건 그 의미는 모두 "무덤"이므로 조문의 이해에 큰 지장은 주지 않는다. 그러나 이 두 글자는 오늘날에도 병용되고 있는 바에야 굳이 원래 도판대로 석독하지 않고 "冢(塚)" 또는 "塚"으로 석독하는 것은 부자연스럽다. 특히 주언서 190간의 [家]을《張家山漢簡》에서는 "家"로《二年律令與奏讞書》에서는 冢으로 석독하였는데,《張家山漢簡》에서 家로 석독한 것은《二年律令與奏讞書》에서 지적했듯이 오류임이 분명하다. 冢과 家의 도판글자인 [家]는 현격히 다르기 때문이다. 이렇게 볼 때, [冢]과 [冢]은 모두 같은 글자임이 분명하다. 그러나《二年律令與奏讞書》에서 앞의 것은 塚으로 뒤의 것은 冢으로 석독한 것은 석문의 통일성을 해친다. 冢자는 《睡虎地秦簡》233간에서는 [冢]으로 나오는데, 이를 秦簡整理小組가 塚이 아닌 冢으로 석독하였듯이,《二年律令與奏讞書》에서도 冢으로 통일할 필요가 있을 것이다.

"賞"과 관련하여, 二年律令 154-155간에는 賞이 4개 나오는 것으로 석독되어 있는데, 앞 세 개의 도판 글자는 [賞]의 자형이므로 "賞"으로 읽는 것은 타당하다. 그러나 마지막 글자는 [嘗]으로서 "賞"으로 석독하는 것은 곤란하다. 이것은 장가산한간과《睡虎地秦簡》에 자주 나오는 [嘗] 곧 "嘗" 자로 석독하는 것이 옳을 것이다. 다만 이렇게 읽으면 이 글자가 포함된 "皆以取購賞者坐臧(贓)爲 盜"의 의미가 불분명해진다. 왜냐하면 154-155간에 賞이 포함된 구절은 모두 "勿購賞" "勿購賞" "得購賞"으로서 "取購賞"을 "取購嘗"으로 석독하면 앞의 세 개와 뜻이 상통하지 않게 되기 때문이다. 이것은 아마도 죽간 작성자가 "賞"자를 "嘗"으로 잘못 기재한 결과로 추정된다. 이 추정이 옳다면 이 부분은 "取購嘗〈賞〉"으로 석독하는 것이 좋을 것이다.

이년율령 제1간 중의 "障"과 관련하여,《張家山漢簡》《二年律令與奏讞書》 모두 "以城邑亭障反, 降諸侯, 及守乘城亭障" 중 "障" 부분을 "鄣"이 아닌 "障"으로 석독하였다. 그러나 이 글자는 도판에 [鄣]로 표기되어 있으므로 엄격하게는 障이 아닌 鄣으로 석독해야 한다. 아마도 이렇게 한 것은 "障"과 "鄣"이 "적을 감시하는 小城 형태의 군사 주둔 기지"라는 의미로 상통하는 글자이기 때문에 오늘날 잘 쓰이지 않는 鄣 대신 障으로 표기한 것 같다. 그러나 鄣과 달리 障은 長沙東牌樓東漢 簡牘: "障汙民人"의 도판에는 분명 "[障]"으로 표기된 것으로 보아,[21] 진한시대에 이 두 글자는 상이한 글자로 인식되었음이 분명하다. 또한 [鄣]은 居延漢簡·敦煌漢簡·懸泉置漢簡·額濟納漢簡 등 주로 서북 군사기지에서 출토된 간독에 너무나 흔하게 나오는 글자로서("亭鄣" "鄣候" "鄣卒" 등), 지금까지 모두 鄣으로 석독되었지 障으로 석독된 예는 한 건도 없었다. 일례로 위의 이년율령 제1간 중의 [鄣]은 敦煌漢簡 983간에 나오는 亭鄣의 도판 글자인 [亭鄣]과 일치한다.[22] 따라서《二年律令與奏讞書》제1간의 "障"은 "鄣"으로 수정하는 것이 마땅하다.

---

20) ▓는 重文符號 곧 앞뒤로 중복되는 글자 중 뒷 글자를 생략한다는 뜻으로 표기하는 부호이다.

21) 長沙市文物考古研究所·中國文物研究所 編,《長沙東牌樓東漢簡牘》, 文物出版社, 2006, P.31, 圖版番號 49背面.

한편 《二年律令與奏讞書》의 가장 큰 공헌 중의 하나는 〈新見竹簡與殘片〉(pp.325-328)이라는 제하에 《張家山漢簡》에서는 읽어내지 못한 죽간의 잔편을 석독하여 수록하는 한편, 원래 죽간과 죽간이 상하로 서로 부착되어 읽어내기 힘들었던 죽간을 떼어내어 석독하였다는 점이다. 이 중 가장 주목되는 것은 "亡盈(?)卒歲不得以庶人律代戶□□□□"(Ⅹ一)이다. 이 죽간은 원래 이년율령 318간의 상단부에 부착되어 있었는데, 《張家山漢簡》에서는 이를 분리하여 석독하지 못하고 부착 사실만 밝혀놓는 데 그쳤다. 그런데 《二年律令與奏讞書》에서는 Ⅹ一을 318간의 상단부에서 떼어내어 석독하는 데 성공하였고, 그 결과 이들 양자는 서로 무관한 죽간으로서 318간의 서두는 "□□廷歲不得以庶人律"이 아니라 "未受田宅者"임이 밝혀지게 되었다. 이를 계기로 318간: "未受田宅者, 鄕部以其爲戶先後次次編之, 久爲右. 久等, 以爵先後. 有籍縣官田宅, 上其廷, 令輒以次行之."는 漢初 授田制 연구의 매우 중요한 자료로 재인식되는 계기가 되었다.

그러나 새로이 석독된 "亡盈(?)卒歲不得以庶人律代戶□□□□"이 어느 律에 속한 조문인지에 대한 언급이 전혀 없고, 또한 이를 《二年律令與奏讞書》의 校釋처럼 "亡盈卒歲, 不得以庶人律代戶"로 끊어 읽는 것이 가능한지도 의문이다. 우선 전자와 관련하여, 이 조문은 代戶 곧 호주 계승의 일단을 알려주는 내용으로서, 대체적인 뜻은 "호주가 도망하여 1년이 되도록 붙잡히지 않은 경우, 庶人律에 의하여 도망한 호주를 대신할 호주를 세우도록 한다."이다. 즉, 이 조문은 代戶에 대한 이례적 규정으로서, 이년율령 중에서는 置後律에 속한 조문일 가능성이 제일 높다. 왜냐하면 置後律은 代戶 곧 호주 계승의 순위와 방식 및 계승 내용, 그리고 分戶 등으로 인하여 발생하는 새로운 호적의 작성 곧 "爲戶" 등에 관한 법규로 구성되어 있고, 위의 조문은 代戶 규정의 일부로 볼 수 있기 때문이다. 그런데 이 조문을 《二年律令與奏讞書》의 校釋처럼 "亡盈卒歲, 不得以庶人律代戶"로 읽을 경우, 대체적인 해석은 "호주가 도망하여 1년이 되었을 경우, 庶人律에 의하여 도망한 호주를 대신할 호주를 세우도록 해서는 안 된다."가 된다. 그렇지만 장가산한간에서 도망자의 체포와 관련된 표현은 "去亡得"[23] 또는 "亡不得"[24]으로 구성되어 있다. 따라서 이를 참고하면 이 조문은 "亡盈卒歲不得, 以庶人律代戶"로 구두점을 찍어 읽는 것이 타당할 것이다. 이뿐 아니라 이년율령 중 置後律 382-383간: "死毋後而有奴婢者, 免奴婢以爲庶人, 以庶人律子之其主田宅及餘財. 奴婢多, 代戶者毋(勿)過一人, 先用勞久·有夫(?)子若主所信使者."[25]에서 보듯이, 사망한 호주를 이을

---

22) 中國簡牘集成編輯委員會編, 《中國簡牘集成(第一冊, 圖版選上)》, 敦煌文藝出版社, P.39, 圖版番號983. 이 목간은 敦煌市 馬圈灣 烽燧遺蹟趾에서 출토된 것으로서, 이년율령 제1간의 내용과 매우 흡사한 내용으로 구성되어 있을 뿐 아니라, "亭鄣"이라는 문구가 포함되어 있어 주목되는데, 그 전문은 다음과 같다. "布律: 亡入匈奴蠻夷, 守棄亭鄣逢燧者, 不堅守降之, 及從塞?外來絳而賊殺之, 皆要斬. 妻子耐爲司寇·作如."

23) 《二年律令與奏讞書》 奏讞書 第6簡과 第152簡.

24) 《二年律令與奏讞書》 奏讞書 第87簡과 第136簡.

25) 역문: "後子(後嗣)가 없이 사망하였으나 노비가 있는 경우, 노비를 그 신분에서 면하여 서인으로 삼고, 庶人律에 근거하여 그에게 주인의 田宅 및 그 나머지 재산을 주게 한다. 노비가 많더라도, 代戶(호주를 대신)할 자는 1명을 초

後嗣가 전혀 없는 絕戶 상태에서는 심지어 노비까지 서인으로 해방시켜 代戶 곧 주인 집안을 계승하게 할 정도이고, 이와 같은 代戶가 필요한 매우 특수한 상황에서는 庶人律에 근거하여 전택 및 기타 재산을 계승하도록 규정하고 있다. 그렇다면 기존 호주가 도망하여 현재 그 집안에 호주가 없는 상태를 묘사하고 있는 Ⅹ─ 조문 역시 絕戶 상태에서의 代戶 방식을 규정한 382-383간과 마찬가지로 매우 특수한 상황임이 분명하다. 따라서 382-383간이 庶人律에 근거하여 代戶하도록 한 것과 마찬가지로 Ⅹ─ 조문 역시 庶人律에 근거하여 代戶하도록 한 규정으로 보아야 할 것이고, 그렇다면 校釋과는 달리 "亡盈卒歲不得, 以庶人律代戶"로 끊어 읽는 것이 더 합리적이다.

한편, 《二年律令與奏讞書》가 《張家山漢簡》과 현저히 다른 점 중의 하나는 일부 律文의 분류를 새롭게 하였다는 점인데, 이는 죽간의 발굴과도 밀접하게 관련이 있다. 즉, 원래 두루마리 형태로 부장된 죽간은 발굴 당시 이미 죽간을 묶은 끈이 썩어 없어지고, 또한 장기간의 압력으로 인하여 두루마리 상태를 유지하지 못하고 죽간 꾸러미가 흩어지게 되어 원래 편성된 죽간의 순서가 뒤죽박죽이 될 수밖에 없었다. 이러한 상태에서 죽간 정리자들은 죽간간의 흩어진 거리와 내용의 유사성 등을 참작하여 죽간을 분류하고 번호를 붙이게 되는데, 이 과정에서 죽간 정리자들의 주관적 판단이 개입될 수밖에 없고, 이에 대한 연구자들의 이의 제기가 뒤따를 수밖에 없는 것이다. 특히 殘簡이 많은 경우 그 정도가 매우 심한데, 《二年律令與奏讞書》에서 《張家山漢簡》의 정리자들이 석독하지 못한 殘簡과 묵흔이 모호한 글자에 대한 판독율이 높아지면서, 《張家山漢簡》의 일부 죽간에 대한 재배치의 필요성까지 제기된 것이다. 그 결과 《二年律令與奏讞書》 중에서 특히 津關 슈에서는 상당 부분의 수정 배치가 불가피하게 되었다. 즉, 《張家山漢簡》 정리자들이 매긴 번호를 기준으로 하여, 《二年律令與奏讞書》에서는 500-501호간 바로 뒤에 499호간을 연결하여 배치하고, 498간을 독립된 죽간으로 배치하였다. 또한 《張家山漢簡》에서는 506-507-508을 수미일관한 죽간으로 연결시켜 배치하였으나, 《二年律令與奏讞書》에서는 506-507간 다음에 510-511간을 배치하고, 아울러 509간을 508호간 앞에 배치하여 두 간문(509-508간)이 수미일관한 것으로 보았다.

그런데 죽간의 재배치에 대하여 동의하기 힘든 부분도 적지 않다. 우선 이년율령 485-486간의 연계성을 부정하고 485간 다음에 103간을 배치한 예를 보자. 《二年律令與奏讞書》에서는 《張家山漢簡》 중 이년율령 485간의 제일 마지막에 나오는 "踐更□□"에서 적외선 촬영 결과 □□으로 처리한 부분에 애당초 글자가 없었다는 주장을[26] 근거로 율문의 재배치가 필요하다는 彭浩의 견해에 따라서[27], "踐更" 다음에는 글자가 없으므로 485간과 486간과의 연계성을 찾기 힘들고 오히려 485간 뒤에는 또 다른 죽간이 연속되었을 것으로 판단하여 103간을 485간 뒤에 연결시켰다.[28] 그러나

과할 수 없으므로, 奴役에 가장 오래 종사한 자로서 무릇 사망한 호주가 마치 자식처럼 믿고 일을 시킬 수 있는 자를 최우선하여 後子로 삼는다."

26) 王偉, 〈張家山漢簡〈二年律令〉編聯初探〉, 簡帛硏究網(http://www.jianbo.org), 2003年 12月 21日.
27) 彭浩, 〈談《二年律令》中幾種律的分類與編聯〉, 《出土文獻硏究》第6輯, 2004年, pp.66-67.

이 경우 두 죽간의 연계의 근거 제시가 매우 미흡하고, 따라서 양자간의 연결이 부자연스러울 뿐 아니라, 양자를 연계할 경우 해석 자체가 모호하게 되어 버린다. 이는 죽간의 무리한 재배치의 결과라 하겠다.

《二年律令與奏讞書》의 죽간 재배치에서 가장 주목되는 부분은195簡을 雜律에서 復律로 이동 배치하고, 278-280간: "□□工事縣官者復其戶而各其工. 大數衛(率)取上手什(十)三人爲復, 丁女子各二人, 它各一人, 勿筭(算)繇(徭)賦. 家毋當繇(徭)者, 得復縣中它人. 縣復而毋復者, 得復官在所縣人. 新學盈一歲, 乃爲復·各如其手次. 盈二歲而巧不成者, 勿爲復."을 復律에서 徭律로 옮긴 것이다. 이렇게 이동 배치한 것은 彭浩의 견해를 받아들인 결과로 보인다.[29] 彭浩는《睡虎地秦簡》의 工人程과 均工에 근거하여 278-280간은 工人이 官府에서 복역하는 것과 관련된 규정인 만큼 이를 復律이 아닌 徭律에 배치할 것을 주장하였고,《二年律令與奏讞書》에서는 이 설을 수용하였던 것이다. 그런데 이에 대해서는 다음과 같은 이론이 제기될 수도 있다. 즉, 彭浩가 참조한《睡虎地秦簡》의 工人程과 均工의 규정은 工人의 노동력 평가에 관련된 규정일 뿐 徭律과는 전혀 무관하고, 공인의 부역 면제 규정도 결코 아니다. 또한 彭浩의 견해를 수용한다하더라도 정작《睡虎地秦簡》의 徭律에는 공인의 家屬 등에 대한 부역 면제 규정이 전혀 없기 때문에《睡虎地秦簡》을 근거로 278-280간을 徭律에 배치하는 것은 동의하기 어렵다. 이외에도 278-280간은 공인이 관영 수공업공장에서 기물을 생산할 때 그들의 기술 수준이나 숙련도에 따라 그들의 가속 혹은 유관한 사람의 부역을 면제해 주는 규정으로서, 徭律(187-189간)의 규정과는 그 성격이 매우 다른 내용임을 알 수 있다. 뿐만 아니라 죽간 배치도에서 278-280간이 徭律의 일부인 407-416간과 위치상 서로 연계되어 있을 여지도 찾아보기 힘들다. 이상을 종합하건대, 278-280간은《張家山漢簡》의 배치대로 復律에 그냥 놔두는 것이 훨씬 자연스러워 보인다.

한편, 195간: "復兄弟·孝〈季〉父柏(伯)父之妻·御婢, 皆黥爲城旦舂. 復男弟兄子·孝〈季〉父柏(伯)父子之妻·御婢, 皆完爲城旦."을 雜律에서 復律로 이동 배치한 것은 더욱 동의하기 힘들다. 彭浩는 195간의 "復"과 復律의 "復" 모두가 일반인간의 和姦이 아닌 남계 친속의 부인 또는 첩과의 간음을 의미한다고 보고, 195간을 復律의 한 규정으로 포함시킬 것을 주장하였고, 이를《二年律令與奏讞書》에서 그대로 수용하였다. 그러나 雜律은 이름 그대로 잡다한 율문을 함께 모아 놓은 律目으로서, 彭浩도 인용하였듯이《晋書》刑法志에 인용된 魏律序畧에 "其輕狡·越城·博戲·假借·不廉·淫侈·踰制以爲 ≪雜律≫一篇"에 의하면, 비정상적 성관계에 대한 처벌 규정이 잡율에 포함되어 있었음을 알 수 있다. 이러한 법제의 전통은《唐律疏議》卷26, 雜律凡三十四條에도 발견된다. 즉, "諸姦緦麻以上親及緦麻以上親之妻, 若妻前夫之女及同母異父姊妹者, 徒三年 ; 强者, 流二千里 ; 折傷者, 絞. 妾, 減一等. 餘條姦妾, 準此. 諸姦從祖祖母姑·從祖伯叔母姑·從父姊妹·從母及

28) "五百石以下至有秩爲吏盈十歲, 年當睆老者, 爲十二更, 踐更.(485) 皆令監臨庫(卑)官, 而勿令坐官(103)."

29) 彭浩, 〈談《二年律令》中幾種律的分類與編聯〉, pp.61~63.

兄弟妻·兄弟子妻者, 流二千里;强者, 絞. 諸姦父祖妾·謂曾經有父祖子者. 伯叔母·姑·姊妹·子孫之婦·兄弟之女者, 絞. 諸姦父祖所幸婢, 減二等."에 의하면, 친속간의 음행 전체를 雜律에 포함시켰음을 알 수 있는데, 그 중에는 195간의 내용(형수 또는 제수와의 간음, 季父 또는 伯父의 처나 애첩과의 간음)도 포함되어 있다. 그리고 《張家山漢簡》에서 雜律로 분류한 律文 중에 가장 많은 비중을 차지하는 내용이 친속간의 和姦 또는 强姦 관련 조문(189-194간)으로 구성이 되어 있다. 따라서 이와 유사한 범죄행위인 195간의 형수 또는 제수와의 간음, 季父 또는 伯父의 처나 애첩과 벌인 간음도 친속간 淫行의 한 형태임이 분명하고, 따라서 195간은 雜律의 일부로 보는 것이 훨씬 합리적이다. 復律에 "復"자가 나온다는 근거만 가지고 이를 195간의 "復"자와 동일시하고, 復律의 일부로 간주하는 것은 곤란할 것이다. 만일 復律을 친속간의 음행을 처벌하는 율문의 제목으로 보고자 한다면, 이에 대한 구체적 사례의 제시가 선행되어야 할 것이다. 그렇지 못하다면 復律의 "復"은 친속간의 음행을 가리키는 것이 아니라, "賦役 또는 身役을 면제하다"는 뜻의 "復"으로 이해하는 것이 온당할 것이다.[30]

IV. 맺음말

이상과 같은 몇몇 문제점의 지적에도 불구하고 《二年律令與奏讞書》은 張家山漢簡의 판본 수준을 한 단계 더 높여놓은 노작임에 틀림없다. 특히 《張家山漢簡》이 이미 출간되어 있음에도 적외선 촬영 기법을 동원하여 《張家山漢簡》과는 또 다른 판본을 제시한 점은 향후 중국 간독학계에서 간독 석문 작성에 최신 영상 기법의 도입을 불가피하게 할 것으로 전망된다. 陳偉교수의 전언에 의하면 《隨州孔家坡漢墓簡牘》이 2006년에 이미 간행되었음에도 불구하고, 武漢大學簡帛研究中心에서는 최근 후지필름사가 개발한 FinePix IS-1이라는 적외선카메라를 사용하여 孔家波漢簡을 재촬영하여 그 결과물을 조만간 간행할 예정이라고 한다. 어쩌면 이같이 이미 간행된 간독 서적과 별도로 동일한 죽간을 재촬영하여 또다시 별도의 간독 서적을 재간행하는 행위는 어쩌면 낭비일지도 모른다. 그러나 반면에 이러한 작업은 향후 중국에서 발굴될 간독의 석문 작업은 간독의 정리단계부터 적외선 촬영을 비롯한 최신 영상기법이 동원될 수밖에 없음을 예고하는 것이고, 이에 따라 보다 판독율이 뛰어난 간독의 석문을 기대할 수도 있을 것이다.

종래 중국의 경우도 간독 자료에 대한 발굴 기관의 독점으로 인하여 연구의 심각한 지체가 초래된 적이 있고, 지금도 이러한 현상이 완전히 가시지는 않은 상태이다. 그러나 《二年律令與奏讞書》의 제작 과정에서 보여준 죽간 자료에 대한 개방적 자세는 향후 자료의 독점 현상을 개선해줄

---

30) "復"이 身役의 면제를 의미한다는 사례로 가장 자주 인용되는 것이 《史記》商君列傳: "僇力本業, 耕織致粟帛多者復其身."임은 잘 알려진 사실이다.

수 있는 매우 고무적인 현상이라 할 만하다. 이는 간독자료의 폐쇄적 운영으로 인하여 초래되어 온 연구의 질적 수준 저하에 대한 반성의 표시로도 볼 수 있을 것이고, 아울러 자료의 대외적 개방과 정보의 공유가 연구자는 물론 자료 수장 기관의 대외적 역량 강화에도 도움이 된다는 상호원원 전략의 표시이기도 한 것 같다.

이러한 중국 간독학계의 소통의 장을 통하여 한국목간학계에서도 눈여겨볼 만한 대목이 있을 것 같다. 즉, 공학 전공자와의 학제적 협력을 통한 보다 정확한 목간 판독 기법의 개발, 나아가 각 연구자간의 유기적 협력을 통한 목간 전문가의 교육과 양성 등이 필요할 것이다. 그러나 현재로서 무엇보다 절실한 것은 목간을 발굴하고 보관하는 기관과 연구자간의 유기적 연계와 협조가 한국의 역사학계는 물론 고고학계의 연구수준을 더 높이는 중요한 계기가 된다는 인식의 공유와 실천일 것이다. 그리고 이 과정에서 연구자간에 목간의 발굴과 연구 성과에 대한 신속하고 원활한 정보 공유의 터전을 마련하기 위하여, 기존 학술지뿐 아니라 사이버공간에서 목간 전문 포털사이트의 운영도 한번쯤 고려해봄직 할 만하다.

투고일 : 2008. 4. 2   심사개시일 : 2008. 4. 11   심사완료일 : 2008. 5. 1

〈中文提要〉

评《二年律令与奏谳书》

尹在硕

2007年发行的《二年律令与奏谳书》作为一本专门针对《张家山汉墓竹简》(2001年)中收录的二年律令与奏谳书的释文和注释进行大规模修订和补充的书籍，是本为张家山汉简研究提供了新转机的重要大作。下面将对本书的特点进行介绍。

第一、就二年律令与奏谳书部分、《张家山汉墓竹简》中由于残缺而没有释读或者没有准确释读的部分都重新进行了整理。特别是本书释文中还包含了甚至对以往研究成果也要作出修改的内容。另外、《张家山汉墓竹简》中由于简文的残缺儿没有收录的内容、被重新整理之后收录在题为《新见竹简与残片》的部分中。因此、在对张家山汉简的进一步研究过程中、这本书就成为了我们必须参考的工具书。

第二、本书丰富的注释、不仅对简文的理解提供了很大的帮助、对把握张家山汉简的研究动向也是非常有益的。第三、据陈伟教授介绍、在编辑本书的时候红外线照相机发挥一个重大的贡献。这是简牍学与其他科学领域技术的接轨、也是可以取得更多成果的明证、今后通过简牍学界与理工科学者的紧密协作、我们期待更多更科学更精准的简牍释读技术的开发。

虽然有以上这样的长处、但在本书中还是有其不足的。第一、除了二年律令与奏谳书之外、历谱、脉书、引书、奏谳书、算数书等内容都没有被收录在本书中。希望在以后再版的时候可以将这样的内容补充进去。第二、竹简的配置和句读点也有一些需要商榷的地方、而且、在释文中也发现了没有表记好的文字。在编辑过程的必须修正的失误或者是需要补充的部分下面将简单地列举。首先、需要修正的文字如下：①二年律令第1简中应该把"障"改为"鄣"；②二年律令第66简的"塚"应改为"家"；③二年律令第155简最后的"赏"应该改为"誉"；④二年律令192简的"完成城旦"的"成"应该改为"爲"；⑤奏谳书第66简中"爵·偿免"中的"偿"应为"赏"；⑥奏谳书第216简中"孥间以婢"中的"间"应为"闆"。还有在奏谳书第160简"其一殿(繁)"中"一"字的后面应该补充上"人"字；在奏谳书第133简"新黔当捕者"中"黔"的后面应该补充上"首"字。

▶ 关键词：《二年律令与奏谳书》、张家山汉简, 二年律令、奏谳书、睡虎地秦简、竹简

휘/보

학회소식, 현장조사, 학술대회, 정기발표회, 자료교환

학회소식, 현장조사, 학술대회, 정기발표회, 자료교환

1. 학회소식

1) 학회창립 준비모임 "목간연구회" 결성

＊일시 및 장소: 2006년 4월 22일 국립부여박물관 보존과학실내 세미나실

＊참석자: 김영욱(서울시립대, 국어학), 김재홍(국립중앙박물관, 역사고고학), 손환일(한국학중앙연구원, 서예사), 윤선태(동국대, 한국고대사), 윤재석(경북대, 중국고대사), 이병호(국립부여박물관, 역사고고학), 이용현(국립중앙박물관, 역사고고학), 주보돈(경북대, 한국고대사), 함순섭(국립경주박물관, 역사고고학)

＊한국사, 중국사, 고고학, 국어학, 서예사 등 여러 분야의 전공자들이 참여하는 學際연구모임인 "목간연구회"를 결성. 이를 기초로 출토 목간과 문자자료들을 체계적으로 정리하고, 연구하는 학회를 발족시키기로 의결함.

＊목간출토유적에 대한 현장조사와 목간 묵서의 판독회를 정기적으로 개최함.

2) 목간연구회 주최 "현장조사"

＊**제1차**

일시 및 장소: 2006년 4월 22일 (국립부여박물관 보존과학실)

주제발표: 윤선태(동국대), "부여 능산리 출토 사면목간에 대하여"

자료조사: 능산리 사면목간 실사 및 사진 촬영

＊**제2차**

일시 및 장소: 2006년 6월 25일～26일 (국립경주박물관 신관 회의실)

주제발표: 손환일(경기대), 부여 능산리출토 사면목간의 재판독과 서체상의 특징

함순섭(국립경주박물관), 경주 안압지 목간 출토상황에 대한 조사보고서 검토

卜憲群(中國社會科學院), 中國 常庄 19號墓 出土 木牘

자료조사: 안압지 목간 적외선 사진 판독

＊제3차

일시 및 장소: 2006년 8월 23일~24일(국립경주 및 창원문화재연구소, 함안박물관)

자료조사: 23일 월성해자목간 현장조사 및 적외선 사진 판독(경주문화재연구소)

24일 平川南 선생님과의 집담회(창원문화재연구소),

함안 성산산성 현장답사, 함안박물관 관람

＊제4차

일시 및 장소: 2006년 12월 1일 (한양대 박물관 회의실)

자료조사: 하남 이성산성 출토 신라목간 조사 및 재판독

3) 학회창립 총회

＊일시 및 장소: 2007년 1월 9일 서울시립대 자연과학관 1층 8108호

＊학회준비모임 경과보고

＊학회 평의원 구성:

고광의, 권오중, 권인한, 김경호, 김병준, 김성배, 김양동, 김영심, 김영욱, 김재홍, 김창석, 박경도, 박이순, 박순발, 김수태, 김용성, 박중환, 서영교, 서정석, 손환일, 송완범, 심재훈, 양진석, 윤선태, 윤재석, 윤용구, 이경섭, 이명화, 이문기, 이병호, 이성구, 이성규, 이성배, 이수훈, 이승재, 이영호, 이용현, 이우태, 임병덕, 임중혁, 장인성, 전덕재, 정계옥, 정하연, 정재영, 정재윤, 조수현, 주보돈, 최남규, 하일식, 함순섭(이상 51명)

＊제1차 평의원회: 창립취지문, 학회 정관(회칙) 등 심의, 학회 초대회장에 주보돈(경북대 사학과 교수) 추천.

＊주보돈 초대학회 회장으로 인준, 학회 정관(회칙) 인준, 기타 학회 운영 예규 제정은 운영위원회에 일임함.

＊학회창립기념 제1회 국제학술대회 개최(1월 10일~11일, 서울시립대)

4) 제1차 운영위원회

＊일시 및 장소: 2007년 5월 25일 동국대 계산관 3층 학술문화원 301호(세미나 1실)

＊제1기 임원진 구성

회장: 주보돈(경북대 사학과)

부회장: 박순발(충남대 고고학과), 정재영(한국기술교육대 교양학부)

총무이사: 윤선태

연구이사: 고광의(동북아역사재단), 권인한(성균관대 국어국문학과), 김병준(한림대 사학과), 김용성(신라문화유산조사단), 박이순(강원대 일어일문학과), 전덕재(경주대 교양학부)

편집이사: 권인한(성균관대 국어국문학과), 김병준(한림대 사학과)

섭외이사: 박중환(국립공주박물관), 함순섭(국립경주박물관)

＊학회지 1년에 두 번(6월/12월) 간행. 학회지 명칭 "목간과 문자"

편집위원장: 김영욱(서울시립대 국어국문학과) 선출

＊편집 및 간행예규 초안 확정

5) 제2차 평의원회

＊일시 및 장소: 2007년 7월 19일 국립부여박물관 보존과학실

＊제1기 임원 추인, 편집위원 선출을 편집위원장에 일임함. 학회지 명칭 및 간행주기 확정

＊학회 감사 추천: 김수태(충남대 국사학과), 이수훈(부산대 교양학부)

＊이현혜(한림대 사학과), 문동석(한신대 학술원) 평의원 추천

＊학회 회원 회비 확정

연구회원 연12만원 10년후 종신회원 전환

일반회원 연6만원(종신회원 1백만원)

학생회원(대학원생) 연3만원

기관회원 연10만원(기관종신회원 200만원)

＊정기발표회(1/4/7월 넷째 토), 학술회의(11월 넷째주), 현장조사 등 운영방안 확정

＊제2회 학술대회(2007.11.24) "신출토 목간의 향연" 개최 확정

6) 제2차 운영위원회

＊일시 및 장소: 2007년 11월 24일 서울역사박물관 옆 황우관 별관

＊한국목간학회 홈페이지 개설 준비팀 구성

＊문자문화사 관련 웹진 또는 공개강좌 개설 논의

＊편집 및 간행 예규 의결

7) 일본목간학회 총회 및 학술회의 참석

＊일본목간학회에서 학술 교류와 협력을 위해 주보돈 회장, 윤선태 총무이사 초청

＊2007년 11월 30일~12월 3일 일본목간학회 총회 및 학술회의 참석

* 일본목간학회 학술회의 발표: 주보돈, 한국목간학회의 출범과 전망

8) 학회 홈페이지 개설
* 2008년 1월 1일 "싸이월드"에 개설
  (hwwp://club.cyworld.com/mokkan)

9) 제3차 운영위원회
* 일시 및 장소: 2008년 1월 11일 동국대 계산관 3층 학술원 세미나실
* 결산 중간보고 및 감사(김수태)
* 해외이사(이성시, 복헌군, 진위) 확정
* 편집위원 확정: 위원장(김영욱), 위원(고광의, 권인한, 김병준, 전덕재, 윤선태, 윤재석, 이용현, 이성시, 복헌군, 진위)
* 편집위원회에서 학회지 편집방향과 창간호 내용 논의
* 학회 명예회원 추대: 김양동(서예학), 남풍현(국어학), 이기동(한국사), 이성규(중국사), 정영호(고고학), 조동원(금석학), 천혜봉(서지학). 가나다순
* 제1회 정기발표회(2008.01.23) "불국사 석가탑 출토 묵서지편과 사리장엄구" 준비상황 점검

10) 제3차 평의원회
* 일시 및 장소: 2008년 2월 28일 국립부여박물관 회의실
* 해외이사, 편집위원 확정, 명예회원 인준
* 남무희(국민대 국사학과), 장경준(서울여대 국어국문학과), 박성종(관동대 국어국문학과) 평의원 추천
* 일본국립역사민속박물관 초청 해외학술조사(4월 17~20일) 논의

2. 현장조사 –목간연구회 현장조사 1~4차에 후속

1) 제5차
* 일시 및 장소: 2007년 7월 19일~20일 (국립부여박물관 및 국립부여문화재연구소, 익산)
* 자료조사: 19일 부여 쌍북리 현내들 출토 목간 실견 및 적외선 판독(국립부여박물관)
        20일 부여 관북리목간 적외선 사진 판독(국립부여문화재연구소).
        익산 왕궁리 오층석탑 및 왕궁지 백제 정원유적 현장조사

2) 제6차

* 일시 및 장소: 2008년 2월 28일 (국립부여박물관 보존과학실)
* 주제발표: 이용현(국립부여박물관), 부여 왕흥사지 출토 舍利函의 銘文
* 자료조사: 국립부여박물관 왕흥사 특별전 관람. 왕흥사지 현장답사

3) 제7차

* 일시 및 장소: 2008년 4월 18일~21일 (해외 현장조사 日本 東京 일대)
* 자료조사: 18일 佐倉市 國立歷史博物館
    19일 東京 書道博物館, 埼玉縣 稲荷山古墳博物館
    20일 東京 國立博物館, 鎌倉 현장답사

4) 제8차

* 일시 및 장소: 2008년 5월 13일 (국립부여박물관 회의실)
* 자료조사: 부여 쌍북리 280-5번지 출토 백제목간의 묵서 적외선 사진 판독

3. 학술대회

1) 제1회 학회창립기념 국제학술대회 "한국고대목간과 고대 동아시아세계의 문화교류"

• 일시 : 2007년 1월 10~11일 10:00~18:00
• 장소 : 서울시립대학교 자연과학관 국제회의실
• 주최 : 한국목간학회 · 서울시립대 국어국문학과
• 후원 : 교육인적자원부 / 성림문화재연구원 / 경북문화재연구원 / 영남문화재연구원 / 신라문
    화유산조사단 / 충청문화재연구원

《첫째날(1월 10일)》
■ 등록 (09:30~10:00 / 서울시립대 자연과학관 국제회의실)
■ 개회 (10:00~10:30) / 사 회 : 김영욱(서울시립대)
• 개 회 사 : 한국목간학회 회장 주보돈
• 축   사 : 서울시립대 총장 이상범
◆ 제1부 한국목간학의 발전을 위하여 / 사회 : 하일식(연세대)
• 기조강연(Ⅰ) (10:30~11:10)
• 발표주제 : 한국목간연구의 현황과 전망

- 발 표 자 : 주보돈(한국목간학회 회장)

~중간휴식 (11:10~11:30)

- 기조강연(Ⅱ) (11:30~12:10)
- 발표주제 : 木簡研究の視点と展開(목간연구의 시점과 전개)
- 발 표 자 : 平川南(日本 國立歷史民俗博物館長)

◆ 제2부 목간과 역사학, 고고학 / 사회 : 이우태(서울시립대)
- 발표주제 : 한국고대목간의 형태와 분류 (13:30~14:30)
- 발 표 자 : 윤선태(동국대), 토 론 자 : 李成市(日本 早　田大), 이문기(경북대)
- 발표주제 : 함안성산산성목간의 연구현황과 쟁점 (14:30~15:30)
- 발 표 자 : 전덕재(경주대), 토론: 이수훈(부산대), 이경섭(국립경주문화재연구소)

~중간휴식 (15:30~15:50)

- 발표주제 : 목간 발굴 30년 - 목간을 고고학한다는 것 (15:50~16:50)
- 발 표 자 : 이용현(국립중앙박물관), 토론: 김재홍(국립중앙박물관), 박중환(공주박물관)
- 발표주제 : 부여 능산리 출토 목간의 성격 (16:50~17:50)
- 발 표 자 : 이병호(국립부여박물관), 토론: 박경도(국립대구박물관), 橋本繁(日本와세다대)
- 환영만찬 (18:00~ / 장소: 국제회의실)

《제2일 11월 11일(목)》

◆ 제3부 목간과 국어학, 서예학 / 사회 : 이영호(상주대)
- 발표주제 : 고대한국목간에 보이는 釋讀表記에 대하여 (10:00~11:00)
- 발 표 자 : 김영욱(서울시립대), 토론: 권인한(성균관대), 정재영(한국기술교육대)
- 발표주제 : 6~7세기 한국고대목간의 서체 (11:00~12:00)
- 발 표 자 : 고광의(동북아역사재단), 토론: 김양동(계명대), 이성배(충남대)

◆ 제4부 중국과 일본의 목간학 / 사회 : 권오영(한신대)
- 발표주제 : 中國簡牘類別槪述 - 兼述中韓木簡形態比較 (13:00~14:20)
  　　　　　　중국 간독의 분류 개관 - 한중 목간의 형태비교를 겸하여
- 발 표 자 : 李均明(中國文物硏究所), 토론: 윤재석(경북대), 김경호(성균관대)
- 발표주제 : 日本古代木簡の系譜 - 韓國出土木簡との比較檢討を通して (14:20~15:40)
  　　　　　　(일본고대목간의 계보 - 한국출토목간과의 비교검토를 통하여)
- 발 표 자 : 三上喜孝(日本 山形大), 토론: 김창석(강원대), 송완범(고려대)

◆ 제5부 종합토론

종합토론 (16:00~18:00 / 발표자 · 토론자 전원)
- 좌장 : 이기동(동국대 사학과 교수)

2) 제2회 학술대회 "新出土 木簡의 饗宴"

- 일시 : 2007년 11월 24일 13:00~18:30
- 장소 : 서울역사발굴관 시청각실(2층)
- 주최 : 한국목간학회
- 후원 : 신라문화유산조사단 / 서울역사박물관
- ■ 등록 (13:00~13:20 / 서울역사박물관 시청각실 2층)
- ■ 개회 (13:20~13:30) / 사회 : 김영욱 (서울시립대)
- 개회사 : 주보돈 (한국목간학회장)
- ◆ 제1부 신출토 한국목간의 보고 / 사회 : 전덕재(경주대)
- 발표주제 : 부여 쌍북리 현내들 출토 백제목간 (13:30~14:00)
- 발 표 자 : 이판섭(충청문화재연구원), 윤선태(동국대)
- 발표주제 : 고려청자 연구의 새로운 이정표－태안선 출토 고려목간 (14:00~14:50)
- 발 표 자 : 임경희(국립해양유물전시관), 최연식(목포대)

~중간휴식 (14:50~15:00)

- ◆ 제2부 신출토 한국목간의 연구 / 사회/ 이수훈(부산대)
- 발표주제 : 평양 출토「樂浪郡初元四年縣別戶口多少」목간과 진한시대 호적 (15:00~15:40)
- 발 표 자 : 김병준(한림대), 토론: 윤용구(인천시립박물관)
- 발표주제 : 신출토 문자자료로 본 백제의 五部五方制 (15:40~16:20)
- 발 표 자 : 김영심(가톨릭대학), 토론: 김수태(충남대)

~중간휴식 (16:20~16:30)

- ◆ 제3부 신출토 해외목간의 소개 / 사회/ 고광의(동북아역사재단)
- 발표주제 : 日本 오사카 桑津 유적 출토 呪符木簡 (16:30~17:10)
- 발 표 자 : 김창석(강원대), 토론: 박이순(강원대)
- 발표주제 : 新刊『走馬樓吳簡 竹簡(Ⅱ)』의 內容과 爭點 (17:10~18:30)
- 발 표 자 : 于振波(中國/湖南大學), 토론: 전효빈(태동고전연구소)
- ■ 폐회사 (18:30~) / 사회 : 김영욱(서울시립대)

4. 정기발표회

1) 제1회 정기발표회 "불국사 석가탑 출토 묵서지편과 사리장엄"
- 일시 : 2008년 1월 23일(수요일) 오후 2시~6시
- 장소 : 동국대학교 학림관 1층 111호

- 등록 (14:00~14:20)
- 개회 (14:20~14:30) / 개회사 : 주보돈(한국목간학회 회장)
◆ 발표자 및 발표주제
- 발표주제 : 〈佛國寺西石塔重修形止記〉의 재구성을 통한 불국사 석탑 중수 관련 내용의 재검토
  (14:30~15:10)
- 발 표 자 : 최연식(목포대)
- 발표주제 : 〈佛國寺無垢淨光塔重修記〉와 小倉 collection 傳 경주 남산 출토 사리장엄구
  (15:10~15:50)
- 발 표 자: 한정호(동국대)
- 중간휴식 (15:50~16:00)
- 전체토론 (16:00~18:00) / 사 회: 윤선태(동국대)
- 토 론 자 : 정재영(한국기술교육대), 남동신(덕성여대), 주경미(부경대) 외

2) 제2회 정기발표회
- 일시 : 4월 26일(토요일) 오후 2시 30분~5시
- 장소 : 서울대학교 인문대학 교수회의실 7동 304호
- 연구발표(14:30~15:30) / 사회: 김병준(한림대)
윤용구(인천시립박물관), '樂浪의 文字資料에 관한 몇 가지 問題'
휴식(15:30~15:40)
- 명예회원께 듣는다(15:40~17:00)
이성규(서울대), 樂浪郡에 보급된 鐵官의 철제 농구――平壤 출토 '大河五' 銘 鐵斧의 考釋을 중심
으로

5. 자료교환

1) 日本木簡學會와의 資料交換(2007년 3월 7일)
日本木簡學會, 『木簡研究』 創刊號~28號, 1979~2006
日本木簡學會, 『全國木簡出土遺跡、報告書綜覽』, 2004

부/록

학회 회칙, 간행예규

학회 회칙

제1장 총칙

제 1 조 (명칭)

본회는 한국목간학회(韓國木簡學會, The Korean Society for the Study of Wooden Documents)라 한다.

제 2 조 (목적)

본회는 목간을 비롯한 금석문, 고문서 등 문자자료와 기타 문자유물을 중심으로 한 연구 및 학술 조사를 통하여 한국의 목간학 발전에 이바지함을 목적으로 한다.

제 3 조 (사업)

본회는 목적에 부합하는 다음의 사업을 한다.

  1. 연구발표회

  2. 학보 및 기타 간행물 발간

  3. 유적 · 유물의 답사 및 조사 연구

  4. 국내외 여러 학회들과의 공동 학술연구 및 교류

  5. 기타 위의 각 사항의 사업을 수행하기 위해 필요한 사업

제 4 조 (회원의 구분과 자격)

① 본회의 회원은 본회의 목적에 동의하여 회비를 납부하는 개인 또는 기관으로서 연구회원, 일반회원 및 학생회원으로 구분하며, 따로 명예회원, 특별회원을 둘 수 있다.

② 연구회원은 평의원 2인 이상의 추천을 받아 평의원회에서 심의, 인준한다.

③ 일반회원은 연구회원과 학생회원이 아닌 사람과 기관 및 단체로 한다.

④ 학생회원은 대학생과 대학원생으로 한다.

⑤ 명예회원은 본회의 발전에 크게 기여한 회원 또는 개인 중에서 운영위원회에서 추천하여 평의

원회에서 인준을 받은 사람으로 한다.

⑥ 특별회원은 본회의 활동과 운영에 크게 기여한 개인 또는 기관 중에서 운영위원회에서 추천하여 평의원회에서 인준을 받은 사람으로 한다.

제 5 조 (회원징계)

회원으로서 본회의 명예를 손상시키거나 회칙을 준수하지 않았을 경우 평의원회의 심의와 총회의 의결에 따라 자격정지, 제명 등의 징계를 할 수 있다.

제2장 조직 및 기능

제 6 조 (조직)

본회는 총회 · 평의원회 · 운영위원회 · 편집위원회를 두며, 필요한 경우 별도의 위원회를 구성할 수 있다.

제 7 조 (총회)

① 총회는 정기총회와 임시총회로 나누며, 정기총회는 2년에 1회 정기적으로 개최하고 임시총회는 필요한 때에 평의원회의 발의로 소집할 수 있다.

② 총회는 회장이나 평의원회의 의결로 소집한다.

③ 총회는 평의원회에서 심의한 학회의 회칙개정 및 사업과 재정 등에 관한 보고를 받고 이를 의결한다.

④ 총회는 평의원회에서 추천한 회장, 평의원, 감사를 인준한다. 단 회장의 인준이 거부되었을 때는 평의원회에서 재추천하도록 결정하거나 총회에서 직접 선출한다.

제 8 조 (평의원회)

① 평의원은 연구회원 중 평의원회의 추천을 받아 총회에서 인준한 자로 한다.

② 평의원회는 회장을 포함한 평의원으로 구성한다.

③ 평의원회는 회장 또는 평의원 4분의 1 이상의 요구로써 소집한다.

④ 평의원회는 아래의 사항을 추천, 심의, 의결한다.

  1. 회장, 평의원, 감사의 추천
  2. 회칙개정안, 운영예규의 심의
  3. 학회의 재정과 사업수행을 심의
  4. 연구회원, 명예회원, 특별회원의 인준

5. 회원의 자격정지, 제명 등의 징계를 심의

제 9 조 (운영위원회)
① 운영위원회는 회장과 회장이 지명하는 부회장, 총무·연구·편집·섭외이사 등 15명 내외로 구성하고, 실무를 담당할 간사를 둔다.
② 운영위원회는 평의원회에서 심의·의결한 사항을 집행하며, 학회의 제반 운영업무를 담당한다.
③ 부회장은 회장을 도와 학회의 업무를 총괄 지원하며, 회장 유고시에는 회장의 권한을 대행한다.
④ 총무이사는 학회의 통상 업무를 담당, 집행한다.
⑤ 연구이사는 연구발표회 및 각종 학술대회의 기획을 전담한다.
⑥ 편집이사는 편집위원으로서 학보 및 기타 간행물의 출간을 전담한다.
⑦ 섭외이사는 학술조사를 위해 자료소장기관과의 섭외업무를 전담한다.

제 10 조 (편집위원회)
편집위원회는 학보 발간 및 기타 간행물의 출간에 관한 제반사항을 담당하며, 그 구성은 따로 본회의 운영예규에 정한다.

제 11 조 (기타 위원회)
기타 위원회의 구성과 활동은 회장이 결정하며, 그 내용을 평의원회에 보고한다.

제 12 조 (임원)
① 회장은 본회를 대표하고 총회와 각급회의를 주재하며, 임기는 2년으로 한다.
② 평의원은 제 8 조의 사항을 담임하며, 임기는 2년으로 한다.
③ 감사는 평의원회에 출석하고, 본회의 업무 및 재정을 감사하여 총회에 보고하며, 그 임기는 2년으로 한다.
④ 임원의 임기는 1월 1일부터 시작한다.
⑤ 임원이 유고로 업무를 수행할 수 없게 된 때에는 평의원회에서 보궐 임원을 선출하고 다음 총회에서 인준을 받으며, 그 임기는 전임자의 잔여임기가 1년 미만인 경우는 잔여임기에 규정임기 2년을 더한 기간으로 하고, 잔여임기가 1년 이상인 경우는 잔여기간으로 한다.

제 13 조 (의결)
① 총회에서의 인준과 의결은 출석 회원의 과반수로 한다.
② 평의원회는 평의원 4분의 1 이상의 출석으로 성립하며, 의결은 출석한 평의원 과반수의 찬성으로 한다.

제3장 출판물의 발간

제 14 조 (출판물)
① 본회는 매년 6월, 12월 말일에 학보를 발간하고, 그 명칭은 "목간과 문자"(한문 "木簡과 文字", 영문 "Wooden documents and Inscriptions Studies")로 한다.
② 본회는 학보 이외에 본회의 목적에 부합하는 출판물을 발간할 수 있다.
③ 본회가 발간하는 학보를 포함한 모든 출판물의 저작권은 본 학회에 속한다.

제 15 조 (학보 게재 논문 등의 선정과 심사)
① 학보에는 회원의 논문 및 본회의 목적에 부합하는 주제의 글을 게재함을 원칙으로 한다.
② 논문 등 학보 게재물은 편집위원회에서 선정한다.
③ 논문 등 학보 게재물의 선정 기준과 절차는 따로 본회의 운영예규에 정한다.

제4장 재정

제 16 조 (재원)
본회의 재원은 회비 및 기타 수입으로 한다.

제 17 조 (회계연도)
본회의 회계연도 기준일은 1월 1일로 한다.

제5장 기타
제 18 조 (운영예규)
본 회칙에 명시하지 않은 운영에 필요한 사항은 따로 운영예규에 정한다.

제 19 조 (기타사항)
본 회칙에 규정되지 않은 사항은 일반관례에 따른다

부칙
1. 본 회칙은 2007년 1월 9일부터 시행한다.

편집위원회에 관한 규정

제1장 총칙

제1조(명칭) 본 규정은 '편집위원회에 관한 규정' 이라 한다.

제2조(목적) 본 규정은 한국목간학회 편집위원회의 조직 및 편집 활동 전반에 관한 세부 사항을 규정하는 것을 목적으로 한다.

제2장 조직 및 권한

제3조(구성) 편집위원회는 회칙에 따라 구성한다.

제4조(편집위원장의 선출) 편집위원장은 편집위원 전원의 무기명 비밀투표 방식으로 선출한다.

제5조(편집위원장의 권한) 편집위원장은 편집회의의 의장이 되며, 학회지의 편집 및 출판 활동 전반에 대하여 권한을 갖는다.

제6조(편집위원의 임명) 편집위원은 세부 전공 분야 및 연구 업적을 감안하여 편집위원장이 추천하며, 총회의 동의를 얻은 후 회장이 임명한다.

제7조(편집위원의 자격) 편집위원은 다음과 같은 조건을 갖춘자로 한다.

　　1. 박사학위를 소지한 자.

　　2. 대학의 전임교수로서 5년 이상의 경력을 갖추었거나, 이와 동등한 연구 경력을 갖춘자.

　　3. 역사학·고고학·보존과학·국어학 또는 이와 관련된 분야에서 연구 업적이 뛰어나고 학계의 명망과 인격을 두루 갖춘자.

　　4. 다른 학회의 임원이나 편집위원으로 과다하게 중복되지 않은 자.

제8조(편집위원의 임기) 편집위원의 임기는 2년으로 하되, 연임할 수 있다.

제9조(편집자문위원) 학회지 및 기타 간행물의 편집 및 출판 활동과 관련하여 필요시 국내외의 편집자문위원을 둘 수 있다.

제10조(편집간사) 학회지를 비롯한 제반 출판 활동 업무를 원활히 하기 위하여 편집간사 약간 명

을 둘 수 있다.

제3장 임무와 활동

제11조(편집위원회의 임무와 활동) 편집위원회의 임무와 활동 내용은 다음과 같다.

　　1. 학회지의 간행과 관련된 제반 업무.

　　2. 학술 단행본의 발행과 관련된 제반 업무.

　　3. 기타 편집 및 발행과 관련된 제반 활동.

제12조(편집간사의 임무) 편집간사는 편집위원회의 업무와 활동을 보조하며, 편집과 관련된 회계의 실무를 담당한다.

제13조(학회지의 발간일) 학회지는 1년에 2회 발행하며, 그 발행일자는 6월 30일과 12월 31일로 한다.

제4장 편집회의

제14조(편집회의의 소집) 편집회의는 편집위원장이 수시로 소집하되, 필요한 경우에는 3인 이상의 편집위원이 발의하여 회장의 동의를 얻어 편집회의를 소집할 수 있다. 또한 심사위원의 추천 및 선정 등에 필요한 경우에는 전자우편을 통한 의견 수렴으로 편집회의를 대신할 수 있다.

제15조(편집회의의 성립) 편집회의는 편집위원장을 포함한 편집위원 과반수의 출석으로 성립된다.

제16조(편집회의의 의결) 편집회의의 제반 안건은 출석 위원 과반수의 찬성으로 의결하되, 찬반 동수인 경우에는 편집위원장이 결정한다.

제17조(편집회의의 의장) 편집위원장은 편집회의의 의장이 된다. 편집위원장이 참석하지 아니한 경우에는 편집이사 중의 연장자가 의장이 되며, 편집이사도 참석하지 아니한 경우에는 편집위원들이 호선하여 의장을 선출한다.

제18조(편집회의의 활동) 편집회의는 학회지의 발행, 논문의 심사 및 편집, 기타 제반 출판과 관련된 사항에 대하여 논의하고 결정한다.

부칙

제1조 이 규정은 운영위원회의 의결을 거쳐 2007년 11월 24일부터 시행한다.

학회지 논문의 투고와 심사에 관한 규정

제1장 총칙

제1조(명칭) 본 규정은 '학회지 논문의 투고와 심사에 관한 규정' 이라 한다.

제2조(목적) 본 규정은 한국목간학회의 학회지인 『목간과 문자』에 수록할 논문의 투고와 심사에 관한 절차를 정하고 관련 업무를 명시함에 목적을 둔다.

제2장 원고의 투고

제3조(투고 자격) 논문의 투고 자격은 회칙에 따르되, 당해 연도 회비를 납부한 자에 한한다.

제4조(투고의 조건) 본 학회에서 발표한 논문에 한하여 투고하는 것을 원칙으로 한다.

제5조(원고의 분량) 원고의 분량은 학회지에 인쇄된 것을 기준으로 각종의 자료를 포함하여 30면 내외로 하되, 자료의 영인을 붙이는 경우에는 면수 계산에서 제외한다.

제6조(원고의 작성 방식) 원고의 작성 방식과 요령 등에 관하여는 별도의 내규를 정하여 시행한다.

제7조(원고의 언어) 원고는 한국어로 작성함을 원칙으로 하되, 외국어로 작성된 원고의 게재 여부는 편집회의에서 정한다.

제8조(제목과 필자명) 논문 제목과 필자명은 영문으로 附記하여야 한다.

제9조(국문초록과 핵심어) 논문을 투고할 때에는 국문과 외국어로 된 초록과 핵심어를 덧붙여야 한다. 요약문과 핵심어의 작성 요령은 다음과 같다.

   1. 국문초록은 논문의 내용과 논지를 잘 간추려 작성하되, 외국어 요약문은 논문에 사용된 언어와 다른 언어로 작성한다.

   2. 국문초록의 분량은 200자 원고지 3매 내외로 한다.

   3. 핵심어는 논문의 주제 및 내용을 대표할 만한 5개 내외의 단어를 뽑아서 요약문 뒤에 행을 바꾸어 제시한다.

제10조(논문의 주제 및 내용 조건) 논문의 주제 및 내용은 다음에 부합하여야 한다.

1. 국내외의 출토 문자 자료에 대한 연구 논문

2. 국내외의 출토 문자 자료에 대한 소개 또는 보고 논문

3. 국내외의 출토 문자 자료에 대한 역주 또는 서평 논문

제11조(논문의 제출처) 심사용 논문은 편집이사에게 제출한다.

제3장 원고의 심사

제1절 : 심사자

제12조(심사자의 자격) 심사자는 논문의 주제 및 내용과 관련된 분야에서 박사학위를 소지한 자를 원칙으로 하되, 본 학회의 회원 가입 여부에 구애받지 아니한다.

제13조(심사자의 수) 심사자는 논문 한 편당 3인 이상 5인 이내로 한다.

제14조(심사 의뢰) 편집위원장은 편집회의에서 추천·의결한 바에 따라 심사자를 선정하여 심사를 의뢰하도록 한다. 편집회의에서의 심사자 추천은 2배수로 하고, 편집회의의 의결을 거쳐 선정한다.

제15조(심사자에 대한 이의) 편집위원장은 심사자 위촉 사항에 대하여 대외비로 회장에게 보고하며, 회장은 편집위원장에게 이의를 제기할 수 있다. 심사자 위촉에 대한 이의에 대하여는 편집회의를 거쳐 편집위원장이 심사자를 변경할 수 있다. 다만, 편집회의 결과 원래의 위촉자가 재선정되었을 경우 편집위원장은 회장에게 그 사실을 구두로 통지하며, 통지된 사항에 대하여 회장은 이의를 제기할 수 없다.

제2절 : 익명성과 비밀 유지

제16조(익명성과 비밀 유지 조건) 심사용 원고는 반드시 익명으로 하며, 심사에 관한 제반 사항은 편집위원장 책임하에 반드시 대외비로 하여야 한다.

제17조(익명성과 비밀 유지 조건의 위배에 대한 조치) 위 제16조의 조건을 위배함으로 인해 심사자에게 중대한 피해를 입혔을 경우에는 편집위원 3인 이상의 발의로써 편집위원장의 동의 없이도 편집회의를 소집할 수 있으며, 다음 각 호에 따라 위배한 자에 따라 사안별로 조치한다. 또한 해당 심사자에게는 편집위원장 명의로 지체없이 사과문을 심사자에게 등기 우송하여야 한다. 편집위원장 명의를 사용하지 못할 경우에는 편집위원 전원이 연명하여 사과문을 등기 우송하여야 한다. 익명성과 비밀 유지 조건에 대한 위배 사실이 학회의 명예를 손상한 경우에는 편집위원 3인의 발의만으로써도 해당 편집위원장 및 편집위원에 대한 징계를 회장에게 요청할 수 있으며, 이 경우 그 처리 결과를 학회지에 공지하여야 한다.

1. 편집위원장이 위배한 경우에는 편집위원장을 교체한다.

2. 편집위원이 위배한 경우에는 편집위원직을 박탈한다.

3. 임원을 겸한 편집위원의 경우에는 회장에게 교체하도록 요청한다.

4. 편집간사 또는 편집보조가 위배한 경우에는 편집위원장이 당사자를 해임한다.

제18조(편집위원의 논문에 대한 심사) 편집위원이 투고한 논문을 심사할 때에는 해당 편집위원을 궐석시킨 후에 심사자를 선정하여야 하며, 대표이사와 회장에게도 심사자의 신원을 밝히지 않는 것을 원칙으로 한다.

제3절 : 심사 절차

제19조(논문심사서의 구성 요건) 논문심사서에는 '심사 소견', 그리고 '수정 및 지적사항'을 적는 난이 포함되어야 한다.

제20조(심사 소견과 영역별 평가) 심사자는 심사 논문에 대하여 영역별 평가를 감안하여 종합판정을 한다. 심사 소견에는 영역별 평가와 종합판정에 대한 근거 및 의견을 총괄적으로 기술함을 원칙으로 한다.

제21조(수정 및 지적사항) '수정 및 지적사항' 란에는 심사용 논문의 면수 및 수정 내용 등을 구체적으로 지시하여야 한다.

제22조(심사 결과의 전달) 편집간사는 편집위원장의 지시를 받아 투고자에게 심사자의 논문심사서와 심사용 논문을 전자우편 또는 일반우편으로 전달하되, 심사자의 신원이 드러나지 않도록 각별히 유의하여야 한다. 논문 심사서 중 심사자의 인적 사항은 편집회의에서도 공개하지 않는다.

제23조(수정된 원고의 접수) 투고자는 논문심사서를 수령한 후 소정 기일 내에 원고를 수정하여 편집위원장에게 송부하여야 한다. 기한을 넘겨 접수된 수정 원고는 학회지의 다음 호에 접수된 투고 논문과 동일한 심사 절차를 밟되, 논문심사료는 부과하지 않는다.

제4절 : 심사의 기준과 게재 여부 결정

제24조(심사 결과의 종류) 심사 결과는 '종합판정'과 '영역별 평가'로 나누어 시행한다.

제25조(종합판정과 등급) 종합판정은 ①揭載 可, ②小幅 修正後 揭載, ③大幅 修正後 再依賴, ④揭載 不可 중의 하나로 한다.

제26조(영역별 평가) 영역별 평가 기준은 다음과 같다.
1. 학계에의 기여도
2. 연구 내용 및 방법론의 참신성
3. 논지 전개의 타당성
4. 논문 구성의 완결성
5. 문장 표현의 정확성

제27조(게재 여부의 결정 기준) 심사용 논문의 학회지 게재 여부는 심사자의 종합판정에 의거하

여 이들을 합산하여 시행한다. 게재 여부의 결정은 최종 수정된 원고를 대상으로 한다.

제28조(게재 여부 결정의 조건) 게재 여부 결정의 조건은 다음과 같다.

　　1. 심사자의 2분의 1 이상이 위 제25조의 '①揭載 可'로 판정한 경우에는 게재한다.

　　2. 심사자의 3분의 2 이상이 위 제25조의 '④揭載 不可'로 판정한 경우에는 게재를 불허한다.

제29조(게재 여부에 대한 논의) 위 제28조의 경우가 아닌 논문에 대하여는 편집회의의 토의를 거친 후에 게재 여부를 확정하되, 이 때에는 영역별 평가를 참조한다.

제30조(논문 게재 여부의 통보) 편집위원장은 논문 게재 여부에 대한 최종 확정 결과를 투고자에게 통보하여야 한다.

제5절 : 이의 신청

제31조(이의 신청) 투고자는 심사와 논문 게재 여부에 대하여 이의를 신청할 수 있다. 이 때에는 200자 원고지 5매 이상의 이의신청서를 작성하여 심사 결과 통보일 15일 이내에 편집위원장에게 송부하여야 하며, 편집위원장은 이의 신청 접수일로부터 15일 이내에 이에 대한 처리 절차를 완료하여야 한다.

제32조(이의 신청의 처리) 이의 신청을 한 투고자의 논문에 대해서는 편집회의에서 토의를 거쳐 이의 신청의 수락 여부를 의결한다. 수락한 이의 신청에 대한 조치 방법은 편집회의에서 결정한다.

제4장 게재 논문의 사후 심사 및 조치

제1절 : 게재 논문의 사후 심사

제33조(사후 심사) 학회지에 게재된 논문에 대하여는 사후 심사를 할 수 있다.

제34조(사후 심사 요건) 사후 심사는 편집위원회의 자체 판단 또는 접수된 사후심사요청서의 검토 결과, 대상 논문이 그 논문이 수록된 본 학회지 발행일자 이전의 간행물 또는 타인의 저작권에 귀속시킬 만한 연구 내용을 현저한 정도로 표절 또는 중복 게재한 것으로 의심되는 경우에 한한다.

제35조(사후심사요청서의 접수) 게재 논문의 표절 또는 중복 게재와 관련하여 사후 심사를 요청하는 사후심사요청서를 편집위원장 또는 편집위원회에 접수할 수 있다. 이 경우 사후심사요청서는 밀봉하고 겉봉에 '사후심사요청'임을 명기하되, 발신자의 신원을 겉봉에 노출시키지 않음을 원칙으로 한다.

제36조(사후심사요청서의 개봉) 사후심사요청서는 편집위원장 또는 편집위원장이 위촉한 편집위원이 개봉한다.

제37조(사후심사요청서의 요건) 사후심사요청서는 표절 또는 중복 게재로 의심되는 내용을 구체적으로 밝혀야 한다.

제2절 : 사후 심사의 절차와 방법

제38조(사후 심사를 위한 편집위원회 소집) 게재 논문의 표절 또는 중복 게재에 관한 사실 여부를 심의하고 사후 심사자의 선정을 비롯한 제반 사항을 의결하기 위해 편집위원장은 편집위원회를 소집할 수 있다.

제39조(질의서의 우송) 편집위원회의 심의 결과 표절이나 중복 게재의 개연성이 있다고 판단된 논문에 대해서는 그 진위 여부에 대해 편집위원장 명의로 해당 논문의 필자에게 질의서를 우송한다.

제40조(답변서의 제출) 위 제39조의 질의서에 대해 해당 논문 필자는 질의서 수령 후 30일 이내 편집위원장 또는 편집위원회에 답변서를 제출하여야 한다. 이 기한 내에 답변서가 없을 경우엔 질의서의 내용을 인정한 것으로 판단한다.

제3절 : 사후 심사 결과의 조치

제41조(사후 심사 확정을 위한 편집위원회 소집) 편집위원장은 답변서를 접수한 날 또는 마감 기한으로부터 15일 이내에 사후 심사 결과를 확정하기 위한 편집위원회를 소집한다.

제42조(심사 결과의 통보) 편집위원장은 편집위원회에서 확정한 사후 심사 결과를 7일 이내에 사후 심사를 요청한 이 및 관련 당사자에게 통보하여야 한다.

제43조(표절 및 중복 게재에 대한 조치) 편집위원회에서 표절 또는 중복 게재로 확정된 경우에는 학회장에게 지체 없이 보고하고, 학회장은 이사회를 소집하여 다음 각 호와 같은 조치를 집행할 수 있다.

1. 학회 홈페이지 및 차호 학회지에 그 사실 관계 및 조치 사항들을 기록한다.
2. 학회지 전자판에서 해당 논문을 삭제한다.
3. 해당 논문 필자에 대하여 제명 조치하고, 향후 5년간 재입회할 수 없도록 한다.

제4절 : 제보자의 보호

제44조(제보자의 보호) 표절 및 중복 게재에 관한 이의 및 논의를 제기하거나 사후 심사를 요청한 사람에 대해서는 신원을 절대적으로 밝히지 않고 익명성을 보장하여야 한다.

제45조(제보자 보호 규정의 위배에 대한 조치) 위 제44조의 규정을 위배한 이에 대한 조치는 위 제17조에 준하여 시행한다.

부칙

제1조(시행일자) 본 규정은 2007년 11월 24일부터 시행한다.

학회지 논문의 투고와 원고 작성 요령에 관한 내규

제1조(목적) 이 내규는 본 한국목간학회의 회칙 및 관련 규정에 따라 학회지에 게재하는 논문의 투고와 원고 작성 요령에 대하여 명시하는 것을 목적으로 한다.

제2조(논문의 종류) 학회지에 게재되는 논문은 심사 논문과 기획 논문으로 나뉜다. 심사 논문은 본 학회의 학회지 논문의 투고와 심사에 관한 규정에 따른 심사 절차를 거쳐 게재된 논문을 가리키며, 기획 논문은 편집위원회에서 기획하여 특정의 연구자에게 집필을 위촉한 논문을 가리킨다.

제3조(기획 논문의 집필자) 기획 논문의 집필자는 본 학회의 회원 여부에 구애받지 아니한다.

제4조(기획 논문의 심사) 기획 논문에 대하여도 심사 논문과 동일한 절차의 심사를 시행하는 것을 원칙으로 하되, 편집위원회의 의결을 거쳐 심사를 면제할 수 있다.

제5조(투고 기한) 논문의 투고 기한은 매년 4월 말과 10월 말로 한다.

제6조(수록호) 4월 말까지 투고된 논문은 심사 과정을 거쳐 같은 해의 6월 30일에 발행하는 학회지에 수록하며, 10월 말까지 투고된 논문은 같은 해의 12월 31일에 간행하는 학회지에 수록하는 것을 원칙으로 한다.

제7조(수록 예정일자의 변경 통보) 위 제6조의 예정 기일을 넘겨 논문의 심사 및 게재가 이루어질 경우 편집위원장은 투고자에게 그 사실을 통보해 주어야 한다.

제8조(게재료) 논문 게재의 확정시에는 일반 논문 5만원, 연구비 수혜 논문 30만원의 게재료를 납부하여야 한다.

제9조(초과 게재료) 학회지에 게재하는 논문의 분량이 인쇄본을 기준으로 30면을 넘을 경우에는 1면 당 1만원의 초과 게재료를 부과할 수 있다.

제10조(원고료) 학회지에 게재되는 논문에 대하여는 소정의 원고료를 필자에게 지불할 수 있다. 원고료에 관한 사항은 임원회의에서 결정한다.

제11조(익명성 유지 조건) 심사용 논문에서는 졸고 및 졸저 등 투고자의 신원을 드러내는 표현을 쓸 수 없다.

제12조(컴퓨터 작성) 논문의 원고는 컴퓨터로 작성함을 원칙으로 하며, 문장편집기 프로그램은

「흔글」을 사용할 것을 권장한다.

제13조(제출물) 원고 제출시에는 입력한 PC용 파일과 출력지 1부를 함께 송부하여야 한다.

제14조(투고자의 성명 삭제) 편집간사는 심사자에게 심사용 논문을 송부할 때 반드시 투고자의 성명과 기타 투고자의 신원을 알 수 있는 표현 등을 삭제하여야 한다.

제15조(출토 문자 자료의 표기 범례 등 기타) 출토 문자 자료의 표기 범례를 비롯하여 위에서 정하지 않은 학회지 논문의 투고와 원고 작성 요령 및 용어 사용 등에 관한 사항들은 일반적인 관행에 따르거나 편집위원회에서 결정한다.

부칙

제1조(시행일자) 이 내규는 2007년 11월 24일부터 시행한다.

편집후기

  재작년 봄이다. 주보돈 교수를 비롯한 목간연구자들은 부여박물관 건물의 별채인 보존 과학실 세미나 방에 모여서 새롭게 발굴된 목간 자료를 해독하게 되었다. 일이 마무리 될 즈음에 거기에 모인 사람들은 새롭게 탄생할 목간학회에 대한 이야기를 나누게 되었다. 연구를 뒷바라지를 할 만한 학회가 필요하지 않겠느냐는 것이었다. 그 날이 2006년 4월22일이었다.

  물론 그러한 이야기가 그 자리에서 나올 것이라는 것은 예견된 것이기도 했지만, 학회의 창립과 학술지 발간에 관한 의견이 부여 박물관에서 공식적으로 거론되었다는 것은 뜻있는 일이 아닐 수 없다. 해가 바뀌어 서울시립대학교에서 2007년 1월 10일과 11일에, "한국 고대 목간과 고대 동아시아 세계의 문화 교류"라는 주제로 학회 창립을 기념하는 국제회의를 개최하게 된다. 여기에는 교육인적자원부를 비롯, 성림문화재 연구원, 경북문화재 연구원, 영남문화재 연구원, 신라문화유산조사단, 충청문화재연구원의 후원이 있었다.

  그 날에 平川南, 李均明 선생을 비롯하여 일본과 중국의 학자들이 참석하였고, 고고학, 역사학, 서예학, 국어학 등 다양한 분야의 쟁쟁한 전문가들이 한 자리에서 학제적 토론으로 함께했다. 또한 해가 지났으니 이제는 그간의 노력들을 한 권의 학술지로 묶으려 한다. 수차례의 학회 창립 준비 회의, 국제 학술 대회, 매학기 정기적인 목간 자료 조사 여행, 월례 발표회, 학술대회 등, 꾸준한 학회 활동으로 이제는 학술지를 꾸릴 만한 역량이 어느 정도 축적된 것으로 자체 판단했기 때문이다.

  그 동안의 준비가 숨차게 이루어지기는 했지만 목간 자료의 연구 성과물에 거는 사회적 기대를 생각해 보면 2년이라는 준비 과정이 너무 짧지 않았나 하는 조심스러움도 앞선다. 그렇다고 출간을 마냥 늦출 수만은 없었다. 고고학계를 비롯 역사학계 그리고 서예학계, 국어사학계의 목간 연구 결과물에 대한 지대한 관심을 감지하였기 때문이다.

  平川南 선생을 비롯한 일본 학자들의 협력과 일본 목간학회 학술지인 『木簡研究』도 우리의 창간호를 앞당기는 자극이 되었다. 김병준, 권인한, 윤선태 등, 편집을 맡은 교수들의 헌신적 노력으로 창간호의 시기를 앞당길 수 있었음도 물론이다. 창간호에 축사를 보내주신 平川南, 栄原永遠男, 卜憲群, 陈伟 선생님께 깊은 감사의 마음을 전한다.

  좋은 이웃을 둔 것처럼 행복한 일도 드물다는 옛말이 있다. 목간 연구를 통하여 중국과 일본의 훌륭한 학자들과 교류를 활발히 하여 이웃이 가까워지기를 간절히 바란다. 그런 뜻에서 창간호의 특집도 동아시아 세계를 아우르는 내용으로 잡게 되었다. 주보돈 회장의 「한국 목간에 대한 현황과 전망」을 벼리로 삼고 백제, 신라, 중국의 간독 자료, 일본의 고대 목간 자료 순으로 연구 논문들을 배치하였다. 이어 새롭게 출토된 문자 자료들을 소개하는 글을 실어서 동아시아의 문자 문화사 연구에 보탬이 되게 하였고 목간과 관련한 기존의 연구 업적을 소개하는 역주 및 논평에 대한 자리도 마련하였다. 최근에 역사고고학, 서예학, 국어학 전반에 걸쳐서 비상한 주목을 받고 있는 "석가탑 발견 묵서지편"에 대해서는 지면 관계상 다음호에서 상세히 다룰 예정이다.

[Contents]

The Korean society for the study of wooden documents

목간과 문자 연구 I

엮 음 / 한국목간학회
발행인 / 최병식
발행처 / 주류성 출판사
발행일 / 2008년 11월 20일
등록일 / 1992년 3월 19일 제 21-325호
주 소 / 서울특별시 서초구 서초동 1308-25 강남오피스텔 1212호
전 화 / 02-3481-1024(대표전화)
전 송 / 02-3482-0656
homepage / www.juluesung.co.kr
e-mail / juluesung@yahoo.co.kr

값 20,000원

ISBN 978-89-6246-008-7
세트 978-89-6246-006-3

잘못된 책은 교환해 드립니다.